DIREITO E PODER

escritos em homenagem a Rubens Casara

CONTRA CORRENTE
10 ANOS

Rafael Valim
Geraldo Prado
(Organizadores)

DIREITO E PODER

escritos em homenagem a Rubens Casara

AVARÉ
2025

CONTRA
CORRENTE
10 ANOS

Travessa Vergílio de Araújo Valim, 167
Avaré – SP – Brasil | CEP 18707 815
www.editoracontracorrente.com.br
contato@editoracontracorrente.com.br

EDITORES
Camila Almeida Janela Valim
Gustavo Marinho de Carvalho
Rafael Valim
Walfrido Warde
Silvio Almeida

EQUIPE EDITORIAL
COORDENAÇÃO DE PROJETO: Erick Facioli
PREPARAÇÃO DE TEXTO: Amanda Dorth
REVISÃO: Douglas Magalhães
REVISÃO TÉCNICA: Beatriz Duarte Lopes
DIAGRAMAÇÃO: Gisely Fernandes
CAPA: Mariela Valim

EQUIPE DE APOIO
Carla Vasconcelos
Regina Gomes
Geovanna Sales
Julia Falanghe

Dados Internacionais de Catalogação na Publicação (CIP)
(Câmara Brasileira do Livro, SP, Brasil)

Direito e poder : escritos em homenagem a Rubens Casara / (coordenadores) Geraldo Prado, Rafael Valim. -- 1. ed. -- Avaré, SP : Editora Contracorrente, 2025.

Vários autores.
Bibliografia.
ISBN 978-65-5396-275-0

1. Casara, Rubens 2. Ciência política 3. Direito penal 4. Direitos civis - Brasil 5. Homenagem 6. Juízes I. Prado, Geraldo. II. Valim, Rafael.

25-267057 CDU-34(81)

Índices para catálogo sistemático:

1. Brasil : Direito : Estudos em homenagem 34(81)
Aline Graziele Benitez - Bibliotecária - CRB-1/3129

@editoracontracorrente
Editora Contracorrente
@ContraEditora
Editora Contracorrente

SUMÁRIO

SOBRE OS AUTORES

AFRÂNIO SILVA JARDIM

Mestre em Direito pela Universidade Gama Filho (UGF) e Livre-Docente em Direito Processual pela Universidade do Estado do Rio de Janeiro (UERJ). Professor Associado de Direito Processual Penal da Universidade do Estado do Rio de Janeiro (aposentado). Ex-Professor Titular de Direito Processual Penal da Universidade Gama Filho (Mestrado e Doutorado). Ex-Professor Adjunto de Direito Processual Penal da Universidade Cândido Mendes (Graduação e Mestrado). Procurador de Justiça aposentado do Ministério Público do Estado do Rio de Janeiro.

ALEXANDRE DA MAIA

Professor da Faculdade de Direito do Recife – UFPE.

AMILTON BUENO DE CARVALHO

Desembargador aposentado do TJRS.

ANA CLÁUDIA PINHO

Doutora em Direito. Professora da Universidade Federal do Pará. Coordenadora do Grupo de Pesquisa "Garantismo em Movimento". Promotora de Justiça do Ministério Público do Estado do Pará.

ANDRÉ NICOLITT

Pós-Doutor pela Universidade da California – Berkeley. Doutor em Direito pela Universidade Católica Portuguesa – Lisboa, 2011. Mestre em Direito pela Universidade do Estado do Rio de Janeiro – UERJ, 2003. Professor Adjunto da Faculdade de Direito da Universidade Federal Fluminense – UFF. Professor Permanente do Programa de Pós-Graduação Justiça Administrativa (Mestrado Profissional) da Universidade Federal Fluminense – UFF. Membro do Instituto Brasileiro de Ciências Criminais – IBCCrim. Membro do Instituto Carioca de Criminologia – ICC. Juiz de Direito Titular do Juizado Especial Criminal de São Gonçalo.

ANTONIO PEDRO MELCHIOR

Advogado criminalista. Doutor em Direito pela Universidade Federal do Rio de Janeiro (UFRJ – FND). Presidente do Instituto Brasileiro de Ciências Criminais – IBCCrim (2025/2026).

BRUNO CUNHA SOUZA

Doutorando em Direito Público, curriculum de Direito e Processo Penal, da Università degli Studi di Roma "La Sapienza". Mestre em Direito Econômico e Desenvolvimento da Pontifícia Universidade Católica do Paraná (PUCPR). Membro do Observatório da Mentalidade Inquisitória. Tradutor de textos jurídicos. Advogado.

CAROL PRONER

Advogada, Doutora em Direito Internacional, Professora da UFRJ, fundadora da Associação Brasileira de Juristas pela Democracia – ABJD.

CHRISTIAN LAVAL

Professor Emérito de Sociologia da Universidade de Paris Nanterre.

FAUZI HASSAN CHOUKR

Pós-Doutorado pela Universidade de Coimbra (2012/2013). Doutorado (1999) e Mestrado (1994) em Direito Processual Penal pela Universidade de São Paulo. Especializado em Direitos Humanos pela Universidade de Oxford (New College, 1996) e em Direito Processual Penal pela Universidade Castilla la Mancha (2007). Capacitação profissional para o sistema acusatório junto ao CEJA – Centro de Estudos Jurídicos das Américas (OEA), Chile, 2016.

FERNANDO AUGUSTO FERNANDES

Doutor em Ciência Política pela UFF. Mestre em Criminologia e Direito Penal pela UCAM. Presidente do Instituto Tristão Fernandes. Secretário do IDD8 – Instituto de Defesa da Democracia 8 de Janeiro. Advogado.

GISELA FRANÇA

Doutora em Direito Penal pela Universidade do Estado do Rio de Janeiro – UERJ. Mestra em Ciências Penais pela Universidade Candido Mendes – UCAM. Professora Substituta de Direito Penal da Universidade Federal Fluminense – UFF Volta Redonda. Professora da Pós-Graduação em Ciências Criminais e Segurança Pública da Universidade do Estado do Rio de Janeiro – UERJ. Professora da

Escola da Magistratura do Estado do Rio de Janeiro – EMERJ. Professora da Pós-Graduação em Criminologia, Direito Penal e Processo Penal da Universidade Candido Mendes – UCAM Centro.

GISELE CITTADINO

Professora Associada da PUC-Rio.

HELENA CASTRO

Advogada Criminalista. Professora Adjunta da Graduação de Direito da Universidade de Pernambuco. Doutora em Direito pela Universidade Católica de Pernambuco. Mestre em Ciências Criminais pela PUC/RS.

JACINTO NELSON DE MIRANDA COUTINHO

Professor Titular de Direito Processual Penal da Faculdade de Direito da Universidade Federal do Paraná (aposentado). Professor do Programa de Pós-Graduação em Ciências Criminais da Pontifícia Universidade Católica do Rio Grande do Sul (PUC/RS). Professor do Programa de Pós-Graduação em Direito da UNIVEL, Cascavel. Especialista em Filosofia do Direito (PUCPR), Mestre (UFPR), Doutor (Università degli Studi di Roma "La Sapienza"). Presidente de Honra do Observatório da Mentalidade Inquisitória. Advogado. Membro da Comissão de Juristas do Senado Federal que elaborou o Anteprojeto de Reforma Global do CPP, hoje Projeto 156/2009-PLS.

JACSON ZILIO

Doutor em Direito Penal e Criminologia pela Universidade Pablo de Olavide (Sevilha, Espanha). Professor de Direito Penal e Criminologia da Pontifícia Universidade Católica do Paraná/PUC-PR. Promotor de Justiça do Ministério Público do Paraná.

JESSÉ SOUZA

Doutor em Sociologia pela Universidade de Heidelberg, Alemanha. Pós-Doutor pela Universidade de Bremen, Alemanha, e pela New School for Social Research, em Nova York. Livre-Docente pela Universität Flensburg, Alemanha. Foi Presidente do IPEA entre 2015 e 2016.

JOEL CORREIA DE LIMA

Advogado criminal.

JUAREZ CIRINO DOS SANTOS

Professor de Direito Penal da UFPR. Presidente do Instituto de Criminologia e Política Criminal (ICPC). Advogado.

JUAREZ TAVARES

Professor Titular de Direito Penal da Universidade do Estado do Rio de Janeiro. Pós-Doutor em Direito pela Universidade de Frankfurt am Main. Doutor em Direito pela Universidade do Rio de Janeiro.

LENIO STRECK

Doutor em Direito pela Universidade Federal de Santa Catarina (UFSC) com Pós-Doutorado pela Faculdade de Direito da Universidade de Lisboa (FDUL). Professor Titular da Universidade do Vale do Rio Sinos (UNISINOS/RS) e da Universidade Estácio de Sá (UNESA/RJ). Membro catedrático da Academia Brasileira de Direito Constitucional – ABDConst. Coordenador do Dasein – Núcleo de Estudos Hermenêuticos. Advogado. Procurador de Justiça do Estado do Rio Grande do Sul aposentado.

LEONARDO COSTA DE PAULA

Doutor em Direito do Estado (UFPR). Professor Adjunto de Direito Processual Penal e Prática Penal da UFF-VDI. Professor do Programa de Pós-Graduação em Direito da Universidade Federal Fluminense. Presidente do Observatório da Mentalidade Inquisitória. Líder do Grupo de Pesquisa Processo Penal e Mentalidade Inquisitória. Co-líder do Grupo de Pesquisa Vulnerabilidades. Co-líder do Grupo de Pesquisa Observatório de Direito e Tecnologia. Coordenador do Projeto Extensionista "Podcast Traduzindo Direitos". Coordenador do Projeto Extensionista Empresa Júnior "Publique-se: marketing digital e inovação tecnológica com foco no Direito".

LEONARDO ISAAC YAROCHEWSKY

Advogado Criminalista. Mestre e Doutor em Ciências Penais pela UFMG.

LUIS GUSTAVO GRANDINETTI CASTANHO DE CARVALHO

Desembargador aposentado do TJRJ, Professor Visitante da UERJ, Mestre pela PUC-RJ, Doutor pela UERJ, Pós-Doutor pela Universidade de Coimbra e Advogado.

MANUELA ABATH

Advogada criminalista. Professora Adjunta de Direito Processual penal da Graduação e do Programa de Pós-Graduação em Direito da Universidade Federal de Pernambuco. Doutora em Direito pela Universidade de Brasília. Mestre em Direito pela UFPE. Contato: manuela.valenca@ufpe.br.

MARCELO SEMER

Desembargador do Tribunal de Justiça em São Paulo e escritor. Doutor em Criminologia e Mestre em Direito Penal, ambos pela Faculdade de Direito da USP. Membro e ex-presidente da Associação Juízes para a Democracia.

MÁRCIA DINIS

Advogada criminal, Mestre em Criminologia, Presidente da Sociedade dos Advogados Criminais do Estado do Rio de Janeiro, Presidente da Comissão de Criminologia e Diretora de Biblioteca do Instituto dos Advogados Brasileiros.

MÁRCIA SEMER

Advogada, Procuradora do Estado de São Paulo aposentada. Doutora em Direito do Estado e Mestre em Direito Administrativo pela FDUSP.

MARCIO SOTELO FELIPPE

Advogado. Foi Procurador do Estado de São Paulo (1980 a 2012), exercendo os cargos de Procurador-Geral do Estado (1995 a 2001) e Diretor da Escola Superior da Procuradoria-Geral do Estado (2008 a 2010). Membro da Comissão da Verdade da OAB Federal (2014). Publicou Razão jurídica e dignidade humana e, em co-autoria, Brasil despedaçado e Brasil em fúria, além de colaborações em diversas coletâneas.

MARCOS PEIXOTO

Juiz de Direito.

MARIA HELENA BARROS DE OLIVEIRA

Advogada, Doutora em Ciências pela Escola Nacional de Saúde Pública Sergio Arouca da Fundação Oswaldo Cruz (ENSP/Fiocruz), Pesquisadora e Chefe do Departamento de Direitos Humanos e Saúde (DIHS/ENSP/Fiocruz) e Vice-Presidenta do Núcleo de Pesquisa em Gênero, Raça e Etnia (NUPEGRE) na Escola da Magistratura do Estado do Rio de Janeiro (EMERJ).

MARIA LÚCIA KARAM

Juíza de Direito (aposentada).

MARIANA WEIGERT

Doutora em Psicologia (UFRGS, 2015). Mestre em Criminologia e Execução Penal (Universidad Autónoma de Barcelona, 2007) e em Ciências Criminais (PUC/RS, 2008).

MARÍLIA CARVALHO GUIMARÃES

Professora de Letras neolatinas, escritora, jornalista, ex-exilada, empresária. Presidente da Rede Internacional de Intelectuais em defesa da Humanidade – Capítulo Brasil. Presidente do Comitê Coração Azul contra o Tráfico de Pessoas – Capítulo Brasil.

MARINA CERQUEIRA

Professora de Direito Penal do Instituto Brasileiro de Ensino, Desenvolvimento e Pesquisa (IDP-Brasília), Mestre em Direito pela Universidade Federal da Bahia (UFBA), Doutoranda em Ciências Criminais pela Pontifícia Universidade Católica do Rio Grande do Sul (PUC/RS) e Assessora de Ministra do Superior Tribunal de Justiça (STJ).

MAURÍCIO ZANOIDE DE MORAES

Professor Titular de Direito Processual Penal. Faculdade de Direito da Universidade de São Paulo - USP.

NEY BELLO

Professor da Universidade de Brasília – UNB. Desembargador do Tribunal Regional Federal da 1ª Região.

NILO BATISTA

Professor Titular de Direito Penal da UERJ e da UFRJ (aposentado).

PAULO DE OLIVEIRA LANZILLOTTA BALDEZ

Desembargador do TJRJ. Mestre em Direito pela Unesa. Presidente do Fórum Permanente de Política e Justiça Criminal Professor Juarez Tavares da EMERJ. Membro do Comitê Estadual para Combate e Prevenção à Tortura do Estado do Rio de Janeiro e membro da AJD.

PEDRO SERRANO

Doutor, Mestre e Bacharel em Direito do Estado pela PUC/SP com Pós-Doutoramento em Teoria Geral do Direito pela Faculdade de Direito da Universidade de Lisboa e em Direito Público pela Université Paris-Nanterre. Professor de Direito Constitucional e de Teoria do Direito na Graduação, no Mestrado e no Doutorado da Faculdade de Direito da PUC/SP.

PIERRE SOUTO MAIOR

Professor de Direito Processual Penal (Pós-Graduação ASCES). Juiz de Direito (TJPE).

ROBERTA DUBOC PEDRINHA

Advogada. Pós-Doutora em Criminologia e Direito Penal pela Universidade do Estado do Rio de Janeiro (PPGD/UERJ). Doutora em Sociologia pela Universidade do Estado do Rio de Janeiro (IESP/UERJ). Professora Adjunta de Criminologia e Direito Penal da Universidade Federal Fluminense (UFF) e Docente Permanente Credenciada ao seu Programa de Pós-Graduação em Direito Constitucional (PPGDC/UFF) e ao Programa de Pós-Graduação em Sociologia e Direito (PPGSD). Pesquisadora Líder do Laboratório de Estudos Penais e Criminológicos (LEPEC/UFF). Coordenadora do Curso de Criminologia da Escola Superior do Instituto dos Advogados Brasileiros (IAB). Docente Convidada da Escola da Magistratura do Estado do Rio de Janeiro (EMERJ), do Mestrado em Cultura Jurídica da Universidade de Girona, Espanha (UG/ES), e da Maestria em Derecho Penal de la Universidad Nacional de Rosario (UNR/AR). Fundadora e Primeira Vice-Presidente da Comissão de Criminologia do Instituto dos Advogados Brasileiros (IAB). Presidente do Instituto dos Defensores de Direitos Humanos (DDH).

SALO DE CARVALHO

Doutor (UFPR, 2000) e Mestre em Direito (UFSC, 1996). Professor de Direito Penal da Faculdade Nacional de Direito (UFRJ) e da Faculdade de Direito da Universidade do Estado do Rio de Janeiro (UERJ).

SIMONE NACIF

Juíza de Direito do TJRJ, Mestra em Saúde Pública pela ENSP/Fiocruz e membra da AJD e da ABJD.

SIMONE SCHREIBER

Mestre em Direito Constitucional pela PUC/RJ. Doutora em Direito Público pela UERJ. Professora Associada de Direito Processual Penal da UNIRIO. Desembargadora Federal do Tribunal Regional Federal da 2ª Região.

VERA MALAGUTI BATISTA

Doutora e Pós-Doutora em Saúde Coletiva pelo IMS – Universidade do Estado do Rio de Janeiro. Secretária Executiva do Instituto Carioca de Criminlogia.

VERA REGINA PEREIRA DE ANDRADE

Professora Titular de Criminologia da Universidade Federal de Santa Catarina.

VICTORIA-AMÁLIA DE SULOCKI

Professora Doutora em Teoria do Direito, Ética e Construção da Subjetividade pela Pontifícia Universidade Católica do Rio de Janeiro. Professora colaboradora no PPGD da PUC/Rio. Advogada criminal.

APRESENTAÇÃO

Viver é encontrar-se em permanente transição. Assim é com as pessoas e as sociedades.

O intelectual e o artista costumam ser as pessoas que percebem as mudanças antes de todas as outras e, não raro, pela arte e pelo ensaio, nos advertem sobre os perigos de se percorrer determinados caminhos e da necessidade de adotar certas posturas aparentemente ousadas.

Necessitamos da arte e necessitamos do pensamento original e livre. Essa demanda ganha a forma da urgência quando o cenário antevisto no contexto da mudança parece querer nos levar de volta aos momentos mais cruéis e aflitivos do século XX, ao apogeu dos fascismos, dos totalitarismos e do individualismo farisaico.

É nessa hora que é preciso ser lúcido. *Preciso* no sentido de *pontual* e *certo*, *cravado*; mas também a expressão é dotada do significado trivial da *necessidade*.

A espantosa lucidez da obra de Rubens Casara, que entra em sua terceira década de produção acadêmica e contribuição típica do intelectual público, merece ser reverenciada.

Desde os remotos primeiros textos sobre processo penal, denunciando a distorção epistêmica do discurso e da prática do arbitramento institucional de castigos, às intervenções mais contemporâneas, que exploram o labirinto das subjetividades que caracterizam o momento atual, Rubens mostrou-se digno de ser lido como intérprete imprescindível dos tempos modernos.

É essa dignidade intelectual que se celebra pela publicação de artigos extraordinários, de autoria de gigantes do pensamento, professores e professoras, colegas magistrados, do Ministério Público e da advocacia, gente reunida por meio dos ensaios que compõem um quadro parcial da imensa influência intelectual exercida por Rubens Casara.

O livro festeja a obra de Rubens, mas cada artigo também o acompanha nas preocupações com a militância intelectual, que deve ser convertida em práticas de preservação da democracia e de ampliação das bases sociais que devem ser beneficiadas por condições efetivas de vida digna.

A celebração é completada pelas cartas afetuosas que *abrem* o livro, porque é fundamental postular a vitória do afeto sobre o ódio, signo dos autoritarismos que voltaram à moda favorecidos por comportamentos públicos hostis à inteligência e à solidariedade.

Rubens Casara é botafoguense, como era o descendente dos indígenas da etnia *Fulni-ô*, gênio que brilhou com a camisa 7 no time da *Estrela Solitária*, nosso querido *Mané Garrincha*.

Direito e Poder: escritos em homenagem a Rubens Casara nasce simbolizando essa convergência entre os caminhos da imaginação trilhados pelo craque das *pernas tortas* e a potência alvinegra que supera o futebol, vindo a consagrar belíssima história, remota e recente, que se confunde com a história das melhores práticas progressistas e transformadoras de nossa cultura.

Pelo conjunto da obra, Rubens é muito merecedor de vestir essa *camisa 7*.

RAFAEL VALIM

GERALDO PRADO

Organizadores

CARTA AO PAI

Desde que nos lembramos, nosso pai sempre foi sinônimo de carinho. Presente em todas as fases da vida, dos momentos mais importantes aos mais banais. Um pai que sempre buscou fazer o possível e o impossível para ver a gente feliz. Botafoguense, ariano e carioca criado na Ilha do Governador, mas, acima de tudo, um pai atencioso.

Poderíamos citar mil atributos que fazem de Rubens Casara não só um superpai, mas também um juiz e escritor excepcional e uma das melhores pessoas que conhecemos: sempre parceiro, justo, engraçado e um homem de muitas palavras. E é indiscutível que essas muitas palavras, as quais passam de audiências a palestras e vão até conversas de jantar, são sempre carregadas de muito senso crítico, consciência social e discernimento. E nós achamos que é isso que faz nosso pai a pessoa tão incrível que ele é.

Poderia ter escolhido qualquer profissão diferente da magistratura que certamente o faria se destacar. Mas é por meio de sua essência que tenta equilibrar a balança em um mundo que, não raras vezes, pende mais para um lado do que para outro.

Homenageá-lo neste momento da nossa existência é um duplo privilégio, primeiro, por você ser nosso pai, segundo, por nós sermos suas filhas.

Com muito amor e carinho,
Maria Clara e Maria Luísa
Te amamos pai.

CARTA AO RUBENS

Querido Rubens!

Escrevo esta dedicatória com afeto e encanto que tenho pelo ser humano que tu és.

Dedicado à família, às causas humanitárias e à justiça sem jamais se esquecer dos que te cercam. Eterno romântico, sonhador e sempre em busca de uma sociedade melhor. Uma pessoa verdadeiramente notável.

Este livro nada mais é do que uma justa homenagem escrita a tantas mãos queridas e que admiram o teu trabalho no meio acadêmico, jurídico e admiradores da tua história.

E que história! Iniciou muito cedo na carreira pública, sempre comprometido com o outro e em defesa dos direitos dos menos favorecidos e indesejáveis.

Que tu sempre continues a iluminar e a inspirar para que tenhamos uma sociedade mais empática e mais humana.

Como tua companheira de jornada, só posso te agradecer por compartilhar meus dias, meu coração e minha vida ao teu lado.

Com todo amor e admiração,

Elisa

CAPÍTULO I

AINDA A PRISÃO PREVENTIVA DECRETADA *EX OFFICIO* PELO JUIZ?

AFRÂNIO SILVA JARDIM

PIERRE SOUTO MAIOR

Introdução

Em um primeiro plano, antes mesmo de enveredarmos no assunto técnico, fazemos questão de reverenciar o homenageado professor e magistrado Rubens Casara, pessoa de singular inteligência e cultura, prolífico autor, que espraiou sua atuação por outros ramos do conhecimento humano além do Direito, como a Ciência Política e a Psicanálise, sempre pugnando por justiça social e igualdade material. Muito nos honra podermos chamar Rubens Casara de nosso amigo pessoal.

Passando à análise do tema processual, não é de se admirar, embora seja cansativo, verificarmos a necessidade de retomarmos temas que pensamos já pacificados no Direito Processual Penal nacional. A ausência de surpresa se deve, entre outras coisas, a uma persistente e já decantada mentalidade inquisitória, caractere nefasto porém persistente, em boa parte dos membros da magistratura e do Ministério Público e, em menor grau, na própria academia.

Apesar de não concordarmos que o marco legal definitivo, que proibiu o magistrado de decretar a prisão preventiva de ofício, tenha se dado com a edição da Lei n. 13.964/2019, eis que já defendíamos tal vedação desde a vigência da Lei n. 12.403/2011,[1] sem dúvida alguma, a redação recente dos dispositivos legais que regem a matéria ficou mais objetiva, daí que seja natural a conclusão de alguns julgados no sentido de que somente a partir daquela lei temos impedimento expresso.

Aliás, houve, recentemente, a edição de súmula do Superior Tribunal de Justiça nesse sentido, veja-se:[2] "em razão da Lei n. 13.964/2019, não é mais possível ao juiz, de ofício, decretar ou converter prisão em flagrante em prisão preventiva".

Também no Supremo Tribunal Federal, o tema parecia pacificado desde o julgamento do HC n. 186.421/SC,[3] julgado em 20/10/2020, sob a relatoria do Ministro Celso de Melo. Vejamos a ementa do acórdão:

---

1 JARDIM, Afranio Silva; AMORIM, Pierre Souto Maior Coutinho de. *Direito Processual Penal*: estudos, pareceres e crônicas. 15ª ed. Salvador: Juspodivm, 2018.

2 Súmula n. 676, Terceira Seção, julgado em 11/12/2024, DJe 17/12/2024. Disponível em: https://scon.stj.jus.br/docs_internet/jurisprudencia/tematica/download/SU/Verbetes/VerbetesSTJ.pdf. Acessado em: 13.02.2025.

3 Disponível em: www.stf.jus.br/arquivo/cms/noticiaNoticiaStf/anexo/HC186421.pdf. Acessado em: 13.02.2025.

EMENTA: *HABEAS CORPUS* IMPETRADO CONTRA DECISÃO MONOCRÁTICA QUE INDEFERE LIMINAR EM TRIBUNAL SUPERIOR. SÚMULA 691/STF. SUPERAÇÃO. SITUAÇÃO EXCEPCIONAL. PRISÃO EM FLAGRANTE. AUDIÊNCIA DE CUSTÓDIA. COVID-19. OBSERVÂNCIA OBRIGATÓRIA. CONVENÇÃO AMERICANA DE DIREITOS HUMANOS – PACTO DE SÃO JOSÉ DA COSTA RICA. PACTO DE DIREITOS CIVIS E POLÍTICOS. DIREITO FUNDAMENTAL DO PRESO. POSSIBILIDADE DE REALIZAÇÃO POR VIDEOCONFERÊNCIA. AUSÊNCIA DE NORMA LEGAL PROIBITIVA. CONVERSÃO DE PRISÃO EM FLAGRANTE EM PRISÃO PREVENTIVA DE OFÍCIO PELO MAGISTRADO. VIOLAÇÃO DO SISTEMA ACUSATÓRIO. ARTS. 5º, LIII, LV, LIX, 93, 129, I, E 133, DA CONSTITUIÇÃO FEDERAL. ARTS. 282, § § 2º e 4º, 310, 311 E 312 DO CÓDIGO DE PROCESSO PENAL. PODER GERAL DE CAUTELA. ILEGALIDADE. OCORRÊNCIA. CONCESSÃO DA ORDEM DE OFÍCIO.

(...)

5. A Lei n. 13.964/2019, ao suprimir a expressão "de ofício" constante na redação anterior dos arts. 282, § § 2º e 4º, e 311, ambos do Código de Processo Penal, veda, de forma expressa, a imposição de medidas cautelares restritivas de liberdade pelo magistrado sem que haja anterior representação da autoridade policial ou requerimento das partes. 6. O art. 310 do Código de Processo Penal deve ser interpretado à luz do sistema acusatório e, em conjunto, com os demais dispositivos legais que regem a aplicação das medidas cautelares penais (arts. 282, §§ 2º e 4º, 311 e seguintes do CPP). Disso decorre a ilicitude da conversão, de ofício, da prisão em flagrante em prisão preventiva pela autoridade judicial. 7. O auto de prisão em flagrante é procedimento de natureza administrativa, em que a autoridade policial limita-se a observar as formalidades legais para a sua lavratura (arts. 304 e seguintes do CPP), sem tecer consideração sobre a necessidade e a adequação da prisão preventiva, espécie com pressupostos e requisitos distintos (art. 311 e seguintes do CPP). Faz-se, portanto, necessário pedido, formal e expresso, da autoridade policial ou do Ministério

> Público, em audiência de custódia, para a imposição da prisão preventiva pelo magistrado. 8. O poder geral de cautela não autoriza o agir do Juiz por iniciativa própria quando em detrimento da liberdade individual. No processo penal, para que a intervenção estatal opere nas liberdades individuais com legitimidade, é necessário o respeito à legalidade estrita e às garantias fundamentais. Doutrina. Precedentes. 9. *Habeas corpus* não conhecido. Ordem concedida de ofício.

Todavia, em novos malabarismos interpretativos, a exemplo do que já ocorrera quando se defendeu, na doutrina e em julgados, que "converter" seria diferente de "decretar" ou que a comunicação da prisão em flagrante, com cópia do auto de prisão, seria uma representação "implícita" pela prisão preventiva, absurdos felizmente já afastados pela jurisprudência dominante dos tribunais superiores, eis que surge, no seio da mais alta corte do país, uma decisão que autoriza novamente a atuação do juiz para decretação da prisão preventiva de ofício, em que pese a clareza solar da legislação em vigor, que será didaticamente transcrita no corpo deste trabalho. Trata-se do julgamento proferido no HC n. 234.974/AL, realizado em 19/12/2023, sob a relatoria do Ministro Cristiano Zanin. Vejamos a ementa do acórdão:

> EMENTA: AGRAVO REGIMENTAL NO RECURSO ORDINÁRIO EM *HABEAS CORPUS*. PROCESSUAL PENAL. RECORRENTE PRESO PREVENTIVAMENTE POR SUPOSTA TENTATIVA DE HOMICÍDIO QUALIFICADO. DECRETAÇÃO DE OFÍCIO. NÃO OCORRÊNCIA. REPRESENTAÇÃO PELA CONVERSÃO DO FLAGRANTE POR OUTRAS CAUTELARES ALTERNATIVAS. MANIFESTAÇÃO PRÉVIA DO MINISTÉRIO PÚBLICO. AGRAVO IMPROVIDO. I – Não ocorrência da hipótese de aplicação da jurisprudência desta Suprema Corte acerca da ilegalidade da conversão, de ofício, da prisão em flagrante em custódia preventiva, sem que haja prévio requerimento do Ministério Público, do querelante ou do assistente, ou por representação

> da autoridade policial, conforme dispõem os arts. 282, §§ 2° e 4°, e 311 do Código de Processo Penal, com as alterações introduzidas pela Lei n. 13.964/2019. II – Apesar da discordância de entendimento entre o Promotor de Justiça e o Magistrado de origem acerca da espécie de medida cautelar a ser adotada, houve pronunciamento do órgão de acusação para que outras cautelares alternativas fossem fixadas, situação bem distinta de quando o julgador age *sponte sua*. III – A propósito, o inciso II do art. 282 do Código de Processo Penal dispõe que as medidas cautelares deverão ser aplicadas observando-se a "adequação da medida à gravidade do crime, circunstâncias do fato e condições pessoais do indiciado ou acusado". No caso, depois de ouvir o Ministério Público e a defesa, o Juízo de custódia homologou a prisão em flagrante e entendeu que a medida mais adequada, na espécie, era a conversão do flagrante em prisão preventiva. IV – Nessas circunstâncias, a autoridade judiciária não excedeu os limites de sua atuação e nem tampouco agiu de ofício, de modo que a prisão preventiva do recorrente é compatível com a nova legislação de regência, além de proporcional e adequada ao caso concreto. V – Agravo regimental improvido.

A seguir, faremos algumas considerações doutrinárias sobre o sistema acusatório, a legislação em vigor e o julgado que autoriza o juiz a decretar a prisão preventiva não requerida.

1 Sistema processual acusatório público

O sistema processual acusatório público reúne todas as características do acusatório privado, quais sejam, a divisão de funções entre acusação, defesa e julgamento; a inércia do órgão julgador; o contraditório e a publicidade dos julgamentos; acrescentando-se uma especial: o órgão acusador deve ser, em regra, estatal.

Com tal solução, pretende-se reunir as vantagens dos sistemas inquisitivo e do acusatório privado, garantindo-se a imparcialidade do órgão julgador e a acusação realizada por autoridade estatal, diminuindo a possibilidade de manipulação dos resultados dos julgamentos.

O melhor sistema, portanto, dentre os historicamente estudados, para garantia da imparcialidade judicial, é o chamado acusatório público. Como já dissemos alhures:[4]

> Era preciso, e também uma consequência natural do evoluir dialético do pensamento humano, chegar-se a um processo que fosse a síntese da forma acusatória individualista e do brutal procedimento inquisitório. Impunha-se a retirada do Juiz daquelas funções persecutórias, mas não poderia o Estado cruzar os braços no que tange à persecução penal. O Estado sentiu a necessidade de criar mecanismos seguros para que a atividade jurisdicional se fizesse de forma justa, independentemente da vontade ou interesse das partes privadas. Mas o Juiz tinha de ser preservado, em prol de sua imparcialidade. Conseguiu-se este grande salto de qualidade através da institucionalização do Ministério Público, que pode ser considerado o verdadeiro "ovo de Colombo" para o processo penal que surgiu modernamente. Com o Ministério Público, assumiu o Estado, definitivamente, a titularidade da *persecutio criminis in judicio*, sem precisar comprometer a imparcialidade judicial.

Entre todas as nuances que diferenciam o sistema acusatório do sistema inquisitório, os dois mais influentes e conhecidos sistemas processuais no Ocidente, pode-se afirmar que a separação das funções de acusar, defender e julgar é a principal. Dela decorrem todas as outras características do sistema acusatório, sendo certo, todavia, que podemos ter variações na pureza do sistema, a depender da opção político-legislativa de cada país.

---

4 JARDIM, Afranio Silva; AMORIM, Pierre Souto Maior Coutinho de. *Direito Processual Penal*: estudos, pareceres e crônicas. 15ª ed. Salvador: Juspodivm, 2018, p. 148.

No Brasil, ao garantir a separação das funções de acusar, defender e julgar, estabelecendo o contraditório e a ampla defesa, além de expressamente se referir à presunção de não culpabilidade, a Constituição da República de 1988 definiu as características básicas do sistema acusatório, nos seus elementos essenciais, embora o Código de Processo Penal apenas o tenha adotado expressamente no ano de 2019, com a edição da Lei n. 13.964/2019.

No sistema acusatório público, temos o juiz em posição de equidistância dos interesses das partes, sendo possível que se exija, no desempenho de suas funções, que não privilegie indevidamente qualquer parte processual.[5]

Por evidente, uma equidistância milimétrica e formal não é possível e o próprio sistema legal impõe regras de tratamento e julgamento que reconhecem a situação de inferioridade do investigado ou réu frente à acusação estatal.

Nesse passo, podemos citar como regras de equalização material, no processo penal, a presunção de inocência,[6] a vedação de revisão criminal *pro societate*, os embargos infringentes exclusivos para a defesa, entre outras.

Já no processo inquisitorial, como dito, a relação processual é linear, entre juiz e réu, de modo que funções relevantes de investigação, acusação e julgamento, confundem-se num só feixe de competência, titularizado pelo juiz. Evidente que, nesse sistema, poucas chances tem o réu de ser absolvido ou, ainda mais dramático, de ter um julgamento justo, proferido por um juiz imparcial.

---

5 CASARA, Rubens R. R.; MELCHIOR Antonio Pedro. *Teoria do processo penal brasileiro*: dogmática e crítica, conceitos fundamentais. vol. 1. Rio de Janeiro: Lumen Juris, 2013.

6 MORAIS, Maurício Zanoide. *Presunção de inocência no processo penal brasileiro*: análise de sua estrutura para a elaboração legislativa e para a decisão judicial. Rio de Janeiro: Lumen Juris, 2010.

Nota-se, portanto, que os sistemas processuais penais têm íntima relação com a imparcialidade judicial, assunto que passaremos a observar.

2 Imparcialidade judicial

A imparcialidade judicial pode ser vista como elemento essencial da atividade jurisdicional, ao menos no Direito ocidental contemporâneo. Acima de tudo, o juiz há de ter o compromisso básico de julgar com isenção. Na lição de Gustavo Henrique Badaró:[7]

> A palavra juiz não se compreende sem o qualificativo de imparcial. Não seria exagerado afirmar que um juiz imparcial é uma contradição em termos. Aliás, a ideia de jurisdição está indissociavelmente ligada a de juiz imparcial, na medida em que, se o processo é um meio de heterocomposição de conflitos, é fundamental que o terceiro, no caso, o juiz, seja imparcial, isto é, não parte.

Há diversos mecanismos para se assegurar a imparcialidade judicial, que vão desde a independência orgânica do Poder Judiciário, passando pelo juiz natural, indo até os mecanismos de suspeição e impedimento da pessoa do magistrado.

Não há que se exigir neutralidade do magistrado, o que é impossível, tendo em conta que o juiz está inserido numa classe social, com condicionamentos políticos, culturais, religiosos, econômicos etc.[8]

---

7 BADARÓ, Gustavo Henrique Righi Ivahy. *Juiz natural no processo penal*. São Paulo: Revista dos Tribunais, 2014, pp. 30-31.

8 MAYA, André Machado. *Imparcialidade e processo penal*: da prevenção da competência ao juiz de garantias. 2ª ed. São Paulo: Atlas, 2014.

Importa saber se o juiz não tem interesse pessoal no bem jurídico em disputa ou em beneficiar ou prejudicar as pessoas em litígio.[9]

3 Da legislação em vigor e análise do julgado no HC n. 234.974/AL-STF

É importante perceber que a Lei n. 13.964/2019 alterou dispositivos do Código de Processo Penal, no ponto que nos interessa, justamente para excluir o termo "de ofício", ante a injustificada resistência de boa parte da magistratura brasileira em se adequar ao seu papel no sistema acusatório.

Vejamos como estão postos tais dispositivos atualmente:

> Código de Processo Penal: Art. 282. As medidas cautelares previstas neste Título deverão ser aplicadas observando-se a:
>
> § 2º As medidas cautelares serão decretadas pelo juiz a requerimento das partes ou, quando no curso da investigação criminal, por representação da autoridade policial ou mediante requerimento do Ministério Público.
>
> Art. 311. Em qualquer fase da investigação policial ou do processo penal, caberá a prisão preventiva decretada pelo juiz, a requerimento do Ministério Público, do querelante ou do assistente, ou por representação da autoridade policial.

Imprescindível notar, desculpando-nos de antemão por uma didática repetitiva e talvez excessiva, que a redação anterior de tais dispositivos era praticamente a mesma que a atual, excluindo-se a expressão "de ofício".

---

9 PEREIRA, Frederico Valdez. *Iniciativa probatória de ofício e o direito ao juiz imparcial no processo penal*. Porto Alegre: Livraria do Advogado, 2014.

Como se pode verificar em qualquer glossário jurídico,[10] o termo "de ofício" deriva da expressão latina "*ex officio*" e significa a ação praticada sem necessidade de provocação exterior, independentemente de pedido ou requerimento de interessados, sendo certo que o sujeito age por vontade própria.

Dessa forma, afasta-se, de logo, qualquer interpretação forçada de que a atuação de ofício, seja do juiz ou de outra autoridade, seria diferente daquela praticada sem provocação das partes. Se o juiz decide, em determinado sentido, sem que qualquer sujeito tenha requerido aquela decisão, e não outra, sua atuação ocorreu *ex officio*. É intuitivo.

Tendo como premissas o que acima foi exposto, a adoção do sistema acusatório público, por nossa Constituição Federal e pelo Código de Processo Penal, e sua importância para a garantia da atuação imparcial do juiz, cabe notar que a Lei n. 13.964/2019 foi contundente no sentido de que resta proibida ao juiz qualquer atuação que o leve a se irmanar com o Ministério Público: CPP. "Art. 3º-A. O processo penal terá estrutura acusatória, vedadas a iniciativa do juiz na fase de investigação e a substituição da atuação probatória do órgão de acusação".

Perceba-se que a lei veda "a iniciativa do juiz na fase de investigação" sem distinção, ou seja, está proibida, nessa fase, qualquer atuação judicial não requerida pelas partes, salvo as exceções expressamente previstas em lei ou na própria Constituição Federal, como no caso de relaxamento imediato da prisão ilegal.

Portanto, também por isso, a prisão preventiva não pode ser decretada sem representação da autoridade policial ou requerimento

---

10 JUSTIÇA DO TRABALHO. "De ofício". *Glossário jurídico do Tribunal Regional do Trabalho da 18ª Região*. Disponível em: https://www.trt18.jus.br/portal/glossario/de-oficio/#:~:text=Express%C3%A3o%20derivada%20do%20termo%20latino,ou%20pedido%20da%20parte%20interessada. Acessado em: 16.02.2025.

do Ministério Público, querelante ou assistente, diz a lei, em atuação de ofício da autoridade judicial.

O argumento central, posto no acórdão HC n. 234.974/AL--STF, é no sentido de que o juiz não estaria agindo de ofício, eis que o Ministério Público requereu a aplicação de cautelares diversas da prisão.

Como é de fácil percepção, e consta no próprio acórdão, o Ministério Público, ao requerer a aplicação de cautelares diversas da prisão, pugnou pela concessão de liberdade provisória ao investigado, até porque este estava preso em flagrante delito.

Ou seja, o Ministério Público desejou que o investigado fosse posto em liberdade e que, nessa condição de não preso, ou seja, de liberto (a desculpar novamente a tautologia), aplicassem-lhe cautelares DIVERSAS da prisão.

Com todas as vênias cabíveis, entender que o requerimento de uma cautelar DIVERSA da prisão, que, no caso concreto, pressupõe o deferimento simultâneo da liberdade provisória, equivaleria à provocação que autoriza o juiz a decretar a própria prisão preventiva é admitir, *mutatis mutandis*, que se decrete uma prisão provisória num julgamento de *habeas corpus*.[11]

Sendo assim, no caso do HC n. 234.974/AL-STF, não resta qualquer dúvida de que o único ator processual que manifestou a intenção de prender preventivamente o investigado foi o juiz, de modo que é absolutamente inequívoco que, para esse fim específico, agiu de ofício.

---

11 Para não ficar dúvidas de que tudo é possível, no âmbito jurisprudencial, tal fato já ocorreu. Veja-se: APADEP. *De ofício, juiz decreta prisão cautelar em HC que discutia imposição de fiança*. Disponível em: https://apadep.org.br/de-oficio-juiz-decreta-prisao-cautelar-em-hc-que--discutia-imposicao-de-fianca/#:~:text=Uma%20decis%C3%A3o%20incomum%20foi%20tomada,homem%20que%20furtou%20um%20celular. Acessado em: 16.02.2025.

Sequer caberia aqui argumentar que o juiz teria poder geral de cautela e que, por isso, poderia "escolher" a medida cautelar que entendesse cabível para o caso concreto.

Em primeiro lugar, o poder geral de cautela, no processo penal, é bastante questionável e, mesmo quando aceito pela melhor doutrina, vai no sentido de que o juiz apenas poderia decretar uma medida menos gravosa, diferente das cabíveis e legalmente previstas, para o investigado/réu.[12]

Em segundo lugar, no caso em análise, sequer seria a hipótese de invocação do poder geral de cautela judicial, eis que houve requerimento de uma medida cautelar típica específica, diversa da prisão, e o juiz decretou exatamente a prisão, também cautelar típica, mais gravosa, e não requerida por qualquer legitimado.

4 E a realidade?

Acima buscamos fazer uma interpretação técnica das normas jurídicas pertinentes à prisão cautelar, com base nos princípios fundantes do chamado sistema acusatório. Como temos consciência crítica, a exemplo do amigo homenageado, julgamos adequado tecer algumas considerações sobre a realidade do nosso sistema de justiça criminal.

Dissemos alhures que a atividade jurisdicional, em nosso país, de há muito, está parcialmente terceirizada. Um verdadeiro faz de conta... Operadores do Direito que atuam nos processos criminais, muitas vezes, assinam atos processuais que não elaboraram, redigidos por assessores ou mesmo estagiários de Direito. Isto está institucionalizado e teve sua origem principalmente nos tribunais.

---

12 ALENCAR, Rosmar Rodrigues; TÁVORA, Nestor. *Curso de Direito Processual Penal*. 14ª ed. Salvador: Juspodivm, 2019.

Importante ressaltar que fizemos esse "desabafo" muito antes dos julgamentos não presenciais, via *internet*, e muito antes da perigosa inteligência artificial.

Achamos que tudo começa quando, por influência norte-americana, o legislador pátrio inseriu, em nosso sistema de justiça, o nefasto princípio privatista de "o negociado acima do legislado", trazendo negócios jurídicos convencionais ou contratuais para o processo penal, postergando as normas jurídicas de interesse público.

Sempre denunciamos essa indevida "privatização do processo penal", que acaba dando ao Ministério Público excessivos poderes discricionários.

Na prática, tais indevidos poderes discricionários acabaram sendo, indiretamente, delegados para aqueles terceiros que, por vezes, elaboram os atos processais, como acima referido.

Essas mazelas, de alguma forma, embora mais raramente, fazem-se sentir nas audiências de custódia, exigidas após a prisão de qualquer pessoa, mormente quando realizadas por videoconferência, em um país continental como o nosso, com gritante desigualdade social.

Casos há em que atos e decisões já estão elaborados previamente ou são apresentados formalmente, sem maiores considerações.

Na prática, tudo fica dependendo da gravidade do delito noticiado nos autos de prisão em flagrante, o que não é admitido pela doutrina mais qualificada.

Sabemos que, em algumas poucas comarcas mais longínquas, até mesmo audiências de instrução e julgamento são realizadas sem a presença do órgão do Ministério Público ou da defesa técnica, que assinam posteriormente a respectiva ata. Por vezes, estagiários indevidamente substituem o/a titular da Defensoria Pública.

Essa realidade acaba por reduzir, em alguma medida, a importância das análises, no plano normativo, do sistema processual de prisão e liberdade provisória, como fizemos acima.

Entretanto, mal ou bem, a dogmática jurídica acaba funcionando como um freio ao voluntarismo, à discricionariedade e ao arbítrio, ainda que parcial. Destarte, muito depende da nossa resistência, da nossa luta por um processo penal e por um sistema de justiça criminal verdadeiramente democráticos.

Não encerramos esta breve análise crítica sem reconhecer a "culpa" também do legislador, que atua sem conhecimento de causa. Como se exigir postulação do Ministério Público devidamente fundamentada e decisão judicial também devidamente fundamentada tendo para exame, quase sempre, apenas o auto de prisão em flagrante ou poucas outras peças informativas? Como decretar uma prisão cautelar sem poder constatar, com alguma profundidade, os requisitos fáticos previstos no art. 312 do Código de Processo Penal?

Finalizamos reiterando a importância da técnica jurídica como um freio ao "vale-tudo" processual.

O princípio da legalidade processual é inerente ao Estado Democrático de Direto. A forma processual é uma relevante guardiã da correta atividade jurisdicional em relação ao mérito do processo.

Destarte, não podemos descurar do estudo do processo e de seus procedimentos. Por esse motivo, afastada que fica qualquer ingenuidade, asseveramos a serventia e utilidade desses estudos mais técnicos.

Considerações finais

Em conclusão, podemos afirmar que o juiz, para preservar sua imparcialidade e atuar conforme as normais legais cogentes, as quais estipulam parâmetros mais rígidos no sistema acusatório, e que a longa tradição, quase inquisitorial, de boa parte da magistratura brasileira não podem decretar a prisão preventiva do investigado/réu sem que haja representação ou requerimento dos legitimados legalmente.

Noutras palavras, o juiz atuará de ofício, portanto, ilegalmente e inconstitucionalmente, sempre que decretar uma prisão preventiva não requerida pelo Ministério Público, pelo querelante, assistente ou representada pela autoridade policial, mesmo que tenha sido requerida uma medida cautelar DIVERSA da prisão.

Embora observemos uma caótica prática, especialmente de boa parte dos membros da magistratura e do Ministério Público, na aplicação de nosso processo penal, é relevante que se continue a interpretar o sistema normativo criticamente e com pertinência técnica, até mesmo para que sirva como obstáculo ao aumento da arbitrariedade desses atores processuais.

Referências bibliográficas

ALENCAR, Rosmar Rodrigues; TÁVORA, Nestor. *Curso de Direito Processual Penal*. 14ª ed. Salvador: Juspodivm, 2019.

APADEP. *De ofício, juiz decreta prisão cautelar em HC que discutia imposição de fiança*. Disponível em: https://apadep.org.br/de-oficio-juiz-decreta-prisao-cautelar-em-hc-que-discutia-imposicao-de-fianca/#:~:text=Uma%20decis%C3%A3o%20incomum%20foi%20tomada,homem%20que%20furtou%20um%20celular. Acessado em: 16.02.2025.

BADARÓ, Gustavo Henrique Righi Ivahy. *Juiz natural no processo penal*. São Paulo: Revista dos Tribunais, 2014.

CASARA, Rubens R. R.; MELCHIOR Antônio Pedro. *Teoria do processo penal brasileiro*: dogmática e crítica, conceitos fundamentais. vol. 1. Rio de Janeiro: Lumen Juris, 2013.

JARDIM, Afranio Silva; AMORIM, Pierre Souto Maior Coutinho de. *Direito Processual Penal*: estudos, pareceres e crônicas. 15ª ed. Salvador: Editora Juspodivm, 2018.

JUSTIÇA DO TRABALHO. "De ofício". *Glossário jurídico do Tribunal Regional do Trabalho da 18ª Região*. Disponível em: https://www.trt18.

jus.br/portal/glossario/de-oficio/#:~:text=Express%C3%A3o%20derivada%20do%20termo%20latino,ou%20pedido%20da%20parte%20 interessada. Acessado em: 16.02.2025.

MAYA, André Machado. *Imparcialidade e processo penal*: da prevenção da competência ao juiz de garantias. 2ª ed. São Paulo: Atlas, 2014.

MORAIS, Maurício Zanoide. *Presunção de inocência no processo penal brasileiro*: análise de sua estrutura para a elaboração legislativa e para a decisão judicial. Rio de Janeiro: Lumen Juris, 2010.

PEREIRA. Frederico Valdez. *Iniciativa probatória de ofício e o direito ao juiz imparcial no processo penal*. Porto Alegre: Livraria do Advogado, 2014.

CAPÍTULO II

PARA RUBENS – UM HUMANO SUPERIOR

AMILTON BUENO DE CARVALHO

Nós, filhos do futuro, como poderíamos nos sentir em casa neste presente? (A Gaia Ciência, n. 376).

O que será do homem que não tem mais nenhuma razão para se defender e atacar? (2, p. 393).

Introduzindo

Quando Geraldo Prado (irmão de utopia, companheiro de luta, parceiro de caminhada) telefonou convidando para fazer parte desta obra em homenagem ao grande Rubens, sequer pensei ao aceitar: a) sentir-me-ia ofendido se convidado não fosse; e b) não me perdoaria jamais se não aceitasse, tamanha a admiração que nutro por Rubens.

Geraldo foi quem a ele me apresentou – recentemente ingressara na magistratura carioca. Era evento de Direito Alternativo, no século passado, na Unesp de Franca, organizado pelo professor Antonio Alberto Machado.

Muitos eventos participamos juntos e aos poucos ele invadiu os afetos da família Carvalho – para nosso imenso orgulho!

De imediato – literalmente no mesmo dia do convite de Geraldo –, comecei a organizar o presente texto. Para tanto, convidei **Nietzsche** à parceria: passou a mão no bigode, tomou um gole de chimarrão, afagou o Woody e aceitou a empreitada.

Ainda introduzindo

Quem bem conhece Rubens tem ciência que ele está muito próximo do além-do-homem nietzschiano. Sua história – somos o que somos porque fomos, tudo no caminho do que seremos: "o tornar-se arrasta atras de si o haver sido" (3, n. 49) – tudo demonstra para além do magistrado competente, digno, humanista, sensível, inclusive pela forte formação acadêmica que ostenta, com invasão na psicanálise!

Acima de tudo (e de todos): ímpar jurista criativo – assume-a com todos os riscos que ela, criação, encerra. Mas seu criar não é aquele que busca perpetuar um sistema de dominação ("criação" voltada para a morte, para a des-vida), mas aquele comprometido com a **vida** digna para todos, absolutamente todos – inclusive dos que buscam destruí-la: compromisso assumido como condição ética imposta a todo julgador!

"O que valem por si mesmos os nossos juízos de valor e as nossas tabelas de valores? **O que decorre de sua dominação**? Para quem? Em relação a quê? – Resposta: para a vida" (4, p. 160).

"Ao falar de valores, falamos sob a inspiração, sob a ótica da vida: a vida mesma nos força a estabelecer valores, ela mesma valora através de nós, **ao** estabelecermos valores" (5, V, n. 5).

1 Os bons!

Quem seriam, para Nietzsche, os homens tidos como "**bons**", os espíritos cativos, o rebanho? "O bom como **parasita.** Ele vive às **custas** da vida" (*Fragmentos finais*, p. 142). Em outro local, assim fala Nietzsche: "um homem bom é a visão de um aspecto. Julgando-se à distância, trata-se de um homem do rebanho, fraco e fácil de enganar e abater, além de obedecer e de não ser criador" (6, p. 180).

"O 'homem bom' é em cada nível da civilização o homem **não perigoso e útil ao mesmo tempo** (...) **diante do que não se tem que temer**" (2, p. 343).

"O espírito cativo não assume posição por esta ou aquela razão, mas por hábito, ele é cristão, por exemplo, não por ter conhecido as diversas religiões e ter escolhido entre elas" (...). "Habituar-se a princípios intelectuais sem razões é algo que chamamos de fé" (7, n. 226).

"O rebanho sente a **exceção**, tanto a que está embaixo dele quanto a que está em cima dele, como algo infame e que se opõe a ele" (...). "A desconfiança dirige-se às exceções; ser exceção vale como culpa" (8, n. 280).

"Quanto mais mediano, mais fraco, mais submisso e covarde é um homem, tanto mais coisas ele estipulará como **más**: para ele, o reino do mal é o mais abrangente. O homem mais baixo verá o reino do mal (isto é, do que lhe é proibido e hostil), por toda parte" (2, p. 342).

"Zaratustra não deixa nenhuma dúvida acerca disso: ele diz ter sido precisamente o conhecimento dos bons, dos 'melhores' que lhe inspirou o horror ao homem" (9, pp. 148/149), a quem denomina "princípio do fim", "os últimos homens", gado, rebanho, espírito cativo.

"Todo aquele que em nossos dias se sente 'homem bom' é absolutamente incapaz de situar-se ante qualquer coisa senão de modo **desonesto-mendaz**, radical-mendaz, porém inocente-mendaz, sincero-mendaz, cândido-mendaz, virtuoso-mendaz" (10, p. 118).

Em diversos momentos de *Assim falou Zaratustra*, Nietzsche fala sobre o homem do rebanho:

(a) "Aproxima-se o tempo em que o homem já não dará à luz nenhuma estrela. Ai de nós! Aproxima-se o tempo do homem mais desprezível, que já não sabe desprezar a si mesmo. Vede! Eu vos mostro o último homem" (p. 18);

(b) "Desconfiai de todos aqueles que falam bastante de sua justiça! Na verdade, em sua alma não falta apenas mel. E, quando eles se denominam 'os bons e justos', não esqueçais que para fariseus nada lhes falta senão poder!" (p. 96);

(c) "Especialmente os que se chamam 'os bons' percebi como as moscas mais venenosas: eles picam com toda a inocência, mentem com toda inocência; como **conseguiriam**, em relação a mim – ser justos? Àquele que vive entre os bons a compaixão ensina a mentir. A compaixão torna bafiento o ar para todas as almas livres. Pois insondável é a estupidez dos bons" (p. 177).

(d) "Ser verdadeiro – poucos **são capazes** disso! E quem pode, não o quer ainda! Menos capazes de todos, porém, são os bons. Oh, esses bons! **Homens bons jamais dizem a verdade**; para o espírito, ser bom de tal modo é uma doença. Eles cedem, esses bons, eles concedem, seu coração repete as palavras, seu fundo obedece" (p. 191);

(e) "Ó meus irmãos! Onde se acha o grande perigo para o futuro do homem? Não se acha nos bons e justos? – naqueles que dizem e sentem no coração: 'Já sabemos o que é bom e justo, e também o possuímos; ai daqueles que ainda buscam!' E, sejam quais forem os danos que façam os maus: o dano dos bons é o mais donoso dos danos!" (...). "A estupidez dos bons é insondavelmente sagaz" (...). "Os bons têm de crucificar aquele que inventa sua própria virtude!

Esta é a verdade!" (...). "**Àquele que cria** eles odeiam mais que tudo: àquele que quebra tábuas e velhos valores, ao quebrador – a ele chamam infrator. Pois os bons – eles não **conseguem** criar: eles são sempre o começo do fim" (...). "Destroçai, destroçai os bons e justos!" (pp. 203 e 204).

(f) "Para animais de rebanho ameaçados vacilantes delicados fracos, receber um **comandante absoluto,** um guia de rebanho: é a sua primeira condição vital" (n. 34(85), p. 387).

(g) "A crença no fato de que o mundo, que deveria ser, é, efetivamente existe, é uma crença dos improdutivos, **que não querem criar um mundo** tal como ele deve ser" (2, p. 30).

(h) "A natureza vulgar se caracteriza por nunca perder de vista a sua vantagem" (1, Livro 1, n. 3).

2 O humano superior

E quem seriam, então, os espíritos livres, os homens superiores para Nietzsche? Aqueles em que se pode apontar como possibilidade de superação do rebanho, que estão mais aproximados do além do homem [o homem comum, para Nietzsche, "é algo que deve ser superado" (*Assim falou Zaratustra*, "Prólogo", n. 3, p. 13)]; "o homem é uma corda, atada entre o animal e o super-homem – um perigoso olhar para trás, um perigoso estremecer e se deter. Grande, no homem, é ser ele uma ponte e não um objetivo: o que pode ser amado no homem, é ser ele uma **passagem** e um **declínio**" (*Assim falou Zaratustra*, n. 4, p. 16)?

Em diversos locais, o filósofo do eterno retorno do mesmo fala sobre o homem superior, mas antes dois alertas – "*Si nos sois grandes, manteneos alejados de las cosas grandes*" (13, p. 387); e, "**quem obedece não escuta a si mesmo!**" (*Assim falou Zaratustra*, "Das velhas e novas tábuas", n. 7, p. 191):

"Os homens superiores são os que mais sofrem com a existência – mas eles têm também as maiores **forças contrárias**" (14, vol. 5, p. 48).

"Os bons tomam partido agora **contra** o homem superior: essa é a virada mais perigosa! (contra a exceção!)" (14, vol. 5, p. 330).

"*Un grand hombre vale más que un reino, porque es más beneficioso para toda la posteridad*" (13, vol. 1, p. 487).

"Ó meus irmãos, eu vos dirijo e consagro uma nova nobreza: deveis tornar-vos procriadores e cultivadores, e semeadores do futuro" (...). "Não de onde vindes farei que seja a vossa honra, mas aonde ireis. Vossa vontade e vosso pé, que deseja ir além de vos mesmos – seja isso vossa nova honra!" (...). "Ó, meus irmãos, vossa nobreza não deve olhar para trás, **mas adiante**!" (...). "Esta a nova tábua, ó, meus irmãos, ponho acima de vos: **tornai-vos duros**! (*Assim falou Zaratustra*, "Das velhas e novas tábuas", n. 12).

"Mas agora morreu esse deus! Ó homens superiores, esse deus era vosso maior perigo" (...). "Adiante, homens superiores! Somente agora vem as dores do parto à montanha do futuro humano" (*Assim falou Zaratustra*, "Do homem superior", n. 2) (...). "E, em verdade, eu vos amo porque não sabeis viver agora, ó homens superiores" (n. 3) (...). "Tende cuidado, ó, homens superiores! Nada me parece mais raro e mais precioso do que retidão" (n. 8) (...). "Se quereis subir alto, usai vossas pernas! Não vos deixeis carregar para cima, não vos senteis em costas e cabeças alheias!" (n. 10).

"É chamado de espírito livre aquele que pensa de modo diverso do que se esperaria com base em sua procedência, seu meio, sua posição e função, ou com base nas opiniões que predominam em seu tempo. Ele é a exceção, os espíritos cativos são a regra" (...). "De resto, não é próprio da essência do espírito livre ter opiniões mais corretas, mas, sim, ter se libertado da tradição, com felicidade ou com um fracasso. Normalmente, porém, ele terá ao seu lado, a verdade, ou pelo menos o espírito da busca da verdade: ele exige razões" (7, n. 225).

"Os homens superiores distinguem-se dos inferiores por verem e ouvirem incalculavelmente mais e por verem e ouvirem pensando – e justamente isso distingue o homem do animal e os animais superiores dos inferiores" (*A Gaia Ciência*, n. 301).

"Não querer nenhum **elogio**: faz-se o que é útil a alguém ou aquilo que dá prazer a alguém ou o que se precisa fazer" (2, p. 288).

"O homem de alma elevada não está inclinado para admiração, pois o que há de maior é para ele de fato próprio e aparentado, não há para ele nada grande. Os bens externos, tais como riqueza, poder não são levados em consideração, eles não possuem mesmo um valor próprio, mas são uteis para o melhor" (14, p. 168).

O terrível é que a sociedade, o gado, não suporta a grandeza do homem superior, busca destruí-lo porque se vê obrigado a mirar-se no espelho e ver aquilo-que-é e o que lhe é impossível ser: "da maneira mais dura possível, vós homens superiores, vós sois punidos por vossa virtude" (14, p. 321).

"Não **esquecer!**: – Quanto mais alto nos elevamos, tanto menores parecemos àqueles que não podem voar" (3, n. 574).

"Os povos fazem tudo para não terem nenhum grande homem. Para existir, portanto, o grande homem precisa ter em mãos uma força que é maior do que a força de resistência que é desenvolvida por milhões de indivíduos" (15, p. 66, vol. 7).

"Tu os ultrapassas: mas, quanto mais alto sobes, tanto menor te vê o olho da inveja. Mais que tudo, porém, é odiado aquele que voa" (*Assim falou Zaratustra*, "Do Caminho do Criador").

"Alguma vez nos queixamos de ser mal-entendidos, mal conhecidos, confundidos, difamados, mal escutados e ignorados? Eis precisamente a nossa sina" (*A Gaia Ciência*, n. 371).

"Nós, filhos do futuro, como **poderíamos** nos sentir em casa neste presente?" (*A Gaia Ciência*, n. 377).

3 A questão prisional

"Não gosto de vossa fria justiça; e no olhar de vossos juízes eu vejo sempre o carrasco e seu ferro frio" (*Assim falou Zaratustra*, "Da picada da víbora").

> "o vosso falso amor.
> pelo passado
> um amor de coveiros –
> ele é um roubo à vida,
> vos roubais do futuro" (*Fragmentos finais*, p. 232).

O rebanho tem fascínio pela pena de prisão – acredita espetacularmente que prisão é resposta sadia e única à violência: não importa a realidade demonstrar que prisão é, em si, fator criminógeno, pouca valia tem os estudiosos demonstrarem o contrário.

Busca-se salvar a vida com a morte ao não se alcançar que a prisão é local onde os direitos humanos sofrem maior agressão, tornando o Estado penal agressivo cafajeste. A lição dos melhores: "o mesmo Estado, que impõe a prisão-pena como resposta às ilegalidades, comete inúmeras ilegalidades durante a execução da pena privativa de liberdade".[1]

Cárcere não tem sentido e, talvez, seu sentido esteja exatamente na falta de sentido, ou num sentido perverso: é criado exatamente para a maldade – o que é feito para não funcionar e não funciona, logo funciona, como ensinou Foucault faz décadas: "a prisão foi uma

---

1 CASARA, Rubens R. R.; TAVARES, Juares. *Prisão*: além do senso comum. Rio de Janeiro: Da Vinci Livros, 2024, p. 85.

fábrica de delinquentes: a fabricação da delinquência pela prisão não é um fracasso da prisão, é seu sucesso, pois feita para isso”.[2]

Não se sabe o que fazer com o dito criminoso, mas o rebanho sabe, ele tem que saber, ele não tem e não poder ter dúvidas – ele se caracteriza pela simplificação de fenômeno complexo.

Não se dá conta da complexidade na busca do “que fazer”. Todavia, necessita encontrar resposta, não consegue conviver com o *não sei*, precisa de certezas nem que seja através da fé, logo simplifica a complexidade – dá respostas simples ao fenômeno complexo.

Estamos sob a égide de “saber” **redutor da complexidade,** forjador do senso comum que impera no espaço jurídico.

“É preciso tomar cuidado diante da *sancta simplicitas*: é ela que tem empilhado a lenha para todas as fogueiras” (*Fragmentos do espólio*, verão-outono de 1882, UnB, n. 379, p. 99); “Toda verdade é simples. – Não é isso dupla mentira?” (*Crepúsculo dos ídolos*, Cia. das Letras, I-4); “As coisas ‘mais simples’ são **muito complicadas** – não podemos nos maravilhar o bastante com isso!” (*Aurora*, Cia. das Letras, Livro I, n. 6); “Julgamentos sintéticos são, ***a priori***, bastante possíveis, porém, são **falsos**” (*Sabedoria para depois de amanhã*, p. 204); “(...) o temor diante do incerto, do plurívoco, do que é capaz de se transformar em seu contrário provocou a valorização do simples, do que fica-igual-a-si-mesmo, do previsível, do certinho” (*Fragmentos do espólio*, 40(1), agosto-setembro de 1885, UnB, p. 545).

Apesar de todas as denúncias, de todas as evidências, de tudo aquilo que os atuadores no Direito Penal sabem, ainda há, por mais incrível que pareça, fascínio pela punição prisional. A realidade explode: as penas são aumentadas, novos tipos penais são criados, cada vez mais os direitos dos aprisionados são castrados, cada vez

---

2 FOUCAULT, Michel. *“Alternativas” à prisão*. Petrópolis: Vozes, 2022, p. 40.

mais aqueles que atuam no Direito Penal são ferrenhos punitivistas – esquerda e direita aqui se igualam!

É questão de fé, é crendice, é acreditar garbosamente na mentira prisional: os bons sentem-se obrigados a acreditar, ou como diz Nietzsche, preferem crer no nada do que nada crer. Fé justifica-se por si mesmo, é porque é, não há necessidade de razões que a justifique.

O que é fé para Nietzsche? "Fé significa não querer saber o que é verdadeiro" (*O Anticristo*, L&PM, 2008, n. 52); "Já a dúvida é um pecado" (no mesmo local); "que a fé não remova montanhas mas **talvez** promova o seu aparecimento onde não existem: um ligeiro passeio por um **manicômio** esclarece essas questões a contento" (*O Anticristo*, n. 51); "A necessidade de crença é o maior empecilho à veracidade" (*Fragmentos póstumos*, vol. 5, p. 269).

Penso, por outro lado, que há uma espécie de **gozo perverso** na destruição do outro. Há imenso prazer no sofrimento do outro, que se materializa pela vingança, na pura vingança, na asquerosa e primata vingança: "é impossível sofrer sem pôr a culpa em alguém; já cada queixa contém vingança" (*Fragmentos do espólio*, junho de 1882 a inverno de 1883-1884, UnB, p. 177, n. 20).

"Saibam também que não há nada mais comum do que fazer o mal pelo prazer de fazê-lo" (*Humano, demasiado humano*, n. 50).

Um gozo que não se localiza apenas no sofrimento do outro, mas no prazer daquele que causa a dor: "a maldade não tem por objetivo o sofrimento do outro em si, mas nosso próprio prazer, em forma de sentimento de vingança ou de uma mais forte excitação nervosa, por exemplo" (*Humano, demasiado humano*, n. 103).

"Sempre que o ser humano é usado e sacrificado como um meio para os fins da sociedade, toda humanidade superior se entristece" (*Humano, demasiado humano*, II, *O andarilho e sua sombra*, Cia. das Letras, 2008, n. 186).

E, no mesmo local, n. 183: "a cólera e o castigo são prendas que nos vem da animalidade. O homem só atinge a maioridade quando devolve aos animais essa dádiva de berço. – Isso esconde um dos maiores pensamentos que os homens podem ter, o pensamento de **um progresso de todos os progressos**".

Cadeia diz com maldade, crueldade, não há o bom presídio, é feito para destruir pessoas, piorá-las – crer nele é crer na bondade do carcereiro: "prender alguém, mantê-lo na prisão, privá-lo de alimentação, de aquecimento, impedi-lo de sair, de fazer amor etc. é a manifestação de poder mais delirante que se possa imaginar".[3]

Mas, entre todas as "maldades" que levam as pessoas ao cárcere, tem no fundo a **realização de vingança**, da **cruel vingança**, da **primata vingança** – a característica do punitivista é exatamente ser vingador sob aplausos do rebanho!

Nietzsche: "entre eles encontra-se em abundância os vingativos mascarados de juízes, que permanentemente levam na boca, como baba venenosa, a palavra **justiça** e andam sempre de lábios em bico, prontos a cuspir em todo aquele que não tenha olhar insatisfeito e siga seu ânimo tranquilo" (*Genealogia da moral*, Cia.de Bolso, 2012, "Terceira dissertação", n. 14).

Trata-se de dor sem significado algum, pura e maldosa vingança: "o que revolta no sofrimento não é o sofrimento em si, mas sua falta de sentido" (mesmo local, n. 7); embora se saiba que o gozo pelo sofrimento do outro ocorra desde sempre: "sem crueldade não há festa: é o que ensina a mais antiga e mais longa história do homem – e no castigo também há muito de **festivo**!" (*idem*, n. 6); "a crueldade está entre as mais velhas alegorias festivas da humanidade" (*Aurora*, Cia das Letras, 2004, n. 18), embora sequer se saiba por que se castiga: "hoje é impossível dizer ao certo **por que** se castiga (*idem*, n. 13).

---

3 DELEUZE, Gilles. *A Ilha Deserta*. São Paulo: Iluminuras, 2019, p. 268.

Em *Zaratustra*, a vingança se faz presente: "Ah, como lhes fica mal na boca a palavra 'virtude'! E, quando dizem 'sou justo', soa sempre igual a 'estou vingado'" ("Dos virtuosos") – sabe-se que como regra a vítima no processo busca se vingar! "Vingança vamos praticar, e difamação de todos que não são iguais a nós" – assim juram os corações das tarântulas" ("Das tarântulas"). "Ato nenhum pode ser destruído: como poderia ser desfeito pelo castigo?" ("Da redenção").

4 O homem superior como criador!

"Inventai-me, então, a justiça que absolva a todos, exceto aquele que julga!" (*Assim falou Zaratustra*, "Da picada da víbora").

Superado o olhar em torno do que anima os "bons" e o "humano superior", desde Nietzsche, para fins do presente texto, o momento que considero vital ao espírito livre, ao humano do amanhã e do depois de amanhã e que não pode ser (não é) alcançado pelo espirito cativo, diz com a **criação** – a busca do novo destruidor da **tradição maldita** que funda o Direito Penal –, aquele que **cria-por-si** (mas não-para-si e sim para proteção do outro enquanto outro), o homem fonte, aquele **que-se-basta**: "eu mesmo preciso vir em meu socorro: para que, afinal, anda-se por caminhos próprios?" (*Fragmentos finais*, UnB, 2002, p. 196).

"Aqueles que instauram os valores supremos, os criadores, os novos filósofos no ***front***, precisam ser, segundo Nietzsche, tentadores e experimentadores; precisam seguir caminhos e fazer emergir vias com o saber de que eles não possuem **a** verdade".[4]

"(...) o criador é necessariamente um descrente no sentido citado da crença como um colocar em repouso. O criador é, ao

[4] HEIDEGGER, Martin. *Nietzsche*. vol. 1. Rio de Janeiro: Forense Universitária, 2010, p. 27.

mesmo tempo, um destruidor no que concerne ao que se enrijeceu e se cristalizou".[5]

O criador, o não igual, nega a verdade do hoje: diz **não**! Pertence ao amanhã e ao depois de amanhã: seu grande inimigo é o hoje! Logo caracteriza-se por ser destruidor: "os criativos são os mais odiados: pois são os aniquiladores mais radicais" (*Fragmentos póstumos*, verão-outono de 1882, UnB, p. 72).

"A tendência fundamental consequentemente dos fracos e medíocres de todos os tempos é enfraquecer os fortes, rebaixá-los: meio principal o juízo moral" (*Fragmentos póstumos*, VI, Forense, 2013, p. 127).

"Quero saber se és um **fazedor criativo** ou um **aplicador** em qualquer sentido: como ser criativo, tu pertences aos livres; como um aplicador, és escravo e instrumento deles" (*Fragmentos do espólio*, julho de 1882 a inverno de 1884, UnB, n. 9, p. 176).

"Mudança nos valores – isso é mudança nos criadores. Quem tem de ser um criador sempre destrói" (*Assim falou Zaratustra*, "Das mil metas e uma só meta").

"Não é no conhecimento, é na criação que está nossa salvação" (*O livro do filósofo*, La Fonte, 2024).

"Somente enquanto criadores podemos destruir! – Mas não esqueçamos também isto: basta criar novos nomes, avaliações e probabilidades para, a longo prazo, criar novas coisas" (*A Gaia Ciência*, n. 59).

"Para se erigir um santuário, **é preciso antes destruir um santuário**: esta é a lei – mostrem-me um caso em que ela não foi cumprida!" (*Genealogia da moral*, "Segunda dissertação", n. 24).

---

5 HEIDEGGER, Martin. *Nietzsche*. vol. 1. Rio de Janeiro: Forense Universitária, 2010, p. 301.

"Segundo Nietzsche, os senhores são os **Intempestivos**, aqueles que criam, e que destroem para criar, não para conservar".[6]

Para o filósofo da suspeita, o amor é condição da criação – o estéril afetivamente não a alcança – é-lhe insuportável o novo!

Deleuze: "separar uma coisa da outra é a tarefa daqueles que sabem amar e que são os verdadeiros destruidores e, ao mesmo tampo, os verdadeiros criadores. Não há boa destruição sem amor".[7]

"Mas apenas no amor, apenas nas sombras da ilusão do amor, é que o homem cria, ou seja, na incondicional crença no perfeito e justo. Quem é obrigado a não mais amar tem as raízes de sua força arrancadas de si: ele apodrece, ou seja, torna-se improbo" (*Sobre a utilidade e a desvantagem da história para a vida*, Hedra, 2017, pp. 97/98).

Como conclusão

"O que é justiça? E ela é possível? E se ela não devesse ser possível, como seria possível suportar a vida" (*Fragmentos póstumos*, vol. 5, p. 616).

Chego ao momento do **julgador penal** – local onde **Rubens** marcou uma geração de juristas críticos.

"*Tiene que ser el juez frío? No: no tiene que ser parcial, ni tener en cuenta sus propios beneficios y perjuicios*" (*Fragmentos póstumos*, vol. 1, Tecnos, p. 520).

"Se Deus queria tornar-se objeto de amor, tinha primeiramente que desistir de julgar e fazer justiça: – um juiz mesmo um juiz clemente, nunca é objeto de amor" (*A Gaia Ciência*, n. 140).

---

6 DELEUZE, Gilles. *A Ilha Deserta*. São Paulo: Iluminuras, 2019, p. 179.

7 DELEUZE, Gilles. *A Ilha Deserta*. São Paulo: Iluminuras, 2019, p. 180.

"E tu, juiz vermelho, se dissesses em voz alta o que já fizeste em pensamentos, todos gritariam: 'fora com esse imundo, com esse verme venenoso!'" (*Assim falou Zaratustra*, "Do criminoso pálido").

Para Nietzsche, como se viu acima, o juiz não deve ser frio, nem parcial, jamais é amado. Ou seja, carrega a mesma dimensão humana daquele a quem julga. E me parece que o filósofo da suspeita tem razão.

Mas, acima de tudo, segundo penso, deve ser **criativo** – no sentido de que através de ato interpretativo sofisticado, qualificado, com olhar no **devir**, leve a norma penal ao seu limite máximo de tensão humanista para que os direitos dos acusados sejam radicalizados e que a possibilidade de encarceramento (o mal em si) somente se faça presente em situações excepcionalíssimas e, ainda assim, quando na impossibilidade de cumprimento da pena sem aprisionamento,

Ou seja, evitar que a morte se faça presente; que o ato interpretativo esteja a serviço da vida e não da morte. O rebanho urrará: "e a vítima?" Evidente que ela tem todos os direitos que o sistema lhe alcança, mas em outros ramos que não o penal. A relação processual penal se dá entre Estado e acusado: a vítima não tem legitimidade para postular a condenação, não tem direito à vingança.

Certo é que se "o intérprete, o interpretado e a própria interpretação constituem um único instante, um único ato";[8] e "interpretar é interpretar interpretações, e com isso já é modificar as coisas", mudar a vida";[9] bem como "*la interpretación del derecho tiene lugar de una manera circular, es decir, de que en ella se produce una mutua referencia entre el texto y el interprete*",[10] certo é que

8 FOGEL, Gilvan. *Conhecer é criar*: um ensaio a partir de F. Nietzsche. Ijuí: Unijuí, 2003, p. 143.

9 DELEUZE, Gilles. *A Ilha Deserta*. São Paulo: Iluminuras, 2019, p. 168.

10 LOPEZ, Modesto Saavedra. "Poder judicial, interpretación jurídica y criterios de legitimidad". *Anuario de Derecho Público y Estudios Políticos*, 1988, nº 1, p. 46.

carregamos no ato interpretativo os valores que nos foram forjados pelo **continuum** que caracteriza a existência do homem.

Assim, ao interpretar, carregamos, com o olhar perspectivista que tanto fala o filósofo da dúvida, ditos valores. Daí porque poucos são aqueles que ingressam nos processos com mirada libertária, desde fora do senso comum que impera na casta dos juristas.

Pois "el mundo no puede ser en absoluto mejor que el hombre: pues solamente existe como percepción humana" (*Fragmentos póstumos*, Tecnos, 2010, vol. 1, p. 603). No mesmo local, Nietzsche ensina: "en ti plantea el enigma de la existencia: nadie puede solucionártelo, solo puedes hacerlo tú mismo".

Daí porque a luta no homem superior está nesta diretiva: "nós, porém, **queremos nos tornar aqueles que somos** – os novos, únicos, incomparáveis, que dão leis a si mesmos, que criam a si mesmos!" (*A Gaia Ciência*, n. 335).

Nietzsche indica o seguinte caminho: "pensamento fundamental, precisamos tomar o futuro como **critério** para todas as nossas estimações – e não buscar **atrás** de nós as leis de nossa, ação!" (*A vontade de poder*, Contraponto, 2008, n. 1000).

Ou conforme outra tradução: "pensamento básico: precisamos tomar o futuro como **padrão determinante** para todas as nossas avaliações – e não procurar **atrás de nós** as leis da nossa ação! (*Fragmentos póstumos*, verão-outono de 1884, UnB, p. 180).

"(...) cada **elevação do homem** traz consigo a superação de interpretações mais estreitas" (*A vontade de poder*, n. 616).

O futuro e não o passado, o amanhã, o depois de amanhã, a história em movimento. **Devir!**

A busca de justiça comprometida com o amor, não com o ódio, não com a vingança: ter receio de prender as pessoas, enquanto os punitivistas têm medo de soltar. Note-se: tudo está para além do bem e do mal – apenas utopias diferentes, perspectivas diversas ("não podemos ver para além de nosso canto", pois o homem pensa a partir de seu "canto do mundo"),[11] uns com olhar no futuro, outros no passado!

Heidegger, na obra citada, p. 267, ao estudar Nietzsche ensina que "Precisamos tomar o termo 'devir' aqui de maneira totalmente genérica no sentido de transformação ou – de modo ainda mais cauteloso – de mudança".

"Devir como inventar, querer, negar a si mesmo, superar a si mesmo: nenhum sujeito, mas, sim, um criador fazer e estabelecer, 'causas e efeitos' nenhuns" (*A vontade de poder*, n. 617).

"Toda coisa tem duas faces, uma do passar, outra do devir" (*Sabedoria para depois de amanhã*, Martins Fontes, 2005, n. 147, p. 135).

"**Cunhar** no devir o caráter do ser – essa é a mais elevada **vontade de poder**" (*Fragmentos póstumos*, vol. 6, p. 260).

"O sentido do devir precisa ser preenchido, alcançado, consumado, a cada instante" (*Fragmentos póstumos*, vol. 7, p. 30).

Para tanto, para tamanha tarefa – busca-se superar o sofrimento gótico de milhares de pessoas –, teremos muitas vezes que vencer a legalidade rasteira para que o amanhã se faça hoje, se faça carne: "a dúvida me devora, eu assassinei a lei, a lei me assusta como um cadáver a uma pessoa viva: se eu não for **mais** que a lei, serei o mais abjeto dos homens" (*Aurora*, n. 14).

Foucault ensina que "a luta antijudiciária é uma luta contra o poder".[12] O poder que sempre idiotiza: "paga-se caro por chegar

---

11 HEIDEGGER, Martin. *Nietzsche*. vol. 1. Rio de Janeiro: Forense Universitária, 2010, p. 292.

12 FOUCAULT, Michel. *"Alternativas" à prisão*. Petrópolis: Vozes, 2022, p. 269.

ao poder: o poder **imbeciliza**" (*Crepúsculo dos ídolos*, Companhia das Letras, 2006, VIII, 1, p. 55); "que fazer, se o poder gosta de caminhar sobre pernas tortas" (*Assim falou Zaratustra*, "Das cátedras da virtude"). Entendo que inexiste o bom poder, o poder é sempre abusivo.

Em sendo assim, penso que o julgador do amanhã e não do ontem deve desenvolver a capacidade de proteger o acusado de todos, inclusive e **principalmente, dele próprio** (juiz) – o consciente, lugar forjador e memória do senso comum, pode SER (é) **O** inimigo: nós-mesmos somos nossos maiores inimigos!

Lei que é muro, limite, busca tudo manter como está, impedindo o futuro, bem como a volta ao passado, o retrocesso. Então, a criação, como máquina de guerra, como lima para furar o muro, buscando fazer presente o devir – descadeirando-se a vida ou estancando o sofrimento gótico, com redução de danos.

Ou seja, assumir que: "a justiça apresentou-se diante de mim: daí quebrei os meus ídolos e me envergonhei. Submeti-me a uma penitência e obriguei o meu olho olhar para onde ele não gostaria de olhar: e levar o amor para lá" (*Fragmentos do espólio*, junho de 1882 a 1884, UnB, p. 298).

Talvez, então, se possa pensar com Peter Sloterdijk: "a partir daqui, a história decompõe-se em dois tempos: no da culpa e no da generosidade; enquanto a primeira pensa sempre em expiação e pagamento, a outra interessa-se apenas em doar para frente".[13]

E assim ser um dos que lutam contra a dor prisional: "*mientras que a todos aquellos que realmente sufren me gustaría poder infundirles la esperanza de que aún hay hombres que lucharán por* ***ellos en contra*** *de los elementos opresores de un impulso inclinado al lujo*" (*Fragmentos póstumos*, Tecnos, 2017, vol. 2, p. 181).

---

13 SLOTERDIJK, Peter. *O Quinto "Evangelho" de Nietzsche*. Rio de Janeiro: Tempo Brasileiro, 2001, pp. 74-75.

Amigo Rubens, Nietzsche pediu que te mandasse o seguinte recado: “sim, conheço o teu perigo. Por meu amor e minha esperança, porém, eu te suplico, não jogues fora teu amor e tua esperança! Ainda te sentes nobre, e nobre ainda te sentem os outros também, os que te guardam antipatia e te lançam olhares maus. Aprende que um nobre é um obstáculo no caminho de todos” (*Assim falou Zaratustra*, “Da árvore da montanha”).

Porto Alegre, no verão de 2025.

Referências bibliográficas

CASARA, Rubens R. R.; TAVARES, Juares. *Prisão*: além do senso comum. Rio de Janeiro: Da Vinci Livros, 2024.

DELEUZE, Gilles. *A Ilha Deserta*. São Paulo: Iluminuras, 2019.

FOGEL, Gilvan. *Conhecer é criar*: um ensaio a partir de F. Nietzsche. Ijuí: Unijuí, 2003.

FOUCAULT, Michel. *“Alternativas” à prisão*. Petrópolis: Vozes, 2022.

HEIDEGGER, Martin. *Nietzsche*. vol. 1. Rio de Janeiro: Forense Universitária, 2010.

LOPEZ, Modesto Saavedra. “Poder judicial, interpretación jurídica y criterios de legitimidad”. *Anuario de Derecho Público y Estudios Políticos*, nº 1, 1988.

SLOTERDIJK, Peter. *O Quinto “Evangelho” de Nietzsche*. Rio de Janeiro: Tempo Brasileiro, 2001.

CAPÍTULO III

UM MINISTÉRIO PÚBLICO "IMPARCIAL"? RUBENS CASARA E A OPORTUNIDADE DE FALAR, AINDA MAIS, SOBRE GARANTISMO

ANA CLÁUDIA PINHO

Quando Geraldo Prado me fez o convite para contribuir com essa necessária homenagem a Rubens Casara, imediatamente, sem pestanejar, eu disse "sim". Afinal, estamos falando daquele que é – na minha opinião (mas, seguramente, não apenas na minha) – um dos maiores intelectuais de sua geração, com uma capacidade absurda de dar conta dos complexos fenômenos da vida, a partir dos mais diversos olhares, sem perder nenhum detalhe e com uma profundidade que impressiona.

Casara transita no universo jurídico, em várias de suas disciplinas. Mas não é só. Envereda, com rigor, pela psicanálise, pela filosofia, pela sociologia, pela teoria política. Mas não é só. Casara é, sobretudo, alguém que está – a todo o tempo – exercitando a capacidade de se indignar com a cena da injustiça que está incrustada na realidade brasileira há séculos. A posição que ocupa nessa cena do sistema de justiça, como Juiz de Direito Estadual no Rio de Janeiro, seguramente o coloca diante de desafios cotidianos, porém, ao mesmo tempo, possibilita que ele mesmo encarne (n)a cena e faça a diferença. É aqui que teoria e prática se encontram em um casamento perfeito e libertador!

Pelos limites desse pequeno "artigo/homenagem" e com a autorização dos organizadores do livro, sinto-me livre para fazer um recorte bem específico, evidentemente a partir do meu próprio local, sem as formalidades "de praxe". Até mesmo porque coisas que são "de praxe" não combinam com nosso Rubens.

Há um livro de Rubens Casara de que particularmente gosto muito. É uma coletânea de ensaios em torno do tema "processo penal do espetáculo".[1] Dentre os ensaios ali apresentados, vou centrar minhas linhas no que se intitula "A imparcialidade do Ministério Público no processo penal brasileiro: um mito a ser desvelado".[2]

A tese sustentada pelo autor é, em poucas palavras, a de que pensar um Ministério Público como uma parte imparcial no processo penal é um grande equívoco. É, em verdade, uma afronta à estrutura de um processo acusatório de partes, colocando o órgão de acusação em uma posição de privilégio em relação ao réu (defesa), rompendo a lógica da paridade de armas.

Inicialmente, devo dizer que concordo integralmente com o risco anunciado pelo autor, isto é, com o tensionamento da paridade de armas e com a deformação da estrutura acusatória. No entanto, vou avançar um pouquinho mais nessa reflexão, convidando Luigi

---

1 CASARA, Rubens R. R. *Processo penal do espetáculo (e outros ensaios)*. 2ª ed. atual. e ampl. Florianópolis: Tirant lo Blanch, 2021.

2 CASARA, Rubens R. R. *Processo penal do espetáculo (e outros ensaios)*. 2ª ed. atual. e ampl. Florianópolis: Tirant lo Blanch, 2021, pp. 219-236.

Ferrajoli para nos ajudar, a partir do seu novo livro *Giustizia e Politica: crisi e rifondazione del garantismo penale*.[3]

Nesse livro, o maestro italiano faz uma espécie de balanço dos 35 anos de seu *Diritto e Ragione: teoria del garantismo penale*,[4] apontando as razões da crise das garantias, ou, em outras palavras, por que o garantismo – como um desenho ideal – não avançou e, pelo contrário, vivenciou um período de clara redução das garantias do devido processo. Ferrajoli, na sequência, apresenta uma proposta para a refundação da teoria, trabalhando alguns postulados e princípios caros ao garantismo e radicalizando a sua fundamentalidade, sobretudo diante dos novos desafios enfrentados pelo sistema de justiça criminal, por exemplo, o incremento dos modelos negociais e a total invasão da justiça penal pela política, trazendo para dentro do Direito um debate que deveria ter permanecido em outro terreno.

Nessa refundação, Luigi Ferrajoli situa o Ministério Público como uma instituição de garantias (em oposição às chamadas instituições de governo), definindo-o como

> o órgão titular da ação penal, investido das conexas funções investigativas na aplicação da lei e, portanto, legitimado pelo **papel antimajoritário de garantidor da legalidade**. Daí a sua necessária independência das funções políticas de governo.[5]

Atenção para esse grifo na definição ferrajoliana do MP como uma instituição contramajoritária e garantidora da legalidade, pois é exatamente aqui, à parte quaisquer reflexões adicionais que eu

---

3 FERRAJOLI, Luigi. *Giustizia e Politica*: crisi e rifondazione del garantismo penale. Bari: Laterza, 2024.

4 FERRAJOLI, Luigi. *Diritto e Ragione*: teoria del garantismo penale. Roma-Bari: Laterza, 1989.

5 FERRAJOLI, Luigi. *Giustizia e Politica*: crisi e rifondazione del garantismo penale. Bari: Laterza, 2024, p. 222 (tradução livre, destaques apostos).

trarei, que esse pensamento harmoniza com a tese de Rubens Casara, quando, ao superar o mito da imparcialidade do MP, conclui:

> a justificativa para a atuação diferenciada do Ministério Público no processo penal não reside em uma impossível e mitológica imparcialidade, mas em sua condição de **órgão estatal que, por essa razão, está adstrito ao princípio da legalidade.**[6]

Voltaremos a isso logo mais.

Quero insistir, por enquanto, nessa definição do MP como uma instituição de garantias, partindo do desenho brasileiro. O Ministério Público brasileiro possui um desenho diferenciado[7] no que diz respeito ao seu papel como verdadeira "instituição de garantias". Uma instituição de garantias se caracteriza pela presença de mecanismos jurídicos e institucionais que têm como função a limitação do poder e a proteção dos direitos fundamentais dos indivíduos. Portanto, desempenham um papel fundamental na teoria garantista, pois estabelecem limites e procedimentos que devem ser

---

6 CASARA, Rubens R. R. *Processo penal do espetáculo (e outros ensaios)*. 2ª ed. atual. e ampl. Florianópolis: Tirant lo Blanch, 2021, p. 234 (destaques apostos).

7 O Ministério Público brasileiro se difere dos demais, pois a Constituição Federal de 1988 ampliou consideravelmente as suas competências e atribuições. Santoro e Cyrillo explicam que a formação constitucional brasileira gerou um Ministério Público autônomo e independente, com a função de controlador dos poderes públicos para proteção do patrimônio público e social, do meio ambiente e de outros interesses difusos e coletivos. Portanto, tem-se uma dualidade institucional: ao Ministério Público cabe impulsionar a ação penal, mas também a atribuição de zelar pela coisa pública, pela democracia e pelos direitos humanos. (SANTORO, Antonio Eduardo Ramires; CYRILLO, Carolina. "As forças-tarefas do Ministério Público Federal: o discurso político punitivo anticorrupção na instituição de garantias". *Revista Brasileira de Direito Processual Penal*, Porto Alegre, vol. 6, nº 3, 2020, p. 1276. Disponível em: https://doi.org/10.22197/rbdpp.v6i3.431. Acessado em: 14.04.2025).

seguidos para que seja legítima qualquer intervenção estatal na esfera individual, prevenindo abusos e arbitrariedades. Dessa forma, são essenciais para a concretização de um Estado de Direito verdadeiramente democrático.[8]

Em seu *capolavoro Principia Iuris: Teoria del Diritto e della democrazia*, especificamente no Tomo 1 (*Teoria del Diritto*), Luigi Ferrajoli distingue **instituições de governo** de **instituições de garantias.**[9] As primeiras dizem com o aspecto formal (ou político) da democracia, isto é, com a regra de maioria e com a subordinação à vontade popular. Desta feita, as instituições de governo são pautadas pela discricionariedade e tem, sob o seu radar, temas que estão afetos à esfera do decidível (aquilo sobre o que a maioria pode decidir). Por outro lado, as instituições de garantias (nas quais se encontra o Ministério Público) dizem com o aspecto material (ou substancial) da democracia, ou seja, são contramajoritárias, pertencendo à esfera vinculada do indecidível (aquilo sobre o que sequer a maioria – por mais qualificada que seja – pode decidir) e, assim, não pactuam com a discricionariedade. Todo o contrário, são subordinadas à lei e aos princípios constitucionais.[10]

---

8 FERRAJOLI, Luigi. *A construção da democracia*: Teoria do Garantismo constitucional. Trad. Sérgio Cademartori. Florianópolis: Emais, 2023, p. 474.

9 "La constitucionalización de una esfera pública supraestatal requiere hoy – mucho más que el desarrollo de funciones de gobierno en la perspectiva de un improbable y ni siquiera augurable super-estado conforme al modelo del estado representativo nacional – el reforzamiento y la introducción de funciones e instituciones de garantía de los derechos fundamentales estipulados en las diversas cartas internacionales" (FERRAJOLI, Luigi. *La democracia a través de los derechos*: el constitucionalismo garantista como modelo teórico y como proyecto político. Trad. Perfecto Andrés Ibáñez. Madrid: Trotta, 2014, p. 179).

10 FERRAJOLI, Luigi. *Principia Iuris*: teoria del diritto e della democrazia. vol. 1. Roma: Laterza, 2007, p. 876.

Graças às peculiaridades históricas da América Latina, que passou por períodos autoritários, sobretudo durante as ditaduras civis-militares dos anos 1960-1970, a escolha constitucional brasileira foi por tornar o Ministério Público um órgão de defesa intransigente dos direitos fundamentais de todas as pessoas e, portanto, uma instituição de garantias que não está subordinada à vontade popular, tampouco dependente da regra de maioria. Ferrajoli esclarece que esse formato de um Ministério Público enquanto instituição de garantias foi permitido única e exclusivamente pelo advento de Constituições de terceira geração,[11] reforçando como o órgão brasileiro ultrapassou a barreira de mero acusador. É bem verdade que a titularidade da ação penal subsiste, no entanto, somaram-se a ela inúmeras outras atribuições que estão para muito além da visão tradicionalmente imposta ao MP.

O Ministério Público, portanto, deve ser compreendido como um órgão complexo, incumbido da tutela dos direitos fundamentais, quer os de índole liberal (garantismo penal), quer os de caráter social (garantismo social). O artigo 127 da Constituição da República é a prova disso. A partir dessa "virada de chave", o MP passou a ter o dever constitucional de defender a ordem jurídica, o regime democrático e os interesses sociais e individuais indisponíveis, independentemente do que queira a maioria.[12]

---

11 O fim das ditaduras militares que assolaram os países latino-americanos no século passado trouxe consigo o que Ferrajoli denomina constitucionalismo de terceira geração. Esse termo nada mais é do que uma forma de denominar a "nova onda" de Constituições enriquecidas em direitos sociais e extremamente preocupadas em estabelecer um sistema de garantias complexo e articulado, a começar pela sua rigidez, associada ao extenso leque de direitos fundamentais e ao controle de constitucionalidade.

12 Art. 127, CF/1988 – O Ministério Público é instituição permanente, essencial à função jurisdicional do Estado, incumbindo-lhe a defesa da ordem jurídica, do regime democrático e dos interesses sociais e individuais indisponíveis.

Afirmar que o MP – a partir desse novo desenho constitucional – é uma efetiva instituição de garantia de bens, direitos e interesses fundamentais implica reconhecer, necessariamente, duas coisas: **i)** a sua função primeva (por meio da qual sempre foi conhecido), que é a de titular da ação penal pública (ou seja, a função de acusar, no processo penal), foi fortemente remodelada a partir de parâmetros rígidos impostos pelos direitos fundamentais liberais (direitos de liberdade), significando que o MP deixa de ser o "acusador sistemático" para se tornar o órgão de acusação submetido aos limites garantistas de controle do poder de punir, ou, em outras palavras, submetido às regras do jogo democrático; e **ii)** além de sua função no campo penal, passaram a existir outras tantas, no campo dos direitos sociais, que vão exigir do Ministério Público – de outra banda – seja arrojado para a atuação firme no que diz respeito às políticas públicas que visam à diminuição das desigualdades (direitos sociais).

Pretendo, brevemente, reforçar o ponto ***i*** do parágrafo anterior, isto é, a remodelação do Ministério Público no que diz respeito à sua função de órgão acusador (no campo penal, portanto). Essa redefinição constitucional passa, necessariamente, pela compreensão de que o MP possui um papel contramajoritário, isto é, não está submetido a eventuais regras de maioria. Toda a sua ação, dentro do processo penal, há de estar condicionada à (e pela) lei (válida, ou seja, compatível com a Constituição). Dito de outra forma: somente a lei e a Constituição podem conduzir a ação do MP. Não há espaços para poderes abusivos nem para voluntarismos ou discricionariedade. Se o caso penal colocado à vista do membro do MP apresenta – dentro de toda a lógica do devido processo – condições legais de prosseguir, que sobrevenha uma acusação. Mas não qualquer acusação, senão aquela totalmente vinculada aos parâmetros de legalidade. De outra sorte, se não houver condições para tanto, que o destino seja outro: uma promoção de arquivamento, um pedido de absolvição, a depender do momento processual em questão.

Essa nova postura – constitucionalmente redesenhada e tão bem explicada por Luigi Ferrajoli – pode sugerir seja o MP uma instituição um tanto idiossincrática e acabe por produzir certos mitos, como esse que Rubens Casara vem nos desvelar. No entanto, tenho um palpite um tanto ousado: penso que o MP brasileiro – sobretudo no campo penal – ainda não encontrou o seu verdadeiro lugar, que nada tem com querer se convencer que é uma "parte imparcial", mas tem com uma recusa (consciente ou inconsciente) de superar o paradigma autoritário que forjou a instituição e, assim, uma insistência em reproduzir práticas próprias dos nossos diplomas fascistas dos anos 1940.

Penso com Rubens (e, também, com Ferrajoli) que uma compreensão correta do princípio da legalidade (como legalidade estrita, isto é, como verdadeiro limite ao exercício do poder punitivo) seria o caminho ideal para que os membros do MP – com total tranquilidade – virassem a chave de sua atuação. Mas sigamos!

Compreendido, assim, o Ministério Público como uma instituição de garantias, quero, agora, voltar à discussão que é objeto deste breve texto: MP imparcial? Uma parte, não parte? O que difere a "parcialidade" do MP da "parcialidade" do réu? Casara inicia seu texto falando sobre o conceito e a funcionalidades do mito.[13] Desvelado o mito da imparcialidade do MP, Rubens sustenta que o fato, por exemplo, do Ministério Público pedir absolvição de um réu não se justifica por ser imparcial, mas por estar adstrito ao princípio de legalidade e que, portanto, pedir a condenação de uma pessoa inocente seria o total desvirtuamento do referido princípio, que, ao fim e ao cabo, é o que condiciona o atuar do membro do MP.

Do ponto de vista da língua portuguesa uma "parte imparcial" seria, de fato, uma contradição em termos, como aponta Casara.[14] Ora, se o MP, num processo acusatório, é parte (a parte autora,

---

13 A propósito do tema, eu indico, do mesmo autor: CASARA, Rubens R. R. *Mitologia processual penal*. São Paulo: Saraiva, 2015.

14 CASARA, Rubens R. R. *Processo penal do espetáculo (e outros ensaios)*. 2ª ed. atual. e ampl. Florianópolis: Tirant lo Blanch, 2021, p. 232.

quem acusa, quem movimenta), como pode ser, ao mesmo tempo, um "não parte"? Isso, definitivamente, não faria qualquer sentido. Pior: serviria para colocar o Ministério Público num patamar privilegiado em relação à outra parte, a mais fraca no processo, que é o imputado. Portanto, se quisermos assumir e radicalizar um processo de partes, baseado no contraditório, precisamos dar nome às coisas e dizer com todos as letras quem são as partes! Sem eufemismos!

Porém, quando Luigi Ferrajoli desenvolve esse tema, ele trata distintamente dois conceitos, em sua obra: a ***terzietà*** e a ***imparzialità***. Vale transcrever o trecho abaixo, em que Ferrajoli discorre sobre as garantias institucionais da imparcialidade dos magistrados:

> O fundamento do valor da **imparcialidade** reside nas duas fontes de legitimação da jurisdição – o seu caráter cognitivo e o seu papel de defesa dos direitos – que impõem ao juiz a ***terzietà***, isto é, a equidistância em relação às partes do processo, como um *tertius super partes*.[15]

Não traduzi o termo *terzietà* porque não possuímos correspondente em português. Mas o próprio Ferrajoli o define como sendo a posição de equidistância entre o juiz e as partes do processo. Como se pode perceber, essa equidistância é imposta pela imparcialidade, mas com ela não se confunde. Tanto isso é verdade que, logo na sequência do texto, ao referir-se ao Ministério Público, o *maestro* nos explica:

> (...) mas também o Ministério Público, **apesar de ser parte, e não terceiro (*terzo*)** – e, ainda mais, parte pública – possui o dever de se distanciar institucionalmente dos interesses em

---

15 FERRAJOLI, Luigi. *Giustizia e Politica*: crisi e rifondazione del garantismo penale. Bari: Laterza, 2024, p. 248 (tradução livre, grifos nossos).

> jogo no processo e, portanto, nesse sentido, **possui o dever da imparcialidade** na sua atividade investigativa.[16]

Em síntese: O MP não é *terzo*, não é terceiro. É parte! Porém, mesmo sendo parte – e, justamente, uma parte pública –, possui o dever de manter a **imparcialidade**, entendida essa como a obrigação do desinteresse (quer pessoal, quer institucional) em relação ao que está posto no caso penal apresentado. Não possui a *terzietà*, mas há de respeitar a *imparzialità*.

Essa distinção, no interior da complexa formatação garantista, vem ao encontro do que – inadequações semânticas à parte – verdadeiramente importa, que é romper com o mito de que o Ministério Público seria um órgão, no processo penal, mais próximo ao julgador (que, como ele, deve(ria) também ser imparcial), do que da outra parte (o imputado). Isso, na dinâmica do processo penal gera, por exemplo, o ideário de que o Promotor de Justiça, na estética de uma sala de audiência, pode sentar-se ao lado do juiz e acima do acusado. Facilmente, pode autorizar conclusões de que o MP possuiria privilégios e vantagens em detrimento da parte acusada.

Esse é o risco! Mas, aqui, tanto Rubens Casara quanto Luigi Ferrajoli estão de pleno acordo: a paridade de armas no processo penal é inegociável! Sem ela, não há possibilidade de se garantir a presunção de inocência, tampouco assegurar, de forma concreta, o contraditório, isto é, a justa disputa de argumentos entre acusação e defesa, com ambas tendo as mesmas chances de acesso aos elementos necessários às suas alegações racionais.

Penso que, postas assim as coisas, conseguimos, ao mesmo tempo: **i)** desmitificar a imparcialidade do MP, como se fosse ele um órgão que estaria acima da parte acusada no processo penal; **ii)** compreender que a semântica da linguagem, embora no nosso

---

16 FERRAJOLI, Luigi. *Giustizia e Politica*: crisi e rifondazione del garantismo penale. Bari: Laterza, 2024.

vernáculo, implique a impossibilidade de se falar em uma parte imparcial, pode apresentar uma outra conotação na Teoria do Garantismo Penal, a partir da construção do pensamento, em italiano; e **iii**) concluir que a preocupação de ambos os autores que procurei, aqui, convidar ao debate é a mesma, ou seja, criar vínculos de constrangimento ao poder, demonstrando que, sendo o Ministério Público uma instituição de garantias, deve, obrigatoriamente, estar adstrito ao princípio da legalidade (compreendida aqui a legalidade estrita, definida por Ferrajoli) e, assim, respeitar as regras do jogo do processo penal democrático, a fim de pretender a condenação de pessoas culpadas, mas a absolvição de pessoas inocentes.

O sistema de justiça criminal somente será efetivamente justo quando isso acontecer: a punição das pessoas culpadas e a tutela das pessoas inocentes diante do poder terrível (Montesquieu). É disso que se trata! Num país de tradição autoritária como o Brasil, perseguir esse ideal pode até parecer utópico. Mas são intelectuais e juízes como Rubens Casara que, com sua lida e resistência diárias, fazem a diferença nas vidas de pessoas de carne e osso. Vida longa a Rubens Casara!

Referências bibliográficas

CASARA, Rubens R. R. *Mitologia processual penal*. São Paulo: Saraiva, 2015.

______. *Processo penal do espetáculo (e outros ensaios)*. 2ª ed. atual. e ampl. Florianópolis: Tirant lo Blanch, 2021.

FERRAJOLI, Luigi. *A construção da democracia*: Teoria do Garantismo constitucional. Trad. Sérgio Cademartori. Florianópolis: Emais, 2023.

______. *Diritto e Ragione*: teoria del garantismo penale. Roma-Bari: Laterza, 1989.

______. *Giustizia e Politica*: crisi e rifondazione del garantismo penale. Bari: Laterza, 2024.

______. *La democracia a través de los derechos*: el constitucionalismo garantista como modelo teórico y como proyecto político. Trad. Perfecto Andrés Ibáñez. Madrid: Trotta, 2014.

______. *Principia Iuris*: Teoria del Diritto e della democrazia. vol. 1. Roma: Laterza, 2007.

SANTORO, Antonio Eduardo Ramires; CYRILLO, Carolina. "As forças-tarefas do Ministério Público Federal: o discurso político punitivo anticorrupção na instituição de garantias". *Revista Brasileira de Direito Processual Penal*, Porto Alegre, vol. 6, nº 3, 2020. Disponível em: https://doi.org/10.22197/rbdpp.v6i3.431. Acessado em: 14.04.2025.

CAPÍTULO IV

JUIZ ESCULPIDO EM CARRARA E *STANDARD* DE PROVA: ESCRITO EM HOMENAGEM A RUBENS CASARA

ANDRÉ NICOLITT

As sentenças absolutórias (...). Elas honram a magistratura e reforçam a fé nas sentenças condenatórias... consolidam nos cidadãos a opinião da própria segurança (Carrara).

A expressão "esculpido em Carrara", de modo geral, busca ilustrar a expressão máxima da semelhança decorrente de uma obra elaborada em material nobre como o mármore de Carrara. Na expressão popular, o termo não teve sua fonética bem compreendida e, no vocabulário vulgar decorrente da falta de alcance, foi substituído pela expressão "cuspido e escarrado".

A utilização proposital da expressão neste ensaio, em 2017, foi utilizada para um pequeno texto em homenagem a dois grandes companheiros de magistratura e de tantas lutas por um mundo melhor, Rubens Casara[1] e Marcos Peixoto.[2] Retomo a retórica hoje em uma coletânea de merecidas homenagens ao Casara, um magistrado que, por tudo que representa para o sistema de justiça criminal, muito se assemelha às luzes de Francesco Carrara, considerado por muitos o maior penalista de todos os tempos. Além disso, é um intelectual orgânico, combativo, disruptivo, antifascista que, como tal, goza de certa incompreensão e desperta, não raro, ódio dos fascistas, de modo que, por vezes, suas ideias e decisões contra hegemônicas, no imaginário "idiotizado", passam de "esculpido em Carrara" para "cuspido e escarrado". São decisões e ideias que são lidas como verdadeiros escândalos.

Lauzé di Peret[3] afirma que basta ao corpo social que "os culpados sejam geralmente punidos", pois é seu maior interesse que "todos os inocentes" sejam, "sem exceção", protegidos. Para Ferrajoli,[4] este é um princípio de civilidade, fruto de uma opção democrática em favor da imunidade dos inocentes. Carrara, ao discorrer sobre esta opção em seu programa de Direito Criminal, afirma contra quem "grita" ao "escândalo político" de cada absolvição que deixa impune um delito que: "escândalo verdadeiro seria ver os tribunais condenando sempre; e juízes que, absolvendo, parecessem estar cometendo um pecado".

---

1 Rubens Roberto Rebello Casara é Juiz de Direito do TJRJ, titular da 43ª Vara Criminal da Capital. Ademais, o homenageado é Mestre e Doutor em Direito, sendo autor de inúmeras obras de referência em processo penal.

2 Marcos Augusto Ramos Peixoto é Juiz de Direito do TJRJ, titular da 37ª Vara Criminal da Capital, autor de inúmeros artigos jurídicos.

3 PERET, Lauzé di. *Trattato dela garanzia individuale*. [S.l]: [s.n.], [s.d.], p. 39.

4 FERRAJOLI, Luigi. *Direito e razão*: Teoria do Garantismo Penal. Trad. Ana Paula Zomer, Fauzi Hassan Choukr, Juarez Tavares e Luiz Flávio Gomes. São Paulo: Revista dos Tribunais, 2001, p. 506.

Assim, por vezes, é visto nosso homenageado e tantos outros magistrados: como pecadores. Sobre os Tribunais, diz Carrara, que escândalo seria se eles, diante de sentenças absolutórias, "estremecessem como por febre, e suspirassem como por infortúnio ao confirmar a absolvição, sem tremer, ou suspirar ao condenar, esperando dessa forma maior compreensão da Corte pelas sentenças absolutórias".

Para Carrara este cenário sim constitui:

> Escândalo verdadeiro, pois que com isso criaria profundas raízes no povo a ideia segundo a qual os juízes criminais se sentam em suas mesas para condenar e não para administrar a justiça imparcial. Isso destruiria toda a confiança na justiça humana, fazendo reconhecer como razão da condenação não o fato de ser comprovadamente culpado, mas o ser acusado. As sentenças absolutórias são a confirmação do contrário. Elas honram a magistratura e reforçam a fé nas sentenças condenatórias; (...) consolidam nos cidadãos a opinião da própria segurança.[5]

Não se destaca o homenageado apenas pelo dom de bem julgar, mas também por bem conduzir o processo. E nessa quadra, maneja com destreza constitucional a prisão provisória, sem destoar de Carrara, para quem a prisão preventiva não é tolerável, salvo nos delitos graves, tratando por "tortura mascarada"[6] a prisão preventiva dirigida à obtenção da confissão, e por que não da delação?

Por inúmeras passagens como essas, Carrara ficou conhecido como o grande nome da chamada Escola Clássica do Direito Penal que sofreu os ataques das escolas positivista e técnico-jurídica, dando,

---

5 CARRARA, Francesco. *Programma del corso di Diritto Criminale*: Parte Generale. vol. 1. Bologna: Società Editrice il Mulino, 2009, pp. 276-277.

6 CARRARA, Francesco. *Programma del corso di Diritto Criminale*: Parte Generale. vol. 1. Bologna: Società Editrice il Mulino, 2009, p. 395.

esta última, esteio ao sistema penal fascista da Itália no início do século XX.

De igual maneira, as ideias de Casara são as luzes que enfrentam as trevas do autoritarismo que redescobre o Brasil nos dias atuais.

A par dessas premissas, lançarei uma breve nota sobre os *standards* de prova no processo penal.

1 Valoração da prova e resultado do processo: *standards* de prova

Apreciando a prova, o juiz pode chegar a três estados: certeza sobre a inocência ou a culpa; dúvida e ignorância. Nessa hora, é importante ter em mente a questão do ônus da prova no processo penal, pois aqui se definira quem sofrera as consequências caso eventualmente não tenha se desincumbido da prova, e vale arrematar, lembrando que, no processo penal, o ônus da prova é todo da acusação.

A certeza sobre a culpa importara, via de regra, uma sentença condenatória; a certeza sobre a inocência, uma sentença absolutória. A dúvida, por sua vez, se traduzirá, em razão do princípio *in dubio pro reo*, na absolvição. A ignorância é um estado "produzido pela total ineficácia da prova para afirmar o fato probando",[7] o que também vai gerar a absolvição.

Com efeito, afigura-se relevante analisar os critérios dessa verificação fática que conduz ao resultado do caso penal.

---

7 ARANHA, Adalberto Jose Q. T. de Camargo. *Da prova no Processo Penal*. São Paulo: Saraiva, 1999, p. 81.

2 *Standards* de prova

Diante do exposto acima, o princípio do livre convencimento motivado acaba não determinando o modo pelo qual o juiz deve proceder na sua valoração da prova diante da irredutível margem discricionária[8] dessa atividade que gera insegurança jurídica em relação ao juízo de verificação fática. O controle epistêmico que se destacou pela exigência das garantias judiciais não nos absolve de lançar algumas notas sobre a questão dos critérios racionais desse juízo, razão pela qual impende serem ressaltados alguns apontamentos sobre os chamados *standards* de prova.

Partindo da ideia de que não há verdade absoluta e que os critérios de verdade são subjetivos, procura-se oferecer ao julgador diretrizes mais precisas – ainda que gerais e flexíveis – que orientem a valoração das provas no momento da decisão sobre as questões de fato. A isso se dá o nome de *standards* de prova.[9]

O Direito norte-americano costuma referir o problema da *sufficiency evidence* ou *measure of persuasion* para indagar "quanta prova" deve ser produzida para se desincumbir do ônus probatório que recai sobre a parte.[10] Os *standards* de prova podem ser definidos como "o grau ou nível de prova exigido em um caso específico, como o 'além de dúvida razoável' ou 'por preponderância de prova'".[11]

Sobre o tema, em matéria civil na tradição do *common law*, o *standard* amplamente difundido e o da preponderância da prova (*preponderante of evidence*), ao se estabelecer que, quando sobre

---

8 TARUFFO, Michele. *A prova*. São Paulo: Marcial Pons, 2014, p. 134.

9 TARUFFO, Michele. *A prova*. São Paulo: Marcial Pons, 2014, p. 135.

10 COSTA, Guilherme Recena. "Livre convencimento e standards de prova". *In*: YARSEHLL, Flavio Luiz; ZUFELATO, Camilo (Coord.). *40 anos da Teoria Geral do Processo no Brasil*: passado, presente e futuro. São Paulo: Malheiros, 2013, p. 357.

11 GARNER, Bryan A. *Black's Law Dictionary*. 7ª ed. Saint Paul: West Group, 1999, p. 1413.

um fato existirem provas conflitantes, o julgador deverá "sopesar" as probabilidades relativas às diferentes versões dos fatos e escolher entre a tese que lhe pareça mais provável com base nas provas disponíveis.[12]

Já no processo penal, em razão dos valores envolvidos, exige-se altíssima probabilidade para a procedência da acusação, pelo que se proclama o *standard* de "prova além da dúvida razoável" (*beyond reasonable doubt*).[13]

Desde 1850, através do Chief Justice Shaw, a tradição norte-americana aponta que tudo que se relaciona ao humano está aberto a uma possível dúvida imaginária. Todavia, se após toda comparação e consideração de todas as evidências, ainda assim a dúvida se encontrar na mente do julgador, ele não pode dizer que sente uma convicção permanente, uma certeza moral, da verdade da acusação, impondo-se a absolvição. O que se extrai dessa tradição é que as dúvidas não devem ser todas desvanecidas, mas apenas aquelas que levariam uma pessoa razoável hesitar a agir.[14]

Exige-se que a prova deve ser tão convincente que uma pessoa razoável não vacilaria em decidir – com suporte nela – a maior parte dos seus assuntos privados, mesmo que a tomada de uma decisão errada tivesse consequências trágicas.[15]

Ocorre que nada disso resolve o espaço do subjetivismo, mantendo-se a abertura indesejável à discricionariedade e, por tal

---

12 TARUFFO, Michele. *A prova*. São Paulo: Marcial Pons, 2014, p. 135.

13 COSTA, Guilherme Recena. "Livre convencimento e standards de prova". *In*: YARSEHLL, Flavio Luiz; ZUFELATO, Camilo (Coord.). *40 anos da Teoria Geral do Processo no Brasil*: passado, presente e futuro. São Paulo: Malheiros, 2013, p. 358.

14 SOUSA, Luís Filipe Pires de. *Prova por presunção no Direito Civil*. Coimbra: Almedina, 2017, pp. 140 e ss.

15 CLERMONT, Kevin M. *Standards of decision in law*: psychological and logical bases for the standard of proof, here and abroad. Durham: Carolina Academic Press, 2013, p. 27.

dificuldade, buscou-se inclusive o socorro a probabilidade quantitativa,[16] modelo de difícil aceitação no processo judicial em razão de sua singularidade.[17] Ademais, dificilmente há no campo dos processos judiciais uma base de dados sobre a frequência dos tipos que permita um estudo de probabilidade.[18]

A doutrina realiza esforço hercúleo para dar densidade e concretude a noção de "dúvida além do razoável", apelando-se a variadas formulações como:[19]

i) Se é críel a prova acusatória que resultaria difícil de explicar se o acusado fosse inocente e não é crível a prova da inocência que seria muito difícil de explicar se o acusado fosse culpado, então, deve ser condenado. Do contrário, deve ser absolvido.

ii) Se a história da acusação acerca do delito é plausível e não se pode imaginar uma história plausível que mostre o acusado como inocente, nesse caso, deve ser condenado. Do contrário, absolvido.

iii) Resolva se os factos estabelecidos pela acusação refutam qualquer hipótese ainda ligeiramente razoável de inocência do arguido. Se for assim, deve ser condenado. De outro modo, deve ser absolvido.

---

16 COSTA, Guilherme Recena. "Livre convencimento e standards de prova". *In*: YARSEHLL, Flavio Luiz; ZUFELATO, Camilo (Coord.). *40 anos da Teoria Geral do Processo no Brasil*: passado, presente e futuro. São Paulo: Malheiros, 2013, pp. 368-369.

17 ZAZA, Carlos. *Il Ragionevole Dubbio nella Logica della Prova Penale*. Milão: Giuffre, 2008, p. 7.

18 BADARO, Gustavo Henrique. *Ônus da prova no Processo Penal*. São Paulo: Revista dos Tribunais, 2003, p. 42.

19 LAUDAN, Larry. *Truth, error end the criminal law*: an essay in legal epistemology. Nova York: Cambridge University Presse, 2006 *apud* SILVEIRA, Daniel Coutinho da. *Prova, argumento e decisão*: critérios de suficiência para orientação dos juízos de fatos no Direito Processual brasileiro. São Paulo: Universidade de São Paulo, 2011, pp. 313-314.

Apesar de o critério apresentar certo avanço, os fundamentos de credibilidade e plausibilidade continuam a sofrer um alto grau de imprecisão que desemboca no risco de subjetivação.[20]

Na verdade, a exigência é de que a acusação demonstre que há razões objetivas para concluir que a sua hipótese é a única explicação plausível para os elementos probatórios reunidos no processo.[21]

Em síntese do que se discute, a hipótese da acusação deve ser considerada como provada quando reunir os seguintes aspectos: 1) deve ser amparada por provas referentes a todos os seus elementos constitutivos; 2) as contraprovas não devem partir o seu núcleo essencial; 3) as contra hipóteses devem se revelar ou indemonstradas ou implausíveis; 4) a hipótese deve ter uma interna coerência lógica, não podendo ser autocontraditória; 5) a hipótese deve ser a única congruente com os fatos, isto é, deve ser a única com condições de fundamentar os fatos apurados e de explicá-los com racionalidade.[22]

Os *standards* contribuem para o controle dos acertos do juízo de verificação fática e revela-se como mais um mecanismo de controle do arbítrio. O tema ainda é pouco debatido, não só na doutrina brasileira, como também em toda tradição do *civil law*.[23]

---

20 LAGIER, Daniel Gonzalez. "Presunción de inocencia, verdad y objetividad". *In*: AMADO, Garcia *et al.* (Coord.). *Prueba y razonamiento probatorio en Derecho*: debates sobre abducción. Granada: Comares, 2014, pp. 113-115.

21 SOUSA, Luís Filipe Pires de. *Prova por presunção no Direito Civil*. Coimbra: Almedina, 2017.

22 PELLEGRINO, Andrea. *Il doppio volto dell'indizio nel processo penale*. Torino: Giappichelli, 2010, p. 331.

23 COSTA, Guilherme Recena. "Livre convencimento e standards de prova". *In*: YARSEHLL, Flavio Luiz; ZUFELATO, Camilo (Coord.). *40 anos da Teoria Geral do Processo no Brasil*: passado, presente e futuro. São Paulo: Malheiros, 2013, pp. 371 e 378.

No Brasil, embora não haja uma fixação rígida na legislação e na jurisprudência sobre os *standards* de prova, algumas conclusões, com contribuição doutrinaria, é possível se extrair.

Primeiramente, a de que no processo penal brasileiro o princípio da presunção de inocência impõe o *standard* de prova acima de dúvida razoável. Ademais, aponta-se como critérios mínimos: a) necessidade de motivação; b) vedação de contradição; c) objetividade da motivação; d) obrigatoriedade do enfrentamento de todas as questões; e) distinção entre o grau de exigência de prova no processo civil e no processo penal.[24]

3 Pequenas ilustrações sobre racionalidade e coerência necessárias para a confirmação da hipótese acusatória

Quando falo que a hipótese deve ter uma interna coerência lógica, não podendo ser autocontraditória e que deve ser a única congruente com os fatos, capaz de fundamentar os fatos e de explicá-los com racionalidade, acho importante ilustrar essa ideia com dois casos que tive oportunidade de decidir e um caso que foi largamente difundido por envolver, à época, o ex-Presidente Lula, posteriormente absolvido e eleito mandatário novamente.

3.1 "Dura" no ônibus São Gonçalo x Saquarema

O município de São Gonçalo é marcado por intenso comércio de drogas no varejo, tal qual comumente ocorre nas grandes cidades do Rio de Janeiro. Certa feita, na véspera de um feriado prolongado,

---

24 BALTAZAR JUNIOR, Jose Paulo. "Standards probatórios no processo penal". *Revista AJUFERGS*, Porto Alegre, nº 4, nov. 2007, pp. 161-185. Disponível em: https://bdjur.stj.jus.br/jspui/bitstream/2011/18424/Standards_Probat%C3%B3rios_no_Processo_Penal.pdf. Acessado em: 24.06.2018.

a Polícia Militar ingressou em um ônibus que partia de São Gonçalo para Saquarema. Revistou um passageiro que estava com uma pequena quantidade de cocaína, quiçá 5 g. Apresentava, ainda, Carteira de Trabalho assinada como carpinteiro da construção civil e seu contracheque da semana, com o respectivo valor em espécie. Durante a abordagem, sem lhe assegurar o direito ao silêncio, indagaram os policiais para que portava a droga, foi quando, segundo os relatos policiais, teria "confessado" que pretendia vender a droga em Saquarema, litoral do Rio de Janeiro. Dessa forma, o carpinteiro foi preso em flagrante e denunciado por tráfico de drogas, permanecendo preso por meses até a audiência de instrução e julgamento, não obstante inúmeros pedidos de revogação da prisão.

Ora, a toda evidência, o que se ganharia/lucraria em Saquarema vendendo um "pó de 5 g" ou um "pó de 10 g" não pagaria sequer a passagem de ônibus. Como imaginar que alguém com carteira assinada, na véspera de um feriado prolongado, estaria saindo de São Gonçalo, para "traficar" 5 g de cocaína em Saquarema, litoral do Estado do Rio de Janeiro? A toda evidência, a hipótese acusatória não apresentava uma explicação racional ou coerente para o fato. Sem prejuízo e "sem causar espanto" aos operadores do Direito, o indivíduo foi preso, denunciado, tendo cumprido meses de prisão cautelar até sua absolvição posterior.

3.2 Cheiro de cocaína e direito ao silêncio

Em outro feito que tive oportunidade de atuar, encontrei o seguinte caso. Policiais narram em seus depoimentos que estavam em patrulhamento e notaram o acusado em uma comunidade, tendo este ficado nervoso quando avistou a polícia. Narram, ainda, que abordaram o acusado e na busca pessoal nada foi encontrado que estivesse relacionado com o crime, mas "estava com a quantia de R$ 40, sendo que o declarante, ao cheirar o dinheiro, notou que exalava um forte cheiro de cocaína". Então, a guarnição desconfiou do acusado e "inquiriu o mesmo sobre a origem do dinheiro; que o mesmo acabou confessando que vendia drogas e levou a guarnição até a casa dele". Na residência, o acusado teria mostrado seu quarto onde estava escondida uma carga de droga, consistente em 11 invólucros, totalizando 11 g de cocaína.

Informam que, em seguida, quando saíam da residência, perceberam uma motocicleta coberta por um lençol e que esta tinha origem ilícita. Por fim, relatam que, ao chegarem à delegacia de polícia, o acusado tentou fugir, correndo, e foi detido pelos policiais.

Em sede policial, tendo a autoridade policial cumprido as formalidades legais, informou ao então conduzido de seus direitos constitucionais, dentre os quais o de permanecer calado, e este resolveu permanecer em silêncio e só falar em juízo.

Algo nos pareceu incoerente. Note-se que o policial militar disse que, ao cheirar a nota que o acusado portava, sentiu "um forte cheiro de cocaína". Todavia, a professora Irene Muakad,[25] doutora em medicina forense, professora da USP e professora titular da Mackenzie, ensina que a cocaína em pó, produto em forma de sal, obtido por um processo químico, chega ao consumidor na forma de cristal ou em pó branco, amargo e sem cheiro.[26]

Além dessa contradição, há outras perplexidades nessa história. Note-se que um indivíduo que não portava nada de ilícito se assusta com a polícia (será que há motivo para isso?). Em seguida, sem que portasse qualquer coisa de ilícito, resolve falar tudo para os policiais, ou seja, que é traficante e inclusive leva os policiais até sua residência. Todavia, ao chegar à delegacia de polícia, advertido de suas garantias constitucionais e com sua integridade física assegurada,

---

25 MUAKAD, Irene Batista. "A Cocaína e as suas formas de consumo". *Revista APMP*: Associação Paulista do Ministério Público, São Paulo, 1996.

26 Não olvidamos o fato de que as misturas podem promover odores na droga vendida no comércio ilegal.

seu comportamento abruptamente se modifica, ou seja, resolve usar de seu direito de permanecer em silêncio.

A conclusão só pode ser uma: os fatos não se deram como narrado pelo policial militar. Cocaína, segundo a professora, não tem cheiro. Mas, ainda que tivesse cheiro, a suposta confissão do acusado, mesmo que não fosse motivada por qualquer outro estímulo senão seu desejo de colaborar com a polícia, não tem validade, pois não foi precedida de informação quanto ao direito de permanecer em silêncio. O estranhamento é maior ainda quando se observa que, ao ser levado à autoridade policial, tendo tal garantia assegurada, exerceu seu direito constitucional ao silêncio.

É no mínimo curioso indagar por qual razão, na rua, perante policiais militares, um indivíduo fala tudo e, diante da autoridade policial, revestido o ato das formalidades necessárias, resolve calar. Diversidade de circunstâncias, diversidade de comportamento.

Nesse caso, igualmente, a hipótese afigura-se como uma péssima explicação racional e coerente dos fatos.

3.3 Caso Lula: quem parte e reparte e não fica com a maior parte ou é bobo ou não tem arte

Em 2016, o então ex-Presidente da República, Luís Inácio Lula da Silva, teria sido denunciado pelo Ministério Público Federal, como sendo o "comandante máximo" de um esquema de corrupção. A acusação do MPF dizia que todo o mega esquema envolvia o valor de R$ 6,2 bilhões em propina, gerando à Petrobras um prejuízo estimado em R$ 42 bilhões.[27] Segundo a denúncia, Lula teria se

27 DIONÍSIO, Bibiana; CAMARGO, Isabela; VIANNA, José. "Lula era o 'comandante máximo do esquema da Lava Jato', diz MPF". *G1 PR*, 14 set. 2016. Disponível em: https://g1.globo.com/pr/parana/noticia/2016/09/mpf-denuncia-lula-marisa-e-mais-seis-na-operacao-lava-jato.html. Acessado em: 23.04.2025.

beneficiado de modo dissimulado e indireto, com aproximadamente R$ 1,3 milhão em reforma de um triplex no Guarujá.

Note-se que, de partida, é possível estranhar que alguém que lidera um esquema de corrupção com desvio de 6,2 bilhões de reais se beneficie com apenas 1,3 milhão de reais, através da reforma de um apartamento.

Trata-se de uma hipótese acusatória que não corresponde a uma explicação lógica e coerente dos fatos. Todavia, referida acusação foi capaz de levar um ex-Presidente ao cárcere, a ser processado e condenado por instâncias ordinárias, até que viesse, em outro contexto político, tempos depois, a correção dos fatos pelo Supremo Tribunal Federal.

Curioso que esse cenário autoritário no processo penal não causou tanto "espanto" como causam, por vezes, as sentenças absolutórias.

Considerações finais

Ao buscar um processo penal democrático, temos que partir da ideia de que nem todos os culpados devem ser condenados, mas que todo inocente deve ser protegido. Como ensina Carrara, a *metafísica do Direito Penal propriamente dita é destinada a proteger os culpados dos excessos da autoridade social; a metafísica do Direito Processual tem por missão proteger dos abusos e dos erros da autoridade todos os cidadãos inocentes e honestos.*

Oxalá que tenhamos engrossadas as fileiras de juízes esculpidos em Carrara (ou em Casara), que tenhamos mais juristas lendo Carrara (e Casara) e se inspirando em Carrara e Casara.

Referências bibliográficas

ARANHA, Adalberto Jose Q. T. de Camargo. *Da prova no Processo Penal*. São Paulo: Saraiva, 1999.

BADARO, Gustavo Henrique. *Ônus da prova no Processo Penal*. São Paulo: Revista dos Tribunais, 2003.

BALTAZAR JUNIOR, Jose Paulo. "Standards probatórios no processo penal". *Revista AJUFERGS*, Porto Alegre, nº 4, nov. 2007. Disponível em: https://bdjur.stj.jus.br/jspui/bitstream/2011/18424/Standards_Probat%C3%B3rios_no_Processo_Penal.pdf. Acessado em: 24.06.2018.

CARRARA, Francesco. *Programma del corso di Diritto Criminale*: Parte Generale. vol. 1. Bologna: Società Editrice il Mulino, 2009.

CLERMONT, Kevin M. *Standards of decision in law*: psychological and logical bases for the standard of proof, here and abroad. Durham: Carolina Academic Press, 2013.

COSTA, Guilherme Recena. "Livre convencimento e standards de prova". *In*: YARSEHLL, Flavio Luiz; ZUFELATO, Camilo (Coord.). *40 anos da Teoria Geral do Processo no Brasil*: passado, presente e futuro. São Paulo: Malheiros, 2013.

DIONÍSIO, Bibiana; CAMARGO, Isabela; VIANNA, José. "Lula era o 'comandante máximo do esquema da Lava Jato', diz MPF". *G1 PR*, 14 set. 2016. Disponível em: https://g1.globo.com/pr/parana/noticia/2016/09/mpf-denuncia-lula-marisa-e-mais-seis-na-operacao-lava-jato.html. Acessado em: 23.04.2025.

FERRAJOLI, Luigi. *Direito e razão*: Teoria do Garantismo Penal. Trad. Ana Paula Zomer, Fauzi Hassan Choukr, Juarez Tavares e Luiz Flávio Gomes. São Paulo: Revista dos Tribunais, 2001.

GARNER, Bryan A. *Black's Law Dictionary*. 7ª ed. Saint Paul: West Group, 1999.

LAGIER, Daniel Gonzalez. "Presunción de inocencia, verdad y objetividad". *In*: AMADO, Garcia *et al*. (Coord.). *Prueba y razonamiento probatorio en Derecho*: debates sobre abducción. Granada: Comares, 2014.

LAUDAN, Larry. *Truth, error end the criminal law*: an essay in legal epistemology. Nova York: Cambridge University Presse, 2006.

MUAKAD, Irene Batista. "A Cocaína e as suas formas de consumo". *Revista APMP*: Associação Paulista do Ministério Público, São Paulo, 1996.

PELLEGRINO, Andrea. *Il doppio volto dell'indizio nel processo penale*. Torino: Giappichelli, 2010.

SILVEIRA, Daniel Coutinho da. *Prova, argumento e decisão*: critérios de suficiência para orientação dos juízos de fatos no Direito Processual brasileiro. São Paulo: Universidade de São Paulo, 2011. (Dissertação de Mestrado).

SOUSA, Luís Filipe Pires de. *Prova por presunção no Direito Civil*. Coimbra: Almedina, 2017.

TARUFFO, Michele. *A prova*. São Paulo: Marcial Pons, 2014.

ZAZA, Carlos. *Il Ragionevole Dubbio nella Logica della Prova Penale*. Milão: Giuffre, 2008.

CAPÍTULO V

O PROBLEMA POLÍTICO CRIMINAL DO PROCESSO PENAL BRASILEIRO

ANTONIO PEDRO MELCHIOR

Para Rubens Casara, a quem devo importantes aprendizados sobre a vida, o valor da amizade e da fraternidade no sistema de justiça.

1 Engrenagem da Política Criminal no Brasil

> *Por engano, vingança ou cortesia, tava lá, morto e posto, um desregrado. Onze tiros fizeram a avaria, e o morto... já estava conformado. Onze tiros! E não sei, por que tantos? Esses tempos não tão para ninharia. Não fosse a vez daquele, um outro ia. (...) A verdade não rima.*[1]

---

1 "Onze fitas" é uma composição de Fátima Guedes, feita para a peça O *Dia da caça*, de José Louzeiro.

No dia 7 de abril de 2019, o músico Evaldo Rosa estava dirigindo o carro da família, na companhia da mulher e filho de sete anos, quando foi alvejado com sessenta e dois tiros, disparados por militares do Exército que faziam o patrulhamento no bairro de Guadalupe, zona norte da cidade do Rio de Janeiro. Os exemplos de carnificina similares a esse são intermináveis no país. A polícia, aparelho armado do Poder Executivo, mata mais hoje que ontem. O Legislativo do regime democrático criminalizou mais que as ditaduras. Os corpos que não foram jogados na vala, o Poder Judiciário os manda para a cadeia.

O Estado brasileiro só conhece uma Política Criminal, a que Nilo Batista definiu como Política Criminal com derramamento de sangue. O texto publicado na *Revista Brasileira de Ciências Criminais* de 1997 completou vinte oito anos.[2] O quadro mudou para pior. Em 1998, o número de mortes por intervenção policial, de janeiro a maio, foi de 158 pessoas. Em 2020, 741 pessoas foram mortas pela polícia, numa média de 5 pessoas executadas por dia, no Rio de Janeiro.[3] [4] Na Bahia, só nas duas primeiras semanas de agosto de 2023, 32 foram mortas em ações policiais. Não se sabe quem matou, mas sabemos quem morreu. No dia 18 desses mesmos mês e ano,

---

2 O artigo tratou da construção do modelo bélico de Política Criminal no país, em especial, da guerra às drogas.

3 RODRIGUES, Matheus. “RJ tem maior número de mortes por policiais em 22 anos; e o 2º menor índice de homicídios já registrado pelo ISP”. *G1*, 22 jun. 2020. Disponível em: https://g1.globo.com/rj/rio-de-janeiro/noticia/2020/06/22/rj-tem-maior-numero-de-mortes-por-policiais-em-22-anos-e-o-2o-menor-indice-de-homicidios-ja-registrado-pelo-isp.ghtml. Acessado em: 27.02.2025.

4 FRAGA, Vitor. “Pessoas reais, vítimas invisíveis”. *OAB-RJ*, 7 ago. 2013. Disponível em: https://www.oabrj.org.br/tribuna/desaparecidos-democracia/pessoas-reais-vitimas-invisiveis. Acessado em: 27.02.2025. Somente na primeira década do século XXI, 2001/2011, mais de dez mil pessoas foram mortas em confronto com a polícia no estado do Rio de Janeiro.

mataram Mãe Bernadete. Ela foi a 11ª vítima da violência contra quilombolas no Estado. Várias outras pessoas tombaram depois.

A chamada Política Criminal tem a ver isto, ou seja, com o "concreto desempenho das agências públicas, policiais ou judiciárias, que se encarregam de implementar os critérios normativos do sistema criminal, mas também outros, silenciados ou negados pelo discurso jurídico".[5] Este tipo de discurso, como advertiu Antonio Quinet,[6] funda um fato que, por não ser propriamente da ordem da fala, não precisa dela para atuar. A Política Criminal negada ou silenciada pelo discurso oficial é a mesma que marcou a ordem colonial brasileira e avançou até os dias atuais, qual seja, extermínio como tática de imposição de terror e controle de grupo sociais subalternizados.[7] Os impactos desta Política Criminal no processo penal são conhecidos: tolerância a ilegalidades, preconceito generalizado contra as garantias constitucionais, abuso de poder e aprisionamentos em massa da população pobre e preta.

A situação tem piorado nas últimas décadas com os efeitos gerados pelo neoliberalismo. Expulsas dos dispositivos de assistência, as classes populares foram empurradas ao trabalho precarizado, à desqualificação e à criminalização.[8] O neoliberalismo introduziu, como disse Lacan, uma determinada forma de *governar*, *educar*, *psicanalisar* e *fazer desejar*.[9] A articulação entre políticas criminais

---

5 BATISTA, Nilo. "Política criminal com derramamento de sangue". *Revista Brasileira de Ciências Criminais*, São Paulo, vol. 5, nº 20, 1997, p. 79

6 QUINET, Antonio. *Psicose e laço social*: esquizofrenia, paranoia e melancolia. 2ª ed. Rio de Janeiro: Jorge Zahar, 2009, p. 30.

7 BATISTA, Nilo. "Política criminal com derramamento de sangue". *Revista Brasileira de Ciências Criminais*, São Paulo, vol. 5, nº 20, 1997, p. 79.

8 WACQUANT, Löic. *Punir os pobres*: a nova gestão da miséria nos Estados Unidos. Rio de Janeiro: Revan, 2003.

9 LACAN, Jaques. *O seminário, livro 17*: o avesso da psicanálise. Trad. Ari Roitman. Rio de Janeiro: Jorge Zahar, 1992.

e políticas econômicas do projeto neoliberal produziu o que Vera Malaguti Batista chamou de *adesão subjetiva à barbárie*, ou seja, demanda por castigo e punição.[10] A Política Criminal do projeto neoliberal está marcada, portanto, por uma *vontade de sujeição à violência*.[11]

Este é o tamanho dos nossos problemas: a Política Criminal fundada no extermínio das classes populares se confunde com a formação histórica da nossa sociedade e foi integrada à política social do Estado brasileiro. O neoliberalismo, como afirmou Joel Birman, agravou o problema ao formar um horizonte desinvestido de trocas inter-humanas, criando as condições para a explosão da violência que marca a atualidade.[12] Todo esse caldo cultural entorna no funcionamento concreto da justiça penal brasileira.

2 O problema político criminal do processo penal

O problema político criminal do processo penal decorre do modelo de violência e ordem. Este modelo alcançou níveis insuportáveis no Brasil, seja pela quantidade de pessoas mortas pela polícia, seja pelo número de pessoas enjauladas ou submetidas a dispositivos de vigilância por decisão judicial.

---

10 BATISTA, Vera Malaguti. "Adesão subjetiva à barbárie". *In*: ______ (Coord.). *Löic Wacquant e a questão penal no capitalismo neoliberal*. Rio de Janeiro: Revan, 2012, pp. 307-318.

11 Os efeitos dessa *vontade de sujeição à violência* foram identificados por Vera Malaguti na expansão da prisão e sua teia ampliada de justiças alternativas, terapêuticas, restauradores, fascistização das relações sociais e inculcação subjetiva do desejo de punir. A respeito da "cooptação da sociologia brasileira pelo paradigma da segurança", vale conferir LOPES, Edson. *Política e Segurança Pública*: uma vontade de sujeição. Rio de Janeiro: Contraponto, 2009.

12 BIRMAN, Joel. *Mal-estar na atualidade*: a psicanálise e as novas formas de subjetivação. Rio de Janeiro: Civilização Brasileira, 2007, p. 24.

O Direito Processual Penal, no Estado Democrático de Direito, surge e se justifica como dispositivo de contrapoder jurídico, voltado a conter a resposta violenta do Estado aos desvios criminalizados. Nem o mais otimista pensa que isso tem sido suficiente, a despeito da luta diária, travada por todo tipo de gente, no âmbito dos tribunais, delegacias de polícia ou salas de aula. O sistema de garantias está longe de cumprir o que prometeu. A reversão do quadro exige uma atitude crítica diante dos problemas do nosso tempo, qual seja, "abandonar a violência como interação social e política". Esta é a proposta de Salo de Carvalho[13] e a que nos trouxe Mauricio Zanoide.[14]

Como disse Pavarini, a demanda por ordem do capitalismo contemporâneo forjou o Estado penal e a policização intensa da conflitividade social, das relações humanas.[15] Essa policização implica apostar no uso dos instrumentos violentos do Estado para resolver todos os conflitos. Isto tem levado a uma sobrecarga endêmica da justiça penal.

O paradigma da ordem está no centro do desenvolvimento das políticas públicas neoliberais. A partir dele, o conflito social é visto como um desvio, caos, uma situação de anomalia. As pessoas identificadas como geradores da desordem são reprimidas. O

---

13 CARVALHO, Salo de. "Considerações sobre as incongruências da Justiça Penal Consensual: retórica garantista, prática abolicionista". *In*: GRINOVER, Ada Pellegrini; WUNDERLICH, Alexandre. *Escritos de Direito e Processo Penal em homenagem ao professor Paulo Cláudio Tovo*. Rio de Janeiro: Lumen Juris, 2002, p. 263.

14 MORAES, Maurício Zanoide de. *Processo criminal transformativo*: modelo criminal e sistema processual não violentos. Belo Horizonte/São Paulo: D'Plácido, 2022. Cf. DRAKOULAKIS, Gessika Christiny. "Terra à vista: o processo criminal transformativo e o novo locus do Direito Processual Penal". *Boletim IBCCrim*, ano 30, nº 356, jul. 2022.

15 PAVARINI, Massimo. *Control y Dominación*: teorias criminológicas burguesas y proyecto hegemónico. México: Siglo Veintiuno Editores, 1983.

modelo não quer gerir conflitos, mas estabelecer meios para gestão dos indesejáveis, como denunciou Rubens Casara.[16]

Todos os diversos sentidos de ordem estão, em síntese, vinculados a uma ordem patriarcal e escravagista. Sem que o modelo de violência e ordem seja problematizado, pouco tem adiantado a luta pela reforma acusatória do sistema processual penal. Veja-se o exemplo estadunidense e dos demais países latino-americanos: o sistema acusatório, com amplo predomínio de práticas negociais, termina em cárceres igualmente ocupados por pretos, imigrantes e pobres. Violência idêntica à produzida pelo sistema inquisitório.

Esse quadro impõe uma reorientação do Direito Processual Penal, a fim de instituir fluxos que devolvam a solução dos conflitos para outros níveis da sociedade. Essa nova dogmática deve corresponder àquilo que Vera Andrade chamou de ciência extraordinária, compromissada com a busca da segurança prometida, dos direitos humanos e de igualdade, inscritos no projeto político e social da modernidade.[17] Isso exige várias transformações.

A análise lógico formal deve ser superada por uma análise crítica que se interesse em compreender *quem* dita e *como* é utilizado o *poder* de definir políticas acerca do fenômeno criminal.[18] Para tanto, o processo penal deve ser alimentado pelo conhecimento empírico

---

16 CASARA, Rubens R. R. *Estado Pós-Democrático*: neo-obscurantismo e gestão dos indesejáveis. 3ª ed. Rio de Janeiro: Civilização Brasileira, 2017.

17 ANDRADE, Vera Regina Pereira de. *A ilusão de segurança jurídica*: do controle da violência a violência do controle penal. 3ª ed. Curitiba: Livraria do Advogado, 2015.

18 ANDRADE, Vera Regina Pereira de. *A ilusão de segurança jurídica*: do controle da violência a violência do controle penal. 3ª ed. Curitiba: Livraria do Advogado, 2015, p. 29. Podemos acrescentar neste ponto a observação de Hilton Ferreira Japiassu: "o que a epistemologia crítica pretende mostrar é que, uma vez que o conhecimento científico se torna cada vez mais um *poder*, é este próprio poder que irá constituir, nas sociedades industrializadas, a *significação real* da ciência" (JAPIASSU,

das práticas punitivas no Brasil. A doutrina processual penal brasileira deve ir além do garantismo abstrato da dogmática tradicional, entendida como "ciência normal". A partir dessa perspectiva, o garantismo deve ser "enquadrado" – disse Salo de Carvalho – como "pauta mínima, piso, e não teto".[19]

Esse giro de compreensão, na proposta de Alberto Binder, demanda substituir o paradigma da ordem pelo paradigma de gestão da conflitividade.[20] A proposta deve ser bem compreendida, para que não se caia no *gerencialismo* que, como apontou Maurício Dieter, redefine a "questão criminal" sob a ótica da racionalidade tecnocrática, apenas trocando o fundamento do controle social, do "criminoso", para os "índices de criminalidade".[21]

O paradigma de gestão da conflitividade foi pensado para evitar a violência e o abuso de poder. O conflito é visto como expressão da potência humana, movimentando lutas pessoais e coletivas. A proposta de Binder é construir um sistema de gestão da conflitividade que esteja em condições de relocalizar os conflitos em outros níveis da sociedade, ou, ainda, que haja incidência de agências estatais, que seja feito sem emprego de instrumentos violentos. A relocalização dos conflitos encaminhados à justiça penal para outros níveis exige reconhecer a existência de outras formas de normatividade social que não se enquadram no modelo de legalidade centrado no Estado.

Hilton Ferreira. *Introdução ao pensamento epistemológico*. Rio de Janeiro: F. Alves, 1975, p. 77).

19 Essas ponderações são de Salo de Carvalho no contexto das conversações estabelecidas no âmbito do grupo de pesquisa *Teoria Crítica e Crítica da Racionalidade Punitiva* na Faculdade Nacional de Direito (FND-UFRJ).

20 BINDER, Alberto. *Derecho Procesal Penal*: dimensión político-criminal del proceso penal. tomo 2. Buenos Aires: Ad-Hoc, 2014.

21 DIETER, Maurício Stegemann. *A Política Criminal atuarial*: a criminologia do "fim da história". Rio de Janeiro: Revan, 2013.

Boaventura de Souza Santos tratou disso em *Direito dos oprimidos*, escrito na década de 1970, após pesquisa na realidade das favelas cariocas. Como ele concluiu, o modelo de Direito administrado por uma justiça baseada em critérios técnico-formais é um projeto do capitalismo e serve apenas aos interesses das elites nacionais. A virada consiste em tomar o pluralismo jurídico como um dos vértices epistemológicos do processo penal, como instrumental contra-hegemônico, permitindo que se reconheça como autêntico Direito uma série de práticas normativas desgarradas do controle estatal.

Em Pasárgada, nome dado à comunidade do Jacarezinho (para proteger os moradores da ditadura), o pluralismo se manifesta como um *conflito de classes numa área determinada da reprodução social – no caso, a habitação*. Nas palavras de Boaventura, o *Direito dos oprimidos* é não legalista, nele, as decisões são democraticamente construídas pelas partes a partir do diálogo, da mediação ou negociação. O Direito estatal, ao considerar ilegais (ou nulos) diversos atos da vida civil das favelas, a exemplo de transações sobre terrenos ocupados ou disputas sobre ocupações clandestinas, tornou igualmente ilegais as práticas normativas produzidas no seu interior. Isso inviabilizou a sobrevivência dos espaços sociais de autocomposição. Escolas, igrejas, associações comunitárias, quilombos, comunidades indígenas. Todas foram esvaziadas em detrimento da concentração dos conflitos em órgãos estatais.

Geraldo Prado já se ocupou das mesmas questões. A sua abordagem do tema "injustiça epistêmica" expressa uma reação à convivência tranquila da dogmática jurídico-processual com as práticas sociais que instrumentalizam a injustiça.[22] A reflexão, a partir de Miranda Fricker, impõe uma crítica à distribuição desigual do

22 PRADO, Geraldo. "Injustiça epistêmica". Versão ampliada da palestra proferida no Webinar *Debates sobre injustiças epistêmicas* promovido pelo Instituto dos Advogados Brasileiros (IAB), na cidade do Rio de Janeiro, em 7 de agosto de 2023. Disponível em: https://www.academia.edu/. Acessado em: 28.02.2025.

"poder social", à suposta superioridade intelectual de certas culturas, bem como à hierarquização dos grupos sociais. Como ele ressalta, "a mais recorrente estratégia de exercício abusivo do poder social consiste na invisibilização dos grupos e classes sociais subalternizadas". Para que isso ocorra, é preciso impor o "controle cognitivo de uma cultura jurídica sobre as demais".[23] O resultado desse processo consiste em desqualificar como *não jurídico* ou *herético* tudo que não se enquadre na definição de "mundo jurídico relevante".[24]

A doutrina tradicional brasileira, como já havia dito Geraldo Prado há mais tempo, em *Transação penal*, considera relevante apenas "as condições de produção das normas jurídico-processuais, dissociadas dos conflitos que afligiram a população negra e indígena, escrava e liberta, e os grupos de imigrantes pobres, além das mulheres e crianças".[25] Esse projeto metodológico precisa ser subvertido, bem como o modelo em que ele se funda. Isto pressupõe o reconhecimento de que existem diferentes territórios no Brasil, os quais estão dotados de cultura jurídica autônoma e histórias próprias, no sentido empregado por Milton Santos.[26] Essas ideias estão na base de um sistema democrático de gestão de conflitos que não seja uma continuidade disfarçada da prisão, como disse Vera Malagutti, com sua "teia ampliada de justiças alternativas, terapêuticas e restauradoras".[27] Tal compreensão está igualmente na base da transformação do processo penal em um saber contra hegemônico

---

23 PRADO, Geraldo. "Injustiça epistêmica", p. 6. Disponível em: https://www.academia.edu/. Acessado em: 28.02.2025.

24 PRADO, Geraldo. "Injustiça epistêmica", p. 6. Disponível em: https://www.academia.edu/. Acessado em: 28.02.2025.

25 PRADO, Geraldo. *Transação penal*. Rio de Janeiro: Lumen Juris, 2006, p. 107.

26 SANTOS, Milton. "A revanche do território". *Folha de S. Paulo*, 3 ago. 1997.

27 BATISTA, Vera Malaguti. "Adesão subjetiva à barbárie". *In*: ______ (Coord.). *Löic Wacquant e a questão penal no capitalismo neoliberal*. Rio de Janeiro: Revan, 2012, p. 9.

que sirva, de maneira mais efetiva, ao objetivo político de supressão da violência pública ou privada.

Conclusões

O modelo criminal do Estado brasileiro está colonizado pelo paradigma de ordem, possui a violência como eixo fundamental e enxerga a pena criminal como única forma de resposta aos conflitos sociais.[28] Este modelo determina um tipo de Política Criminal que associa o uso da justiça penal, sob retórica garantista, ao trabalho sujo da polícia de segurança, lê-se, matança.

A Política Criminal é um campo que precisa ser disputado. No que se refere ao processo penal, a estratégia implica incorporar a maior quantidade de mecanismos que devolvam o conflito ao nível em que deveria estar. Para isso, além de reformas institucionais, precisamos rediscutir os fundamentos do processo penal, pensado, enquanto expressão do Direito estatal, para funcionar exclusivamente dentro do modelo de violência. A Política Criminal, integrada ao campo das políticas públicas, exige compreender como se adotam decisões, quais são as suas condicionantes, que sujeitos intervêm, visível ou veladamente, e de que maneira as relações de poder afetam a sua construção.[29] Isso demanda a análise de dados, investigações teóricas e empíricas, elaboração de programas e objetivos políticos criminais, claros e transparentes. Como propõe Alberto Binder, é necessário sair do trabalho do caso a caso, para estabelecer um conjunto de ações estratégicas mais amplo.

---

28 Cf. MORAES, Maurício Zanoide de. *Processo criminal transformativo*: modelo criminal e sistema processual não violentos. Belo Horizonte/São Paulo: D'Plácido, 2022, p. 144.

29 MUÑOZ, José Becerra. *La toma de decisiones en política crimina*: bases para uma análisis multidisciplinar. Valencia: Tirant lo Blanch, 2013, p. 24.

As decisões em políticas criminais, no entanto, têm sido tomadas em nível subterrâneo, com base em cálculos eleitorais, desconfiança interinstitucional e descrédito ao conhecimento científico. É preciso, por outro lado, que a Política Criminal, a política legislativa penal e todas as demais políticas públicas estejam baseadas em evidência, isto é, em estudos de campo sobre a violência social (criminal e institucional). A defesa de um critério racional à Política Criminal, presente igualmente em Claus Roxin, é, portanto, condição à execução de políticas públicas que não sirvam apenas ao fim de controle penal da sociedade, mas à implementação de valores fundamentais, extraídos da Constituição da República da 1988.[30]

O problema político criminal do nosso tempo continua sendo o mesmo dos séculos passados. Escolhemos defender a dignidade humana como elemento fundante da nossa sociedade política. Para que deixe de ser uma abstração, temos que reforçar ao máximo as ferramentas de controle da violência estatal, mas ir além, por meio da execução de estratégias que permitam expulsar os conflitos para fora da justiça penal, em definitivo, até que a própria justiça penal possa ser abolida.

Referências bibliográficas

ANDRADE, Vera Regina Pereira de. *A ilusão de segurança jurídica*: do controle da violência a violência do controle penal. 3ª ed. Curitiba: Livraria do Advogado, 2015.

BATISTA, Vera Malaguti. "Adesão subjetiva à barbárie". *In*: ______ (Coord.). *Löic Wacquant e a questão penal no capitalismo neoliberal*. Rio de Janeiro: Revan, 2012.

BATISTA, Nilo. "Política criminal com derramamento de sangue". *Revista Brasileira de Ciências Criminais*, São Paulo, vol. 5, nº 20, 1997.

30 ROXIN, Claus. *Política criminal e sistema jurídico-penal*. Trad. Luis Greco. Rio de Janeiro: Renovar: 2012.

BINDER, Alberto. *Derecho Procesal Penal*: dimensión político-criminal del proceso penal. tomo 2. Buenos Aires: Ad-Hoc, 2014.

BIRMAN, Joel. *Mal-estar na atualidade*: a psicanálise e as novas formas de subjetivação. Rio de Janeiro: Civilização Brasileira, 2007.

CASARA, Rubens R. R. *Estado Pós-Democrático*: neo-obscurantismo e gestão dos indesejáveis. 3ª ed. Rio de Janeiro: Civilização Brasileira, 2017.

CARVALHO, Salo de. "Considerações sobre as incongruências da Justiça Penal Consensual: retórica garantista, prática abolicionista". *In*: GRINOVER, Ada Pellegrini; WUNDERLICH, Alexandre. *Escritos de Direito e Processo Penal em homenagem ao professor Paulo Cláudio Tovo*. Rio de Janeiro: Lumen Juris, 2002.

DIETER, Maurício Stegemann. *A Política Criminal atuarial*: a criminologia do "fim da história". Rio de Janeiro: Revan, 2013.

DRAKOULAKIS, Gessika Christiny. "Terra à vista: o processo criminal transformativo e o novo locus do Direito Processual Penal". *Boletim IBCCrim*, ano 30, nº 356, jul. 2022.

FRAGA, Vitor. "Pessoas reais, vítimas invisíveis". *OAB-RJ*, 7 ago. 2013. Disponível em: https://www.oabrj.org.br/tribuna/desaparecidos-democracia/pessoas-reais-vitimas-invisiveis. Acessado em: 27.02.2025.

JAPIASSU, Hilton Ferreira. *Introdução ao pensamento epistemológico*. Rio de Janeiro: F. Alves, 1975.

LACAN, Jaques. *O seminário, livro 17*: o avesso da psicanálise. Trad. Ari Roitman. Rio de Janeiro: Jorge Zahar, 1992.

LOPES, Edson. *Política e Segurança Pública*: uma vontade de sujeição. Rio de Janeiro: Contraponto, 2009.

MORAES, Maurício Zanoide de. *Processo criminal transformativo*: modelo criminal e sistema processual não violentos. Belo Horizonte/São Paulo: D'Plácido, 2022.

MUÑOZ, José Becerra. *La toma de decisiones en política crimina*: bases para uma análisis multidisciplinar. Valencia: Tirant lo Blanch, 2013.

PAVARINI, Massimo. *Control y Dominación*: teorias criminológicas burguesas y proyecto hegemónico. México: Siglo Veintiuno Editores, 1983.

PRADO, Geraldo. "Injustiça epistêmica". Disponível em: https://www.academia.edu/. Acessado em: 28.02.2025.

______. *Transação penal*. Rio de Janeiro: Lumen Juris, 2006.

QUINET, Antonio. *Psicose e laço social*: esquizofrenia, paranoia e melancolia. 2ª ed. Rio de Janeiro: Jorge Zahar, 2009.

RODRIGUES, Matheus. "RJ tem maior número de mortes por policiais em 22 anos; e o 2º menor índice de homicídios já registrado pelo ISP". *G1*, 22 jun. 2020. Disponível em: https://g1.globo.com/rj/rio-de-janeiro/noticia/2020/06/22/rj-tem-maior-numero-de-mortes-por-policiais-em-22-anos-e-o-2o-menor-indice-de-homicidios-ja-registrado-pelo-isp.ghtml. Acessado em: 27.02.2025.

ROXIN, Claus. *Política criminal e sistema jurídico-penal*. Trad. Luis Greco. Rio de Janeiro: Renovar: 2012.

SANTOS, Milton. "A revanche do território". *Folha de S. Paulo*, 3 ago. 1997.

WACQUANT, Löic. *Punir os pobres*: a nova gestão da miséria nos Estados Unidos. Rio de Janeiro: Revan, 2003.

CAPÍTULO VI

RUBENS CASARA, UM INTELECTUAL DE NOSSO TEMPO

CAROL PRONER

> *O mercado tornou-se o eixo orientador de todas as ações, uma vez que foi elevado a núcleo fundamental responsável por preservar a liberdade econômica e política. Os bens, as pessoas, os princípios e as regras passaram a ser valorizadas apenas na condição de mercadorias, isto é, passaram a receber o tratamento conferido às mercadorias a partir de seu valor de uso e de troca. Deu-se a máxima desumanização inerente à logica do capital, que se fundamenta na competição, no individualismo e na busca do lucro sem limites.*[1]

Lendo o extrato sem conhecer a autoria, poderíamos dizer que se trata de um economista ou sociólogo certamente marxista, atento

1 CASARA, Rubens R. R. *Estado Pós-Democrático*: neo-obscurantismo e gestão dos indesejáveis. 3ª ed. Rio de Janeiro: Civilização Brasileira, 2017, pp. 39-40.

às desigualdades sociais contemporâneas e às violentas manifestações do capitalismo desumanizado. Mas é mais que isso. O autor dessa passagem é também escritor, psicanalista, Mestre e Doutor em Ciências Penais e juiz de Direito do Tribunal de Justiça do Rio de Janeiro, cidade de contrastes extremos no acesso à justiça.

O nosso homenageado é também um dos nomes mais valiosos e respeitados no Direito Processual Penal brasileiro, e até pode até ser considerado jovem para receber reconhecimentos e homenagens, mas já apresenta um currículo impressionante, com dezenas de livros e escritos de referência para pensar o Direito, o processo penal e temas vastos para entender a sociedade brasileira do século XXI.

Entre nós, do campo jurídico, trata-se de um lumiar. Um colega professor que soube unir o saber da psicanálise aos mais requintados estudos em ciências penais. Foi hábil em entrecruzar categorias, conceitos e percepções ao estudo do neoliberalismo, identificando permanências autoritárias cumulativas como senda de um capitalismo desumanizado e pós-democrático. E o faz de modo sagaz, embora acessível para o leitor, e otimista, dedicando boa parte dos estudos à superação das mazelas do nosso tempo.

> Chamado a reafirmar a existência de limites ao exercício do poder, o Judiciários se omitiu, quando não explicitamente autorizou abusos e arbitrariedades – pense, por exemplo, no número de prisões ilegais e desnecessárias submetidas ao crivo e autorizadas por juízes de norte a sul do país.[2]

Esse tipo de intelectual comprometido, que cumpre as funções científico-filosóficas, educativas e políticas sem isentar a própria posição, é a exceção no âmbito jurídico. Podemos citar intelectuais que reconhecemos como "juristas", doutos em saberes variados, mas

---

2 CASARA, Rubens R. R. *Estado Pós-Democrático*: neo-obscurantismo e gestão dos indesejáveis. 3ª ed. Rio de Janeiro: Civilização Brasileira, 2017, pp. 127-128.

o que distingue Rubens Casara vai além da obstinação do saber, ou da inquietação em desvendar símbolos, linguagem e imaginário da realidade. O que o diferencia é a honestidade intelectual de questionar a própria posição como sujeito implicado, como juiz, posicionando-se fora do corporativismo que também o constitui, ao menos profissionalmente.

> Na "pós-democracia", o Judiciário deixa de exercer a função contramajoritária de assegurar o respeito aos direitos e garantias fundamentais – portanto, deixa de garantir as "regras do jogo democrático" –, para se tornar uma espécie de homologador das expectativas do mercado e, no campo criminal, um órgão de controle dos indesejáveis aos olhos dos detentores do poder econômico. Por evidente, o Judiciário não é um todo monolítico. Há resistência democrática no próprio Poder Judiciário. Mas me parece importante analisar o que, na verdade, os detentores do poder econômico esperam dos juízes e como, ou melhor, em que circunstâncias e a partir de que fatores, inclusive ideológicos, esses atores jurídicos atendem a essa expectativa.[3]

Na ponderação inevitável entre a liberdade de pensamento e a função junto ao Poder Judiciário, Rubens extrai consequências por vezes desfavoráveis como integrante de uma casta de imunidades quase absolutas. Essa escolha de honestidade o torna impopular entre os pares, mas é justamente o que o qualifica como um livre pensador informado, em posição privilegiada para exercer a crítica diante da realidade que reconhece como injusta e opressora.

---

3 CASARA, Rubens R. R. "Colonização do Direito pela economia transformou garantias em mercadoria". Entrevista concedida a Sérgio Rodas. *Conjur*, 2 jun. 2019. Disponível em: https://www.conjur.com.br/2019-jun-02/entrevista-rubens-casara-juiz-criminal-rio-professor/. Acessado em: 16.04.2025.

Conheci o Rubens em 2013 e ainda não sabia que viveríamos eventos marcantes. Em meio às jornadas de junho, início de um processo estranho de desinstitucionalização do país, ali estava um juiz corajoso que fazia questão de evidenciar o seu posicionamento. Eu havia sido aprovada no concurso da Faculdade Nacional de Direito da UFRJ no final daquele ano e tive o privilégio de dividir com Rubens as atividades de um grupo de pesquisa destinado a investigar atos e símbolos autoritários da justiça durante a ditadura civil-empresarial-militar. Sob o título "Justiça Autoritária", um grupo de professores e pesquisadores da pós-graduação em Direito (PPGD-FND) desenvolveu, em parceria com a Comissão Estadual da Verdade do Rio de Janeiro e com a OAB-RJ, uma série de conclusões fundamentais. Chegamos mesmo a demonstrar, com exemplos concretos e revelações inéditas, o exercício autoritário e ilegal por parte de juízes e funcionários do sistema da justiça tanto militar como civil. Entre dezenas de encontros e reuniões de trabalho em casa de amigos comuns, nos aproximamos pelas afinidades de então, mas não imaginávamos que o trabalho comum de resistência duraria mais de uma década, ou sequer sabemos se terá fim.

Puxando pela memória, lembro-me da casa que mais frequentávamos naquela época, as reuniões na casa da fantástica Marilia Guimarães, encontros com a aparência de clandestinos e muito importantes. Lembro-me de que, reunidos em torno do grande Juarez Tavares, nosso "mestre dos magos", fazíamos análises de conjuntura, conspirávamos e até planejávamos reações implacáveis contra a degradação de direitos em curso. Dessa época também me recordo dos encontros que fazíamos com professores do PPGD-UFRJ, entre os quais Juliana Neuenschwander, Luciana Boiteux, Sayonara Grillo, Margarida Lacombe, Geraldo Prado, todos embarcando numa espécie de plantel ativista invisível contra os arbítrios também muito pouco visíveis.

O tempo mostrou que fizemos coisas efetivamente fantásticas. Esse grupo de professores nunca se omitiu e, ampliado por lideranças de outros centros jurídicos, foi uma espécie de incubadora de iniciativas nos anos seguintes, elaborando eventos, livros coletivos e individuais, seminários, atos, reuniões, teses jurídicas, notas e declarações, *lives* e até mesmo foi o embrião de entidades históricas como a Associação Brasileiras de Juristas pela Democracia (ABJD) e a Associação de Juízes pela Democracia (AJD).

Nesse ponto, apesar de sempre convocáveis para ações coletivas, cada um percorreu o seu caminho e nada se compara ao processo individual de formação e estudo vivido pelo nosso homenageado. Em 2013, Rubens já havia escrito *Teoria do processo penal brasileiro*[4] e, em 2015, nas palavras de Geraldo Prado, o melhor livro do processo penal brasileiro já havia sido escrito: *Mitologia processual penal*,[5] em que Rubens Casara desenvolveu várias teses que seriam aprofundadas mais adiante em diversos outros escritos e análises, como no livro *Processo penal do espetáculo*,[6] dando sequência às inquietações sob o impacto dos frenéticos acontecimentos com a centralidade nos processos de criminalização da política.

> A partir de uma acusação, que exterioriza uma "versão" sem qualquer compromisso com o valor "verdade", instaura-se um assédio judicial (e, não raro, midiático) que visa destruir reputações a partir de insinuações/imputações consideradas graves nos respectivos contextos. Esse assédio costuma ter por base violações das garantias constitucionais dos acusados, em especial o "vazamento" de informações sigilosas e íntimas, muitas vezes sem qualquer ligação com o "crime" atribuído ao réu. O processo penal, nesses casos, acaba reduzido a uma mercadoria: um espetáculo em que a dimensão de garantia

---

4 CASARA, Rubens R. R.; MELCHIOR Antônio Pedro. *Teoria do processo penal brasileiro*: dogmática e crítica, conceitos fundamentais. vol. 1. Rio de Janeiro: Lumen Juris, 2013.

5 CASARA, Rubens R. R. *Mitologia processual penal*. São Paulo: Saraiva, 2017.

6 CASARA, Rubens R. R. *Processo penal do espetáculo (e outros ensaios)*. 2ª ed. atual. e ampl. Florianópolis: Tirant lo Blanch, 2021.

> (inerente aos processos democráticos) acaba substituída pela dimensão de entretenimento com a funcionalidade política de destruir o capital simbólico (prestígio social) do adversário político.[7]

Muitos intelectuais insistem em afirmar que tudo o que veio depois já era previsível e que o *lawfare* era consequência inevitável, mas eu não acredito que qualquer analista, por mais arguto, pudesse prever a perversidade e a sucessão de golpes que usaram o Direito contra os direitos. Nem mesmo os que premeditaram, a turma do Michel Temer e do setor financeiro, nem mesmo eles foram capazes de antever Jair Bolsonaro e o fascismo no poder. Em poucos anos, nossa democracia de baixíssima intensidade praticamente se desfez, sofrendo ataques estruturais coordenados contra lideranças de esquerda e contra o tecido institucional que servia de garantias mínimas sob o argumento da corrupção sistêmica e transnacional.

> Da mesma maneira, a utilização da forma jurídica "*impeachment*" para derrubar um governante eleito sem que exista um fato concreto que encontre adequação típica entre os "crimes de responsabilidade" é um golpe, por mais que juristas de ocasião (os chamados de "juristas de estimação das corporações midiáticas"), que sempre aparecem em contextos golpistas, busquem justificar aos olhos de uma população desinformada (desinformação, em grande medida, produzida por esses mesmos meios de comunicação) a ruptura com as regras do jogo democrático. Agora, para além do golpe, impõe-se pensar as consequências desse movimento na realidade brasileira, em especial diante da possibilidade, uns dias mais concreta, outros mais distante, do pedido de impeachment ser acolhido.[8]

---

7 CASARA, Rubens R. R. *Processo penal do espetáculo (e outros ensaios)*. 2ª ed. atual. e ampl. Florianópolis: Tirant lo Blanch, 2021.

8 CASARA, Rubens R. R. "O Pós-golpe". *In*: PRONER, Carol *et al. Resistência ao Golpe de 2016*. Bauru: Canal 6, 2016, pp. 371 e ss.

Era urgente escrever, denunciar e registrar o que constatávamos ao tempo dos acontecimentos. Rubens Casara esteve presente desde o primeiro livro de denúncia organizado pelo Instituto Joaquín Herrera Flores (IJHF-AL), registrando os eventos destituintes, como demonstra esse extrato do livro *Resistência ao Golpe de 2016*, publicado um mês antes do *impeachment* ser votado pelo Senado Federal. Casara fez alertas importantes sobre o fortalecimento dos fenômenos do "messianismo" e da "demonização" e anteviu a verdadeira corrupção, quando o detentor do poder econômico assumiu – via golpe – também a detenção do poder político sem qualquer mediação.

Registrar no calor dos acontecimentos o que vivemos a partir de 2013, e especialmente após 2016, foi uma tarefa assumida por alguns de nós do campo jurídico. Da traição constitucional contra o mandato da Dilma Rousseff e as reformas via emendas constitucionais, sucessivos golpes contra trabalhadores, previdência social, direitos sindicais e programas sociais em geral foram consagradas em apenas dois anos, abrindo caminho para a profunda privatização do Estado e o esvaziamento dos já deficientes sistemas de controle político. Nosso grupo, liderado pelo IJHF-AL, coordenou três dezenas de livros ao longo da década com a expectativa de que possam servir para a posteridade. Na maioria deles há contribuições de Rubens Casara.

Muitos de nós fomos obrigados a mudar o rumo dos estudos para ajudar a compreender processos híbridos de desestabilização da sociedade brasileira, do qual fazia parte o *lawfare*. Nessa senda, nosso homenageado fez um trabalho intelectual primoroso. Suas análises nos ajudaram a compreender o papel da hierarquia militar e os pactos corporativos que impediram a sanção por responsabilização de outrora e de hoje. Poucos, como o grupo da criminologia crítica do qual Casara faz parte, souberam expor com tanta clareza a tradição autoritária regenerada a partir da própria impunidade, bem como os processos de reelaboração da desconfiança quanto ao valor do próprio conhecimento. Citando autores e estudos basilares para entender a sociedade brasileira, Casara chama a atenção para a tradição autoritária naturalizada desde o mito do descobrimento, passando pela escravidão e chegando ao 8 de janeiro de 2022, uma tradição que passa pelo elevador de serviço e que sempre chega ao guarda da esquina.

A instalação do fascismo de extrema direita, com a chegada de Jair Bolsonaro ao poder e a mortífera gestão da pandemia, mereceu análise privilegiada nos estudos de Rubens Casara em *Bolsonaro: o mito e o sintoma*.[9] O componente simbólico desse período, das rememorações festivas das permanências autoritárias às disputas pelo imaginário saudosista do suposto triunfo revolucionário de 1964, Rubens Casara demonstra a sucessão de efeitos que têm, como causa evidente, os renovados pactos de esquecimento e a falta de coragem política em responsabilizar os aterradores crimes da ditadura, agora contra a democracia.

> A crise global, sanitária e social provocada pela covid-19 em 2020 revelou as consequências humanas das políticas econômicas neoliberais das décadas anteriores. A opção política e ideológica por processos de privatização e desmantelamento dos sistemas nacionais de cuidado e atenção à saúde produziu mortes e potencializou o sofrimento da população. A aproximação entre neoliberalismo e necropolítica tornou-se ainda mais evidente. Para além das mortes inevitáveis em um contexto de pandemia, o que ocorre no Brasil é a naturalização de mortes evitáveis. O descuido com a vida no Brasil é um projeto político. Nada tem de natural.[10]

---

9 CASARA, Rubens R. R. *Bolsonaro*: o mito e o sintoma. São Paulo: Contracorrente, 2020.

10 CASARA, Rubens R. R. "Entrevista concedida a Letícia Keller". *Esquinas*, Casper Líbero, 18 jun. 2020.

Em *Estado Pós-Democrático: neo-obscurantismo e gestão dos indesejáveis*,[11] Casara aprofunda a investigação sobre as causas e explora o papel do capitalismo financeiro na destruição do que conhecemos como Estado Democrático de Direito. Acumulando saberes cruzados da psicanálise Freudiana, Giorgio Agamben, Karl Marx e Eugênio Zaffaroni, o livro se dedica a demonstrar que estamos inseridos em um estado de exceção permanente que vem substituir o Estado Democrático de Direito.

> O que há de novo na atual quadra histórica, e que sinaliza a superação do Estado Democrático de Direito, não é a violação dos limites ao exercício do poder, mas o desaparecimento de qualquer pretensão de fazer valer estes limites. Isso equivale a dizer que não existe mais uma preocupação democrática, ou melhor, que os valores do Estado Democrático de Direito não produzem mais o efeito de limitar o exercício do poder em concreto. Em uma primeira aproximação, pode-se afirmar que na pós-democracia desaparecem, mais do que a fachada democrática do Estado, os valores democráticos.[12]

Em *Sociedade sem lei: pós-democracia, personalidade autoritária, idiotização e barbárie*, publicado em 2018,[13] Rubens Casara argumenta que a sensação de caos social dos dias de hoje é o resultado de um processo histórico que só foi possível a partir do "sucesso" do capitalismo e do correlato empobrecimento subjetivo. O livro procura fazer o leitor refletir sobre essas questões e demonstrar que

---

11 CASARA, Rubens R. R. *Estado Pós-Democrático*: neo-obscurantismo e gestão dos indesejáveis. 3ª ed. Rio de Janeiro: Civilização Brasileira, 2017.

12 CASARA, Rubens R. R. *Estado Pós-Democrático*: neo-obscurantismo e gestão dos indesejáveis. 3ª ed. Rio de Janeiro: Civilização Brasileira, 2017, pp. 21-22.

13 CASARA, Rubens R. R. *Sociedade sem lei*: pós-democracia, personalidade autoritária, idiotização e barbárie. Rio de Janeiro: Civilização Brasileira, 2017.

ainda existe uma faísca viva no projeto democrático e na visão de uma sociedade que se caracterize pela solidariedade mais do que pelo egoísmo. Mas alerta que qualquer projeto revolucionário no século XXI não pode ser construído a partir das mesmas bases dos projetos revolucionários do século XIX. Defende que seja preciso recuperar a sensibilidade histórica: sem a compreensão histórica, não há interação possível entre sujeito e objeto, sem história não há dialética (nem a compreensão de que inexistem sujeitos à margem das relações sociais) ou possibilidade de transformação social.

Em *Contra a miséria neoliberal*,[14] nosso autor discorre sobre símbolos e valores disputados em tempos de pandemia, quando corpos humanos não valem nada numa espiral de desapropriação dos valores humanísticos em plena democracia. Descreve a desumanização e a naturalização da morte como um fenômeno mundial e uma relação de cálculo de interesses tipicamente neoliberal, o simplesmente "deixar morrer".

Segundo Marcio Sotelo Felippe, Rubens Casara explica que o neoliberalismo não é, e nem pode ser, no plano da prática, algo "anti-Estado", como proclamado por doutrinas que são mais ligadas ao libertarismo do que propriamente neoliberais. É preciso dar ao termo o sentido mais exato que está presente nos trabalhos de pesquisa inspirados pelas intuições de Michel Foucault: de um certo tipo de governo de indivíduos que, por sua vez, exige um exercício de poder por meio de um Estado forte, autoritário, por vezes violento, que visa a uma nova articulação entre as esferas pública e privada.

Além da tradição autoritária idealizada por um passado que nunca existiu (citando Zygmunt Bauman e outros), Casara distingue a racionalidade neoliberal como um modo de pensar e atuar no mundo tratando tudo e todos como objetos negociáveis em benefício de experiências e proveitos privados. Laboratórios metodológicos

---

14 CASARA, Rubens R. R. *Contra a miséria neoliberal*. São Paulo: Autonomia Literária, 2021.

existiram – escola de Chicago, Consenso de Washington e outros encontros intelectualizados que forjaram uma racionalidade que, com o tempo, domina mentes e corações. Essa racionalidade neoliberal, que se apresenta como pretensamente neutra, alcança o Estado, a sociedade e o indivíduo. Este cada vez mais perverso, essa cada vez mais indiferente e aquele, o Estado, desenvolvendo uma relação pornográfica entre o poder político e o poder econômico. Desavergonhadamente confundidos, Estado e privado casam operações privatizadoras condicionantes de toda a sociedade sob o crivo individual sequestrado pelo senso comum.

Na mesma senda, surge outro livro de referência do nosso homenageado com título chamativo, *A construção do idiota: o processo de idiossubjetivação.*[15] Rubens Casara demonstra que o atual estágio do capitalismo reorganizou a personalidade do indivíduo, alterando sua relação com o conhecimento, com o tempo, com a identidade, com a cultura e com o projeto da modernidade.

Segundo Rubens, vivemos um período histórico notável pela valorização social da ignorância, o tempo do empobrecimento subjetivo. Obstáculo aos negócios e ao exercício do poder, o pensamento reflexivo é agora demonizado e a simplificação do ato de pensar passa a ser imperativa, funcional que é à reprodução ilimitada do modo de vida neoliberal.

Portadores de uma lógica binária que não admite nuances, os afetos mobilizadores da idiossubjetivação neoliberal acabam por constituir a base ideológica tanto da paródia democrática quanto do fascismo. Naturalizada a estupidez, o indivíduo idiossubjetivado valida diferentes formas de violência necessárias à acumulação do capital, e os efeitos desse processo, segundo Rubens Casara, são notáveis: sentimento anti-intelectual, desprezo à educação, desorientação

---

15 CASARA, Rubens R. R. *A construção do idiota*: o processo de idiossubjetivação. Rio de Janeiro: Da Vinci Livros, 2021.

generalizada, simplificação da linguagem, perda de capacidade de imaginação, narcisismo, delírio; em resumo, a derrota do pensamento.

A construção do idiota não é um diagnóstico desencantado sobre o realismo capitalista. Segundo a crítica, examina o presente com radicalidade para encontrar alternativas à lógica neoliberal que leva a humanidade a reproduzir uma vida não apenas estúpida, mas profundamente infeliz (conferir trecho retirado da apresentação do livro no *site* da editora Da Vinci).

O mais recente trabalho de Rubens Casara foi feito em coautoria com o maior dos maiores, o jurista Juarez Tavares, sobre quem gostamos de brincar que está para as ciências penais como Chico Buarque está para as letras. Em *Prisão: além do senso comum*, Rubens e Juarez partem do entendimento de que a natureza autoritária ou democrática de uma sociedade está intimamente ligada às políticas, normas e valores associados à detenção de indivíduos. No Brasil, por falta de entendimento dos valores e princípios que regem o encarceramento em diálogo com a proteção da liberdade, prevalece a pregação punitivista.

Como dito na própria apresentação do livro, longe de posturas dogmáticas e visões simplistas, Tavares e Casara refletem sobre o exercício do poder punitivo, destacando a importância de atribuir limites à criminalização excessiva e às respostas políticas ineficazes baseadas em informações superficiais que resultam em restrições cada vez maiores à liberdade de indivíduos considerados indesejáveis pelo poder político e econômico.

A obra é um pleito ao Estado Democrático de Direito capaz de influenciar a intervenção pública na liberdade individual, especialmente diante do crescimento de um sistema que desconsidera os direitos fundamentais, alimentado por uma intensa cobertura midiática que tende a recorrer ao uso da punição como solução para todos os problemas.

O que dizer de um colega professor que, em relativamente pouco tempo – pouco mais de uma década –, se transforma em uma das maiores referências analíticas da nossa geração? Não há tema da crítica ao sistema de justiça e das ciências penais que Rubens Casara não tenha analisado de forma rica e transdisciplinar. Para falar apenas do campo jurídico, é rica e complexa a demonstração de que o estado de exceção em que vivemos atualmente tem centralidade no "Direito Penal" e nas formas arbitrárias de exercício do poder punitivo.

> Hoje, percebe-se claramente, que o Sistema de Justiça Criminal se tornou o *locus* privilegiado da luta política. Uma luta em que o Estado Democrático de Direito foi sacrificado. Não há como pensar o fracasso do projeto democrático de Estado sem atentar para o papel do Poder Judiciário na emergência do Estado Pós-Democrático. Chamado a reafirmar a existência de limites ao exercício do poder, o Judiciários se omitiu, quando não explicitamente autorizou abusos e arbitrariedades – pense, por exemplo, no número de prisões ilegais e desnecessárias submetidas ao crivo e autorizadas por juízes de norte a sul do país.[16]

De reflexões mais analíticas e profundas a outras certeiras e providenciais, Rubens Casara tem nos ajudado a refletir e dar respostas a questões urgentes, como o reincidente debate sobre a anistia. Ele tem denunciado a falácia das autoanistias, como se fosse possível a anistia atribuída aos próprios crimes, projeto da extrema direita brasileira para perdoar a perpetração de atos que poderiam ter resultado em mais um golpe de Estado. A anistia pressupõe necessariamente, conforme consolidado em jurisprudência internacional e tribunais constitucionais pelo mundo, o reconhecimento de

16 CASARA, Rubens R. R. *Estado Pós-Democrático*: neo-obscurantismo e gestão dos indesejáveis. 3ª ed. Rio de Janeiro: Civilização Brasileira, 2017, pp. 127-128.

um crime ou conduta penalmente relevante de um outro em relação ao qual o titular do poder político declara que não é mais possível punir conduta do passado. Isso nada tem a ver com autoanistia, um absurdo debate que se renova a partir da falsa premissa absolvida pelo senso comum.

É nesta quadra da história em que nos reencontramos depois de tantos escritos, estudos e viagens que o nosso homenageado empreendeu na última década, convivendo com intelectuais valiosos do Brasil e da França, como Christian Laval e Pierre Dardot, autores de *A nova razão do mundo: ensaio sobre a sociedade neoliberal*, desfrutando, na companhia de pessoas de alto rigor intelectual e filosófico, a realidade europeia em fase de profundas contradições e sempre atento às mazelas da sociedade brasileira, conflitiva e permanentemente assediada por novos tipos de golpe.

Referências bibliográficas

CASARA, Rubens R. R. "Colonização do Direito pela economia transformou garantias em mercadoria". Entrevista concedida a Sérgio Rodas. *Conjur*, 2 jun. 2019. Disponível em: https://www.conjur.com.br/2019-jun-02/entrevista-rubens-casara-juiz-criminal-rio-professor/. Acessado em: 16.04.2025.

______. "Entrevista concedida a Letícia Keller". *Esquinas*, Casper Líbero, 18 jun. 2020.

______. "O Pós-golpe". *In*: PRONER, Carol *et al*. *Resistência ao Golpe de 2016*. Bauru: Canal 6, 2016.

______. *A construção do idiota*: o processo de idiossubjetivação. Rio de Janeiro: Da Vinci Livros, 2021.

______. *Bolsonaro*: o mito e o sintoma. São Paulo: Contracorrente, 2020.

______. *Contra a miséria neoliberal*. São Paulo: Autonomia Literária, 2021.

______. *Estado Pós-Democrático*: neo-obscurantismo e gestão dos indesejáveis. 3ª ed. Rio de Janeiro: Civilização Brasileira, 2017.

______. *Mitologia processual penal*. São Paulo: Saraiva, 2017.

______. *Processo penal do espetáculo (e outros ensaios)*. 2ª ed. atual. e ampl. Florianópolis: Tirant lo Blanch, 2021.

______. *Sociedade sem lei*: pós-democracia, personalidade autoritária, idiotização e barbárie. Rio de Janeiro: Civilização Brasileira, 2017.

CAPÍTULO VII

PODE-SE CRITICAR A "EVIDÊNCIA DO ESTADO"?[1]

CHRISTIAN LAVAL

Introdução

A palavra francesa *État* (que não é maiúscula em todos os idiomas) vem da palavra latina *status*. Todas as palavras dela derivadas em idiomas de origem latina referem-se etimologicamente ao que é estabelecido, estável ou estabelecido. Esse significado está ligado a um conceito muito importante, o de instituição. O Estado é precisamente o que foi estabelecido na Idade Média pelos especialistas do Direito canônico e do Direito Público como a instituição por excelência.

Uma sociedade poderia viver sem o Estado? A resposta é, ao mesmo tempo, evidente e difícil. Sim, já existiram e ainda existem

1 Tradução de Rafael Valim.

"sociedades sem Estado". Basta pensar nos Guayakis ou Guaranis, conforme descrito por Pierre Clastres, e em muitas outras sociedades estudadas por etnólogos. Mas dizer que existiram e ainda existem sociedades que vivem sem o Estado seria uma forma de fugir da questão porque a pergunta a ser feita não é "existem sociedades sem o Estado?", mas "*nossa* sociedade pode viver sem o Estado e, se sim, como ela seria?" A essa pergunta, somos tentados a responder negativamente, simplesmente porque *nossa* sociedade como a conhecemos, aquela em que vivemos, é uma sociedade feita *pelo Estado e para o Estado*, porque mesmo quando nos aventuramos a falar positivamente de "sociedade civil", estamos falando de uma sociedade relativa ao Estado. Os filósofos antigos falavam ainda mais explicitamente de "sociedades policiadas", ou seja, sociedades governadas por uma força policial do Estado. Em seu famoso livro *La société contre l'État*, Pierre Clastres alertou contra o etnocentrismo de uma fórmula como "sociedade sem o Estado".[2] Falar de uma "sociedade sem Estado", explicou ele, era enfatizar a falta de Estado, um defeito do Estado. As sociedades sem o Estado são sociedades truncadas, incompletas.

Falar de uma "sociedade contra o Estado", por outro lado, é falar de uma sociedade diferente da nossa, organizada de tal forma que não precisa de um Estado. Aliás, para os primeiros socialistas, anarquistas e marxistas, somente as sociedades de classe precisavam de um Estado, ou, mais precisamente, da coerção de um aparato estatal projetado para manter uma ordem capitalista desigual.

A questão então é saber que tipo de sociedade pode prescindir do Estado e como ela deve funcionar para não precisar dele? Em outras palavras, a questão, como os anarquistas ou marxistas a entendiam, diz respeito à transformação da sociedade ou, se preferir, à revolução social, econômica e política que acabaria por dar origem a

---

2 Consulte CLASTRES, Pierre. *La société contre l'État*. Paris: Minuit, 1974, p. 161.

outro tipo de sociedade cuja característica seria não precisar de um Estado, sem, no entanto, cair em guerras intermináveis entre milícias, ou mesmo sem estar sujeita à ditadura de entidades capitalistas privadas que desempenhariam funções paraestatais de acordo com um modelo com o qual os libertários poderiam sonhar. A todas essas questões, devemos acrescentar imediatamente outra, fundamental e principal, que surgiu dramaticamente durante as verdadeiras revoluções do passado: temos realmente certeza de que é possível inventar esse tipo de sociedade hoje? E como podemos fazê-lo? Pois se há uma lição a ser aprendida com as chamadas revoluções comunistas do passado é que seus líderes foram rápidos em reconstituir o que Lênin e os bolcheviques chamaram de "princípio do Estado", que para eles implicava a identificação do Estado, do partido e da classe trabalhadora. Com todas as trágicas consequências que decorreram dessa identificação. Poderíamos acrescentar uma pergunta mais cautelosa: não seria o caso de pensar em *mudar de Estado* em vez de *viver sem Estado*, ou seja, reconstruir uma sociedade que funcionasse com um Estado totalmente diferente daquele que herdamos. Mas "como seria esse outro Estado?"

Dir-se-á que, ao tentarmos responder a essas perguntas, inevitavelmente cairemos em abstrações, que falaremos no vazio, que lidaremos com imagens utópicas e que, ao mobilizar a imaginação, evocaremos gratuitamente uma sociedade e um ser humano que têm poucas chances de existir. Mas não existem experimentações possíveis e práticas instituintes de todas as formas que permitem, desde já, desenhar uma alternativa ao Estado tal como o conhecemos?

1 As três características do Estado ocidental moderno

O Estado preexiste a nós, nos envolve, nos constitui, nos vê e até nos analisa como indivíduos cuja própria identidade depende da instância estatal. Falar do Estado moderno e querer viver sem ele ou querer mudá-lo é, antes de tudo, dizer que esse Estado não é o

Estado em geral, mas um Estado muito particular. Não importa se seu governo é democrático, monárquico ou oligárquico, de acordo com as antigas distinções gregas, ele precisa de três características para ser considerado um Estado moderno "normal": o princípio da soberania, os procedimentos democráticos de representação e a administração burocrática. O Estado histórico do Ocidente foi criado como um modelo que foi exportado para todo o mundo entre os séculos XIX e XX. Para nós, ele ainda é uma evidência normativa. Que ele seja ao mesmo tempo soberano, representativo e burocrático, essa é a norma segundo a qual se julga sua conformidade a um ideal-tipo. Que os desvios sejam inumeráveis não muda nada a idealidade do tipo, a normalidade do modelo.

A figura abstrata do Soberano foi inventada na cristandade durante o que os historiadores do Direito chamam de "revolução gregoriana" do século XI, com a afirmação do Pontífice de um poder absoluto, da plenitude do poder, da *plenitudo potestatis*. Com o tempo, e em uma sucessão de reviravoltas, os monarcas, por sua vez, reivindicaram esse poder absoluto. Gradualmente, essa ficção passou a ser incorporada não em uma única pessoa, mas em uma "pessoa fictícia", em um Estado, por meio de uma transferência de sacralidade da Igreja para o Estado-nação. Essa é uma história imensa, sem a qual seria impossível entender a sacralização do Estado, que desempenha um papel fundamental em nossos sistemas de crenças e que está na raiz do que chamamos aqui de "a evidência do Estado".

Essa soberania, dizem os juristas, é tanto interna quanto externa. Por um lado, o Estado é o poder máximo em uma nação; não há nada acima dele. Por outro lado, nenhuma potência estrangeira é superior a ele e não pode ditar sua vontade. Os dois aspectos da soberania são obviamente complementares, pelo menos em teoria. Na prática, os graus de soberania de um Estado em relação ao mundo exterior variam muito. A soberania por si só não resume o Estado moderno. A ela deve ser acrescentada a burocracia, ou seja, a administração de um território delimitado por fronteiras e uma população determinada por "escritórios" que implementam a lei do

Estado para o "bem público", de acordo com a conhecida expressão. A elaboração da lei de forma soberana exige os instrumentos para aplicá-la a um território e a uma população. E esse instrumento é uma administração organizada de natureza impessoal, conforme definido por Max Weber. O último aspecto também é absolutamente essencial, é o que podemos chamar de "prejulgamento representativo": a legitimidade dada aos dirigentes do Estado para exercer o poder, fazer as leis e aplicá-las é produzida pelo voto de um corpo eleitoral identificado com a nação e/ou com o povo, princípio pelo qual a vontade do soberano pode ser identificada com a vontade da nação e/ou do povo.

2 A internalização subjetiva do Estado

Por que o Estado se tornou uma evidência para nós como indivíduos? Essa "evidência do Estado" é o produto da incorporação, em cada um de nós, da história do Estado e, mais precisamente, de suas três características ideais típicas: poder soberano, uma burocracia racional e um sistema representativo. Essas três características do Estado moderno constituem subjetivamente para cada um de nós o Estado ao qual está ligada a crença em sua necessidade natural. Como diz Clastres: "cada um de nós carrega dentro de si, internalizada como a fé de um crente, a certeza de que a sociedade é para o Estado".[3] Essa é a crença coletiva fundamental que todos nós compartilhamos e que Hobbes expressou tão bem:

> Fora da sociedade, as paixões reinam, a guerra é eterna, a pobreza é insuperável, o medo nunca nos abandona, os horrores da solidão nos perseguem, a miséria nos oprime, a barbárie, a ignorância e a brutalidade nos privam de todas as doçuras da vida; mas na ordem do governo, a razão exerce seu império, a paz retorna ao mundo, a segurança pública é restabelecida, as riquezas abundam, saboreamos os encantos

3 CLASTRES, Pierre. *La société contre l'État*. Paris: Minuit, 1974, p. 161.

> da conversação, vemos ressurgir as artes, florescer as ciências, a urbanidade é devolvida a todas as nossas ações e não vivemos mais ignorantes das leis da amizade.[4]

O raciocínio de Hobbes é bem conhecido: o Estado é a rejeição da guerra como ela existe na natureza, porque o homem é incorrigivelmente invejoso e ciumento, um vilão com apenas um pensamento na cabeça: roubar, matar e estuprar o próximo. Se aceitarmos essa premissa hobbesiana, só poderemos confiar em um Estado de segurança, o único capaz de garantir a liberdade de cada indivíduo. Temos plena consciência de que Hobbes está nos contando uma fábula, mas, mesmo assim, aderimos a essa crença. Marshall Sahlins tem razão ao falar da "ilusão ocidental" por excelência. Marx a teria chamado de fetichismo. Todos nós somos hobbesianos, sociológica e subjetivamente. E todos nós temos incorporada a ideia de que não podemos viver sem o Estado, especialmente quando vemos o surgimento de estruturas paraestatais semelhantes à máfia e regimes de milícia, como vemos hoje no Haiti, no leste do Congo e em muitas outras regiões do mundo. Os espaços de não soberania estatal não são um paraíso de liberdade e autodeterminação.

Não é tanto o medo da insegurança ligado ao estado de natureza que sustenta a crença no Estado como uma ideia positiva do futuro. O Estado é, mais do que nunca, uma evidente evidência porque incorpora progresso, desenvolvimento e crescimento. E esse progresso das sociedades, essa modernização acelerada desde a revolução industrial, exige um centro político que seja a fonte de leis e decretos que moldem o ambiente de vida, as paisagens, os meios de transporte, as instituições de educação e saúde. Acreditamos no Estado não apenas como uma força de proteção e conservação, em outras palavras, como um Estado hobbesiano, mas como um poder capaz de melhorar o bem-estar da população por meio da inovação

---

4 HOBBES, Thomas. *The Citizen*. Paris: Garnier-Flammarion, 1986, p. 195.

e da mudança estrutural. Em outras palavras, queremos um Estado que seja tanto benthamiano quanto schumpeteriano. Benthamiano, no sentido exato que Jeremy Bentham deu ao propósito do Estado: "fazer o maior número de pessoas felizes". Schumpeteriano, pois o Estado contemporâneo sente o dever de questionar os hábitos, os conservadorismos e os corporativismos em nome do interesse geral. Potência de modernização, ele deve cumprir sua função de grande planejador eficaz do espaço territorial. O neoliberalismo encontrou aí uma justificativa que perdura até hoje. As forças progressistas, que se enquadram no amplo guarda-chuva da "esquerda", estão ligadas ao Estado por outro motivo. Elas acreditam em um Estado capaz de igualar não apenas os direitos, mas também as condições básicas de vida e, com elas, as oportunidades de competição social. É certo que essa grande fé da esquerda foi um pouco abalada nas últimas décadas pela dominação capitalista cada vez mais brutal, mas isso não enfraqueceu a esperança de um Estado que proporcione justiça social.

Há ainda outras razões que sustentam subjetivamente a "evidência do Estado" e que pretendem ser de natureza antropológica. O historiador do Direito e psicanalista Pierre Legendre, uma figura muito contestada, tem sido um grande defensor do significado antropológico dos "arranjos legais do Estado". Em sua opinião, não há outra autoridade além do Estado no Ocidente que expresse e estabeleça as normas necessárias para conter a onipotência assassina da fantasia e dar origem a sujeitos inscritos em uma filiação que não seja o Estado. No Ocidente, o Estado monopolizou essa função antropológica de proibição e garantia genealógica; ele é o último bastião contra o universo totalizante e totalitário do mercado e do capitalismo.[5] A aporia de Legendre está em sua relutância em considerar outros arranjos legais e políticos, outras formas de normatividade, outras formas da própria lei, outras instituições.

---

5 Cf. LEGENDRE, Pierre. *Sur la question dogmatique en Occident*. Paris: Fayard, 1999.

3 Críticas à "evidência do Estado"

Felizmente, há contestações a essa evidência. Há dois escritores que disseram, talvez de forma melhor do que filósofos, juristas ou sociólogos, o que nos torna seres policiados, ou poderíamos dizer, estatizados. Seja o escritor australiano John Maxwell Coetzee (ganhador do Prêmio Nobel de Literatura em 2003), em *Le journal d'une année noire (O diário de um ano ruim)*, ou o escritor austríaco Thomas Bernhard, em seu romance *Maîtres anciens* (*Mestres antigos*), eles dizem o quanto somos tomados pelo Estado, definidos pelo Estado, constantemente examinados e analisados pelo Estado.

Para Coetzee, por mais que se diga e se repita como Hobbes que somos a origem do Estado em termos de um contrato pelo qual instituímos o soberano como guardião supremo da paz pública, tornamo-nos impotentes diante da nossa própria criação:

> Mal temos o poder de mudar a forma do Estado, e é impossível aboli-lo porque, frente ao Estado, somos justamente impotentes. O Estado deve nos proteger da violência de nosso vizinho, mas nos tornamos súditos do Estado, expostos à sua violência.[6]

De acordo com Hobbes, somos seres da natureza que entregaram nossas armas ao Estado, mas essa entrega é irreversível. E se desafiarmos o Estado, seremos tratados como inimigos, como foras da lei. Foi o Estado que se tornou a fonte da violência, que usou contra nós as armas que entregamos. O Estado não é o suposto protetor de nossas liberdades, mas uma ameaça em potencial às nossas liberdades e às nossas vidas. E em qualquer Estado, se seguirmos Coetzee, os cidadãos são colocados à prova de sua fraqueza diante de um Estado que pode atacar suas liberdades, seus direitos e suas vidas em nome da segurança interna dos cidadãos ou da segurança externa da nação. Essa crítica da "evidência do Estado" questiona

6 COETZEE, J. M. *Journal d'une année noire*. Paris: Seuil, 2009, p. 9.

nossa própria constituição subjetiva, a maneira pela qual nos tornamos súditos do Estado. Permanecemos para sempre "os filhos do Estado"; é o Estado que detém o princípio genealógico de nossa identidade. Coetzee escreve:

> Nascemos súditos. Desde o momento em que nascemos, somos súditos. Uma das marcas dessa sujeição é a certidão de nascimento. O Estado bem estabelecido detém e continua sendo o guardião do monopólio da certificação de nascimentos. Ou o Estado emite a certidão (que você carrega consigo) e, assim, você adquire uma identidade que permite ao Estado, durante toda a sua vida, identificá-lo, rastreá-lo (localizá-lo); ou você não tem uma identidade e se condena a viver fora do Estado como um animal (os animais não têm documentos de identidade).[7]

Thomas Bernhard expressa a mesma ideia com mais raiva e excesso, segundo seu estilo próprio. O narrador se lança em um longo discurso contra o desastre subjetivo provocado pelo Estado por meio da escola pública:

> O Estado pensa que as crianças são os filhos do Estado e age de acordo com isso, e há séculos vem realizando sua ação devastadora. (...) O Estado dá à luz seus filhos do Estado dentro Estado e nunca os deixa ir embora. Para onde quer que olhemos, vemos apenas crianças do Estado, alunos do Estado, trabalhadores do Estado, funcionários públicos do Estado, idosos do Estado, pessoas mortas do Estado – essa é a verdade. O Estado só produz e permite a existência de criaturas do Estado, essa é a verdade.[8]

---

7 COETZEE, J. M. *Journal d'une année noire*. Paris: Seuil, 2009, p. 12.

8 BERNHARD, Thomas. *Maîtres anciens*. Paris: Garnier-Flammarion, 1991, p. 12.

A tese que Bernhard coloca na boca de seu narrador é melhor formulada ainda mais adiante, quando ele contrasta Estado e natureza:

> A humanidade se tornou nada mais do que uma humanidade estatizada e há séculos já perdeu sua identidade, digo a mim mesmo. Hoje a humanidade é pouco mais do que uma desumanidade, que é o Estado, digo a mim mesmo. Hoje o homem não é mais do que um homem estatizado, então hoje ele não é mais do que o homem destruído e o homem estatizado, o único homem humanamente possível, eu digo.[9]

Essas passagens provocativas foram criadas para nos abalar em nossas crenças. Como podemos admitir que o Estado não está fora de nós, que ele está dentro de nós, que somos suas criaturas?

4 Fuga do Estado ou reinstituição da sociedade?

Por que não podemos nos contentar com essas observações de submissão total, de impotência e de subjetivação estatal? Por que elas contam apenas parte da história? A guerra *contra o* Estado nunca cessou. A não submissão, a rebelião, a revolta e a fuga não foram apenas fenômenos dos irregulares e dos marginais, mas foram uma constante na história das sociedades.

O sociólogo e historiador James Scott ampliou consideravelmente o espectro de sociedades que se recusam a ser capturadas pelo Estado. Em seu notável estudo sobre a área montanhosa do sudeste asiático conhecida como Zomia ("povo da montanha"), que abrange cinco países – Vietnã, Camboja, Laos, Tailândia e Birmânia – além de quatro províncias chinesas, Scott mostra que dezenas de milhões de pessoas em um território do tamanho da Europa (2,5 milhões de km^2) são "fugitivas". Por milhares de anos, elas escaparam

---

9 BERNHARD, Thomas. *Maîtres anciens*. Paris: Garnier-Flammarion, 1991, pp. 50-51.

voluntariamente das garras dos Estados que foram construídos nos vales, mas tiveram a maior dificuldade em subjugar as populações que se refugiaram nas terras remotas das alturas.[10] Embora o Estado soberano esteja gradualmente conquistando as terras altas, ainda há bolsões de resistência que são "efeitos do Estado", ou seja, áreas de refúgio que são o produto de uma rejeição ao Estado. De acordo com Scott, Zomia é apenas um exemplo das muitas populações que insistem em viver à parte do Estado, pelo menos até onde podem. Ao longo da história, fugir do Estado, dos comandos, dos tributos e do recrutamento tem sido uma prática constante das civilizações nômades consideradas bárbaras. Os citas, para os gregos, e os alemães, para os romanos, são apenas alguns exemplos. Igualmente constante tem sido a estratégia dos Estados de fixar essas populações, dominá-las e administrá-las. O ponto levantado por Scott em sua "história anarquista" é essencial para nossa discussão: essa história do anti-Estado é o oposto da narrativa hobbesiana. As pessoas fogem do Estado para preservar sua autonomia coletiva, sua liberdade de autogoverno. Essa história anarquista geralmente termina mal, acrescenta Scott. As sociedades que fogem do Estado têm dificuldade para resistir à padronização do mundo pós-colonial e à globalização capitalista. Quase não restam "zonas de não soberania", diz Scott com pesar. Os meios de transporte e a cobiça de recursos, as políticas de integração econômica e cultural – tudo o que geralmente é agrupado sob o termo "colonização interna" reduziu o número dessas autonomias não estatais.

Ainda é possível viver ao lado do Estado, fora dele, fora do Estado? É possível encontrar um ambiente de vida que não esteja totalmente saturado pelas relações sociais capitalistas protegidas e promovidas pelo Estado, regidas pelas "normas" do Estado colonial e neoliberal? E essas formas de subtração ou retirada prefiguram uma sociedade sem o Estado?

---

10 SCOTT, James C. *Zomia or the art of not being governed, an anarchist history of the Southeast Asian Highlands*. Paris: Seuil, 2019, p. 10.

Em todo o mundo, estamos vendo um ressurgimento de territórios que exigem ser removidos das garras do Estado central. Isso inclui áreas auto-organizadas, como Rojava e Chiapas, experimentos de comunalismo e municipalismo e ocupações de terras na América Latina e na França. Existem no Sul, assim como no Norte, movimentos coletivos que fazem da democracia local, da cidadania de base e do autogoverno dos meios de vida um desafio político contra a centralização e a abstração política inerentes à dominação do Estado. Se a questão da condição terrestre está se tornando essencial do ponto de vista ecológico, a dimensão da democracia também é essencial do ponto de vista político. Em muitos lugares do planeta, estamos lidando com uma *reterritorialização não estatal* de indivíduos e comunidades, rica de potencialidades de uma outra sociedade. Querer distanciar o Estado central, relativizá-lo por outras formas de democracia, não é viver sem instituições. É inventar outras instituições, especialmente aquelas que se qualificam como “comuns”. Em vez de pensar em termos de subtração e fuga, esses movimentos de territorialização nos convidam a pensar em termos de criação de novas instituições.

Esses bens comuns não são os bens comuns de outrora, aqueles dos costumes camponeses; são instituições que têm a característica de atender a dois requisitos, o do governo democrático e o da prevalência do direito de uso vinculado às necessidades fundamentais e à proteção dos ecossistemas. Essas práticas alternativas de instituição, que trazem consigo outras regras que são deliberadas, elaboradas e decididas coletivamente, nos obrigam a colocar a questão sobre o tipo de Estado que permitiria, ou melhor, incentivaria o desenvolvimento de outra sociedade baseada na generalização dos bens comuns. Não se trata de desmantelar o Estado, como os neoliberais querem fazer hoje, mas de recompor o Estado com base em instituições que respondam a uma lógica diferente daquela da soberania, ou seja, da dominação sobre a sociedade.[11]

---

11 Esse surgimento de sociedades a partir do problema da soberania do Estado é o tema do díptico que Pierre Dardot e eu publicamos. Ele é

O que está acontecendo é também uma revisão profunda da maneira como os primeiros socialistas, os saint-simonianos, os fourieristas, os proudhonianos, os bakuninistas e até mesmo o próprio Marx conceberam uma sociedade sem o Estado. Não se tratava tanto de pensar que o homem era bom por natureza, mas que a própria sociedade industrial possuía um princípio de auto-organização e autorregulação que lhe permitia dispensar o Estado, ou mesmo a política, porque a autoridade política se dissolveria, pensavam eles, em novas relações de produção igualitárias e cooperativas, de modo que o Estado se dissolveria, por assim dizer, em um novo modo de produção. O fracasso histórico dessa perspectiva baseada na ilusão industrial, sem dúvida, alimentou a crença na eternidade e na naturalidade do Estado. O que vemos hoje se desenvolver através do movimento de inspiração comunalista e do movimento dos comuns diz respeito a outra problemática, livre de todo determinismo econômico. A revolução que se pode ler hoje nas práticas alternativas não se pensa mais como o cumprimento das virtualidades emancipadoras da economia fora da política; ela não transita mais nos arredores da desinstitucionalização libertária, mas se pensa, ao contrário, como uma reinstitucionalização democrática da sociedade.

Referências bibliográficas

BERNHARD, Thomas. *Maîtres anciens*. Paris: Garnier-Flammarion, 1991.

CLASTRES, Pierre. *La société contre l'État*. Paris: Minuit, 1974.

COETZEE, J. M. *Journal d'une année noire*. Paris: Seuil, 2009.

DARDOT, Pierre; LAVAL, Christian. *Dominer*: enquête sur la souveraineté de l'État en Occident. Paris: La Découverte, 2020.

______. *Instituer les mondes, pour une cosmopolitique des communs*. Paris: La Découverte, 2025.

composto de DARDOT, Pierre; LAVAL, Christian. *Dominer*: enquête sur la souveraineté de l'État en Occident. Paris: La Découverte, 2020; e DARDOT, Pierre; LAVAL, Christian. *Instituer les mondes, pour une cosmopolitique des communs*. Paris: La Découverte, 2025.

HOBBES, Thomas. *The Citizen*. Paris: Garnier-Flammarion, 1986.

LEGENDRE, Pierre. *Sur la question dogmatique en Occident*. Paris: Fayard, 1999.

SCOTT, James C. *Zomia or the art of not being governed, an anarchist history of the Southeast Asian Highlands*. Paris: Seuil, 2019.

CAPÍTULO VIII

A RESPONSABILIDADE TEÓRICA NA CONSTRUÇÃO DO SABER PROCESSUAL PENAL E SEUS REFLEXOS NA CONSTRUÇÃO DE POLÍTICAS PÚBLICAS

FAUZI HASSAN CHOUKR

1 A necessária homenagem a Rubens Casara

Aceitei, prontamente, o honroso convite para colaborar na obra em justa homenagem ao estimado amigo Rubens Casara. Seja pelo organizador da empreitada, o não menos estimado e amigo, professor Geraldo Prado, seja porque homenagear Casara é um dever cívico da comunidade jurídica e da sociedade brasileira como um todo em tempos de profunda turbulência democrática.

Fato que nos acostumamos a conviver com espasmos de democracia e estabilidade política desde a edição da República. Golpes civis e militares marcaram o século XX e disso advém a consequência imediata da difícil convivência com o Estado de Direito e com o cumprimento das promessas políticas republicanas.

Mas o cenário atual é profundamente mais devastador dado o impacto de uma perene revolução tecnológica que, simbioticamente convive, por meio de seus propulsores, com uma linhagem política e econômica que a promove, sustenta e utiliza. O cenário para uma perfeita tempestade autoritária de larga duração e de difícil refreamento está instalado.

Não é a mesma relação entre plutocracia e autoritarismo vivida no último golpe militar, em que a burocracia militar e parte da civil alinharam-se a uma parcela da classe econômica industrializada contando com o beneplácito, incentivo e mascaramento da mídia.

A atual relação está condicionada pela tecnologia de velocidade irrefreada fruto de um modelo econômico muito bem definido e colocada a serviço evidente da desestabilização democrática por meio da desinformação, manipulação e, de forma ampla, pela disseminação da incultura.

O homenageado deste livro é uma voz fundamental na tentativa de contenção de danos, da explicitação dos fundamentos para uma crítica social indispensável e cujas ideias servem como alavanca para a superação dessa realidade nefasta.

Certo que Casara mereceria, neste artigo, uma abordagem mais condizente com sua robustez teórica. Contudo, os limites do ora subscritor impõem um recorte mais próximo daquilo que é fluente nas suas próprias reflexões, motivo pelo qual, o que se segue é uma breve análise da formação da cultura processual penal em seu marco histórico autoritário, a tentativa de sua superação e um chamado a suas consequências.

2 Construção teórica e compromisso social

2.1 O *ethos* predominante da construção do saber processual penal na construção do CPP e sua prática até 1988

Promulgado no contexto de exceção ao Estado de Direito no qual o "Estado Novo", o Código de Processo Penal perfila um dos claros exemplos do autoritarismo[1] no sistema penal brasileiro,[2] largamente compreendido como herdeiro de tradições fascistas,[3] nada obstante a discordância pontual a essa afirmação.[4]

Para além das divergências sobre as heranças do Código Rocco no CPP de 1942, é de ser destacada uma característica marcante desse "saber" (termo ao qual será dedicada uma reflexão própria na sequência): seu marcado descompromisso com os frutos práticos

---

1 Por todos, ver GLOECKNER, Ricardo Jacobsen. *Autoritarismo e processo penal*: uma genealogia das ideias autoritárias no processo penal brasileiro. vol. 1. Florianópolis/Rio de Janeiro: Empório do Direito.com.br/Tirant lo Blanch, 2018.

2 Para uma ampla discussão do assunto, ver FRAGOSO, Christiano Falk. *Autoritarismo e sistema penal*. Rio de Janeiro: Universidade do Estado do Rio de Janeiro, Faculdade de Direito, 2011. (Tese de Doutorado). Disponível em: https://www.bdtd.uerj.br:8443/bitstream/1/9243/1/Christiano%20Falk%20Fragoso%20-%20texto%20completo.pdf. Acessado em: 17.04.2025.

3 SILVEIRA, Marco Aurélio Nunes da. "A cultura inquisitória vigente e a origem autoritária do código de processo penal brasileiro". *Revista da EMERJ*, Rio de Janeiro, vol. 18, nº 67, jan./fev. 2015, pp. 264-275; COUTINHO, Jacinto Nelson de Miranda, 2015, pp. 57-72.

4 Ver, em especial, BORGES, Clara Maria Roman. "Uma genealogia dos discursos críticos sobre o autoritarismo do Código de Processo Penal brasileiro". *Sequência Estudos Jurídicos e Políticos*, Florianópolis, vol. 42, nº 87, 2021, pp. 1-41. Disponível em: https://periodicos.ufsc.br/index.php/sequencia/article/view/63139. Acessado em: 26.02.2025.

de suas premissas teóricas,[5] de um lado e, de outro, seu alheamento político consciente com a realidade social para a qual essa formação teórica se voltaria.[6]

Observado o CPP de 1942 pela linguagem política e jurídica atual, não há, de forma relevante em termos quantitativos, qualquer preocupação dos ocupantes do espaço de construção do "saber processual penal" com as políticas públicas necessárias para a implementação de suas ideias; tampouco uma abordagem da realidade social que condiciona a legitimação social daquele ordenamento jurídico. Quando muito pode-se falar em algum grau de relação com a "Política Criminal", algo que escapa ao que aqui se aborda.[7]

Mas, honrando a redação deste item, dois aspectos são fundamentais: *do que* se está falando quando se fala em "saber" e *quem* o constrói.

No primeiro aspecto, urge superar a visão das tradições tecnicistas para melhor compreender o argumento central. Não porque a técnica não importe. Ao contrário, importa, e muito, sendo relevante para qualquer compreensão consequencial de suas afirmações.

Mas "saber" não se resume – ou não se deveria resumir – a um apanhado sobreposto de referências teóricas anteriores, num

5 Dentre os principais autores ver ESPÍNOLA FILHO, Eduardo. *Código de processo penal brasileiro anotado*. Campinas: Bookseller, 2000. Borsoi, 1965, para uma demonstração desse distanciamento.

6 Veja-se que a louvação usada para enaltecer as publicações jurídicas no contexto anterior à edição do CPP silencia sobre qualquer aspecto crítico da produção "científica". A ver em SILVEIRA, M. de M. "Um processo de difusão e desenvolvimento cultural excelente: a revista Direito e os periódicos jurídicos no Brasil da passagem dos anos 1930 a 1940". *Anais do XXVI Simpósio Nacional de História – ANPUH*, São Paulo, 2011.

7 No sentido da demonstração da diferença de abordagem, ver CAMPOS, Marcelo da Silveira; AZEVEDO, Rodrigo Ghiringhelli de. "A ambiguidade das escolhas: Política Criminal no Brasil de 1989 a 2016". *Revista de Sociologia e Política*, vol. 28, 2020, p. e002.

mosaico aparentemente ingênuo e anódino que formaria um devir teórico do campo jurídico então renovado.

Tampouco "saber" haveria de se manifestar no singular, mas, sim, essencialmente, na forma plural, algo inimaginável – não porque impossível de fazê-lo – à época, com a interlocução não apenas de "outros ramos do saber", ou de "ciências assessórias", mas com *segmentos sociais* distintos.

Evidentemente nada disso fez parte da construção do "saber processual penal", construído como uma dogmática (pobre)[8] na sua reiterada comparação com a processual civil[9] e, ainda mais acentuado, dominado por elite ainda mais restrita responsável por sua produção, mesclando academia e política. O *quem*[10] acima mencionado estava mais ainda condicionado por elementos exclusivos e de exclusão.

Aos primeiros, a alocação social – e geográfica – muito bem definida: um saber marcado pela burocracia estatal oficial de forma predominante e por aqueles que com ela interagia;[11] aos segundos, a verdadeira interdição do espaço de produção oficial, entre os quais se destaca o silêncio de vozes femininas, nada obstante – e como sempre – destinatárias de uma violência social que se perpetua e amplia.

---

8 Em outro contexto, mas com o mesmo cerne de preocupação, ver STRECK, Lenio Luiz. "Dogmática jurídica, senso comum e reforma processual penal: o problema das mixagens teóricas". *Pensar*: Revista de Ciências Jurídicas, vol. 16, nº 2, 2011, pp. 626-660.

9 Ver, entre outros, MOREIRA, Rômulo de Andrade. "O processo penal e o conto de fadas". *Direito UNIFACS – Debate Virtual em Direito*, nº 253, 2021.

10 Entre outros, ver SILVA JUNIOR, Airton Ribeiro da. "Histórias do saber jurídico a contrapelo". *Rechtsgeschichte*: Zeitschrift des Max-Planck-Instituts für europäische Rechtsgeschichte; Debatte, Recherche, Kritik, Marginalien, vol. 29, 2021, pp. 328-329.

11 Ver ALMEIDA, Frederico Normanha Ribeiro de. *A nobreza togada*: as elites jurídicas e a política da justiça no Brasil. São Paulo: Universidade de São Paulo, 2010. (Tese de Doutorado).

Tudo que se disse até agora nada tem de novo. E o cerne do argumento não é ausência de ineditismo mas, sim, a *perpetuação de seu emprego* pós redemocratização em espaços decisórios definitivos ou de alta hierarquia na produção do "saber". O esforço de enfrentamento teve sua oxigenação após 1988, mas os resultados disso estão, quase quatro décadas após 1988, muito aquém do que deveria.

2.2 A formação do saber penal pós-constitucionalização e a afirmação progressiva de suas consequências sociais

O saber penal busca se redefinir após 1988 e 1992 (esta última, a entrada da Convenção Americana de Direitos Humanos no ordenamento brasileiro). E o faz não apenas pela ressignificação de conceitos e técnicas, mas, sobretudo, pela inclusão do discurso dos direitos humanos e fundamentais.

Neste ponto, o discurso humanista sofre uma requalificação não apenas em função do novo texto constitucional e convencional, pela movimentação dos sistemas internacionais protetivos e seus reflexos no Direito interno, mas, sobretudo, porque os direitos humanos e fundamentais passam a ser uma condicionante para a construção de um saber legítimo, socialmente aceitável e, acrescento, orientador de valores e princípios para gerações futuras.[12]

Este último aspecto me parece deva ser destacado de forma mais enfática no presente momento político (de risco evidente à democracia) e técnico, atulhado pelo deslumbramento com a tecnologia e suas inteligências verdadeiramente artificiais: a mensagem da produção do saber (processual penal) pós 1988/1992 insere-se no marco humanizado de servir como orientação de um modo de

12 Como, no passado, uma visão iluminista o fez, ainda sem afirmá-lo explicitamente.

vida social para as gerações futuras que, olhando em retrospectiva, tenderiam a ver uma sociedade mais equilibrada (e justa) naquele momento futuro do que haviam sido no passado. Essa, a grande mensagem. Algo que as discussões excessiva e predominantemente tecnológicas não alcançam.

Esse novo saber permeou-se de outros atributos inerentes à democracia, ainda que de forma tímida e lenta. Resumindo-os, permeou-se de pluralismo. Não apenas o pluralismo conceitual construído de forma bem definida num determinado contexto, mas numa ideia plural que, progressivamente, passou a olhar, por exemplo, para povos originários ou a preocupar-se, de forma enfática, com a condição de gênero ou com parcelas vulneráveis da população.

E o choque com o "saber" anterior foi inevitável[13] e virulento, com ampla predominância daquele em aspecto quantitativo por inúmeras condicionantes, algumas mais evidentes, outras mais sutis.

Das mais evidentes, o choque se dá no espaço do "consumo" desse saber. O próprio mercado jurídico na expressão sumular de Mireille Delmas-Marty[14] soube jogar seu papel nesse confronto, no aspecto editorial, mas, sobretudo, no papel formativo geracional, em especial nos bancos de graduação e seus deterioramentos claros, como cursos supletivos para concursos públicos e obtenção de autorização para exercer a advocacia.

Dos menos evidentes, o papel da condicionante da *permanência geracional* em postos-chave, mesmo por quem atuou decisivamente

---

13 Para uma análise das permanências do saber anterior com seus reflexos práticos, ver PRADO, Geraldo. "O Processo Penal Brasileiro vinte e cinco anos depois da Constituição: transformações e permanências". *Revista EMERJ*, Rio de Janeiro, vol. 18, nº 67, 2015, pp. 550-569.

14 DELMAS-MARTY, Mireille. "Études juridiques comparatives et internationalisation du droit". *L'annuaire du Collège de France*, Cours et travaux, nº 111, 2012, pp. 739-758.

contra o Estado de Direito no último golpe de Estado, é ainda mais relevante. Seja na permanência acadêmica, seja em outros cenários da vida jurídica, essa condicionante solapou decisivamente uma melhor dinâmica e fruição do saber pós redemocratização.

Nesse cenário, um fator adicional de perpetuação das condições do saber anterior ao constitucionalismo-convencionalismo se agregou: os megaprocessos envolvendo a elite política e econômica a partir dos quais não só conceitos jurídicos que deveriam ter sido superados foram repristinados como outros construídos à sombra da melhor compreensão técnica comparativa ou internacional se sobrepuseram.[15]

Mas, entre as várias conquistas do saber banhado pela reconstrução do Estado de Direito que podem ser analisadas, quer-se aqui dar destaque a uma: a incipiente relação entre o saber construído e seus reflexos práticos pela construção de políticas públicas adequadas.

3 O reflexo do saber teórico na construção de políticas públicas

a. Palavras importam: o mundo da vida conformado por construções teóricas

Não há afirmação teórica que possa renunciar à análise de suas consequências práticas. Não deveria haver afirmação teórica que propusesse uma saída jurídica sem analisá-la pelo ângulo das políticas públicas necessárias à sua efetivação.

15 Ver, como exemplo, CALLEGARI, André Luís; WEBER, Ariel Barazzetti. "A cegueira deliberada da common law à civil law e a apropriação (indébita) da teoria pelo Judiciário: nova oportunidade ao ativismo judicial e o retorno à jurisprudência dos valores". *Revista Brasileira de Ciências Criminais*, vol. 133, 2017, pp. 17-35.

O saber processual penal após 1988, alinhado com as premissas do Estado Democrático de Direito, não se afirmou, inicialmente, com essa preocupação de forma explícita, nada obstante se pudesse inferir de inúmeras obras que as mudanças necessárias no ordenamento impactariam uma nova formulação de políticas públicas, estas sempre pensadas em "políticas de segurança" pelos dirigentes políticos.

Mas, com o passar do tempo, com o aprimoramento – ainda em construção – de análise de estatísticas do sistema penal,[16] começa a surgir o adensamento dessa relação[17] que, paradoxalmente, é explicitada com mais veemência pelos oposicionistas ao saber constitucional ao menos em dois temas sensíveis: a audiência de custódia e a implementação do juiz de garantias, instrumentos que foram rechaçados por larga parte da elite jurídica brasileira pelo alegado aumento de custos de funcionamento do sistema processual penal.

Curiosamente, contudo, não se dá essa mesma histeria argumentativa quando se defende a "execução antecipada da pena", que transforma presos cautelares em definitivos por uma alquimia teórica sem base constitucional, convencional ou de Direito Comparado, que faz com que se aumente em cerca de 30% da população prisional em estabelecimentos penais definitivos sem que haja preocupação com o reflexo disso nas políticas públicas necessárias à sua consecução.

Se palavras e ideias importam – e, sim, claro, elas importam –, a construção teórica não pode se eximir de analisar suas consequências sociais e os meios necessários à sua implantação. A era da

---

16 Sobre a importância dessa abordagem ver CAPPARELLI, Bruna; GIACOMOLLI, Nereu José. "Instrumentos e práticas para a Ciência aberta no Direito Processual Penal: perplexidades e algumas possibilidades". *Revista Brasileira de Direito Processual Penal*, vol. 4, nº 1, 2018, pp. 25-40.

17 Por exemplo, em GRACIANO SUXBERGER, Antonio Henrique; FERREIRA LIMA, José Wilson. "O processo penal e a engenharia de controle da Política Criminal". *Revista Brasileira de Políticas Públicas*, vol. 7, nº 1, 2017.

irresponsabilidade com o que se afirma, escudada numa pseudoneutralidade técnica, faz parte de um passado cuja cortina já fechou.

Referências bibliográficas

ALMEIDA, Frederico Normanha Ribeiro de. *A nobreza togada*: as elites jurídicas e a política da justiça no Brasil. São Paulo: Universidade de São Paulo, 2010. (Tese de Doutorado).

BORGES, Clara Maria Roman. "Uma genealogia dos discursos críticos sobre o autoritarismo do Código de Processo Penal brasileiro". *Sequência Estudos Jurídicos e Políticos*, Florianópolis, vol. 42, nº 87, 2021, pp. 1-41. Disponível em: https://periodicos.ufsc.br/index.php/sequencia/article/view/63139. Acessado em: 26.02.2025.

CALLEGARI, André Luís; WEBER, Ariel Barazzetti. "A cegueira deliberada da common law à civil law e a apropriação (indébita) da teoria pelo Judiciário: nova oportunidade ao ativismo judicial e o retorno à jurisprudência dos valores". *Revista Brasileira de Ciências Criminais*, vol. 133, 2017.

CAPPARELLI, Bruna; GIACOMOLLI, Nereu José. "Instrumentos e práticas para a Ciência aberta no Direito Processual Penal: perplexidades e algumas possibilidades". *Revista Brasileira de Direito Processual Penal*, vol. 4, nº 1, 2018.

DELMAS-MARTY, Mireille. "Études juridiques comparatives et internationalisation du droit". *L'annuaire du Collège de France*, Cours et travaux, nº 111, 2012.

ESPÍNOLA FILHO, Eduardo. *Código de processo penal brasileiro anotado*. Campinas: Bookseller, 2000.

FRAGOSO, Christiano Falk. *Autoritarismo e sistema penal*. Rio de Janeiro: Universidade do Estado do Rio de Janeiro, Faculdade de Direito, 2011. (Tese de Doutorado). Disponível em: https://www.bdtd.uerj.br:8443/bitstream/1/9243/1/Christiano%20Falk%20Fragoso%20-%20texto%20completo.pdf. Acessado em: 17.04.2025.

GLOECKNER, Ricardo Jacobsen. *Autoritarismo e processo penal*: uma genealogia das ideias autoritárias no processo penal brasileiro. vol. 1. Florianópolis/Rio de Janeiro: Empório do Direito. com.br/Tirant lo Blanch, 2018.

GRACIANO SUXBERGER, Antonio Henrique; FERREIRA LIMA, José Wilson. "O processo penal e a engenharia de controle da Política Criminal". *Revista Brasileira de Políticas Públicas*, vol. 7, nº 1, 2017.

MOREIRA, Rômulo de Andrade. "O processo penal e o conto de fadas". *Direito UNIFACS – Debate Virtual em Direito*, nº 253, 2021.

PRADO, Geraldo. "O Processo Penal Brasileiro vinte e cinco anos depois da Constituição: transformações e permanências". *Revista EMERJ*, Rio de Janeiro, vol. 18, nº 67, 2015.

SILVA JUNIOR, Airton Ribeiro da. "Histórias do saber jurídico a contrapelo". *Rechtsgeschichte*: Zeitschrift des Max-Planck-Instituts für europäische Rechtsgeschichte; Debatte, Recherche, Kritik, Marginalien, vol. 29, 2021.

SILVEIRA, M. de M. "Um processo de difusão e desenvolvimento cultural excelente: a revista Direito e os periódicos jurídicos no Brasil da passagem dos anos 1930 a 1940". *Anais do XXVI Simpósio Nacional de História – ANPUH*, São Paulo, 2011.

SILVEIRA, Marco Aurélio Nunes da. "A cultura inquisitória vigente e a origem autoritária do código de processo penal brasileiro". *Revista da EMERJ*, Rio de Janeiro, vol. 18, nº 67, jan./fev. 2015.

STRECK, Lenio Luiz. "Dogmática jurídica, senso comum e reforma processual penal: o problema das mixagens teóricas". *Pensar*: Revista de Ciências Jurídicas, vol. 16, nº 2, 2011.

CAPÍTULO IX

UMA CONVERSA PÓS-DEMOCRÁTICA

FERNANDO AUGUSTO FERNANDES

Em 2018, fiz uma ligação telefônica para Rubens Casara. Tinha acabado de chegar em Moscou para a Copa do Mundo e terminado o livro *Estado Pós-Democrático: neo-obscurantismo e gestão dos indesejáveis*.

Eu disse a Rubens que gostaria de dizer que ele estava errado, mas infelizmente não estava. Em 2018, já tínhamos 4 (quatro) anos de Operação Lava Jato. Passaram-se sete anos desde então.

O livro de Casara "vai na veia" do momento em que o mundo passava. Em 2017, Trump havia sido eleito nos USA, e em outubro de 2018, Bolsonaro chegava à Presidência do Brasil.

Os eventos estão associados à linha de investigação de Casara. Suas pesquisas estão interligadas à crise em que vivemos no conceito de Estado de Direito como foi concebido em uma sociedade pós-segunda Guerra Mundial e seu desmonte pelo projeto neoliberal e da globalização.

Se o fim da segunda Guerra Mundial expôs a necessidade da construção de um Direito que tentasse evitar o mundo chegar aos horrores que vivemos no nazismo e fascismo, além da Guerra Fria, trouxe a necessidade de o mundo capitalista reconhecer direitos sociais e trabalhistas. Com a "queda do muro de Berlim" e o desmonte da União Soviética, o Ocidente capitalista se viu livre para, economicamente, propor que o fim das fronteiras comerciais tornaria o livre mercado a solução do desenvolvimento social e traria o bem-estar para a população mundial.

O desmonte que se seguiu dos direitos sociais, e dos direitos trabalhistas como vimos no nosso Brasil, somou-se à concentração de renda e à criação de mais bilionários no mundo.

A partir disso, criou-se o fenômeno de que o Estado de Direito do pacto social pós-guerra, que gerou, inclusive, a Constituição de 1988, passou a ser meramente formal, afastando-se do que se estabeleceu no esforço de uma democracia mais que eleitoral.

Dessa decepção da população mundial é que os ventos voltaram a soprar para a extrema direita.

A eleição de Donald Trump não representa um fato isolado, mas um sinal de retrocesso quanto aos direitos humanos no mundo. O novo Presidente americano, um *show man*, soube aproveitar o sentimento americano dividido. São dois Estados Unidos: um que está cravado na liberdade, na luta contra a escravidão, na participação na Segunda Guerra contra o nazismo, em Martin Luther King; e outro, no Império, que absorveu os conceitos nazistas de relação política, na guerra, na exploração e contra os imigrantes. Esses sentimentos são aproveitados por Trump.

O país já passou pelo macartismo entre 1950 e 1957 em plena época de caça aos comunistas e cassação de direitos. Recentemente, passou pela era Bush e a aprovação do *Patriot Act* (Lei Patriótica) – que permitiu tortura, intercepções telefônicas sem autorização judicial e todas as formas de rompimento ao devido processo legal, em nome da luta contra o terrorismo.

Os fundamentos que admitem a quebra das garantias democráticas, como o *Patriot Act* americano, foram estudados pelo professor de ciência política da Universidade Federal Fluminense (UFF) Gisálio Cerqueira Filho. Ele tratou recentemente dos sentimentos envoltos em atos de exceção admitidos pelo Judiciário nos processos envolvendo o ex-Presidente Lula e a Operação Lava Jato.

É difícil perceber, mas, nessa onda de retrocessos, o Judiciário, na América Latina, exerce papel preponderante em processos de perseguição a líderes populares em nome da corrupção. O jurista e professor de Direito Constitucional Pedro Serrano faz uma análise à semelhança de Honduras, Paraguai e Brasil e o papel do Judiciário na destruição da imagem dos governantes de esquerda.

No cenário mundial, também pode ser observado um retrocesso à direita. A França elegeu, em primeiro turno, em novembro de 2016, François Fillon, um católico conservador de 62 anos, que teve como principal rival a líder de extrema direita Marine Le Pen, ambos na luta para substituir o socialista François Hollande. O partido populista Lei e Justiça ganhou também as eleições legislativas na Polônia, em 2015. Sergio Mattarella assumiu a Presidência da Itália, lançando vivas a Donald Trump, e o Presidente russo Vladimir Putin, mais discreto, também demonstrou seu apoio ao novo comandante da Casa Branca.

O livro de Pedro Serrano *Autoritarismo e golpes na América Latina*, editado em 2016, de certa forma dialoga com Casara e nos ajuda a entender o momento atual, provendo nossas lentes investigatórias na metodologia indiciária de instrumentos para a análise. O suicídio de Alan García está conectado ao suicídio de Áureo Balthazar, da Universidade Federal de Santa Catarina (UFSC), ambos vítimas da Lava Jato, sendo o primeiro internacional, com as lembranças da Operação Condor. Fatos recentes como as ações do Supremo Tribunal Federal (STF) de censurar a entrevista de Lula, ou mesmo o caso da matéria da revista *Crusoé*, tudo se conecta no que desemboca na vivência de uma exceção permanente.

Pedro nos traz a ideia de que a exceção, ou o estado de exceção, está ligada à ideia de Carl Schmitt da soberania. O poder está no fato de o soberano suspender os direitos fundamentais do inimigo. Hitler teria utilizado a expressão "estado de exceção" da Constituição de Weimar, para buscar legitimidade para a instauração da ditadura após o incêndio do Reichstag.

Pedro sustenta, com toda precisão, que os regimes autoritários contemporâneos não se declaram permanentes, mas transitórios, por meio de um discurso marcado pela temporariedade "na qual não há extinção dos direitos da sociedade, mas sua suspensão".[1] Assim foi nas ditaduras nazista e fascista e nas ditaduras militares na América Latina.

Gisálio Cerqueira Filho e Gizlene Neder apontam que, na passagem para o liberalismo, na disputa política pelo Iluminismo, Portugal permaneceu resistente às mudanças, optando pelo tomismo arrogante, fechado e autossuficiente.[2] Nossa enorme dificuldade de aplicação do artgio 5º quanto às garantias individuais está cravada na inexistência da formação da ideia do indivíduo em nossa modernidade, mas de pessoa que está intimamente ligada ao intimismo, intimidade cordialidade,[3] vindo daí o *self-service* normativo.[4]

---

1 SERRANO, Pedro Esteves Alves Pinto. *Autoritarismo e golpes na América Latina*: breve ensaio sobre jurisdição e exceção. São Paulo: Alameda, 2016, p. 167.

2 CERQUEIRA FILHO, Gisálio; NEDER, Gizlene. *Ideias jurídicas e autoridade na família*. Rio de Janeiro: Revan, 2007, p. 40.

3 CERQUEIRA FILHO, Gisálio. A *ideologia do favor e a ignorância simbólica da lei*. Rio de Janeiro: Centro Unificado de Ensino e Pesquisa da Vice-Governadoria do Rio de Janeiro, 1993.

4 CERQUEIRA FILHO, Gisálio; NEDER, Gizlene, *apud* FERNANDES, Fernando Augusto H. *Poder e saber*: Campo Jurídico e Ideologia. [S.l.]:

Casara afirma que

> o que caracteriza a morte do Estado Democrático de Direito não é a presença ou aumento das ilegalidades, a mercantilização da vida ou da primazia da economia na formação do Estado (fato, aliás, já denunciado por Weber). O que há de novo no Estado Pós-Democrático é o desaparecimento dos limites. Assim, por exemplo, se o Estado Democrático existia limites à mercantilização da vida, limites que podiam ou não ser violados, no Estado Pós-Democrático, os próprios limites tornaram-se mercadoria, como tal, explicitamente descartáveis.

Zaffaroni se refere ao Direito Penal: "ao consumidor falho[5] – o menino do morro, do tráfico – é reservado o Direito Penal do 'Terror',[6] com regime de pena integralmente fechado, desumano e cruel".[7] Isso enquanto ao consumidor é formatado um Direito Penal que descriminaliza as condutas.

Zygmunt Bauman, em *Conseqüências humanas da globalização*, aponta que o cárcere se transfigurou na nova **economia da pena**, que passa de prisão do invólucro da alma (ESTUDANTES – PAN-ÓPTICO) com o objetivo de recuperá-la para um enterro em vida, a imobilidade no "tempo (que) não para".

Bauman analisa a prisão de segurança máxima americana, toda feita de aço, à prova de fuga, vigiada com câmeras de segurança que tudo veem e questiona se é a continuação do pan-óptico descrito por Foucault, da vigia pela torre de todos os prisioneiros, agora

---

[s.n.], 2011, p. 202.

5 BATISTA, Nilo; ZAFFARONI, Eugenio Raúl. *Direito Penal brasileiro*. Rio de Janeiro: Revan, 2003, p. 485.

6 BARANDIER, Antonio Carlos. *As garantias fundamentais e a prova*. Rio de Janeiro: Lumen Juris, 1997.

7 STF, HC n. 69.603-1, Tribunal Pleno, voto vencido, Min. Marco Aurélio de Melo, 18/12/1992, pp. 698 e ss.

substituída pela tecnologia. A diferença clara é que o pan-óptico acreditava na recuperação, enquanto a prisão de hoje, ainda mais na realidade brasileira, significa apenas a retirada de circulação.

O pan-óptico transformou-se no sinóptico, segundo Bauman. O mundo, na segurança daquela arquitetura, seguia a lógica de que poucos vigiavam muitos presos e, nos tempos pós-modernos, a maioria observa poucos, símbolos televisivos, retratados em sua intimidade na revista *Caras* e em programas de televisão que ingressam nas casas para comentar intimidades das celebridades.

Casara segue a mesma crítica:

> a cada dia, a fala dos chamados "formadores de opinião", em especial dos jornalistas e âncoras de programas televisivos, passa a importar mais aos autores jurídicos do que os estudos e pesquisas produzidos pela academia. Inegável, pois, a importância da mídia e da indústria cultural na instauração do Estado Pós-Democrático, bem como o ódio ao conhecimento, que caracteriza todo o movimento autoritário, no aumento de penas e na redução das garantias processuais.

Identificado o problema por Casara, Serrano, Zaffaroni, Bauman, fica, afinal, a pergunta do que fazer: como evitar que o mundo siga a mercantilização da justiça? Como fazer com que possamos fugir do *self-service* normativo[8] e das exceções?

Como evitar desvios e longas exceções como a Lava Jato? Como evitar um sistema penal, no qual a economia da pena,[9] os

---

8 CERQUEIRA FILHO, Gisálio; NEDER, Gizlene, *apud* FERNANDES, Fernando Augusto H. *Poder e saber*: Campo Jurídico e Ideologia. [S.l.]: [s.n.], 2011, p. 202.

9 RUSCHE, Georg; KIRCHHEIMER, Otto. "Punição e estrutura social". Trad. Gizlene Neder. *Discursos Sediciosos – Crime, Direito e Sociedade*, Rio de Janeiro, Instituto Carioca de Criminologia – ICC, Freitas Bastos Editora, ano 3, nº 5-6, 1º e 2º sem. 1999, p. 18.

novos inimigos internos[10] são acusados pelo crime "*hediondo*" do tráfico, não basta o encarceramento cada vez mais crescente, sendo necessário para o Direito Penal Simbólico,[11] a fim de satisfazer os anseios populares do espetáculo? E, ainda, um sistema em que os consumidores falhos, negros filhos de escravos são assassinados?

Primeira resposta é o trabalho que faz Casara! Desvendar, relevar o que, de quebra, no acordo social está sendo quebrado; relevar os interesses econômicos que se ocultam e que comandam o uso da justiça e do Direito Penal; descortinar a ideologia que movimenta essa engrenagem do poder.

O poder, o Direito sempre servem ao domínio econômico, já revelava Karl Marx.

A história, no entanto, não para. Ela é feita de resistências. Acima de tudo, de resistências através das ideias.

Rubens Casara é um grande exemplo de um intelectual e, também, de juiz.

Referências bibliográficas

BARANDIER, Antonio Carlos. *As garantias fundamentais e a prova*. Rio de Janeiro: Lumen Juris, 1997.

10 BATISTA, Nilo. "Um oportuno estudo para tempos sombrios". *Discursos Sediciosos – Crime, Direito e Sociedade*, Rio de Janeiro, Instituto Carioca de Criminologia – ICC, Freitas Bastos Editora, ano 1, nº 2, 1996, p. 301; BATISTA, Nilo. "Política criminal com derramamento de sangue". *Discursos Sediciosos – Crime, Direito e Sociedade*, Rio de Janeiro, Instituto Carioca de Criminologia – ICC, Freitas Bastos Editora, ano 3, n. 5-6, 1º e 2º sem. 1998, p. 77.

11 KARAM, Maria Lúcia. "Crime, Direito e sociedade". *Discursos Sediciosos – Crime, Direito e Sociedade*, Rio de Janeiro, Instituto Carioca de Criminologia – ICC, Freitas Bastos Editora, ano 1, nº 1, 1996.

BATISTA, Nilo. "Um oportuno estudo para tempos sombrios". *Discursos Sediciosos – Crime, Direito e Sociedade*, Rio de Janeiro, Instituto Carioca de Criminologia – ICC, Freitas Bastos Editora, ano 1, nº 2, 1996.

______. "Política criminal com derramamento de sangue". *Discursos Sediciosos – Crime, Direito e Sociedade*, Rio de Janeiro, Instituto Carioca de Criminologia – ICC, Freitas Bastos Editora, ano 3, n. 5-6, 1º e 2º sem. 1998.

BATISTA, Nilo; ZAFFARONI, Eugenio Raúl. *Direito Penal Brasileiro*. Rio de Janeiro: Revan, 2003.

CERQUEIRA FILHO, Gisálio. A *ideologia do favor e a ignorância simbólica da lei*. Rio de Janeiro: Centro Unificado de Ensino e Pesquisa da Vice-Governadoria do Rio de Janeiro, 1993.

CERQUEIRA FILHO, Gisálio; NEDER, Gizlene. *Ideias jurídicas e autoridade na família*. Rio de Janeiro: Revan, 2007.

FERNANDES, Fernando Augusto H. *Poder e saber*: Campo Jurídico e Ideologia. [S.l.]: [s.n.], 2011.

KARAM, Maria Lúcia. "Crime, Direito e sociedade". *Discursos Sediciosos – Crime, Direito e Sociedade*, Rio de Janeiro, Instituto Carioca de Criminologia – ICC, Freitas Bastos Editora, ano 1, nº 1, 1996.

RUSCHE, Georg; KIRCHHEIMER, Otto. "Punição e estrutura social". Trad. Gizlene Neder. *Discursos Sediciosos – Crime, Direito e Sociedade*, Rio de Janeiro, Instituto Carioca de Criminologia – ICC, Freitas Bastos Editora, ano 3, nº 5-6, 1º e 2º sem. 1999.

SERRANO, Pedro Esteves Alves Pinto. *Autoritarismo e golpes na América Latina*: breve ensaio sobre jurisdição e exceção. São Paulo: Alameda, 2016.

CAPÍTULO X

ESTEREÓTIPO E ESTIGMA NO SISTEMA PENAL BRASILEIRO: ENTRE CRIMINALIZAÇÃO PRIMÁRIA E SECUNDÁRIA

GISELA FRANÇA

> *A racionalidade neoliberal – esse modo de ver e de atuar no mundo que trata tudo e todos como objetos negociáveis a partir de cálculos de interesse que visam exclusivamente ao lucro – alimenta um conjunto de imagens hipersimplificadas que se têm do mundo, do Estado, da sociedade, dos indivíduos, das relações sociais, da economia etc. Em certo sentido, pode-se dizer que há uma imagem geral que se faz do mundo que poderia ser chamada de neoliberal.*[1]

Introdução

Foi com incomensurável alegria que recebi o convite do ilustre professor Geraldo Prado para contribuir nesta, mais que merecida,

---

1 CASARA, Rubens R. R. *A construção do idiota*: o processo de idiossubjetivação. Rio de Janeiro: Da Vinci Livros, 2024, p. 164.

homenagem ao professor Rubens Casara, magistrado, docente, escritor e intelectual, cuja trajetória acadêmica e profissional sempre primou, e prima, pela atuação combativa em prol da crítica ao *status quo*, ao capitalismo tardio e pós-moderno, ao neoliberalismo e ao nosso combalido sistema de justiça pátrio.

Receber esse convite do professor e jurista Geraldo Prado, outro renomado crítico do sistema penal, processo penal e das sociedades desiguais, é uma honra dupla. As obras do professor Geraldo, convergindo às de Rubens Casara, desvelam a profundidade das injustiças sociais estruturais e denotam a premente necessidade de um pensamento marginal, crítico e insurgente nacional, que questione e modifique o estado de coisas inconstitucional da própria realidade social, penal e processual; e que lute pela dignidade humana e humanidade das penas.

Logo, uma vez mais, agradeço, imensamente, a oportunidade de integrar esta obra em homenagem a Rubens Casara, que propõe sempre e nos possibilita, através de suas obras, atuação e pensamentos, um outro vislumbre da realidade.

Tive o prazer de conhecer Rubens Casara na Faculdade de Direito do Ibmec-Centro, onde sua atuação primorosa na disciplina de Direito Processual Penal se destacava pelo compromisso incansável com a leitura crítica do processo penal brasileiro e a interdisciplinaridade.

Rubens, com seu espírito lidador exortava a importância da atuação jurídica primando pela busca da igualdade material, da justiça social e da denúncia das estruturas opressivas, parciais e seletivas do nosso sistema penal.

Valendo-se, sempre, de uma abordagem crítica, propositiva, humanística e sensível, nosso homenageado se dedicou e segue se dedicando a denunciar e evidenciar as contradições inerentes entre democracia, neoliberalismo e criminalização da miséria. Rubens analisa de forma acurada os mecanismos que perpetuam as desigualdades em nossa sociedade pós-moderna, na qual espetacularização do processo penal, criminalização de minorias, encarceramento em massa e necropolítica formam um *continuum* a serviço da simbólica e "exemplar" punição dos "bandidos", convertidos em inimigos; e elimináveis.

Rubens Casara é, na atualidade, sem sombra de dúvidas, uma das vozes mais relevantes no cenário nacional a nos propor uma crítica abalizada e interdisciplinar à pós-modernidade e às instituições que sustentam o capitalismo tardio e o neoliberalismo, com todos os seus estratagemas de cooptação, alienação, exploração e aniquilamento.

Nesse sentido, é imprescindível ressaltar a importância da compreensão da idiossubjetivação,[2] construção detalhada por Rubens Casara que expõe quanto a alienação e a submissão dos indivíduos às dinâmicas de poder que reproduzem discursos de ódio, violência, intolerância, exclusão e aniquilamento são perigosas para as subjetividades e se constituem num projeto de sociedade, de poder e, evidentemente, de dominação.

Tendo em vista que todo crime é um crime político, na medida em que foi uma decisão política que converteu um indiferente penal num delito, através da criação de um tipo penal, esse questionamento acerca da criação dos tipos penais e eleição de bens jurídicos é crucial para a compreensão dos processos de criminalização e encarceramento no país.

O presente artigo se propõe a (re)pensar o Direito Penal e a criminalização de condutas.

---

2 CASARA, Rubens R. R. *A construção do idiota*: o processo de idiossubjetivação. Rio de Janeiro: Da Vinci Livros, 2024.

1 Exclusão social: estereótipo e estigma na pós-modernidade

A concepção de criminoso, no próprio imaginário popular, desde o advento da criminologia positiva capitaneada por Cesare Lombroso, encontra-se associada a um conjunto de características corpóreas, tangíveis e perceptíveis, que "denotariam" uma propensão à delinquência. Essas características integram o denominado estereótipo do criminoso. O indivíduo detentor desse estereótipo torna-se vulnerável penalmente e poderá ter suas condutas criminalizadas. Posteriormente a essa criminalização surgirá o estigma, marca indelével que o acompanhará doravante. Consoante a reflexão que se segue, a presença de um estigma denotaria a impossibilidade de aceitação e integração social por parte de seu portador.

E, nessa referida concepção da criminologia positiva, que buscava suposta cientificidade em seus estudos e conceitos, vê-se nitidamente um instrumento de poder que se coaduna com a menção realizada por Rubens Casara ao trabalhar o binômio saber-poder, inerente aos supostos detentores de descobertas científicas e inovações tecnológicas. Casara alude, de forma percuciente, à dinâmica de exploração inerente a esse processo:

> Neste movimento voltado à exploração de muitos por poucos, a ciência foi instrumentalizada com o objetivo de gerar lucros para alguns (e, em diversas oportunidades, serviu à barbárie, como no Holocausto). Em outras oportunidades, a ciência e o conhecimento adquirido via método científico precisaram ser ignorados para que o detentor do poder econômico continuasse a lucrar. Mais do que reconhecer o caráter ideológico da ciência e da história oficial ou o uso cínico do conhecimento, o projeto de manutenção do poder passou a exigir uma postura negacionista no meio social.[3]

---

3 CASARA, Rubens R. R. *A construção do idiota*: o processo de idiossubjetivação. Rio de Janeiro: Da Vinci Livros, 2024.

A construção do estereótipo do criminoso e o estigma do apenado estão intrinsecamente relacionados à criminalização primária e secundária, denotando o funcionamento seletivo e discriminatório do sistema penal.

O estereótipo do criminoso e o estigma criminal são conceitos distintos, embora estejam imbricados um ao outro. O estereótipo do criminoso remonta à criminologia positiva, especialmente às teorias de Cesare Lombroso, como mencionado, que associava características físicas a uma suposta tendência inata e natural ao crime. Para Lombroso, criminosos possuíam traços como testa inclinada, mandíbula proeminente e fronte fugidia, reforçando um modelo patologizante e determinista da criminalidade, baseado na concepção de degenerescência e atavismo. Esse tipo de estereótipo ainda persiste em discursos midiáticos e policiais, que, frequentemente, associam a criminalidade a certos grupos sociais, como jovens negros e pobres de áreas conflagradas.

No que concerne ao estigma criminal, por outro giro, resta mais correlacionado às interações sociais e ao efeito da rotulação. Erving Goffman analisa como determinados indivíduos são marcados socialmente por atributos negativos, tornando-se desvalorizados e excluídos. Na criminologia crítica e interacionista, como na "teoria do *outsider*" de Howard Becker, a criminalidade não é um atributo intrínseco, mas o resultado de um processo social de rotulação. Assim, indivíduos podem ser estigmatizados como criminosos independentemente da prática de delitos, apenas por pertencerem a determinados grupos sociais.

Por exemplo, um jovem negro e morador de comunidade poderá ser abordado e considerado "suspeito" da prática de condutas criminosas exclusivamente por seu perfil físico, estereótipo do criminoso, enquanto um ex-apenado, mesmo tendo cumprido sua pena, poderá enfrentar dificuldades para conseguir emprego devido à desconfiança social, em decorrência do estigma criminal.

Na obra de Erving Goffman *Estigma: notas sobre a manipulação da identidade deteriorada*, o conceito de estigma é essencial para compreender como determinadas características fenotípicas, como cor da pele, características faciais como tamanho de narizes e orelhas, foram associadas ao crime, marginalizando grupos socialmente vulneráveis.

Augusto Thompson, por sua vez, complementa essa análise ao discutir a formação de uma "classe perigosa", que justificaria o controle social sobre os pobres. Esses mecanismos se entrelaçam com a criminalização primária, que define condutas como crime, e a secundária, que aplica seletivamente essas normas.[4]

Assim, conforme esposado por Geraldo Prado, sabe-se, por exemplo, que não se pode prender preventivamente alguém porque se trata de fulano ou porque o crime investigado é de especial gravidade![5] Entretanto, verifica-se que na prática a teoria é outra.

Em sua origem grega, o termo estigma era empregado para denominar sinais corporais com os quais se procurava demonstrar algo de extraordinário ou negativo acerca das qualidades morais de seu portador.

Na Era Cristã, a palavra ganhou mais duas acepções, uma referida a sinais corpóreos relacionados à graça divina, que se materializam em forma de flores em erupção sobre a pele do agraciado, e outra em alusão médica a esse fenômeno religioso, dizendo respeito a sinais corpóreos relativos a anomalias físicas.

---

4 THOMPSON, Augusto. *Quem são os criminosos?* Rio de Janeiro: Lumen Juris, 1998, p. 45.

5 PRADO, Geraldo. "Excepcionalidade da Prisão Provisória: comentários aos artigos 311-318 do CPP, na redação da Lei n. 12.403/2011". *In*: FERNANDES, Og (Coord.). *Medidas cautelares no processo penal*: prisões e suas alternativas. Comentário à Lei n. 12.403, de 04.05.2011. São Paulo: Revista dos Tribunais, 2011.

> Os sinais eram feitos com cortes ou fogo no corpo e avisavam que o portador era um escravo, um criminoso ou traidor – uma pessoa marcada, ritualmente poluída, que deveria ser evitada; especialmente em lugares públicos.[6]

Nesse contexto, o estigma surge em função de uma relação que ocorre entre um atributo pessoal e um determinado estereótipo.[7] Erving Goffman alude a três tipos diferentes de estigma, quais sejam, as deformidades físicas, as culpas de caráter individual e, ainda, os estigmas tribais de raça, nação e religião. A presença de um estigma situaria seu portador fora do campo da "normalidade social".[8]

Um indivíduo que possua um estigma sofreria profundas discriminações,[9] daí sua dificuldade relacional, sendo, raramente, considerado um igual e inúmeras vezes considerado uma espécie de "simulacro humano", inferior e perigoso. Provavelmente, ele irá procurar corrigir ou escamotear seu atributo "defeituoso". Esse sujeito poderá obter apoio de alguns setores da sociedade. O primeiro deles é integrado por outros indivíduos portadores de seu estigma; o segundo setor se compõe de "pessoas normais", entenda-se, não portadoras de estigma, mas que, por circunstâncias pessoais, convivem com indivíduos estigmatizados e desenvolvem níveis de aceitação, compreensão e simpatia por eles, são os chamados indivíduos

---

6 GOFFMAN, Erving. *Estigma*: notas sobre a manipulação da identidade deteriorada. Rio de Janeiro: Zahar, 1982, pp. 13-14.

7 WANDERLEY, Mariângela Belfiore. "Refletindo sobre a noção de exclusão". *In*: SAWAIA, Bader (Coord.). *As artimanhas da exclusão*: análise psicossocial e ética da desigualdade social. Petrópolis: Vozes, 2001, p. 25.

8 BECKER, Howard Saul. *Outsiders*: estudos de sociologia do desvio. Trad. Maria Luiza X. de Borges. Rio de Janeiro: Zahar, 2008, pp. 28-33.

9 WANDERLEY, Mariângela Belfiore. "Refletindo sobre a noção de exclusão". *In*: SAWAIA, Bader (Coord.). *As artimanhas da exclusão*: análise psicossocial e ética da desigualdade social. Petrópolis: Vozes, 2001, p. 24.

informados, categoria na qual estão incluídos os familiares de um sujeito estigmatizado.[10]

Sujeitos marcados com um estigma tendem a difundi-lo para o seu círculo de relações mais próximas, sendo, portanto, evitado o contato com tais indivíduos para que não se propague o estigma de que eles são portadores. Diminui-se, dessa feita, a possibilidade de socialização dos indivíduos estigmatizados e de seus familiares e amigos.

> Assim, a mulher fiel do paciente mental, a filha do ex-presidiário, o pai do aleijado, o amigo do cego, a família do carrasco, todos estão obrigados a compartilhar um pouco o descrédito do estigmatizado com o qual eles se relacionam (...). Dever-se-ia acrescentar que as pessoas que adquirem desse modo um certo grau de estigma podem, por sua vez, relacionar-se com outras que adquirem algo da enfermidade de maneira indireta. Os problemas enfrentados por uma pessoa estigmatizada espalham-se em ondas de intensidade decrescente.[11]

Existem circunstâncias em que a estigmatização do indivíduo se vincula ao seu ingresso em uma instituição de custódia, como a prisão, por exemplo, na qual ele internalizará um aprendizado acerca de sua marca.

> O termo estigma, portanto, será usado em referência a um atributo profundamente depreciativo, mas o que é preciso na realidade, é uma linguagem de relações e não de atributos. Um atributo que estigmatiza alguém pode confirmar a normalidade de outrem, portanto ele não é, em sim mesmo, nem honroso nem desonroso. Por exemplo, alguns cargos na

---

10 GOFFMAN, Erving. *Estigma*: notas sobre a manipulação da identidade deteriorada. Rio de Janeiro: Zahar, 1982, p. 15.

11 GOFFMAN, Erving. *Estigma*: notas sobre a manipulação da identidade deteriorada. Rio de Janeiro: Zahar, 1982, p. 35.

> América obrigam os seus ocupantes que não tenham a educação universitária esperada a esconder isso; outros cargos, entretanto, podem levar os que os ocupam e que possuem uma educação superior a manter isso em segredo para não serem considerados fracassados ou estranhos.[12]

O estigma, consoante mencionado, configura-se num tipo de relação diferenciada[13] existente entre um determinado atributo pessoal e um estereótipo, que faz com que se acredite que um indivíduo portador de um atributo estigmatizante, logo um possível estigmatizado, seria menos humano que os indivíduos considerados "normais", uma vez que esse atributo diferencial o afastaria da condição humana percebida como normal, restando este propenso a um tratamento diferenciado povoado de discriminações e considerado inferior.[14]

> Utilizamos termos específicos de estigma como aleijado, bastardo, retardado, em nosso discurso diário como fonte de metáfora e representação, de maneira característica, sem pensar em seu significado original.[15]

O estigma, proveniente da existência de um atributo diferencial, imporá ao seu portador uma espécie de "barreira" que este se verá impossibilitado de transpor. A sociedade como um todo, ritualisticamente, irá estabelecer uma série de procedimentos diferenciados na convivência e no trato com esses indivíduos, os quais daqui por diante serão denominados estigmatizados.

---

12 GOFFMAN, Erving. *Estigma*: notas sobre a manipulação da identidade deteriorada. Rio de Janeiro: Zahar, 1982, p. 13.

13 OMOTE, Sadao. "Estigma no tempo da inclusão". *Rev. Bras.*, edição especial, Marília, set./dez. 2004, p. 295.

14 GOFFMAN, Erving. *Estigma*: notas sobre a manipulação da identidade deteriorada. Rio de Janeiro: Zahar, 1982, p. 13.

15 GOFFMAN, Erving. *Estigma*: notas sobre a manipulação da identidade deteriorada. Rio de Janeiro: Zahar, 1982, p.15.

A presença de um indivíduo estigmatizado dentro de um grupo relacional causaria a assunção pelos demais membros de um comportamento diferenciado em função da existência de um ou alguns indivíduos considerados "indivíduos-problema" em função de seus estigmas, o que Goffman denomina contatos mistos.[16]

> Quando normais e estigmatizados realmente se encontram na presença imediata uns dos outros, especialmente quando tentam manter uma conversação, ocorre uma das cenas fundamentais da sociologia porque, em muitos casos, esses momentos serão aqueles em que ambos os lados enfrentarão diretamente as causas e efeitos do estigma. O indivíduo estigmatizado pode descobrir que se sente inseguro em relação à maneira como os normais o identificarão e o receberão.[17]

Com efeito, o indivíduo estigmatizado, nesses convívios mistos, possuiria uma enorme preocupação com o seu comportamento, tendo em vista que o menor "erro" cometido, mesmo que incidental, remeterá imediatamente ao seu atributo diferencial, o que reafirmaria e reforçaria a estigmatização.

Nos muitos casos em que a estigmatização do indivíduo está associada com a sua admissão a uma instituição de custódia ou total, como uma prisão, um sanatório ou um orfanato, a maior parte do que ele aprende sobre o seu estigma ser-lhe-á transmitido durante o prolongado contato íntimo com aqueles que irão transformar-se em seus "companheiros de infortúnio".[18]

---

16 GOFFMAN, Erving. *Estigma*: notas sobre a manipulação da identidade deteriorada. Rio de Janeiro: Zahar, 1982, p. 22.

17 GOFFMAN, Erving. *Estigma*: notas sobre a manipulação da identidade deteriorada. Rio de Janeiro: Zahar, 1982, p. 23.

18 GOFFMAN, Erving. *Estigma*: notas sobre a manipulação da identidade deteriorada. Rio de Janeiro: Zahar, 1982, p. 23.

Conforme já se sugeriu, quando o indivíduo compreende, pela primeira vez, quem serão aqueles que, de agora em diante, deverá aceitar como seus "iguais", ele sentirá pelo menos uma certa ambivalência. Isso porque estes não somente serão pessoas nitidamente estigmatizadas e, portanto, diferentes da "pessoa normal" que ele acreditava ser, mas também poderão ter outros atributos que, segundo a sua opinião, dificilmente poderão ser associados ao seu caso.[19]

Desse modo, o estigma do preso recairia sobre ele durante o período em que permanece dentro da instituição prisional. Mas a prisão, além de ser capaz de fabricar o estigma e transformar o seu portador num indivíduo socialmente desacreditado, é capaz de desbordar o período de encarceramento e prolongar-se mesmo após a saída do indivíduo da instituição.

Assim, o preso permaneceria estigmatizado durante um longo período depois de ter sido colocado em liberdade, e a permanência dessa característica desacreditadora faz com que ele tenda a esconder seu atributo estigmatizante, procurando, na medida do possível, não revelar sua condição de ex-encarcerado, ocorrendo o fenômeno denominado por Goffman de "encobrimento".[20]

O estigma, portanto, poderá assumir várias facetas e colaborar para a gestão dos "indesejáveis" no capitalismo neoliberal. Um indivíduo poderá ser estigmatizado por enquadrar-se em diversas categorias. Como vimos anteriormente, o estigma pode decorrer de uma deficiência física, de uma condição social específica, do lugar em que o indivíduo reside, de sua condição econômica e cultural. Dentre outras possibilidades, interessa aqui, especialmente, o estigma do preso e do reincidente e sua relevância nos processos de criminalização primária e secundária.

---

19 GOFFMAN, Erving. *Estigma*: notas sobre a manipulação da identidade deteriorada. Rio de Janeiro: Zahar, 1982, p. 46.

20 GOFFMAN, Erving. *Estigma*: notas sobre a manipulação da identidade deteriorada. Rio de Janeiro: Zahar, 1982, p. 49.

Considera-se, pois, de forma preliminar, que o estigma do preso, ou seja, o fato de possuir determinado atributo diferenciado – que se coaduna com determinado estereótipo e o torna diferente dos padrões considerados "normais" dentro da sociedade –, é antecedido por um estigma social ou racial que desqualificaria *a priori* os membros de determinadas classes sociais e etnias no Brasil, atribuindo-lhes uma espécie de "degenerescência endêmica".

2 A necessária mirada criminológica: crítica ao *status quo*

Na pós-modernidade, alguns pensadores são fundamentais para que se procure compreender a complexa questão da estigmatização do desviante. Dentre eles, destacam-se Alessandro Baratta, Eugenio Raúl Zaffaroni, Rubens Casara, Vera Malaguti Batista, Juarez Tavares e Juarez Cirino do Santos, que enfatizam que o Direito Penal opera como ferramenta de controle social formal das classes subalternas, logo dos alijados da sociedade capitalista, neoliberal, regida pelo consumo. Os referidos autores mencionam que os desviantes são convertidos em indesejáveis e descartáveis.

Alessandro Baratta[21] denuncia e critica o viés elitista das políticas criminais, que reforçam desigualdades ao criminalizarem condutas predominantes em contextos de pobreza e serem direcionadas a determinados comportamentos e a certos sujeitos específicos.

Zaffaroni, por seu turno, menciona a criminalização em massa da população negra e pobre, que resulta na superlotação carcerária e perpetua a exclusão social. A aplicação seletiva das leis penais produz e reproduz estruturas de poder que naturalizam o encarceramento de minorias vulnerabilizadas e se manifestam nos países

---

21 BARATTA, Alessandro. *Criminologia crítica e crítica do Direito Penal*: introdução à sociologia do Direito Penal. Trad. Juarez Cirino dos Santos. 6ª ed. Rio de Janeiro: Revan/Instituto Carioca de Criminologia, 2011, p. 211.

marginais como uma instituição de sequestro menor e peculiar, no seio da maior, como celas de castigo, num programa lombrosiano da grande instituição de sequestro colonial.[22]

Na contemporaneidade, cumpre destacar a leitura de Vera Malaguti Batista[23] e Rubens Casara que apontam como o sistema penal, na pós-modernidade, atua como mecanismo a serviço do governo neoliberal. Ele não apenas reprime, mas também disciplina corpos e subjetividades, relegando os vulneráveis a um estado de permanente vigilância, controle e descrédito. Para Vera Malaguti Batista, essa seletividade penal é sustentada por uma narrativa midiática que legitima a violência policial e o encarceramento em massa. Os autores sublinham a racialização da atuação político-criminal.

Casara e Juarez Tavares[24] destacam que, ao priorizar a segurança pública em detrimento de direitos fundamentais, o Direito Penal e a Política Criminal assumem um caráter autoritário e punitivista que vai ao encontro do populismo penal.

Na mesma esteira, Juarez Cirino dos Santos[25] e Nilo Batista contribuem para a crítica ao Direito Penal como instrumento, técnica, de controle social formal e ratificam a sua ausência de neutralidade[26] e cientificidade, desvelando sua função ideológica ao criminalizar, de forma desproporcional, os atos praticados pelos pobres, enquanto os crimes das elites são tratados com leniência, constituindo a cifra

---

22 ZAFFARONI, Eugenio Raúl. *Em busca das penas perdidas*: a perda da legitimidade do Sistema Penal. 5ª ed. Rio de Janeiro: Revan, 2001, p. 77.

23 BATISTA, Vera Malaguti. *Introdução crítica à criminologia brasileira*. Rio de Janeiro: Revan, 2011, pp. 41-49.

24 TAVARES, Juarez; CASARA, Rubens R. R. *Prisão*: além do senso comum. Rio de Janeiro: Da Vinci Livros, 2024, pp. 153-154.

25 SANTOS, Juarez Cirino. *A criminologia radical*. Rio de Janeiro: Lumen Juris, 2006, pp. 10-17.

26 SANTOS, Juarez Cirino. *A criminologia radical*. Rio de Janeiro: Lumen Juris, 2006, p. 11.

dourada da criminalidade,[27] vez que seus sujeitos ativos não se compatibilizam com o estereótipo da classe, supostamente, "perigosa".

Assim, o sistema penal não apenas reproduz, mas intensifica desigualdades estruturais, legitimando a exclusão social sob o suposto ideário de justiça. As desigualdades sociais são amplificadas por nossas práticas judiciárias.[28]

Em síntese, o estereótipo do criminoso e o estigma do apenado são decorrência de um sistema penal que opera de maneira parcial e seletiva, legitimando a desigualdade e perpetuando a criminalização do negro e do pobre. A análise crítica desses fenômenos, à luz dos autores mencionados, revela a urgência de se repensar o papel do Direito Penal em nossa sociedade.

No Brasil, o estereótipo do criminoso está profundamente enraizado em uma matriz lombrosiana, que associa características biológicas e raciais ao comportamento delitivo. Cesare Lombroso, em sua criminologia positivista, afirmava que o criminoso era um "tipo nato", identificável por traços físicos específicos, teoria que encontrou eco nas obras de Nina Rodrigues, considerado um dos pioneiros da criminologia no Brasil. Rodrigues adaptou as ideias de Lombroso ao contexto brasileiro, estabelecendo uma relação direta entre raça e criminalidade, especialmente em relação à população negra e mestiça.

O pensamento de Nina Rodrigues estava imbuído do racismo científico, capaz de simultaneamente discriminar, inferiorizar e patologizar o povo brasileiro[29] e que marcou o final do século XIX e

---

27 Compreende-se por cifra oculta da criminalidade o percentual dos crimes não comunicados ao Poder Público, e a denominada cifra dourada se refere à criminalidade do "colarinho branco".

28 BATISTA, Nilo. *Introdução crítica ao Direito Penal Brasileiro*. Rio de Janeiro: Revan, 2011, p. 23.

29 BATISTA, Vera Malaguti. *Introdução crítica à criminologia brasileira*. Rio de Janeiro: Revan, 2011, p. 48.

início do XX. Nina Rodrigues percebia os negros e mestiços como social e biologicamente predispostos ao crime, resultado de sua "inferioridade racial". Para ele, a abolição da escravidão gerou uma "massa desorganizada" de ex-escravizados, supostamente incapazes de se integrarem ao modelo social europeu imposto no Brasil.[30] Essa perspectiva justificou políticas repressivas e de controle sobre a população negra e pobre, associando-a permanentemente à marginalidade e à criminalidade.

Esse estereótipo do criminoso também encontra supedâneos na escravidão, que estruturou uma sociedade hierárquica baseada na racialização do trabalho e na desumanização dos negros. Após a abolição, o racismo se perpetuou por meio de mecanismos institucionais, como o Código Penal de 1890, que criminalizava práticas culturais dos negros, como a capoeira e os cultos de matrizes afro-brasileiras. Assim, a construção do "criminoso nato" à brasileira se entrelaçou com a manutenção de um sistema de exclusão e controle sobre os descendentes de indivíduos escravizados.

A herança lombrosiana[31] e o pensamento de Nina Rodrigues contribuíram para a formação de um Direito Penal seletivo, que criminaliza majoritariamente os negros e os pobres no Brasil. Essa matriz histórica sustenta a criminalização secundária descrita por Alessandro Baratta, em que o estigma recai sobre grupos vulneráveis, legitimando o funcionamento desigual do sistema penal. Portanto, o estereótipo do criminoso no Brasil é resultado de uma construção histórica que, desde a escravidão, associa desigualdade social e racismo ao controle punitivo.

30 BATISTA, Vera Malaguti. *Introdução crítica à criminologia brasileira*. Rio de Janeiro: Revan, 2011, p. 48.

31 BARATTA, Alessandro. *Criminologia crítica e crítica do Direito Penal*: introdução à sociologia do Direito Penal. Rio de Janeiro: Revan/Instituto Carioca de Criminologia, 2002, p. 38.

As obras de Rubens Casara dialogam profundamente com as análises de Zygmunt Bauman acerca das ralações líquidas em nossa sociedade e de Ulrich Beck sobre a sociedade contemporânea. Bauman, ao descrever a modernidade líquida, aponta para a fluidez das relações sociais, políticas e econômicas, marcadas pela incerteza e pela fragmentação,[32] e de que maneira tais fatos desencadeiam a concepção de insegurança e correlata premência por mais segurança e punição.

> Um espectro paira sobre o planeta: o espectro da xenofobia. Suspeitas e animosidades tribais, antigas e novas, jamais extintas e recentemente descongeladas, misturaram-se e fundiram-se a uma nova preocupação, a da segurança, destilada das incertezas e intranquilidades da existência líquido-moderna. Pessoas desgastadas e mortalmente fatigadas em consequência de testes de adequação eternamente inconclusos, assustadas até a alma pela misteriosa e inexplicável precariedade de seus destinos e pelas névoas globais que ocultam suas esperanças, buscam desesperadamente os culpados por seus problemas e tribulações.[33]

Ulrick Beck, em sua teoria da sociedade de risco, revela como os avanços tecnológicos e o capitalismo global geram riscos sistêmicos que intensificam a desigualdade e a precariedade de populações vulneráveis. Rubens Casara complementa essas reflexões ao abordar o colapso das garantias jurídicas e o avanço de um "Estado Pós-Democrático", em que a insegurança é utilizada como ferramenta de controle social.

---

32 BAUMAN, Zygmunt. *Amor líquido*: sobre a fragilidade das relações humanas. Trad. Carlos Alberto Medeiros. Rio de Janeiro: Zahar, 2004, p. 143.

33 BAUMAN, Zygmunt. *Amor líquido*: sobre a fragilidade das relações humanas. Trad. Carlos Alberto Medeiros. Rio de Janeiro: Zahar, 2004, p. 143.

No contexto da América Latina e do Brasil, esses conceitos ganham contornos especiais com o pensamento de Rubens Casara, que se torna essencial para o Direito brasileiro, pois emerge das particularidades de nossa sociedade, profundamente marcada por desigualdades políticas, sociais culturais e econômicas.

Casara e Tavares analisam criticamente como o processo penal, longe de ser neutro, reflete e perpetua estruturas de exclusão, como o racismo estrutural, uma herança brutal da escravização, que ainda define quem são os alvos preferenciais do sistema de justiça criminal e a possibilidade de extinção de punibilidade. Eles, igualmente, se debruçam sobre as condições degradantes do sistema prisional brasileiro, que viola direitos humanos básicos e reforça ciclos de violência e exclusão. Ambos ressaltam a própria assimetria do funcionamento processual penal em prol de "interesses políticos" classistas.[34]

Rubens Casara desenvolve diversas temáticas centrais para o Direito, a política e a sociedade contemporânea, com ênfase em questões críticas e estruturais. Analisa como o Estado de Direito cede espaço a uma governança autoritária e tecnocrática, na qual os direitos fundamentais são relativizados em favor de interesses econômicos, fato que evidentemente impacta em todo o sistema de justiça nacional. Ele critica, ainda, o uso do sistema de justiça criminal como ferramenta de controle social, especialmente contra populações vulneráveis, evidenciando a criminalização da pobreza e a seletividade penal.

O sujeito criminalizado seria advindo dos estratos sociais mais baixos e o sistema penal reproduziria sua clientela através de processos seletivos que se pautariam em estereótipos[35] sedimentados na

---

34 TAVARES, Juarez; CASARA, Rubens R. R. *Prisão*: além do senso comum. Rio de Janeiro: Da Vinci Livros, 2024, pp. 173-175.

35 DIAS, Jorge de Figueiredo; ANDRADE, Manoel da Costa. *Criminologia*: o homem delinquente e a sociedade criminógena. Portugal: Coimbra Editora, 1997, p. 389.

sociedade e transmitidos em larga escala pelos meios de comunicação de massa. Esses estereótipos constituir-se-iam de características comuns aos membros das classes desfavorecidas.

Essa ordem social, que funcionaria pelo avesso, teria efeitos altamente deteriorantes e criminógenos, condicionando a reprodução de sua clientela, exercendo o mais alto grau de estigmatização e marginalização de todo o sistema punitivo. A distância social entre os apenados e aqueles que, aparentemente, "obedecem às normas penais" é decisiva para a formação da imagem do criminoso, bem como para a interiorização e efetivo cumprimento deste papel, sendo esta uma das funções – talvez a mais importante – não declaradas da pena privativa de liberdade.[36]

O estigma criado em função da aproximação do sistema penal seria de tal ordem, que os componentes das camadas empobrecidas da sociedade estariam obrigados a evitar o convívio com indivíduos que tenham tido algum contato com o sistema penal, pois a carga estigmatizante poderia estender-se a eles. Essa carga estigmatizante não é necessariamente em consequência de uma condenação de um indivíduo membro do grupo, mas o simples contato com uma das agências do sistema penal deflagraria esse processo.

Os meios de comunicação de massa contribuiriam para esse processo perverso, ao operarem efetuando uma condenação prévia de suspeitos, sem julgamento, contraditório ou processo; e incentivando a sociedade a proceder a uma clivagem social entre o homem bom, de classe média ou alta, consumidor, e o marginal, indesejável, favelado, alijado do mercado de consumo. Viveríamos sob o império das concepções maniqueístas e criminalizantes da miséria. Assim, vulnerabilidades social, racial, econômica e cultural se plasmam e determinam a vulnerabilidade penal, convertendo-se em maior

---

36 BATISTA, Nilo. *Introdução crítica ao Direito Penal Brasileiro*. Rio de Janeiro: Revan, 2011, pp. 17-23.

possibilidade desse indivíduo fragilizado ser selecionado pelo sistema penal com seu funcionamento estruturalmente desigual e parcial.

É necessário advertir que o sistema penal não se trata simplesmente de um acordo externo, contudo também de sério "tratamento" integrado em um complexo processo de deterioração, cuja parte mais importante é feita pela prisão ou cadeia; e perfeitamente legalizado através de registros de reincidência, da possibilidade de impedir ou dificultar qualquer exercício de trabalho honesto por parte das agências do sistema penal que se ocupam de propagar o *status* do criminalizado, de privar de liberdade periodicamente a pessoa, convertendo-a em um "suspeito profissional", de tomar os antecedentes como provas de culpa, inclusive por parte dos magistrados.[37]

O ex-prisioneiro se constituiria em um indivíduo portador de uma marca indelével. Assim, embora, juridicamente, tenha cumprido a pena imposta na sentença penal condenatória e esteja livre, fisicamente, em virtude de ter praticado um crime, segue estigmatizado. Portanto, ele não retornaria ao *status* de homem livre, confiável e honesto, após o cumprimento de uma pena privativa de liberdade; essa seria uma ilusão facilmente desfeita ao lançarmos uma mirada mais detida aos egressos do cárcere e condenados.

De fato, a prisão constrói e reforça a imagem do preso e do ex-apenado, egresso, como sujeitos de alta periculosidade e "inimigos sociais". E essa imagem seria formada, preponderantemente, segundo as características e o perfil dos apenados, que seriam selecionados nas classes baixas e marginalizadas da população, as quais possuiriam suas estratégias de sobrevivência criminalizadas.

No que tange à questão do estigma do ex-recluso, este, mesmo que tenha cumprido sua pena e tenha sido posto em liberdade, não

---

37 ZAFFARONI, Eugenio Raúl. *Em busca das penas perdidas*: a perda da legitimidade do sistema penal. 5ª ed. Rio de Janeiro: Revan, 2001, pp. 134-135.

se desvincula do sistema penal, uma vez que somente terá extinta a punibilidade com a obtenção da reabilitação. Logo, conclui-se que o cumprimento da pena determinada na sentença condenatória não significa que esteja finda a punibilidade pela prática do fato criminoso. Constitui-se, assim, a reabilitação em um instrumento capaz de manter o indivíduo que cumpriu a condenação ainda atrelado ao sistema penal, vez que a pretensão punitiva do Estado não se encerra com a colocação do condenado em liberdade. Dessa feita, tem-se uma espécie de "pan-óptico de Jeremy Bentham extramuros", capaz de permanecer exercendo vigilância e controle sobre estes indivíduos que seguem estigmatizados.

Cumpre destacar que a carga simbólica negativa não é provocada, meramente, pela condenação formal, mas pelo simples contato com uma das agências ou instituições do sistema penal responsáveis pelo controle social formal institucionalizado. A mídia colabora para esse fenômeno, em alta medida, ao difundir fotografias, casos criminais, e adiantar-se às sentenças com qualificações como "vagabundos", "chacais", "bandidos", "monstros", "lixos", "assassinos" etc.[38]

A reabilitação caracteriza-se por ser o direito pertencente ao ex-apenado de obter um certificado de bons antecedentes, ou seja, um certificado de antecedentes que não faça menção às suas condenações anteriores.

A obtenção da reabilitação deverá obedecer a determinados requisitos elencados nos artigos 93 e 94 do Código Penal, tais como o prazo de dois anos após a extinção da pena principal ao terminar sua execução e do dia em que terminar o prazo da suspensão condicional da pena ou do livramento condicional, desde que o condenado: tenha domicílio no país; tenha dado, durante esse tempo, demonstração efetiva e constante de bom comportamento público e

---

38 ZAFFARONI, Eugenio Raúl. *Em busca das penas perdidas*: a perda da legitimidade do sistema penal. 5ª ed. Rio de Janeiro: Revan, 2001, p. 134.

privado; tenha ressarcido o dano causado pelo crime ou demonstre a absoluta impossibilidade de o fazer até o dia do pedido, ou exiba documento que comprove a renúncia da vítima ou novação da dívida.

Enquanto o ex-prisioneiro não obtém referido benefício, não fará *jus* ao certificado de bons antecedentes, logo, todos os crimes que ele tenha praticado e as penas a estes correspondentes constarão na sua folha de antecedentes.

A exigência de certificado de bons antecedentes e de requisitos para a obtenção da reabilitação configuraria uma das facetas do estigma que a pena de prisão engendraria no ex-apenado, a marca que o acompanhará a partir do momento em que ingressar no sistema penal.

O condenado, ao contrário do indivíduo que "quita sua dívida" com a sociedade, será sempre o "suspeito", o "criminoso em potencial", o "perigoso", a "ameaça constante", o "inimigo".

Na verdade, a liberdade obtida posteriormente ao cumprimento da pena de prisão constitui-se numa "pseudoliberdade", apenas simbólica, tendo em vista que a prisão é dotada de uma carga estigmática tão grande e, aparentemente intransponível, que coloca o egresso numa situação tão degradante quanto a do apenado.

O ex-recluso encontraria, pois, enormes dificuldades dentro da sociedade. Em função do seu estigma, será extremamente difícil para ele conseguir emprego, por exemplo, pois o preconceito e as discriminações que terá de enfrentar se estenderão a todos os âmbitos da sua vida. Tem-se, então, uma situação paradoxal. O indivíduo, para obter a reabilitação, necessita possuir um trabalho, que lhe seria negado pela sua condição de ex-recluso. Ele não possuirá o certificado de bons antecedentes, documento importante para conseguir um emprego, sendo o emprego fundamental para a reabilitação, vez que e terá que comprovar um comportamento adequado, através da declaração de um empregador. Forma-se, portanto, um círculo vicioso, em que todos os requisitos para a reabilitação se constituem, em verdade e na prática, portanto, formas de obstaculizar a integração do egresso na sociedade, assim como para o desaparecimento do estigma.

Dentro desse cenário, embora o egresso encontre-se em liberdade, mesmo solto, ele seria tratado ainda como um criminoso. Não seria percebido como um "homem normal" e confiável, mas como um eterno suspeito, que necessita de uma vigilância permanente, pois estaria mais propenso a delinquir que os demais indivíduos. Tem-se, na atualidade, traços nitidamente consoantes as teorias positivistas no imaginário social e na legislação, que convertem o ex-recluso em um criminoso em potencial, ou seja, na "personificação do mal". Trata-se das permanências positivistas.

Nesse contexto, a criminologia positiva, assentada nos moldes do "pensamento positivista", era descritiva e como tal descrevia o crime como um desvio, uma anormalidade, realizando uma verdadeira cisão no mundo. Este seria dividido entre normais e anormais. Haveria a "patologização da criminalidade",[39] sendo esta uma doença e como tal requeria observação, cuidados e tratamento.

Observa-se, assim, que o positivismo trabalhava o psicológico e o biológico, a negação do livre-arbítrio e com um determinismo total.[40] O sistema penal dentro do contexto positivista se fundamentava na classificação tipológica do autor do delito, o que é nítido nas obras de Cesare Lombroso[41] e de seus seguidores, como Enrico Ferri, Rafaelle Garofalo e Nina Rodrigues no Brasil, por exemplo.[42]

---

39 SHECAIRA, Sérgio Salomão. *Criminologia*. São Paulo: Revista dos Tribunais, 2004, p. 128.

40 SHECAIRA, Sérgio Salomão. *Criminologia*. São Paulo: Revista dos Tribunais, 2004, p. 112.

41 DIAS, Jorge de Figueiredo; ANDRADE, Manoel da Costa. *Criminologia*: o homem delinquente e a sociedade criminógena. Portugal: Coimbra Editora, 1997, pp. 15-16.

42 DIAS, Jorge de Figueiredo; ANDRADE, Manoel da Costa. *Criminologia*: o homem delinquente e a sociedade criminógena. Portugal: Coimbra Editora, 1997, p. 28.

No positivismo, procurava-se estabelecer uma separação rigorosa do Direito e da moral. Assim, o positivismo jurídico preocupa-se em divisar de forma clara as normas morais das normas jurídicas, estando as primeiras excluídas da problemática jurídica. Sendo assim, ao solucionar uma questão jurídica, o magistrado, para as concepções positivistas, deveria se concentrar no fato jurídico, não se atendo às questões periféricas, tais como aquelas atinentes à moralidade de determinada comunidade.[43]

> Para o positivismo jurídico, a questão da justiça está além do Direito. Trata-se de questão metafísica. O Direito identifica-se com a ordem normativa dominante, produzida ou reconhecida pelo Estado. E essa ordem, que traduz segurança, estabilidade, corporifica uma justiça possível. Daí porque ao jurista não cabe verificar a razoabilidade da norma estatal: este é o papel dos filósofos. Ao jurista cabe aplicar a regra, ainda que ilegítima, inadequada, ultrapassada ou arbitrária.[44]

A Criminologia Positiva concebeu a criminalidade e a questão da resposta penal, partindo do pressuposto de que seria possível individualizar "sinais" antropológicos da criminalidade e observar os indivíduos capturados por seu sistema em espaços delimitados, denominados por Michel Foucault e Goffman como "instituições totais", como o cárcere e o manicômio judiciário.[45] Interessante perceber que surgiu aí a possibilidade de indeterminação das penas, uma vez que o indivíduo seria portador de uma patologia, podendo ser esta muito grave e não possuir cura.

---

43 BATISTA, Vera Malaguti. *Introdução crítica à criminologia brasileira*. Rio de Janeiro: Revan, 2011, p. 41.

44 CLEVE, Clémerson Merlin. *Temas de Direito Constitucional e de Teoria do Direito*. São Paulo: Editora Acadêmica, 1993, pp. 212-213.

45 BARATTA, Alessandro. *Criminologia crítica e crítica do Direito Penal*: introdução à sociologia do Direito Penal. Rio de Janeiro: Revan/Instituto Carioca de Criminologia, 2002, p. 29.

Deve-se pontuar que tais teorias foram concebidas em um período em que se tornou necessário criar uma "teoria", produzir um "tipo de saber", "científico" e inquestionável, que fosse capaz de justificar, de forma aceitável, a existência de classes sociais díspares e a impossibilidade real de mobilidade social. Os positivistas que trabalhavam, diretamente, nas prisões apoiavam as concepções de não recuperação dos condenados e de que estes seriam provenientes de uma raça inferior.[46]

Esclarece-se que esses parênteses foram abertos para mencionar, de forma sucinta, o positivismo a fim de procurar detectar as permanências[47] deste na percepção jurídica, no sistema penal na atualidade e nos procedimentos para com o criminoso na pós-modernidade. Logo, com Vera Malaguti Batista, pode-se dizer que, no Brasil, o positivismo converteu-se numa cultura e que suas permanências transcendem o tempo e permitem, na pós-modernidade, a desqualificação de setores inteiros de nossa sociedade.

Nesse diapasão, não se poderiam deixar de abordar tais permanências daquilo que poderíamos chamar de "espírito positivista" na atualidade, "povoando o ideário", o âmago de cada um de nós brasileiros, em certa medida, em alguns de forma mais velada, em outros mais latente, e a produção legislativa nacional correlata.

Há permanências[48] no que tange à desqualificação social, jurídica, profissional e moral das populações pobres, em geral, o que as tornaria vulneráveis à criminalização e principais clientes do sistema penal. Existiriam permanências, por exemplo, quando acreditamos

---

46 ANITUA, Gabriel Ignacio. *Histórias dos pensamentos criminológicos*. Trad. Sérgio Lamarão. Rio de Janeiro: Revan/Instituto Carioca de Criminologia, 2008, p. 363.

47 DIAS, Jorge de Figueiredo; ANDRADE, Manoel da Costa. *Criminologia*: o homem delinquente e a sociedade criminógena. Portugal: Coimbra Editora, 1997, pp. 17-18.

48 SHECAIRA, Sérgio Salomão. *Criminologia*. São Paulo: Revista dos Tribunais, 2004, p. 130.

na possibilidade de um controle social total e no recrudescimento policial e penal como medidas capazes de coibirem a criminalidade; quando trabalhamos com as causas da criminalidade; e quando acreditamos que o aumento das penas ou somente a construção de mais prisões, enquanto medidas isoladas, serão o "remédio" adequado para "curar um mal", uma espécie de "doença social".

O positivismo, embora tenha desvanecido enquanto teoria hegemônica, nos anos 1930, teria fincada raízes profundas e jamais completamente afastadas da sociedade brasileira. Os estigmas e preconceitos que cercam os apenados, em boa medida, seriam provenientes da manutenção dessas concepções em nossa sociedade.

> "Tratamento" e "ressocialização" pressupõem uma postura passiva do prisioneiro e ativa das instituições: são heranças anacrônicas da velha criminologia positivista que concebia o condenado como um indivíduo anormal e inferior que precisava ser (re) adaptado à sociedade, considerando acriticamente esta como "boa" e aquele como "mau".[49]

Dessa maneira, os efeitos do encarceramento são múltiplos e nefastos. Os indivíduos se adaptam às regras da prisão, sofrendo inclusive consequências somáticas, tais como alteração da visão, audição, paladar e olfato (problemas sensoriais), assim como alteração da sexualidade, ausência de controle sobre a própria vida, estado permanente de ansiedade, ausência de expectativas de futuro, ausência de responsabilidade, perda de vinculações, alterações de afetividade (sensação de desamparo) e anormalidade da linguagem. Todos esses efeitos se combinam para dificultar a reinserção do egresso na sociedade e compõem e reforçam seu estigma. Mazelas essas que estão atreladas, em boa medida, àquilo que Augusto Thompson

---

49 BARATTA, Alessandro. *Ressocialização ou controle social*: uma abordagem crítica da "reintegração social" do sentenciado. Disponível em: https://egov.ufsc.br/portal/sites/default/files/anexos/13248-13249-1-PB.pdf. Acessado em: 10.01.2025.

menciona como sendo a prisionização, que consiste na adequação ao cárcere e sua rotina.[50]

Finalmente, considerando o fenômeno criminológico do estigma, assim como sua atualidade, pode-se observar que este será importante fator na inserção ou nos problemas para a (re)inserção do apenado no mercado de trabalho, quando colocado em liberdade.

Essa realidade nos remete à própria crise da democracia na pós-modernidade, e, consoante Rubens Casara, existe uma utilização política, manipulação dessa crise com o fito de que o Estado Pós-Democrático se revele um Estado forte e com tendências arbitrárias, possivelmente o Estado menos sujeito a controle desde a criação do Estado Moderno. A pós-democracia seria, essa concepção, uma espécie de Estado aberto a novos despotismos, no qual se permitiria de uma só vez a concentração de poderes quanto à existência "poderes selvagens", ou seja, de poderes sem limites, logo incontroláveis.[51]

Por fim, pode-se ainda analisar as noções de estereótipo e estigma conjuntamente com o conceito de *outsider* elaborado por Becker no seu livro de nome idêntico. O conceito de *outsider* de Howard Becker, desenvolvido pela teoria do *labelling approach* (ou teoria do etiquetamento ou rotulacionismo), descreve indivíduos que são rotulados como desviantes por não se conformarem às normas sociais dominantes. Para Becker, a desviação é criada socialmente por meio do processo de rotulação, em que o poder das instituições e de grupos sociais define quem será considerado um "fora da lei" ou "desviante".

Esse conceito se correlaciona com o estereótipo e o estigma, já que a rotulação tende a cristalizar identidades sociais negativas,

---

50 THOMPSON, Augusto. *Quem são os criminosos?* Rio de Janeiro: Lumen Juris, 1998, p. 80.

51 CASARA, Rubens R. R. *Estado Pós-Democrático*: neo-obscurantismo e gestão dos indesejáveis. 3ª ed. Rio de Janeiro: Civilização Brasileira, 2017.

previamente consideradas degradadas, marginalizando o indivíduo e reforçando preconceitos sociais.

Juarez Cirino dos Santos, em sua criminologia radical, por sua vez, considera o estigma como um produto da estrutura de classes, em que o controle social criminaliza majoritariamente os indivíduos das classes populares. Logo, o estereótipo e o estigma reforçam as relações de poder e mantêm a ordem social capitalista, legitimando a repressão dos marginalizados e consolidando o nefasto papel do sistema penal como um mecanismo de controle e exclusão social. A convergência entre as ideias de Becker e Juarez Cirino evidencia como a construção social da criminalidade reflete desigualdades estruturais.

Considerações finais

A criminalização primária, que define quais condutas são criminosas, e a criminalização secundária, que se refere à aplicação seletiva da lei, são fortemente influenciadas pelo neoliberalismo. No neoliberalismo, a precarização do trabalho e o desmonte do Estado, exemplificativamente, acirram as desigualdades, levando à criminalização de populações inteiras marginalizadas. A ênfase no consumo e na financeirização gera exclusão social e fortalece o aparato repressivo para conter os "excedentes" do sistema. Assim, a seletividade penal atua para controlar os mais pobres, enquanto os crimes das elites, em regra, permanecerão impunes, reforçando a lógica de dominação do capital.

Buscou-se demonstrar que a criminalização primária e a secundária são concepções imprescindíveis para a compreensão da operacionalidade, seletiva e parcial, do sistema penal brasileiro e para a percepção da necessidade de mudanças urgentes nesse funcionamento desigual.

A criminalização primária cinge-se à elaboração das normas penais incriminadoras pelo legislador, definindo quais condutas são consideradas criminosas no preceito primário e quais sanções penais serão aplicáveis àqueles que venham cometer essas condutas, logo, a punição definida no preceito secundário do tipo penal.

A criminalização secundária, por sua vez, está adstrita à aplicação seletiva dessas normas incriminadoras pelas instituições que integram o sistema penal, como a polícia, o Judiciário e o sistema prisional, selecionando as populações vulneráveis como clientela preferencial.

Em consonância com o pensamento esposado, aponta-se que o sistema penal funciona como um mecanismo de controle social formal, reproduzindo as desigualdades de classe e estigmatizando os indivíduos que pertencem às camadas mais pobres, logo, vulneráveis socialmente e penalmente.

A criminalização secundária se caracteriza, precipuamente, pela construção e consolidação simbólica do "criminoso" ou "perigoso" que se associa a estereótipos baseados em classe, raça e território, legitimando a seletividade e parcialidade do sistema penal em prol do combate ao suposto inimigo comum.

Essa seletividade não é aleatória e nem recente na história penalógica pátria, ao contrário, parte de um projeto de poder e assujeitamento gestado pelo capitalismo globalizado, que criminaliza a pobreza e naturaliza o encarceramento em massa dos pobres marginalizados.

Dessa feita, estigma é consectário do estereótipo e sua compreensão é central para a percepção de como a criminalização primária, ao elaborar normas penais incriminadoras abstratas, supostamente para a proteção dos bens jurídicos mais relevantes em sociedade, para que se respeite a *ultima ratio*, se conecta à criminalização secundária, que opera de maneira concreta, discriminatória, seletiva e excludente.

O encarceramento em massa decorre de uma política penal que perpetua a exclusão social, privilegiando interesses econômicos e políticos em detrimento da dignidade humana. Nesse contexto, o sistema penal não combate a criminalidade, mas reforça o controle sobre grupos vulneráveis. Assim, a intersecção entre criminalização primária e secundária perpetua um ciclo de opressão que sustenta o estigma do criminoso, reforçando a lógica excludente do sistema de justiça penal brasileiro

A necessidade de adoção de um sistema de justiça penal verdadeiramente garantista é premente para que possamos parar de conduzir nossa juventude marginalizada para o cárcere e condená-la a uma vida de exclusão, violação de direitos humanos e miséria.

A criminalização tem se modificado, ao largo da história da humanidade, consoante os interesses sociais e políticos predominantes em cada período histórico. E se à primeira vista, numa análise perfunctória, pode parecer que, no referido processo criminalizante, o Estado atua em prol da proteção de bens jurídicos fundamentais e com objetivos civilizatórios, visando a superar a suposta barbárie das sociedades primitivas, numa segunda mirada, mais acurada e à guisa de conclusão, verifica-se que o processo de criminalização sempre esteve e – muito provavelmente e lamentavelmente – estará guiado pelos interesses das classes dominantes, servindo, preponderantemente, como mecanismo de contenção, exclusão e manutenção do *status quo*.

Referências bibliográficas

ANITUA, Gabriel Ignacio. *Histórias dos pensamentos criminológicos*. Trad. Sérgio Lamarão. Rio de Janeiro: Revan/Instituto Carioca de Criminologia, 2008.

BARATTA, Alessandro. *Criminologia crítica e crítica do Direito Penal*: introdução à sociologia do Direito Penal. Trad. Juarez Cirino dos Santos. 6ª ed. Rio de Janeiro: Revan/Instituto Carioca de Criminologia, 2011.

______. *Ressocialização ou controle social*: uma abordagem crítica da "reintegração social" do sentenciado. Disponível em: https://egov.ufsc.br/portal/sites/default/files/anexos/13248-13249-1-PB.pdf. Acessado em: 10.01.2025.

BATISTA, Nilo. *Introdução crítica ao Direito Penal brasileiro*. Rio de Janeiro: Revan, 2011.

BATISTA, Vera Malaguti. *Introdução crítica à criminologia brasileira*. Rio de Janeiro: Revan, 2011.

BAUMAN, Zygmunt. *Amor líquido*: sobre a fragilidade das relações humanas. Trad. Carlos Alberto Medeiros. Rio de Janeiro: Zahar, 2004.

BECK, Ulrich. *La Société du Risque*: sur la voie d´une autre modernité. Paris: Éditions Flammarion, 2008.

BECKER, Howard Saul. *Outsiders*: estudos de sociologia do desvio. Trad. Maria Luiza X. de Borges. Rio de Janeiro: Zahar, 2008.

CASARA, Rubens R. R. *A construção do idiota*: o processo de idiossubjetivação. Rio de Janeiro: Da Vinci Livros, 2024.

______. *Estado Pós-Democrático*: neo-obscurantismo e gestão dos indesejáveis. 3ª ed. Rio de Janeiro: Civilização Brasileira, 2017.

CLEVE, Clémerson Merlin. *Temas de Direito Constitucional e de Teoria do Direito*. São Paulo: Editora Acadêmica, 1993.

DIAS, Jorge de Figueiredo; ANDRADE, Manoel da Costa. *Criminologia*: o homem delinquente e a sociedade criminógena. Portugal: Coimbra Editora, 1997.

FERRAJOLI, Luiz. *Direito e Razão*: Teoria do Garantismo Penal. São Paulo: Revista dos Tribunais, 2002.

FOUCAULT, Michel. *A verdade e as formas jurídicas*. Rio de Janeiro: Pontifícia Universidade Católica do Rio de Janeiro, 1975. (Série Letras e Artes, 06/74. Ed. Cadernos da PUC/RJ).

GOFFMAN, Erving. *Estigma*: notas sobre a manipulação da identidade deteriorada. Rio de Janeiro: Zahar, 1982.

OMOTE, Sadao. "Estigma no tempo da inclusão". *Rev. Bras.*, edição especial, Marília, set./dez. 2004.

PRADO, Geraldo. "Excepcionalidade da Prisão Provisória: comentários aos artigos 311-318 do CPP, na redação da Lei n. 12.403/2011". *In*: FERNANDES, Og (Coord.). *Medidas cautelares no processo penal*:

prisões e suas alternativas. Comentário à Lei n. 12.403, de 04.05.2011. São Paulo: Revista dos Tribunais, 2011.

SANTOS, Juarez Cirino. *A criminologia radical*. Rio de Janeiro: Lumen Juris, 2006.

SHECAIRA, Sérgio Salomão. *Criminologia*. São Paulo: Revista dos Tribunais, 2004.

TAVARES, Juarez; CASARA, Rubens R. R. *Prisão*: além do senso comum. Rio de Janeiro: Da Vinci Livros, 2024.

THOMPSON, Augusto. *A questão penitenciária*. Rio de Janeiro: Forense, 2002.

______. *Quem são os criminosos?* Rio de Janeiro: Lumen Juris, 1998.

WANDERLEY, Mariângela Belfiore. "Refletindo sobre a noção de exclusão". *In*: SAWAIA, Bader (Coord.). *As artimanhas da exclusão*: análise psicossocial e ética da desigualdade social. Petrópolis: Vozes, 2001.

ZAFFARONI, Eugenio Raúl. *Em busca das penas perdidas*: a perda da legitimidade do Sistema Penal. 5ª ed. Rio de Janeiro: Revan, 2001.

CAPÍTULO XI

A IRRESISTÍVEL ATRAÇÃO PELO *UM* NA TEORIA POLÍTICA CLÁSSICA

GISELE CITTADINO

A obra de Rubens Casara é um libelo contra o autoritarismo, a indiferenciação, a servidão voluntária. Em outras palavras, se traduz como uma luta contra a (quase) irresistível atração pelo Um.

1

Um irreprimível desejo de liberdade ou uma irresistível atração pelo *Um*. São estas as questões que se colocam quando queremos pensar numa vontade exacerbada de redução a uma unidade indiferenciada.

O mistério da obediência ao poder, a fascinação pelo *Um*, a ordem social que não consegue ignorar a servidão voluntária, a inevitabilidade da ordem, a impossibilidade do conflito e a inexorabilidade do consenso, eis temas que evocam o problema nietzschiano do Estado como órgão capaz de colocar as individualidades corporais em um lugar hierarquicamente delimitado, de modo a se tornarem inertes. Se os homens são nivelados a partir de um mesmo modelo, se a liberdade é aparente e meramente formal, se a vontade é destruída pela violência, importa anunciar com muita energia "o grito de guerra: o menos possível de Estado".[1]

A irresistível atração pelo *Um* significa, nessa perspectiva, a possibilidade de imaginar uma sociedade que espontaneamente estaria de acordo consigo mesma, imaginar empreendimentos que seriam transparentes uns aos outros, uma maneira de produzir, de se comunicar, de se associar, de pensar, de sentir, que traduziria uma só maneira de ser. Ou, "ora, o que é esse ponto de vista sobre tudo e sobre todos, esse amoroso abraço da boa sociedade, senão o equivalente do fantasma da onipotência que o exercício de fato do poder tende a produzir".[2]

A imagem da sociedade como uma única e mesma identidade orgânica parece derivar da ideia de que os homens têm "a necessidade inata de obedecer, como uma espécie de consciência formal que ordena: 'Farás isso sem discutir, privar-te-ás daquilo sem reclamar; em suma, é um tu farás'".[3] É como se, por vezes, fosse esquecido o argumento de que "o homem prefere ainda querer o nada, a não querer".[4]

---

1 NIETZSCHE, Friedrich. *Humano, demasiado humano*. São Paulo: Abril Cultural, 1978, p. 116.

2 LEFORT, Claude. *A invenção democrática*: os limites do totalitarismo. São Paulo: Brasiliense, 1983, p. 67.

3 NIETZSCHE, Friedrich. *Para além do bem e do mal*. São Paulo: Abril Cultural, 1978, p. 269.

4 NIETZSCHE, Friedrich. *Para a genealogia da moral*. São Paulo: Abril Cultural, 1978, p. 325.

O acostumar-se à servidão, a atração que impele os homens uns aos outros para a criação de uma totalidade identificável, permite que a identidade que não está em ninguém seja encontrada no *Um*, que os domina. A proposta de eliminar o indivíduo em proveito da espécie, sacrificando as partes em proveito do todo e fazendo de todos os homens *Um* homem, reflete a dimensão-ordem e recoloca o tema do sentido e do espaço da política.

2

Se o "amoroso abraço da sociedade" de que fala Lefort traduz a onipotência que o exercício de fato do poder tende a produzir, vale a pena pensar a questão do poder como ordem. Como consequência, nos deparamos imediatamente com a questão da segurança. Afinal, pensar o poder como ordem significa pensar na ordem política como geradora de segurança. A ordem política, traduzindo a conformação das vontades particulares ao *Um*, como total adaptação/integração do indivíduo ao social, quebra a possibilidade do conflito em razão da importância da manutenção da ordem e, consequentemente, da segurança. "A segurança continua sendo o critério decisivo"; trata-se de uma "segurança que permite um desenvolvimento uniforme do processo vital da sociedade como um todo".[5]

Com efeito, manter a ordem significa fundamentalmente manter uma "segurança de ordem", que se manifestará na previsibilidade da ordem política. Surge, pois, a necessidade de um conformismo que impede e reprime qualquer forma de resistência. A ordem radica na rotina do poder como "força das coisas":

> O grande logro do poder é a ordem... O poder "ordena". A ordem não é um "fato" posterior ao surgimento do poder. O poder determina a realidade; a realidade do poder é a realidade

---

5 ARENDT, Hannah. *Entre o passado e o futuro*. São Paulo: Perspectiva, 1972, p. 196.

da ordem. O poder transpira ordem. A ordem é a forma de aparição do poder.[6]

O poder, mediante um processo de fato se desenvolve como ordem. E como a palavra ordem conota mandamento e norma, a determinação fática da realidade torna-se uma determinação normativa. O estabelecimento da ordem política está predeterminado pelo poder da realidade: "a realidade é 'formada' por uma relação de poder que se objetiva em ordem. O reconhecimento da ordem política remete ao reconhecimento da realidade 'ordenada' pelo poder".[7]

O estabelecimento da ordem política aparece, assim, impregnado pela "força das coisas", uma vez que a construção social da realidade é constituída por uma relação de poder que fundamentalmente responde a uma necessidade de ordem. É por isso que "a política se volatiza em destino".[8] O resultado da pretensão de controle total do indivíduo e da integração harmônica da vida social – que responde a uma necessidade de ordem – se traduz na incapacidade de pensar a política como espaço público e prática de comunicação normativa. Ou seja, a política aqui não pode ser vista como reflexão e prática mediante as quais os indivíduos podem invocar significados diferentes acerca dos princípios de organização da vida em comum.

Se cabe ao Estado, como resultado da manutenção da dimensão-ordem, decidir "desde cima", a política torna-se sua propriedade na medida em que ocorre uma despolitização da ordem social e uma

---

6 LECHNER, Norbert. "Poder y orden: la estrategia de la minoría consistente". *Revista Mexicana de Sociologia*, UNAM, vol. 11, nº 4, out./dez. 1978, p. 1216.

7 LECHNER, Norbert. "Poder y orden: la estrategia de la minoría consistente". *Revista Mexicana de Sociologia*, UNAM, vol. 11, nº 4, out./dez. 1978, p. 1206.

8 LECHNER, Norbert. "Poder y orden: la estrategia de la minoría consistente". *Revista Mexicana de Sociologia*, UNAM, vol. 11, nº 4, out./dez. 1978, p. 1205.

"dessocialização" da ordem política. Estamos diante da impossibilidade da existência no seio da ordem social de atividades e expressões que se contestem reciprocamente. A manutenção da ordem impede a expressão dos conflitos e reprime a elaboração intersubjetiva de sentidos no interior da vida social, como decorrência da necessidade do exercício do *Um*.

3

Se discutirmos a dimensão-ordem e a significação e espaço da política para pensarmos nas questões que envolvem a fascinação pelo *Um* – como impossibilidade de conflito ou inevitabilidade do consenso –, o que nos diriam alguns clássicos da teoria política?

No Maquiavel de *O Príncipe*, o que torna possível o espaço e a significação da política e o que estabelece o domínio público-político é a fundação da ordem política. Para "esse 'fim' supremo todos os 'meios', e principalmente os meios da violência eram justificados (...). Compreendia o ato de fundar à imagem do fazer".[9] A política, portanto, se refere exclusivamente a este ato de fundar, que, de sua parte, traduz a necessidade do estabelecimento da dimensão-ordem.

Em Hobbes, por sua vez, se o estado de natureza é um estado de anarquia de significados, no qual prevalece a razão subjetiva de cada um, é necessária uma oposição ao juízo privado e ao estado de subjetividade, uma vez que a ordem política implica um sistema de comunicação comum. Em outras palavras, "a identidade da sociedade política exige uma linguagem política comum. Nesse sentido, o contrato social é também um instrumento para criar um universo político de significados inequívocos".[10] A fascinação pelo *Um* mais

9 ARENDT, Hannah. *Entre o passado e o futuro*. São Paulo: Perspectiva, 1972, p. 184.

10 LAFER, Celso. "Hobbes e a Filosofia do Direito". *Revista Latino-Americana de Filosofia*, vol. 6, nº 1, mar. 1980.

uma vez rompe a possibilidade de pensarmos a política como espaço de expressão de conflitos resultantes de diferenciadas elaborações subjetivas de sentido de ordem.

Já em Rousseau, a sociedade será concebida como lugar de homens livres e iguais, idealmente una e homogênea. Assim,

> os indivíduos aparecem como soberanozinhos independentes, cada qual reinando sobre seu mundo privado, como tantas unidades desfeitas do conjunto social; mas esta representação destrói uma outra: a de uma totalidade transcendente às suas partes.[11]

Contudo, esse aparente paradoxo refere-se à ideia de que apenas no *Um* os indivíduos podem expressar a plena realização de sua natureza, de uma forma que não seria possível em outra situação.

A fascinação pelo *Um* também está marcadamente presente nas elaborações teóricas de Hume e Burke. No pensamento de Hume, como o indivíduo é um maximizador de valores e interesses, apenas o estabelecimento da ordem política poderá garantir e satisfazer suas necessidades, ainda que tal fato implique na redução e na repressão de alguns desses desejos. Aqui, o hábito à sujeição impede a destruição do *Um* e afirma sua inexorável necessidade.

Em Burke, o que importa é a manutenção de determinados valores de estabilidade, uma vez que a desordem está intimamente vinculada a uma ruptura da ordem moral. Em nome da estabilidade do *Um*, qualquer constrangimento de desejos e vontades torna-se bom e desejável.

---

11 LEFORT, Claude. *A invenção democrática*: os limites do totalitarismo. São Paulo: Brasiliense, 1983, p. 54.

4

> *Quem se torna senhor de uma cidade tradicionalmente livre e não a destrói será destruído por ela* (Niccolo Maquiavel).[12]

Em O *Príncipe*, o cerne das preocupações de Maquiavel volta-se para a instabilidade política. Seu foco é a realidade política pensada em termos de prática humana concreta, e o fenômeno do poder formalizado na instituição do Estado constitui o centro maior do seu interesse. Não se trata, em verdade, de estabelecer um tipo ideal de Estado, mas compreender como as organizações políticas se fundam, se desenvolvem, persistem e decaem. No encaminhamento de tal questão aparece a necessidade radical de pensar a política afastada da moral corrente. A Idade Média está morta no pensamento de Maquiavel. Mais do que isso, é como se ela nunca tivesse existido. Todos os seus problemas – Deus, salvação, justiça, fundamento divino do poder – nada disso existe para o pensador. Há uma única realidade, a do Estado; um único fato, o do poder; um único problema: como se afirma e se conserva o poder do Estado. O imoralismo de Maquiavel é simplesmente lógico. Do ponto de vista no qual ele se coloca, a religião e a moral são apenas dados sociais. É necessário, por óbvio, saber usar esses dados; é preciso levá-los em conta. E só. Na perspectiva de um cálculo político é preciso considerar todos os fatores políticos: que peso terá, então, um juízo de valor sobre a soma? De nenhum modo modificar o resultado.[13]

Em Maquiavel, o núcleo da organização do Estado reside na ordem, que pode manifestar-se sob várias formas, mas que basicamente se apresenta como principados (hereditários, mistos ou novos) ou repúblicas (aristocráticas ou democráticas). O que importa, na

---

12 MAQUIAVEL, Nicolau. O *Príncipe*. São Paulo: Abril Cultural, 1979, pp. 21-22.

13 Ver a respeito KOYRÉ, Alexandre. *Etudes d'histoire de la pensée scientifique*. Paris: PUF, 1996.

verdade, é a existência de um Estado que controle e regule os conflitos gerados em seu interior. Assim, onde a igualdade existe e é possível, deve ser constituída uma república. Em circunstâncias distintas, a sabedoria indica a forma do principado.

Os principados, como forma de organização do poder político, são detidamente analisados em *O Príncipe*. Maquiavel concentra sua atenção sobretudo nos principados novos, em que poder é conquistado pela virtude, pela sorte ou por meios criminosos. Apenas incidentalmente ele trata dos governos legais. Seu interesse volta-se basicamente aos constituídos pela força, quando não se leva em conta qualquer consideração por direitos. O que importa é a observação de um certo proceder rigorosamente definido. A obediência a determinadas regras de ordem prática é necessária tanto no que se refere à manutenção do poder como no tratamento do caráter imperfeito da natureza humana. Afinal, os homens são egoístas e ambiciosos, só recuando na prática do mal quando coagidos pela força da lei. Cessa, portanto, a necessidade de discussões sobre a ordem moral. O importante é garantir a estabilidade e a manutenção do Estado.

O critério para distinguir a boa política da má é o seu êxito. A introdução do critério do êxito como a única medida de julgamento político permite a Maquiavel distinguir o bom tirano do mau. Bom é aquele que embora tenha conquistado o poder por meios criminosos, consegue depois mantê-lo. Mau é aquele que só mantém o poder por um pequeno período, após o qual tem o mesmo fim que havia dado aos seus adversários.[14]

Já que a avidez, a ingratidão, a inconstância, a inveja, o medo e a mediocridade são as características da imensa maioria dos homens, não lhes resta alternativa senão ceder e obedecer. Cabe, portanto, aos homens nascidos com o dom de dirigir, aos homens de *virtù*,

---

14 Ver a respeito BOBBIO, Norberto. *A teoria das formas de governo*. Brasília: UnB, 1981, p. 78.

governar aqueles outros medíocres, que tanto no mal como no bem nunca vão até o fim.

Em sua exortação ao príncipe para livrar a Itália das mãos dos bárbaros, em que se lê a tarefa de fundar um Estado unitário, Maquiavel certamente se dirige a um homem de *virtù*, a um príncipe novo. Um novo poder deve substituir o antigo, destruindo a violência do presente: "tendo ficado como sem vida, espera a Itália aquele que lhe possa curar as feridas (...)".[15] A aliança entre saber e *virtù*s e revelará na fundação da *ordini nuovi*. É nesse homem de *virtù*, nessa personalidade onipotente, que a vontade do povo poderá encontrar expressão. Rendendo-se ao *Um*, o povo italiano decifrará os traços de sua própria história e terá o poder de transformá-la. A vontade coletiva descobre sua expressão na vontade do novo príncipe. Afinal, a tarefa de fundação do Estado dependerá de um único indivíduo, homem de *virtù*, exercício e forma de atuação do *Um*.

Consequentemente, o fundamento do poder se traduz na conquista, na força. Para a criação e manutenção do Estado impõe-se o uso de todo e qualquer recurso. Tudo se passa como se a origem e a finalidade do Estado, a legitimidade e a ilegitimidade do poder não fossem, para Maquiavel, questões pertinentes. Contra qualquer forma de resistência, a conquista do poder deve corresponder a um rápido e violento movimento. O poder se beneficia de um acostumar-se à opressão: a permanência do dominante enfraquece a resistência do dominado de tal modo que a submissão é obtida com menos gastos.[16] Em Maquiavel, não há outro problema senão o do príncipe que precisa, a qualquer preço, impor obediências e eliminar resistências.

---

15 MAQUIAVEL, Nicolau. *O Príncipe*. São Paulo: Abril Cultural, 1979, p. 107.

16 Ver a respeito LEFORT, Claude. *A invenção democrática*: os limites do totalitarismo. São Paulo: Brasiliense, 1983, p. 31.

5

> *Se a maioria, por voto de consentimento, escolher um soberano, os que tiverem discordado devem passar a consentir juntamente com os restantes. Ou seja, devem aceitar reconhecer todos os atos que ele venha a praticar, ou então serem justamente destruídos pelos restantes* (Thomas Hobbes).[17]

O pensamento hobbesiano estrutura-se a partir de um objetivo primordial: encontrar uma solução definitiva para o problema da instabilidade política. De início, Hobbes apresenta uma explicação sobre a natureza humana, concebida como uma máquina em movimento, orientada por paixões e apetites, temerosa da morte. A teoria das paixões, como manifestação originária da natureza humana e como espaço de exercício do medo recíproco e do desejo de dominação, desencadeia conflitos que apenas o advento da vida política pode solucionar.[18] Se, no estado de natureza, a existência da guerra de todos contra todos é irrefutável, o advento da vida política não abreviará o caráter competitivo da natureza humana. Não existe, assim, possibilidade de eliminar o núcleo passional que caracteriza o indivíduo; é possível apenas estipular condições políticas que gerem a manifestação de uma sociabilidade pacífica.

O estabelecimento do pacto surge a partir da constatação de que, no âmbito do estado de natureza, não é mais possível viabilizar a convivência humana. Ali reina a rivalidade, a insegurança, o medo da morte e o desejo recíproco de dominação. O contrato é, então, proposto como o instrumento que propiciará a passagem para uma sociedade política estável. É nesse momento que a racionalidade descobre a primeira lei da natureza: aquela que impede a destruição

---

17 HOBBES, Thomas. *Leviatã ou matéria, forma e poder de um Estado eclesiástico e civil*. São Paulo: Abril Cultural, 1979, pp. 108-109.

18 Ver a respeito CHAUI, Marilena. "Direito Natural e Direito Civil em Hobbes e Espinosa". *Revista Latinoamericana de Filosofia*, vol. 6, nº 1, mar. 1980, p. 57.

dos homens e afirma o direito de cada um utilizar todos os recursos disponíveis para a própria preservação.

Os indivíduos, na fundação do Estado artificial, delegam o poder a partir do medo mútuo, e este medo, paradoxalmente, é compatível com a liberdade. Em outros termos, os homens voluntariamente substituem o medo mútuo compulsivo pelo medo novamente compulsivo de um terceiro poder, o governo. Substituem um perigo imensurável, infinito e inevitável por um perigo mensurável, limitado e evitável – o perigo que ameaça apenas os transgressores das leis dos tribunais.[19]

Será pelo contrato que os indivíduos estabelecerão reciprocamente a transferência de seus direitos a um terceiro, o Soberano, o *Um*, que terá um poder absoluto, inalienável, indivisível: "cedo e transfiro meu direito de governar-me a mim mesmo a este homem, ou a esta assembleia de homens, com a condição de transferires a ele teu direito, autorizando de maneira semelhante todas as suas ações".[20] A constituição do corpo político passa a ser a única forma de restabelecer o equilíbrio necessário à garantia da paz. Em tal instante, as noções naturais de força e poder se encontram transpostas em noções civis, na forma de direitos ou de liberdades, de autoridade ou de soberania.[21]

Em Hobbes, a soberania traduz-se em um poder comum formado pela união de forças e poderes de que cada um se despojou pelo contrato, como única forma de convivência com paz e segurança.

---

19 Ver a respeito LÉVI-STRAUSS, Claude. "O Estado e a religião". *In*: QUIRINO, Célia G.; SÁ, Maria Teresa S. de (Coord.). *O pensamento político clássico*: Maquiavel, Hobbes, Locke, Montesquieu, Rousseau. São Paulo: T. A. Queiroz, 1980, pp. 82-83.

20 HOBBES, Thomas. *Leviatã ou matéria, forma e poder de um Estado eclesiástico e civil*. São Paulo: Abril Cultural, 1979, p. 103.

21 Ver a respeito POLIN, R. "O mecanismo social no Estado civil". *In*: QUIRINO, Célia G.; SÁ, Maria Teresa S. de (Coord.). *O pensamento político clássico*: Maquiavel, Hobbes, Locke, Montesquieu, Rousseau. São Paulo: T. A. Queiroz, 1980, p. 98.

O soberano não é um dos contratantes, nem deles recebe qualquer missão. Situado acima das leis e de qualquer controle contratual, ele tem direitos absolutos e um poder desprovido de limites. Essa transferência total, absoluta e irrevogável torna-se decorrência da mútua relação que existe entre proteção e obediência. A imbricação destes termos é tal que se o soberano perde o poder de proteção, os súditos estão liberados do dever de obediência.

As funções do soberano estão voltadas para a segurança do povo. Hobbes, contudo, considera que essa é uma obrigação imposta pela teleologia racional. Afinal, se a soberania absoluta não tem limites baseados na justiça, ela tem uma regra que é a de decidir em função de cálculos racionais: seu princípio é o de optar por aquilo que é útil ao bem do povo.

Percebe-se como é indispensável o reforço extremo do poder estatal e o absolutismo do poder do soberano, em prejuízo de qualquer outro poder no interior da sociedade. Tudo o que possa ofuscar a total arbitrariedade do soberano é incompatível com a integridade e conservação do social. Qualquer uso autônomo da força é proibido aos súditos. A rebelião é, por definição, um crime contra o direito do soberano e contra o bem comum, que se confundem. A sedição é a doença do corpo social. Nenhuma justificativa é permitida: não há rebelião legítima nem em nome da religião, nem em nome da consciência, nem em nome da justiça. A ameaça da revolta e a presença virtual de forças rebeldes não devem então contar no cálculo do equilíbrio político.[22]

Admitidos os pressupostos do sistema hobbesiano, desaparece o lugar do conflito e cessa qualquer possibilidade de mudança política.

---

22 Ver a respeito POLIN, R. "O mecanismo social no Estado civil". *In*: QUIRINO, Célia G.; SÁ, Maria Teresa S. de (Coord.). *O pensamento político clássico*: Maquiavel, Hobbes, Locke, Montesquieu, Rousseau. São Paulo: T. A. Queiroz, 1980, p. 103.

6

Ademais, fazendo a alienação sem reservas, a união é tão perfeita quanto possa ser e a nenhum associado restará algo a reclamar (...) (Jean-Jacques Rousseau).[23]

A ideia do contrato em Rousseau, inaugurando uma nova ética, constrói a pessoa moral do cidadão. Essa transformação do indivíduo em cidadão, produzida pelo pacto – passagem do estado de natureza para o estado civil, como fonte geradora de moralidade – é o que torna possível a satisfação dos interesses individuais. Com efeito, apenas a sociedade constituída pode ser apontada como meio de conservação do homem, uma vez que o estado de natureza não mais o permite. A plena realização da natureza humana, como exercício/manifestação de liberdade e igualdade, surge pela celebração do contrato. Se, tradicionalmente, liberdade e igualdade identificavam-se com o estado de natureza, este agora aparece em uma posição de inferioridade em relação ao estado civil. Aparece, também, como contrário à natureza do homem, do mesmo modo que os instintos e os apetites são opostos à liberdade.[24]

Cabe, portanto, ao estado civil criar uma igualdade superior às desigualdades que a natureza introduz entre os homens. Assim, a constituição da sociedade resolve, politicamente, as desigualdades naturais. Da mesma forma que o estado civil restaura a igualdade natural, ele assegura o exercício das liberdades. No estado natural, a liberdade de cada um "só tem por limites as forças do indivíduo";[25] no estado civil, ela é limitada e regulamentada pela vontade geral.

---

23 ROUSSEAU, Jean-Jacques. *Do contrato social ou princípios do direito político*. São Paulo: Abril Cultural, 1978, p. 32.

24 Ver a respeito GUÉROULT, Martial. "Naturaleza humana y estado de naturaleza en Rousseau, Kant e Fichte". *In*: SAZBÓN, José (Coord). *Presencia de Rousseau*. Buenos Aires: Nueva Visión, 1972, p. 158.

25 ROUSSEAU, Jean-Jacques. *Do contrato social ou princípios do direito político*. São Paulo: Abril Cultural, 1978, p. 36.

Por tal razão, em vez de referir-se exclusivamente aos indivíduos, ela é relacionada a interesses que os ultrapassam. Daí tornar-se um direito.[26]

Com a celebração do contrato, paradoxalmente, a liberdade é assegurada pela submersão das vontades individuais ao *Um*, aqui entendido como vontade coletiva. Isto significa que a alienação total da liberdade individual diante da vontade geral, diante do *Um*, de forma alguma a reprime ou recalca. Ao contrário, ela se mantém de uma nova forma, pois com a chegada do estado civil, chega a liberdade moral, "*única a tornar o homem verdadeiramente senhor de si mesmo, porque o impulso do puro apetite é escravidão, e a obediência à lei que se estatuiu a si mesma é liberdade*".[27]

Percebe-se, então, a necessidade de modelar as representações individuais a partir das representações coletivas. De fato, o que importa é suprimir os elementos diferenciais das verdades particulares. Em Rousseau, a vontade geral é a de todos os particulares, pois eles desejam o que melhor convém não a um ou a outro dentre eles, mas a cada cidadão em geral. Ou seja, a vontade geral não é a adição das vontades particulares e nem a vontade de todos ou da maioria. De certa forma, ela se identifica com o que há de comum em todas as vontades individuais.

Se "a vontade geral é sempre certa e tende sempre à utilidade pública",[28] fica eliminado o espaço da contestação, do conflito ou da resistência. A necessidade de integrar fortemente o indivíduo ao *Um* esmaga as vontades particulares. Apenas é permitido falar na

---

26 Ver a respeito DURKHEIM, Émile. *O contrato social e a constituição do corpo político*. São Paulo: Abril Cultural, 1980, p. 357.

27 ROUSSEAU, Jean-Jacques. *Do contrato social ou princípios do direito político*. São Paulo: Abril Cultural, 1978, pp. 36-37.

28 ROUSSEAU, Jean-Jacques. *Do contrato social ou princípios do direito político*. São Paulo: Abril Cultural, 1978, p. 46.

verdadeira unidade do Estado quando os indivíduos se fundem e nela desaparecem. Não há reservas possíveis.[29]

Em síntese, se a passagem do estado natural ao estado civil gera moralidade, é exatamente porque produz no homem uma notável modificação. Se, anteriormente, os únicos limites encontrados relacionavam-se com o meio material, se dos efeitos da força não poderia resultar qualquer tipo de moralidade, agora a virtude decorre da conformidade da vontade particular ao *Um*. A união dos membros de uma sociedade torna-se resultado da obrigação que os une. A obrigação transforma-se em um laço moral que permite a constituição do corpo político como pessoa moral. Corpo político e obrigação relacionam-se mutuamente, porque o primeiro não pode se constituir como pessoa moral sem esse laço moral e não pode haver obrigação sem pertinência a uma sociedade.[30]

Em Rousseau, a construção do *Um*, o surgimento da moralidade e a total adaptação/integração do indivíduo ao social, como conformação da vontade particular à vontade coletiva, são questões que se completam e se interligam.

7

> *A obediência ou sujeição se torna coisa tão habitual que os homens, em sua maioria, jamais procuram investigar suas origens ou causas (...)* (David Hume).[31]

---

29 Ver a respeito CASSIRER, Ernst. "A questão de Jean-Jacques Rousseau". *In*: QUIRINO, Célia G.; SÁ, Maria Teresa S. de (Coord.). *O pensamento político clássico*: Maquiavel, Hobbes, Locke, Montesquieu, Rousseau. São Paulo: T. A. Queiroz, 1980, p. 393.

30 Ver a respeito HOCHART, Patrick. "Derecho natural y simulacro: la evidencia del signo". *In*: SAZBÓN, José (Coord.). *Presencia de Rousseau*. Buenos Aires: Nueva Visión, 1972, p. 111.

31 HUME, David. *Ensaios morais, políticos e literários*. São Paulo: Abril Cultural, 1980, p. 232.

Rejeitando a ideia de que a sociedade se funda em um contrato social primitivo (o que implica a possibilidade de revogação do contrato e, portanto, a aceitação incondicional do direito de sublevação), Hume não procura a legitimidade do governo em suas origens, mas na utilidade que possa ter no presente. Se as origens do governo dificilmente são conhecidas e frequentemente sua legitimação se faz por intermédio da violência, importa considerá-lo do ponto de vista de sua utilidade, sendo possível, porém, modificá-lo de forma racional.

Como a utilidade perpassa o estabelecimento da ordem política, o governo é constituído por uma multiplicidade de interesses, os quais, por sua vez, são regulados pela razão. De outra parte, o comportamento do indivíduo é determinado por paixões e interesses, pois ele é um maximizador de valores e desejos, e a ordem política não pode ser constituída senão como instância capaz de garantir e satisfazer tais necessidades. O Estado justifica-se exatamente pela sua função utilitária maximizadora, única forma de garantir a sobrevivência dos indivíduos, por mais que isto implique a redução de seus interesses individuais. A ordem transmuta-se na solidariedade que vai relacionar interesses individuais e interesses coletivos.

O problema fundamental, em consequência, é como inventar artifícios, como criar instituições que forcem as paixões a ultrapassarem sua parcialidade e formem sentimentos morais, jurídicos e políticos. Hume pretende romper com o modelo limitativo do contrato e da lei, para a ele opor o modelo positivo do artifício e da instituição.[32] A obediência política não é mais decorrência do contrato, mas dos interesses individuais que encontram no *Um* a sua possibilidade de realização. Racionalmente, os homens aceitam as restrições impostas aos seus comportamentos, pois, caso contrário,

---

32 Ver a respeito DELEUZE, Gilles. "Hume". *In*: CHÂTELET, François (Coord.). *História da filosofia*. Rio de Janeiro: Zahar, 1980, p. 66.

não seria possível a manutenção da ordem e, por consequência, a resolução dos interesses individuais:

> Sendo evidente que todo homem se ama mais a si mesmo do que a qualquer outra pessoa, ele é naturalmente levado a ampliar o mais possível suas aquisições; e esta sua propensão só pode ser limitada pela reflexão e pela experiência (...). Se se perguntar qual a razão dessa obediência que somos obrigados a prestar ao governo, prontamente responderei que é porque de outro modo a sociedade não poderia subsistir.[33]

Percebe-se claramente que a legitimidade da ordem política se relaciona com a sua utilidade. E a obrigação política, não decorrente do pacto, vai encontrar seu fundamento no hábito e na tradição da submissão. Para Hume, a obediência ou submissão se efetivam pelo hábito e a ordem política legitima-se mediante crenças e pela proteção da propriedade: "*é, portanto, nestas três opiniões, de interesse público, de direito ao poder e de direito à propriedade, que têm seu fundamento todos os governos e toda autoridade dos poucos sobre os muitos*".[34]

Afirmando a tradição da submissão como fundamento da obrigação e a legitimação como decorrência da utilidade, o que se depreende é a preocupação de Hume com os temas da estabilidade política e da manutenção da ordem. Afinal, é por necessidade, inclinação natural e hábito que os homens são obrigados a conservar a sociedade. No entanto, apesar de terem consciência da necessidade de ordem para a preservação do social, os indivíduos, em razão da fragilidade de sua natureza, precisam institucionalizar a coerção "mesmo contra sua vontade, respeitar seus próprios interesses reais

---

33 HUME, David. *Ensaios morais, políticos e literários*. São Paulo: Abril Cultural, 1980, p. 237.

34 HUME, David. *Ensaios morais, políticos e literários*. São Paulo: Abril Cultural, 1980, p. 229.

e permanentes".[35] De fato, a fraqueza dos homens é que eles parecem preferir um bem imediato a um outro, mais distante, e essa tendência pode ser minorada, mas não curada, pela instituição do governo.[36]

É a própria lógica da interação social que gera autoridade; e os indivíduos, habituados à sujeição, jamais pensam em resistir, porque imperiosos motivos reclamam a manutenção da ordem e a conservação do *Um*.

8

> *A sociedade exige... que as paixões dos indivíduos sejam dominadas..., as inclinações dos homens sejam frequentemente contrariadas, sua vontade controlada e suas paixões reprimidas* (Edmund Burke).[37]

A utopia está morta no pensamento de Burke. Sua concepção realista, empirista e histórica não permite que ali se pense na possibilidade de uma "ordem política ideal". O que o conservadorismo de Burke expressa é exatamente um contraponto entre o antigo regime e a nova sociedade de mercado. Se o primeiro importa por suas instituições tradicionais (família, Igreja, corporação), a segunda representa uma ordem política atomizada e individualista, em que os valores de estabilidade desapareceram pelo tumulto e pela violência.

A Revolução Francesa é, para Burke, responsável pelo golpe imposto aos valores de estabilidade que tanto importam para a sociedade tradicional e hierárquica que ele admira. O espírito de

---

35 HUME, David. *Ensaios morais, políticos e literários*. São Paulo: Abril Cultural, 1980, p. 229.

36 Ver a respeito BOTTOMORE, T.; NISBET, R. *Reflexões sobre a revolução em França*. Brasília: Editora da UnB, 1982, p. 89.

37 BURKE, Edmund. *Reflexões sobre a revolução em França*. Brasília: UnB, 1982, p. 89.

renovação total e radical, a destruição de todos os direitos consagrados pela tradição, o confisco da propriedade, a destruição da Igreja, da nobreza, da família, dos costumes, da veneração aos ancestrais, da Nação, este é o catálogo de tudo aquilo que Burke detesta e vê como resultado da irrupção da Revolução Francesa, expressão, portanto, do mal encarnado.[38]

A crítica ao processo revolucionário francês se fundamenta, para Burke, não na liberdade, mas no poder absoluto, destruidor e despótico, que deslocava, fragmentava e atomizava a sociedade tradicional. A modificação das instituições provocada pela doutrina revolucionária, baseada na defesa dos direitos individuais, ora inteiramente equivocada, representa apenas fator de instabilidade:

> Se essa é a situação real, comparada com aquela à qual os franceses foram chamados, como se fosse pela voz de Deus ou dos homens, não consigo trazer-me a congratulá-los de dentro do meu coração pela escolha que fizeram, nem pelo sucesso que responderá aos seus esforços. Tampouco posso recomendar a qualquer outra nação uma conduta baseada em tais princípios ou produtora de tais efeitos.[39]

Preocupado, portanto, com os fatores de instabilidade introduzidos pela doutrina revolucionária, com a defesa dos ideais de liberdade e igualdade ("os niveladores apenas mudam e pervertem a ordem natural das coisas"), Burke afirma que a proposta de uma ordem social fundamentada nos direitos humanos é irracional em razão da precedência da sociedade em relação ao indivíduo. Em razão da negação dos chamados direitos naturais e devido ao ceticismo com relação à capacidade da razão individual de construir ordens

---

38 Ver, a respeito, O'Brien, C.C. O manifesto de uma contrarrevolução, Introdução, in Reflexões sobre a revolução em França (BURKE, E.). Brasília: Editora da UnB, 1982, p. 3.

39 BURKE, Edmund. *Reflexões sobre a revolução em França*. Brasília: UnB, 1982, p. 84.

políticas estáveis, não resta outro caminho a Burke senão voltar ao passado. Do seu ponto de vista, somos essencialmente aquilo que a tradição histórica nos fez. No entanto, a mudança não é impossível. Ressalte-se, contudo, que a verdadeira mudança só pode ser produto de um processo histórico longo e lento, que, ao mesmo tempo, conserva e renova.[40]

A tradição, que valoriza um padrão de conduta deduzido da educação, torna-se o fundamento de legitimidade da obrigação política e do Estado, que é pensado em termos de um organismo que abriga as ideias e sentimentos do povo e os traduz em leis. Ultrapassando os destinos individuais, o Estado

> é uma associação que leva em conta toda ciência, toda arte, toda virtude, e toda perfeição; e como os fins de tal associação não são obtidos em muitas gerações, o Estado torna-se uma associação não só entre os vivos, mas também entre os que estão mortos e os que irão nascer.[41]

Daí a impossibilidade de aceitar o Estado como produto do contrato, o que poderia implicar a sua dissolução por decisão das partes. O que importa, para Burke, é a manutenção de uma estabilidade social que apenas pode ser obtida se vinculada à tradição. A desordem, a dissolução do *Um*, a crise social, todas estão relacionadas a um processo de ruptura da ordem moral. Em nome da manutenção do *Um* e da conservação da sociedade, o que menos importa é a renúncia aos direitos individuais. Afinal, se a ordem política existe para atender às necessidades humanas, o mínimo que se pode esperar, segundo Burke, é que possamos controlar nossas vontades, constranger nossas paixões, dominar nossos impulsos e,

---

40 Ver a respeito BOTTOMORE, T.; NISBET, R. *Reflexões sobre a revolução em França*. Brasília: Editora da UnB, 1982, p. 148.

41 BURKE, Edmund. *Reflexões sobre a revolução em França*. Brasília: UnB, 1982, p. 116.

sobretudo, reprimir qualquer forma de resistência à uniformidade indiferenciada do *Um*.

Referências bibliográficas

ARENDT, Hannah. *Entre o passado e o futuro*. São Paulo: Perspectiva, 1972.

BOBBIO, Norberto. *A teoria das formas de governo*. Brasília: UnB, 1981.

BOTTOMORE, T.; NISBET, R. *Reflexões sobre a revolução em França*. Brasília: UnB, 1982.

BURKE, Edmund. *Reflexões sobre a revolução em França*. Brasília: UnB, 1982.

CHAUI, Marilena. "Direito Natural e Direito Civil em Hobbes e Espinosa". *Revista Latinoamericana de Filosofia*, vol. 6, nº 1, mar. 1980.

DELEUZE, Gilles. "Hume". *In*: CHÂTELET, François (Coord.). *História da filosofia*. Rio de Janeiro: Zahar, 1980.

DURKHEIM, Émile. *O contrato social e a constituição do corpo político*. São Paulo: Abril Cultural, 1980.

CASSIRER, Ernst. "A questão de Jean-Jacques Rousseau". *In*: QUIRINO, Célia G.; SÁ, Maria Teresa S. de (Coord.). *O pensamento político clássico*: Maquiavel, Hobbes, Locke, Montesquieu, Rousseau. São Paulo: T. A. Queiroz, 1980.

GUÉROULT, Martial. "Naturaleza humana y estado de naturaleza en Rousseau, Kant e Fichte". *In*: SAZBÓN, José (Coord). *Presencia de Rousseau*. Buenos Aires: Nueva Visión, 1972.

HOBBES, Thomas. *Leviatã ou matéria, forma e poder de um Estado eclesiástico e civil*. São Paulo: Abril Cultural, 1979.

HOCHART, Patrick. "Derecho natural y simulacro: la evidencia del signo". *In*: SAZBÓN, José (Coord.). *Presencia de Rousseau*. Buenos Aires: Nueva Visión, 1972.

HUME, David. *Ensaios morais, políticos e literários*. São Paulo: Abril Cultural, 1980.

KOYRÉ, Alexandre. *Etudes d'histoire de la pensée scientifique*. Paris: PUF, 1996.

LAFER, Celso. "Hobbes e a Filosofia do Direito". *Revista Latino-Americana de Filosofia*, vol. 6, nº 1, mar. 1980.

LECHNER, Norbert. "Poder y orden: la estrategia de la minoría consistente". *Revista Mexicana de Sociologia*, UNAM, vol. 11, nº 4, out./dez. 1978.

LEFORT, Claude. *A invenção democrática*: os limites do totalitarismo. São Paulo: Brasiliense, 1983.

LÉVI-STRAUSS, Claude. "O Estado e a religião". *In*: QUIRINO, Célia G.; SÁ, Maria Teresa S. de (Coord.). *O pensamento político clássico*: Maquiavel, Hobbes, Locke, Montesquieu, Rousseau. São Paulo: T. A. Queiroz, 1980.

MAQUIAVEL, Nicolau. *O Príncipe*. São Paulo: Abril Cultural, 1979.

NIETZSCHE, Friedrich. *Humano, demasiado humano*. São Paulo: Abril Cultural, 1978.

______. *Para a genealogia da moral*. São Paulo: Abril Cultural, 1978.

______. *Para além do bem e do mal*. São Paulo: Abril Cultural, 1978.

O'BRIEN, C. C. "O manifesto de uma contrarrevolução". *In*: BURKE, Edmund. *Reflexões sobre a revolução em França*. Brasília: UnB, 1982.

POLIN, R. "O mecanismo social no Estado civil". *In*: QUIRINO, Célia G.; SÁ, Maria Teresa S. de (Coord.). *O pensamento político clássico*: Maquiavel, Hobbes, Locke, Montesquieu, Rousseau. São Paulo: T. A. Queiroz, 1980.

ROUSSEAU, Jean-Jacques. *Do contrato social ou princípios do direito político*. São Paulo: Abril Cultural, 1978.

CAPÍTULO XII

UMA HISTÓRIA DE PRÁTICAS E PENSAMENTOS AUTORITÁRIOS: UM DIÁLOGO A PARTIR DO CONCEITO DE MITOLOGIA PROCESSUAL PENAL DE RUBENS CASARA

HELENA CASTRO

MANUELA ABATH

Uma introdução em três imagens

Imagem 1:

> Essa sinistra morada era habitada por uma personagem talhada pelo molde mais detestável; era um caboclo velho, de cara hedionda e imunda, e coberto de farrapos. Entretanto, para a admiração do leitor, fique-se sabendo que esse homem

> tinha por ofício *dar fortuna*.[1] (...) E não era só a gente do povo que dava crédito às feitiçarias; conta-se que muitas pessoas da alta sociedade de então iam às vezes comprar venturas e felicidades pelo cômodo preço da prática de algumas imoralidades e superstições. Pois ao nosso amigo Leonardo tinha-lhe também dado na cabeça tomar fortuna, e tinha isso por causa das contrariedades que sofria em uns novos amores que lhe faziam agora andar a cabeça à roda. (...) Começando a cerimônia, o Leonardo foi obrigado a ajoelhar-se em todos os ângulos da casa e recitar as orações que já sabia e mais algumas que lhe foram ensinadas na ocasião, depois foi orar junto da fogueira. (...) De repente, sentiram bater levemente na porta de fora e uma voz descansada dizer:
>
> — Abra a porta.
>
> — O Vidigal! – disseram todos a um tempo, tomados do maior susto.[2]

A cena descrita retrata uma das violentas ações do Major Vidigal, figura emblemática da Guarda Real de Polícia, criada em 1809 após a chegada da Família Real portuguesa ao Brasil. Com o comando "Toca, granadeiros", Vidigal ordenava que seus subordinados agissem com brutalidade, desferindo chibatadas contra os participantes da cerimônia, que eram ironicamente chamados de "gente honesta" por Manuel Antônio de Almeida, autor de *Memórias de um sargento de milícias*, originalmente publicado em 1853.

O Major Vidigal era um dos membros mais destacados dessa guarda, que atuava de forma militarizada e com amplos poderes para garantir a ordem pública nas cidades. Sua atuação, muitas vezes arbitrária e violenta, refletia o caráter autoritário e repressivo da instituição, que buscava controlar a população e manter os interesses da Coroa portuguesa no Brasil. Essa passagem ilustra não apenas a

---

1 Adivinhar o futuro.

2 ALMEIDA, Manuel Antonio de. *Memórias de um sargento de milícias*. São Paulo: Ática, 1998, pp. 24-25.

violência do período, mas também a crítica social presente na obra de Almeida, que retrata as contradições e injustiças da sociedade da época. Segundo Thomas Holloway, Vidigal "tornou-se o terror dos vadios e ociosos, que podiam encontrá-lo ao virar uma esquina à noite ou vê-lo aparecer de repente nos batuques que aconteciam com frequência nos arredores da cidade".[3]

Imagem 2:

> Ministério das Relações Exteriores. Rio de Janeiro, 7 de fevereiro de 1919. Gabinete do Ministro. Confidencial. Senhor Ministro: A embaixada Americana acaba de me communicar haver recebido um telegrama da Legação Americana em Christiania, em que o adido militar dez que soube, por fonte absolutamente neutra, que alguns agentes russos bolshevick, pretendem, com passaportes falsos dinamarqueses, vir ao Brasil. A embaixada oferece-se, caso julguemos necessário, a fazer mais detalhes para impedir que cheguem ao Brasil esses elementos perigosos para a nossa ordem pública.[4]

O trecho acima é retirado de um ofício datado do ano de 1919, encaminhado a diversos chefes de polícia em todo o Brasil, a mando do Ministro das Relações Exteriores, refletindo a preocupação das elites e do governo com as intensas lutas sociais que marcaram o país há um século. Episódios como a Revolta da Vacina, a Revolta da Chibata e a Greve Geral de 1917 exemplificam esse contexto de tensão. Além das figuras já conhecidas como "desordeiros" ao longo de todo o século XIX e início de século XX – vadios, ébrios, prostitutas, mendigos e loucos –, o temido "fantasma bolchevique" passou a assombrar as autoridades, frequentemente mencionado em

3 HOLLOWAY, Thomas H. *Polícia no Rio de Janeiro*: repressão e resistência numa cidade do século XIX. Rio de Janeiro: FGV, 1997, p. 48.

4 Comunicado enviado ao Chefe de Polícia de Pernambuco pelo Chefe de Polícia do Distrito Federal, Antonio da Costa Araújo. APEJE, Fundo SSP, livro 1317. Ofícios da Chefia de Polícia de Pernambuco. 1919.

documentos policiais da época. Essa preocupação não se restringia à polícia; o campo jurídico também foi profundamente desafiado pela necessidade de conciliar os ideais de liberdade e igualdade trazidos pela República com as demandas, antigas e novas, por controle da insurgência, especialmente das associações operárias. Esse tema foi central na Conferência Judiciária-Policial de 1917, que reuniu importantes figuras da Polícia e do Poder Judiciário, incluindo Ministros do Supremo Tribunal Federal.[5] Havia um evidente esforço do Estado para lidar com as pressões sociais e políticas do período.

Para lidar com a dissidência e ameaça políticas, valiam as prisões para averiguação, a vigilância constante a reuniões e movimentos operários, inclusive com policiais "infiltrados" e a proibição de atos de reivindicação.[6]

Imagem 3:

> A jurisprudência desta Corte firmou-se no sentido de que inexiste nulidade do interrogatório policial por ausência do acompanhamento do paciente por um advogado, sendo que esta Corte acumula julgados no sentido da prescindibilidade da presença de um defensor por ocasião do interrogatório havido na esfera policial, por se tratar o inquérito de procedimento

---

5 Uma abordagem mais completa sobre esse emblemático encontro que reuniu representantes situados no alto escalão das Polícias e do Poder Judiciário pode ser lida em artigo especificamente dedicado a esse assunto e escrito por uma das autoras. Nesse sentido, ver: ABATH, Manuela. "Processo penal autoritário e as relações entre polícia e justiça na Conferência Judiciária-Policial de 1917". *Cadernos de Dereito Actual* (*online*), vol. 20, 2023, p. 157.

6 Nesse sentido, ver: FAUSTO, Boris. *Trabalho urbano e conflito social (1890-1920)*. São Paulo/Rio de Janeiro: DIFEL, 1976; ABATH, Manuela. "Processo penal e democracia: as práticas punitivas aos movimentos operários na primeira república". *Revista Brasileira de Ciências Criminais*, vol. 25, 2017, pp. 173-198.

> administrativo, de cunho eminentemente inquisitivo, distinto dos atos processuais praticados em juízo.[7]

Sabemos que, no Brasil, a entrada em vigor da Lei n. 13.245 em 2016 alterou o Estatuto da OAB, que passou a dispor, no artigo 7º, inciso XXI, ser direito de advogados

> assistir a seus clientes investigados durante a apuração de infrações, sob pena de nulidade absoluta do respectivo interrogatório ou depoimento e, subsequentemente, de todos os elementos investigatórios e probatórios dele decorrentes ou derivados, direta ou indiretamente, podendo, inclusive, no curso da respectiva apuração.

Apesar da previsão acerca da nulidade absoluta do ato praticado sem a defesa, a jurisprudência tem se inclinado, como se observa no julgado acima, a entender serem nulos apenas os interrogatórios nos quais o preso manifestou seu desejo em ser acompanhado, mas não foi atendido.

Com essa decisão, podemos construir a imagem de um réu preso em flagrante, ao qual é dado o direito de ter um defensor técnico em seu interrogatório, mas que, por total liberalidade, abre mão de ser acompanhado por um profissional. Uma imagem, por certo, inverossímil.

O que essas três imagens, localizadas a quase um século umas das outras, levam a refletir é sobre como discursos, práticas e normas autoritárias vêm compondo o cenário das práticas punitivas e do processo penal brasileiro, quase sempre em nome de um ideal de defesa social, que localiza inimigos públicos em pessoas negras, periféricas e dissidentes políticos.

7 STJ, HC 932407/SP, Dje 16/12/2024.

Rubens Casara, em *Mitologia e processo penal*, apresenta-nos um instigante arsenal conceitual para refletir sobre práticas processuais penais na contemporaneidade, sobretudo como estas práticas autoritárias sobrevivem sob a égide de um sistema processual baseado em garantias fundamentais presentes da Constituição de 1988.

Casara define mito como um elemento do discurso que se cristaliza como verdadeiro, ocupando lacunas daquilo que não se sabe ou do que não pode ser dito. O mito, assim, é encarnado na justificação de um fenômeno, buscando atribuir a ele coerência e neutralidade. Já a mitologia processual penal consiste no conjunto de mitos penais que versam sobre a persecução penal; isto é, sobre a atividade estatal de investigar e punir aqueles a quem foi atribuída a prática de um delito. Trata-se de mitos que, como todos os outros, são dogmáticos, coletivos, a-históricos e funcionalmente úteis ao sistema para o qual nascem e produzem seus efeitos.[8]

Casara, na obra já citada, menciona alguns mitos que sustentam e ainda permanecem vivos no Direito Processual Penal. São eles: o da neutralidade do órgão julgador, o da imparcialidade do Ministério Público, o da verdade real, o do livre convencimento, o do consenso penal e o do processo penal como instrumento de pacificação social ou de segurança pública.

Cada um deles se mantém como verdades que orientam o processo penal brasileiro, a despeito de confrontarem importantes garantias constitucionais positivadas em 1988. No caso específico do mito do processo como instrumento de segurança pública, essas garantias são especialmente postas em xeque porque visualizadas como empecilhos e barreiras ao combate à criminalidade, transformando-se os juízes em agentes de segurança pública.

---

8 CASARA, Rubens R. R. *Mitologia processual penal*. São Paulo: Saraiva, 2015, p. 87.

Ao invés de um dispositivo de contenção e racionalização da incidência do sistema punitivo, o processo penal se transforma em um meio para a eficiência punitiva. Como destaca Casara:

> O mito de que o processo penal é instrumento de segurança pública (e/ou de pacificação social) revela-se funcional aos movimentos repressivistas (ideologia *law and order broken Windows theory,* política de tolerância zero, e similares) e à opção política pela "gestão penal da pobreza", ou seja, pela construção de um Estado penal, correlato ao desmonte das políticas sociais do *Welfare State.*[9]

Essa percepção de um processo penal de defesa social esteve fortemente presente na elaboração do Código de Processo Penal de 1941, como sabemos e vem sendo largamente explorado pela doutrina processual penal brasileira.[10]

Não há dúvidas de que essas matrizes colaboram para a permanência de mitos estranhos a garantias que posteriormente se sedimentam no texto constitucional brasileiro de 1988.

E, como se verá a seguir, essa disparidade entre texto constitucional, cultura de garantias fundamentais e práticas autoritárias no processo penal são uma constante na história do sistema punitivo no Brasil. Assim, as três imagens acima narradas representam, em

---

9 CASARA, Rubens R. R. *Mitologia processual penal*. São Paulo: Saraiva, 2015, p. 196.

10 Nesse sentido, ver: GIACOMOLLI, Nereu José. "Algumas marcas inquisitoriais do código de processo penal brasileiro e a resistência a reformas". *Revista Brasileira de Direito Processual Penal*. Porto Alegre, vol. 1, nº 1, 2015, pp. 143-165; PRADO, Geraldo. "O processo penal brasileiro vinte e cinco anos depois da Constituição: transformações e permanências". *Revista EMERJ*, Rio de Janeiro, vol. 18, nº 67, jan./fev. 2015, pp. 550-569; GLOECKNER, Ricardo Jacobsen. *Autoritarismo e processo penal*: uma genealogia das ideias autoritárias no processo penal brasileiro. Florianópolis: Tirant lo Blanch, 2018.

diferentes momentos, a permanência do mito do processo como instrumento de segurança, o que fica evidente na forma como a justiça lida com as atividades policiais, em como se interpreta o tema das nulidades no processo penal e, enfim, em como, por vezes, a justiça pretende agir como se fossem policiais.

Este artigo se propõe a analisar a história do processo penal brasileiro, destacando como práticas e pensamentos autoritários têm permeado o sistema ao longo dos séculos, especialmente a partir do conceito de mitologia processual penal proposto por Rubens Casara. A ideia central é demonstrar que, apesar das mudanças legislativas e institucionais, certos mitos persistem, moldando a atuação do Estado no âmbito penal. Dois temas emergem como reflexos particularmente significativos do mito do processo penal como instrumento de segurança pública: a regulação das polícias e o tratamento das nulidades processuais. Enquanto o primeiro revela a confusão histórica entre as funções de segurança e judiciária, o segundo expõe como a busca pela eficiência punitiva frequentemente sobrepõe-se às garantias fundamentais, perpetuando práticas autoritárias. Ao explorar esses temas, o artigo busca evidenciar como o processo penal, em vez de ser um mecanismo de garantia de direitos, tem sido utilizado como ferramenta de controle social, especialmente sobre grupos marginalizados.

2 Uma história de autoritarismos: o Código de Processo Criminal de 1832 e suas reformas ao longo do século XIX

Uma das expressões do mito do processo como instrumento de segurança pública é a constante confusão entre os papeis de agentes de segurança e do Poder Judiciário. Ao contrário do que pode parecer, essa confusão não é nova.

Um dos temas que ocupou os processualistas entre os séculos XIX e XX foi o da separação entre as funções de polícia e a judicatura. Desde a organização da Intendência Geral de Polícia em Lisboa, ainda no final do século XVIII, uma indistinção entre essas duas tarefas teria permitido o surgimento de policiais juízes e juízes policiais. João Mendes de Almeida recupera essa história e cita a existência de um Alvará de 15 de janeiro de 1780, que permitia ao Intendente Geral "prender pessoas que o merecessem conservando-as na prisão pelo tempo que julgar proporcional à desordem que tiverem cometido e lhe parecer necessário para a emenda".[11] Essa disposição teria perdurado até 1825, quando se criou, no Distrito Federal, a figura dos Comissários de Polícia, cuja responsabilidade seria a de investigar crimes e remeter as informações em seguida a juízes.

Em 1824, a Constituição do Império previu a criação da figura do Juiz de Paz,[12] uma autoridade local, eleita e leiga, que exerceria amplos poderes desde a vigilância da população, até a prisão e julgamento dos infratores pelos chamados "crimes de alçada".[13] Era então, o oposto do que se tinha antes, tratava-se, agora, de um juiz policial. A lei de 15 de outubro de 1827 instituiu oficialmente o cargo de juiz de paz e efetivamente atribuiu a ele funções policiais, o que se repetiu com o Código de Processo Criminal de 1832. Este determinava que haveria um juiz de paz em cada distrito e lhes atribuía, dentre outras, funções de gestão do espaço público com o controle sobre a circulação de pessoas. Essa finalidade era cumprida,

---

11 ALMEIDA JR., João Mendes de. *O processo criminal brazileiro*. vol. 1. 3ª ed. Rio de Janeiro: Typ. Baptista de Souza, 1920, p. 283.

12 Segundo Diógenes Valle, a inspiração para a criação do juiz de paz veio da legislação francesa, que distinguia as infrações penais em contravenções, delitos e crimes. Para as primeiras, reservava um processo sumário e a cargo dos chamados juízes de polícia ou juízes de paz (VALLE, Diógenes Pereira do. *Dos processos policiais*. São Paulo: EGR, 1928, p. 11).

13 De acordo com o Código Criminal de 1830, eram crimes dessa natureza: ofensas da religião, da moral e bons costumes, as sociedades secretas, ajuntamentos ilícitos, vadiagem, mendicância, uso de arma, uso de nomes supostos e títulos indevidos e outros (VALLE, Diógenes Pereira do. *Dos processos policiais*. São Paulo: EGR, 1928, p. 12).

sobretudo, pela possibilidade de eles emitirem os chamados "termo de bem viver" e "termo de segurança".[14]

Como se percebe da leitura do artigo 12 do Código de Processo Criminal de 1832, vadios, prostitutas, bêbados por hábito ou suspeitos da pretensão de cometer algum crime poderiam ser obrigados a assinar o compromisso de boa conduta e, se descumprissem, ficariam sujeitos a uma pena imposta pelo próprio juiz de paz. O Código de 1832, nos artigos 205 a 212, regulava o procedimento nesses casos dos crimes de alçada e determinava que o processo poderia se iniciar através de denúncia ou de queixa, mas também *ex-officio*. Além desses crimes, essa autoridade também processava e julgava as infrações às posturas municipais,[15] [16] que, como visto no ponto anterior, também compunham o arcabouço de normas criadas para a vigilância e repressão das populações pobres e negras. Ainda, era frequente a emissão de Avisos estendendo as incumbências dos juízes de paz, a exemplo de um Aviso Circular de 26 de abril de 1836, emitido pelo Imperador, determinando que eles deveriam recolher

---

14 Sobre os termos, dispunha o CPCrim de 1832: *Art. 12. Aos Juizes de Paz compete: § 2° Obrigar a assignar termo de bem viver aos vadios, mendigos, bebados por habito, prostitutas, que perturbam o socego publico, aos turbulentos, que por palavras, ou acções offendem os bons costumes, a tranquillidade publica, e a paz das famílias.§ 3° Obrigar a assignar termo de segurança aos legalmente suspeitos da pretenção de commetter algum crime, podendo cominar neste caso, assim como aos comprehendidos no paragrapho antecedente, multa até trinta mil réis, prisão até trinta dias, e tres mezes de Casa de Correcção, ou Officinas publicas.*

15 *Art. 12. Aos Juizes de Paz compete: § 7° Julgar: 1° as contravenções às Posturas das Camaras Municipaes: 2° os crimes, a que não esteja imposta pena maior, que a multa até cem mil réis, prisão, degredo, ou desterro até seis mezes, com multa correspondente á metade deste tempo, ou sem ella, e tres mezes de Casa de Correcção, ou Officinas publicas onde as houver* (grifos nossos).

16 A disposição do Código de Processo Criminal de 1832 era praticamente a repetição da Lei de 6 de junho de 1831, que estabelecia a competência dos juízes de paz para lidar com os crimes de alçada.

meninos órfãos de pais e de mães que se entregassem à vida ociosa e os encaminhassem ao arsenal da Marinha.[17]

O conjunto de tarefas que podiam cumprir – investigar, acusar, processar e julgar – permite concluir que as funções dos juízes de paz eram ligadas ao controle do espaço urbano e das "ilegalidades populares". Segundo Holloway, o juiz de paz é uma figura associada à necessidade de controle de escravos fugidos e libertos, que, frequentemente, confundiam-se nas cidades.[18]

O poder punitivo, com os juízes de paz, concentrava-se em uma autoridade local, que, eleita, estava diretamente ligada às forças políticas dominantes nas províncias. Para Bretas, o código de processo criminal é um dos estatutos legais mais importantes para representar o pensamento político dominante no período. Ao contrário das tendências da década de 1820, ele procurou fortalecer os poderes locais, concentrando autoridade nas mãos dos juízes de paz eleitos.[19]

Porém, esse excesso de atribuição de poder às autoridades locais passou a representar uma preocupação para o Império, sobretudo após alguns levantes independentistas, como a Confederação do Equador, em Pernambuco, em 1824. Pouco a pouco, foram as atribuições dos juízes de paz recuadas. Já em 1835, um projeto de lei de autoria do Senador Alves Branco propunha a perda dos poderes policiais dos juízes de paz.[20] Um Aviso de 10 de junho de 1837 os

---

17 NASCIMENTO, Josino do. *Código do Processo Criminal de Primeira Instância do Império do Brasil*. 6ª ed. tomo 1. Rio de Janeiro: Eduardo & Henrique Laemmert, 1870, p. 27.

18 HOLLOWAY, Thomas H. *Polícia no Rio de Janeiro*: repressão e resistência numa cidade do século XIX. Rio de Janeiro: FGV, 1997, p. 63.

19 BRETAS, Marcos Luiz. *Ordem na cidade*: o exercício cotidiano da autoridade policial no Rio de Janeiro: 1907-1930. Rio de Janeiro: Rocco, 1997, p. 42.

20 ALMEIDA JR., João Mendes de. *O processo criminal brazileiro*. vol. 1. 3ª ed. Rio de Janeiro: Typ. Baptista de Souza, 1920, p. 192.

proibia de mandar açoitar escravos sem que, antes, tivessem-no processado e julgado com a audiência do seu senhor.

Nesse cenário, o Código de Processo Criminal de 1832 sofreu diversas reformas ao longo dos anos, e, em 1841 e 1842, verificou-se certamente a mais conservadora delas. A Lei n. 261, de 3 de dezembro de 1841,[21] e o Regulamento 120 de 1842 puseram em xeque alguns direitos liberais já consagrados naquele diploma legal. Primeiramente, a referida lei passou a competência dos juízes de paz para os chefes de polícia e delegados – a polícia judiciária, que se definia como tal a partir desse momento –, inclusive podendo estes emitir os *termos de bem viver* e de *segurança*.[22] Os chamados crimes de alçada passavam a ser chamados de "crimes policiais", denominação que perdurou ao longo do início do século XX.

Além disso, o regulamento 120, nos artigos 2º e 3º, estabeleceu claramente a divisão entre polícia administrativa e judiciária, conferindo àquela, dentre outras, a atribuição de reprimir ébrios, vadios, vagabundos, menores e prostitutas escandalosas, vigiar sociedades secretas, evitar ajuntamentos ilícitos, julgar as infrações às posturas municipais.

Esse alargamento das atribuições policiais era justamente ao que Faoro se referia como "policialismo judicial".[23]

Assim, a lei ampliou as competências policiais, que lidariam, agora, em sua própria jurisdição, com a desordem pública. Embora

---

21 Um projeto redigido por Bernardo Pereira de Vasconcellos, que sofreu dura oposição do Partido Liberal e grande apoio do Partido Conservador.

22 O art. 4º da referida lei previu o seguinte: *Aos Chefes de Policia em toda a Provincia e na Côrte, e aos seus Delegados nos respectivos districtos compete: § 1º As attribuições conferidas aos Juizes de Paz pelo* art. 12 §§ 1º, 2º, 3º, 4º, 5º *e* 7º do Codigo do Processo Criminal.

23 FAORO, Raimundo. *Os donos do poder*: formação do patronato político brasileiro. 5ª ed. São Paulo: Globo, 2012, p. 276.

os debates legislativos se concentrassem na dicotomia centralização *versus* descentralização, outro escopo era vislumbrado pelos parlamentares que aprovaram a reforma: controlar a desordem pública, popular e escrava que se espraiava pelo Brasil na primeira metade do século XIX.

Como amplamente trabalhado no âmbito do Direito Penal e da criminologia, a *síndrome do medo* do negro norteou projetos de lei penal ao longo do século XIX. Até o início do século XIX, o Brasil era majoritariamente rural, e o Direito Penal, exercido pelos proprietários de escravos. Aos poucos, as cidades passaram a ser um espaço de circulação de muitas pessoas, dentre elas, negros escravos e libertos. Como destaca Vera M. Batista, nesse período, uma parcela considerável da população brasileira era negra. No Rio de Janeiro de 1834, 44,4% do total da população era escrava, o que fez se cunhar a expressão "cidade negra" e alguns bairros chegarem a ser conhecidos como "Pequena África".[24] Essa nova dinâmica demográfica suscitará mudança nos aparatos de controle.

Além do aumento da circulação de negros pelas cidades, o Brasil do início do século XIX registra uma série de revoltas, como a Revolta dos Malês na Bahia, a Balaiada no Maranhão, a Cabanagem no Pará, que farão suscitar o pavor de uma desestabilização profunda na sociedade. As elites brancas do século XIX nutriram, de fato, um enorme medo de insurreições negras que pudessem pôr em xeque o sistema social e econômico que as mantinha, acabar com a escravidão e, ainda, repetir o ocorrido no Haiti em 1791.

Clovis Moura se refere a uma *síndrome do medo* e cita documentos da classe senhorial da Bahia nos quais se verifica enorme pavor de tais rebeliões e, ao mesmo tempo, exigências dirigidas ao governo para que providências fossem tomadas. Em uma dessas passagens, estonteante pelo uso da palavra "humanismo" para lidar

24 BATISTA, Vera M. *O medo na cidade do Rio de Janeiro*: dois tempos de uma história. Rio de Janeiro: Revan, 2003, p. 129.

com suas demandas, esses senhores imploram ajuda em uma situação que, para eles, se tornava insuportável:

> a falta de polícia, que geralmente se observa nesta cidade, pelas muitas larguezas que se lhes tem dado, de sorte que são contínuos os insultos, atacando vergonhosamente as mulheres brancas. Isto ainda mais onde há castigo; pois que chegou o tempo de até os senhores serem repreendidos pelo governo se o fazem, mesmo com justiça, atendendo-se mais as queixas dos negros, que as razões dos senhores, e chama-se a isto de humanidade, e idade e ouro do Brasil; mas assim o é para os negros que têm o privilégio de humanidade, e nós de desumanidade.[25]

Célia Marinho, na obra *Onda negra, medo branco: o negro no imaginário das elites do século XIX*, faz um apanhado de autores que, ao longo do século XIX, ressaltaram a natureza bárbara, indisciplinar e perigosa dos negros africanos, colocando-se, inclusive, contrários ao regime escravista, pois seria uma maneira de poupar o território nacional e mesmo a nação brasileira dessas más influências.

Todo esse pavor será acompanhado de demandas punitivas, da criação de aparatos de controle e de uma programação criminalizante que visava precipuamente à população negra do país.[26] O personagem do Major Vidigal, já acima falado, representa uma polícia que, evidentemente, a essa altura, já atuava preferencialmente sobre corpos negros, utilizando-se de métodos violentos para isso. Capoeiragem, fuga e furtos, por exemplo, eram as principais condutas pelas quais a polícia prendia na cidade do Rio de Janeiro, entre os anos de 1810 e 1820.

---

25 *Apud* MOURA, Clovis. *Sociologia do negro no Brasil*. São Paulo: Ática, 1988, p. 234.

26 BATISTA, Vera M. *O medo na cidade do Rio de Janeiro*: dois tempos de uma história. Rio de Janeiro: Revan, 2003, p. 135.

Esse medo também modifica e cria as leis processuais penais e, nesse sentido, cumpre ressaltar alguns debates realizados na Câmara dos Deputados por ocasião da discussão da Lei n. 2.033, que, em 1871, viria a superar as reformas de 1841 e 1842. Naquela Casa, em um discurso realizado em 13 de agosto de 1870, Theodoro Machado lembrava os parlamentares do duro contexto de "anarquia" que o Brasil vivia quando aquelas reformas na década de 1840 tinham sido suscitadas. As sublevações por ele lembradas envolvem a de escravos, como o caso do assassinato do Presidente da província da Bahia, José Egídio Gordilho de Barbuda, o Visconde de Camamu,[27] que teria precisado enfrentar em seu governo vários levantes negros no fim da década de 1820, tendo ele sido assassinado em 1830.

Esse tipo de discurso, aliás, pouco ou nada diferem daqueles que ainda hoje assombram o Congresso Nacional e são promovidos por representantes da chamada Bancada da Bala.

Somente foram atrofiadas as atribuições dos chefes de polícia e delegados com a Lei n. 2.033 e o Decreto n. 4.824, ambos de 1871, que limitaram a atividade policial de investigação preliminar, estabeleceram prazo máximo para a finalização do inquérito[28] e impuseram limites à coleta de elementos de prova. O mais importante: retiraram dos chefes de polícia, delegados e subdelegados a prerrogativa de processar e julgar nos casos dos delitos policiais e as posturas municipais. A lei foi expressa nesse sentido:

---

27 *Apud* ALMEIDA JR., João Mendes de. *O processo criminal brazileiro*. vol. 1. 3ª ed. Rio de Janeiro: Typ. Baptista de Souza, 1920, p. 211.

28 Em 1917, na Conferência Judiciário Policial, João Mendes de Almeida Junior comentava sobre as inovações da Lei n. 2.033 de 1871 e ressaltava que os liberais, à época da reforma, buscavam evitar as longas devassas a que procedia a polícia na tarefa investigativa, sobretudo após as reformas sofridas pelo Código de Processo Criminal de 1832, em 1841 e 1942. Assim, a regulamentação do Inquérito Policial teria sido um importante avanço.

> Art. 9º Fica extincta a jurisdicção dos Chefes de Policia, Delegados e Subdelegados no que respeita ao julgamento dos crimes de que trata o art. 12 § 7º do Codigo do Processo Criminal, assim como quanto ao julgamento das infracções dos termos de bem viver e segurança, e das infracções de posturas municipaes.

Também no quesito relativo ao direito de liberdade de ir e vir e ao *habeas corpus* avançou a Lei n. 2.033 ao criar o remédio preventivo, em seu artigo 18, § 1º, que dispunha: "tem lugar o pedido e concessão da ordem de *habeas corpus* ainda quando o impetrante não tenha chegado a sofrer o constrangimento corporal, mas se veja delle ameaçado", embora alguns dos dispositivos da lei tenham permanecido antipáticos aos liberais, a exemplo do § 2º do artigo 18, que impedia a impetração de *habeas corpus* contra a prisão determinada por despacho de pronuncia ou sentença da autoridade competente.[29]

Enfim, após 1871, delegados e subdelegados teriam perdido em definitivo poderes judiciais. Mas a inquietude em torno dessa supressão de competência fez a polícia continuar a barganhar parte dessas prerrogativas depois em alguns Estados.

---

29 A Lei n. 2.033 foi ainda criticada por liberais quando estava sendo discutida no Senado, em virtude da redação do § 2º do artigo 18. Ele impedia a impetração de *habeas corpus* contra a prisão determinada por despacho de pronúncia ou sentença da autoridade competente. Pontes de Miranda comenta que José Tomás Nabuco de Araújo teria se contraposto a essa disposição, alegando, inclusive, que o Supremo Tribunal de Justiça teria concedido uma ordem de *habeas corpus* ao Presidente do Partido Liberal, envolvido em um processo político em 1841. À essa reclamação, o Ministro da Justiça, o Visconde do Abaeté, teria respondido, afirmando que, tratando-se de uma pronúncia ou sentença condenatória, não caberia falar em *habeas corpus*, mas em recursos ordinários (MIRANDA, Pontes de. *História e prática do habeas corpus*. tomo 1. Rio de Janeiro: Borsoi, 1972, p. 137).

Porém, como sabemos, a simples modificação legal não altera culturas. O cenário em todo o Brasil ao longo do início do século XX é o de ainda uma polícia com amplos poderes sobre determinados públicos, incluindo aqui pobres, negros e dissidentes políticos, o que fica evidente na discussão, por exemplo, da repressão aos movimentos operários e anarquistas.

Nesse contexto, o hiato entre texto e prática segue sendo uma realidade. A partir da década de 1930, algumas coisas mudam e o texto legal se aproxima mais da prática autoritária.

3 Uma história que permeia o Código de Processo penal de 1941: o que dizer das nulidades processuais?

O início dos anos de 1930 e do governo de Getúlio Vargas, que duraria quinze anos consecutivos até meados da década de 1940, juntamente com uma manobra política falha do último Presidente "café com leite", o paulista Washington Luís, deposto antes do final do seu mandato pelo golpe que consolidou Getúlio Vargas no poder, marcam o final dessa política e da Primeira República. Importa destacar o contexto social em que se encontrava o Brasil nesse momento.

Conforme sublinha Lilia Schwarcz, o começo do século XX marca uma mudança estrutural no perfil da população brasileira. Houve um crescimento populacional em proporções ainda não vividas, intensificado pela política de incentivo migratório de mão de obra especialmente advinda do continente europeu. Os países diretamente envolvidos na Primeira Guerra Mundial, exportadores de produtos industrializados, enfrentaram crises de desabastecimento e se tornaram incapazes de suprir a demanda de países como o Brasil. Combinado a um momento em que a economia cafeeira começa a entrar em declínio, surge, assim, a necessidade econômica de investimento na industrialização nacional.[30]

Além do crescimento, foi possível perceber uma mudança na distribuição geográfica da população. Até o final do século XIX, a população brasileira se encontrava primordialmente no campo, concentrada economicamente na produção de açúcar na região Nordeste e, posteriormente, de café na região Sudeste. Com o declínio das economias do campo, muitos migraram para as cidades. Os grandes centros passaram a abrigar pessoas que foram escravizadas e se encontravam recém-libertas e imigrantes que não se adaptaram ao trabalho do campo, além de pessoas com alto poder econômico.

O caminho da industrialização acompanhava o sentimento político de diversos setores sociais acerca da necessidade de "modernização" e "progresso" do Brasil. Esse sentimento se imprimiria também no perfil das cidades, especialmente dos grandes centros, como São Paulo, Rio de Janeiro e Belo Horizonte – esta última o primeiro centro urbano planejado do país, criado para abrigar, no lugar de Ouro Preto, a nova capital do Estado de Minas Gerais.[31]

Diversos setores sociais que se consolidaram durante a Primeira República se insurgiram contra a ideia de um "progresso" pensado apenas para poucos, no qual não havia pretensão de inclusão social. Nesses setores estavam inclusos os trabalhadores industriais, os habitantes das cidades que estavam sendo "higienizados" de suas casas, além de um grupo central para a mudança política e consolidação do governo Vargas: os soldados de baixa patente que formavam as forças armadas brasileiras. Desse modo, a Primeira República também foi marcada por diversos levantes e movimentos nas ruas

---

30 SCHWARCZ, M. Lilia; STARLING, Heloisa M. *Brasil*: uma biografia. São Paulo: Companhia das Letras, 2015.

31 SCHWARCZ, M. Lilia; STARLING, Heloisa M. *Brasil*: uma biografia. São Paulo: Companhia das Letras, 2015.

das recém-formadas urbes; um dos mais destacados nos livros de história são as revoltas tenentistas.

Apesar da força das ruas e das mudanças em ritmo acelerado, em comparação com períodos históricos anteriores, o "progresso" brasileiro do início do século XX ainda conviveu com características da sociedade rural do século anterior. A chegada da república não diminuiu os poderes dos coronéis locais, que exerciam seu domínio pelo controle da propriedade da terra. No campo jurídico, por exemplo, apesar de a Constituição de 1891 ter estabelecido a separação entre a Igreja Católica e o Estado, os pensadores da igreja e a moralidade religiosa ainda determinavam os caminhos das escolhas institucionais. Em relação ao Direito Civil, mudanças importantes acabaram não se sustentando em razão da moralidade conservadora do período, sendo deixadas de fora na versão final do Código de 1916, pensado por Clóvis Bevilaqua – o qual, influenciado pelo liberalismo burguês do Código Civil francês de Napoleão, previa em sua redação original o divórcio e a igualdade civil das mulheres. A palavra divórcio, por exemplo, só veio a aparecer na legislação civil em 1977.

Foi no governo de Artur Bernardes, um dos mais conturbados da Primeira República, entre 1922 e 1926, quase todo governado em estado de sítio, que houve a primeira grande tentativa de reforma da Constituição de 1891. A intenção de Bernardes era fortalecer consideravelmente o poder do Executivo, diminuindo o papel do Legislativo e do Judiciário. De acordo com Aliomar Baleeiro, graças à resistência dos deputados do período, muito pouco do que se pretendia reformar foi aprovado. Hoje é possível destacar como principal mudança a diminuição do alcance do *habeas corpus*, importante para a limitação do poder político do Supremo Tribunal Federal.[32]

---

32 BALEEIRO, Aliomar; BARBOSA, Lima Sobrinho. *Constituições brasileiras*: 1946. Brasília: Senado Federal e Ministério da Ciência e Tecnologia, Centro de Estudos Estratégicos, 2001. (Coleção Constituições Brasileiras, vol. 5).

Após o período de Artur Bernardes, político mineiro, a política café com leite seguiu com a eleição do paulista Washington Luís, último Presidente da Primeira República. Comparado a outros momentos, inclusive do seu antecessor, esse foi um período presidencial relativamente sereno e de maior estabilidade política, no qual não houve decretação constante de estado de sítio. Foi uma manobra política realizada no final do mandato, até hoje de motivação incerta, que, juntamente com as insatisfações sociais e econômicas do período, possibilitou a ocorrência do Golpe Militar de 1930 e a consolidação de Getúlio Vargas no poder.

Argumentamos que, a despeito da narrativa segundo a qual 1930 representa um marco do declínio da atuação política dos bacharéis em Direito no Brasil, tais homens seguiram tendo um acesso privilegiado ao aparato estatal e ocuparam um lugar relevante no governo Vargas.

A década de 1940, momento histórico em que ocorre o final da Era Vargas e o início do período democrático que se estende até o golpe de 1964, tem como um dos principais traços culturais a tentativa de construção de uma identidade nacional, de uma cultura brasileira. Se essa preocupação já existia desde a Proclamação da República, consolida-se como uma questão central a partir de 1937.

Na época, como observado, o liberalismo foi considerado uma teoria política inadequada para a realidade social brasileira, vista, dentre outros elementos, como uma importação que não levava em consideração as vicissitudes da formação e educação do povo brasileiro. Tal ideia foi muito propagada por Francisco Campos, ao criticar especificamente o "liberalismo" difundido no Brasil durante a Primeira República, base da Constituição de 1889.[33] Esse embate,

33 Cf. CAMPOS, Francisco. *O Estado Nacional*. Brasília: Senado Federal, 2001; SOMARRIBA, Valentina Gomes. "Quando Caliban calou a voz de Ariel: as críticas de Francisco Campos ao liberalismo político nos anos 30". *Varia História*, Belo Horizonte, vol. 1, nº 23, jul. 2000, pp. 205-2013.

como bem observa Gizlene Neder,[34] serviu como base para outras teorias autoritárias e antiparlamentaristas que guiaram o campo político brasileiro no período.

A tensão entre direitos e segurança fica evidente quando o tema das nulidades é tratado naquele momento – e hoje também.

A análise de obras doutrinárias do Direito Processual Penal da década de 1940, no que toca especificamente ao capítulo das nulidades, é um excelente laboratório para pensar a construção de mitos processuais penais.

Não há, neste trabalho, tempo hábil para explorar essa doutrina.[35] Mas, perscrutando obras como *Comentários ao Código de Processo Penal*, de 1945, de Florêncio Carlos Abreu e Silva, os cinco volumes do *Código de Processo Penal anotado*, de 1941/1943, de Eduardo Espínola Filho, e os dois volumes do *Código de Processo Penal*, de Antônio de Bento de Faria, a primeira coisa que salta aos olhos quando se observa a teoria das nulidades processuais penais construída por eles é como consideram esse um tema espinhoso. Espinhoso porque de difícil conceituação e aplicação no cotidiano da justiça criminal. Nesse contexto, o Código de Processo Penal, então recém-lançado, seria marco de uma nova sistematização, vista de maneira positiva.

Para os autores, as novas regras estabelecidas pelo mencionado diploma legal, notadamente as inseridas nos artigos 563 e 566, permitem que o reconhecimento das nulidades só ocorra em casos importantes, quando há prejuízo ou quando afeta a busca da

---

34 NEDER, Gizlene. *Discurso jurídico e ordem burguesa no Brasil*. Porto Alegre: Sergio Antonio Fabris Editor, 1995.

35 Tal aprofundamento é feito em CASTRO, Helena Rocha Coutinho de. *Entre forma e prática criminal no campo jurídico*: trocas simbólicas e nulidades processuais penais na primeira década de vigência do Código de Processo Penal (1942-1951). Recife: Universidade Católica de Pernambuco, Programa de Pós-Graduação em Direito, 2022. (Tese de Doutorado em Direito).

verdade real. O princípio da instrumentalidade das formas é, assim, consagrado como sinônimo de modernização do procedimento. A forma do processo, além de guiar os passos do procedimento, também apresentaria a função social de gerar o melhor resultado para ambas as partes – escopo que não seria atingido, na visão dos autores, por meio de uma grande rigidez procedimental.

Fica claro, pelas considerações dos autores, que o reconhecimento das nulidades é considerado como uma questão negativa no Direito. Todos eles, sem exceção, fizeram referência a um passado de "curialismo", no qual as nulidades eram aplicadas sem referência e de forma excessiva pelos operadores do Direito. O excesso de formalismo em geral, não apenas com relação às nulidades, é bastante criticado.

Ao se observarem as dinâmicas da cultura jurídica na virada do século XX, o tema das nulidades acompanha, em vários sentidos, a tentativa de profissionalização do Direito. Seguir a lei de forma acrítica, tomando em consideração a forma do procedimento antes do direito almejado, representaria aquele "bacharelismo" do século XIX, a ser superado. Um jurista conectado com a sociedade e com a "ciência" do Direito, antes de chegar a qualquer conclusão, deveria observar a finalidade do procedimento e a resposta mais adequada para a questão. Não se poderia deixar de reconhecer um direito da parte apenas por questões "frívolas" de procedimento.

Interessante, inclusive, lembrar o trecho da Exposição de Motivos do Código de Processo Penal de 1941, em que Francisco Campos se refere às nulidades:

> As nulidades processuais, reduzidas ao mínimo, deixam de ser o que têm sido até agora, isto é, um meandro técnico por onde se escoa a substância do processo e se perdem o tempo e a gravidade da justiça. É coibido o êxito das fraudes, subterfúgios e alicantinas.

Doutrinadores da época adotaram o argumento de um passado complicado envolvendo a sistemática, um passado no qual qualquer desrespeito à forma gerava nulidade de todo o procedimento. Florêncio de Abreu (1943) menciona uma situação em que o juiz decretou nulidade de um julgamento do júri por não ter o sino badalado para marcar o início da sessão. São inúmeros os exemplos e as críticas nesse sentido, como é possível perceber a partir dos trechos reproduzidos no tópico anterior.

Contudo, apesar dos autores terem citado diversas vezes a jurisprudência dos Tribunais Estaduais e do próprio Supremo Tribunal Federal, ilustrando seus argumentos com exemplos práticos reais, com referência, inclusive, ao número do julgado, nenhum deles mencionou uma situação concreta em que, no passado jurídico recente ao período, a nulidade tenha sido aplicada de forma inadequada ou excessiva.

Do mesmo modo, nenhum autor utilizou o julgado dos estados antes da uniformização das regras processuais pelo Código de Processo Penal para demonstrar como a nova estruturação da lei poderia evitar o excesso de nulidades do processo. Não obstante, vários Códigos de Processo Penal dos estados tinham em seu corpo dispositivos tratando sobre as nulidades, especialmente sobre o princípio *pas de nullité sans grief*, expressado no artigo 563 do Código de Processo Penal, regra mais frequentemente instrumentalizada pelos juízes na prática penal.

Ou seja: a regra mais utilizada para não reconhecer as nulidades já existia antes no ordenamento jurídico brasileiro. Marcelo Mayora, em seu trabalho sobre os doutrinadores penalistas da ditadura militar, comenta sobre a autoridade com a qual os juristas abordam qualquer temática sem embasamento teórico, valendo-se de uma legitimidade conferida pelo "ser jurista" para opinar sobre qualquer tema social. Assim:

> (...) também em razão de sua legitimação social, o penalista é relativamente livre para utilizar um mosaico de argumentos pseudocientíficos ou morais, geralmente por meio de *máximas*, de argumentos de autoridade (citação de outros cânones, Direito Comparado etc.) de exemplos etc., extraídos da observação sem método da *realidade*, vista desde sua posição de classe e profissional – da cadeira dos operadores jurídicos nas salas de audiência, das visitas protocolares a prisões, dos raros encontros com *os criminosos* sobre os quais, não obstante, são especialistas. À observação sem método soma-se a ausência de reflexividade sobre os pressupostos epistemológicos mínimos – sobre quem olha e como olha, por exemplo – de uma análise científica da *realidade*. Nos manuais, portanto, encontramos uma narrativa sobre a *realidade*, inventada por um agente específico, que analisa o mundo segundo sua posição no campo jurídico-penal e no espaço social.[36]

Concluindo: uma história ainda não acabada e alguns sopros de esperança

A história do processo penal brasileiro é permeada por alguns elementos permanentes: práticas autoritárias, aliadas a textos constitucionais liberais e códigos de processo penal que ora são tensionados a adotar institutos que eliminam direitos fundamentais, ora abandonam essa tendência.

No cenário de tudo isso, rege o mito do processo penal como instrumento de segurança pública, custando, assim, a ceder espaço à ideia do processo penal como garantia. Não temos dúvidas de que essa tensão constante permite e dá espaço para que Vidigais

---

36 ALVES, Marcelo Mayora. *Os penalistas na ditadura civil-militar*: as ciências criminais e as justificativas de ordem. Florianópolis: Universidade Federal de Santa Catarina, Centro de Ciências Jurídicas, 2016. (Tese de Doutorado em Direito).

continuem a existir. Assim, mesmo em períodos democráticos, a prominência de um Estado policial parece evidente.

De um lado porque, "nas ruas", ainda rege um não código de processo penal em que policiais são soberanos para abordar, realizar buscas, muitas vezes ao arrepio da lei. Tais condutas, por sua vez, acabam por se justificar na ideia do combate à criminalidade.

Esse discurso, como se vê, não é novo.

A invalidação dessas práticas, por sua vez, perpassaria por uma percepção sobre os vícios dos atos judiciais que levassem a sério a sua forma. Porém, quando adentramos a questão das nulidades do processo penal, acabamos por assistir a uma chuva de elogios à eficiência.

Em especial no que toca às nulidades, ainda na origem do Código de Processo Penal de 1941, é curioso notar que as práticas policiais não eram assunto de preocupação dos juristas que trabalhavam com Penal ou Processo Penal, seja na teoria ou na prática. É interessante perceber que muitos Ministros do STF integraram em sua trajetória a força policial ou o Ministério Público, como Procuradores-Gerais ou Chefes de Polícia e, mesmo assim, conviviam com os processos e elaboravam os seus votos como se não soubessem das atuações cotidianas das polícias ou das prisões no Brasil.

Um julgamento, de 1944, da lavra do Ministro Philadelpho Azevedo, merece ser aqui citado.[37] O Ministro fala abertamente sobre a atuação policial na rua e utiliza sua experiência para fundamentar o voto quando se refere a uma discussão sobre a necessidade de

---

37 Um estudo aprofundado de decisões do STF da década de 1940, sobre o tema das nulidades, pode ser visto em: CASTRO, Helena Rocha Coutinho de. *Entre forma e prática criminal no campo jurídico*: trocas simbólicas e nulidades processuais penais na primeira década de vigência do Código de Processo Penal (1942-1951). Recife: Universidade Católica de Pernambuco, Programa de Pós-graduação em Direito, 2022. (Tese de Doutorado em Direito).

abordagem em flagrante para a contravenção de porte de arma ilegal, previsto no artigo 19 da Lei de Contravenções Penais[38] – trata-se do RE n. 8.361/1944 de São Paulo. No debate realizado pelos Ministros, Philadelpho Azevedo utiliza sua experiência enquanto Procurador--Geral para defender que a exigência de flagrante para apuração do porte poderia significar impunidade para esse tipo de delito:

> Não posso aceitar o argumento do eminente relator do acórdão recorrido, cuja autoridade tanto respeito: o de que a infração só é punível enquanto durar a periculosidade objetiva do fato, sendo necessário surpreendê-lo ao tempo em que ela está presente e é potencial.
>
> Assim, o contraventor ganhará a impunidade, se, burlando a vigilância policial, terminar o porte de armas sem ser surpreendido, embora manifestando a mesma periculosidade potencial (...).
>
> Porque assegurar-lhe a impunidade, apenas por haver logrado exercer habitualmente sua atividade reprimida, sem que surgisse a formalidade de um flagrante?
>
> Alguns autores, não o V. acórdão recorrido, exemplificam como exigindo flagrante a contravenção de vadiagem: confesso que nunca vi no foro, e fui Procurador-Geral desta grande Capital, coisa mais caricata do que esses autos artifícios a procurar surpreender alguém perambulando sem ocupação fixa.[39]

---

38 "Art. 19. Trazer consigo arma fora de casa ou de dependência desta, sem licença da autoridade: Pena – prisão simples, de quinze dias a seis meses, ou multa, de duzentos mil réis a três contos de réis, ou ambas cumulativamente" (BRASIL. "Decreto-Lei n. 3.688, de 3 de outubro de 1941. Lei das Contravenções Penais". *Diário Oficial da União*, Distrito Federal, 13 out. 1941).

39 Ministro Philadelpho Azevedo em BRASIL. Supremo Tribunal Federal. "Recurso Extraordinário n. 8.361 – São Paulo". Recorrente: Procurador Geral do Estado. *Jurisprudência do Supremo Tribunal Federal*, Distrito Federal, 1944, p. 166. Disponível em: http://portal.stf.jus.br/jurisprudencia/. Acessado em: 18.04.2025.

Ao fim e ao cabo, o que o Ministro pretendeu, foi dar carta branca às polícias. Sem que isso, claro, pudesse pôr em risco qualquer dispositivo legal.

Se voltarmos à terceira imagem narrada na introdução deste artigo, encontramos o reforço de uma noção eficientista em torno dos atos do inquérito policial, permitindo que interrogatórios ocorram sem a presença de advogados porque, supostamente, a pessoa presa assim o quis.

Contudo, é forçoso reconhecer que temos, como sociedade, debatido mais sobre todos esses temas, levando inclusive os tribunais superiores a reconhecerem como nulos atos de investigação e de processamento que, outrora, eram tidos como "meras irregularidades", por exemplo.

É preciso, portanto, recordar que, apesar dos graves números de impunidade da violência de Estado no Brasil, o tema tem sido posto na arena pública, sobretudo por força da atuação de movimentos sociais, em especial os movimentos negro e de pessoas atingidas pelo sistema punitivo.

Recentemente, o Brasil viu a ADPF das Favelas (ADPF 635) gerar, por parte do STF, o reconhecimento de que a violência policial existe e é perpetrada contra grupos específicos. Assistimos, também, a uma constante construção de entendimentos no STJ que questionam as entradas em domicílio sem mandado ("entradas franqueadas") e que discutem seriamente a possibilidade de construção de critérios objetivos para as buscas pessoais ou abordagens policiais. Por fim, há importantes decisões advindas do Sistema Interamericano de Direitos Humanos, tanto da Comissão quanto da Corte Internacional de Direitos Humanos, pondo a atividade policial em xeque, valendo citar os casos *Fernández Prieto e Tumbeiro vs. Argentina*[40] e o *Caso Favela Nova Brasília vs. Brasil*.[41]

Tais mudanças são, acreditamos, impulsionadas por aqueles que diretamente sofrem com a violência de Estado e o autoritarismo. Com isso, ajudam a superar mitos.

Referências bibliográficas

ABATH, Manuela. "Processo penal autoritário e as relações entre polícia e justiça na Conferência Judiciária-Policial de 1917". *Cadernos de Dereito Actual* (*online*), vol. 20, 2023.

ABATH, Manuela. "Processo penal e democracia: as práticas punitivas aos movimentos operários na primeira república". *Revista Brasileira de Ciências Criminais*, vol. 25, 2017.

ALMEIDA JR., João Mendes de. *O processo criminal brazileiro*. vol. 1. 3ª ed. Rio de Janeiro: Typ. Baptista de Souza, 1920.

ALMEIDA, Manuel Antonio de. *Memórias de um sargento de milícias*. São Paulo: Ática, 1998.

ALVES, Marcelo Mayora. *Os penalistas na ditadura civil-militar*: as ciências criminais e as justificativas de ordem. Florianópolis: Universidade Federal de Santa Catarina, Centro de Ciências Jurídicas, 2016. (Tese de Doutorado em Direito).

BALEEIRO, Aliomar; BARBOSA, Lima Sobrinho. *Constituições brasileiras*: 1946. Brasília: Senado Federal e Ministério da Ciência e Tecnologia, Centro de Estudos Estratégicos, 2001.

40 *Fernández Prieto & Tumbeiro vs. Argentina CIDH*, 1º set. 2020. Para uma análise sobre o julgado, ver: SILVA, Isadora Brandão Araujo da. "Caso Fernandez Prieto & Tumbeiro vs. Argentina e a filtragem racial no Brasil". *Boletim IBCCrim*, vol. 29, nº 339, 2023, pp. 32-35.

41 Para uma análise sobre o caso, ver: LIMA, Bárbara Santiago de; LEAL, Mônia Clarissa Hennig. "Caso Favela Nova Brasília vs. Brasil: a mora do Estado brasileiro no cumprimento das medidas de não repetição e a relação com a discriminação estrutural de raça e de gênero no uso das forças policiais no âmbito das favelas brasileiras". *Direito Público*, vol. 21, nº 111, 2024.

BATISTA, Vera M. *O medo na cidade do Rio de Janeiro*: dois tempos de uma história. Rio de Janeiro: Revan, 2003.

BRETAS, Marcos Luiz. *Ordem na cidade*: o exercício cotidiano da autoridade policial no Rio de Janeiro: 1907-1930. Rio de Janeiro: Rocco, 1997.

CAMPOS, Francisco. *O Estado Nacional*. Brasília: Senado Federal, 2001.

CASARA, Rubens R. R. *Mitologia processual penal*. São Paulo: Saraiva, 2015.

CASTRO, Helena Rocha Coutinho de. *Entre forma e prática criminal no campo jurídico*: trocas simbólicas e nulidades processuais penais na primeira década de vigência do Código de Processo Penal (1942-1951). Recife: Universidade Católica de Pernambuco, Programa de Pós-graduação em Direito, 2022. (Tese de Doutorado em Direito).

FAORO, Raimundo. *Os donos do poder*: formação do patronato político brasileiro. 5ª ed. São Paulo: Globo, 2012.

FAUSTO, Boris. *Trabalho urbano e conflito social (1890-1920)*. São Paulo/ Rio de Janeiro: DIFEL, 1976.

GIACOMOLLI, Nereu José. "Algumas marcas inquisitoriais do código de processo penal brasileiro e a resistência a reformas". *Revista Brasileira de Direito Processual Penal*. Porto Alegre, vol. 1, nº 1, 2015.

GLOECKNER, Ricardo Jacobsen. *Autoritarismo e processo penal*: uma genealogia das ideias autoritárias no processo penal brasileiro. Florianópolis: Tirant lo Blanch, 2018.

HOLLOWAY, Thomas H. *Polícia no Rio de Janeiro*: repressão e resistência numa cidade do século XIX. Rio de Janeiro: FGV, 1997.

LIMA, Bárbara Santiago de; LEAL, Mônia Clarissa Hennig. "Caso Favela Nova Brasília vs. Brasil: a mora do Estado brasileiro no cumprimento das medidas de não repetição e a relação com a discriminação estrutural de raça e de gênero no uso das forças policiais no âmbito das favelas brasileiras". *Direito Público*, vol. 21, nº 111, 2024.

MIRANDA, Pontes de. *História e prática do habeas corpus*. tomo 1. Rio de Janeiro: Borsoi, 1972.

MOURA, Clovis. *Sociologia do negro no Brasil*. São Paulo: Ática, 1988.

NASCIMENTO, Josino do. *Código do Processo Criminal de Primeira Instância do Império do Brasil*. 6ª ed. tomo 1. Rio de Janeiro: Eduardo & Henrique Laemmert, 1870.

NEDER, Gizlene. *Discurso jurídico e ordem burguesa no Brasil*. Porto Alegre: Sergio Antonio Fabris Editor, 1995.

PRADO, Geraldo. "O processo penal brasileiro vinte e cinco anos depois da Constituição: transformações e permanências". *Revista EMERJ*, Rio de Janeiro, vol. 18, nº 67, jan./fev. 2015.

SCHWARCZ, M. Lilia; STARLING, Heloisa M. *Brasil*: uma biografia. São Paulo: Companhia das Letras, 2015.

SILVA, Isadora Brandão Araujo da. "Caso Fernandez Prieto & Tumbeiro vs. Argentina e a filtragem racial no Brasil". *Boletim IBCCrim*, vol. 29, nº 339, 2023.

SOMARRIBA, Valentina Gomes. "Quando Caliban calou a voz de Ariel: as críticas de Francisco Campos ao liberalismo político nos anos 30". *Varia História*, Belo Horizonte, vol. 1, nº 23, jul. 2000.

VALLE, Diógenes Pereira do. *Dos processos policiais*. São Paulo: EGR, 1928.

CAPÍTULO XIII

INDEPENDÊNCIA E IMPARCIALIDADE NA JUSTIÇA CRIMINAL BRASILEIRA: HOMENAGEM A RUBENS CASARA

JACINTO NELSON DE MIRANDA COUTINHO

BRUNO CUNHA SOUZA

Introdução

No início dos anos 1990, o Movimento do Direito Alternativo ajudou a fazer tremer os alicerces do Direito tradicional, sobretudo aqueles da dogmática jurídica. Ao contrário do que apressadamente pensaram alguns – um tanto mais conservadores, por óbvio –, não se tratava de um outro Direito, e, sim, de um movimento. um movimento que, desde o interior do Direito, questionava criticamente seus pilares de sustentação e propunha uma concreta transformação, de modo que ele, o Direito, pudesse chegar a todos, sem distinção: vida em abundância para todos! (João 10, 10). O caminho, como regra, era uma intepretação voltada a beneficiar, sempre que possível, os menos favorecidos, usando-se as fissuras da lei ou mesmo criando--se as soluções possíveis quando necessário. Isso, de certa forma, forçava a adesão a uma posição ideológica e colocava o vivente a agir por princípio. No fundo, era o que já se fazia no Direito, mas para o outro lado, ou seja, favorecendo-se os mais aquinhoados. O Movimento, assim, funcionou como um espelho, denunciando o *status quo* de um país periférico e mostrando por que era preciso transformar pelo Direito. As intenções sempre foram as melhores e, embora fossem pacíficas, haveriam de causar, como causaram, uma resistência feroz, assim como, em alguns casos, muito ódio.

Logo depois da Constituição de 1988 – e era aquele período que se vivia – havia espaço para se sonhar, embora o terremoto do neoliberalismo já tivesse sido anunciado e a epistemologia, ainda devagar, fizesse seu giro na direção da ação eficiente, como queria Friedrich August von Hayek e seu sicários, para aprontar um mundo que deu naquilo que se vive hoje, ou seja, um abismo entre os poucos muito ricos e os bilhões de muito pobres; e desafiando a própria existência da classe média. Como dizia a canção, *the dream is over*; mas a esperança, não.

Ela, a esperança, com todos os seus problemas, persiste porque o Movimento, além dos seus frutos, plantou sementes. Ora, era de princípio que se tratava; e isso não se apaga, não se cancela. O fruto mais eloquente (em que pese terem sido tantos) foi Amilton Bueno de Carvalho;[1] e a semente que brotou com mais viço – ainda que muitas tenham brotado – talvez tenha sido Alexandre Morais da Rosa.[2]

---

1 COUTINHO, Jacinto Nelson de Miranda. "Amilton Bueno de Carvalho: um juiz criminal a ser seguido". *In*: ______. *Temas de Direito Penal e processo penal*: por prefácio selecionados. Rio de Janeiro: Lumen Juris, 2010, pp. 65 e ss. Trata-se do prefácio à obra de CARVALHO, Amilton Bueno de. *Direito Alternativo em movimento*. Rio de Janeiro: Luam, 1997.

2 WARAT, Luís Aberto. "Apresentação fora das rotinas". *In*: ROSA, Alexandre Morais da. *Garantismo jurídico e controle de constitucionalidade material*. Florianópolis: Habitus, 2002, pp. 13 e ss.: "Alexandre é um dos tantos juízes que tentam usar suas funções preventivamente

Em suma, o Movimento não inventou o juiz democrático, mas forneceu a vereda para se saber se um juiz é, de fato, democrático. Não é, então, tão complexo; embora possa ser sempre poroso, porque as palavras resvalam, sem deixar, porém, de oferecer uma resposta. Basta questionar: ele age por princípio? Quando interpreta, o sentido que escolhe é voltado para os menos favorecidos? E por aí vai...

As respostas positivas alcançariam muitos juízes; e outros tantos operadores do Direito, razão por que a esperança se mantém.

Um desses juízes é Rubens Casara, exemplo de magistrado democrático. Ele é um exemplo a ser seguido. Estudiosíssimo, Casara logo percebeu que se não pode enfrentar o desafio da judicatura democrática tão só com o Direito; e foi além, muito além. Outros campos foram, por ele, percorridos, da Filosofia à Psicanálise; e disso resultou uma produção de fôlego e de qualidade, o que faz dele um dos grandes intelectuais do país. Essa projeção, *interna corporis*, é sempre problemática porque a resistência aumenta muito e as perseguições são frequentes, todas aparecendo como absurdas. Algo assim – devem todos ter presente – fala mais dos perseguidores do que dos perseguidos. Esses, em geral, seguem seus caminhos e muitas vezes têm a merecida consagração; àqueles é reservado o anonimato.

No tema do presente ensaio, Rubens Casara, com precisão, maneja a questão do mito e é muito feliz.

Este estudo presta-lhe uma homenagem, porque merecida. E assim é por princípio.

---

deixando-nos sempre o sabor das surpresas, do inesperado e do novo. É um desbravador do novo, marca e traça os caminhos do novo. Juízes como ele, apesar das resistências de alguns membros da própria classe, nos colocam diante do novo. Conseguiu fugir das amarras dos saberes modernos e suas perversões. A modernidade formou especialistas *expertos* que adoram os saberes que os aprisionam, porém que detestam a gente destinatária desses saberes".

1 Premissa de fato

As avaliações do *World Justice Project (WJP) Rule of Law Index* dos últimos anos indicam um cenário, à primeira vista, paradoxal: a Justiça Criminal brasileira apresentou resultados acima da média – tanto em termos regionais quanto globais – sobre a sua independência externa (ou institucional), isto é, ausência de influências políticas e governamentais indevidas, mas, ao mesmo tempo, em relação ao critério sobre a imparcialidade e a ausência de discriminação obteve, em 2024, quando não a pior, como em 2023, a penúltima classificação entre os 142 países considerados pelo índice, superando apenas a Venezuela.[3]

Apesar de o *WJP Rule of Law Index* não cobrir todos os perfis da independência e deixar de fora alguns corolários da imparcialidade, serve para indicar que tais temas, apesar de frequentemente serem considerados como conhecidos por todos, demandam uma observação mais atenta na realidade nacional brasileira e, por certo, preocupação, mesmo porque algo assim não passa imune à percepção e com frequência atiça em alguns o desejo de resposta com punição, algo racionalmente indesejável.

2 Premissas de Direito

A independência e a imparcialidade devem ser interpretadas levando-se em conta o papel dos juízes.[4] Julgar (sobretudo o mérito,

---

3 Para uma descrição mais detalhada quanto à metodologia do *WJP Rule of Law Index*, bem como sobre os resultados do Brasil, ver COUTINHO, Jacinto Nelson de Miranda; SOUZA, Bruno Cunha. "Judicial Independence and Impartiality in Contemporary Brazilian Criminal Procedure". *Beijing Law Review*, vol. 16, nº 1, mar. 2025.

4 Francis Bacon o definiu de modo precioso: "os juízes devem lembrar que sua função é *jus dicere*, e não *jus dare*; interpretar a lei, e não a criar ou concedê-la. Do contrário, será como a autoridade reivindicada pela Igreja de Roma, que, sob o pretexto de expor as Escrituras, não hesita

pela *res judicata*) expressa o *dicere jus*, sobretudo quando diz com o ato final de uma das três grandes funções estatais: a jurisdicional, que é, nessa dimensão, absolutamente incompatível com a legislativa; o Legislativo, garantindo a representatividade política da sociedade em que opera, elabora as leis; o Executivo, por seu lado, através de sua estrutura burocrática, executa-as; e ambos voltam-se para o geral. Quando há uma interferência indevida na esfera jurídica de um cidadão, seja ela causada pelo próprio Estado, seja por um particular, o Judiciário é responsável por verificar se o que se alega ter ocorrido, de fato, passou-se ou não; e por identificar, em face da legislação vigente, a consequência prevista aplicável ao caso concreto e, então, por justificar a decisão tomada, de modo que o cidadão possa

---

em acrescentar e alterar, pronunciando aquilo que nela não encontra e, sob a aparência de antiguidade, introduzindo novidades. Os juízes devem ser mais eruditos do que perspicazes, mais reverentes do que agradáveis, e mais prudentes do que confiantes. Acima de tudo, a integridade é sua essência e virtude fundamental. *Maldito* (diz a lei) *aquele que remove os marcos de limite*. Aquele que desloca indevidamente um limite territorial comete um erro. Mas o juiz injusto é o maior responsável pela remoção dos marcos, quando decide erroneamente sobre terras e propriedades. Uma sentença injusta causa mais dano do que inúmeros maus exemplos, pois estes corrompem apenas o curso do rio, enquanto aquela corrompe a própria fonte". Tradução de: "*Judges ought to remember that their office is* jus dicere, *and not* jus dare*; to interpret law, and not to make law, or give law. Else will it be like the authority claimed by the church of Rome, which under pretext of exposition of Scripture doth not stick to add and alter; and to pronounce that which they do not find; and by shew of antiquity to introduce novelty. Judges ought to be more learned than witty, more reverend than plausible, and more advised than confident. Above all things, integrity is their portion and proper virtue.* Cursed *(saith the law)* is he that removeth the landmark. *The mislayer of a mere-stone is to blame. But it is the unjust judge that is the capital remover of landmarks, when he defineth amiss of lands and property. One foul sentence doth more hurt than many foul examples. For these do but corrupt the stream, the other corrupteth the fountain*" (BACON, Francis. *The Essays*. Introd. e notas Mary Augusta Scott. Nova York: Charles Scribner's Sons, 1908, pp. 251-252).

controlar o exercício daquela função. Portanto, a sujeição à lei[5] e a preocupação exclusiva com o acertamento individualizado de casos específicos através da sua aplicação representam, respectivamente, uma *condição de legitimidade* para o exercício da função jurisdicional e o *fundamento político* para a existência do Poder Judiciário em um Estado Democrático de Direito,[6] fundado essencialmente nos princípios de dignidade humana, de legalidade e de igualdade.

2.1 Sujeição à lei

A sujeição dos juízes somente à lei, além de representar a primeira afirmação da independência judicial, é uma condição necessária tanto para a independência quanto para a imparcialidade.[7] Sem ela, a independência se degrada a mero privilégio corporativo e se abre

---

5 Usa-se lei em sentido amplo, referindo-se às fontes escritas, desde a Constituição aos demais atos normativos hierarquicamente inferiores emanados de autoridades validamente investidas de poder para ditar regras gerais e abstratas. Em sentido similar, ver FERRUA, Paolo. "Indipendenza e Imparzialità". *La legislazione penale*: Processo e garanzie della Persona (in onore di Mario Chiavario), 19 out. 2020, pp. 65-71. Disponível em: https://www.lalegislazionepenale.eu/wp-content/uploads/2020/10/Ferrua.REV_.pdf. Acessado em: 03.01.2025.

6 Em sentido semelhante, ver BINDER, Alberto M. *Justicia penal y estado de derecho*. 2ª ed. Buenos Aires: Ad-Hoc, 2004, pp. 85 e ss.; FIGUEIREDO DIAS, Jorge de. *Direito Processual Penal*. Coimbra: Coimbra Editora, 2004, pp. 303 e ss.; MAIER, Julio B. J. *Derecho procesal penal*: fundamentos. vol. 1. Buenos Aires: Ad-Hoc, 2016, pp. 703 e ss.

7 A sujeição dos juízes à lei pode ser sintetizada nos seguintes termos: "(...) a lei – e somente ela – constitui a fonte, o limite e a medida do poder deles". Tradução de: "(...) *la legge – e solo essa – costituisce la fonte, il limite, la misura dei loro poteri*" (CAMON, Alberto *et al. Fondamenti di procedura penale*. 2ª ed. Padova: CEDAM, 2020, p. 100). Em sentido complementar, apesar de ligeiramente divergente, SCHIMIDT, Eberhard. *Los fundamentos teóricos y constitucionales del Derecho Procesal Penal*. Trad. J. M. Nuñez. Buenos Aires: Editorial Bibliográfica Argentina, 1957, pp. 285-286, esclarece que a submissão dos juízes à lei – apesar de empregar a expressão "valores jurídicos"

a pressões de diversas naturezas, as quais podem, com facilidade, colocar em xeque a imparcialidade, gerando dúvidas na população sobre a sua efetiva ocorrência.[8]

Como se sabe, há duas projeções decorrentes da sujeição dos juízes somente à lei. Enquanto a projeção positiva impõe ao juiz o dever de encontrar a fonte da sua decisão na lei,[9] cujas regras decorrentes representam "um *guardrail* metodológico",[10] a negativa exclui quaisquer outros vínculos a autoridades que sejam diversas da lei.[11] Em consequência desta, a subordinação hierárquica entre juízes não é possível, já que a diferença essencial entre eles reside no âmbito de suas respectivas competências.

– não representa um limite à função judicial, porque, ao invés disso, é o significado e a justificativa da independência judicial.

8 De modo similar, ver FERRUA, Paolo. "Indipendenza e Imparzialità". *La legislazione penale*: Processo e garanzie della Persona (in onore di Mario Chiavario), 19 out. 2020, pp. 65-71. Disponível em: https://www.lalegislazionepenale.eu/wp-content/uploads/2020/10/Ferrua.REV_.pdf. Acessado em: 03.01.2025.

9 Trata-se da ideia que fundamenta a diferença entre um ato de interpretação e um ato de criação. Para uma crítica à "interpretação criativa" do STF nas ADIs n. 6.298, 6.299, 6.300 e 6.305, ver COUTINHO, Jacinto Nelson de Miranda; MILANEZ, Bruno; SOUZA, Bruno Cunha. "O futuro do juiz das garantias". *In*: SANCHES, Juliana *et al.* (Coord.). *Processo e justiça na contemporaneidade*: estudos em homenagem aos 50 anos do professor André Nicolitt. São Paulo: D'Plácido, 2023, pp. 227-238.

10 A feliz expressão é de GIOSTRA, Glauco. *Primeira lição sobre a justiça penal*. Trad. B. Cunha Souza. São Paulo: Tirant lo Blanch, 2022, p. 36: "As regras processuais são um *guardrail* metodológico no qual devem se desenvolver as atividades de pesquisa, de aquisição e de valoração das provas sobre as quais o juiz é chamado a operar um *feedback* cognitivo para 'reconstruir' determinado acontecimento do passado".

11 FERRUA, Paolo. "Indipendenza e Imparzialità". *La legislazione penale*: Processo e garanzie della Persona (in onore di Mario Chiavario), 19 out. 2020, pp. 65-71. Disponível em: https://www.lalegislazionepenale.eu/wp-content/uploads/2020/10/Ferrua.REV_.pdf. Acessado em: 03.01.2025.

Trata-se, como logo se vê, de um princípio estruturante do ordenamento jurídico brasileiro, decorrente da interpretação conjunta do art. 5º, II, CR/88, e dos arts. 35, I, e 79, da Lei Complementar n. 35, de 14 de março de 1979.

2.2 Individualização das decisões

De modo complementar, o ordenamento brasileiro prevê uma série de garantias para a independência judicial e a irresponsabilidade política dos juízes. É fisiológico que alguém politicamente irresponsável careça de legitimidade para tomar decisões políticas. Se os juízes decidissem seus casos pensando, de maneira geral e abstrata, nas consequências de seus julgamentos, estariam formulando juízos de natureza política, sem a legitimidade necessária para tanto. Decidir assim seria, além de claramente incompatível com a ideia de imparcialidade, um abuso da independência judicial, através do desvio de finalidade do poder do qual os juízes foram investidos: um poder preocupado exclusivamente com o acertamento individualizado dos casos específicos através da aplicação da lei.

Assim como a sujeição dos juízes à lei, a exclusiva preocupação com o acertamento individualizado dos casos específicos através da lei possui duas projeções. Enquanto a projeção positiva impõe ao juiz o dever de motivar suas decisões em cada caso concreto, a negativa exclui a possibilidade de delegação de atos jurisdicionais. Nessa projeção, apesar das exceções previstas no Brasil, inclui-se, de regra, também a impossibilidade de julgamentos anteriores serem vinculantes a casos futuros.

Diante destas premissas, é possível tentar uma de definição do que se entende por independência e por imparcialidade.

3 Independência

Como se sabe, independência é um valor instrumental aos princípios da legalidade e da igualdade e se constitui como um pré-requisito para a imparcialidade.[12]

Apesar de normalmente os tratados e convenções internacionais usarem os termos independência e imparcialidade conjuntamente,[13] cada um deles tem um significado distinto do qual os tribunais internacionais inferem critérios gerais[14] e específicos para identificação e aplicação.

Especificamente, da sua parte, a Corte Interamericana de Direitos Humanos (CIDH) entende que a independência judicial

---

12 Assim, destacando ser possível tutelar os princípios da legalidade e da igualdade num contexto no qual razões de Estado e interesses políticos não prevaleçam sobre a justiça, CAMON, Alberto *et al. Fondamenti di procedura penale*. 2ª ed. Padova: CEDAM, 2020, pp. 100-101.

13 Por exemplo, a Declaração Universal sobre Direitos Humanos (art. 10), a Convenção Americana sobre Direitos Humanos (art. 8.1), o Pacto Internacional sobre Direitos Civis e Políticos (art. 14.1) e a Convenção Europeia dos Direitos Humanos (art. 6, 1).

14 Em caráter geral – isto é, aplicável tanto à independência quanto à imparcialidade –, por exemplo, a Corte Europeia de Direitos Humanos (CEDH) considera que "(...) dizem respeito apenas ao órgão encarregado de decidir sobre a acusação criminal contra um requerente e não se aplicam aos representantes da acusação, que são apenas partes no processo (*Kontalexis vs. Grécia*, 2011, § 57; *Haarde vs. Islândia*, 2017, § 94; *Thiam vs. França*, 2018, § 71)", ou seja, são aplicáveis "(...) igualmente a juízes profissionais, juízes leigos e jurados (*Holm vs. Suécia*, 1993, § 30)". Traduções de: "(...) *concern only the body called upon to decide on the criminal charge against an applicant and do not apply to the representatives of the prosecution who are only parties to the proceedings (Kontalexis v. Greece, 2011, § 57; Haarde v. Iceland, 2017, §94; Thiam v. France, 2018, §71)*"; e "(...) *equally to professional judges, lay judges and jurors (Holm v. Sweden, 1993, §30)*" (*Guide on Article 6 of the Convention*: Right to a Fair Trial [Criminal Limb], 2022, p. 24).

representa "(...) um dos principais objetivos da separação dos Poderes Públicos (...)" e cuja função seria

> (...) evitar que o sistema judicial, em geral, e seus integrantes, em particular, estejam sujeitos a possíveis restrições indevidas no exercício de suas funções, seja por órgãos alheios ao Poder Judiciário, seja até mesmo por magistrados que exercem funções de revisão ou apelação.[15]

De acordo com sua jurisprudência,[16] a independência judicial implica garantias como "(...) um adequado processo de nomeação, a inamovibilidade no cargo e a garantia contra pressões externas".[17]

---

15 Tradução de: "(...) *uno de los objetivos principales que tiene la separación de los poderes públicos* (...)"; e "(...) *evitar que el sistema judicial en general y sus integrantes en particular se vean sometidos a posibles restricciones indebidas en el ejercicio de su función por parte de órganos ajenos al Poder Judicial o incluso por parte de aquellos magistrados que ejercen funciones de revisón o apelación*" (*Cuadernillo de Jurisprudencia de la CIDH nº 37*: Independencia Judicial, 2022, p. 14).

16 Que é próxima à jurisprudência da CEDH e alinhada com os Princípios Básicos das Nações Unidas sobre a Independência do Judiciário. A CEDH (*Guide on Article 6 of the Convention*: Right to a Fair Trial [Criminal Limb], 2022, p. 24) emprega quatro critérios para qualificar um tribunal como independente: (i) o procedimento para nomeação de seus membros (*the manner of appointment of its members*); (ii) o tempo de permanência no cargo (*the duration of their term of office*); (iii) a existência de garantias contra pressões externas e internas (*the existence of guarantees against outside [and inside] pressures*); e (iv) se a corporação apresenta aparência de independência (*whether the body presents an appearance of independence*). Para uma descrição do ordenamento jurídico brasileiro à luz desses critérios e algumas observações de aspectos problemáticos da matéria, ver COUTINHO, Jacinto Nelson de Miranda; SOUZA, Bruno Cunha. "Judicial Independence and Impartiality in Contemporary Brazilian Criminal Procedure". *Beijing Law Review*, vol. 16, nº 1, mar. 2025.

17 Tradução de: "(...) *un adecuado proceso de nombramiento, la inamovilidad en el cargo y la garantía contra presiones externas*" (*Cuadernillo de Jurisprudencia de la CIDH nº 37*: Independencia Judicial, 2022, p. 14).

Em sentido semelhante, a independência é classificada de diversas formas na doutrina.[18] Destacam-se as observações, particularmente sensíveis à realidade, de Alberto Binder: apropriando-se das classificações tradicionais sobre a independência, como interna[19] ou externa[20] e esclarecendo que esta é instrumental àquela, identifica uma terceira forma, isto é, a burocrática ou administrativa.[21] Segundo o autor, a principal fonte de problemas relacionados à independência judicial que requer atenção está na dependência dos juízes em relação à estrutura burocrática na qual atuam. Essa dependência cria uma rotina de trabalho que os leva a: (i) analisar os casos individuais de forma genérica, como se fossem apenas diferentes expedientes de

---

18 Por exemplo, as classificações de independência política (autogoverno da magistratura e garantias para o exercício profissional – vitaliciedade, inamovibilidade, irredutibilidade de vencimentos e vedação do exercício de determinadas atividades) ou independência jurídica (submissão apenas à lei e ausência de subordinação hierárquica entre juízes) (CINTRA, Antônio Carlos de Araújo, GRINOVER, Ada Pellegrini; DINAMARCO, Candido Rangel. *Teoria geral do processo*. 23ª ed. São Paulo: Malheiros, 2007, pp. 178 e ss.); mas pode ser independência material – ou objetiva, referente aos tribunais – ou pessoal (ou subjetiva), referente aos juízes que os formam (FIGUEIREDO DIAS, Jorge de. *Direito Processual Penal*. Coimbra: Coimbra Editora, 2004, pp. 303-304); assim como independência como distanciamento em relação às partes (*party detachment*), como autonomia individual de um juiz em relação aos demais membros do Judiciário (*individual autonomy*), ou como insularidade política (*political insularity*) (FISS, Owen. *The Law as it could be*. Nova York: NYU Press, 2003, pp. 60-62).

19 Também chamada de pessoal, relativa ao juiz individualmente.

20 Também chamada de institucional, relativa ao Poder Judiciário como um todo.

21 BINDER, Alberto M. *Introducción al derecho procesal penal*. 2ª ed. Buenos Aires: Ad-Hoc, 2016, p. 150. Para Alberto M. Binder, "*en síntesis, la independencia judicial es, sustancialmente, la garantía de que una persona determinada (con nombre y apellido), que ha sido investida del poder para solucionar ciertos casos individuales, sólo está sujeta a la Constitución y a la ley*" (BINDER, Alberto M. *Justicia penal y estado de derecho*. 2ª ed. Buenos Aires: Ad-Hoc, 2004, pp. 86-87).

uma mesma demanda; e (ii) delegar[22] tarefas que não deveriam ser delegadas, mas que, devido às disfunções estruturais do Poder Judiciário, diante de dois deveres igualmente essenciais – ou seja, decidir todos os casos e fazê-lo pessoalmente –, os juízes se veem obrigados a escolher o que pode, de fato, ser realizado. Em um cenário como esse, os custos da degradação da atividade judicial recaem sobre os cidadãos, que veem uma das garantias mais fundamentais do próprio sistema político ser comprometida:

> O principal problema não é o do juiz que é forçado – muito a contragosto – a delegar suas funções, mas, sim, o do cidadão que busca um juiz para resolver seus conflitos, paga impostos para garantir a existência desse juiz e, ao chegar ao tribunal, descobre que seu caso está sendo tratado por um funcionário.[23]

Apesar de suas considerações voltarem-se à Argentina, as palavras de Binder servem para sinalizar uma realidade vivida no Poder Judiciário brasileiro – especialmente nos tribunais superiores – que todos sabem estar lá, mas que é normalmente ignorada, embora afete os brasileiros como um todo. O volume de trabalho é visivelmente desproporcional para o número de Ministros existentes, fato propulsor de forte dependência burocrática daqueles juízes em relação aos seus assessores e estagiários que, na prática, realizam muitos dos atos que caberiam exclusivamente aos julgadores, em muitos casos com um controle meramente formal por parte do "delegante" ou, pior, com um controle delegado ao assessor. Em termos de independência

---

22 Binder usa tal verbo não em sentido técnico-jurídico, mas como delegação "de fato".

23 Tradução de: "*El principal problema no es el del juez, que está obligado – muy a su pesar – a delegar sus funciones, sino el del ciudadano que busca un juez para solucionar sus conflictos, paga sus impuestos para que exista ese juez y, cuando llega a los tribunales, descubre que su caso es atendido por un empleado*" (BINDER, Alberto M. *Justicia penal y estado de derecho*. 2ª ed. Buenos Aires: Ad-Hoc, 2004, p. 93).

e de imparcialidade, a questão traz à tona problemas relevantes, mormente se se parte de posições heterodoxas. Afinal,

> as doutrinas se movem, a heresia de ontem é a ortodoxia de hoje" e a "ortodoxia" significa estar pronto a dizer e desdizer segundo as ordens da autoridade, sem um mínimo indício de interesse pessoal na afirmação ou na negação, um estado hipnótico que não é isento de aspectos agradáveis.[24]

4 Imparcialidade

Da sua parte, a CIDH considera como uma garantia fundamental do devido processo legal "(...) o direito de ser julgado por um juiz ou tribunal imparcial (...), devendo-se garantir que o juiz ou tribunal, no exercício de sua função como julgador, tenha a maior objetividade para conduzir o julgamento".[25] Além disso, a CIDH,[26] especificamente,

---

24 Traduções de: "*le dottrine si muovono, l'eresia di ieri è l'ortodossia d'oggi*" e "'*ortodossia' significa essere pronti a dire e disdire secondo gli ordini dell'autorità, senza il minimo sussulto d'interesse personale nell'affermazione o nella negazione, uno stato ipnotico non privo di lati piacevoli*" (CORDERO, Franco. *Risposta a Monsignore*. Bari: De Donato, 1970, pp. 43-44).

25 Tradução de: "(...) *el derecho a ser juzgado por un juez o tribunal imparcial (...), debiéndose garantizar que el juez o tribunal en el ejercicio de su función como juzgador cuente con la mayor objetividad para enfrentar el juicio*" (*Cuadernillo de Jurisprudencia de la CIDH nº 12*: Debido proceso, 2022, p. 140).

26 Também de maneira próxima à CEDH, que define a imparcialidade através de duas perspectivas: uma subjetiva – "(...) ou seja, buscando determinar a convicção pessoal ou o interesse de um determinado juiz em um caso específico" [tradução de: "(...) *that is, endeavoring to ascertain the personal conviction or interest of a given judge in a particular case*" – e uma objetiva – "ou seja, verificando se ele ou ela ofereceu garantias suficientes para excluir qualquer dúvida legítima a esse respeito" [tradução de: "(...) *that is, determining whether he or she offered sufficient*

> (...) estabeleceu que a imparcialidade exige que o juiz que atua em uma disputa específica analise os fatos do caso sem, subjetivamente, possuir qualquer preconceito e, além disso, ofereça garantias objetivas suficientes para inspirar a confiança necessária tanto nas partes do processo quanto nos cidadãos em uma sociedade democrática. A imparcialidade do tribunal implica que seus membros não tenham um interesse direto, uma posição previamente definida, uma preferência por qualquer das partes e que não estejam envolvidos na controvérsia. Isso porque o juiz deve agir sem estar sujeito à influência, incentivo, pressão, ameaça ou interferência, direta ou indireta, mas única e *exclusivamente* de acordo com – e motivado por – o Direito.[27]

---

guarantees to exclude any legitimate doubt in this respect"] (*Guide on Article 6 of the Convention*: Right to a Fair Trial [Criminal Limb], 2022, p. 26). Para uma descrição do ordenamento jurídico brasileiro à luz desses critérios e algumas observações de aspectos problemáticos da matéria, ver COUTINHO, Jacinto Nelson de Miranda; SOUZA, Bruno Cunha. "Judicial Independence and Impartiality in Contemporary Brazilian Criminal Procedure". *Beijing Law Review*, vol. 16, nº 1, mar. 2025.

27 Tradução de: "(...) *ha establecido que la imparcialidad exige que el juez que interviene en una contienda particular se aproxime a los hechos de la causa careciendo, de manera subjetiva, de todo prejuicio y, asimismo, ofreciendo garantías suficientes de índole objetiva que inspiren la confianza necesaria a las partes en el caso, así como a los ciudadanos en una sociedad democrática. La imparcialidad del tribunal implica que sus integrantes no tengan un interés directo, una posición tomada, una preferencia por alguna de las partes y que no se encuentren involucrados en la controversia. Ello puesto que el juez debe aparecer como actuando sin estar sujeto a influencia, aliciente, presión, amenaza o intromisión, directa o indirecta, sino única y exclusivamente conforme a – y movido por – el Derecho*" (*Cuadernillo de Jurisprudencia de la CIDH nº* 12: Debido proceso, 2022, p. 140).

Em sentido semelhante, a doutrina costuma diferenciar a imparcialidade em *subjetiva*[28] e *objetiva*,[29] mas parece induvidoso que se deve ter presente não se tratar de sinônimo de neutralidade,[30] "(...) que não existe e nem é deste mundo".[31]

Não obstante, além da imparcialidade ser amplamente reconhecida como um mito[32] ou princípio constitucional implícito,[33]

---

28 Referindo-se àquela pessoal do juiz; à presença de vieses ou preconceitos que possam prejudicar o julgamento do caso; a imparcialidade subjetiva é presumida; mas pode ser inferida de ações ou declarações, públicas ou privadas, que revelem hostilidade ou favoritismo relativamente a uma das partes, bem como que indiquem preconceitos e vieses.

29 Refere-se às garantias estruturais e institucionais para a garantia da imparcialidade e nela se enquadram as hipóteses em que, independentemente do comportamento concreto do juiz, as circunstâncias de certos fatos, por si, podem gerar dúvidas legítimas sobre a objetividade do juiz para julgar o caso.

30 Como também faz CASARA, Rubens R. R. *Mitologia processual penal*. São Paulo: Saraiva, 2015, pp. 146 e ss.

31 AZEVEDO, Plauto Faraco de. *Crítica à dogmática e hermenêutica jurídica*. Porto Alegre: S. A. Fabris Editor, 1989, p. 24.

32 CASARA, Rubens R. R. *Mitologia processual penal*. São Paulo: Saraiva, 2015, pp. 144 e ss.; CASARA, Rubens R. R.; MELCHIOR, Antonio Pedro. *Teoria do processo penal brasileiro*. vol. 1. Rio de Janeiro: Lumen Juris, 2013, pp. 553 e ss. Valem as preciosas observações de PRADO, Geraldo. *Curso de Processo Penal*: tomo 1 – fundamentos e sistema. São Paulo: Marcial Pons, 2024, pp. 266 e ss.: "a 'autoridade' de quem decide deve ao mito da imparcialidade muito de sua força, mesmo que a imparcialidade seja um termo cujo referencial semântico careça de consenso".

33 Explicitado pelos tratados internacionais válidos e vigentes no Brasil, assim como pelos mecanismos existentes para a sua tutela, como os impedimentos e as suspeições.

é corrente identificá-la como um dever[34] aos juízes,[35] assim como um elemento constitutivo da jurisdição,[36] do qual decorrem alguns corolários: (i) o princípio da demanda, isto é, quem faz os requerimentos não os julga (*ne procedat iudex ex officio*); (ii) as hipóteses de impedimento e suspeição do juiz;[37] (iii) as provas serem admitidas

---

34 Dever entendido como "(...) o estado da pessoa a quem algo é prescrito" [tradução de: "(...) *lo stato della persona a cui è prescrito qualcosa*"]; e que em qualquer outra ação praticada seria valorada negativamente pela lei (CORDERO, Franco. *Guida alla procedura penale*. Torino: UTET, 1986, pp. 14-15).

35 Nesse sentido, BOUJIKIAN, Kenarik. "Neutralidade é um mito, mas a imparcialidade do juiz é um dever". *Revista Consultor Jurídico*, 29 jul. 2020. Disponível em: https://www.conjur.com.br/2020-jul-29/escritos-mulher-neutralidade-mito-imparcialidade-juiz-dever/. Acessado em: 28.11.2024; e DALLARI, Dalmo de Abreu. *O poder dos juízes*. São Paulo: Saraiva, 1996, p. 86.

36 Ao qual os italianos, em sua Constituição, acrescentam o termo *terzietà* – a tradução corrente ao português é "alheamento", empregada por primeiro por Aury Lopes Junior (LOPES JR., Aury. *Direito Processual Penal*. 21ª ed. São Paulo: Saraiva, 2024, pp. 36 e ss.), em seu conhecidíssimo manual e que, com precisão, aparece em GIOSTRA, Glauco. *Primeira lição sobre a justiça penal*. Trad. B. Cunha Souza. São Paulo: Tirant lo Blanch, 2022, p. 70 –, que é interpretado como equidistância em relação às partes, referindo-se à posição institucional dos juízes, enquanto a imparcialidade estaria relacionada à função judicial concretamente exercida (CAMON, Alberto *et al. Fondamenti di procedura penale*. 2ª ed. Padova: CEDAM, 2020, pp. 101-103).

37 Os tribunais superiores, majoritariamente, interpretam tais hipóteses como taxativas, porém é possível encontrar casos no STJ admitindo a interpretação extensiva e a analogia às hipóteses previstas no Código de Processo Penal, como aponta CHOUKR, Fauzi Hassan. *Código de Processo Penal*: comentários consolidados e crítica jurisprudencial. 6ª ed. São Paulo: Saraiva, 2014, p. 527. Contudo, como as disposições que as regulam conferem um direito aos cidadãos, trata-se de um equívoco interpretá-las restritivamente, excluindo o reconhecimento de outros potenciais argumentos para a recusa de um juiz. Há um princípio geral de Direito, segundo o qual "(...) é tarefa da lei velar por que, em qualquer tribunal e relativamente a todos os participantes processuais, reine uma *atmosfera de pura objetividade e de incondicional juridicidade*. Pertence pois a cada juiz evitar, a todo o preço, quaisquer circunstâncias que

apenas a pedido das partes e não produzida pelo juiz de ofício; e (iv) os limites à possibilidade de o juiz questionar testemunhas durante a *cross examination*.[38]

Pela importância que tem e o lugar que ocupa, a imparcialidade é, também, como se viu, um elemento constitutivo da jurisdição, sem o qual e ao que parece, ela não existe. Um juiz parcial não é, juridicamente falando, um órgão jurisdicional, mas um aliado daquele ao qual ele se alia. Logo, "juiz imparcial é – afastando os eufemismos – aquele equidistante dos interesses aos quais o processo

---

possam perturbar aquela atmosfera, não – uma vez mais o acentuamos – enquanto tais circunstâncias possam fazê-lo perder a imparcialidade, mas logo enquanto possam criar nos outros a convicção de que ele a perdeu" (FIGUEIREDO DIAS, Jorge de. *Direito Processual Penal*. Coimbra: Coimbra Editora, 2004, p. 320), o que também é válido no Brasil. Além disso, há uma operação lógica que justifica a divergência do posicionamento jurisprudencialmente majoritário, que decompõe a tese nos seguintes termos: (a) o art. 3º, do CPP, abre o ordenamento à integração pelo cânone 18, do Código Canônico, que determina a interpretação estrita de disposições que restringem direitos; mas admite a possibilidade de se interpretar extensivamente aquelas que disponham ou ampliem o exercício de direitos; (b) como as hipóteses de impedimento e suspeição servem para garantir ao cidadão o direito de ser julgado por um juiz imparcial, reclama o direito ao devido processo legal (art. 5º, LIV, CR/88); (c) a exceção de suspeição, em uma de suas perspectivas, significa o direito de recusar o juiz cuja imparcialidade pareça razoavelmente duvidosa; (d) admitindo como verdadeiras as proposições *a*, *b* e *c*, devem ser aceitas não só as hipóteses supletivas do CPC (por exemplo, o art. 145, § 1º, que permite ao juiz declarar sua própria suspeição por motivo de foro íntimo sem a necessidade de explicitar os motivos dela), mas também outras não previstas em lei; (e) assim, as hipóteses de exceção de suspeição previstas na lei devem ser lidas como exemplificativas. Da mesma forma, ver COUTINHO, Jacinto Nelson de Miranda; SOUZA, Bruno Cunha. "Judicial Independence and Impartiality in Contemporary Brazilian Criminal Procedure". *Beijing Law Review*, vol. 16, nº 1, mar. 2025.

38 CAMON, Alberto *et al. Fondamenti di procedura penale*. 2ª ed. Padova: CEDAM, 2020, pp. 101-103.

e o caso penal se referem. Daí sua função de 'terzo', como dizem os italianos".[39]

Faz sentido. Antes de tudo porque afasta – como se viu – a possibilidade de se cogitar o uso, como sinônimo, a noção de neutralidade que, em *ultima ratio*, não existe. Por sinal, o fato de se pensar, em si, já é uma tomada de posição, mesmo porque as palavras que se escolhem para compor a cadeia de significantes que formam as frases dispensam outras (palavras), e isso desde logo impede a neutralidade: a estrutura psíquica (consciente e inconsciente) das pessoas é determinante daquilo que cada uma delas conhece como mundo. Ali se aninha o indivíduo, portanto, o não-divisível-em-dois: in+di+ví+duo. E ele não é neutro por definição.

Porém, isso não alcança a impossibilidade de lugares comuns que sejam, por assim dizer, objetivamente compartilháveis:

> O mundo é uma construção mental nossa, mas nele vivemos e, sendo uniformes as experiências relativas, não há nada de errado em falar de coisas, fatos, tempo e espaço objetivos; esse tipo de idealismo e o realismo não se excluem mais do que duas imagens de um mesmo objeto vistas a um quilômetro e a um passo. O que quer que digamos, pertence ao mundo, caso contrário não poderíamos dizer ou pensar, mas o observador, que sabe que está dentro do círculo, supõe além dele, embora não consiga imaginá-lo, uma conjectura muito útil como antídoto para o vício metafísico. As duas perspectivas são diferentes e compatíveis: quem duvida da objetividade do mundo, ou seja, da constância de certos fenômenos, corre o risco de enlouquecer; quem manipula o intelectualmente

39 COUTINHO, Jacinto Nelson de Miranda; BERTI, Marcio Guedes. "O júri e a soberania dos veredictos: a questão da verdade e a absolvição no quesito genérico". *In*: PEREIRA E SILVA, Rodrigo Faucz; AVELAR, Daniel Ribeiro Surdi de (Coord.). *Estudos em homenagem aos 200 anos do Tribunal do Júri no Brasil*. São Paulo: Thomson Reuters Brasil, 2022, p. 185.

> intratável é um mau filósofo, cujas transgressões permanecem impunes, embora às vezes sejam mais nocivas do que os delírios do outro.[40]

Eis, então, por que é possível ter um lugar comum para a imparcialidade. Contudo, ele (o lugar comum) começa tendo por pressuposto uma tomada de posição, logo, o juiz imparcial toma posição, posto que não seja ela iluminada *ex ante* pelo interesse de qualquer das partes e adesão a ele, o interesse. Se for, já não mais é imparcial. Afinal, imparcialidade é o caráter ou a qualidade de imparcial; e imparcial é parcial – na língua portuguesa – com o prefixo *in-* (na forma de *im-*), o modo de se fazer a negação, logo, não parcial. Parcial, por sua vez, decorre do latim (*pars, partis*) e, assim, aparece como a parte de um todo. Foi em tal sentido que a palavra foi usada por Carnelutti em seu célebre texto sobre "Verdade, dúvida e certeza";[41] e ganhou projeção no Direito Processual.

Vê-se, logo, que uma definição precisa do substantivo imparcialidade é impossível e, por isso, Casara tem razão quando se refere a mito, ou seja, à palavra que se diz sobre algo (objeto) quando não se tem palavra para dizer. Algo pode existir (ou não), mas não se

---

40 Tradução de: "(...) *il mondo è una nostra costruzione mentale ma ci viviamo ed essendo uniformi le relative esperienze, non c'è niente di male nel parlare di cose, fatti, tempo, spazio oggettivi; questo genere d'idealismo e il realismo non si escludono piú di due immagini d'uno stesso oggetto visto da un miglio e da un passo. Qualunque cosa diciamo, appartiene al mondo, se no non potremmo dirla né pensarla, ma l'osservatore, che sa d'essere dentro il circolo, suppone al di lá pur non riuscendo a immaginarlo, una congettura molto utile come antidoto del vizio metafíco. Le due prospettive sono diverse e compatibili: chi ha dei dubbi sull'oggettività del mondo ossia sulla costanza di certi fenomeni, rischia il manicomio; chi manipola l'intellettualmente intrattabile, è un cattivo filosofo, i cui misfatti restano impuniti sebbene talvolta siano piú nocivi dei farneticamenti dell'altro*" (CORDERO, Franco. *Trattato di decomposizione*. Bari: De Donato, 1970, pp. 14-15).

41 CARNELUTTI, Francesco. "Verità, dubbio e certeza". *Rivista di Diritto Processuale*, Padova: Cedam, vol. 20 (II Serie), 1965, pp. 4-9.

tem linguagem no arsenal linguístico (a racionalidade pré-compreendida) para o expressar. Daí um significante primeiro para a cadeia de significantes, com a qual se tenta definir e, com isso, dar conta do objeto. Se é assim, usa-se a palavra – que às vezes sequer existe antes, logo, que é fruto de criação – e se tenta, a partir dela, fazer uma aproximação com o objeto. Afinal, não parcial/imparcial diz o que sobre a realidade? Nada! Ou muito pouco: a palavra parece vazia. E isso em razão de, como diziam os romanos, ser *res, non verba*. Eis por que se torna necessário estruturar a referida cadeia de significantes para se tentar explicitar o que ocorre; e ela, a explicação, no caso da imparcialidade, liga-se à noção de equidistância.

Por isso, manter-se o juiz equidistante dos interesses aos quais o processo e o caso penal se referem é trabalho hercúleo porque, como se sabe, a cada ato processual, novos conhecimentos chegam (sobretudo os probatórios) e a tendência é se tomar posição sobre o que eles representam, inclusive, se for o caso, a decisão sobre a questão de fundo. Referidos conhecimentos, porém, são, no processo, sempre parciais e, obviamente, podem mudar no momento seguinte, resultando, muitas vezes, absurda – quando não injusta – a decisão tomada. Tal modo de agir, de pensar, de decidir (salvo nas exceções que se admite, como nas medidas cautelares), não é o que está na lei; não é o que se quer; não é o que se presume. Mas é o que acontece quase que na totalidade dos processos. E por uma razão banal: esse é o mecanismo normal (natural?) utilizado pelos humanos para raciocinar, na civilização ocidental. Ou seja, pensa-se, de regra, a partir da analítica de Aristóteles (na forma estabelecida por Tomás de Aquino na Idade Média), avançando-se no saber por sínteses que se perfazem em razão do cotejo de premissas: premissa maior, premissa menor, síntese. É o conhecido silogismo; uma fraude em muitos casos. De qualquer modo, a cada ato do processo o conhecimento agregado muda o panorama que se tem; e com isso têm-se novas conclusões, algumas (dependendo do caso) expressando a própria decisão final, antecipada inadvertidamente, embora sempre negada porque visivelmente ilegal. Na realidade e talvez na maioria dos casos, a decisão final vai sendo construída (e como tal se passa com qualquer pessoa que esteja naquela condição), salvo nos casos em que há escancarado prejulgamento, de todo ilegal, mas muito praticado nos processos inquisitoriais.[42]

No fundo, quase tudo depende do próprio juiz que, mesmo sabendo como funciona a entrada no processo do conhecimento que a ele se aporta, deve resistir às aparências e fazer com que as conclusões parciais não afetem as dúvidas que devem ser levadas até o momento da decisão final, de modo a que essa seja expressão da melhor conclusão possível. Por certo, tal comportamento não é simples e nem fácil, mas funciona como uma descarga psíquica, aliviando o peso do viver. Os juízes que agem assim são, com frequência, considerados os melhores juízes, justo porque parecem estar quase sempre mais de bem com a vida, desde que despidos de prejulgamentos. Conseguem, com frequência, manter a equidistância dos interesses aportados nos processos, logo, são imparciais.

Conclusão

Por fim e como se sabe, o ordenamento jurídico brasileiro garante mal a imparcialidade no processo penal, que expressa um sistema inquisitório. Em síntese, são dois os principais problemas: (i) os juízes, de ofício e em qualquer momento, têm iniciativa probatória e podem produzir provas no processo (art. 156, CPP); e (ii)

---

42 HARTMANN, Érica de Oliveira. *A parcialidade do controle jurisdicional da motivação das decisões*. Florianópolis: Conceito Editorial, 2010, p. 155: "o que ocorre com a maioria dos autores é o equívoco de acreditar e, pior, sustentar que, de fato, a decisão vai decorrer das provas acostadas aos autos de processo. Isso não é absoluto. Como já se disse, seria ideal que fosse assim. Porém, não só por conta dos elementos pessoais, mas também por ser gestor da prova, muitas vezes, repita-se, o juiz não decide com base na prova dos autos, mas apenas as utiliza para justificar a sua decisão". Sobre o tema, em face do princípio do livre convencimento, ver NOBILI, Massimo. *Il principio del libero convencimento del giudice*. Milano: Giuffrè, 1974, pp. 260 e ss.

os juízes podem utilizar atos produzidos na investigação, ou unilateralmente pela acusação ou defesa, como fundamento legítimo da sentença (art. 155, CPP). São problemas a serem superados com uma reforma global acusatória, mas se segue alterando o código de 1941 com reformas parciais: quem acredita nelas permanece, inocentemente, à espera de um milagre. Por outro lado, quem não quer um modelo verdadeiramente acusatório, faz críticas de aparência, já que não considera conveniente mudar muito. E em ambos os casos, escolhe-se a perpetuação do modelo vigente. Assim, vale lembrar a advertência de Cordero, ao discutir sobre qual modelo (se acusatório ou inquisitório) se deveria adotar no novo código italiano: "pressupor uma moral de elite significa sair da realidade, mas a escolha de um modelo muito decadente é o caminho mais seguro para a barbárie".[43]

Referências bibliográficas

AZEVEDO, Plauto Faraco de. *Crítica à dogmática e hermenêutica jurídica*. Porto Alegre: S. A. Fabris Editor, 1989.

BACON, Francis. *The Essays*. Introd. e notas Mary Augusta Scott. Nova York: Charles Scribner's Sons, 1908.

BINDER, Alberto M. *Introducción al derecho procesal penal*. 2ª ed. Buenos Aires: Ad-Hoc, 2016.

______. *Justicia penal y estado de derecho*. 2ª ed. Buenos Aires: Ad-Hoc, 2004.

BOUJIKIAN, Kenarik. "Neutralidade é um mito, mas a imparcialidade do juiz é um dever". *Revista Consultor Jurídico*, 29 jul. 2020. Disponível em: https://www.conjur.com.br/2020-jul-29/escritos-mulher-neutralidade-mito-imparcialidade-juiz-dever/. Acessado em: 28.11.2024.

---

43 Tradução de: "*Presupporre una morale d'élite significa uscire dalla realtà, ma la scelta di un modello troppo scadente è la via più sicura per imbarbarirsi*" (CORDERO, Franco. *Ideologie del processo penale*. Con un'appendice (I poteri del Magistrato; Stilus Curiae; Strutture d'un Codice; Legalità Penale). Roma: Università "La Sapienza", 1997, p. 196).

CAMON, Alberto *et al. Fondamenti di procedura penale.* 2ª ed. Padova: CEDAM, 2020.

CARNELUTTI, Francesco. "Verità, dubbio e certeza". *Rivista di Diritto Processuale*, Padova: Cedam, vol. 20 (II Serie), 1965.

CARVALHO, Amilton Bueno de. *Direito Alternativo em movimento.* Rio de Janeiro: Luam, 1997.

CASARA, Rubens R. R. *Mitologia processual penal.* São Paulo: Saraiva, 2015.

CASARA, Rubens R. R.; MELCHIOR, Antonio Pedro. *Teoria do processo penal brasileiro.* vol. 1. Rio de Janeiro: Lumen Juris, 2013.

CHOUKR, Fauzi Hassan. *Código de Processo Penal*: comentários consolidados e crítica jurisprudencial. 6ª ed. São Paulo: Saraiva, 2014.

CINTRA, Antônio Carlos de Araújo, GRINOVER, Ada Pellegrini; DINAMARCO, Candido Rangel. *Teoria geral do processo.* 23ª ed. São Paulo: Malheiros, 2007.

CORDERO, Franco. *Guida alla procedura penale.* Torino: UTET, 1986.

______. *Ideologie del processo penale.* Con un'appendice (I poteri del Magistrato; Stilus Curiae; Strutture d'un Codice; Legalità Penale). Roma: Università "La Sapienza", 1997.

______. *Risposta a Monsignore.* Bari: De Donato, 1970.

______. *Trattato di decomposizione.* Bari: De Donato, 1970.

COUTINHO, Jacinto Nelson de Miranda. "Amilton Bueno de Carvalho: um juiz criminal a ser seguido". *In*: ______. *Temas de Direito Penal e processo penal*: por prefácio selecionados. Rio de Janeiro: Lumen Juris, 2010.

COUTINHO, Jacinto Nelson de Miranda; BERTI, Marcio Guedes. "O júri e a soberania dos veredictos: a questão da verdade e a absolvição no quesito genérico". *In*: PEREIRA E SILVA, Rodrigo Faucz; AVELAR, Daniel Ribeiro Surdi de (Coord.). *Estudos em homenagem aos 200 anos do Tribunal do Júri no Brasil.* São Paulo: Thomson Reuters Brasil, 2022.

COUTINHO, Jacinto Nelson de Miranda; MILANEZ, Bruno; SOUZA, Bruno Cunha. "O futuro do juiz das garantias". *In*: SANCHES, Juliana *et al.* (Coord.). *Processo e justiça na contemporaneidade*: estudos em homenagem aos 50 anos do professor André Nicolitt. São Paulo: D'Plácido, 2023.

COUTINHO, Jacinto Nelson de Miranda; SOUZA, Bruno Cunha. "Judicial Independence and Impartiality in Contemporary Brazilian Criminal Procedure". *Beijing Law Review*, vol. 16, nº 1, mar. 2025.

DALLARI, Dalmo de Abreu. *O poder dos juízes*. São Paulo: Saraiva, 1996.

FERRUA, Paolo. "Indipendenza e Imparzialità". *La legislazione penale*: Processo e garanzie della Persona (in onore di Mario Chiavario), 19 out. 2020. Disponível em: https://www.lalegislazionepenale.eu/wp-content/uploads/2020/10/Ferrua.REV_.pdf. Acessado em: 03.01.2025.

FIGUEIREDO DIAS, Jorge de. *Direito Processual Penal*. Coimbra: Coimbra Editora, 2004.

FISS, Owen. *The Law as it could be*. Nova York: NYU Press, 2003 (*e-book*).

GIOSTRA, Glauco. *Primeira lição sobre a justiça penal*. Trad. B. Cunha Souza. São Paulo: Tirant lo Blanch, 2022.

HARTMANN, Érica de Oliveira. *A parcialidade do controle jurisdicional da motivação das decisões*. Florianópolis: Conceito Editorial, 2010.

LOPES JR., Aury. *Direito Processual Penal*. 21ª ed. São Paulo: Saraiva, 2024.

MAIER, Julio B. J. *Derecho procesal penal*: fundamentos. vol. 1. Buenos Aires: Ad-Hoc, 2016.

NOBILI, Massimo. *Il principio del libero convencimento del giudice*. Milano: Giuffrè, 1974.

PRADO, Geraldo. *Curso de Processo Penal*: tomo 1 – fundamentos e sistema. São Paulo: Marcial Pons, 2024.

SCHIMIDT, Eberhard. *Los fundamentos teóricos y constitucionales del Derecho Procesal Penal*. Trad. J. M. Nuñez. Buenos Aires: Editorial Bibliográfica Argentina, 1957.

WARAT, Luís Aberto. "Apresentação fora das rotinas". *In*: ROSA, Alexandre Morais da. *Garantismo jurídico e controle de constitucionalidade material*. Florianópolis: Habitus, 2002.

CAPÍTULO XIV

O JUIZ PENAL COMO INSTITUIÇÃO DE GARANTIA DA LIBERDADE[1]

JACSON ZILIO

1 O estado da arte

Um dos reflexos mais significativos da materialização do Direito Penal autoritário no campo da jurisdição penal caracteriza-se pelo desvirtuamento do papel reservado constitucionalmente, nas democracias, ao juiz: o deslocamento da função de proteção da liberdade

1 Este artigo é uma singela homenagem ao meu querido amigo Rubens Casara, ele próprio um dos mais qualificados quadros da magistratura brasileira que ainda resiste, não sem danos pessoais, ao uso irracional do Direito Penal. Tê-lo como amigo e poder dividir angústias, tristezas e felicidades, em um momento áspero da história mundial, é motivo de orgulho e privilégio. Rubens, por alinhar pensamento e ação, faz parte da "restrita comunidade daqueles homens dos quais depende a sobrevivência de todos os outros", diria certamente SCURATI, Antônio. *A melhor época da nossa vida*. São Paulo: Mundaréu, 2024, p. 12.

individual do imputado (dos direitos individuais fundamentais) para o cumprimento de funções de segurança (violentas ou burocráticas).

Esse giro antidemocrático tem fundamentos velados e consequências sensíveis. Há uma transformação dialética, do interno ao externo, do geral ao concreto, oriunda da perversa racionalidade neoliberal, que contamina a formação social, suas formas de regulamentação e o próprio indivíduo. Em outras palavras: a razão neoliberal, como exercício real do novo poder planetário do capitalismo financeiro mundial, modula a *forma* e o *conteúdo* do Estado moderno, do Direito em geral e do próprio indivíduo social, integrante ou não corpo do estatal.

A razão neoliberal forja, ao mesmo tempo, não apenas um *Direito Penal global (material e processual) funcional ao poder constituído*, facilitador, portanto, do exercício incontrolável de poder punitivo, como também um *outro tipo de indivíduo*, de *personalidade autoritária*, que, quando investido nos poderes legais conferidos ao juiz penal no contexto de determinadas sociedades de desigualdades normalizadas, provoca danos irreparáveis à liberdade e à democracia.

Assim, o juiz penal converte-se numa espécie de soldado do poder punitivo, cuja finalidade reside no controle (inocuização) das massas excluídas da rede de consumo das sociedades tardo-capitalistas e de seus apoiadores.[2] O Direito Penal e o processo penal – conduzidos agora pelas mãos do novo constitucionalismo, que opera pelas ideias neoliberais de racionalização e automatização, com capacidade de intervenção nas deliberações políticas – funcionam como máquinas de guerra desse soldado, com objetivos declarados e ocultos. No Brasil, por exemplo, da atuação de alguns juízes farsantes em

2 Parte significativa desse fenômeno é também encontrada no Ministério Público. Por ser uma "instituição ambígua" cravada no "*campo di battaglia*" entre opostas opções políticas, é hoje responsável pelo retrocesso em tema de garantia (IBÁÑEZ, Perfecto Andrés. *Tercero en discordia*: jurisdicción y juez del estado constitucional (Estructuras y procesos. Derecho). Madrid: Trotta, 2023, pp. 479-515).

megaprocessos de Direito Penal econômico, nasceu o embrião da *tentativa de aceleração da saída da democracia.*[3]

Essa (de)formação do sujeito no contexto neoliberal explica também como as *mentalidades fanáticas* transformaram, no Direito Penal, o *juízo crítico* sobre as funções reais da pena em *juízo crente* das funções meramente simbólicas. Concomitantemente, também esclarece como as *mentalidades inquisitórias* provocaram, no processo penal, mais uma vez, a conversão do *juízo penal da prova sobre o fato (sistema acusatório)* em *juízo da prova inquisitiva sobre o autor (sistema inquisitório).*[4] Portanto, a erosão atual dos sistemas de garantia da liberdade humana, da qual o juiz penal é participante, deriva da junção dessas duas formas de *mentalidades autoritárias*, da devoção da pena à gestão probatória da imputação penal, imposta pelo neoliberalismo.[5] Aí desaparece o Direito Penal democrático (material e processual) como instrumento legal de proteção da liberdade, para dar lugar, assim, ao puro exercício de poder

---

3 SAUVÊTRE, Pierre; LAVAL, Christian; GUÉGUEM, Haud; DARDOT, Pierre. *A escolha da guerra civil*: uma outra história do neoliberalismo. São Paulo: Elefante, 2021, p. 278: "obviamente, a intervenção do juiz Moro e de sua força-tarefa abriu diretamente o caminho para a chegada de Bolsonaro ao poder. A pretendida operação "anticorrupção", no curso de seu desenvolvimento, mostrou-se cada vez mais claramente uma operação de restauração do poder das oligarquias econômicas e políticas, ao preço da autorização das práticas as mais contrárias aos direitos dos acusados e da defesa: ameaças, chantagem, extorsão e prisões ilegais. O juiz Moro, que condenou Lula, tornou-se, por alguns meses, o Ministro da Justiça de Bolsonaro".

4 FERRAJOLI, Luigi. *Giustizia e politica*: crisi e rifondazione del garantismo penale. Bari-Roma, Laterza, 2024, p. 179.

5 Entre nós, a partir das lições do processualista penal italiano Franco Cordero, essa característica fundamental do sistema inquisitório que concentra a **gestão da prova** nas mãos do juiz, criando quadros mentais paranoicos, foi sustentada por COUTINHO, Jacinto Nelson de Miranda. "O papel do novo juiz no processo penal". *Direito alternativo*: Seminário Nacional sobre o Uso Alternativo do Direito, Rio de Janeiro: ADV, 1993, p. 38.

arbitrário. Nesse lugar não há espaço para qualquer juiz preocupado com a preservação dos direitos e garantias fundamentais.

2 A Política Criminal da razão neoliberal

A razão neoliberal, ao concentrar o poder nas mãos de atores econômicos, modela formas de Direito Penal e processo penal autoritárias, que desativam os dispositivos democráticos. Isso porque os processos econômicos e securitários, governados hoje mundialmente por uma plutocracia de extrema direita, configuram uma sociedade sem democracia, sem soberania, sem direitos e garantias fundamentais.

O neoliberalismo, como sustentam Laval e Dardot, é uma nova "razão-mundo", cuja característica é estender e impor a lógica do *capital* para todas as relações sociais, até fazer dela a forma mesma de nossas vidas.[6]

O modelo neoliberal se não caracteriza apenas como modo de organização da economia. É mais. Cuida-se de um *modelo epistemológico* que nasce do repúdio ao papel social do *rule of law*. A política de bem-estar social aparece como puro desperdício de dinheiro público, com prejuízos irreparáveis à dinâmica da economia de mercado. Daí porque Hayek afirmava que a origem da crise do Estado social era determinada pelo nefasto e excessivo poder dos sindicatos e, de forma mais geral, pelo movimento operário, que corroeu as bases do capitalismo com reivindicações para que o Estado aumentasse cada vez mais os gastos sociais. Na mesma linha, ele argumentava que o igualitarismo produzido pelo Estado de Bem-Estar retirava a liberdade dos cidadãos e a vitalidade da concorrência, que era fundamental para a "prosperidade" (econômica) de todos. Nessa linha, por mais chocante que possa parecer, Hayek entendia a desigualdade como um valor positivo, elemento motor

---

6 LAVAL, Christian; DARDOT, Pierre. *La pesadilla que no acaba nunca*: el neoliberalismo contra la democracia. Barcelona: Gedisa, 2017, p. 11.

da competição, que estimularia o "desenvolvimento" de todos. Na verdade, Hayek reduzia a democracia a um simples procedimento técnico de governantes.[7]

Nesse modelo mercadológico, as regras do Direito que possuem supremacia são as normas de *Direito Privado* e *Direito Penal*.[8] Rubens Casara condensou as normas neoliberais em cinco: 1) as decisões devem ser tomadas a partir do critério da exclusiva satisfação pessoal; 2) os direitos e as garantias fundamentais devem ser afastados sempre que necessário à eficiência do mercado; 3) os concorrentes-inimigos devem ser vencidos ou destruídos; 4) tudo e todos devem ser tratados como coisas; 5) tudo deve ser simples (e transparente).[9]

Os fundamentos de ordem social do neoliberalismo, aplaudidos agora pela extrema direita mundial e coerentes com essas normas privadas, são retratados nas concepções interligadas de *desigualdade*, *competição* e *eficiência*.

A *desigualdade* é uma relação de simetria entre competidores no mercado, o que se apresenta como elemento favorável à competição e, por consequência, do próprio mercado. A desigualdade é, portanto, algo necessário e até constitutivo de uma organização social neoliberal. A desigualdade aparece então como algo inevitável por conta da carga hereditária, de classe e meritória.

A *competição* é o elemento que impulsiona a economia de mercado: agentes econômicos neoliberais são preparados para vencer

---

7 LAVAL, Christian; DARDOT, Pierre. *La pesadilla que no acaba nunca*: el neoliberalismo contra la democracia. Barcelona: Gedisa, 2017, p. 39.

8 LAVAL, Christian; DARDOT, Pierre. *La pesadilla que no acaba nunca*: el neoliberalismo contra la democracia. Barcelona: Gedisa, 2017, p. 42; HAYEK, Friedrich August von. *O caminho da servidão*. Rio de Janeiro: Expressão e Cultura/Instituto Liberal, 1987, p. 68.

9 CASARA, Rubens R. R. *Contra a miséria neoliberal*. São Paulo: Autonomia Literária, 2021, pp. 205-279.

a competição (sem limites éticos ou jurídicos) através da ideologia do sucesso (meritocracia) e da visão buscada da sociedade de vencedores e perdedores.

Por fim, o neoliberalismo estrutura-se na suposta *eficiência técnica*, formal, ligada necessariamente à ideia de competição. Já não basta competir, participar do jogo; é preciso ser "o melhor", "o vencedor", "o empreendedor", a qualquer custo. Logo, para atingir essa finalidade social, "os fins justificam os meios". Não importa serem os meios degradantes, burocráticos ou violentos. O que vale, no final das contas, são os fins buscados.

Também nesse contexto o Direito e o processo penal ganham uma nova roupagem. Quando capturados pela lógica de eficiência, essas disciplinas imprimem ao fim mais valor do que o meio. Tanto um como outro devem facilitar o caminho da Política Criminal, que é, na verdade, o mesmo sangue que corre nas veias do Direito Penal e do processo penal. Nessa lógica, não causa mais espanto pensar que um bom juiz penal é aquele que prende mais (pobres e adversários, ainda que cautelarmente), produz mais sentença (ainda que tecnicamente ruins) e não coloca entraves ao mercado (que, como ordem natural, precisa ser livre, em todos os sentidos, inclusive na forma de divulgação da própria ideologia neoliberal, mesmo quando possa representar rupturas ou ataque às instituições democráticas).

Claro que nessa lógica fria, desumana e antidemocrática dos fundamentos neoliberais, mais do que *opressores e oprimidos* derivados das fases da *produção* e *distribuição* da mercadoria do ciclo econômico, o que se tem hoje são *incluídos e excluídos* da fase do *consumo*. Aos excluídos da fase de consumo dessa sociedade financeira só restam a invisibilidade (dos mendigos, por exemplo), a morte (dos jovens pretos e pobres das periferias, por exemplo) ou a prisão-neutralização (das massas indesejadas ou de seus líderes sociais e políticos, por exemplo).

O pensamento neoliberal contamina o Direito Penal e o processo penal (e, logo, como visto, também o juiz penal) por meio da

Política Criminal. Como se sabe, há uma **unidade político-criminal entre Direito Penal e processo penal.** Do ponto de vista político, ambos formam uma unidade, embora a função material e formal de cada um seja diferente. Enquanto o Direito Penal estabelece os elementos da ação punível e ameaça com consequências jurídicas (penas e medidas de segurança), o Direito Processual Penal regula os atos que compõem o processo de verificação da realização do Direito Penal material. Mas o Direito Processual Penal e o Direito Penal **são mutuamente dependentes para a concretização da** Política Criminal estatal enquanto *instrumentos formais de controle social.*

A história do poder punitivo demonstra, aliás, uma estreita relação política entre o Direito Penal e o Direito Processual Penal. Por exemplo, como afirmou Julio Maier, a ideia extrema de expiação e de prevenção geral do Direito Penal adequa-se perfeitamente a um método de execução e de investigação, a Inquisição, que cumpria perfeitamente estes objetivos e os complementava, de tal modo que o instrumento de execução se tornou mais famoso e mais conhecido do que as normas materiais que servia, numa época em que ambos os ramos do Direito ainda estavam unidos.[10] Por isso, a reação dos iluministas à Inquisição voltou-se contra o poder penal geral do Estado, de modo a garantir um mínimo de respeito pela liberdade e dignidade humanas.

No neoliberalismo, a Política Criminal não poderia ser definida por interesses que não os das forças dominantes. Numa situação em que as empresas privadas passam a realizar atividades estatais, seguindo um discurso eficientista, a Política Criminal nos países da América Latina deve ter o mesmo objetivo: a eficiência. Esta, no Brasil reconhecida como princípio constitucional (art. 37, CR), sustenta uma nova Política Criminal, que tem por meta a tutela

10 MAIER, Julio B. J. *Derecho procesal penal*: fundamentos. vol. 1. Buenos Aires: Editores del Puerto, 2004, p. 148.

eficiente contra aqueles que perturbam a ordem econômica e suas metas culturais.

Essa Política Criminal possui as seguintes características: a) faz uso de dura repressão à criminalidade comum ou de massa; b) aumenta os orçamentos dos órgãos de persecução criminal; c) são eleitos novos "bodes expiatórios"; d) criam-se tipos penais dentro de um conceito poroso de "criminalidade organizada"; e) a segurança pública ganha *status* de direito secundário.

Nesse contexto, a ideia de eficiência determina novos movimentos político-criminais que deslocaram o Direito Penal e o processo penal para a maximização da ideia de prevenção. Com efeito, em sentido geral, há um *Direito Penal global (material e processual) funcional ao poder estabelecido*, que se conhece como Direito Penal autoritário, ou seja, Direito Penal sem controle dos fins estatais (poder punitivo). De outro lado, um processo penal se reduz ao mero procedimento formal, ao rito burocrático e negociável, porque se não pode colocar pedra nos fins pretendidos. De outro lado, um Direito Penal funcional ao poder, cuja principal caraterística é o apego simbólico do controle (neutralização) das massas humanas miserabilizadas e de seus defensores. Para controlá-las de forma mais eficiente, como mandam os fundamentos do neoliberalismo, os espaços punitivos se ampliam por meio da estratégica antecipada de punição, permitidas por categorias dogmáticas servis (crimes de perigo e crimes de bens coletivos). Além disso, ressurge o discurso de periculosidade (agora de grupos) e o uso político do Direito Penal, especialmente para neutralização e eliminação de adversários, declarados ou supostos, da própria ordem neoliberal.

Existem atualmente duas principais frentes da Política Criminal neoliberal: aquela que se dirige ao controle da pobreza, fazendo uso da prisão e de medidas alternativas de controle (penas restritivas de direitos, monitoramento eletrônico etc.); aquela que atua simbolicamente no controle dos riscos (econômicos e ambientais) decorrentes das atividades econômicas que se desenvolvem em uma ordem globalizada. Nesse último caso, bastante simbólico, o Direito Penal econômico teria a função de proteger a *comunidade de vítimas* produzida pela *sociedade de risco*. Enquanto o modelo econômico neoliberal exige intervenção punitiva do Estado somente para funcionar como instrumento de exclusão daqueles que, "por não terem capacidade de se incluírem", não podem consumir e, por consequência, são inúteis até para serem explorados, o Direito Penal econômico, de acordo com o seu discurso oficial, estaria orientado à punição dos poderosos, daqueles que detêm o poder econômico.

Lego engano.

As duas dimensões da Política Criminal neoliberal são seletivas e, portanto, violadoras do direito à igualdade. Mas, no caso do Direito Penal econômico, as ações perigosas para a sociedade, que seriam decorrentes do surgimento de uma economia global e do desenvolvimento tecnológico, estão no âmbito do risco permitido. Pela acessoriedade administrativa, que caracteriza o Direito Penal econômico, são as agências da Administração Pública que, por um critério discricionário de oportunidade e conveniência, delimitam o conteúdo do injusto penal. Logo, se trata apenas de um gerenciamento de autorização de riscos.

No sistema econômico neoliberal, desaparecem os limites entre o público e o privado. A legislação penal se converte em um recurso público e, como tal, torna-se objeto de troca no âmbito da política. Isso quer dizer que a repressão penal de condutas que envolvem o bem jurídico é colocada entre os *bens de autoridade*, objeto de negociação entre as autoridades públicas e os grupos sociais organizados. A distribuição de autorizações para a produção de grandes riscos atende exclusivamente aos interesses dos grandes conglomerados econômicos. Por isso é que, como sistema penal, o Direito Penal econômico é também seletivo. Os criminalizados, que constituem um número desprezível, são aqueles que, na disputa política, não tiveram sucesso na tentativa de colocar seus representantes no poder do Estado. Mais: os delitos não constituem agressões ou ameaças a bens jurídicos concretos. Passam a ser mera desobediência a normas de organização da atividade econômica. Assim, os grupos que possuem o monopólio sobre a legislação penal trabalham para impor a maior carga de deveres e responsabilidades sobre os outros grupos, para tornar cada vez mais complicadas e onerosas as atividades econômicas do concorrente. Enfim, da mesma forma que o Direito Penal clássico, o Direito Penal econômico possui finalidades declaradas e latentes. A *função declarada* de proteger bens jurídicos supraindividuais, encoberta pelo discurso de se tratar de um Direito Penal típico de um Estado Social e Democrático de Direito. No entanto, a *função real* é a de assegurar a desigualdade entre os competidores dentro do modelo econômico neoliberal.

Há quem perceba, não sem razão, algo ainda mais grave: o Direito Penal econômico tem se transformado, no neoliberalismo, numa máquina de guerra.[11] O espaço judicial se converte em lugar estratégico de derrota do inimigo político que o próprio neoliberalismo produz, notadamente nos países ditos periféricos.[12] Obviamente, esse uso político do Direito Penal não renuncia ao clássico controle penal das massas miserabilizadas da sociedade de consumo.

3 A captura do juiz pelo neossujeito

Independentemente da classe social, outro produto dessa modulação social neoliberal é, hoje, o neossujeito, consistente num sujeito idiotizado, de senso comum baixo, assujeitado, docilizado e, mesmo assim, autoritário, que se identifica, na atividade de cúmplice

---

11 SAUVÊTRE, Pierre; LAVAL, Christian; GUÉGUEM, Haud; DARDOT, Pierre. *A escolha da guerra civil*: uma outra história do neoliberalismo. São Paulo: Elefante, 2021, p. 263.

12 SAUVÊTRE, Pierre; LAVAL, Christian; GUÉGUEM, Haud; DARDOT, Pierre. *A escolha da guerra civil*: uma outra história do neoliberalismo. São Paulo: Elefante, 2021, p. 268.

na sociedade de consumo, com a sedução e fantasia do opressor bem-sucedido economicamente.

Lebrun analisou essa alteração dos laços sociais, entendida como desintegração da relação entre o indivíduo e a coletividade. Referida alteração provoca o surgimento de novos regimes de economia psíquica, assim como de uma nova forma de moldar as subjetividades contemporâneas.

As alterações no modo de vida em coletividade recaem sobre o psiquismo dos sujeitos individuais, confirmando que o sujeito do inconsciente é um sujeito "assujeitado". A identidade do sujeito vem do outro. É uma identidade do sujeito constituída pela negatividade que vem do outro, de modo que a construção da subjetividade é um processo de assujeitamento do indivíduo.[13]

Essa mudança dos laços sociais tem relação com a crise da civilização ocidental do paradigma religioso. Estruturada sobre esse paradigma, a autoridade hierárquica se legitimava pelo lugar transcendente em que se apoiava. Contudo, no neoliberalismo, a razão de mercado ocupa o espaço da religião como elemento organizador dos laços sociais. Nesse novo modelo renuncia-se à transcendência, assim como do lugar que ocupa a autoridade. Há uma transição de uma sociedade organizada verticalmente para uma organização horizontal, independente da transcendência. É essa transformação que provocou a deslegitimação da autoridade do modelo religioso, que prometia a completude.

Kehl constata que os discursos predominantes sobre o que deve ser a vida não mais se apoiam em fundamentos filosóficos ou religiosos, mas, sim, em razões de mercado, que se fundam em si mesmas, "pois sua satisfação não remete a nada além da fruição presente do

13 LEBRUN, Jean-Pierre. *A perversão comum*: viver juntos sem o outro. Rio de Janeiro: Companhia de Freud, 2008.

objeto, da mercadoria, do fetiche".[14] Assim, o objeto do desejo é um objeto inexistente, perdido desde sempre, cuja busca lança o sujeito numa incansável repetição.[15] Ligado à desconsideração da transcendência, assim como à crise da função paterna, numa sociedade horizontal, surge o *neossujeito*, que se livra de toda hierarquia, de toda negatividade, de qualquer limite ao gozo. O *neossujeito* é aquele que, por possuir um vazio interior, necessita de sensações intensas. A lógica da sensação prevalece sobre a do pensamento.

Esse novo sujeito funciona agora, ao mesmo tempo, como protagonista e objeto da Política Criminal contemporânea. O juiz penal, portanto, dentro desse novo regime de economia psíquica, também não está imune à possibilidade de ser também um desses homens imbecilizados, de personalidade autoritária, ao se converter em vassalo do opressor de plantão dentro da lógica mercadológica da eficiência que governa todas as instituições estatais.

O juiz imbecilizado, colabora significativamente para o aumento do encarceramento das classes subalternas, da qual, em regra, não provém e não guarda simpatia cultural, senão justamente o contrário: nutre profundo desprezo. O padrão neoliberal *(de) forma* o juiz mediano, excluindo qualquer pensamento crítico no exercício da função, o que facilita a movimentação do poder punitivo em direção aos grupos qualificados arbitrariamente como perigosos, de risco ou mesmo inimigos políticos. Cada vez mais desaparecem as fronteiras entre política e Direito.

---

14 KEHL, Maria Rita. *Sobre ética e psicanálise*. São Paulo: Companhia das Letras, 2002, p. 10.

15 KEHL, Maria Rita. *Sobre ética e psicanálise*. São Paulo: Companhia das Letras, 2002, p. 11.

4 O poder dos meios de comunicação e a paralisia da crítica

Adorno percebeu também que, particularmente, esse "clima cultural geral", que faz brotar o Direito Penal autoritário e o sujeito idiotizado, é determinado pela influência ideológica da maioria dos meios de comunicação sobre as pessoas para moldar a opinião pública.[16] Aliás, é essa ferramenta midiática – hoje massivamente disseminada e controlada por alguns poucos bilionários – que fabrica as notícias sensacionalistas e também as falsas, que moldam o (mau) caráter, os (des) valores e as (des) crenças (aí incluídos os fins da pena) do sujeito moderno neoliberal.

Esse clima cultural é padronizado sob o impacto do controle social e pela concentração tecnológica em grande extensão, o que explica os hábitos de pensamento (padrão ideológico geral) acríticos dos integrantes das agências penais em relação ao próprio funcionamento autoritário do sistema.

A ignorância (estado de simplesmente não conhecer os fatos) e a confusão (estado de ausência de treinamento intelectual suficiente para resistir aos tipos de comunicação de massa e propaganda) são as características marcantes dos sujeitos autoritários ideologizados que sustentam o avanço desenfreado do poder punitivo atual, seja na criminalização primária (com tipos abertos e de perigo), seja na criminalização secundária (por ações seletivas contra massas miserabilizadas ou contra grupos qualificados como perigosos). Daí que as facilidades de imputação penal aparecem como canais de formação subjetiva autoritária, algo semelhante ao que Rubens Casara chamou corretamente de processo de idiossubjetivação, que cobre, como uma onda contagiante, sujeitos de fora e de dentro das agências penais.[17]

---

16 ADORNO, Theodor W. *Estudos sobre a personalidade autoritária*. São Paulo: Unesp, 2019, p. 339.

17 CASARA, Rubens R. R. *A construção do idiota*: o processo de idiossubjetivação. Rio de Janeiro: Da Vinci Livros, 2024.

Uma das consequências da modulação da opinião pública sobre o Direito Penal e sobre o indivíduo é a paralisia da crítica. O estágio da sociedade tecnológica atual impede qualquer crítica social. Por exemplo, a questão da prisão. Na atual democracia de opinião, dominada apenas pelas emoções dos sujeitos, a demanda por punição transforma-se numa moeda de troca entre eleitores e eleitos. O discurso político, à direita e à esquerda, está apoiado no medo da opinião pública e sempre promete mais punição (punitivismo): com as políticas de lei e ordem apresenta-se o sistema penal como resposta ao medo da criminalidade. A tendência é de pensamento e políticas unidimensionais. As formas de controle não são apenas penais-repressivas, mas também predominantemente tecnológicas: o externo invade o interno (introjeção) e aniquila o espaço privado. O resultado constitui o que se conhece de *mimese*: uma identificação imediata do indivíduo com *sua* sociedade e, através dela, com a sociedade como um todo.[18]

Esse processo parece mais intenso ainda nos indivíduos que integram as instituições estatais, pois a oposição ao *status quo* é quase sempre reduzida. Romper com essa servidão "voluntária", que se enraíza pela alienação, é uma exigência do pensamento negativo (crítico), em prol da libertação, ainda que isso custe alguns incômodos, incompreensões e algumas sanções.

5 Resistir ao mal-estar cultural, refundar o garantismo penal e reencontrar o sentido de garantia da função judicial

A falta é constitutiva de todo ser humano. Quando o homem estava marcado pela existência de uma razão instrumental, que permitia que a razão ligasse seus desejos aos objetivos a serem alcançados para satisfazê-los, o mal-estar estava configurado pelo fato de que,

---

18 MARCUSE, Herbert. *O homem unidimensional*: estudos da ideologia da sociedade industrial avançada. São Paulo: EDITRO, 2015.

ao alcançar seu desejo, verificava-se o deslocamento a outro desejo. Ou seja, o mal-estar era perene, nunca suprido.

Agora, a razão instrumental é abandonada. Velhas subjetividades desaparecem e novas são forjadas. Não há mais assujeitamento pela cultura e o processo civilizatório retrocede. Na sociedade de mercado, a condição de sujeito deixa de ser marcada pela condição de *homem racional* e passa a ser determinada pela condição de *homem consumidor*. Logo, o gozo é colado em objetos (mercadorias). Sensações intensas e passageiras substituem o caminho a ser percorrido para atingir os objetivos. O indivíduo está em constante busca pelo preenchimento da falta: de coisas, de objetos, de mercadorias. Trata-se de um mero deslocamento de objeto para objeto.

Essa negativa de assujeitamento faz também com que a lei não tem mais qualquer limite. O lema é "viver sem limites". A lógica do detentor de bens de consumo por ser aplicada à questão penal: o delito é também, independentemente da classe, uma forma de gozo e nova falta.

É natural que dentro desse mal-estar civilizatório o comportamento ético desapareça. Se isso acontece, é impossível construir um Direito Penal apto ao fim de prevenção de criminalidade. Uma sociedade calcada no imperativo do sucesso entre os competidores em um mundo livre de regras não abre espaço para o Direito Penal cumprir qualquer função motivacional ética. Não que isso represente uma patologia do novo sujeito, presente também no autor do crime, mas antes é apenas a autoimagem do homem contemporâneo.

Se o elemento constitutivo do *humano* reside na condição de *consumidor*, se a grande maioria das pessoas não possui recursos suficientes para poder consumir, a necessidade não desaparece e a demanda pela busca de se colocar na condição de consumidor continua existindo, pelo menos para parte considerável das pessoas. Se há relação de determinação existente entre demanda e oferta e se as ações são meios de oferta para colocar pessoas na condição de consumidor, para preencher a falta que é constitutiva de todo ser humano, então qualquer Política Criminal racional deve ter como objetivo controlar ou reduzir a demanda, mas nunca eliminar a oferta. A oferta de algo que não possui demanda não possui sentido.

Romper com esse processo de desencantamento do mundo começa pela destruição dos fundamentos do neoliberalismo – esta fase avançada do capital que já deformou sujeito no curso da história. Sem atacar as bases de construção dessas subjetividades, é pouco crível acreditar ainda no papel do juiz penal como instituição de garantia da liberdade, tanto mais quando o punitivismo une esquerda e direita dentro de um mesmo projeto. Pior ainda: num plano macro, é impossível pensar na compatibilidade de convivência pacífica entre razão neoliberal e democracia, como mostraram convincentemente Laval e Dardot.[19] Num plano micro, sem essa mudança estrutural parece ainda mais utópico imaginar que o Direito Penal possa retornar à função ilustrada de instrumento de contenção do poder punitivo, se o próprio Direito é forma e conteúdo descarado do capital. Se não há espaço para a democracia dentro do governo dos ricos do neoliberalismo (plutocracia), não há Direito Penal democrático dentro da lógica eficientista de confinamento de pobres e indesejados.

Talvez um caminho possível para salvaguardar o juiz liberal esteja na progressiva retirada da concentração de atividade estatal destinada à produção de segurança. A assunção dessa função desgasta a imagem do juiz porque o expansionismo punitivo é uma política historicamente fracassada, que, de forma permanente, gera insatisfação popular. O caminho, único possível na democracia constitucional, é abandonar o paradigma punitivo falido que só produz sofrimento e violência.

O juiz penal deveria estar mais preocupado com contenção do poder punitivo ilegítimo, que viola direitos fundamentais, do que com

---

19 LAVAL, Christian; DARDOT, Pierre. *La pesadilla que no acaba nunca*: el neoliberalismo contra la democracia. Barcelona: Gedisa, 2017, pp. 44-46.

as práticas delitivas provenientes do novo sujeito contemporâneo (sob as quais ele pouco ou nada poderá fazer). A tarefa primordial juiz penal dentro de uma democracia é proteger os direitos fundamentais dos cidadãos e controlar a atuação do poder punitivo, se ele mesmo não quiser ser mais um incluído no *processo de idiossubjetivação* que denunciou Rubens Casara. O ideal deveria ter sido, quando da entrada na democracia, a implementação de um processo de purgação de juízes autoritários do antigo regime. A permanência – com as garantias da inamovibilidade e irredutibilidade de vencimentos asseguradas pela democracia – é um incômodo porque são hostis à Constituição republicana. A replicação deles, sob a bandeira da extrema direita, é um novo perigo à democracia.

A receita para impedir essa politização da função judicial (aplicável também ao Ministério Público) é simples: aplicar a lei de forma igualitária. Logo, atitudes como alterar a própria jurisprudência garantista (extraída diretamente da Constituição) para prender determinada pessoa ou mesmo para agradar a opinião pública são politizações deletérias à função judicial. Assim, para afastar qualquer discussão sobre o uso político do Direito Penal e para extrair daí o papel de contrapoder do juiz penal, urge refundar o garantismo penal como sistema de garantia englobante da teoria do delito, da teoria da pena e o do processo penal.

O futuro do garantismo penal depende, segundo Ferrajoli, da (a) refundação do princípio da legalidade, seja no plano quantitativo seja no plano qualitativo; (b) revisão do catálogo de bens jurídicos merecedores de tutela penal, de acordo com o princípio da ofensividade e proteção de direitos e princípios estabelecidos na CR; (c) rebaixamento e humanização das penas; (d) supressão de diversas formas de prisão; (e) separação clara das funções de acusação, defesa e julgamento; (f) abolição de penas *extra o praeter delictum*; (g) garantia institucional de imparcialidade e independência, interna e externa, da jurisdição.[20]

Em outras palavras, o juiz penal deve aplicar o Direito Penal de forma igualitária; ser criterioso na análise da licitude da prova produzida no processo penal; não gestionar provas; não se deixar contaminar por materiais inquisitivos produzidos pelas agências policiais; não deve canonizar depoimentos de membros das agências policiais; rejeitar, sempre que possível, instrumentos totalitários de persecução penal (escutas, agentes infiltrados, acordos degradantes etc.); ser imparcial; manter distanciamento das partes (não combinar estratégias que des*moro*nam o sistema de justiça); não flexibilizar garantias fundamentais; buscar na dogmática penal uma ferramenta imprescindível de previsibilidade de decisões sobre casos penais; ser intolerante na defesa dos direitos humanos; compadecer-se com os sofrimentos provocados pelo sistema penal nas classes mais vulneráveis; sensibilizar-se com as dores das classes subalternas quando criminalizadas seletivamente; libertar-se da crença irracional, de senso comum, na pena de prisão, compreendendo seus objetivos declarados e ocultos; lutar de forma intransigente, para nós e para as futuras gerações, pela democracia material, única via de desenvolvimento da dignidade humana.

A credibilidade do Direito Penal e da própria função judicial depende disto: da remoção dos entulhos autoritários que ainda perturbam o funcionamento legítimo (mínimo) do Direito Penal.

Nessa luta incessante, que se constrói e se reconstrói diariamente na defesa intransigente dos direitos e garantias fundamentais, a ação teórica e prática de grandes juízes criminais brasileiros como Amilton Bueno de Carvalho, Alexandre Morais da Rosa, Flávio Antônio Cruz, Geraldo Prado, Rubens Casara, Kenarik Boujikian, Marcelo Semer, Maria Lúcia Karam e tantos outros comprometidos com a liberdade,

---

20 FERRAJOLI, Luigi. *Giustizia e politica*: crisi e rifondazione del garantismo penale. Bari-Roma: Laterza, 2024, p. 165.

são inspirações e aportes fundamentais para conferir legitimidade ao Direito Penal mínimo do Estado Social e Democrático de Direito.

Referências bibliográficas

ADORNO, Theodor W. *Estudos sobre a personalidade autoritária*. São Paulo: Unesp, 2019.

CASARA, Rubens R. R. *A construção do idiota*: o processo de idiossubjetivação. Rio de Janeiro: Da Vinci Livros, 2024.

______. *Contra a miséria neoliberal*. São Paulo: Autonomia Literária, 2021.

COUTINHO, Jacinto Nelson de Miranda. "O papel do novo juiz no processo penal". *Direito alternativo*: Seminário Nacional sobre o Uso Alternativo do Direito, Rio de Janeiro: ADV, 1993.

FERRAJOLI, Luigi. *Giustizia e politica*: crisi e rifondazione del garantismo penale. Bari-Roma, Laterza, 2024.

IBÁÑEZ, Perfecto Andrés. *Tercero en discordia*: jurisdicción y juez del estado constitucional (Estructuras y procesos. Derecho). Madrid: Trotta, 2023.

KEHL, Maria Rita. *Sobre ética e psicanálise*. São Paulo: Companhia das Letras, 2002.

LAVAL, Christian; DARDOT, Pierre. *La pesadilla que no acaba nunca*: el neoliberalismo contra la democracia. Barcelona: Gedisa, 2017.

LEBRUN, Jean-Pierre. *A perversão comum*: viver juntos sem o outro. Rio de Janeiro: Companhia de Freud, 2008.

MAIER, Julio B. J. *Derecho procesal penal*: fundamentos. vol. 1. Buenos Aires: Editores del Puerto, 2004.

MARCUSE, Herbert, *O homem unidimensional*: estudos da ideologia da sociedade industrial avançada. São Paulo: EDITRO, 2015.

SAUVÊTRE, Pierre; LAVAL, Christian; GUÉGUEM, Haud; DARDOT, Pierre. *A escolha da guerra civil*: uma outra história do neoliberalismo. São Paulo: Elefante, 2021.

SCURATI, Antônio. *A melhor época da nossa vida*. São Paulo: Mundaréu, 2024.

CAPÍTULO XV

INTERESSE NACIONAL: A ASCENSÃO DA EXTREMA DIREITA NO BRASIL

JESSÉ SOUZA

Não foi por acaso que a "elite do atraso" tenha entrado de cabeça na atual onda da extrema direita a qual foi pavimentada, precisamente, pela "Lava Jato". Ao tentar acabar com o partido popular hegemônico até então, que era o PT, a Lava Jato – apoiada pela elite e sua imprensa venal – termina por criminalizar toda a política, destruindo também com os partidos elitistas tradicionais como o PSDB. Bolsonaro e a extrema direita se aproveitam do rebaixamento da política tradicional como um todo e posam de "antipolítica", permitindo, ao mesmo tempo, que a frustração do povo empobrecido pelos efeitos do golpe de 2016 possa ser canalizado para objetivos falsos.

Bolsonaro protagonizou a entrega de empresas estatais a preço de banana, fazendo a festa da "privataria" elitista da fração financeira. O Brasil vive este pêndulo há cem anos. Os governos populares, que são industrializantes e investem em infraestrutura, formam um patrimônio estatal importante que os golpes de Estado visam, precisamente, transferir para os bolsos privados de uma meia dúzia de especuladores nacionais e, muito especialmente, estrangeiros. O agronegócio também se apaixonou por Bolsonaro ao ver que tinha alguém disposto a tolerar todo tipo de abuso de poder com agrotóxicos e estimular queimadas, grilagem e criminalização dos movimentos populares no campo.

A principal herança do golpe de 2016 foi precisamente Bolsonaro e a ascensão da extrema direita.[1] Um golpe realizado, como vimos, por três razoes principais: 1) pela pressão dos EUA de evitar que o Brasil se tornasse uma potência regional importante, de modo a preservar a divisão internacional do trabalho que nos condena à exportação de produtos primários há 500 anos; 2) a necessidade de manter juros altos que a Presidente Dilma tentava combater; 3) repassar os 70% de aumento real do salário-mínimo dos trabalhadores da era Lula de volta aos especuladores financeiros. Com o primeiro ponto, que explica o apoio americano, temos a destruição do Brasil como potência regional ascendente. Não à toa, a Lava Jato se concentrou em destruir empresas como a Petrobras e a Odebrecht, que representavam a expansão do capitalismo brasileiro na região e no mundo.

Para a política brasileira, no entanto, o último ponto foi o mais decisivo. Afinal, o público cativo e segmento social suporte de Bolsonaro foi precisamente o "pobre remediado" que ganha entre 2 e 5 salários-mínimos e que era chamado, muito erroneamente, de "nova classe média". Afinal, a "renda média" num país desigual e pobre reflete o "pobre remediado" e não a classe média, que é uma classe de privilegiados pelo monopólio do capital cultural legítimo. Mas o que realmente importa é que essa classe social empobreceu

---

1 SOUZA, Jessé. *A herança do golpe*. Rio de Janeiro: Civilização Brasileira, 2022.

com o golpe de 2016 e a sua ascensão social, simbolizada pelo aumento real de 70% do salário-mínimo na era Lula, foi contida pelos mecanismos financeiros que repuseram o nível salarial em níveis baixos anteriores e repassaram a massa salarial para os bolsos dos especuladores financeiros.

A antiga "nova classe média", de maioria evangélica, não encontrou na mídia privada, e muito menos nas redes sociais, nenhuma explicação acerca do seu empobrecimento súbito. Ao contrário, "a corrupção do PT", ou os gastos sociais como o bolsa família, foram apresentados como os mais óbvios candidatos para a fábrica de mentiras midiática explicar o que estava acontecendo. Com isso se fecha o horizonte de compreensão da população acerca do que realmente estava acontecendo.

Impedidos, portanto, de identificar os seus verdadeiros algozes na Faria Lima como causa da sua decadência e pobreza, a antiga classe C se torna presa fácil do combo "pregação evangélica e extrema direita". Sem a possibilidade de transformar sua raiva legitima em indignação, posto que as causas reais e o inimigo real foram invisibilizados pela imprensa venal, o pobre remediado tem duas alternativas: ou bem se culpa como causa do próprio fracasso, já que os pobres são os mais meritocráticos e foram ensinados a pôr a culpa neles próprios; ou canaliza essa humilhação, sentida e experenciada sem reflexão, para os grupos estigmatizados, de modo a produzir "bodes expiatórios" para àquilo que, de outro modo, teria que perceber como fracasso individual.

Tanto a pregação evangélica quanto a extrema direita sabem nadar de braçada nesse pântano. Ambos têm no pobre remediado seu público mais cativo. Como o caminho para a indignação contra o saque elitista é cuidadosamente evitado, resta ao humilhado transferir o fardo da humilhação aos pobres e marginalizados que ganham entre zero e dois salários-mínimos e que perfazem quase 40% da população brasileira. Culpar bodes expiatórios é a fórmula da extrema direita em todos os casos. O racismo ajudou, como sempre faz na nossa sociedade, muitíssimo.

Nesse sentido, Bolsonaro, "lixo branco" ele próprio,[2] além de raivoso e perverso, vai permitir que os brancos pobres, especialmente da região Sul e de São Paulo, se sintam "representados" como se eles próprios, com sua vida obscura e sem perspectivas, estivessem, finalmente no poder, afinal, tem alguém tão raivoso e primitivo como eles na Presidência. Para quem não tem nada e sempre se viu alijado dos processos políticos e decisórios, isso é muito. A identificação do branco pobre com Bolsonaro é muito semelhante à identificação do nordestino pobre com Lula. Eles perfazem o tipo "exemplar" de liderança carismática no sentido de Max Weber.[3] Dito de outro modo, a identificação popular é garantida pela identificação imediata, libidinal e emotiva, com um líder percebido como "um dos nossos".

Isso se casa também com a reflexão freudiana acerca do líder carismático. Para Freud,[4] basta que o líder incorpore de modo exagerado as características dos seus próprios seguidores para ser visto por eles, por um processo de identificação libidinosa e de difícil controle racional, como uma espécie de extensão de si mesmo. É isso que explica a dificuldade de crítica racional e as coisas bizarras que fomos obrigados a testemunhar nos últimos anos.

O racismo é, em todos os casos, a pedra de toque para compreender toda a dinâmica política e social brasileira. Para o branco pobre do Sul e de São Paulo, a culpa do seu empobrecimento relativo é o nordestino fazedor de filhos e recebedor do que é visto como o

---

2 O termo "lixo branco" é popular nos EUA para designar os brancos do Sul dos EUA que possuem menos capital cultural e econômico que os brancos do Norte.

3 WEBER, Max. *Das antike Judentum*. Frankfurt: Suhrkamp, 1981.

4 FREUD, Sigmund. *Massenpsychologie und ich Analyse*. Frankfurt: Fischer, 1979.

lanche grátis do bolsa família.[5] Mas também aí há racismo racial em jogo e não apenas "racismo regional" como se imagina comumente. Os nordestinos, afinal, são em quase 80% mestiços e negros, enquanto o Sul e são Paulo é 70% branco e se acredita ainda hoje "europeu" e nunca se identificou, como não se identifica até hoje, como fazendo parte do "povinho" mestiço e preto. Bolsonaro vai representar e "incorporar" esse racismo, que estava apenas adormecido, "performaticamente", ou seja, sendo apenas ele mesmo: raivoso, covarde, racista, misógino e agressivo.

Como ninguém explicou, nem na mídia privada e elitista ela própria, nem as redes sociais a serviço da desinformação, como os empobrecidos pelo golpe poderiam compreender sua real posição? Afinal, todo conhecimento e toda informação são "mediatizados". Se não chega nada até ele, o empobrecido não tem como saber quem o deixou mais pobre. Ele possui então duas opções: como ele é meritocrata, é necessário então assumir o fracasso como culpa própria; ou canalizar o ressentimento e frustração para alguém ainda mais frágil e sem defesa.

A pregação evangélica e a extrema direita se especializaram no mesmo trabalho: criam uma guerra entre os pobres remediados e os pobres excluídos e marginalizados quase todos pretos. As vítimas do racismo racial e de classe são sempre as mesmas ainda que as máscaras sejam diferentes. O ódio ao nordestino, como vimos, não tem nada de preconceito regional, mas, sim, de racismo pelo elevado número de negros e mestiços naquela região. É isso que explica o ódio do sulista branco pobre contra os nordestinos.

O outro grande grupo popular que vota em e apoia Bolsonaro e a extrema direita é o próprio negro evangélico. A situação do negro evangélico, que compõe o outro grande grupo social importante dos pobres remediados de direita, é muito distinta do branco pobre do

5 SOUZA, Jessé. *O pobre de direita*. Rio de Janeiro: Civilização Brasileira, 2024.

Sul. O branco pobre se sente inferior ao branco mais rico da classe média, mas ele se sabe "gente humana". A polícia não sai matando brancos impunemente. Afinal, seu maior objetivo desde sua criação foi matar preto, serviço este sempre aplaudido pela classe média branca e pela elite.

Já o negro tem sempre que lutar contra a sua desumanização. A polícia pode matá-lo impunemente e literalmente tudo que o preto faz se torna crime: sua música, sua religião, sua droga recreativa. Criminoso não é o cara da elite que assalta todo mundo e deixa o povo pobre. Criminoso, refletindo a máxima de Michel Foucault, que o crime e o criminoso têm que ser construídos – o arbitrário que se transforma em norma – enquanto tais, é o preto que, por falta de opções, tem que vender uma trouxa de maconha na esquina. Se for pego, ganha uma bala na cabeça ou quinze anos de reclusão.

A situação social desesperadora do negro é a parteira do processo social de "branqueamento". Tornar-se "branco" entre nós não significa mudar a pigmentação da pele. Significa se identificar, como se fossem os seus, com os valores dos seus algozes. O racismo do preto contra o preto é possibilitado pela transformação do negro em criminoso. Precisamente para escapar dessa condenação, o negro evangélico se entrega de corpo e alma às distinções morais criadas pelo neopentecostalismo e pelo pentecostalismo. Primeiro, a aderência aos valores elitistas que condenam sua própria raça e classe social; racismo transfigurado e renomeado de "segurança pública" para moralizar o racismo e o assassinato de pretos; depois, o ataque a qualquer ética sexual divergente; por último, mas não menos importante, a subordinação da figura feminina.

O próprio negro evangélico passa a apoiar o assassinato indiscriminado de pretos pobres de modo a se distinguir destes. Uma nova máscara do racismo que permite que ele diga que defende a "segurança pública" quando apoia o massacre diário de seus irmãos de cor nas cidades brasileiras. Ao se subordinar à moralidade elitista, ele se crê participando do mundo dos brancos e dos ricos: "embranquece". E ajuda ainda a eleger prefeitos e governadores, como o de São Paulo, que prometem matança purificadora de pretos e pobres.

A própria religiosidade evangélica, no entanto, é racista no seu núcleo. O neopentecostalismo da Igreja Universal, por exemplo, é a mais perfeita tradução das crenças populares da religiosidade afro, na medida em que o mundo social é percebido como dominado por espíritos bons e maus, religiosidade esta que o neopentecostalismo apenas "renomeia", com uma pátina de judaísmo e cristianismo, precisamente para "embranquecer" o sincretismo religioso afro-popular. A perseguição da religiosidade africana é maior aqui precisamente por sua proximidade e similitude quando se trata de eliminar uma concorrência direta.

Bolsonaro e a extrema direita comprovam a tese de que modo a escravidão e o racismo que a acompanha perfazem o núcleo de toda a vida política e social do Brasil. No contexto do "racismo cordial", que se cria nos anos 1930 pela pregação antirracista de Getúlio Vargas, o racismo vai se esconder atras de nomes e figuras convenientes. Primeiro, vem a ideia de "povo corrupto eleitor de corruptos" criada por intelectuais como Sérgio Buarque e Raymundo Faoro, o que supostamente dizia respeito a todo o povo.

No entanto, como o branco imigrado entre 1880 e 1930 jamais se viu fazendo parte desse povinho mestiço e preto, corrupto e eleitor de corruptos vai ser o preto, o mestiço e o pobre, de modo a criminalizar seu voto e participação popular. Os branquinhos da classe média saem às ruas em todos os golpes de Estado para "moralizar", como se fossem representantes da moralidade pública e não racistas, o racismo que não pode mais dizer seu nome.

O tema da corrupção entre nós, uma mentira que imbeciliza o povo como um todo, serve para manter as classes pobres e pretas no seu lugar frágil e desprotegido para poder ser mais bem explorado e humilhado. Como todos sabemos, a classe média branca não tem, na verdade, nada contra a corrupção se for a dela ou a da elite que ela inveja. O tema da corrupção, que não precisa ser comprovada se toda a imprensa venal decidir criar uma realidade virtual distorcida, serve na realidade para evitar qualquer forma de inclusão popular. Ao impossibilitar qualquer inclusão e ascensão dos pobres e pretos, a classe média branca assegura seu monopólio do capital cultural dos bons empregos, e a elite assegura seu domínio do Estado para o saque elitista.

Como fica feio assumir esses objetivos de público, inventou-se a corrupção como bandeira das classes do privilégio contra qualquer forma de inclusão popular. O branco racista agora pode ter a pachorra de dizer que ele é um "penhor da moralidade pública" para enfeitar seu racismo prático com as cores douradas da moralidade.

No final, tudo é racismo e herança escravocrata, mas reluz como se fosse "alta moralidade", afagando a consciência do racista e legitimando a desigualdade, humilhação e exploração mais abjeta. A construção do bandido como o preto e do nordestino como preguiçoso que vive às custas do trabalho de outrem são outras formas de "moralizar" o racismo, uma prática na qual os brasileiros são os verdadeiros campões mundiais.

Referências bibliográficas

FREUD, Sigmund. *Massenpsychologie und ich Analyse*. Frankfurt: Fischer, 1979.

SOUZA, Jessé. *A herança do golpe*. Rio de Janeiro: Civilização Brasileira, 2022.

______. *O pobre de direita*. Rio de Janeiro: Civilização Brasileira, 2024.

WEBER, Max. *Das antike Judentum*. Frankfurt: Suhrkamp, 1981.

CAPÍTULO XVI

A DENUNCIAÇÃO CALUNIOSA NO DIREITO PENAL BRASILEIRO: ANÁLISE DOGMÁTICA E CRÍTICA

JOEL CORREIA DE LIMA

Introdução

A denunciação caluniosa, prevista no artigo 339 do Código Penal Brasileiro, configura uma infração que visa à proteção da administração da justiça contra acusações dolosamente falsas que possam dar causa à instauração indevida de investigações ou processos. Trata-se de um delito de extrema gravidade, uma vez que instrumentaliza o aparato estatal contra inocentes, subvertendo a lógica do devido processo legal e comprometendo a credibilidade do sistema penal.

Na doutrina clássica, Nelson Hungria distingue a denunciação caluniosa da calúnia (art. 138 do CP), pois, enquanto esta se consuma com a simples imputação falsa de um crime, aquela exige que a comunicação seja feita à autoridade pública, buscando provocar indevidamente a persecução penal.[1]

Em Cezar Roberto Bitencourt, também é destacado a movimentação da engrenagem pública, enquanto particularidade nesse tipo penal, quando em suas palavras revela:

> Consuma-se o crime de denunciação caluniosa com a instauração da investigação policial, administrativa, civil, pública de improbidade administrativa ou com a propositura da competente ação penal. Consuma-se, enfim, no lugar e no momento em que qualquer dos procedimentos referidos no tipo penal for instaurado.[2]

Destarte, este breve estudo propõe uma abordagem analítica e crítica do crime de denunciação caluniosa, examinando seus elementos típicos, suas nuances interpretativas e as implicações de sua aplicação prática, à luz das contribuições doutrinárias e jurisprudenciais.

1 Considerações gerais sobre a denunciação caluniosa

O artigo 339 do Código Penal dispõe:

> Dar causa à instauração de investigação policial, de processo judicial, instauração de investigação administrativa, inquérito civil ou ação de improbidade administrativa contra alguém, imputando-lhe crime de que o sabe inocente.

Os elementos essenciais do tipo penal são:

1 HUNGRIA, Nelson. *Comentários ao Código Penal brasileiro*. vol. 9. 5ª ed. Rio de Janeiro: Forense, 1977, p. 458.

2 BITENCOURT, Cezar Roberto. *Tratado de Direito Penal*. vol. 5. 9ª ed. São Paulo: Saraiva, 2019, p. 330.

• Imputação de fato criminoso: o agente atribui falsamente a alguém a prática de crime.

• Consciência da inocência do imputado: exige-se que o agente saiba que a imputação é inverídica.

• Efeito jurídico: a denúncia deve resultar na instauração de procedimento oficial contra o imputado.

A gravidade desse crime reside no fato de que a falsa imputação mobiliza a máquina estatal, desviando recursos e comprometendo a segurança jurídica. Sendo, portanto, a denunciação caluniosa uma das mais vis formas de subversão da justiça, uma vez que faz da autoridade pública instrumento de perseguição ilegítima.

2 Análise dogmática do tipo penal

2.1 Bem jurídico tutelado

A definição do bem jurídico tutelado pelo crime de denunciação caluniosa tem sido objeto de intensos debates doutrinários. Tradicionalmente, a doutrina majoritária, representada por Nelson Hungria, sustenta que o principal interesse protegido pela norma penal é a administração da justiça, pois o delito compromete a função jurisdicional ao mobilizar recursos estatais para investigações e processos baseados em falsas acusações.[3] Dessa forma, a denunciação caluniosa subverte o devido funcionamento do aparelho judiciário, corrompendo a pureza da atividade persecutória do Estado.

No entanto, outros doutrinadores, como Cezar Roberto Bitencourt, apontam que o crime também afeta de forma direta os direitos individuais do denunciado falsamente. Sob essa ótica, além

---

3 HUNGRIA, Nelson. *Comentários ao Código Penal*: Decreto-Lei n. 2.848, de 7 de dezembro de 1940. vol. 9. 6ª ed. Rio de Janeiro: Forense, 1980, pp. 461-462.

da proteção da justiça, a norma penal resguarda a honra, a dignidade e a liberdade do indivíduo injustamente acusado. Isso ocorre porque a imputação falsa pode sujeitar o denunciado a medidas coercitivas, tais como prisão preventiva, indiciamento e restrições processuais, com impactos irreversíveis em sua reputação e vida pessoal.[4]

Dessa forma, a denunciação caluniosa se destaca por possuir um caráter bifronte, ou seja, tutela simultaneamente dois bens jurídicos:

1. A administração da justiça, protegendo o Estado contra o desvio de seus mecanismos investigativos e processuais.

2. A honra e a liberdade individual, evitando que cidadãos inocentes sejam injustamente perseguidos por meio de acusações fraudulentas.

Vale salientar que essa dualidade no bem jurídico tutelado justifica a elevada pena cominada ao delito, que pode chegar a oito anos de reclusão. Trata-se de uma infração que transcende a mera falsidade, pois seus efeitos podem ser devastadores tanto para o Estado quanto para o particular, configurando um verdadeiro abuso do direito de petição e do dever de noticiar ilícitos

2.2 Sujeito ativo e passivo

2.2.1 Sujeito ativo

O crime de denunciação caluniosa é classificado como um delito comum, o que significa que pode ser cometido por qualquer pessoa. Não há exigência de uma qualidade especial no agente, bastando que ele formule uma falsa imputação criminosa à autoridade competente.

---

[4] BITENCOURT, Cezar Roberto. *Tratado de Direito Penal*: Parte Especial. vol. 4. 5ª ed. São Paulo: Saraiva, 2016, pp. 119-121.

No entanto, a doutrina e a jurisprudência debatem algumas situações específicas que podem ampliar ou restringir a possibilidade de responsabilização:

- Autoridades públicas e servidores: caso um agente estatal impute falsamente um crime a alguém no exercício de suas funções, além da responsabilização pelo artigo 339 do Código Penal, pode haver incidência de delitos correlatos, como abuso de autoridade (Lei n. 13.869/2019).

- Advogados, promotores e partes em processo: a denunciação caluniosa pode ocorrer em contexto processual, como quando um advogado ou promotor de justiça, dolosamente, imputa crime falso a alguém para provocar uma investigação ou ação penal indevida. Contudo, é necessário que haja plena consciência da falsidade da imputação.

- Vítima de crime real que aumenta ou falsifica elementos: uma questão controvertida é se alguém que sofreu um crime, mas deliberadamente altera fatos ou envolve terceiros inocentes, pode ser responsabilizado. Bitencourt sustenta que, nesse caso, há denunciação caluniosa se houver intenção dolosa de prejudicar terceiros, ainda que o crime base tenha ocorrido de fato.[5]

2.2.2 Sujeito passivo

O sujeito passivo do crime é a pessoa falsamente acusada, que sofre os efeitos da imputação criminosa indevida. Entretanto, é necessário que a acusação tenha produzido algum efeito jurídico, ou seja, que tenha levado à instauração de um inquérito policial, processo judicial, investigação administrativa ou inquérito civil.

Algumas questões controvertidas incluem:

---

5 BITENCOURT, Cezar Roberto. *Tratado de Direito Penal*: Parte Especial. vol. 4. 5ª ed. São Paulo: Saraiva, 2016, pp. 126-128.

• Pessoa jurídica pode ser sujeito passivo? A princípio, a denunciação caluniosa exige a imputação de um crime, e, no Brasil, a responsabilização criminal de pessoas jurídicas ocorre apenas em casos ambientais. No entanto, se a imputação resultar em investigação administrativa ou inquérito civil contra a empresa, pode-se discutir a incidência do crime.

• Denunciação contra pessoas mortas: a doutrina majoritária entende que a denunciação caluniosa não se configura quando o denunciado já faleceu, pois a instauração de procedimento criminal contra alguém falecido é juridicamente impossível. Contudo, se a acusação falsa resultar em investigação indevida contra herdeiros ou familiares, pode-se cogitar a tutela da norma penal.

Diante desse contexto, a denunciação caluniosa apresenta grande impacto jurídico, pois não apenas compromete a administração da justiça, mas também afeta severamente a vida e a dignidade do sujeito passivo, reforçando sua gravidade e a necessidade de punição rigorosa.

2.3 Elemento subjetivo

O crime de denunciação caluniosa exige a presença de dolo direto, ou seja, a vontade consciente de imputar falsamente um crime a alguém e, com isso, provocar a atuação do aparato estatal de persecução penal, administrativa ou cível. Esse aspecto é fundamental para diferenciar a denunciação caluniosa de outras figuras delitivas, como a calúnia (art. 138 do CP) ou a comunicação falsa de crime (art. 340 do CP).

2.3.1 A necessidade do dolo direto

A exigência do dolo direto sustenta que o agente deve ter plena ciência da falsidade da imputação e da inocência do acusado. Em outras palavras, não basta que o agente tenha dúvidas sobre a culpabilidade da pessoa denunciada; é necessário que ele tenha certeza absoluta da inocência do imputado e, mesmo assim, deseje induzir a autoridade pública ao erro.

Porém, há possibilidade de punição pelo dolo eventual, sob a justificativa de que, se o agente age com indiferença quanto à veracidade da imputação e assume o risco de incriminar um inocente, ele também deveria ser responsabilizado. Essa tese, no entanto, é refutada pela doutrina clássica, especialmente por Nelson Hungria, que enfatiza que o dolo eventual não é suficiente para configurar a denunciação caluniosa, pois o tipo penal exige intenção inequívoca de provocar a perseguição estatal contra alguém que se sabe inocente.[6]

2.3.2 O problema da "falsa boa-fé"

Um ponto controverso na jurisprudência é a situação de pessoas que fazem denúncias sem comprovação suficiente, mas acreditando, de boa-fé, que o denunciado pode ser culpado. Para Hungria, a simples ausência de provas concretas ou mesmo a posterior absolvição do acusado não são suficientes para configurar a denunciação caluniosa, pois o Direito Penal não pode criminalizar a ignorância ou o erro de julgamento.[7]

Contudo, a boa-fé não pode ser um álibi absoluto, especialmente quando a denúncia é formulada sem qualquer indício razoável de veracidade, transformando o aparato estatal em um meio de perseguição indireta. Há uma distinção fundamental entre o erro escusável e a imputação temerária, sendo esta última altamente reprovável do ponto de vista penal.

A análise do dolo, portanto, deve ser rigorosa, considerando não apenas a convicção subjetiva do denunciante, mas também a

---

6 HUNGRIA, Nelson. *Comentários ao Código Penal*. vol. 9. 2ª ed. Rio de Janeiro: Forense, 1959, pp. 461-462.

7 HUNGRIA, Nelson. *Comentários ao Código Penal*. vol. 9. 2ª ed. Rio de Janeiro: Forense, 1959, pp. 461-462.

existência de elementos concretos que sustentem a acusação feita. Se houver total ausência de fundamento e a denúncia se mostrar manifestamente infundada, pode-se concluir que a imputação foi feita de forma leviana e irresponsável, aproximando-se do dolo exigido para a configuração do crime de denunciação caluniosa.

2.4 Consumação e tentativa

A consumação do crime de denunciação caluniosa ocorre no momento em que a falsa imputação resulta na efetiva instauração de procedimento estatal contra o denunciado. Isso significa que não basta a mera formulação de uma denúncia falsa; é necessário que tal denúncia produza consequências jurídicas concretas como:

- Abertura de inquérito policial;
- Instauração de ação penal;
- Processo administrativo disciplinar;
- Investigação em inquérito civil ou ação de improbidade administrativa.

Dessa forma, caso a autoridade competente não dê seguimento à falsa denúncia, por perceber sua inconsistência, o crime não se consuma. Esse ponto é relevante, pois diferencia a denunciação caluniosa da mera tentativa, como veremos a seguir.

2.4.1 A possibilidade da tentativa

A tentativa é plenamente possível no crime de denunciação caluniosa. Ela ocorre quando o agente pratica atos inequívocos para induzir a autoridade estatal a iniciar a investigação ou o processo contra o denunciado, mas não consegue atingir esse resultado por circunstâncias alheias à sua vontade.

Exemplos de tentativa incluem:

• Um indivíduo que protocola uma falsa denúncia, mas esta é prontamente arquivada pela polícia antes da instauração de inquérito;

• Um denunciante que elabora um falso boletim de ocorrência, mas a autoridade percebe a falsidade antes de abrir a investigação;

• Um agente que tenta manipular provas para incriminar outrem, mas a fraude é descoberta antes que qualquer procedimento seja iniciado.

2.4.2 O papel das autoridades no controle da denunciação caluniosa

No que tange ao controle preventivo por parte das autoridades, é possível observar que se podem evitar consumações indevidas desse crime. Juízes, promotores e delegados têm o dever de avaliar criticamente as imputações para evitar que denúncias caluniosas avancem no sistema de justiça.

É de suma importância que o sistema penal seja colocado no papel de refém de falsas imputações, pois isso compromete a credibilidade da justiça. Assim, a denunciação caluniosa deve ser combatida com rigor, mas sem que se crie um cenário de intimidação contra aqueles que denunciam crimes reais de boa-fé.

3 A denunciação caluniosa na perspectiva da doutrina penal

3.1 A função protetiva do tipo penal

A denunciação caluniosa constitui não apenas uma agressão ao indivíduo falsamente acusado, mas também um atentado direto à dignidade da função jurisdicional. O Estado, ao monopolizar o poder punitivo, deve garantir que sua atividade seja pautada pela verdade e pela legalidade, sob pena de se transformar em instrumento de perseguições ilícitas.

Portanto, a norma incriminadora não tem caráter meramente repressivo, mas, sim, preventivo e protetivo, assegurando a integridade do sistema de justiça. Tendo em vista que a atividade jurisdicional, ao ser acionada por denúncias infundadas, perde sua credibilidade e torna-se um veículo para fins pessoais, políticos ou vingativos.

3.1.1 A justiça como bem jurídico protegido

A análise de Hungria permite concluir que a denunciação caluniosa protege dois bens jurídicos fundamentais:

1. A honra e a liberdade do indivíduo falsamente acusado – que pode ser submetido a investigações e punições injustas;

2. A integridade do sistema de justiça criminal – que deve operar de maneira imparcial e livre de manipulações.

A preocupação do penalista se justifica pelo fato de que a credibilidade da justiça é um dos pilares do Estado de Direito. Se as instituições forem constantemente acionadas de maneira fraudulenta, corre-se o risco de:

- Desgaste das funções jurisdicionais, sobrecarregando o sistema com demandas espúrias;

- Danos irreparáveis à reputação e liberdade de inocentes, que podem ser presos, processados ou condenados injustamente;

- Inversão do papel da justiça, que deixa de ser um mecanismo de proteção para se tornar um instrumento de opressão.

Portanto, a denunciação caluniosa desvia os recursos do Estado de sua verdadeira finalidade, comprometendo a eficácia da persecução penal. A investigação de fatos inexistentes ou de crimes falsamente atribuídos desperdiça tempo e recursos, prejudicando a repressão de delitos reais.

Dessa forma, a função protetiva do tipo penal se justifica pela necessidade de blindar a Justiça contra interferências espúrias, garantindo que a atividade jurisdicional permaneça íntegra e imparcial.

3.2 A proteção da justiça contra abusos processuais

Observa-se que a norma penal não se limita a reprimir condutas fraudulentas, mas desempenha um papel essencial na preservação da dignidade do Estado na administração da justiça. O aparato estatal, ao ser acionado de forma ilegítima, deixa de cumprir sua função essencial de garantir a aplicação justa do Direito e passa a ser um instrumento de perseguição ilícita.

Ao passo que a denunciação caluniosa compromete a confiabilidade do sistema penal, pois transforma a persecução criminal em um mecanismo vulnerável a interesses pessoais, políticos e vingativos. O risco de que denúncias infundadas mobilizem desnecessariamente o poder estatal exige uma atuação rigorosa e criteriosa da Justiça, garantindo que a repressão penal ocorra apenas quando há elementos concretos de veracidade na imputação.

3.2.1 A justiça como proteção contra a manipulação processual

O principal perigo da denunciação caluniosa reside na possibilidade de deturpar a função essencial do Estado, convertendo-o em um agente de coerção indevida. Esse risco se concretiza quando:

- O Direito Penal é utilizado como instrumento de vingança pessoal, desviando-se de sua finalidade repressiva legítima.

- A presunção de inocência é solapada, forçando o acusado a se defender de imputações que jamais deveriam ter sido aceitas pela Justiça.

- O Estado é induzido a atuar em casos desprovidos de fundamento, desviando seus esforços da repressão a crimes reais.

A gravidade do delito não se restringe ao dano causado ao indivíduo falsamente acusado, mas à corrupção da própria atividade jurisdicional. Um Estado que se permite ser manipulado por falsas acusações fragiliza sua própria autoridade, gerando descrédito na Justiça e instabilidade na aplicação do Direito.

Para evitar esse desvirtuamento, a repressão à denunciação caluniosa deve se pautar pelo rigor probatório e pela exigência de dolo direto, assegurando que apenas aqueles que efetivamente agiram com a intenção de ludibriar a justiça sejam punidos.

3.2.2 A presunção de inocência como princípio fundamental

A garantia da presunção de inocência, essencial ao processo penal, encontra na denunciação caluniosa uma ameaça concreta, pois uma simples imputação pode desencadear investigações arbitrárias e perseguições indevidas. A repressão desse crime deve ser criteriosa, evitando que acusações infundadas sejam suficientes para iniciar procedimentos persecutórios.

Se a mera denúncia bastasse para colocar o aparato estatal em movimento, sem um filtro rigoroso de plausibilidade, o processo penal se tornaria uma ferramenta de opressão em vez de um mecanismo de justiça. Dessa forma, a jurisdição penal deve ser duplamente rigorosa:

1. No combate efetivo à criminalidade, garantindo punições proporcionais e fundamentadas em provas concretas.

2. Na proteção contra abusos do próprio sistema, impedindo que o Direito Penal seja mobilizado para fins espúrios.

A necessidade de se resguardar o devido processo legal impõe ao julgador o dever de não aceitar denúncias infundadas sem exame crítico, sob pena de banalizar a persecução criminal. O crime de denunciação caluniosa, nesse sentido, é mais do que uma infração contra a honra individual – trata-se de um atentado contra a credibilidade do Estado na aplicação da Justiça.

3.3 A estrutura do tipo penal

A denunciação caluniosa, enquanto figura típica incriminadora, exige uma análise técnico-jurídica minuciosa, especialmente no que tange à sua estrutura normativa e à imprescindibilidade da comprovação do dolo específico. A configuração do delito pressupõe não apenas a imputação falsa de infração penal a terceiro perante a autoridade competente, mas também a intenção inequívoca de provocar indevidamente a instauração de procedimento investigativo, ação penal ou aplicação de sanção administrativa.

Nesse sentido, a interpretação extensiva da norma penal, sem a devida delimitação do elemento subjetivo do tipo, pode ensejar distorções interpretativas incompatíveis com os postulados da legalidade estrita e da fragmentariedade do Direito Penal. A exigência de um dolo específico bem delineado emerge, assim, como um critério fundamental para distinguir a prática criminosa daquelas situações em que o agente, ainda que movido por erro ou impulsividade, não manifesta a intenção deliberada de instrumentalizar indevidamente o aparato estatal para imputar falsamente um crime a outrem.

Portanto, a correta exegese do tipo penal demanda um rigoroso exame da conduta imputada, sob pena de se ampliar indevidamente o espectro de incidência do preceito normativo, criminalizando, de forma indevida, litígios comuns ou manifestações opinativas que, embora juridicamente questionáveis, não se amoldam à gravidade da ilicitude penal.

3.3.1 O dolo específico como elemento essencial

Bitencourt sustenta que a denunciação caluniosa exige um dolo específico, ou seja, a intenção deliberada de imputar falsamente um crime a outrem, sabendo-o inocente, e de desencadear procedimentos investigativos ou processuais contra essa pessoa.[8]

A ausência desse elemento subjetivo descaracteriza o crime de denunciação caluniosa, podendo a conduta ser enquadrada em outras figuras penais, como a comunicação falsa de crime ou contravenção (art. 340 do CP) ou a calúnia (art. 138 do CP), dependendo das circunstâncias específicas do caso. Portanto, a correta identificação do dolo específico é fundamental para a adequada tipificação e consequente responsabilização penal.

Dessa forma, não basta que o agente tenha dúvidas sobre a culpabilidade do denunciado. O crime só se configura quando o denunciante:

- Sabe que a imputação é falsa;
- Age intencionalmente para desencadear uma investigação injusta;
- Manipula o aparato estatal para prejudicar um inocente.

A exigência desse dolo específico diferencia a denunciação caluniosa de outras infrações, como o erro de julgamento ou a denúncia baseada em informações equivocadas. O Direito Penal não pode punir o erro de avaliação, sob pena de criminalizar a boa-fé de denunciantes que, mesmo equivocados, não agiram com dolo de prejudicar terceiros.

3.3.2 Crítica à interpretação extensiva

Nesse contexto, é reprovável qualquer tentativa de ampliação do conceito de denunciação caluniosa, argumentando que o tipo penal deve ser interpretado restritivamente, sob risco de abarcar

8 BITENCOURT, Cezar Roberto. *Tratado de Direito Penal*: Parte Especial. 9ª ed. São Paulo: Saraiva, 2016, pp. 124-126.

condutas que não possuem o grau de reprovabilidade necessário para justificar uma pena privativa de liberdade.

A proteção da justiça contra denúncias fraudulentas não pode comprometer o direito fundamental à livre manifestação. Assim, o tipo penal deve ser aplicado com cautela, garantindo que apenas condutas dolosas e altamente lesivas sejam efetivamente punidas.

4 Aspectos processuais e probatórios

A denunciação caluniosa, prevista no art. 339 do Código Penal, impõe desafios processuais e probatórios que a diferenciam de outros crimes contra a administração da justiça. A principal dificuldade reside na comprovação do dolo direto do agente, elemento essencial para a configuração do tipo penal.

A questão probatória adquire especial complexidade, uma vez que o simples fato de o denunciado ter sido absolvido não basta para caracterizar o crime. A falsidade da imputação não pode ser presumida com base apenas na inexistência de provas contra o denunciado, pois o sistema jurídico admite a absolvição por diferentes fundamentos, nem todos compatíveis com a tipificação da denunciação caluniosa.

4.1 A exigência de prova do dolo específico

Como visto anteriormente, sabe-se que para se configurar o crime de denunciação caluniosa, não basta a falsidade objetiva da imputação; é imprescindível que o agente tenha plena ciência dessa falsidade e atue com o propósito deliberado de provocar uma persecução penal indevida. Trata-se, portanto, de um crime de dolo específico, exigindo que o denunciante tenha agido com intenção manifesta de induzir o Estado a erro e causar um dano a terceiro.

Essa exigência gera um ônus probatório considerável, pois o dolo não pode ser presumido. Assim, a mera absolvição do acusado na ação penal originada da denúncia não configura automaticamente a denunciação caluniosa. Isso porque:

- A absolvição pode se dar por falta de provas, sem que se afirme categoricamente a inocência do denunciado;
- Pode haver erro de julgamento na denúncia inicial, sem que isso implique intenção dolosa do agente;
- O denunciante pode ter agido com convicção sincera, ainda que equivocada, sobre a culpabilidade do acusado.

Dessa forma, a jurisprudência tem exigido a demonstração cabal de que o agente sabia da inocência do denunciado e, ainda assim, agiu para provocar indevidamente a atuação estatal. Essa prova costuma se basear em elementos indiretos, como contradições nas declarações, ausência de indícios mínimos que justifiquem a denúncia ou evidências de perseguição pessoal.

4.2 A proibição de presunção da culpabilidade do denunciante

A presunção de inocência é um princípio fundamental do processo penal, assegurando que ninguém será considerado culpado antes do trânsito em julgado de sentença condenatória. No contexto da denunciação caluniosa, esse princípio não protege apenas o indivíduo falsamente acusado, mas também o próprio denunciante, impedindo que a simples improcedência da denúncia seja automaticamente interpretada como prova de crime.

Nesse sentido, o art. 339 do Código Penal deve ser interpretado de forma estrita, garantindo que o Estado não puna de forma precipitada aquele que, mesmo equivocado, fez uma denúncia de boa-fé. O risco de criminalizar denúncias legítimas poderia levar ao chamado "efeito inibidor", em que os indivíduos deixariam de relatar crimes por medo de retaliação processual.

Tal cenário narrado acima descreve a possibilidade de que a denunciação caluniosa seja manipulada como estratégia de revide em disputas processuais, o que pode ocorrer em diferentes contextos como:

- Litígios judiciais complexos (familiares, eleitorais, empresariais), nos quais uma das partes imputa falsamente o crime de denunciação caluniosa à outra como forma de retaliação.

- Situações envolvendo abuso de autoridade, em que agentes públicos tentam intimidar cidadãos ao acusá-los de denunciarem injustamente sua conduta.

- Casos de vítimas de crimes graves, que, ao denunciarem seus agressores, acabam sofrendo a ameaça de serem processadas por denunciação caluniosa caso a investigação não produza provas suficientes contra o acusado.

A responsabilização penal do denunciante exige uma prova robusta do dolo específico, ou seja, deve haver certeza inequívoca de que a imputação falsa foi feita de maneira consciente e deliberada, com o propósito de induzir a autoridade ao erro. Sem esse requisito, a condenação seria baseada em mera conjectura, ferindo princípios fundamentais do Direito Penal e do devido processo legal.

Dessa forma, a punição da denunciação caluniosa não pode ser utilizada como mecanismo automático de deslegitimação de denúncias, sob pena de comprometer o próprio equilíbrio do sistema de justiça.

4.3 Elementos probatórios no processo penal

Dada a subjetividade do dolo específico, os tribunais costumam analisar um conjunto de fatores para aferir a intencionalidade do agente. Entre os principais elementos probatórios considerados na jurisprudência, destacam-se:

1. Inconsistências na narrativa do denunciante, que possam indicar manipulação intencional dos fatos;

2. Ausência de qualquer indício objetivo contra o denunciado, sugerindo que a imputação foi feita de forma leviana;

3. Motivação pessoal ou vingativa do denunciante, revelando possível uso estratégico da denúncia;

4. Provas documentais, testemunhais ou periciais que demonstrem que o agente tinha conhecimento da falsidade da acusação no momento da denúncia.

Além disso, a retratação espontânea da denúncia antes da instauração da investigação pode ser um indicativo da ausência de dolo e deve ser considerada no processo como possível causa excludente de punibilidade.

4.4 O papel da jurisprudência na interpretação do crime

Os tribunais superiores têm adotado cautela na interpretação do crime de denunciação caluniosa, especialmente para evitar o risco de criminalizar denúncias legítimas que, por razões processuais, não resultam em condenação do acusado.

O Supremo Tribunal Federal (STF) e o Superior Tribunal de Justiça (STJ) vêm consolidando o entendimento de que a mera absolvição do acusado não gera automaticamente a responsabilização do denunciante, sendo necessária prova clara e incontestável do dolo.

Essa abordagem se justifica para preservar a liberdade de manifestação e o direito de acesso à justiça, impedindo que cidadãos deixem de denunciar crimes por medo de retaliação judicial. Afinal, o Direito Penal deve punir o abuso da denúncia, mas não pode reprimir o exercício legítimo da cidadania.

5 Análise crítica e reflexões sobre o tema

O crime de denunciação caluniosa representa um dos mais graves ataques à administração da justiça, uma vez que subverte a lógica do sistema penal ao acionar indevidamente o poder estatal contra inocentes. Apesar de sua previsão no art. 339 do Código Penal, a efetividade da norma tem sido alvo de questionamentos, sobretudo diante da dificuldade probatória e da crescente utilização desse crime como instrumento de vingança pessoal e litigância abusiva.

A experiência prática demonstra que falsas imputações, mesmo quando desmascaradas, podem gerar danos irreparáveis à reputação e à vida do acusado, com efeitos que transcendem a esfera criminal e atingem o campo social e profissional. Casos emblemáticos evidenciam como a simples instauração de um inquérito pode arruinar carreiras antes mesmo de um julgamento definitivo, revelando a necessidade de um equilíbrio entre a repressão à denunciação caluniosa e a proteção da liberdade de manifestação e acesso à justiça.

5.1 A dificuldade de repressão

Nelson Hungria reconhece a importância da tipificação penal da denunciação caluniosa, mas enfatiza que sua aplicação prática enfrenta obstáculos consideráveis, principalmente no que diz respeito à necessidade de prova cabal do dolo do agente. Para o penalista, o tipo penal não deve servir como um mecanismo de represália automática contra denunciantes, sob pena de se transformar em um instrumento de coerção que impeça a legítima provocação da justiça.[9]

A principal dificuldade reside na distinção entre erro de julgamento e intenção dolosa. Muitas denúncias infundadas não decorrem de má-fé deliberada, mas, sim, de percepções equivocadas da realidade,

---

9 HUNGRIA, Nelson. *Comentários ao Código Penal*: vol. 9. Rio de Janeiro: Forense, 1958, pp. 358-359.

levando ao perigo do uso indiscriminado da denunciação caluniosa para intimidar cidadãos que buscam a tutela jurisdicional de boa-fé.

Soma-se a esse cenário uma espécie de passividade estatal na investigação de falsas denúncias, visto que, em muitos casos, a apuração da calúnia é negligenciada ou relegada a segundo plano pelas autoridades, seja por falta de interesse institucional, seja pelo alto grau de dificuldade probatória. Isso acaba por enfraquecer o caráter dissuasório do tipo penal, tornando-o uma ameaça pouco efetiva contra os abusos.

5.2 A instrumentalização do crime como estratégia de litigância abusiva

A denunciação caluniosa, em sua essência, é um crime que visa proteger a dignidade da jurisdição penal contra o uso indevido do aparato estatal. Entretanto, quando manipulada para fins espúrios, ela própria pode se tornar um instrumento de perseguição, sendo mobilizada não para coibir abusos, mas para atender a interesses individuais escusos, em manifesta afronta aos princípios estruturantes do processo penal.

Assim, esse tipo penal corrompe a atividade jurisdicional quando utilizada como subterfúgio de litigância maliciosa, transformando o poder punitivo do Estado em um mecanismo de opressão arbitrária. Em determinados contextos, a simples imputação da prática desse crime pode ser utilizada como estratégia de retaliação em disputas judiciais, gerando um paradoxo jurídico: a norma criada para proteger a justiça acaba sendo instrumentalizada para desvirtuá-la.

O problema se agrava quando se considera a realidade processual brasileira, na qual inquéritos policiais e procedimentos administrativos são instaurados sem a exigência de uma filtragem prévia suficientemente rigorosa. Pois, a facilidade com que se desencadeia uma investigação pode transformar a denunciação caluniosa em um meio insidioso de perseguição, permitindo que um indivíduo mal-intencionado mobilize o Estado contra seu desafeto sem que haja elementos concretos que justifiquem tal atuação.

A problemática se evidencia em situações de alta complexidade social e política tais como:

• Disputas familiares e eleitorais, nas quais a alegação de denunciação caluniosa é invocada como arma processual, não para restabelecer a justiça, mas para desqualificar a parte adversa.

• Casos de abuso de autoridade, em que agentes públicos, em uma inversão perversa da lógica punitiva, acusam cidadãos de denunciação caluniosa para intimidá-los e deslegitimar eventuais críticas ou imputações legítimas.

• Processos envolvendo crimes de grande impacto social, como violência doméstica e corrupção, em que o temor de uma acusação de denunciação caluniosa pode criar um efeito inibidor, desestimulando vítimas e testemunhas de boa-fé a se manifestarem.

Esse fenômeno evidencia um grave desvio da função protetiva da norma penal, pois, em tais circunstâncias, o Estado deixa de ser o garantidor da justiça para se tornar um agente de coerção a serviço de interesses privados. A instrumentalização da denunciação caluniosa deve ser combatida com o mesmo rigor que se combate a própria imputação falsa, pois, em última análise, ambas configuram desvios inaceitáveis da função jurisdicional.

Assim, a responsabilização por denunciação caluniosa deve ser criteriosa, sem que isso implique a criminalização indiscriminada do direito de petição e da liberdade de manifestação. A diferenciação entre denúncias levianas e denúncias fraudulentas é imperativa, e cabe aos tribunais a tarefa de filtrar as acusações sem comprometer a segurança jurídica. O desafio está em assegurar que o Estado não se torne refém de falsas alegações, mas também não restrinja indevidamente o direito do indivíduo de buscar a tutela jurisdicional.

Dessa forma, a proteção contra a instrumentalização da denunciação caluniosa deve estar ancorada em um rigor probatório intransigente, evitando que a norma penal seja utilizada tanto para incriminar indevidamente denunciantes legítimos quanto para blindar criminosos de sua responsabilização. O equilíbrio entre a repressão aos abusos e a preservação das garantias fundamentais deve ser o norte interpretativo, sob pena de se comprometer a própria credibilidade da jurisdição penal.

5.3 O debate sobre o aumento da pena

No campo legislativo, propostas como o Projeto de Lei n. 3361/2019, ainda em tramitação na casa legislativa e que sugere o aumento da pena em um terço quando a denunciação caluniosa imputar à vítima a prática de crime hediondo, têm sido apresentadas sob o argumento de que a punição atual não é suficientemente dissuasória. Percebe-se um enfoque especial principalmente em casos que envolvem repercussão midiática ou prejuízos de grande monta ao denunciado.

No entanto, a tendência ao endurecimento legislativo como resposta a problemas estruturais do sistema penal pode gerar alterações precipitadas, com efeitos adversos como:

1. O risco de criminalização excessiva de litígios comuns, levando cidadãos a temerem represálias ao buscarem a justiça;

2. A possibilidade de desvirtuamento do crime de denunciação caluniosa, tornando-o uma ferramenta de retaliação entre partes litigantes;

3. O aumento da seletividade penal, com punições desproporcionais e risco de aplicação discriminatória do tipo penal.

Portanto, o combate à denunciação caluniosa não deve se dar pelo mero aumento da pena, mas, sim, pela aplicação mais rigorosa dos critérios de caracterização do crime e pelo aperfeiçoamento dos mecanismos probatórios, visto que a segurança jurídica demanda critérios objetivos na distinção entre uma denúncia feita de boa-fé, ainda que equivocada, e uma acusação deliberadamente fraudulenta.

5.4 O papel da mídia e o efeito devastador das falsas acusações na sociedade contemporânea

Outro aspecto relevante na análise crítica do tema é o impacto das falsas acusações quando amplificadas pela mídia e pelas redes sociais. Em um cenário onde a opinião pública frequentemente julga e condena antes mesmo da intervenção do Poder Judiciário, uma simples denúncia pode destruir reputações de forma irreversível.

Os danos decorrentes da exposição pública de uma falsa acusação são, em muitos casos, mais severos do que a própria pena prevista no artigo 339 do CP. O linchamento social e profissional de um indivíduo falsamente acusado não é reparado pela posterior absolvição ou pelo arquivamento do caso, o que demonstra a necessidade de um equilíbrio entre a transparência da justiça e a proteção contra a exploração midiática irresponsável.

Diante disso, a condenação social antecipada pode ser ainda mais danosa do que a própria sanção penal, motivo pelo qual a persecução criminal deve ser conduzida com absoluto rigor técnico, impedindo que o sistema jurídico seja instrumentalizado para fins políticos, midiáticos ou pessoais.

5.5 Considerações finais

A análise crítica da denunciação caluniosa evidencia os desafios de se equilibrar a punição rigorosa contra denúncias fraudulentas com a preservação do direito de acesso à justiça. O crime, embora fundamental para proteger a dignidade da função jurisdicional, não pode ser banalizado nem utilizado como instrumento de retaliação.

A dificuldade probatória, a instrumentalização indevida e os danos sociais decorrentes das falsas acusações demandam um tratamento cuidadoso do tema, evitando que o próprio Estado seja utilizado para promover injustiças.

Assim, a solução não está no mero endurecimento da pena, mas, sim, no aperfeiçoamento dos mecanismos de prova e no uso criterioso do tipo penal, garantindo que apenas condutas dolosas e altamente reprováveis sejam efetivamente punidas.

Conclusão

Portanto, a denunciação caluniosa é um dos crimes que, na atualidade, mais desafia a efetividade do sistema penal, pois representa não apenas um ataque ao Estado, mas também ao indivíduo injustamente acusado. A análise doutrinária demonstra a complexidade do tipo penal e a necessidade de rigor na sua aplicação.

A justiça deve se proteger contra acusações falsas sem comprometer a liberdade de manifestação. Sob esse enfoque, se faz necessário interpretações restritivas para evitar abusos na utilização desse tipo penal.

Portanto, o aprimoramento da repressão à denunciação caluniosa exige equilíbrio entre a proteção à administração da justiça e a garantia dos direitos fundamentais, sendo imperativo uma abordagem cuidadosa e criteriosa sobre este relevante tema.

Referências bibliográficas

BITENCOURT, Cezar Roberto. *Tratado de Direito Penal*. vol. 5. 9ª ed. São Paulo: Saraiva, 2019.

______. *Tratado de Direito Penal*: Parte Especial. vol. 4. 5ª ed. São Paulo: Saraiva, 2016.

______. *Tratado de Direito Penal*: Parte Especial. 9ª ed. São Paulo: Saraiva, 2016.

HUNGRIA, Nelson. *Comentários ao Código Penal brasileiro*. vol. 9. 5ª ed. Rio de Janeiro: Forense, 1977.

______. *Comentários ao Código Penal*. vol. 9. 2ª ed. Rio de Janeiro: Forense, 1959.

______. *Comentários ao Código Penal*: Decreto-Lei n. 2.848, de 7 de dezembro de 1940. vol. 9. 6ª ed. Rio de Janeiro: Forense, 1980.

______. *Comentários ao Código Penal*: vol. 9. Rio de Janeiro: Forense, 1958.

CAPÍTULO XVII

O PRINCÍPIO DA INSIGNIFICÂNCIA NA JURISPRUDÊNCIA BRASILEIRA

JUAREZ CIRINO DOS SANTOS

Introdução

O *princípio da insignificância* se estrutura sobre alguns fundamentos jurídico-políticos do Direito penal: a) o princípio da *intervenção mínima* (ou de *ultima ratio*) formado pelo caráter *fragmentário* e *subsidiário* do Direito Penal: fragmentário, porque não protege todos os bens jurídicos constitucionais; subsidiário, pelo uso preferencial de meios mais brandos do instrumental sociojurídico do Estado;[1] b)

---

1 Ver BARATTA, Alessandro. "Principi del diritto penale minimo: per una teoria dei diritti umani come oggetti e limiti della legge penale". *Dei Delitti e delle Pene*, nº 1, 1991, pp. 444-445; também ROXIN, Claus. *Strafrecht*: Allgemeiner Teil. 4ª ed. Munique: Beck, 2016, pp. 10-11; SANTOS, Juarez Cirino dos. *Direito Penal*: parte geral. 10ª ed. São Paulo: Tirant lo Blanch, 2023, p. 32.

o princípio da *proporcionalidade*, que determina correspondência entre a lesão do bem jurídico e a pena aplicável, com proibição de penas excessivas; c) o princípio da *tipicidade material*, que exige lesão real do bem jurídico protegido no tipo legal – também pensável sob a fórmula *nullum crimen, nulla poena* ***sine injuria***.[2] Com essa base, o princípio da *insignificância* exclui a criminalização primária ou secundária de lesões irrelevantes de bens jurídicos,[3] medidas pelo desvalor do resultado. Na dogmática penal, o desvalor do resultado é produto concreto do desvalor de ação, e o desvalor de ação é o projeto psíquico que produz o desvalor do resultado. Esta é a área do *princípio da insignificância* em Direito Penal: lesões insignificantes de bens jurídicos, como a integridade ou saúde corporal, a honra, a liberdade, a sexualidade, a propriedade etc. são insuficientes para constituir crimes, porque incapazes de configurar o tipo de injusto.[4] Um setor ponderável da literatura atribui à insignificância a natureza de uma *regra de interpretação restritiva* do tipo legal[5] – e não o status de *princípio*, no sentido de um "*mandamento nuclear do sistema*";[6] mas como expressão sintética dos princípios de *ultima ratio*, da proporcionalidade e da tipicidade material, parece legítimo falar em *princípio de insignificância* – aliás, designação consagrada na jurisprudência brasileira –, como limite inferior da Política Criminal. Hoje, a relevância político-criminal do *princípio da insignificância*, apesar de sua pertença conceitual ao *princípio da lesividade*, justifica tratamento científico próprio.

---

2 Ver FAGUNDES, Rafael. *A insignificância no Direito Penal brasileiro*. Rio de Janeiro: Revan, 2019, pp. 49, 74 e ss.

3 ALBRECHT, Peter-Alexy. *Kriminologie, eine Grundlegung zum Strafrecht*. 4ª ed. Munique: C. H. Beck, 2010, p. 232.

4 No sentido do texto, decisão recente do Superior Tribunal de Justiça (HC 891079, Sexta Turma, Rel. Min. Rogerio Schietti Cruz, DJe 22/02/2024).

5 FAGUNDES, Rafael. *A insignificância no Direito Penal brasileiro*. Rio de Janeiro: Revan, 2019, pp. 102 e ss.

6 BANDEIRA DE MELLO, Celso Antonio. *Elementos de Direito Administrativo*. São Paulo: Revista dos Tribunais, 1991, p. 230.

1 Da adequação social ao princípio da insignificância

Hans Welzel desenvolveu o conceito de *ações socialmente adequadas* para excluir a tipicidade de comportamentos sociais normais, mas abrangidos pela definição formal do tipo legal – por exemplo, presentes de final de ano a funcionários públicos dos Correios não constituem corrupção.[7] Roxin considera a ideia da adequação social "*demasiado inespecífica*", propondo sua substituição pelo conceito de **insignificância** (o chamado *Geringfügigkeitsprinzip* da teoria alemã), uma interpretação limitadora da lesão do bem jurídico. Na atualidade, a admissão do *princípio da insignificância* em crimes não patrimoniais é ampla, porque dependem de "*certa intensidade*" da lesão – simples arranhões ou pequenas contusões não perfazem o tipo de lesão corporal.[8] Contudo, a aplicação do princípio da insignificância em *crimes patrimoniais* (a metade dos atos infracionais de adolescentes) e em *furtos de loja* (um componente massivo da criminalidade de jovens pobres) enfrenta obstáculos processuais oriundos da ideologia jurídica do capitalismo.[9]

2 O contexto sócio-histórico dos furtos de bagatela

Pesquisas criminológicas demonstram a perda de significado pessoal e social dos furtos de loja e outros crimes patrimoniais não violentos, por causa (i) da ausência de barreiras materiais da relação mercadoria/comprador, que reduz o limiar de inibição do furto; (ii) de estratégias comerciais de autoatendimento, que ampliam o

---

7 WELZEL, Hans. *Das Deutsche Strafrecht*. 11ª ed. Berlim: De Gruyter, 1969, p. 56.

8 ROXIN, Claus. *Strafrecht*: Allgemeiner Teil. 4ª ed. Munique: Beck, 2016, n. 40-41, p. 299.

9 ALBRECHT, Peter-Alexy. *Kriminologie, eine Grundlegung zum Strafrecht*. 4ª ed. Munique: C. H. Beck, 2010, p. 232.

risco de furtos de loja; (iii) da sedução do consumidor por técnicas psicológicas de venda, indutoras da compulsão de possuir bens de *status* por meios não convencionais; (iv) da motivação adicional do furto de loja por negligência na vigilância de mercadorias garantidas por seguro; (v) das técnicas de cartões de crédito, bancos eletrônicos e pagamentos sem dinheiro, que aumentam o risco de fraude do consumidor; (vi) da impossibilidade fática de proteção sem lacunas da propriedade nas relações de distribuição de mercadorias etc.[10]

3 A jurisprudência internacional sobre insignificância do furto

Nos países centrais da economia globalizada, os crimes patrimoniais representam a maior concentração de delitos de bagatela, com pesquisas indicando (i) os valores máximos da insignificância penal e (ii) o arquivamento de processos por furto de coisas nesses limites. Na Alemanha, por exemplo, dados da *Polizeilische Kriminalstatistik* **para o ano 2008** indicam **1,25 milhão de furtos,** sendo 42% até 50 euros (R$ 302) e 52% abaixo de 15 euros (R$ 90,60) – ou seja, **centenas de milhares de furtos anuais** dentro dos limites de insignificância oficial.[11]

Arzt, Weber, Heinrich e Hilgendorf,[12] sobre a jurisprudência alemã nas lesões do direito de propriedade – a área mais sensível das relações sociais capitalistas –, indicam **três níveis de insignificância** do furto de bagatela, excludentes da persecução penal: a) furtos de *coisas de mínimo valor*, em casos de ausência (i) de requerimento

10 ALBRECHT, Peter-Alexy. *Kriminologie, eine Grundlegung zum Strafrecht*. 4ª ed. Munique: C. H. Beck, 2010, pp. 322-326.

11 ALBRECHT, Peter-Alexy. *Kriminologie, eine Grundlegung zum Strafrecht*. 4ª ed. Munique: C. H. Beck, 2010, p. 320.

12 ARZT, Gunther; WEBER, Ulrich; HEINRICH, Bernd; HILGENDORF, Eric. *Strafrecht – Besonderer Teil*. 4ª ed. Bielefeld: Ernst und Werner Gieseking, 2021, § 13, n. 24-26, p. 306.

da vítima e (ii) de interesse público especial de persecução, são arquivados pelo Ministério Público; b) furtos de *coisas de absoluto valor mínimo* (até 50 euros, ou R$ 303), se ausente interesse público especial de persecução, apesar de requerimento da vítima, são arquivados pelo Ministério Público, independentemente de intervenção judicial; c) furtos de *coisas de relativo valor mínimo* (até 75 euros, ou R$ 455), são arquivados pelo Ministério Público, igualmente sem intervenção judicial, mediante pagamento pelo autor do valor da coisa em caixa estatal.

Aqui, salta aos olhos uma relação social subjacente: **se** a pressão da privação econômica das classes subalternas de países centrais pode excluir a pena, nos limites de insignificância previstos, **então**, a exclusão da pena também pode ser admitida em países da periferia dependente do sistema econômico globalizado, nos limites de bagatela referidos, evitando penas desproporcionais sobre jovens pobres, punidos pelo Judiciário para proteger o capital contra danos patrimoniais desprezíveis. Aliás, como informa a Criminologia, essa seria uma tendência do capitalismo monopolista nas nações subordinadas da relação imperialismo/dependência: quanto mais precárias as condições de vida das classes populares, maior a pressão psíquica e social para satisfação de necessidades elementares por meios criminalizados – por exemplo, o furto de lojas (soutiens, calcinhas, blusas, cintos, meias, calças etc.) ou de supermercados (carnes, queijos, massas, doces, comidas, bebidas etc.) – em geral, tentativa de crime impossível, por ineficácia do meio. Na época do neoliberalismo, a concentração/centralização do capital generaliza a miséria social das periferias urbanas, enquanto as técnicas de venda dos monopólios estimulam práticas criminais de bagatela por jovens pobres, punidos por ações determinadas pela penúria econômica e pelas técnicas de venda do capital.

4 O conceito de insignificância no sistema penal

Do ponto de vista do fato punível, o *princípio da insignificância* pertence ao conceito de *tipo de injusto*, porque tem por objeto a extensão da lesão do bem jurídico protegido no tipo legal – ou seja, o resultado lesivo da ação típica – e, por esse motivo, exclui a tipicidade da ação realizada. A continência do princípio da insignificância na área do injusto típico indica a natureza objetiva do conceito, afastando o emprego de elementos subjetivos para reduzir ou rejeitar esse princípio democrático. Logo, o princípio da insignificância não pode ser excluído ou restringido por argumentos fundados no conceito de culpabilidade – definível como juízo de reprovação do sujeito pela realização do *tipo de injusto* –, conforme tem pretendido a atual jurisprudência brasileira.

5 O conceito de insignificância na jurisprudência brasileira

A jurisprudência brasileira está ligada à posição do Supremo Tribunal Federal, que mistura elementos do tipo de injusto, relacionados à extensão da lesão do bem jurídico, com elementos da culpabilidade, relacionados ao juízo de reprovação do autor, para definir o conceito de insignificância. Como se sabe, a definição de insignificância do STF, originária de acórdão do Ministro Celso de Mello (HC 84.412/SP), exige (a) *mínima ofensividade da conduta do agente*, (b) *nenhuma periculosidade social da ação*, (c) *reduzidíssimo grau de reprovabilidade do comportamento* e (d) *inexpressividade da lesão jurídica provocada.*[13]

A confusão de elementos do injusto, integrantes naturais do conceito, com elementos da culpabilidade, estranhos ao conceito de insignificância, deforma o princípio da insignificância no papel

13 Ver decisão do Supremo Tribunal Federal (HC 84.412/SP, Segunda Turma, Rel. Min. Celso de Mello, DJe 19/11/2004).

de excluir/reduzir hipóteses de mínima lesão do bem jurídico. As consequências econômicas, sociais e pessoais produzidas pela repressão penal de resultados lesivos insignificantes são imensas: a) o custo social e econômico do processo penal é enorme: mobiliza Polícia, Ministério Público, Magistratura e toda a burocracia oficial do sistema de justiça criminal para resolver ninharias jurídicas; b) o custo pessoal de processos penais por insignificâncias é trágico: destrói vidas humanas valiosas por razões desprezíveis, em especial dos segmentos sociais marginalizados do mercado de trabalho e dos direitos de cidadania.[14]

6 Crítica ao conceito de insignificância do STF

A definição de insignificância apresentada pelo Supremo Tribunal Federal, além de revelar uma evidente atitude punitivista, mostra a inadequação sistêmica dos elementos conceituais selecionados na definição, cujos efeitos reais aniquilam a eficácia prática de um princípio humanista do sistema penal universal.[15]

6.1

A *mínima ofensividade da conduta* pretende designar o potencial lesivo da ação realizada, que pode aparecer ou não aparecer no resultado de lesão do bem jurídico – a dimensão quantitativa do injusto definível como insignificante – e, assim, pode descrever o desvalor da ação, mas não descreve o desvalor do resultado que define o princípio da insignificância. Em qualquer caso, o subjetivismo do conceito, dependente de emoções pessoais do intérprete, é insuperável: até que ponto a *ofensividade* é – ou deixa de ser – *mínima*

---

14 BARATTA, Alessandro. "Principi del diritto penale minimo: per una teoria dei diritti umani come oggetti e limiti della legge penale". *Dei Delitti e delle Pene*, nº 3, 1985.

15 Em linha semelhante, FAGUNDES, Rafael. *A insignificância no Direito Penal brasileiro*. Rio de Janeiro: Revan, 2019, pp. 135-153.

é um problema condicionado por componentes ideológicos e/ou sentimentos inconscientes do julgador.

6.2

A exigência de *nenhuma periculosidade social da ação* introduz um indefinível elemento positivista no conceito de insignificância, que nada tem a ver com a *extensão* ou a *quantidade* do injusto típico, com vários problemas adicionais: a) do ponto de vista jurídico-penal, a *periculosidade social* – originária das ultrapassadas medidas de segurança – é um conceito problemático, tautológico e amorfo,[16] somente pensável em modelos políticos autoritários; b) do ponto de vista político-criminal é um requisito conceitual açambarcador: a exigência de nenhuma periculosidade social exclui todas as hipóteses de insignificância penal, porque o legislador atribui um mínimo de periculosidade social às ações descritas na lei penal; c) do ponto de vista conceitual designa um estado psíquico do agente, inconfundível com a extensão da lesão do bem jurídico, que ameaça substituir o democrático Direito Penal do fato pelo odioso Direito Penal do autor.

6.3

O *reduzidíssimo grau de reprovabilidade do comportamento* incorpora o conceito *subjetivo* da culpabilidade no conceito *objetivo* do injusto, confundindo elementos conceituais distintos do fato punível: a extensão objetiva da lesão do bem jurídico, que define a insignificância penal, não tem nada a ver com a natureza subjetiva do juízo de culpabilidade, que define porque o fato é reprovado. E o mais grave, o exagero superlativo do adjetivo *reduzidíssimo* cria um limiar tão inferior de insignificância, que inviabiliza a ação processual do instituto.

---

16 BARATTA, Alessandro. "Principi del diritto penale minimo: per una teoria dei diritti umani come oggetti e limiti della legge penale". *Dei Delitti e delle Pene*, nº 3, 1985.

6.4

Enfim, a *inexpressividade da lesão jurídica provocada* parece constituir o único elemento adequado à natureza objetiva do *princípio da insignificância*, mas com uma desnecessária inovação semântica: redefine o signo *insignificância* pelo signo *inexpressividade*, uma troca de palavras que funciona como definição formal, mas não contribui para esclarecer o conceito real. Em outras palavras, dizer que a lesão não *pode ser expressa* – ou seja, que é *inexpressiva* – não é o mesmo que falar da *insignificância* da lesão do bem jurídico.

7 As limitações práticas de uma definição defeituosa

A confusão conceitual da definição do STF, ligada à indevida invasão do injusto por elementos da culpabilidade, produz bloqueios processuais na função política do conceito de *insignificância penal*, que explica as limitações jurisprudenciais de sua aplicação, como mostram decisões dos Tribunais Superiores, as quais afastam o princípio da insignificância, entre outras situações, nas seguintes hipóteses:

a) de *reincidência criminal*, não obstante constituir característica subjetiva do autor, sem relação com a gravidade do fato[17] – e apesar (i) de configurar falha do Estado no projeto técnico-corretivo de socialização do condenado[18] e (ii) de ignorar a prevalência da real insignificância da lesão do bem jurídico em face da reincidência do autor, conforme decisão recente do STF;[19]

---

17 AgRg no HC 647.941/RO, Rel. Min. Sebastião Reis Jr., DJe 16/08/2022.

18 SANTOS, Juarez Cirino dos. *Direito Penal*: parte geral. 10ª ed. São Paulo: Tirant lo Blanch, 2023, pp. 566-570.

19 Ver RHC 210198, Rel. Min. Gilmar Mendes, DJe 14/01/2022, que, apesar da reincidência, aplica o princípio da insignificância em tentativa de furto de uma peça de picanha em supermercado, por exclusão da tipicidade material.

b) de *maus antecedentes*, que não permitem agravar a pena, mas se tem admitido a situação equivalente contrária de negar a exclusão da pena[20] – em plena contradição com a Súmula 444/STJ, pela qual "*é vedada a utilização de inquéritos policiais e ações penais em curso para agravar a pena base*";[21]

c) de *extensa folha de antecedentes* determinante de maior reprovabilidade da conduta, com a mesma crítica da proibição de agravar a pena nas situações da Súmula 444, contornada por idêntica negação do direito de excluir a pena;[22]

d) de *furto em concurso de agentes*, uma questão de autoria coletiva que não pode ampliar o tamanho objetivo do tipo de injusto comum, mas tem funcionado para excluir a insignificância penal;[23]

e) de *crimes contra o patrimônio público*, apesar da irrelevância do titular do bem jurídico lesionado para medir a extensão do injusto praticado e da plena admissão do princípio da insignificância em crimes tributários, que lesionam o patrimônio público em extensão muito maior;[24]

f) de *tráfico de droga*, embora a quantidade de droga determine aumento ou redução da pena na jurisprudência,[25] demonstrando que

---

20 AgRg no AREsp 2258620/RS, Rel. Min. Teodoro S. Santos, DJe 15/12/2023.

21 SANTOS, Juarez Cirino dos; DIETER, Maurício Stegemann. "O tráfico de drogas na jurisprudência do Superior Tribunal de Justiça: análise crítica". *Boletim IBCCrim*, ano 31, nº 371, out. 2023. Disponível em: https://doi.org/10.5281/zenodo.8350295. Acessado em: 23.04.2025.

22 AgRg no AREsp 2346640/MG, Rel. Min. Teodoro S. Santos, DJe 12/12/2023.

23 AgRg no HC 849.308/SP, Rel. Min. Antonio S. Palheiro, DJe 30/11/2023.

24 HC 619.142/PR, Rel. Min. Reynaldo S. da Fonseca, DJe 23/22/2020.

25 AgRg no HC 857.455/MG, Min. Reynaldo S. da Fonseca, DJe 16/11/2023.

o tráfico de drogas é crime de resultado – e não de perigo abstrato ou presumido –, com regular admissão do princípio da insignificância;

g) de *lesão patrimonial superior a 10% do salário-mínimo*,[26] um valor irrisório que não pode legitimar privações da liberdade de seres humanos marginalizados, obrigados a viver em condições sociais adversas nas sociedades fundadas na relação capital/trabalho assalariado – aliás, um critério que envilece a liberdade humana e sacraliza o capital em sociedades desiguais.

8 Outros casos de insignificância rejeitados pela jurisprudência

A justiça criminal brasileira, aplicando os difusos critérios punitivistas do conceito do STF, ainda rejeita a insignificância em casos de furto qualificado e de roubo, com argumentos conflitantes com a dogmática penal.

8.1

No caso de **furto qualificado**, a jurisprudência não tem admitido o princípio da insignificância, mesmo em coisas de valor ínfimo – por exemplo, punição de tentativa de furto qualificado de coisa no valor de R$ 21[27] –, uma orientação jurisprudencial objeto de crítica científica, porque as circunstâncias qualificadoras se referem ao *modo de execução* do furto, relacionado ao desvalor de ação (escalada, destreza, rompimento de obstáculo etc.), e não ao desvalor do resultado, objeto exclusivo do princípio da insignificância.[28]

---

26 AgRg no HC 858.869/GO, Rel. Min. Joel Ilan Paciornik, DJe 12/12/2023.

27 STF, HC n. 113.972/MG, Rel. Min. Gilmar Mendes, DJe 10/05/2013.

28 FAGUNDES, Rafael. *A insignificância no Direito Penal brasileiro*. Rio de Janeiro: Revan, 2019, pp. 190-191.

8.2

No caso de **roubo**, um crime complexo integrado por duas lesões de bens jurídicos (violência e subtração patrimonial), a jurisprudência tem rejeitado a insignificância, novamente em conflito com a melhor literatura, que esclarece a hipótese desde modo: se a lesão de um desses bens jurídicos é irrelevante, então (i) ou desclassificação do fato para *furto simples* (se a violência é irrelevante), (ii) ou desclassificação do fato para simples *constrangimento* (se o valor da coisa é irrelevante),[29] com possível extensão do princípio da insignificância ao resultado subsistente.

9 A ridícula invocação do *delito de acumulação* contra a insignificância

Os chamados delitos de acumulação constituem um artifício de argumentação contra hipóteses do princípio de insignificância, assim estruturado: delitos isolados insignificantes (por exemplo, furto de uma garrafa de cachaça em supermercado) são inseridos em perspectiva de reiteração hipotética por múltiplos autores indeterminados (por exemplo, 100 pessoas furtam, individualmente, uma garrafa de cachaça no mesmo supermercado), para produzir o chamado *delito de acumulação* – uma hipótese inventada por punitivistas para penalizar um insignificante delito isolado, sob argumentos claramente falsos: a) a insignificância do delito isolado não é modificada por uma suposta massificação da conduta em imaginários futuros fatos puníveis; b) o Direito Penal da culpa não admite punição por supostos fatos de terceiros.[30]

---

29 FAGUNDES, Rafael. *A insignificância no Direito Penal brasileiro*. Rio de Janeiro: Revan, 2019, pp. 217-219.

30 FAGUNDES, Rafael. *A insignificância no Direito Penal brasileiro*. Rio de Janeiro: Revan, 2019, pp. 222-227.

10 A hipótese paradigmática do Direito penal econômico

A vinculação da atividade econômica da sociedade civil, na produção, circulação e consumo de mercadorias, com o papel do Estado de regulação dessa atividade econômica, configura o Direito Penal econômico.[31] O critério objetivo específico utilizado como parâmetro da insignificância penal em crimes contra o sistema tributário – a sonegação fiscal, por exemplo – é determinado pelo valor mínimo para inclusão em dívida ativa, ou para ajuizamento de execução fiscal, definidos pelo Banco Central, ou pela Receita Federal, nos seguintes patamares: a) R$ 2.500, pela antiga Lei n. 10.522/2002; b) ampliação para R$ 10.000, pela Lei n. 11.033/2004, admitida pelo STF e pelo STJ; c) nova ampliação para R$ 20.000, pela Portaria n. 75/2012, do Ministério da Fazenda, já admitida pelo STF, mas ainda não pelo STJ. A Política Criminal redutora da criminalização em crimes tributários merece todo aplauso – na verdade, a matéria deveria ser objeto do Direito Administrativo, pelo princípio da subsidiariedade e conforme propostas da Criminologia crítica[32] –, mas a absoluta desigualdade de critérios da insignificância nos crimes tributários e no Direito Penal de bagatela denuncia a natureza classista do sistema de justiça criminal brasileiro.

11 Um novo patamar de insignificância na bagatela patrimonial

Em crimes patrimoniais não violentos, em geral, e no caso de furto de loja, em especial, considerando as precárias condições de vida das classes subalternas brasileiras, e os privilégios das classes

---

31 FAGUNDES, Rafael. *A insignificância no Direito Penal brasileiro*. Rio de Janeiro: Revan, 2019, pp. 192 e ss.

32 BARATTA, Alessandro. "Principi del diritto penale minimo: per una teoria dei diritti umani come oggetti e limiti della legge penale". *Dei Delitti e delle Pene*, nº 3, 1985.

hegemônicas no âmbito do Direito Penal econômico, é legítimo propor a seguinte questão: por que *não ampliar a insignificância*, em crimes patrimoniais não violentos, pelo menos ***até a metade do salário-mínimo vigente***? A proposta é razoável, mas formulada com prévia consciência de sua rejeição pela jurisprudência – uma rejeição que ratifica a existência de dois critérios na justiça criminal brasileira, demonstrados pelo valor de R$ 20.000 como limite do princípio da insignificância em crimes tributários, e o limite de 10% do salário-mínimo para a insignificância em crimes patrimoniais não violentos.[33] Afinal, ambos os casos tratam de lesão patrimonial, somente diferenciadas pelo tipo social de autor: aplicação do princípio da insignificância à relevante lesão tributária do empresário, negação do princípio da insignificância ao irrelevante furto de bagatela de jovens pobres.

12 A garantia das relações sociais pelo sistema penal

O sistema penal garante o sistema social material (relações de propriedade) e ideológico (relações de poder político) mediante (i) funções ilusórias de combate à criminalidade e (ii) funções reais de garantia das relações de desigualdade da formação social capitalista.[34] No período de dominação do capital financeiro sobre as economias dependentes da América Latina, o tema do princípio da insignificância tem o mérito de mostrar as distorções de classe da jurisprudência criminal, produzidas pela ação psíquica de metarregras (ou *basic*

---

33 STF, HC 81511/MG, Segunda Turma, Rel. Min. Celso de Mello, julgado em 17/06/2003, fixando o limite de R$ 10.000 (dez mil reais), alterado para R$ 20.000 (vinte mil reais), conforme o art. 20 da Lei n. 10.522/2002 e as Portarias 75/2012 e 130/2012, do Ministério da Fazenda.

34 BARATTA, Alessandro. "Principi del diritto penale minimo: per una teoria dei diritti umani come oggetti e limiti della legge penale". *Dei Delitti e delle Pene*, nº 3, 1985.

rules), descobertas pelos estudos fenomenológicos de Cicourel[35] e outros, que determinam o significado concreto da decisão judicial: preconceitos, estereótipos, traumas e outras idiossincrasias pessoais ou distorções ideológicas que informam as percepções e atitudes do intérprete, desencadeadas por indicadores sociais negativos de raça, pobreza, desemprego, marginalização, moradia em favelas etc., responsáveis pela seletividade da clientela do sistema penal, constituiriam as determinações emocionais decisivas do processo de criminalização.[36] Juízes identificados com as classes e categorias sociais hegemônicas – a grande maioria de juízes conservadores – são refratários ao princípio da insignificância na criminalidade de bagatela, sempre examinado em perspectiva de repressão; juízes identificados com as classes e categorias sociais subalternas – uma pequena minoria de notáveis juízes brasileiros – são favoráveis ao princípio da insignificância nos crimes de bagatela, aplicado com democrática generosidade social.

Conclusão

Como se sabe, o *princípio da insignificância* tem raízes históricas antigas, conforme proclama o brocardo romano *de minimis non curat Praetor* – em outras palavras, o Magistrado romano, ao contrário do Magistrado brasileiro, *não cuidava de insignificâncias*. Uma sábia aplicação do Direito Penal não se limita ao conhecimento do sistema de leis que disciplina a vida do povo. Juízes e Tribunais também precisam conhecer a vida do povo submetido ao sistema de

35 CICOUREL, Aaron. "Basic and normative rules in the negotiation of status and role". *In*: DREITZEL, Hans Peter. *Patterns of communicative behavior*. Londres; Macmillan, 1970, pp. 4-45. Ver também SANTOS, Juarez Cirino dos. *Criminologia*: contribuição para crítica da economia da punição. São Paulo: Tirant lo Blanch, 2021, pp. 222 e ss.

36 SACK, Fritz. "Neue Perspektiven in Kriminologie". *In*: SACK, Fritz; KONING, R. (Coord.). *Kriminalsoziologie*. Frankfurt: Akademische Verlagsgesellschaft, 1968, p. 469.

leis – ou seja, conhecer a estrutura de classes da sociedade e, de modo especial, as relações de poder que distribuem as classes sociais entre um núcleo central privilegiado e rico, em geral imune à repressão penal, e uma imensa massa oprimida e pobre das periferias urbanas, objeto privilegiado do sistema penal. Hoje, as modernas bases científicas do *princípio da insignificância*, fundadas nos argumentos indicados, **estão a exigir uma profunda revisão** do conceito na jurisprudência brasileira. A violação de direitos humanos fundamentais das periferias urbanas, mediante negação estrutural de necessidades existenciais do povo, pressiona os instintos de sobrevivência e de agressividade[37] de pessoas excluídas do processo civilizatório, na direção de ações mais ou menos lesivas da lei penal – incluindo enorme quantidade de ações insignificantes, que a sabedoria dos órgãos jurisdicionais precisa reconhecer, até mesmo para compensar desigualdades sociais reais do violento mundo do capital. O significado político-criminal dessa atitude humanista reduz intolerâncias de interpretações punitivistas, com alívio parcial das condições sociais adversas das classes subalternas, além de conter a inútil expansão da população carcerária. O Estado brasileiro, apesar de sua natureza capitalista, não pode atribuir às camadas miserabilizadas da população as consequências psicossociais de políticas estruturais e institucionais classistas, racistas e violentas, responsáveis pelas determinações psíquicas e emocionais da vida do povo, na luta desigual pela simples sobrevivência animal no mundo do capital.

Referências bibliográficas

ALBRECHT, Peter-Alexy. *Kriminologie, eine Grundlegung zum Strafrecht*. 4ª ed. Munique: C. H. Beck, 2010.

ARZT, Gunther; WEBER, Ulrich; HEINRICH, Bernd; HILGENDORF, Eric. *Strafrecht – Besonderer Teil*. 4ª ed. Bielefeld: Ernst und Werner Gieseking, 2021.

37 FREUD, Sigmund. "Das Ich und das Es". *In*: ______. *Gesammelte Werke*. vol. 4. [S.l.]: [s.n.], [s.d.], pp. 648-649.

BANDEIRA DE MELLO, Celso Antonio. *Elementos de Direito Administrativo*. São Paulo: Revista dos Tribunais, 1991.

BARATTA, Alessandro. "Principi del diritto penale minimo: per una teoria dei diritti umani come oggetti e limiti della legge penale". *Dei Delitti e delle Pene*, nº 3, 1985.

______."Principi del diritto penale minimo: per una teoria dei diritti umani come oggetti e limiti della legge penale". *Dei Delitti e delle Pene*, nº 1, 1991.

CICOUREL, Aaron. "Basic and normative rules in the negotiation of status and role". *In*: DREITZEL, Hans Peter. *Patterns of communicative behavior*. Londres: Macmillan, 1970.

FAGUNDES, Rafael. *A insignificância no Direito Penal brasileiro*. Rio de Janeiro: Revan, 2019.

FREUD, Sigmund. "Das Ich und das Es". *In*: ______. *Gesammelte Werke*. vol. 4. [S.l.]: [s.n.], [s.d.].

ROXIN, Claus. *Strafrecht*: Allgemeiner Teil. 4ª ed. Munique: Beck, 2016.

SACK, Fritz. "Neue Perspektiven in Kriminologie". *In*: SACK, Fritz; KONING, R. (Coord.). *Kriminalsoziologie*. Frankfurt: Akademische Verlagsgesellschaft, 1968.

SANTOS, Juarez Cirino dos. *Criminologia*: contribuição para crítica da economia da punição. São Paulo: Tirant lo Blanch, 2021.

______. *Direito Penal*: parte geral. 10ª ed. São Paulo: Tirant lo Blanch, 2023.

SANTOS, Juarez Cirino dos; DIETER, Maurício Stegemann. "O tráfico de drogas na jurisprudência do Superior Tribunal de Justiça: análise crítica". *Boletim IBCCrim*, ano 31, nº 371, out. 2023. Disponível em: https://doi.org/10.5281/zenodo.8350295. Acessado em: 23.04.2025.

WELZEL, Hans. *Das Deutsche Strafrecht*. 11ª ed. Berlim: De Gruyter, 1969.

CAPÍTULO XVIII

REFLEXÕES SOBRE O DOMÍNIO DO FATO

JUAREZ TAVARES

1 A participação punível

A participação de pessoas em fatos criminosos e a sua punibilidade tiveram um desenvolvimento bastante peculiar na doutrina jurídica. Desde cedo, porém, pode-se notar que dois elementos fundamentais começaram a se destacar: a relação subjetiva dos agentes para com o fato, de um lado, e sua efetiva contribuição causal para o resultado, de outro. Dessa forma, o concurso de pessoas sempre esteve associado aos fundamentos da responsabilidade penal e não, propriamente, às características da própria participação.

Nesse sentido, no Direito Romano, que se orientava para afirmar a responsabilidade com base no elemento subjetivo (*dolus*) e não na causalidade, embora se realizasse uma diferenciação entre instigador, cúmplice e autor, todos recebiam a mesma pena, desde que se vinculassem ao fato dolosamente.[1] Quer dizer, então, que a participação punível pressupunha sempre uma relação subjetiva entre o agente e o resultado. Essa mesma fórmula irá, mais tarde, influenciar o Direito canônico, que sempre se orientou por caracterizar a responsabilidade com base na vontade do agente.

Já no início das modernas formulações doutrinárias, pode-se ver que, em Feuerbach, a participação estava assentada, essencialmente, na causalidade. Assim, dizia Feuerbach que se havia de reconhecer um autor do delito, que poderia ser seu causador imediato ou mediato, quando atuasse como causa principal do fato,[2] e os cúmplices, que desempenhavam ações causais coadjuvantes.[3] Nesse esquema, os autores eram mais gravemente punidos do que os cúmplices, o que, por seu turno, também impunha uma subclassificação entre cúmplices principais e acessórios, com diferente punibilidade.[4]

Essa vinculação entre participação e causalidade foi sempre dominante no mundo germânico da modernidade, até o ponto da intervenção hegeliana no Direito Penal, a qual, por meio de Berner, veio trazer à discussão uma nova base para a responsabilidade: o processo de imputação pela expressão material da vontade. Assim, dizia Berner que o autor deve querer o fato como obra sua, enquanto o cúmplice deve querer o resultado como obra de outrem, jamais incorporando, como sua, a vontade alheia.[5] Apesar dessa subjeti-

1 HIPPEL, Robert von. *Deutsches Strafrecht*, II. Berlim: Springer, 1930, p. 441.

2 FEUERBACH, Anselm von. *Lehrbuch des gemeinen in Deutschland gültigen peinlichen Rechts*. Giessen: Heyer, 1928, p. 35.

3 FEUERBACH, Anselm von. *Lehrbuch des gemeinen in Deutschland gültigen peinlichen Rechts*. Giessen: Heyer, 1928, p. 36.

4 FEUERBACH, Anselm von. *Lehrbuch des gemeinen in Deutschland gültigen peinlichen Rechts*. Giessen: Heyer, 1928, p. 40.

5 BERNER, Albrecht Friedrich. *Die Lehre von der Teilnahme am Verbrechen und die Neueren Controversen über dolus und cupa*. Frankfurt: Sauer und Auvermann, 1968, p 171.

vação da participação, Berner não se desprendeu da causalidade. Ao discorrer sobre os elementos de diferenciação, assinalava que, sob ponto de vista objetivo, o autor é causa principal do evento, o cúmplice, sua causa acessória.[6] Essa posição de Berner de uma teoria subjetiva exprimia a doutrina de seu tempo, mas não deixava de incorporar a contribuição maciça da jurisprudência, que, amparando a formulação de Luden, sempre pautou a diferenciação entre autores e cúmplices na causalidade.[7]

A causalidade, por força do enunciado da teoria da condição, veio a se impor como teoria dominante no final do século XIX e justificar a teoria unitária, que passou a não mais distinguir entre autores e cúmplices. Assim, von Liszt, dizia expressamente:

> Do conceito de causa segue que qualquer um que, mediante a inserção de uma condição para o resultado ocorrido, tenha contribuído para sua realização, tem causado esse resultado; como todas as condições do resultado são equivalentes, não subsiste, conceitualmente, uma diferenciação entre os participantes individuais na realização desse resultado; com isso, sua diferenciada punição só estará justificada no âmbito da mesma escala penal.[8]

Foi justamente sob esse influxo que o Código Penal brasileiro, na sua primitiva versão de 1940, consignava serem autores todos os que, de qualquer modo, contribuíssem para o crime (art. 25, CP, antiga redação).

---

6 BERNER, Albrecht Friedrich. *Lehrbuch des deutschen Strafrechts*. Leipzig: Tauchnitz, 1871, pp. 188 e ss.

7 LUDEN, Heinrich. *Handbuch des teutschen gemeinen und particularen* Strafrechts. Jena: Luden, 1842, pp. 348 e ss.

8 LISZT, Franz von. *Lehrbuch des deutschen Strafrechts*. Berlim: Gutentag, 1914, p. 218.

Mesmo dentro do âmbito da causalidade, seus enunciados foram perdendo intensidade. A teoria da causalidade adequada e, depois, a teoria da relevância jurídica indicaram a necessidade de se fazer uma diferenciação entre causa e condição, para só acolher como causa aquela condição que fosse mais adequada ou mais relevante para a explicação do resultado. Com isso, iniciou-se também uma revisão de seus efeitos no plano da autoria. Há, então, uma diferença entre o autor, que constitui causa de um resultado, e o cúmplice, que apenas contribui para sua realização. Por outro lado, com a introdução no Direito Penal do pensamento neokantiano, que propunha uma revisão da causalidade e seu enquadramento a um raciocínio teleológico, o que passou a orientar a teoria da relevância jurídica, a diferenciação entre autores e cúmplices se torna mais do que evidente.

2 O neokantismo

Como um dos expoentes do neokantismo, Max Ernst Mayer buscava fundamentar a diferenciação na autonomia, para a autoria, e acessoriedade, na participação. No sentido objetivo, entendia que a coautoria conduzia ao preenchimento total de um tipo de delito, de modo que as ações de várias pessoas sintetizassem uma totalidade. Já no campo subjetivo, cada coautor deveria realizar sua ação com consciência e vontade de complementar a ação do outro. "*Claro* – dizia Max Ernst Mayer – *aqui deve ser compreendido o resultado: a resolução de realizar um resultado comum exterior*".[9] Especificamente, quanto à diferenciação entre coautoria e participação, assinalava, contrariamente a Birkmeyer, que a propunha a partir da diferença entre causa e condição, que seu fundamento principal deveria residir no enfoque normativo efetuado sobre a norma de extensão, ou seja, sobre como o legislador tratava a acessoriedade das diversas ações

---

9 MAYER, Max Ernst. *Der allgemeine Teil des deutschen Strafrechts*. Heidelberg: Carl Winter, 1915, p. 381.

que se interligavam ao resultado.[10] Assim, a instigação consistiria na provocação dolosa e efetiva de fazer de outrem o autor do fato, ou seja, haverá instigação quando, dolosamente, se determina outrem, por qualquer meio, a praticar um delito. O instigador fornece um motivo para outrem realizar o fato, como autor, não importa se de modo direto ou por interposta pessoa.[11] Uma instigação só será efetiva se conseguir que o autor assimile a vontade criminosa e queira realizar o delito.[12] Por sua vez, haveria cumplicidade no auxílio doloso ao fato de outrem.[13] De forma sintética, poder-se-ia dizer que a participação pressupõe a existência de um autor principal, encarregado de executar a ação conforme sua resolução para o fato, ao qual o partícipe apenas se agrega.

A grande questão que se colocou a essa formulação do neokantismo foi sua subordinação, quase que exclusiva, aos termos de uma interpretação teleológica da norma que define a participação punível. Por conseguinte, todas as modalidades de participação deveriam ser entendidas, simplesmente, como formas de extensão de punibilidade. Nesse ponto, qualquer enunciado diferenciador ficaria na dependência de juízos de valor, nem sempre condizentes com a realidade empírica. Ora se centrava a diferenciação no elemento da acessoriedade, vista sob o plano objetivo, ora no elemento subjetivo da relação dos participantes para com o resultado, visto sob o enfoque do autor.

Roxin faz dura crítica a esse posicionamento. Diz ele:

---

10 MAYER, Max Ernst. *Der allgemeine Teil des deutschen Strafrechts.* Heidelberg: Carl Winter, 1915, p. 387.

11 MAYER, Max Ernst. *Der allgemeine Teil des deutschen Strafrechts.* Heidelberg: Carl Winter, 1915, p. 392.

12 MAYER, Max Ernst. *Der allgemeine Teil des deutschen Strafrechts.* Heidelberg: Carl Winter, 1915, p. 393.

13 MAYER, Max Ernst. *Der allgemeine Teil des deutschen Strafrechts.* Heidelberg: Carl Winter, 1915, p. 397.

> Na diferenciação entre autoria, instigação e cumplicidade, em contrapartida, os pontos de vista axiológicos do legislador de nenhum modo são esclarecedores. Aqui subsiste o perigo de que cada um, irrefletidamente, inclua na interpretação da lei sua própria opinião.[14]

3 O finalismo

Ao buscar uma superação desse normativismo, Welzel concentrou suas atenções nas categorias lógico-objetivas, pelas quais chegou a compreender que a diferenciação entre autores e partícipes deveria decorrer da própria estrutura da ação final. Nesse ponto, haveria de se fazer uma diferenciação entre autor culposo e doloso. Autor culposo será "aquele que, mediante uma ação lesiva ao grau de cuidado requerido no âmbito de relação, produz de modo não doloso um resultado típico". Já o autor doloso é

> aquele que, mediante uma condução consciente do fim, do acontecer causal em direção ao resultado típico, é senhor da realização do tipo. Mediante o domínio final sobre o acontecer, o autor se destaca do mero partícipe, que auxilia o ato dominado finalisticamente pelo autor, ou o instiga em sua decisão.[15]

O finalismo, embora não tenha sido seu criador, foi propulsor, na teoria do delito, da teoria do domínio do fato, que, mais tarde, teve seu maior desenvolvimento com a obra de Roxin. Nesse sentido, é bem marcante a afirmação de Welzel:

---

14 ROXIN, Claus. *Täterschaft und Tatherrschaft*. Berlim: De Gruyter, 1994, p. 12.

15 WELZEL, Hans. *Derecho penal alemán*. Santiago: Editorial Jurídica de Chile, 1970, p. 143.

> Por isso, cada coautor tem que ser autor, isto é, possuir as qualidades pessoais (objetivas e subjetivas) de autor, e nos delitos de mão própria cada um efetuar por si mesmo o ato incorreto (com isso, cai por terra a posição do RG 71.364). Ademais, tem que ser coportador do domínio final do fato.[16]

Em face desse chamado domínio final do fato, é importante salientar a necessidade de se verificar, em cada caso, como se desenvolveu a atividade de cada um. Sobre isso diz Welzel categoricamente:

> Por isso, o problema da coautoria só pode se discernido por uma indagação cuidadosa de todo o complexo delitivo e do grau de participação objetiva e subjetiva de todos os partícipes – mas não através de fórmulas baseadas em lemas.[17]

4 A evolução da doutrina

Por sua vez, Roxin dá outro enfoque à questão da autoria e participação. Inicialmente, afirma que, nessa questão, não importa a filiação a um conceito de ação, mas, sim, elevar o autor como elemento central do acontecer de uma conduta adequada. Para tanto, vale-se de um ponto de vista metodológico de diferenciação para dizer que: "o conceito de figura central deve, por um lado, indicar os pontos de vista axiológicos legais para a diferenciação e, de outro, também, nitidamente compreendidos, os elementos diferenciadores pré-jurídicos".[18] Depois, mediante a superação de todos os conceitos anteriores, se fixa em que, seguindo os mesmos passos do finalismo, a autoria só pode ser compreendida em face do domínio do fato,

---

16 WELZEL, Hans. *Derecho penal alemán*. Santiago: Editorial Jurídica de Chile, 1970, p. 158.

17 WELZEL, Hans. *Derecho penal alemán*. Santiago: Editorial Jurídica de Chile, 1970, p. 158.

18 ROXIN, Claus. *Strafrecht*, AT, II. Munique: Beck, 2003, p. 14.

como seu fundamento essencial. Combinando essas fórmulas, chega Roxin a um tratamento funcional do concurso de pessoas a partir da realização do tipo e não estritamente com base no desdobramento causal da conduta.[19]

Seguindo as diversas orientações, a compreensão do conceito de autoria a partir da realização do tipo se desenvolveu em três sequências: a) a teoria formal objetiva; b) a teoria material-objetiva; c) a teoria subjetiva.

Pela teoria formal objetiva, formulada por Beling, autor será quem realize estritamente a ação típica. Partícipe quem tenha contribuído para sua preparação ou auxílio. Diz, assim, Beling:

> As discussões precedentes alcançam uma conclusão: só poderá haver coautoria na atuação de várias pessoas, quando, em relação ao mesmo tipo e em unidade típica de realização, cada um tenha contribuído com uma parcela da ação de execução, seja simultânea, seja sucessivamente.[20]

Apesar de sua rejeição pela doutrina jurídica funcional, a teoria formal-objetiva ainda é dominante na Áustria, França e Reino Unido, e vem sendo manejada, contemporaneamente, por Freund, que a considera relevante para assegurar a atenção ao princípio da legalidade:

> Para satisfazer ao princípio do *nullum crimen*, deve-se esclarecer na punição segundo uma determinada norma sancionadora (seja em uma autoria ou em uma participação) que o indiciado realizou, material e formalmente, seus pressupostos – portanto, sob a atenção da letra do tipo. Para além do preenchimento

---

19 ROXIN, Claus. *Strafrecht*, AT, II. Munique: Beck, 2003, p. 14.

20 BELING, Ernst. *Die Lehre vom Verbrechen*. Aalen: Scientia Verlag, 1964 [1906], p. 408.

formal dos pressupostos de um delito tem início a vedada analogia in malam partem.[21]

As críticas feitas à teoria formal-objetiva se resumem a não poder compreender suficientemente a autoria mediata e, também, a relevante contribuição de alguém no fato, embora não tenha realizado pessoalmente sua execução. No tocante à autoria mediata, a solução pode ser obtida ao se considerar que o autor imediato nada mais é do que um instrumento nas mãos do autor mediato. Nesse caso, não há problema em se reconhecer que o autor mediato realizou efetivamente a ação típica, valendo-se de um instrumento humano. Até mesmo Feuerbach já admitia um autor direto e um autor indireto. Isso poderá ocorrer naqueles casos de ausência de ação por parte do instrumento, ou quando o instrumento não tenha conhecimento do fato, seja incapaz de discernimento acerca de seu caráter criminoso ou atue sob coação. Em todos esses casos, há uma relação de instrumentalidade, que não descarta o emprego de uma teoria formal-objetiva de autoria. Nas demais hipóteses postas em dúvida, no exemplo de Beling da pessoa que desfere uma facada na vítima enquanto esta é imobilizada por outrem, igualmente não haverá problema em se reconhecer a coautoria, porque a imobilização não constitui, aqui, um simples auxílio, senão componente essencial da ação de matar. Ninguém duvida que esse caso difere substancialmente daquele em que a faca é cedida ao autor por outrem, que não participa do processo de execução do delito. Mais nítido será o caso de estupro, em que alguém realiza a conjunção carnal, enquanto o outro imobiliza a vítima, ou seja, suprime sua liberdade e, com isso, executa a ação de constranger. Ainda que se possa rechaçar sua estrita vinculação causal, a teoria formal-objetiva atende, de certo modo ao princípio da legalidade, diante das incertezas que norteiam a distinção entre autoria e participação.

---

21 FREUND, Georg. *Strafrecht*, AT. Berlim-Heidelberg: Springer, 1998, p. 330.

Segundo a teoria material-objetiva ou final-objetiva, hoje dominante na doutrina e incorporada pela teoria do domínio do fato, autor será quem, como figura central (figura decisiva) do acontecimento, exerce sobre o fato um domínio, na qualidade de seu dirigente ou coparticipante, de modo a, segundo sua vontade, poder impedir ou deixar seguir a realização do tipo. Partícipe será quem, sem possuir um domínio próprio do fato e como figura secundária no acontecimento real, instiga ou auxilia seu cometimento.[22]

Por sua vez, para a teoria subjetiva, dominante na jurisprudência alemã, decisivo para a diferenciação será a direção tomada pela vontade do agente. Autor ou coautor será aquele que quer o fato como próprio (*animus actoris*); partícipe será aquele que quer o fato como alheio (*animus socii*). A teoria subjetiva sempre engendrou perplexidades na doutrina e, também, na jurisprudência e, hoje, praticamente é empregada como teoria auxiliar para esclarecer, em caso de dúvida, quem é afinal autor ou partícipe em determinado acontecimento, principalmente quando a ação do partícipe, embora não se integre na execução do fato, desempenhe um papel essencial na consecução do resultado. Por exemplo, alguém irá praticar uma fraude bancária, mas para isso precisa da senha de acesso ao computador, que está de posse de outrem. Se este outrem lhe cede a senha, mas não participa da fraude e nem dela se beneficia, está numa situação limite entre a coautoria e a participação. Para dirimir a natureza dessa contribuição, poder-se-á usar a teoria subjetiva para dizer que o executor da fraude queria o fato como próprio e, portanto, será seu autor, enquanto o detentor da senha, como não queria o fato como próprio, mas apenas como alheio, será partícipe. Nesse aspecto, a teoria subjetiva se sobrepõe a qualquer indagação acerca da causalidade, não importando, assim, a diferenciação entre causa e condição, ou seja, entre um fato acidental ou essencial para a consecução do fato.

---

22 WESSELS Johannes; BEULKE, Werner; SATZGER, Raúl P. Arana H. *Strafrecht*, AT. Heidelberg: C. F. Müller, 2016, p. 262.

Em relação à teoria material-objetiva, há, porém, um ponto a ser resolvido: determinar, com precisão, como se pode, na prática, identificar esse domínio funcional do fato. Roxin indica que esse domínio pode se dar: a) sobre a ação, que caracteriza a *autoria direta*; b) sobre a vontade, que contempla a *autoria mediata*; c) sobre a divisão funcional de trabalho, que fundamenta a *coautoria*.

Se o domínio do fato constitui um elemento do tipo de delito e se deduz da própria definição de autoria, resta decidir, como pondera Freund, se este elemento está congregado na própria ação (como queria Welzel), no resultado, na causalidade ou na imputação objetiva.[23] Como é incerta sua base de sustentação, ainda que a teoria do domínio do fato se estribe em critérios objetivos, não pode prescindir de elementos subjetivos, justamente porque não se pode conceber um domínio sobre a realização do tipo sem que lhe corresponda uma vontade de realizar. Como diz Rengier,

> Assim, pode-se também falar de uma vontade de participação, da qual resultam pontos de apoio, com base num plano comum para o fato, acerca de se o participante atua como parceiro, em igualmente de condições, ou em uma função subalterna.[24]

Não obstante as articulações explicativas em torno do domínio do fato, ainda permanecem obscuros alguns aspectos importantes. O principal deles será ajustar esse conceito ao princípio da legalidade. Afinal, até que ponto pode o intérprete de uma lei penal alargar a compreensão do tipo a ponto de incluir como seu autor uma pessoa que não tivera atuado na execução da ação típica? A solução da teoria do domínio do fato, nesse caso, não pode prescindir de juízos de valor que nem sempre correspondem àqueles do legislador, mas, sim, do próprio intérprete. Essa questão preocupou Roxin, que resolveu

---

23 FREUND, Georg. *Strafrecht*, AT. Berlim-Heidelberg: Springer, 1998, p. 333.

24 RENGIER, Rudolf. *Strafrecht*, AT. Munique: Beck, 2014, p. 366.

traçar uma condição restritiva para a coautoria: só será coautor aquele que tiver atuado na execução do fato. Quem colabora no fato, ainda que de forma essencial, mas não atua na sua execução, poderá ser instigador ou cúmplice, mas não coautor.

Assim, diz Roxin:

> Dessa estrutura resultam três pressupostos da coautoria. Primeiramente, deve haver um plano comum para o fato: assim, uma divisão de trabalho, um cometimento comunitário, pressupõe que se atue segundo um plano comum. Em segundo lugar, deve-se afirmar uma execução comum, uma atuação conjunta no estágio da execução; não será suficiente uma participação na preparação. Isso é, por certo, discutível, mas quem apenas participa dos atos preparatórios deve deixar a execução a cargo de outrem, que domine sozinho a realização do tipo e exclua os demais da autoria. Em terceiro lugar, no estágio da execução deve ser cumprido um papel relevante, pois somente, então, terá a participação uma função relevante para o sucesso do plano.[25]

Apesar dessa precisa assertiva de Roxin, que põe por terra qualquer esboço no sentido de que a simples invocação do domínio do fato conduz ao reconhecimento da responsabilidade do participante como coautor, mesmo que ele não tenha realizado qualquer ato de execução, resta ainda enfrentar o grande problema suscitado pela autoria mediata.

5 A autoria mediata

São reconhecidas pela doutrina, em geral, três espécies de autoria mediata, que resultam das seguintes situações: a) do domínio da vontade pela coação; b) do domínio da vontade na inimputabilidade

---

25 ROXIN, Claus. *Strafrecht*, AT, II. Munique: Beck, 2003, p. 78.

do executor; c) do domínio da vontade pelo erro. Esta última compreende: i) a atuação sem dolo do executor; ii) a atuação em erro de proibição do executor; iii) a atuação em erro sobre o estado de necessidade exculpante do executor. Casos especiais de autoria mediata ainda haveria nas hipóteses de engano sobre a punibilidade, sobre as qualificadoras e sobre a identidade da vítima. Nesses três últimos subcasos, subsistiria, porém, a responsabilidade do executor. Roxin agrega a esses casos tradicionais ainda a autoria mediata por *força de aparelhos organizados de poder.*

Na autoria mediata há uma característica essencial: o executor atua como instrumento do autor. Como tal instrumento, o executor deverá ser, via de regra, impunível, ou, conforme os enunciados de Roxin, somente punível pelos delitos que executar segundo a projeção de sua vontade. Quem não sabe, por exemplo, que está executando uma lesão grave porque a pistola de gás recebida para borrifar os olhos da vítima continha, na verdade, uma substância química que a cegaria só responde como autor de lesão leve, que corresponde à sua vontade. Por essa ideia, ainda que o mandante não tenha participado na execução do delito, será autor mediato de lesão grave.[26] Essas são questões complexas da autoria mediata, porque quebram sua estrutura: o executor, aqui, não é um instrumento inocente, e a responsabilidade do mandante poderia simplesmente persistir no âmbito da instigação, cuja punibilidade em certos casos, como o citado, poderá ser maior do que a do autor direto (art. 62, II, CP). Nesse ponto estarão, inclusive, completamente satisfeitos os punitivistas.

Dogmaticamente, contudo, há objeções sérias à teoria do domínio do fato, ainda não respondidas suficientemente pela doutrina. Assim, diz freund que a teoria do domínio do fato não pode se afastar de um elemento preponderante, que é a exata definição do fato, sem a qual a teoria corre o risco de ser usada como um chapéu de mágico,

---

26 ROXIN, Claus. *Strafrecht*, AT, II. Munique: Beck, 2003, p. 43.

de cujo interior podem ser extraídos todos os resultados.[27] Isto quer dizer que não se poderá invocar a teoria do domínio do fato como lema (no dizer de Welzel) para fundar a responsabilidade sem antes proceder a uma exata leitura de todas condutas que tenham contribuído para o resultado, objetiva e subjetivamente. Roxin, inclusive, não admite a simples invocação do domínio do fato para fundar a responsabilidade, quando o sujeito não tenha tomado parte na ação executiva do delito. Quem não tome parte na ação executiva do delito, só poderá ser instigador ou cúmplice, ou autor mediato naquelas hipóteses bem determinadas. Em qualquer caso, ainda na autoria mediata é indispensável que o autor mediato tenha se valido materialmente do autor imediato para a execução da conduta.

Resolvidas essas premissas, ainda permanece, porém, sem uma correta solução o caso especial de autoria mediata por força de *aparelhos organizados de poder*. Essa figura foi criada por Roxin em 1963, em publicação no *Goltdammer's Archiv*, sob o título "Straftaten im Rahmen organisatorischer Machtapparate" ("Fatos puníveis no âmbito de aparelhos organizados de poder"); mais tarde, foi essa teoria desenvolvida em sua tese de habilitação "Täterschaft und Tatherrschaft" ("Autoria e domínio do fato") e, finalmente, revista e complementada em artigo publicado em 2012 no *Goltdammer's Archiv*, sob o título "Zur neuesten Diskussion über die Organisationsherrschaft" ("Para a mais recente discussão acerca do domínio de organização").

Esse caso especial de autoria mediata foi concebido para enquadrar, dogmaticamente, como autor e não como partícipe, aquele que, no comando ou direção, do governo da Alemanha Oriental, tivesse contribuído para os homicídios praticados pelos guardas de fronteira em face de fugitivos do regime. Pela fórmula empregada, esse mesmo caso seria aplicável aos crimes realizados nos campos

27 FREUND, Georg. *Strafrecht*, AT. Berlim-Heidelberg: Springer, 1998, p. 333.

de concentração nazista e, também, àqueles praticados durante o regime estalinista na antiga União Soviética. Portanto, a figura da autoria mediata decorrente de aparelhos organizados de poder foi originariamente pensada para situações típicas de regimes autoritários. Não deixa de ser uma teoria jurídico-política, montada para a punição dos chamados autores de trás. Assim, o dirigente da Alemanha Oriental, embora não tivesse participado da execução dos homicídios de fronteira, e nem houvesse uma demonstração de que os tivesse diretamente instigado ou auxiliado, responderia por autoria mediata, em face de pertencer a um regime autoritário, no qual vigorava uma ordem interna rígida e vinculante, hierarquicamente estruturada e, nos casos específicos, contrários à ordem jurídica e aos pactos jurídicos internacionais.

Roxin enumera os seguintes pressupostos para que tal forma de autoria mediata possa ser reconhecida: a) o autor mediato deve exercer no âmbito da organização um poder de comando; b) a organização, em face das atividades jurídico-penalmente relevantes, deve ter-se desligado do Direito; c) os executores diretos devem ser fungíveis, de modo que possam ser substituídos anonimamente por qualquer outro; d) a alta relevância da disponibilidade dos autores diretos de executarem o fato.[28] Esses quatro requisitos não são autônomos e produzem um elevada inclinação para o fato por parte dos executores diretos, porque a determinação no âmbito da organização de poder exerce uma pressão de assentimento, enquanto que o desligamento do direito por parte do aparelho em face dos executores faz com que esses não precisem temer serem responsabilizados criminalmente e, diante de sua fungibilidade, não precisem se preocupar de executarem pessoalmente a ação, de vez que outros podem fazê-lo em seu lugar, já que todos estão disponíveis para a execução. Roxin assinala, expressamente, que essa inclinação para a execução fortalece o domínio sobre o fato por parte do autor mediato, mas não

---

28 ROXIN, Claus. “Zur neusten Diskussion über die Organisationsherrschaft”. *Goltdammer’s Archiv für Strafrecht*, 2012, pp. 396 e ss.

constitui um critério próprio do domínio de organização, mas, sim, uma consequência dos demais pressupostos, os quais devem estar todos presentes na configuração dessa forma de autoria mediata.

Essa categoria de autoria mediata, proposta por Roxin, sofreu muitas objeções. A primeira delas, e bastante relevante, foi feita por Weigend, para quem seria completamente contraditório pensar-se no autor direto, ao mesmo tempo, como responsável pelo resultado e instrumento do autor mediato; por outro lado, acentua Weigend a vacuidade do conceito de domínio, o qual pode se orientar por critério puramente empírico, ou mesmo por critério exclusivamente normativo, critérios esses que são excludentes.[29] Igualmente crítico sobre essa categoria, Rotsch afirma que o critério de fungibilidade não é suficiente para fundar um domínio sobre o fato do autor mediato, uma vez que , nesse caso, a decisão sobre o fato já não lhe pertence, mas, sim, ao executor. É irrelevante para fundar o domínio do autor mediato a circunstância de que o autor imediato acredite que não será responsabilizado. Haveria autoria mediata se o autor direto fosse induzido ou mantido em erro inevitável pelo autor mediato em relação ao fato e às suas consequências. Igualmente, é frágil a assertiva de que, aqui, se trata de uma organização fora do Direito e por isso mesmo a posição hierárquica do autor mediato constituiria mais do que simples ponto de emissão de ordem, senão parte de uma complexa engrenagem ilícita, uma vez que o próprio Roxin admite que, em alguns casos, quando se trate de delitos de Estado (uma categoria próxima de delito político), nem sempre todo o sistema está fora do Direito.[30] Também Urban se opõe a um conceito de autoria mediata em que o executor seja plenamente responsável.[31]

---

29 WEIGEND, Thomas. "Perpretation through an Organisation". *Journal of International Criminal Justice*, Oxford, 2011, pp. 91 e ss.

30 ROTSCH, Tomas. "Tatherrschaft kraft Organisationsherrschaft". *Zeitschrift für die gesamte Strafrechtswissenschaft*, vol. 3, 2000, pp. 518 e ss.

31 URBAN, Carolin. *Mittelbare Täterschaft kraft Organisationsherrschaft*. Göttingen: V&R, 2004, p. 68.

Essa crítica está de acordo, inclusive, com a moderna teoria da ação performativa, que exige para qualquer participante do discurso uma capacidade de avaliar sua própria conduta e a conduta do demais, na qual se insere a do autor imediato.

Os casos clássicos de autoria mediata sempre se pautaram, aliás, conforme o próprio enunciado de Roxin, porque, em face da incapacidade do executor de decidir, conscientemente, sobre a execução, se reconhece que sua vontade está dominada pelo autor mediato, o chamado homem de trás. Isto porque, por força de seu conhecimento especial, o homem de trás detém um domínio sobre a causalidade. Mas para que isso efetivamente ocorra, é indispensável que o executor não seja plenamente responsável, porque, então, apenas por ficção se poderia admitir que sua vontade estaria dominada pelo autor mediato.[32] Esse raciocínio não se desfaz quando se reconheça a fungibilidade do executor, por se encontrar no âmbito de uma organização. A organização, por si mesma, ainda que esteja situada fora do Direito ou corresponda a regimes autoritários, não pode fundar um domínio empírico sobre a vontade do executor. Há, portanto, nesse caso, uma nítida construção teleológica, destinada a satisfazer propósitos de Política Criminal e não uma assertiva científica, baseada em fatos demonstráveis e incontroversos. É de se ponderar, outrossim, que a categoria da autoria mediata por força de aparelhos organizados de poder pretende justificar uma responsabilidade apenas pela posição burocrática do autor no exercício de certas funções do Estado, o que conduz a uma presunção de participação. Isso contraria a própria essência do concurso de pessoas no fato punível. O exercício de uma função burocrática, por si só, não pode fundamentar uma participação punível. Para que essa responsabilidade seja determinada, é necessário que se demonstre, pelo

32 RENZIKOWSKI, Joachim. "Zurück in die Steinzeit? Aporien der Tatherschaftslehre". *In*: HEFENDEHL, Roland; HÖRNLE, Tatjana; GRECO, Luis. *Festschrift-Schünemann*. Berlim: De Gruyter, 2014, p. 506.

menos, uma ordem genérica que autorize ou induza os executores a realizarem o fato, ou uma omissão relevante, ao não o impedir, podendo fazê-lo. Claro que aqueles que participaram, por exemplo, do encontro dos dirigentes nazistas para a implantação da chamada "solução final", em que se decidiu pelo extermínio dos judeus, determinaram esse extermínio, porque assim se manifestaram nesse sentido. Igualmente, aqueles que faziam parte dos regimes autoritários na América Latina e compunham os postos de comando também determinavam o desaparecimento e extermínio de pessoas e seriam, por isso, coautores dos delitos. Para tanto, não se necessita construir uma modalidade especial de autoria mediata.

Outro aspecto importante da autoria mediata por força de aparelhos organizados de poder diz respeito aos tipos de organização. Roxin explicita de modo claro que, aqui, se trata de dois tipos de organização. De um lado, uma organização política autoritária, própria de ditaduras ou de regimes antidemocráticos, como aqueles do período do nazismo, do estalinismo e das demais ditaduras da América Latina, da África ou da Ásia. Interessante é de se notar a discriminação eurocentrista quanto aos países colonizados, não se admitindo, por exemplo, traços de manifesto autoritarismo nas chamadas democracias liberais, quando o Presidente dos Estados Unidos, por exemplo, pode indultar os próprios familiares, demitir membros do Ministério Público e, inclusive, juízes, que não estejam de acordo com sua política e suspender a vigência de leis que não lhe interessem, ou manter prisioneiros em campos de detenção, sem qualquer processo. Além dessas organizações ditatoriais, Roxin estende essa forma de autoria mediata às organizações mafiosas ou terroristas, estruturadas à margem do Direito. É importante salientar, entretanto, que afora esses dois tipos de organização, do Estado autoritário e das organizações criminosas, Roxin não reconhece outras e rechaça que isso possa se dar no âmbito de firmas, empresas ou associações comerciais ou civis, constituídas de conformidade com o respectivo Direito Positivo e para exercerem atividades lícitas. Por certo, ninguém irá constituir uma empresa especificamente para desenvolver atividades ilícitas, salvo que se trate de empresa fictícia. Isso já seria, desde logo, vedado pela própria legislação e tal empresa nem seria registrada na Junta Comercial ou em órgão de controle. O fato de em uma empresa se realizarem atividades ilícitas, e isso ocorre muitas vezes, não transforma essa empresa em aparelho organizado de poder. Tecendo considerações sobre isso, assim diz Roxin:

> Tal afastamento do Direito se dá nos delitos de Estado, nos delitos de terrorismo e nos casos de criminalidade organizada. Se, por exemplo, em uma empresa, que opera nas relações comerciais dentro das escalas da ordem jurídica, um diretor de departamento ordena que um empregado cometa uma falsidade documental, será, no caso de seu cometimento, apenas instigador do fato cometido pelo empregado. Pois, em relação a uma organização que trabalhe na base do Direito deve-se esperar que não sejam obedecidas ordens antijurídicas, como, por exemplo, prescreve expressamente o estatuto dos funcionários.[33]
>
> (...)
>
> A autoria mediata por força de aparelhos organizados de poder, contrariamente a muitas objeções, é uma figura eficiente, que se manifesta, antes de tudo, nos crimes de Estado e em delitos resultantes de criminalidade organizada, para caracterizar o homem de trás como autor. Ela é, porém, exagerada, quando se quer aplicá-la a todas as relações hierárquicas e imputar o domínio do fato a pessoas dirigentes das sociedades comerciais, em face de fatos puníveis de seus empregados relacionados à sua atividade, sem levar em conta a forma de sua efetiva participação.[34]

Uma vez expostos os elementos da teoria do domínio do fato por força de aparelhos organizados de poder, resta, então, analisar, aqui, os fundamentos da coautoria e da participação.

---

33 ROXIN, Claus. *Strafrecht*, AT, II. Munique: Beck, 2003, p. 55.

34 ROXIN, Claus. *Strafrecht*, AT, II. Munique: Beck, 2003, p. 58.

6 A coautoria e a participação

Para que ocorra coautoria é indispensável que todos os autores participem efetivamente do processo de execução da ação típica. Essa é uma exigência da qual Roxin não abre mão:

> A necessidade de uma atuação em divisão de trabalho no estágio de execução, como pressuposto da coautoria, decorre do princípio fundamental do domínio do fato. Não se pode dominar a realização do tipo quando não se esteja ali presente ou não se verifiquem as exigências da autoria direta.[35]

Portanto, para caracterizar a coautoria não basta que o agente tenha participado da preparação do delito. Igualmente, não é suficiente que o agente tenha estruturado a empresa e dessa estruturação decorra uma facilitação para a prática de delitos por parte de outrem. Independentemente, assim, de se analisar o elemento subjetivo dessa coautoria, se o agente não participar da execução, não será coautor. Ademais, ainda acrescenta Roxin que a contribuição do agente na execução tem que ser relevante. Não basta o mero domínio da causalidade. Assim, mesmo que o agente participe da execução ou nela esteja presente, não será coautor se essa sua participação não for relevante para a repartição funcional do trabalho. Diz Roxin: "a contribuição para o fato no estágio da execução deve, além disso, ser relevante, que se quiser fundar uma coautoria".[36] *É que apenas com uma participação relevante se poderá dizer que o coautor domina o risco da produção do evento.*

Em relação à instigação, o agente deve determinar o autor (executor) para o fato. Não basta, assim, mera apologia do fato, nem sua participação em um empreendimento. Sobre isso diz Roxin:

35 ROXIN, Claus. *Strafrecht*, AT, II. Munique: Beck, 2003, p. 81.
36 ROXIN, Claus. *Strafrecht*, AT, II. Munique: Beck, 2003, p. 87.

> Isso significa, inicialmente, que ele deve ser causal para a resolução do autor para o fato, ainda que seja suficiente uma cocausalidade. Não é possível uma instigação, portanto, quando o mandatário já estiver decidido para o fato, quando seja um *omnimodo facturus*.[37]

Nesse caso, para que haja instigação, o mandante deve saber que o mandatário já não se tenha decidido para o fato. Como, aqui, não se trata de uma causalidade material, senão de uma causalidade psíquica, só nessa situação se poderá reconhecer, justamente, sua contribuição causal para o delito. Em face dessa relação causal de incentivo ao fato, não será possível reconhecer uma instigação por omissão. Nesse sentido, novamente Roxin:

> De acordo com a concepção aqui defendida resulta que uma instigação por omissão é impossível. Pois, se uma não atividade tem, excepcionalmente, o conteúdo sensível de uma ordem, deve ser julgada como um fazer concludente; se ela não tiver esse significado, só poderá produzir uma excitação para o fato, que não é suficiente para a instigação.[38]

Nesse ponto, é bastante concludente a assertiva de Puppe no sentido de só admitir uma instigação quando subsista um pacto de realização do injusto entre o instigador e o autor, o chamado pacto de injusto.[39] Essa exigência tem por objetivo evitar que qualquer forma de expressão se transforme em instigação para o fato, quando autor a tenha tomado em sua motivação para realizá-lo. Da mesma forma do que ocorre na instigação, na cumplicidade se exige uma contribuição causal para o fato. Além do mais, a cumplicidade só se pode dar, como na instigação, em relação a fatos determinados;

37 ROXIN, Claus. *Strafrecht*, AT, II. Munique: Beck, 2003, p. 149.

38 ROXIN, Claus. *Strafrecht*, AT, II. Munique: Beck, 2003, p. 156.

39 PUPPE, Ingeborg. "Der objektive Tatbestand der Anstiftung". *Goltdammer's Archiv für Strafrecht*, 1984, p. 112.

não há cumplicidade genérica. Roxin acrescenta ainda dois outros requisitos: que a colaboração tenha aumentado o risco da produção do resultado até o estágio de sua consumação e que o cúmplice saiba exatamente o que o autor pretende. Diz Roxin:

> A aplicação do princípio do aumento do risco na cumplicidade decorre do fundamento penal da participação: porque somente quem, dolosamente, melhore as chances do autor e aumente o risco da vítima é quem assume uma autônoma agressão ao bem jurídico.[40]

Por outro lado, é necessário que o cúmplice atue com o chamado dolo de promoção, pelo qual o autor tome sua contribuição como útil para a prática do fato.[41] Se o autor desprezar a colaboração, por entender que em nada acrescenta para a execução do fato, não haverá cumplicidade, mas apenas sua tentativa, impunível no Direito brasileiro.

Conclusões

a) A teoria do domínio do fato tem importância apenas para distinguir entre autores e partícipes (instigadores e cúmplices), jamais para ampliar o âmbito de responsabilidade do concurso de pessoas no fato.

b) O domínio do fato, em face dos aparelhos organizados de poder, é uma categoria de Política Criminal que não se ajusta a uma dogmática penal restritiva. Igualmente, não se aplica ao âmbito de empresas constituídas licitamente conforme a legislação do país em que se encontrem. Nessas empresas, a relação entre dirigentes e subordinados deve ser apreciada em termos de coautoria e participação na consecução dos fatos ali praticados.

---

40 ROXIN, Claus. *Strafrecht*, AT, II. Munique: Beck, 2003, p. 203.

41 ROXIN, Claus. *Strafrecht*, AT, II. Munique: Beck, 2003, p. 224.

c) A circunstância de que alguém ocupe cargo de direção na burocracia estatal ou em qualquer empresa não autoriza responsabilizar, com base na invocação do domínio do fato, o ocupante desse cargo por fatos cometidos no âmbito dessas organizações, salvo quando os tenha executado, ou tenha deles participado como instigador ou cúmplice.

d) Para caracterizar uma coautoria, é fundamental que os coautores participem de modo relevante do processo de execução do delito. Assim, no caso de corrupção de agentes públicos, os acusados só serão coautores se participarem em divisão de trabalho na execução desse delito, por exemplo, na oferta ou entrega de vantagem para a prática de ato de ofício determinado, e essa participação for relevante para a realização do crime. O simples fato de haverem montado uma estrutura organizacional que facilite a prática de tais delitos não os transforma em coautores dos fatos. Podem ser partícipes, mas não coautores.

e) Alguém só pode ser instigador de um delito, quando demonstrada a vontade de instigar, ou seja, quando essa vontade, assim expressa, tenha aumentado o risco da lesão de bem jurídico, ao influenciar os executores do fato.

f) A cumplicidade exige, além de uma ação que tenha aumentado o risco de afetação do bem jurídico, que o partícipe saiba exatamente o que o autor pretende; ademais disso, pressupõe um dolo de promoção em face de fatos determinados, mas de tal modo que o autor tome como útil a participação do colaborador.

Referências bibliográficas

BELING, Ernst. *Die Lehre vom Verbrechen*. Aalen: Scientia Verlag, 1964 [1906].

BERNER, Albrecht Friedrich. *Die Lehre von der Teilnahme am Verbrechen und die Neueren Controversen über dolus und cupa*. Frankfurt: Sauer und Auvermann, 1968.

______. *Lehrbuch des deutschen Strafrechts*. Leipzig: Tauchnitz, 1871.

FEUERBACH, Anselm von. *Lehrbuch des gemeinen in Deutschland gültigen peinlichen Rechts*. Giessen: Heyer, 1928.

FREUND, Georg. *Strafrecht*, AT. Berlim-Heidelberg: Springer, 1998.

HIPPEL, Robert von. *Deutsches Strafrecht*, II. Berlim: Springer, 1930.

LISZT, Franz von. *Lehrbuch des deutschen Strafrechts*. Berlim: Gutentag, 1914.

LUDEN, Heinrich. *Handbuch des teutschen gemeinen und particularen* Strafrechts. Jena: Luden, 1842.

MAYER, Max Ernst. *Der allgemeine Teil des deutschen Strafrechts*. Heidelberg: Carl Winter, 1915.

PUPPE, Ingeborg. "Der objektive Tatbestand der Anstiftung". *Goltdammer's Archiv für Strafrecht*, 1984.

RENGIER, Rudolf. *Strafrecht*, AT. Munique: Beck, 2014.

RENZIKOWSKI, Joachim. "Zurück in die Steinzeit? Aporien der Tatherschaftslehre". *In*: HEFENDEHL, Roland; HÖRNLE, Tatjana; GRECO, Luis. *Festschrift-Schünemann*. Berlim: De Gruyter, 2014.

ROTSCH, Tomas. "Tatherrschaft kraft Organisationsherrschaft". *Zeitschrift für die gesamte Strafrechtswissenschaft*, vol. 3, 2000.

ROXIN, Claus. "Zur neusten Diskussion über die Organisationsherrschaft". *Goltdammer's Archiv für Strafrecht*, 2012.

______. *Strafrecht*, AT, II. Munique: Beck, 2003.

______. *Täterschaft und Tatherrschaft*. Berlim: De Gruyter, 1994.

URBAN, Carolin. *Mittelbare Täterschaft kraft Organisationsherrschaft*. Göttingen: V&R, 2004.

WEIGEND, Thomas. "Perpretation through an Organisation". *Journal of International Criminal Justice*, Oxford, 2011.

WELZEL, Hans. *Derecho penal alemán*. Santiago: Editorial Jurídica de Chile, 1970.

WESSELS Johannes; BEULKE, Werner; SATZGER, Raúl P. Arana H. *Strafrecht*, AT. Heidelberg: C. F. Müller, 2016.

CAPÍTULO XIX

A IDIOSSUBJETIVAÇÃO COMO REENCANTAMENTO DO IMAGINÁRIO JURÍDICO – UM TRIBUTO À TEORIA CRÍTICA NÃO CÉTICA DE RUBENS CASARA

LENIO STRECK

Introdução

À guisa de homenagem, busco neste texto aproximar algumas de minhas teses recentes com a obra do ilustre Rubens Casara, esse magistrado que, ao modo dos *alternativistas*, vai além de seus antecessores e admite algo que talvez nem eles conseguiram à época em que o Direito Alternativo ainda era moda: critérios são necessários e o subjetivismo precisa ser tratado como um problema democrático. Em uma espécie de saga ao modo de "doa quem doer", Rubens faz a devida "crítica do Direito", de modo que suas raízes não obnubilam o sentido da democracia como projeto do constitucionalismo contemporâneo.

Afinal, quem deve prevalecer: o instituinte ou o instituído? Warat já fazia essa pergunta há mais de 30 anos e ainda nos questionamos sobre o tema. Creio que nesses anos, busquei, com minhas contribuições doutrinárias, estabelecer uma espécie de "terceira via" (a hermenêutica) que está entre o instituinte e o instituído. Como sempre lembro, o cenário mudou com a Constituição: não basta mais a crítica *pela* crítica. Cumprir a "letra da lei" (mais sobre isso nas seções seguintes) virou um ato revolucionário. Essa é a principal distinção do trabalho de Rubens frente aos demais teóricos críticos do Direito (em sua maioria). A *reverência* ao projeto do Estado Democrático de Direito soa revolucionária enquanto a *irreverência* virou um lugar comum entre os críticos cujas teorias do Direito invariavelmente tendem a cair no ceticismo realista.

É nesse sentido que sinto que minha proposta teórica, a *Crítica* Hermenêutica do Direito, se aproxima da *crítica* de Casara. Ambos fazemos a crítica. Mas qual crítica? A anticética. Neste texto, portanto, buscarei ilustrar essa aproximação a partir de reflexões que busco levantar em minhas obras atuais. Uma vez mais, contra o realismo jurídico e a favor do projeto de democracia do constitucionalismo contemporâneo, em que Rubens e eu estamos de comum acordo.

De prima, associo minha recente "objeção/obsessão" epistêmica: a produção da ignorância, que faço por meio do estudo do conceito de agnotologia, que me ocupará as próximas duas seções deste texto. Na próxima, introduzirei o termo e sua origem; na subsequente, estabelecerei paralelos entre o conceito e obra de Casara.

Na terceira seção, continuarei traçando esse paralelo, chegando ao seu ponto fulcral, já revelado nesta introdução: a questão do relativismo e a função social da crítica na Teoria do Direito contemporânea.

Por fim, na seção final, concluo que tudo isso se mostra um exemplo da metáfora que faço do conceito de "desencantamento do mundo" de Max Weber. Ou seja, de como a idiossubjetivação, o relativismo e o ceticismo realista são formas de o senso comum teórico e a dogmática *reencantarem* um mundo ora *desencantado* do imaginário jurídico.

1 Os mercadores da dúvida e da desinformação: de como tudo isso não é por acaso

Venho refletindo sobre as práticas jurídicas da dita pós-modernidade já há algum tempo, coisas como ChatGPT, inteligência artificial utilizada pelos tribunais e cultura de precedentes à brasileira a partir de um termo: *jus agnotologia*. Explico.

Uma famosa historiadora da ciência, Naomi Oreskes, publicou com Erik M. Conway, em 2010, um livro que foi um verdadeiro petardo contra a tese de que não existe aquecimento global e de que não há influência humana nele: *Merchants of Doubt* é o título.[1] A questão central está no subtítulo: "Como um punhado de cientistas obscureceu a verdade sobre questões que vão da fumaça de tabaco ao aquecimento global".

O livro é um marco para um novo estudo, a *agnotologia*, que se define como a investigação de sistemas de produção e manutenção estruturais da ignorância.[2] *Agnotologia* é o resultado das palavras gregas *agnosis* (ignorância) e *logia* (estudo).

---

1 ORESKES, Naomi; CONWAY, Erik M. *Merchants of Doubt*: how a handful of scientists obscured the truth on issues from tobacco smoke to global warming. Londres: Bloomsbury, 2010.

2 O início dessa nova espécie de "campo" de estudo teve origem em PROCTOR, Robert N.; SCHIEBINGER, Londa. *Agnotology*: the making and unmaking of ignorance. Redwood City: Stanford University Press, 2008.

É aqui que entra o Direito. Com o propósito de desenvolver uma genealogia do senso comum teórico dos juristas e, assim, examinar o estado da arte do ensino jurídico e das práticas jurídicas (que descrevi no recente *Ensino jurídico e(m) crise: ensaio contra a simplificação do Direito*),[3] sempre invocando, é claro, o "princípio da caridade epistêmica" (Blackburn e Davidson), podemos nos indagar:

De que modo um conjunto de professores e operadores jurídicos, orgânicos ou não, obscurece, há décadas, a verdade sobre questões que vão desde (i) o próprio conceito de verdade, quando preferem lidar com uma fraude epistemológica como "verdade real", que qualquer estudante de filosofia facilmente desmascara; (ii) da equivocada leitura de Kelsen, que é "ensinado" como o autor que "inventou a aplicação da letra fria da lei"; (iii) da errônea conceituação do positivismo, "ensinado" como sendo o antigo textualismo; (iv) do uso errôneo da ponderação – numa leitura absolutamente equivocada de Alexy, causando graves danos a direitos e garantias; (v) da leitura de Ferrajoli-sem-ler-Ferrajoli como sendo um textualista, quando é ele quem construiu sua teoria justamente contra o paleo-juspositivismo-textualista; (vi) da confusão que a dogmática jurídica faz ao misturar o que é não misturável, como o livre convencimento (filosofia da consciência), com verdade adequacionista, trazendo uma confusão no campo da compreensão do Direito e da prova; (vii) da transformação do Direito em uma mera instrumentalidade, sem controles epistemológicos; (viii) do inusitado conceito de que o Direito é indeterminado, com o que se abriu a caixa de pandora da jurisprudencialização do Direito – o realismo jurídico, por meio do qual os Tribunais Superiores foram transformados em Cortes de Precedentes, produzindo regras gerais e abstratas, catapultando o Judiciário à condição de legislador, fatores que, reproduzidos sistematicamente por um ensino jurídico deficitário, transformaram a própria doutrina em um apêndice da tese de que o Direito é o que o Poder (Judiciário) diz que é.

---

3 STRECK, Lenio Luiz. *Ensino jurídico e(m) crise*: ensaio contra a simplificação do Direito. São Paulo: Contracorrente, 2024.

E a lista é longa, a que poderiam ser acrescentados o uso indiscriminado de inteligência artificial por advogados e tribunais. A pergunta que se impõe é: não se trataria, aqui, de investigar as razões pelas quais essa produção de ensino equivocado e as práticas destituídas de cientificidade vêm assumindo um poder praticamente incontrolável?

Dizendo de outro modo (ou investigando de outra maneira) – e aqui se abre espaço para agnotologia jurídica: *até que ponto esse estado da arte da produção jurídica no Brasil não é fruto de uma intencionalidade sistêmica de um certo establishment jurídico ou é simplesmente produto de uma mediocridade bruta e crua*?

Exemplos são importantes para uma visualização mais direta do problema:

(i) Advogado em São Paulo ingressa com pedido de nulidade de sentença que desconfiou ter sido "elaborada" por robô;[4]

(ii) TJ-SC rejeita um pedido de *habeas corpus* que, "fabricado" por robô, citou jurisprudência inexistente; tribunal disse que os precedentes falsos tentaram induzir o julgador em erro;[5]

(iii) Tribunais lançam novo motor de inteligência artificial generativa para aumentar eficiência na produção de decisões.[6]

---

4 CHATGPT afirma que sentença foi gerada por IA e parte pede anulação. *Migalhas*, 9 fev. 2024. Disponível em: https://www.migalhas.com.br/quentes/423393/chatgpt-afirma-que-sentenca-foi-gerada-por-ia-e-parte-pede-anulacao. Acessado em: 12.02.2025.

5 TJ-SC adverte advogado por HC feito por IA com jurisprudência falsa. *Migalhas*, 7 fev. 2024. Disponível em: https://www.migalhas.com.br/quentes/424313/tj-sc-adverte-advogado-por-hc-feito-por-ia-com-jurisprudencia-falsa. Acessado em: 12.02.2025.

6 CORDEIRO, Edilene. "Supremo inaugura MARIA, primeira ferramenta do Tribunal com inteligência artificial generativa". *Supremo Tribunal Federal*, 5 fev. 2024. Disponível em: https://noticias.stf.jus.br/postsnoticias/supremo-inaugura-maria-primeira-ferramenta-do-tribunal-com-inteligencia-artificial-generativa/. Acessado em: 12.02.2025.

O que não está dito? É que todo esse admirável mundo novo, cantado em prosa e versos por tribunais e por advogados nas redes sociais, está restrito à busca de "precedentes" e falhas que os advogados cometem na elaboração de recursos (o robô atua como um atirador de elite, derrubando recursos). E a doutrina? Fica de fora. Já não importa. Robô não cita fonte (é um plagiador) e nem se importa com literatura jurídica.

No dia 16 de dezembro de 2024, o Ministro Luís Roberto Barroso, Presidente do Supremo Tribunal Federal, anunciou o Módulo de Apoio para Redação com Inteligência Artificial (MARIA), o primeiro programa de inteligência artificial generativa do tribunal, inspirado em um sistema chamado Galileu, já implementado pelo TRT-4, no Rio Grande do Sul.

Apesar de inspirado no robô desenvolvido na corte trabalhista gaúcha, MARIA é um sistema de IA produzido integralmente pela Suprema Corte, em parceria entre servidores e uma empresa contratada via chamamento público.

Para agravar, os cursos jurídicos – e são muitos – e até a academia (também são muitas) igualmente ensinam erroneamente conceitos como ponderação – o que mostra que o problema é estrutural, como diz a professora Naomi. De que adianta fazer teses denunciando o mau uso de teorias ou teses como a "ponderação", se as práticas ignoram a ciência solenemente?

Do mesmo modo, até mesmo em discursos pretensamente mais sofisticados, é possível perceber que a dogmática jurídica cai em armadilhas como o criterialismo, pelo qual se constroem discursos que, a pretexto de dar significação ao Direito, substituem-no, valendo os conceitos criteriais mais do que o próprio Direito. Ora, parece evidente e facilmente demonstrável que isso é um problema epistemológico – ou de ausência de epistemologia –, outro conceito maltratado pela dogmática jurídica.

Por que se continua a dizer nas salas de aula (e não só nelas) que o positivismo é uma forma de assegurar certeza nas decisões segurança (*sic*), quando é facilmente demonstrável que o positivismo é uma tese empirista-descritivista que não se preocupa com a decisão? Será mesmo que os juristas que falam de Kelsen não se deram ao trabalho de lê-lo? Bastaria um pouco de textualismo, nesse caso, para percebermos a sua tese da discricionariedade.[7] Está lá no breve capítulo 8 de sua TPD, de maneira hialina, que a decisão é um ato de vontade. Por qual razão não se buscam os conceitos corretos cunhados na tradição desse fenômeno da Teoria do Direito? Isso é fruto de descuido ou é fruto de "um longo trabalho"?

A esmagadora maioria da doutrina brasileira está mais preocupada em vender manuais com centenas e milhares de jurisprudências compiladas do que discutir o porquê, em um país de tradição legislativa, de a produção judicial valer mais do que lei. A professora Naomi é otimista (a meu ver) e diz que a ciência pode ser o remédio para isso. Mas, pergunto, onde está a ciência? Não teria ela sido esquecida/escondida? Não há, aqui, espaço, portanto, para os estudos da agnotologia jurídica? É disso que pretendo tratar aqui e em outros espaços.

E a lista é interminável, como demonstro em diversos artigos e livros, destacando o ponto que hoje parece ser o mais grave: por qual razão se insiste na tese de que é possível "construir" precedentes para o futuro, se o erro dessa tese é facilmente demonstrável em face de uma tradição que se estabeleceu no restante do mundo? Por que a academia, em geral, não se preocupa com o tamanho de liberdade que têm os juízes para decidir e valorar provas? Nesse momento, lembro da famosa frase de Darcy Ribeiro, a qual dizia que a crise

---

7 STRECK, Lenio Luiz. "Aplicar a 'letra da lei' é uma atitude positivista?" *Novos Estudos Jurídicos*, Itajaí, vol. 15, nº 1, 2010. Disponível em: https://periodicos.univali.br/index.php/nej/article/view/2308. Acessado em: 12.02.2025.

na educação brasileira não é uma crise; é projeto. Penso ser esse o caso também para o Direito.

2 Construção deliberada da ignorância

No livro *A construção do idiota: o processo de idiossubjetivação*, Rubens Casara fala sobre a produção, deliberada, de desconhecimento. É um tema importante para a sociedade e, muito relevante, para a comunidade jurídica. E dialoga evidentemente com o conceito de agnotologia. A produção industrial de idiotas nos dias de hoje, além de estar dentro de um projeto econômico-político, também conta com uma ajuda significativa daqueles que não se sentem envergonhados de levantar determinadas bandeiras.

Recordo do filme *Negação* (*Denial*) de 2016, adaptado da obra literária *History on Trial: My Day in Court with a Holocaust Denier*, da autora Deborah Lipstadt. Esse filme me parece emblemático para demonstrar o perigo da idiossubjetivação. O enredo, resumidamente, pode ser assim descrito: acompanhamos o julgamento do historiador britânico David Irving (Timothy Spall) contra a acadêmica Deborah Lipstadt (Rachel Weisz). Irving processa Lipstadt por difamação depois que ela o acusou de negar o Holocausto em seu livro. Como o julgamento ocorre no Reino Unido, onde o ônus da prova recai sobre o réu, Lipstadt e sua equipe jurídica, liderada por Richard Rampton (Tom Wilkinson), precisam demonstrar que o Holocausto realmente aconteceu e que Irving distorceu fatos históricos deliberadamente.

Ocorre que, a certa altura, a professora que está processando o negacionista pergunta aos seus advogados: e se não conseguirmos provar o Holocausto? O filme explora a importância da verdade histórica, o embate entre negacionismo e evidência e a luta contra a desinformação.

A comunidade jurídica possui um papel importante na produção de consensos em sociedade, consensos que perfazem as certezas mínimas que uma comunidade deve ter sobre os fatos. Consensos, no entanto, esbarram em desacordos. E há, como dizem Dworkin e Waldron, a possibilidade de pessoas razoáveis terem desacordos morais também razoáveis. Se temos diferentes concepções sobre os conceitos que fazem parte de quem somos e como vivemos, é dever, portanto, das sociedades modernas exigirem instituições competentes e aptas a determinar princípios mínimos comuns que ditem nossos rumos político e social, garantindo, ao menos, a coexistência desses indivíduos e grupos, em toda sua diversidade e multiplicidade de crenças e convicções.[8]

Isso passa pela não relativização de certos princípios e da própria concepção de verdade histórica. Afirmações como "o Holocausto aconteceu, morreram 6 milhões de judeus"; "o homem pisou na lua, não foi mera montagem de *Hollywood*"; "entre 1964 e 1985, houve no Brasil uma Ditadura Militar, quando aconteceram perseguições, torturas e assassinatos", todos são fatos notórios, amplamente estudados e debatidos, mas que, por vezes, parecem ter caído em um descrédito ou relativismo e sua credibilidade deve ser prioridade de instituições em uma democracia saudável.

A idiossubjetivação, nesse sentido, vem como um diagnóstico desse problema. Conforme afirma Casara, é preciso atenção aos seus tipos:

> Desde já, é importante traçar a diferença entre "idiotice", "ignorância" e "burrice". A "idiotice" é a postura, por excelência, do sujeito neoliberal que atua egoisticamente a partir de cálculos de interesse que visam exclusivamente ao lucro ou a obtenção de alguma vantagem pessoal. Nada inegociável interessa ao sujeito idiota. A "ignorância", por sua vez,

---

8 STRECK, Lenio Luiz; MORBACH, Gilberto. "(Autonomia do) Direito e desacordos morais". *Revista Brasileira de Estudos Políticos*, Belo Horizonte, nº 119, jul./dez. 2019. Disponível em: https://pos.direito.ufmg.br/rbep/index.php/rbep/article/view/739/548. Acessado em: 12.02.2025.

> apresenta-se como um fenômeno tendencialmente provisório, ligado ao desconhecimento em relação a um assunto ou a um conjunto de assuntos. Por fim, a "burrice" *é um fenômeno cognitivo, ético e político relacionado ao fechamento (voluntário ou não) em relação ao outro do conhecimento ou da diferença.*[9]

Todos os níveis traçados por Casara estão presentes na comunidade jurídica. Há os idiotas que não ligam para a imposição de conceitos absolutamente equivocados como "ponderação", "precedentes", "princípios como valores" etc., e não refletem sobre a própria prática jurídica como um todo. Os ignorantes são os mais "desculpáveis", pois não tiveram acesso a uma teoria crítica de base que pudesse fortalecer as bases de seu pensamento. Os deliberadamente burros também temos aos montes: aqueles que não têm abertura para qualquer tipo de reflexão sobre o papel do Judiciário em uma democracia, mas que só sabem culpar o Supremo Tribunal Federal e atacar os Ministros chamando-os de comunistas.

Parece evidente que as redes sociais colaboram para esse estado de coisas. Mas o Direito é um caso especial de construção interna da crise. Isto é, a produção da desinformação é endógena, reproduzida por uma linguagem simplificada e pela cultura de resumos e atalhos de sentido. Trata-se do império do simples. A professora Naomi diz que a solução para o enfrentamento desse império da desinformação (ou da produção da ignorância) é fazer – e usar – ciência. E eu acrescento: é possível exigir evidências científicas dos argumentos usados em decisões e trabalhos jurídicos.[10]

---

9 CASARA, Rubens R. R. *A construção do idiota*: o processo de idiossubjetivação. Apres. Marcelo Semer. Rio de Janeiro: Da Vinci Livros, 2024, pp. 24-25.

10 STRECK, Lenio Luiz. "Que tal exigir evidências científicas nas decisões do seu tribunal?" *Revista Consultor Jurídico*, 7 jun. 2018. Disponível em: https://www.conjur.com.br/2018-jun-07/senso-incomum-tal-exigir-evidencias-cientificas-decisoes-tribunal/. Acessado em: 12.02.2025.

A questão é que no Direito isso se torna um problema. Onde está (e qual é) o espaço da ciência no Direito? As teorias céticas que dizem que o Direito é indeterminado, por serem pragmatistas, não dão espaço para a ciência, entendida como um discurso rigoroso que pode ser testado, epistemologicamente construído, no sentido da perquirição de suas condições de possibilidade (o que aliás se chama de epistemologia). Isto é, não se pode esperar de posturas realistas algo mais do que teorias políticas de poder. Isso se aplica à dogmática refém do criterialismo – reprodutora dos enunciados jurisprudenciais.

Portanto, antes de tudo, há que se compreender o conceito de epistemologia. Esse é o espaço daquilo que se pode denominar de "discurso científico do Direito". Precisamos saber que epistemologia é fundamentalmente discurso de segundo nível; a busca pelas condições de possibilidade do conhecimento. Trata-se, portanto, de uma disciplina crítica, como fica claro em filósofos que vão de Kant a Bachelard, de Kelsen a Susan Haack. Como sabemos, no entanto, temos dificuldade em reconhecer no Direito a importância da tradição teórica. Parece às vezes que os conceitos têm grau zero de sentido. E que este pode ser atribuído via enunciados. Assim, não precisamos mais estudar "a parte difícil e chata" da coisa.

Qual será o estatuto epistemológico do Direito, se examinarmos, por exemplo, decisões judiciais destituídas do mínimo grau de racionalidade, proferidas *ad hoc*? O que é isto – a epistemologia? Fazer essa pergunta já é muito mais epistemologia do que fazer um repositório de métodos de consideração de prova, por exemplo, e chamar a isso de "epistemologia". Por outro lado, está na moda falar, por exemplo, em epistemologia da prova ou do processo para se defender, ao fim e ao cabo, uma espécie de realismo ingênuo entre intelecto e mundo, palavras e coisas (ou a imediatez de que falava Hegel). Ignora-se, assim, a dimensão eminentemente crítica dessa disciplina. Faz sentido apostarmos na antiga verdade como adequação (verdade correspondencial), ignorando o giro copernicano de Kant, a virada linguística etc.? Como fazer ciência jurídica sem responder a esses questionamentos mínimos?

Tudo para dizer que a falta de epistemologia, a simplificação da linguagem (esse flagelo que veio com as redes sociais) e o advento fagocitatório da inteligência artificial colocam o Direito "contra as cordas", nocauteando a dimensão teórica de seus desacordos e, assim, as possibilidades emancipatórias dos conceitos que estruturam o Estado Democrático de Direito. Veja-se: o estágio atual do Estado Democrático de Direito não foi alcançado sem o Direito. Só o foi por causa do Direito. Por que então maltratá-lo?

3 O Direito é apenas um instrumento de poder? Os céticos têm razão, afinal?

O resultado dessa fragilização antiepistemológica é a transformação do Direito em uma instrumentalidade, uma mera ferramenta a serviço do poder e de discursos estratégicos. *Coaches* podem manipular Direito, a partir de glosas nas redes sociais feitas sobre decisões judiciais. Afinal, ferramentas são coisas "postas à nossa disposição". Aqui há a sutileza do dispositivo, aquilo que Heidegger denunciou como o suprassumo da era da técnica, o *Gestell* (dispositivo). Apertar o botão, essa é a tarefa do "lidador do Direito" que surge nesse novo *Zeitgeist*, espírito do tempo em que tudo é disponível, líquido, dúctil, maleável. O que deveria ser o "que dá o formato" às relações sociais, o Direito, acaba virando o produto formatado.

Como bem pontua Rubens Casara em seu livro, a ação deliberada para a ignorância, idiotice ou burrice possui uma dimensão ética em sociedade. Dimensão ética, porque também é política. Tem a ver com minha relação com o outro e o impacto que meu descaso com a filosofia e a ciência reverberam no todo social. "Não buscar conhecimento capaz de melhorar a vida da maioria das pessoas é uma violação ética e uma omissão política".[11]

Claro que nisso tudo também deve ser considerado o desejo, inconsciente, de reencantamento do mundo. Se, como demonstrou Weber, a modernidade desencantou o mundo, "demagificando" as religiões para incluir ritos e depois introduzindo a ciência, inaugurando a agora, nestes tempos de fragmentação e de instantaneidades, parece que se busca um reencantamento, em uma espécie de retorno às cartografias da pré-modernidade. O desejo da volta do mito do dado.

Por isso, a ênfase nas respostas antes das perguntas. É o império dos conceitos pré-prontos, das súmulas, dos enunciados, dos *workshops* para construir conceituações prévias, as teses emanadas dos tribunais, enfim, tudo aquilo que, *lato sensu*, é chamado de "cultura de precedentes", o que gera muitos livros e textos, mas que pouco explica.

Como falar em ciência jurídica no Brasil, então? Difícil. Ou impossível. Onde estão os intelectuais? Em uma alegoria com a medicina, imaginemos uma pandemia ou uma guerra, com muitos doentes e feridos, necessitando de cirurgias. Os hospitais estão repletos de enfermeiros e médicos generalistas, *coaches* de medicina, *influencers* e esteticistas. Mas poucos cirurgiões. Muito poucos.

Um exemplo de como há pouca esperança me foi trazido por um advogado. Contou-me ele que, em São Paulo, em uma grande cidade do interior, um juiz chega a ter dezenas de assessores. Nem sequer todos os assessores têm acesso ao magistrado... Então, há uma divisão em grupos, cada qual com um "assessor chefe" imediato (apenas estes podem se reportar diretamente). E ele complementa:

---

11 CASARA, Rubens R. R. *A construção do idiota*: o processo de idiossubjetivação. Apres. Marcelo Semer. Rio de Janeiro: Da Vinci Livros, 2024, p. 25.

"quem nós estamos enganando? Atribui-se a Bismarck a frase: "as salsichas e as leis, é melhor não saber como são feitas". Imagine se soubessem lá fora como as decisões judiciais são "fabricadas". Parece que a esperança é pouca, não?

Assim, a professora Naomi não teria razão ao dizer que há uma desinformação estrutural, produzida com claros objetivos de causar desconhecimentos (ignorância)? Que tal discutir isso no Direito? Está correta a afirmação da professora Naomi?

Assim como há uma espécie de indústria da desinformação nas discussões sobre vacinas e aquecimento global – e isso parece incontestável –, há sérios indicativos de que esse fenômeno se repete em vários ramos do conhecimento. E o Direito não escapa disso. Ou, de que modo explicamos a proliferação da cultura manualesca-simplificada-simplificadora, a indústria dos cursinhos e os concursos decorebas? De que modo o meio ambiente jurídico convive com isso? Não estamos nos devendo essas respostas?

Por isso, penso que há enorme espaço para esse novo ramo do conhecimento: a jus agnotologia. Ou agnotologia jurídica. O leitor deste texto achou difícil e/ou chato o texto? Pode ter razão. Difícil, sim. Direito é assim mesmo.

A simplificação (e o incentivo a que se simplifique cada vez mais!) e a transformação do Direito em uma mera ferramenta (de poder) mostram que alguma coisa ocorreu. E não foi geração espontânea. Jabuti não nasce em árvore. Talvez, como no caso do aquecimento global, cujos resultados estão aí, talvez também tenha ocorrido algo na área jurídica – como a fabricação da ignorância.

Portanto, proponho a seguinte hipótese: a crise que denuncio pode ser, em algum grau, relevante, uma questão intencional, ou que sirva a algum propósito? Existe alguma parametricidade entre a propaganda do tabaco e a cultura antivacina e fenômenos como a simplificação e a jurisprudencialização do Direito?

4 À guisa de conclusão: a crítica não cética do Direito como prognóstico para a agnotologia jurídica

Finalizo este tributo ao estimado Rubens Casara com a reflexão com a qual iniciei. Durante minha já bastante longa trajetória, busquei sempre acompanhar minhas reflexões – que nunca foram meras descrições, mas, sim, *diagnósticos*, isto é, eivados de normatividade – de *prognósticos*. Não basta, para a Crítica Hermenêutica do Direito, estabelecer a crítica. É necessário buscar uma solução para os problemas levantados.

Por isso, julgo que minha tese sobre esta nova agenda de pesquisa, a agnotologia jurídica, está sendo já implementada, ainda que indiretamente, por Rubens, em sua obra. E esse diagnóstico é também acompanhado por um prognóstico – arrisco dizer também aproximado do formulado pela professora Naomi: a necessidade de uma epistemologia e a necessidade de exercitarmos teorias normativas (críticas) que não recaiam na crítica pela crítica, desprovida, portanto, desses prognósticos necessários.

Para que possamos, então, elaborarmos tais prognósticos, um primeiro passo precisa ser dado. Ele parece simples, mas esconde uma armadilha que muitos de nossos colegas críticos vêm caindo no momento: a armadilha do ceticismo.

Vemos hoje, aos montes, abordagens sociológicas do Direito ganharem espaço na academia. Observamos juristas apostarem cada vez mais no ceticismo como base de suas agendas teóricas. Ele por vezes vem disfarçado. A "máscara" mais comum é a do "pragmatismo". Como mencionamos, é uma armadilha para inviabilizar ou descredibilizar qualquer tentativa de normatividade no Direito, de racionalização da decisão jurídica. Esse é o risco que sempre apontei: o de transformar o Direito em algo *que não seja mais Direito*. Um instrumento "de luta" ou de "de retrocesso", a depender do gosto do freguês. Um mecanismo desse projeto de descrédito da racionalidade jurídica é talvez um último alerta que também é exemplo da agnotologia, apesar de passar despercebido por ser uma sofistica, que se passa por teoria (por vezes até é teoria, mas uma teoria fadada a um realismo retrô, que se mostra presente desde o século XIX).

Nesse sentido, há uma série considerável de fatores já explorados por mim ao longo do tempo para tornar esse fenômeno do "incentivo à desinformação" visível e compreensível. O que o estudo da jus agnotologia pode fazer é propor a existência de um novo adversário intelectual. Uma teoria crítica não cética do Direito. Penso que o livro de Rubens Casara é uma adição importante nessa discussão sobre o enfraquecimento da ciência jurídica no Brasil. E propõe essa discussão em termos anticéticos.

Penso que a hipótese de que haja uma produção estrutural e sistêmica de ignorância pode ser promissora e deve ser investigada com seriedade. A *idiossubjetivação* e a agnotologia andam lado a lado, de mãos dadas. Analisar esses fenômenos deve estar na primeira ordem de prioridade da comunidade jurídica, sob pena de o retrocesso ser tão grande que os danos já sejam irreversíveis.

Referências bibliográficas

CASARA, Rubens R. R. *A construção do idiota*: o processo de idiossubjetivação. Apres. Marcelo Semer. Rio de Janeiro: Da Vinci Livros, 2024.

CHATGPT afirma que sentença foi gerada por IA e parte pede anulação. *Migalhas*, 9 fev. 2024. Disponível em: https://www.migalhas.com.br/quentes/423393/chatgpt-afirma-que-sentenca-foi-gerada-por-ia-e-parte-pede-anulacao. Acessado em: 12.02.2025.

CORDEIRO, Edilene. "Supremo inaugura MARIA, primeira ferramenta do Tribunal com inteligência artificial generativa". *Supremo Tribunal Federal*, 5 fev. 2024. Disponível em: https://noticias.stf.jus.br/postsnoticias/supremo-inaugura-maria-primeira-ferramenta-do-tribunal-com-inteligencia-artificial-generativa/. Acessado em: 12.02.2025.

ORESKES, Naomi; CONWAY, Erik M. *Merchants of Doubt*: how a handful of scientists obscured the truth on issues from tobacco smoke to global warming. Londres: Bloomsbury, 2010.

PROCTOR, Robert N.; SCHIEBINGER, Londa. *Agnotology*: the making and unmaking of ignorance. Redwood City: Stanford University Press, 2008.

STRECK, Lenio Luiz. "Aplicar a 'letra da lei' é uma atitude positivista?" *Novos Estudos Jurídicos*, Itajaí, vol. 15, nº 1, 2010. Disponível em: https://periodicos.univali.br/index.php/nej/article/view/2308. Acessado em: 12.02.2025.

_____. *Ensino jurídico e(m) crise*: ensaio contra a simplificação do Direito. São Paulo: Contracorrente, 2024.

_____. "Que tal exigir evidências científicas nas decisões do seu tribunal?" *Revista Consultor Jurídico*, 7 jun. 2018. Disponível em: https://www.conjur.com.br/2018-jun-07/senso-incomum-tal-exigir-evidencias-cientificas-decisoes-tribunal/. Acessado em: 12.02.2025.

STRECK, Lenio Luiz; MORBACH, Gilberto. "(Autonomia do) Direito e desacordos morais". *Revista Brasileira de Estudos Políticos*, Belo Horizonte, nº 119, jul./dez. 2019. Disponível em: https://pos.direito.ufmg.br/rbep/index.php/rbep/article/view/739/548. Acessado em: 12.02.2025.

TJ-SC adverte advogado por HC feito por IA com jurisprudência falsa. *Migalhas*, 7 fev. 2024. Disponível em: https://www.migalhas.com.br/quentes/424313/tj-sc-adverte-advogado-por-hc-feito-por-ia-com-jurisprudencia-falsa. Acessado em: 12.02.2025.

CAPÍTULO XX

NULIDADES ABSOLUTAS DEMANDAM PROVA DO PREJUÍZO OU ISSO TRADUZ QUE TODAS AS NULIDADES SÃO RELATIVAS E A TEORIA NÃO TEORIZA NADA?

LEONARDO COSTA DE PAULA

Introdução

Escrever um estudo em homenagem a um grande professor, escritor e amigo, tal qual Rubens Casara, sempre traz ao subscritor da homenagem em formato de artigo uma espécie de quebra da barreira da metalinguística já que a suposta hermeticidade dos estudos do Direito deixa de estar evidenciada. Então, como metodologia para o estudo a ideia deste texto é o de demonstrar que o ponto de partida influenciado pelo homenageado na formação do autor caminhou para montar um pensamento crítico ora expressado em uma pesquisa autônoma e condensada para esse momento.

Ainda no campo do rompimento da barreira, interessante registrar de quando conheci o homenageado. Rubens, até então não sabia seu sobrenome, enquanto ele tentava a seleção para o doutorado, e eu, no processo de seleção para cursar o mestrado, nos conhecemos dos corredores da universidade. Foi extremamente simpático e super receptivo.

Mal sabia ele que eu já conhecia o autor Rubens Casara. Na pesquisa de pós-graduação *lato sensu* havia utilizado seu livro como base para elaborar meu estudo monográfico. Após o ingresso no mestrado, nos primeiros meses de curso, a pesquisa monográfica baseada nos escritos de Rubens Casara foi aceita para publicação nos anais de um evento nacional provavelmente mais por causa da fonte do que da qualidade do texto.

Rubens, que só vim a saber que era o Casara quando tivemos a honra de ser orientados pelo professor de todos nós, Geraldo Prado. Só diante do orientador é que fui apresentado ao Rubens, doutorando, que era ao mesmo tempo o Rubens Casara, autor.

Mesmo sem saber, primeiro conheci o autor Rubens Casara, em parte culpado pelo trabalho de conclusão de curso,[1] para, depois, conhecer Rubens, o colega de estudo *stricto sensu*, e então entender que aquela pessoa extremamente amigável e receptiva era o autor de tão grandiosa obra que me inspirou a escrever um estudo baseado nela. E, com a convivência, descobri ser um humanista ímpar e um magistrado exemplar.

O ponto de partida deste estudo, então, se deu na revisitação da análise da hermenêutica constitucional retrospectiva; verificar

---

1 PAULA, Leonardo Costa de. "O devido processo legal à luz de uma hermenêutica constitucional prospectiva". *Anais do XVII Encontro preparatório para o Congresso Nacional do CONPEDI*, Florianópolis: Fundação Boiteux, 2008, pp. 2983-2998. Disponível em: http://www.publicadireito.com.br/conpedi/manaus/arquivos/anais/salvador/Integra.pdf. Acessado em: 28.02.2025.

um julgado e realizar estudo de caso para, em seguida, propor uma hermenêutica constitucional prospectiva para tratar sobre questões relacionadas à nulidade no processo penal. Aqui, neste trecho, apenas para parafrasear e mostrar que a base plantada com o livro do Casara ainda segue viva.

Este artigo se divide em dois tópicos. No primeiro, se identificará como se chegou ao estudo de caso do HC 101.648/ES – STF, contendo ainda um resumo sobre o julgado. O segundo discorrerá sobre a teoria das nulidades adotadas no âmbito do processo penal com as críticas pertinentes a essa estruturação teórica.

1 Estudo de caso: HC 101.648 ES do STF

Este estudo terá por objeto a análise de um julgado do Supremo Tribunal Federal, HC 101.648 ES, de relatoria da ministra Cármen Lúcia. Necessário esclarecer a metodologia de seleção do julgado deriva de pesquisa jurisprudencial que realizava em 2018 e a partir da ferramenta de procura de jurisprudência do Supremo Tribunal Federal em que se identificou paradigma para a busca e a análise das nulidades a identificação de provimento/desprovimento dos recursos e ações autônomas de impugnação com os seguintes termos: nulidade, absoluta, relativa, prova do prejuízo, art. 563 do Código de Processo Penal.

Com a guia de busca parametrizada para o sítio eletrônico definida em "nulidade e absoluta e prova e prejuízo e cpp-1941 mesmo art-00563", foram encontrados 52 julgados naquele momento. Do estudo desses 52 julgados, se alcançou um julgado cuja decisão estava um pouco desalinhada pela forma como declarou a nulidade.

Dos 52 julgados,[2] apenas 5 foram julgados como deferido/provido para anular aquilo do qual se recorria ou impugnava. O HC

---

2 A lista dos julgados dos quais se destacam os provimentos: RHC 144674 AgR/RR - RORAIMA, HC 134408/MG - MINAS GERAIS,

101.648 ES se destacou já que reconheceu a nulidade em parte do interrogatório dos corréus, mas manteve a validade do ato de parte da sentença. Esse elemento demandava aprofundamento.

Em apertada síntese, o acórdão[3] trata de uma declaração de nulidade, em tese absoluta, de indeferimento dos defensores realizarem

---

RHC 138752/PB - PARAÍBA, RE 971305 AgR/SP - SÃO PAULO, RHC 133530 AgR/PA - PARÁ, ARE 964175 AgR/PR - PARANÁ, RHC 134182/DF - DISTRITO FEDERAL, RHC 131450/DF - DISTRITO FEDERAL, RHC 119193/BA - BAHIA, HC 101489/SP - SÃO PAULO, RHC 125594 AgR/DF - DISTRITO FEDERAL, HC 121907/AM - AMAZONAS (provido para anular, interrogatório não realizado ao final), HC 109051/RJ - RIO DE JANEIRO, HC 114424/RJ - RIO DE JANEIRO, HC 114789/SP - SÃO PAULO, HC 98434/MG - MINAS GERAIS, HC 109189/MG - MINAS GERAIS, HC 121157/PE - PERNAMBUCO, RHC 107197/MG - MINAS GERAIS, HC 97781/PR - PARANÁ, RHC 117674/MG - MINAS GERAIS, AP 470 EDj-vigésimos quartos/MG - MINAS GERAIS, AP 470 EDj-décimos sextos/MG - MINAS GERAIS, HC 111472/MG - MINAS GERAIS, HC 117630 AgR/PB - PARAÍBA, RHC 107394/ES - ESPÍRITO SANTO (nulidade reconhecida), HC 113593/AM - AMAZONAS, HC 112242/DF - DISTRITO FEDERAL, HC 111987/PR - PARANÁ (provido para analisar a tese da defesa), AP 470/MG - MINAS GERAIS, RHC 114739/PA - PARÁ, HC 100329/RS - RIO GRANDE DO SUL, HC 111582/PR - PARANÁ, HC 100795 AgR-ED-ED/PR - PARANÁ, RHC 110429/MG - MINAS GERAIS, HC 107882/MG - MINAS GERAIS, RHC 107915/SP - SÃO PAULO, HC 100795 AgR-ED/PR - PARANÁ, HC 100795 AgR/PR - PARANÁ, HC 100515/SP - SÃO PAULO, HC 104767/BA - BAHIA, HC 104308/RN - RIO GRANDE DO NORTE, RHC 99293/AC - ACRE, HC 94817/BA - BAHIA, HC 101648/ES - ESPÍRITO SANTO (ordem parcialmente concedida), HC 93868/PE - PERNAMBUCO, HC 92958/SP - SÃO PAULO (*habeas corpus* deferido), AI 559632 AgR/MG - MINAS GERAIS, HC 83086/MG - MINAS GERAIS, HC 73271/SP - SÃO PAULO, HC 64286/GO - GOIÁS, HC 56266/BA - BAHIA. Para fins de pesquisa, ignoram-se os dois últimos julgados por se tratar de decisão que pendia, ainda, outra base constitucional (pré 1988), apesar de estar acima relatado.

3 STF, HC 101.648/ES, Rel. Min. Cármen Lúcia. Disponível em: https://redir.stf.jus.br/paginadorpub/paginador.jsp?docTP=AC&docID=618841. Acessado em: 28.02.2025. Ementa do acórdão: *HABEAS CORPUS*. PROCESSUAL PENAL. TRÁFICO E ASSOCIAÇÃO PARA

reperguntas para o corréu do outro e isso afetaria e geraria nulidade absoluta por ferir os princípios constitucionais da ampla defesa e do contraditório. Reza a decisão, ainda, que o "princípio da *pas de nullité sans grief* exige, sempre que possível, a demonstração do prejuízo concreto à parte que suscita o vício, ainda que a sanção prevista seja a de nulidade absoluta do ato".[4]

O acórdão,[5] então, fala em nulidade absoluta ao ferir a ampla defesa e o contraditório, mas informa a existência de prova trazida aos autos somente referente a apenas um dos crimes, uma das condenações, em discussão no processo.

O *habeas corpus* julgado trata de uma pessoa que havia sido presa em flagrante ao praticar os crimes dos artigos 33 e 35 c/c art. 40, inciso V, da Lei n. 11.343/2006. O ato atacado é de instrução processual, em específico, o interrogatório em que se impediu o advogado do Paciente realizar reperguntas ao corréu, devidamente registrado na ata da audiência. O ato de impedir reperguntas teria afetado os direitos da ampla defesa, contraditório, isonomia e devido processo legal.

Os impetrantes sustentaram que

O TRÁFICO DE DROGAS. INDEFERIMENTO DE REPERGUNTAS DE ADVOGADO DE UM DOS CORRÉUS AO OUTRO CORRÉU DURANTE O INTERROGATÓRIO. DECISÃO QUE VIOLA PRINCÍPIOS CONSTITUCIONAIS. NULIDADE ABSOLUTA. PRECEDENTES. DEMONSTRAÇÃO DO PREJUÍZO SOMENTE QUANTO AO CRIME DE ASSOCIAÇÃO PARA O TRÁFICO. ORDEM PARCIALMENTE CONCEDIDA PARA ANULAR A INSTRUÇÃO A PARTIR DO INTERROGATÓRIO.

4 STF, HC 101.648/ES, Rel. Min. Cármen Lúcia, p. 1. Disponível em: https://redir.stf.jus.br/paginadorpub/paginador.jsp?docTP=AC&docID=618841. Acessado em: 28.02.2025.

5 STF, HC 101.648/ES, Rel. Min. Cármen Lúcia, p. 1. Disponível em: https://redir.stf.jus.br/paginadorpub/paginador.jsp?docTP=AC&docID=618841. Acessado em: 28.02.2025.

> a ausência de tais questionamentos acarretou a ambos os réus, já que foram condenados pelo crime de associação ao tráfico de drogas, pois se do contrário fosse teria nos autos provas incontestáveis de que eles sequer se conheciam, muito menos se associaram.[6]

O julgado traz passagem importante da própria relatora que, *in verbis*, diz que

> a decisão que impede de forma absoluta que o defensor de um dos réus faça qualquer repergunta ao outro réu ofende os princípios constitucionais da ampla defesa, do contraditório e da isonomia, gerando nulidade absoluta.[7]

O voto, HC 101.648/ES – STF, informa que com a narrativa do impetrante é que se alcançou a demonstração do prejuízo concreto sofrido e que a única forma de comprovar real participação dos réus em empreitada delituosa para se falar em associação para o tráfico de drogas seria por meio de perguntas a ambos os réus.

A indicação de comprovação de prejuízo no HC analisado não jaz em elementos concretos, mas em argumentação dos impetrantes. Ora, uma coisa é prova, outra coisa é argumentação. Não se duvida que seja uma argumentação relevante, porém, se pode provar associação para o tráfico com filmagens, depoimentos, vestígio de provas, provas digitais, trocas de mensagens. Portanto, perguntas e reperguntas dos corréus entre eles não é um único meio de se produzir esse elemento probatório. Há também inúmeras outras formas que não foram produzidas no processo.

---

6 STF, HC 101.648/ES. Rel. Min. Cármen Lúcia, p. 7. Disponível em: https://redir.stf.jus.br/paginadorpub/paginador.jsp?docTP=AC&docID=618841. Acessado em: 28.02.2025.

7 STF, HC 101.648/ES. Rel. Min. Cármen Lúcia, p. 10. Disponível em: https://redir.stf.jus.br/paginadorpub/paginador.jsp?docTP=AC&docID=618841. Acessado em: 28.02.2025.

Não houve prova de prejuízo, houve argumentação sobre o prejuízo causado e utilizado um único tipo penal para deixar cabal a demonstração do prejuízo. Veja que pode existir narrativa de testemunhas falando sobre a associação para o tráfico que se pode desconstruir com reperguntas ou até com perguntas para as próprias testemunhas. Então, não há, efetivamente, prova alguma de prejuízo lastreada no *habeas corpus*.

O julgado em comento alcançou uma espécie de anulação a partir do ato de instrução, que seria o interrogatório mais precisamente, para anular de forma transversal o ato: anulou-se a instrução e a sentença apenas no que se refere à condenação de associação para o tráfico. Isso é um tanto quanto incompatível com a possibilidade de realização do ato de instrução com uma parte da condenação válida.

Aí, se deve indagar: e se as reperguntas demonstrarem que nem participação no tráfico um dos réus teria? Como ficaria a sentença? Ela não poderia ser reformada nessa parte? Como se anula um interrogatório e uma sentença de apenas parte daquilo que consta nela e se permite que ela se complete de outra forma? A nulidade sempre representa a análise do que seria se tivesse sido diferente daquilo que foi. O problema é que o magistrado não tem bola de cristal nem máquina de voltar a tempo e lugar distinto para observar uma linha alternativa de tempo.

Contudo, sustenta o voto de que a razão para se anular transversalmente o interrogatório e a sentença seria de que não houve qualquer alegação relacionado ao outro crime imputado. Mas, no caso desses dois atos anulados, como poderiam se tornar completos acaso qualquer outro caminho se seguisse como indagado anteriormente? E a pergunta aqui é indispensável pois, ao se anular um ato, não se pode pressupor qual o fim ou o que se alcançará com o ato realizado. Isso, claro, se não partirmos de que o julgado está pressupondo algo.

O que se percebe é que a perspectiva do julgado foi a de anular a condenação, e não o ato, para extirpar o que se alcançou de condenação apenas em relação à associação para o tráfico. Em princípio parece que a pressuposição dos Ministros é a de que seria mais benéfico anular a instrução e a condenação desde o interrogatório para dar consequência jurídica, então, ao ato, acatando-se a consequente condenação de tráfico de drogas. Mas um magistrado que atua e impede o exercício da ampla defesa, do contraditório, da isonomia das partes e do devido processo legal não é suficientemente suspeitoso para se ter fiança em uma condenação por ato nesses moldes?

A estrutura teórica utilizada da teoria das nulidades, então, consegue explicar esse julgado? É o que se verá a seguir. Primeiro, ao se apresentar um pouco do que é a visão sobre a teoria das nulidades que sustenta uma decisão como essa; e, na sequência, a crítica e uma expectativa de apresentação sobre uma hermenêutica constitucional prospectiva dada a partir desse julgado.

2 A tal suposta teoria das nulidades e sua crítica

O Direito internalizou uma lógica de criar supostas teorias que não se explicam e nem se aplicam para os eventos que supostamente deveriam elucidar. Quando se leem livros que falam de determinada teoria, pelo motivo de o Direito ser linguagem e linguagem extremamente complexa e, ainda, perpassar essa linguagem pela afirmação de um poder institucionalizado jurisdicional, parece que se internalizou como comum uma teoria que não nos permita compreender os eventos dentro da lógica do próprio Direito.

Diferentemente das ciências mais duras – em que, quando uma teoria como a de Newton, composta por um conjunto de leis, não consegue mais explicar os eventos para o qual essa teoria daria luz, ela passa a estar ultrapassada ou ter de ser reformada –, no Direito, não. Podemos ter teorias que supostamente se prestariam a esclarecer vários institutos jurídicos e como os operadores jurídicos irão entender aquele evento/instituto, mas, ao chegar na conformação da aplicação da previsão ao caso concreto, a jurisprudência utiliza-se, muita das vezes, daquelas palavras lá descritas na teoria, porém aplicando-as de forma absurdamente distinta do que a própria teoria propõe. Não raro vemos a utilização da tal teoria, e um "porém" colocado na decisão faz a aplicação oposta do que a teoria dita. E não só, muita das vezes, a teoria não tem lógica interna alguma.

Há autores que falam que recursos são um meio voluntário, mas colocam como categoria o recurso que é manejado de ofício. Que as nulidades se dividem em relativa e absoluta, mas que a diferença entre elas é que a primeira precisa de prova do prejuízo, e a segunda dispensa. Ao fim, afirmam que algumas ainda demandarão prova do prejuízo. Ou seja, as produções teóricas deixam de ter lógica interna de validade.

Nas ciências duras, aquele que observa um evento físico acontecendo não pode, ao aplicar os elementos ao mundo concreto, passar a atuar diferente só por sua vontade ou pelo que fala. Na verdade, nas ciências duras, a teoria passa a ter o condão de estabelecer a explicação razoável para o elemento e, quando não for suficiente, ao surgir teoria mais coerente, a primeira substituída. No Direito, a teoria tenta esclarecer fenômenos jurídicos, porém, ao retornar da realidade e do mundo da realização do poder jurisdicional, deveria existir um atuar dos teóricos para verificar se a sua própria construção teórica se confirma.

E o que diz a teoria das nulidades? O que a tal teoria das nulidades explica algo efetivamente para o Direito Processual Penal brasileiro, ou coloca uma base para permitir quem tem o poder de dizer o Direito de atuar a partir de solipsismos sobre determinados eventos?

Sobre a teoria das nulidades processuais são recorrentes alguns termos e afirmações que não se confirmam no mundo da realidade. Alguns teóricos[8] afirmam, muitas das vezes de forma quase alea-

---

8 Não cabe neste artigo em homenagem trabalhar todos os aspectos apresentados na obra que ficou publicada a partir dos estudos do mestrado, mas recomendamos ao leitor a conferência desses elementos se houver necessidade de aprofundamento: PAULA, Leonardo Costa de. *As*

tória, algumas assertivas que passam a ser compreendidas como conglobadas pela teoria das nulidades, mas que não se confirmam na realidade. A ordenança trata de um prejuízo causada pelo magistrado que deixasse de seguir uma determinada ordem real em determinado tempo.

Alguns chegam a afirmar que as nulidades e o princípio do prejuízo derivariam da ordenança francesa de 1667, o que não se comprova ao se fazer a leitura do texto. Alguns afirmam que a base de compreensão da teoria se dá a partir da *pas de nullité sans grief* e que esta é derivada do Código Civil napoleônico de forma genérica. Ao se verificar o bordão e sua estrutura na França, se encontra, antes, o *pas de nullité sans texte* – que razoavelmente faz mais sentido em um momento de crença na codificação global se ter uma previsão de nulidade pensada a partir do próprio texto legal.

No Código Civil napoleônico, há duas incidências da ideia de prejuízo, artigos 1.304 e 1.314. O artigo 1.304 fala que a nulidade decorre de violência no caso de erro ou dolo e, no artigo 1.314, decorre da relativização dos atos quando há formalidade referente a menores ou interditados e esta não gerar prejuízo à parte considerada mais fraca.

No estudo das nulidades, o primeiro elemento que deveria gerar estranheza é o fato de que o sustentáculo do princípio do devido processo legal, as nulidades, é fundado em bordões e estruturas de Direito Civil Privado. Nota-se que a jurisdição se recorre à não confirmação de uma nulidade a partir de um bordão que só se prestaria a proteger o mais fraco da relação material civil.

Na sequência, ao se estudar a teoria dos atos processuais, sustentáculo da lógica de funcionamento das nulidades no terreno brasileiro, se percebe que a teoria carneluttiana foi criada e produzida

---

nulidades no processo penal: sua compreensão por meio da afirmação do Direito como controle ao poder de punir. Curitiba: Juruá, 2013.

em uma Itália logo depois da Segunda Guerra Mundial. Essa teoria vem para tentar impedir ou obstar qualquer perda de capital humano dispendido no processo até determinado momento.

A tentativa de salvar todo e qualquer ato realizado para não se ter dispêndio de esforço humano é perceptível em Carnelutti[9] quando identifica que para cada ato há um verso e um anverso (indica ele que é tal qual ver uma medalha e suas duas faces). Se o ato, ao ser praticado, não se apresenta como o previsto (a cara da moeda, por exemplo), mas alcançou aquela pretensão, aquilo que do ato se esperava, não teria problema em deixar de declarar a nulidade que já cumpriu seu fim.

Note-se que se pensar no ato mais solene do Processo Penal, que é a citação, temos um reinado claro dessa ideia na identidade de que se houver qualquer nulidade na citação, mas a pessoa se apresentar, então, estará resolvida a nulidade. Não é possível esclarecer, ao certo, quais as consequências para aqueles que geraram algum vício na citação – agentes públicos. Mas importa a estrutura teórica e jurisprudencial apenas de que a defesa tenha alcançado o processo e, daí, toda e qualquer nulidade estaria sanada na citação. Para elucidar a questão das nulidades, incorporo a seguir parte do texto do livro publicado com atualização em desenvolvimento para edição futura.[10]

Sobre os representantes da visão convencional das nulidades merecem referência as observações de Ada Pellegrini Grinover,

---

9 Referências e estruturação da teoria PAULA, Leonardo Costa de. *As nulidades no processo penal*: sua compreensão por meio da afirmação do Direito como controle ao poder de punir. Curitiba: Juruá, 2013, p. 100.

10 PAULA, Leonardo Costa de. *As nulidades no processo penal*: sua compreensão por meio da afirmação do Direito como controle ao poder de punir. Curitiba: Juruá, 2013, pp. 100 e ss.

Gomes Filho e Fernandes,[11] que estudaram as nulidades no processo penal partindo do pressuposto de que "o próprio ordenamento deve estabelecer critérios que norteiam o juiz na apreciação das irregularidades dos atos processuais". Segundo os autores mencionados, pela sanção, vinculam-se expressamente aos requisitos legais do prejuízo e da verdade substancial (art. 563, *caput*, e art. 565 do Código de Processo Penal, respectivamente).

Apesar de Grinover, Gomes Filho e Fernandes[12] sustentarem a nulidade sempre absoluta, em relação ao prejuízo de garantias constitucionais pelo enfoque do ato e procedimento, os autores defendem que o prejuízo se vincula ao dano quando garantir o contraditório, acrescido da possibilidade de se verificar a ocorrência de prejuízo, sob o foco da correção da sentença. Na verdade, a única determinação que separa a nulidade absoluta da relativa é a prova do prejuízo. Na processualística civil há quem diga que a nulidade absoluta estará expressamente prevista em lei.[13]

Binder[14] elucida que a nulidade nunca ocorrerá a favor da lei, pois tem o caráter de proteger interesse concreto do particular e, no espectro do processo penal, o interesse de algum particular a ser protegido é o do acusado.

---

11 GRINOVER, Ada Pellegrini *et al. As nulidades no processo penal.* 11ª ed. São Paulo: Revista dos Tribunais, 2009, p. 24.

12 GRINOVER, Ada Pellegrini *et al. As nulidades no processo penal.* 11ª ed. São Paulo: Revista dos Tribunais, 2009, pp. 20-25. "Correção da sentença" denota correta, certa, acertada, que é justa, o que carrega uma vinculação da verdade substancial preconizada pelo Código de Processo Penal, denota justiça, acerto, justeza, sobre a qual PORTANOVA, *op.cit.*, pp. 56-57, já se posiciona: *a segurança é valor que por si só se opõe ao valor justiça. O desejado de decisões mais previsíveis, mais uniformes, choca-se com os ideais de justiça.*

13 WAMBIER, Teresa Arruda Alvim. *Nulidades do processo e da sentença.* 6ª ed. São Paulo: Revista dos Tribunais, 2007, p. 185.

14 BINDER, Alberto M. *El incumplimento de las formas procesales*: elementos para una crítica a la teoría unitaria de las nulidades en el proceso penal. Buenos Aires: Ad Hoc, 2000, p. 29.

Grinover, Gomes Filho e Fernandes, compreendem que a nulidade poderia ser imposta através de todo e qualquer vício do ato, ou até quando a lei declarar expressamente e quando houver a imposição da nulidade por ferir o sistema da instrumentalidade das formas, nas quais há a distinção dos atos irregulares e daqueles em que a finalidade não foi atingida e não resultou prejuízo para a parte, não será então acatada. Os dois primeiros sistemas estariam abolidos pela moderna ciência processual, e restaria apenas o último.[15]

A nulidade não é consequência jurídica e, menos ainda, o comportamento previsto por normas potestativas, mas representa a inidoneidade para que sejam alcançadas as consequências jurídicas que propõe como fim o agente, apesar de alguns interpretarem que Maier compreende a nulidade como vinculada à finalidade do ato, contrariamente ao que ele entende, que é o fim, ao princípio que se protege com a finalidade almejada que são as consequências jurídicas que tem como fim o agente.[16]

Mesma opinião tem Gloeckner, que esclarece que a

> nulidade então corresponde a uma declaração de inidoneidade do ato processo para gerar efeitos. Quanto mais apurados os limites contra as práticas dos atos processuais disformes, mais vinculada estará ao sistema acusatório.[17]

---

15 GRINOVER, Ada Pellegrini *et al. As nulidades no processo penal.* 11ª ed. São Paulo: Revista dos Tribunais, 2009, p. 24. Aplica-se, pois, tal sistema de imposição de nulidade ao prejuízo a qualquer das partes, tanto prejuízo ao acusado quanto prejuízo à acusação.

16 MAIER, Julio B. J. *Función normativa de la nulidad.* Buenos Aires: Depalma, 1980, pp. 132-133. O fim não é a consequência que se alcança com o ato. O fim que se vincula tal consequência servirá para proteger o agente, o acusado. Não é pensar a finalidade que se propõe o ato, mas a finalidade que se propõe do ato como fim o agente. "*Contrariamente a ello, la nulidad expresa la inidoneidad de alguna acción para poder alcanzar las consecuencias jurídicas que se propuso como fin el agente*".

17 GLOECKNER, Ricardo Jacobsen. *Nulidades no processo penal.* 3ª ed. São Paulo: Saraiva, 2017, p. 318.

Do contrário, quanto mais preservar um amorfismo, mais próxima estará de um modelo inquisitório, banido do nosso sistema por previsão constitucional. O autor demonstra ainda que há um privilégio jurisprudencial para a convalidação dos atos processuais.[18]

Já foi ressaltado em estudo mais extenso que:

> O contraste absoluto/relativo aplicado aos vícios no processo penal alcança a única identificação possível, uma vez que todas as garantias referentes à aplicação da forma se vinculam diretamente ao exercício do contraditório e da ampla defesa, não observado o devido processo legal, e resultará inexoravelmente na limitação do Direito de se defender.
>
> O princípio do devido processo legal, na esfera substancial, faz invalidar a ideia de mera irregularidade. Esse princípio impossibilita que o acusado seja submetido a ato desnecessário e aviltante, que não atende aos comandos da Constituição. Nesse aspecto, não poderá ser utilizado o argumento de que a inversão de ordem de oitiva das testemunhas seria mera irregularidade.
>
> Sob outro aspecto, da distinção entre sanável/insanável, tem-se um tratamento diferenciado do que propõe a ideologia autoritária do Código de Processo Penal, referente aos institutos da preclusão e da proibição de *bis in idem*.
>
> Entretanto, não cabe fazer distinções ao se enfrentar um único tipo de análise possível. Aquilo que é nulo não existe, nem seguiu a lei, traduzindo-se por um nada jurídico, que pode ou não produzir efeitos. Depende ou não de declaração judicial para deixar de produzir efeitos, mas não se ajusta à maneira de exercer o poder estatal, uma vez que está fora do âmbito do jurídico.
>
> (...)

18 GLOECKNER, Ricardo Jacobsen. *Nulidades no processo penal*. 3ª ed. São Paulo: Saraiva, 2017, p. 319.

> A vinculação sanável/insanável juntamente com as distinções nulo/anulável/mera irregularidade e convalidação não se fundamentam em um processo penal cuja tão surreal inventado princípio da instrumentalidade das formas se exerça em concordância com a finalidade de um processo penal incluído em um Estado Democrático de Direito.[19]
>
> Por força da estrita legalidade, a predeterminação do Direito possibilita que as alegações sobre um delito sejam verificadas e refutadas em juízo, mediante provas e contraprovas. O decisionismo penal de modelos vinculados a legalidade atenuada deixa espaço a disposição para o emprego de critérios subjetivos e substancialistas.[20]
>
> A flexibilização da forma se vincula ao *rechaço ao culto do formalismo que marcou o positivismo normativista. Todavia, traz consigo riscos e temores de que argumentos morais prevaleçam sobre o Direito numa profusão incontrolável de interpretações subjetivas.*[21] Essa opção possibilitaria que qualquer ato pudesse ser tido como mera irregularidade, causando simplesmente a possível e provável desvinculação total com o que se identifica como processo.[22]

Ainda quanto à alegação de retrocesso de etapas processuais, cumpre destacar que a) o cumprimento da lei é questão de ordem pública e vinculada aos órgão estatais; b) os magistrados e os agentes

---

19 "*Em realidad un principio está garantizado sólo cuando su incumplimiento genera la invalidez del acto que lo ha violado*" (BINDER, Alberto M. *El incumplimento de las formas procesales*: elementos para una crítica a la teoría unitaria de las nulidades en el proceso penal. Buenos Aires: Ad Hoc, 2000, p. 56).

20 FERRAJOLI, Luigi. *Derecho y razón*: teoria del garantismo penal. 6ª ed. Madrid: Trotta, 2004, p. 175.

21 AMARAL, Thiago Bottino do. *Ponderação de normas em matéria penal*. Rio de Janeiro: Lumen Juris, 2007, p. 149.

22 PAULA, Leonardo Costa de. *As nulidades no processo penal*: sua compreensão por meio da afirmação do Direito como controle ao poder de punir. Curitiba: Juruá, 2013, pp. 129-131.

do Ministério Público são a corporificação dos órgão estatais a que se vinculam; c) o princípio da legalidade para órgãos estatais é a obrigação de fazer exatamente o previsto em lei, dentro de determinados critérios discricionários; d) para que o particular seja limitado dos seus bens deverá ser submetido a devido processo legal.

Tendo sido submetido a devido processo ilegal, apesar da incongruência de não ser devido, uma vez que a lei define o que vem a ser devido processo legal, não poderá o acusado ser submetido novamente à prática de outro ato processual em seu lugar; é o que convém chamar de *bis in idem processual*.

Geraldo Prado,[23] na terceira edição da obra que trata de sistema acusatório, modifica seu posicionamento anterior, fundamentando que "ninguém pode ser processado duas vezes pelo menos fato. A exceção em termos de garantia em prol do acusado só pode favorecer o acusado".

O imputado/acusado não pode ser submetido a devido processo ilegal. Esse processo é exercido em contraditório, através das fases do processo. Quando se inicia efetivamente a etapa seguinte do processo, o acusado estará sendo submetido à prática de novo ato processual.

Havendo qualquer outro vício formal ou substancial no momento de instrução processual, por ser impossível que o próprio magistrado desconstrua seu processo cognitivo; e se ainda houve ato de ofício ou a despeito da negativa da defesa, não há processo adequado à lei, resultando em nulidade do ato.

Nesse caso, por força do *bis in idem*, o ato jamais poderá ser refeito, importando somente o prejuízo na sua correta vertente,

---

23 PRADO, Geraldo. *Sistema acusatório*: a conformidade constitucional das leis processuais penais. 3ª ed. Rio de Janeiro: Lumen Juris, 2005, p. 150.

prejulgando a favor daquele que tem a presunção, absolvendo o acusado, pois o Estado não foi apto no proceder segundo os ditames legais.

Ressalte-se que

> o julgador não pode substituir-se ao legislador, alterando a sua política legislativa, criando um sistema processual incontrolável e apócrifo, justificado pela inexistência de lesão aos interesses jurídicos por aqueles tutelados.[24]

Utilizando-se de Binder:[25]

> *Sin embargo, desde la ideología del ritualismo se ha utilizado ese quiebre formal para restaurar el "mero trámite", pero ello no de un modo inocente o neutral, sino para dar "una nueva oportunidad" a la interrogación, a la indagatoria como actividad central del proceso. En los delitos comunes, en los que la confesión sigue ocupando un lugar central, la "nulidad por nulidad misma" es un modo de asegurar el funcionamiento del sistema (...) retrotraer el proceso a etapas anteriores, supuestamente para "reparar" defectos formales de la declaración o de algún otro acto similar (...) causa un grave perjuicio al imputado, que afecta mucho más profundamente su situación general y sus posibilidades de defensa.*

Em meu livro produto da pesquisa de mestrado, não se respondeu o que é a nulidade. Afirmar a nulidade pela nulidade é o mesmo que afirmar o Direito pela sanção. O correto, antes disso, é identificar o que é Direito, para, assim, compreender a nulidade, qualidade de ser

---

24 CORREIA, João Conde. *Contributo para a análise da inexistência e das nulidades processuais penais*. Coimbra: Coimbra, 1999, p. 79.

25 BINDER, Alberto M. *El incumplimiento de las formas procesales*: elementos para una crítica a la teoría unitaria de las nulidades en el proceso penal. Buenos Aires: Ad Hoc, 2000, pp. 88-89.

nulo, ou seja, qualidade daquilo que nada é, qualidade de nada ser, tal qual o zero na matemática. Nulidade não é sanção. A nulidade não existe para resguardar prejuízo. No processo penal, ao se ferir a forma, já houve prejuízo àquele que não pode ser prejudicado pela própria existência do processo. Não existe prejuízo à verdade a não ser na Inquisição ou na mente do juiz inquisidor, do monstro que persegue a monstruosidade. Nulidade é declarada quando o juiz ou agentes estatais, que têm o dever de se submeterem ao princípio da legalidade, deixam de seguir a prescrição legal.[26]

Pela circularidade pretendida neste artigo, partiu-se do estudo do caso para se apresentarem as bases supostamente coerentes de uma teoria das nulidades. Agora, temos substrato para poder demonstrar as inconsistências.

O primeiro ponto e mais claro é que, como podem a ampla defesa, o contraditório, a isonomia das partes e o devido processo legal ter sido feridos de forma transversal que não macule a integralidade do dado que culminou em condenação de mais de um réu por tráfico de entorpecentes.

A anulação ocorrida no julgado 101.648/ES – STF demonstram as falhas argumentativas da teoria que não se aplica à prática e a prática que não se alinha nem em termos comunicacionais com a sua própria teoria.

A relatoria alega que só tem prova de prejuízo relacionado a uma única condenação/interrogatório. A primeira confusão é a de que se narra que se trata de uma nulidade absoluta, mas exige prova do prejuízo. Se demanda prova do prejuízo, então, de forma indireta, o que se está afirmando pelo julgado e de forma bem clara é de que essas nulidades que ferem a ampla defesa, o contraditório, a

---

26 PAULA, Leonardo Costa de. *As nulidades no processo penal*: sua compreensão por meio da afirmação do Direito como controle ao poder de punir. Curitiba: Juruá, 2013, p. 168.

isonomia das partes e o devido processo legal são relativas. É evidente que, mesmo que não se concorde que violações a esses princípios poderiam ser tidas como relativas, seria a única forma da teoria poder se afirmar na suposta divisão de nulidade absoluta/relativa.

Mais e mais incongruências aparecem, de certo que também não se pode confundir argumentação com prova de algo. A argumentação da defesa ao exercer direito de ação em *habeas corpus* foi no sentido de demonstrar clara ofensa ao direito dos seus defendidos, e isso nunca poderia ser interpretado como prova. O que leva a simples resolução que ficou bastante confusa, já que se anularam a instrução e a sentença no que diz respeito ao crime de associação para o tráfico. E o passo seguinte? Será refeito o ato de interrogatório? O processo segue para absolver os acusados por esse crime? Não se é possível sequer compreender o que abrange a declaração de nulidade que lá ocorreu.

De certo que uma das formas de destacar as incongruências da teoria das nulidades, que não serve para esclarecer o que são as nulidades no nosso sistema, teríamos inúmeros outros julgados e narrativas da dogmática a trazer, porém a ideia é encerrar com uma passagem que ouvi do homenageado sobre o tema. Rubens Casara, em conversa – o que me impede de usar o modelo de citação –, me chamou atenção de que a análise da ocorrência de uma nulidade nunca poderia ser feita em concreto, já que a previsão da norma está em abstrato. Ao falar disso, ele sabia o que só pude descobrir ao final da pesquisa de mestrado, que a ideia de prova do prejuízo é somente uma forma, um filtro para que nunca se declare a nulidade.

Declarar-se-á, eventualmente, em uns casos e quase nunca em outros. A forma sempre seguirá sendo só o meio de justificativa do sistema penal para massacrar individualidades se não entendermos do que trata, propriamente dito, a nulidade ao processo penal. Porém, muito embora já tenha parafraseado Robert Kaplan ("se olharmos para o zero, vemos o nada, mas se olharmos através dele, descobrimos o mundo"), digo que, se olharmos para a nulidade, vemos o nada (do Direito), mas se olharmos através dele, descobrimos o mundo (o devido processo legal). Diria que, desde quando conheci o humanista Rubens Casara até a data de hoje, cerca de 17 anos, as nulidades não mudaram basicamente nada na visão da jurisprudência e na grande maioria dos casos no tratamento da dogmática. E isso, com certeza, quer dizer alguma coisa.

Considerações finais

Partimos da análise da lembrança de estudos longínquos que interconectam o grandioso homenageado para poder transpor um pouco da influência dele na construção dos estudos seguintes.

A partir da análise da jurisprudência. se identificou um caso que merecia análise mais aprofundada por força da sua peculiaridade, HC 101.648 ES, do STF, para poder identificar a completa disparidade entre a formulação teórica sobre as nulidades e a impossibilidade se afirmar na sua lógica interna.

Foram demonstrados os pensamentos mais usuais acerca das nulidades; em seguida, algumas críticas de pesquisa anterior foram reproduzidas no presente estudo, servindo de base para demonstrar que, desde lá até agora, as críticas permanecem vívidas e com necessidade de resolução. A suposta separação entre nulidades absolutas e relativas, no fim, não existe. Muito não se teve como tratar neste estudo, mas um dia, oportunamente, será tratado; o que se sabe é que a teoria das nulidades não teoriza nada sobre nada.

Este escrito não se serve a ser um ponto final sobre o tema, mas, talvez, uma breve lembrança que é hora de retomar seu ponto e avançar. O presente estudo serve mais como homenagem a um dileto estudioso, autor, pensador, humanista e juiz que participou bastante na formação deste pesquisador. Rubens Casara honra a humanidade e a vida de quem pode chamá-lo de amigo, só tenho que ser grato pela possibilidade de partilhar essa vivência com ele.

Não poderia terminar de modo diferente senão chamando a todos para dedicar um "viva" ao nosso querido Rubens Casara!

Viva Rubens Casara!

Vida longa, com saúde, escritos e muita celebração da vida, são meus votos.

Referências bibliográficas

AMARAL, Thiago Bottino do. *Ponderação de normas em matéria penal.* Rio de Janeiro: Lumen Juris, 2007.

BINDER, Alberto M. *El incumplimiento de las formas procesales*: elementos para una crítica a la teoría unitaria de las nulidades en el proceso penal. Buenos Aires: Ad Hoc, 2000.

CASARA, Rubens R. R. *Interpretação retrospectiva*: sociedade brasileira e processo penal. Rio de Janeiro: Lumen Juris, 2004.

CORREIA, João Conde. *Contributo para a análise da inexistência e das nulidades processuais penais.* Coimbra: Coimbra, 1999.

FERRAJOLI, Luigi. *Derecho y razón*: teoria del garantismo penal. 6ª ed. Madrid: Trotta, 2004.

GLOECKNER, Ricardo Jacobsen. *Nulidades no processo penal.* 3ª ed. São Paulo: Saraiva, 2017.

GRINOVER, Ada Pellegrini *et al. As nulidades no processo penal.* 11ª ed. São Paulo: Revista dos Tribunais, 2009.

MAIER, Julio B. J. *Función normativa de la nulidad.* Buenos Aires: Depalma, 1980.

PAULA, Leonardo Costa de. "O devido processo legal à luz de uma hermenêutica constitucional prospectiva". *Anais do XVII Encontro preparatório para o Congresso Nacional do CONPEDI*, Florianópolis: Fundação Boiteux, 2008. Disponível em: http://www.publicadireito.com.br/conpedi/manaus/arquivos/anais/salvador/Integra.pdf. Acessado em: 28.02.2025.

______. *As nulidades no processo penal*: sua compreensão por meio da afirmação do Direito como controle ao poder de punir. Curitiba: Juruá, 2013.

PRADO, Geraldo. *Sistema acusatório*: a conformidade constitucional das leis processuais penais. 3ª ed. Rio de Janeiro: Lumen Juris, 2005.

WAMBIER, Teresa Arruda Alvim. *Nulidades do processo e da sentença*. 6ª ed. São Paulo: Revista dos Tribunais, 2007.

CAPÍTULO XXI

DO PROCESSO PENAL DO ESPETÁCULO AO PROCESSO DE IDIOSSUBJETIVAÇÃO: UMA INCURSÃO NA OBRA DE RUBENS CASARA

LEONARDO ISAAC YAROCHEWSKY

Neste artigo em homenagem ao jurista e ao pensador crítico Rubens Casara, faremos um breve passeio por algumas de suas importantes obras, que vão desde Processo penal do espetáculo, passando por Estado Pós-Democrático: neo-obscurantismo e gestão dos indesejáveis, até as mais recentes A construção do idiota: o processo de idiossubjetivação e Prisão: além do senso comum, esta escrita em coautoria com Juarez Tavares.

1 Processo penal do espetáculo

No âmbito do Direito Penal, a mídia, com a construção do discurso do medo e da insegurança, contribui sobremaneira para o processo de criminalização. O poder da mídia em gerar um sentimento de insegurança através do alarmismo provocado por notícias sensacionalistas da prática de determinados crimes não pode ser subestimado. Com um discurso maniqueísta do bem contra o mal aliado ao discurso do medo e da impunidade, a mídia acaba por influenciar a Política Criminal, levando-a para o caminho da criminalização, da exacerbação das penas e da restrição de direitos e garantias.

Não é exagero dizer que, no processo penal midiático, o juiz se torna refém da mídia punitiva e opressora. Referindo-se à denominada *criminologia midiática*, Zaffaroni afirma que, na guerra contra *eles* (os selecionados como criminosos), são os juízes alvos preferidos da "criminologia midiática", a qual, segundo o jurista argentino, "faz uma festa quando um ex-presidiário em liberdade provisória comete um delito, em especial se o delito for grave, o que provoca uma alegria particular e maligna nos comunicadores". Nesse viés, os juízes "*brandos*" são um obstáculo na luta contra a criminalidade e contra "*eles*". Como assevera Zaffaroni,

> as garantias penais e processuais são para nós, mas não para eles, pois eles não respeitam os direitos de ninguém. Eles – os estereotipados – não têm direitos, porque matam, não são pessoas, são a escória social, as fezes da sociedade.[1]

Não resta dúvida de que são os meios de comunicação (*mass media*) que desencadeiam toda uma campanha punitiva e repressora da lei e da ordem. Campanha que, por um lado, enfoca – de maneira distorcida da realidade – a situação precária, de desamparo e insegurança da população e, por outro, suscita a ilusão da resposta e da eficácia do sistema penal. Nessas campanhas, há um considerável aumento do espaço destinado às páginas policiais e de telejornais sensacionalistas que abusam das imagens para incutir o medo e o terror que justifiquem mais e mais a intervenção penal e,

1 ZAFFARONI, Eugênio Raul. *Em busca das penas perdidas*: a perda de legitimidade do sistema penal. Rio de Janeiro: Revan, 1991.

consequentemente, a redução ou abolição de direitos e garantias que passam a ser vistos como entraves à realização da "justiça" punitiva e empecilhos contra o combate a "impunidade".

De igual modo, na seara do processo penal voltado para o espetáculo, como bem já observou o magistrado e professor Rubens Casara,[2]

> não há espaço para garantir direitos fundamentais. O espetáculo não deseja chegar a nada, nem respeitar qualquer valor, que não seja ele mesmo. A dimensão de garantia, inerente ao processo penal no Estado Democrático de Direito (marcado por limites ao exercício do poder), desaparece para ceder lugar à dimensão de entretenimento (...). No processo espetacular desaparece o diálogo, a construção dialética da solução do caso penal a partir da atividade das partes, substituído pelo discurso dirigido pelo juiz: um discurso construído para agradar às maiorias de ocasião, forjadas pelos meios de comunicação de massa em detrimento da função contramajoritária de concretizar os direitos fundamentais (...). O caso penal passa a ser tratado como uma mercadoria que deve ser atrativa para ser consumida. A consequência mais gritante desse fenômeno passa a ser a vulnerabilidade a que fica sujeito o vilão escolhido para o espetáculo.

Sendo assim, por mais que se advogue a liberdade de expressão e a liberdade de imprensa, não se pode consentir que a mídia se transforme em juiz/verdugo para julgar e punir suas vítimas. Não se pode admitir que os alicerces do Estado Democrático de Direito sejam destruídos pelo terremoto punitivista e da opressão.

Assim, vale aqui a reflexão do filósofo Noam Chomsky:

---

2 CASARA, Rubens R. R. *Processo penal do espetáculo*: ensaios sobre o poder penal, a dogmática e o autoritarismo na sociedade brasileira. Florianópolis: Empório do Direito, 2015.

> Considerando o papel que a mídia ocupa na política contemporânea, somos obrigados a perguntar: em que tipo de mundo e de sociedade queremos viver e, sobretudo, em que espécie de democracia estamos pensando quando desejamos que essa sociedade seja democrática?[3]

2 Estado Pós-Democrático

Na obra *Estado Pós-Democrático: neo-obscurantismo e gestão dos indesejáveis*,[4] Casara apresenta uma crítica ao que alguns denominam de "crise paradigmática" do Estado Democrático de Direito, uma "crise" que, na verdade, leva ao "estado de exceção permanente". Apesar de reconhecer que existiu essa "crise", Casara observa que

> se a "crise" é permanente, se a "crise" não pode passar, não é de crise que se trata, mas de uma nova realidade, uma trama simbólica-imaginária com novos elementos que se diferenciam daqueles que constituíram a realidade anterior, uma realidade que, hoje, existe apenas como lembrança, embora essa lembrança possa produzir efeitos ilusórios de que aquilo que não existe mais ainda se faz presente.[5]

Portanto, não sendo mais possível, hodiernamente, referir-se ao Estado Democrático de Direito, que se distinguia pela imposição de limites ao exercício do poder, bem como em razão dos limites impostos pelos direitos e garantias fundamentais, poder-se-ia, hoje, de acordo com Casara, falar em um "Estado Pós-Democrático" que,

---

3 CHOMSKY, Noam. *Mídia*: propaganda política e manipulação. Trad. Fernando Santos. São Paulo: Martins Fontes, 2013.

4 CASARA, Rubens R. R. *Estado Pós-Democrático*: neo-obscurantismo e gestão dos indesejáveis. Rio de Janeiro: Civilização Brasileira, 2017.

5 CASARA, Rubens R. R. *Estado Pós-Democrático*: neo-obscurantismo e gestão dos indesejáveis. Rio de Janeiro: Civilização Brasileira, 2017.

do ponto de vista político, "se apresenta como um mero instrumento de manutenção da ordem, controle das populações indesejadas e ampliação das condições de acumulação do capital e geração de lucros".[6]

No capítulo do livro que trata do "Sistema de Justiça Criminal e sua tradição autoritária", ao se referir à tradição autoritária do Sistema de Justiça Criminal, na "pós-democracia", Casara salienta que, enquanto a privação da liberdade (prisão) e outras medidas de força predominam, a liberdade passa a ser afastada a todo momento sem qualquer constrangimento.

Para compreender o Sistema de Justiça Criminal, segundo o magistrado, deve-se partir de uma constatação:

> nem todos os que praticam condutas antissociais, ou mesmo condutas selecionadas pelo legislador como criminosas, serão investigados, processados e condenados por seus atos. Muitos praticam crimes e sequer têm consciência disso. Outros praticam crimes e tomam várias cautelas para jamais serem descobertos. A seletividade é a marca do Sistema de Justiça Criminal, de qualquer Sistema de Justiça.

Segundo a criminóloga Vera Regina P. de Andrade, seletividade se dá por estereótipos de criminosos que são tecidos por variáveis como *status* social, cor, condição familiar, majoritariamente características pertencentes àquelas pessoas dos baixos estratos sociais, além de outros fatores que contribuem para uma maior criminalização. Trata-se, pois, de um sistema seletivo (quantitativamente e qualitativamente).[7]

---

6 CASARA, Rubens R. R. *Estado Pós-Democrático*: neo-obscurantismo e gestão dos indesejáveis. Rio de Janeiro: Civilização Brasileira, 2017.

7 ANDRADE, Vera Regina Pereira de. *A ilusão da segurança jurídica*: do controle da violência à violência do controle penal. Porto Alegre: Livraria do Advogado, 2003.

Na seletividade quantitativa, ficam evidenciadas a limitação e a insuficiência do sistema penal que, como já dito alhures, é uma grande "fantasia" ou "fábrica da realidade" que, verdadeiramente, não tem condições e nem é propriamente capaz de gerenciar toda a criminalidade.

Contudo, é na chamada seletividade qualitativa que se percebe claramente a maior probabilidade de incidência das instâncias de controle penal sobre determinados indivíduos, que são, justamente, os mais vulneráveis que estão sob a mira do sistema penal.

O poder seletivo do sistema penal, afirma Zaffaroni,

> elege alguns candidatos à criminalização, desencadeia o processo de criminalização e submete-os à decisão da agência judicial, que pode autorizar o prosseguimento da ação criminalizante já em curso ou decidir pela suspensão da mesma.

A escolha, prossegue o jurista argentino,

> é feita em função da pessoa (o "bom candidato" é escolhido a partir de um estereótipo), mas à agência judicial só é permitido intervir racionalmente para limitar essa violência seletiva e física, segundo certo critério objetivo próprio e diverso do que rege a ação seletiva do restante exercício de poder do sistema penal, pois, do contrário, não se justifica a sua intervenção e nem sequer a sua existência (somente se "explicaria" funcionalmente).[8]

Por tudo, é necessário compreender, no dizer de Casara, que o

---

8 ZAFFARONI, Eugenio Raúl. *Em busca das penas perdidas*: a perda da legitimidade do sistema penal. Trad. Vania Romano e Amir Lopes da Conceição. Rio de Janeiro: Revan, 1991.

> *Sistema de Justiça Criminal revela manifestação de poder (e que a ausência de limites ao poder é o núcleo da dimensão política do Estado Pós-Democrático) [que] auxilia na identificação dos elementos e discursos afetados pela tradição autoritária e, assim, permite que a atuação dos diversos atores sociais, em especial os atores jurídicos, volte-se à realização da democracia.*[9]

3 A idiotice, a ignorância e a burrice punitivista

Em sua obra *A construção do idiota: o processo de idiossubjetivação*,[10] Rubens Casara traça a diferença entre "idiotice", "ignorância" e "burrice". Segundo o autor,

> a "idiotice" é a postura, por excelência, do sujeito neoliberal que atua egoisticamente a partir de cálculos de interesse que visam exclusivamente ao lucro ou a obtenção de alguma vantagem pessoal. Nada inegociável interessa ao sujeito idiota. A "ignorância", por sua vez, apresenta-se como um fenômeno tendencialmente provisório, ligado ao desconhecimento em relação a um assunto ou a um conjunto de assuntos. Por fim, a "burrice" é um fenômeno cognitivo, ético e político relacionado ao fechamento (voluntário ou não) em relação ao outro do conhecimento ou da diferença.[11]

No chamado "processo de idiossubjetivação" ao que se refere Casara, não se pode desprezar o avanço punitivista que se dá através do autoritarismo e do populismo penal.

---

9 CASARA, Rubens R. R. *Estado Pós-Democrático*: neo-obscurantismo e gestão dos indesejáveis. Rio de Janeiro: Civilização Brasileira, 2017.

10 CASARA, Rubens R. R. *A construção do idiota*: o processo de idiossubjetivação. Rio de Janeiro: Da Vinci Livros, 2024.

11 CASARA, Rubens R. R. *A construção do idiota*: o processo de idiossubjetivação. Rio de Janeiro: Da Vinci Livros, 2024, pp. 24-25.

Referindo-se ao "autoritarismo e populismo penal", Casara aponta a dupla "ignorância" e "egoísmo" para também explicar a naturalização das campanhas da "lei e ordem" (*law and order*),

> movimento de Política Criminal que defende o aumento da repressão e a intolerância com os desvios sociais como resposta aos mais variados problemas sociais e conflitos (inclusive os mais insignificantes), e o "populismo penal", a manipulação política dos sentimentos de medo e de insegurança a partir do fenômeno criminal como aumento de penas, a instrumentalização do Direito Penal, a relativização da formas processuais (nas democracias, as formas e as "regras do jogo" processuais são garantias contra a opressão) e a redução dos direitos e garantias fundamentais.

No Brasil, as últimas décadas foram marcadas por uma verdadeira "inflação legislativa". A "nomorreia penal" (Carrara) se deve a uma série de fatores, que vão desde o forte apelo popular, passando pela influência midiática, até a demagogia dos legisladores. Lamentavelmente, o chamado "populismo penal" vem dominando a Política Criminal atual. As leis penais no Brasil são elaboradas sem qualquer verificação prévia e empírica de seus verdadeiros impactos sociais e econômicos.

A cultura punitiva embalada pelo populismo penal, espécie de mantra de inúmeros políticos de "direita" e de "esquerda" – tanto do Executivo como do Legislativo – os quais se utilizam do discurso oco da impunidade e da propagação do medo, se traduz no uso abusivo e sistemático da pena privativa de liberdade que tem levado ao encarceramento em massa, notadamente, dos mais vulneráveis (jovens negros, pobres, de baixa escolaridade e residentes das periferias e das favelas).

Aproveitando-se do medo gerado pela violência e pela criminalidade, amplificado pela mídia, o legislador brasileiro utiliza-o como verdadeira arma política para seduzir os eleitores.

O medo fomentado pela mídia, na maioria das vezes, está relacionado aos crimes praticados com violência,[12] contra a vida, contra o patrimônio (*vis physica* ou *vis compulsiva*) e os crimes sexuais (contra a dignidade e a liberdade sexual), além dos crimes de "tráfico de drogas", geralmente, associados, pelos meios de comunicação de massa, às "organizações criminosas". Como bem observa Eugenio Raùl Zaffaroni, "os meios de comunicação de massa são os grandes criadores da ilusão dos sistemas penais e que desencadeiam as campanhas de lei e ordem".[13]

De acordo com Casara,

> A ignorância aumenta o medo ligado ao desconhecido e, assim, instaura uma espécie de fervor punitivo que se acredita útil à redução da insegurança gerada por esse quadro. A racionalidade neoliberal fomenta esse medo, que também se transforma em uma oportunidade de negócios. A segurança torna-se uma mercadoria a ser explorada tanto por particulares como por governantes e, ao mesmo tempo, um dos principais temas políticos da sociedade.[14]

Diante desse contexto, o medo da violência e da criminalidade, fomentado e amplificado pela mídia, faz com que a Política Criminal se volte para medidas populistas que ganham cada vez mais espaço na sociedade e que, evidentemente, são utilizadas de forma leviana pelos políticos, para gozo dos seus eleitores.

---

12 GOMES, Marcus Alan de Melo. *Mídia e sistema penal*: as distorções da criminalização nos meios de comunicação. Rio de Janeiro: Revan, 2015, p. 138.

13 ZAFFARONI, Eugênio Raul. *Em busca das penas perdidas*: a perda de legitimidade do sistema penal. Rio de Janeiro: Revan, 1991, p. 128.

14 CASARA, Rubens R. R. *A construção do idiota*: o processo de idiossubjetivação. Rio de Janeiro: Da Vinci Livros, 2024, p. 114.

Leis draconianas, fruto da sanha punitivista, que extinguem direitos e garantias fundamentais, que criminalizam o agente (Direito Penal do autor) e que elevam penas a patamares estratosféricos – como se o Direito Penal fosse a panaceia de todos os males da sociedade – em nada, absolutamente em nada, contribuem para o enfrentamento da violência.

Por tudo, é forçoso repudiar a "idiotice", a "ignorância" e a "burrice" que, através do "processo de idiossubjetivação", alavancam o punitivismo penal.

4 Prisão: além do senso comum

Nesta obra escrita em coautoria com o festejado jurista Juarez Tavares, Casara e Tavares, para além dos conceitos dogmáticos, buscam, como consta da apresentação da obra, refletir de modo crítico acerca da

> atuação do Estado no exercício do poder de punir, estabelecendo a necessidade de impor limites ao processo criminalizador e às respostas políticas tendencialmente ineficazes, desconectadas de pesquisas sérias sobre o tema e traduzidas na restrição, cada vez mais intensa, da liberdade de pessoas identificadas como indesejáveis aos olhos dos detentores do poder político e/ou econômico.[15]

Em tempos sombrios em que a sanha punitivista conjugada com o populismo penal se faz presente alavancando o aprisionamento em massa e da massa dos mais vulneráveis (negros, pobres, com baixa escolaridade e residentes nas periferias), os autores da obra trazem uma importante e necessária reflexão sobre os limites à criminalização e ao encarceramento.

---

15 TAVARES, Juarez; CASARA, Rubens R. R. *Prisão*: além do senso comum. Rio de Janeiro: Da Vinci Livros, 2024.

Nesse diapasão, Tavares e Casara abordam, diante da concepção do Estado Democrático de Direito – em que a liberdade valor inerente à democracia deve prevalecer –, princípios e garantias constitucionais, notadamente o da presunção de inocência, tão maltratado hodiernamente.

Lamentavelmente, alguns insistem em associar o princípio da presunção de inocência ao discurso oco da impunidade, ignorando a realidade que se evidencia nos números do encarceramento no país. Dos mais de 850 mil presos – de acordo com o *Anuário Brasileiro de Segurança Pública* de 2024 –, mais de 200 mil são de presos provisórios, ou seja, que ainda não foram condenados definitivamente por uma decisão transitada em julgado.

Ao contrário do que nos querem fazer crer, a presunção de inocência jamais se transformou em óbice para decretações de prisões preventivas, muitas delas com nítido abuso e totalmente desprovidas de amparo legal. Os requisitos previstos no artigo 312 do Código de Processo Penal são mais do que suficientes para satisfazer a fúria punitivista daqueles que entendem – sem razão – que o acusado deve responder ao processo preso, para satisfação, por exemplo, de uma questionável "ordem pública".

Não se pode olvidar, como destacam Tavares e Casara, que a prisão "sem condenação" está adstrita tanto ao princípio da "reserva legal" quanto ao da "reserva de jurisdição".[16]

O princípio da presunção de inocência é correlato do princípio da jurisdicionalidade (jurisdição necessária). Para Ferrajoli,

> se é atividade necessária para obter a prova de que um sujeito cometeu um crime, desde que tal prova não tenha sido encontrada mediante um juízo regular, nenhum delito pode

16 TAVARES, Juarez; CASARA, Rubens R. R. *Prisão*: além do senso comum. Rio de Janeiro: Da Vinci Livros, 2024, p. 110.

> ser considerado cometido e nenhum sujeito pode ser reputado culpado nem submetido a pena.

Mais adiante, o respeitável jurista italiano assevera que o princípio da presunção de inocência é um princípio fundamental de civilidade, "fruto de uma opção garantista a favor da tutela da imunidade dos inocentes, ainda que ao custo da impunidade de algum culpado".[17]

No que se refere à decretação ou à manutenção da "prisão sem condenação" e, portanto, provisória, o juiz deve exercer um duplo juízo: 1) juízo sobre a legalidade (estrita) da prisão e 2) juízo sobre a proporcionalidade (necessidade) da prisão.[18]

Assim sendo, a prisão em flagrante, preventiva, temporária, em razão de sentença penal recorrível (ainda que de 2º grau) ou qualquer outra espécie de prisão provisória, só deve ser decretada ou mantida em casos excepcionais, extremados e absolutamente necessários, quando presentes os requisitos mínimos e indispensáveis para sua decretação ou manutenção. Mesmo assim, quando não houver a possibilidade de sua substituição por outra medida cautelar menos gravosa. De tal modo, a conservação da liberdade deve prevalecer até a condenação definitiva, ou seja, transitada em julgado.

Em relação à prisão temporária (Lei n. 7.960/1989) – verdadeira legalização das antigas e arbitrárias prisões para "averiguações" – decretada durante a fase de investigação preliminar e, portanto, antes do oferecimento da ação penal em desfavor do imputado, Tavares e Casara deixam consignados, nos ensinamentos de André Nicolitt, que "o Estado Democrático de Direito não se coaduna com a ideia

---

17 FERRAJOLI, Luigi. *Direito e razão*: Teoria do Garantismo Penal. Trad. Ana Paula Zomer, Fauzi Hassan Choukr, Juarez Tavares e Luiz Flávio Gomes. São Paulo: Revista dos Tribunais, 2001.

18 TAVARES, Juarez; CASARA, Rubens R. R. *Prisão*: além do senso comum. Rio de Janeiro: Da Vinci Livros, 2024, p. 111.

de prender para depois investigar, pois sendo a liberdade a regra constitucional, a lógica é investigar para depois prender".

Em tese de doutoramento, Antonio Magalhães Gomes Filho assevera que

> à luz da presunção de inocência, não se concebem quaisquer formas de encarceramento ordenadas como antecipação da punição, ou que constituam corolário automático da imputação, como sucede nas hipóteses de prisão obrigatória, em que a imposição da medida independe da verificação concreta do *periculum libertartis*.[19]

Em verdadeira mitigação do princípio da presunção de inocência, o Supremo Tribunal Federal decidiu, no julgamento do RE 1.235.240/SC, pela constitucionalidade da prisão imediata após a condenação pelo Tribunal do Júri (Tema 1068), subvertendo o conceito da soberania dos vereditos.

Os inúmeros dribles dados pelo Judiciário, com aval do Ministério Público, para ludibriar a presunção de inocência, usando e abusando desmedidamente da decretação da prisão preventiva como antecipação de pena em afronta à natureza da prisão cautelar (verificação do *periculum libertatis* e da proporcionalidade), medida extrema que deveria ser excepcional, têm contribuído, sobremaneira, para o aumento da população carcerária.

O aumento galopante da população carcerária revelado por todas as pesquisas – o Brasil possui a terceira maior população carcerária do planeta – é indicador de que o sistema penal, que há muito entrou em colapso, é reprodutor da violência e mantenedor das desigualdades e injustiças sociais.

---

19 GOMES FILHO, Antônio Magalhães. *Presunção de inocência e prisão cautelar*. São Paulo: Saraiva, 1991.

"Mais cárcere, mais confinamento, mais repressão", afirma com precisão e toda sua experiência a criminóloga venezuelana Lola Aniyar de Castro.[20] Segundo ela, a realidade na América Latina, nos séculos XX e XXI, caracteriza-se por apresentar os mais elevados índices históricos de violência carcerária, trata-se de "um barril de pólvora sempre preste a explodir". A construção de novas prisões, sempre proposta como solução para o problema da superpopulação carcerária, constata Aniyar de Castro, levará a mais encarceramento, posto que "mais espaço disponível tem como resultado mais confinamento". Afirma, ainda, com toda lucidez criminológica, que "a luta contra as prisões é uma luta social e política. É, pela seletividade da prisão, também uma luta contra a pobreza".

Com bem notam Tavares e Casara, na obra em comento:

> Para além da possibilidade de restringir a liberdade de forma tendencialmente ilimitada, a opção por um processo penal autoritário, construído a partir de uma epistemologia autoritária, exige também medidas que busquem convencer a população de que um maior número de prisões de indivíduos equivale a uma maior segurança da sociedade. Para tanto, a segurança do valor "liberdade" é esquecida, em nome de um direito abstrato à segurança, comprometido com um projeto político autoritário de controle dos marginalizados.[21]

Visando legitimar o grande encarceramento, conforme já dito, o populismo penal busca o apoio da "voz das ruas". No dizer de Tavares e Casara, "pouco importa para o populista que essa 'voz das

---

20 CASTRO, Lola Aniyar. "Matar com a prisão, o paraíso lega e o inferno carcerário: os estabelecimentos "concordes, seguros e capazes". *In*: ABRAMOVAY, Pedro Vieira; BATISTA, Vera Malaguti (Coord.). *Depois do grande encarceramento*. Rio de Janeiro: Revan, 2010.

21 TAVARES, Juarez; CASARA, Rubens R. R. *Prisão*: além do senso comum. Rio de Janeiro: Da Vinci Livros, 2024, p. 19.

ruas' tenha sido produzida sem informação de qualidade disponível ou mesmo que as classes subalternas nunca consigam ser ouvidas".[22]

Juarez Tavares e Rubens Casara são incansáveis na luta pela efetivação dos direitos humanos e com o respeito à dignidade da pessoa humana em que o Estado Democrático de Direito

> não se contenta com a democracia meramente formal, identificada com o princípio da maioria como elemento legitimador do exercício do poder. O desejo da maioria de ocasião pode ser autoritário (pena de morte, internação compulsória, penas draconianas etc.). Para que exista verdadeiro Estado de Direito – asseveram os autores – em sua versão democrática é indispensável que o Estado seja dotado de garantias, sejam liberais ou sociais.[23]

Conclusão

Nesta breve incursão por algumas das obras de Rubens Casara, percebe-se claramente o seu compromisso com a liberdade, com os direitos e garantias fundamentais. Com sua visão crítica, Casara nos leva a concluir que estamos longe de um Sistema de Justiça Criminal comprometido, verdadeiramente, com os princípios fundamentais que regem o Estado Democrático de Direito. Que não podemos nos contentar com a mera democracia formal, mas que esta se concretize, material e substancialmente, em prol da consolidação dos direitos fundamentais, da justiça social, da igualdade material e do respeito à dignidade da pessoa humana em nome do Estado Democrático de Direito.

---

22 TAVARES, Juarez; CASARA, Rubens R. R. *Prisão*: além do senso comum. Rio de Janeiro: Da Vinci Livros, 2024, p. 176.

23 TAVARES, Juarez; CASARA, Rubens R. R. *Prisão*: além do senso comum. Rio de Janeiro: Da Vinci Livros, 2024, p. 25.

Por fim, concluímos com o autor ora homenageado quando assevera que "*a partir do pensamento crítico e do amor, é preciso preparar-se para a luta. É o que há, é o que sobra: a luta*!"[24]

Referências bibliográficas

ANDRADE, Vera Regina Pereira de. *A ilusão da segurança jurídica*: do controle da violência à violência do controle penal. Porto Alegre: Livraria do Advogado, 2003.

CASARA, Rubens R. R. *A construção do idiota*: o processo de idiossubjetivação. Rio de Janeiro: Da Vinci Livros, 2024.

______. *Estado Pós-Democrático*: neo-obscurantismo e gestão dos indesejáveis. Rio de Janeiro: Civilização Brasileira, 2017.

______. *Processo penal do espetáculo*: ensaios sobre o poder penal, a dogmática e o autoritarismo na sociedade brasileira. Florianópolis: Empório do Direito, 2015.

CASTRO, Lola Aniyar. "Matar com a prisão, o paraíso lega e o inferno carcerário: os estabelecimentos "concordes, seguros e capazes". *In*: ABRAMOVAY, Pedro Vieira; BATISTA, Vera Malaguti (Coord.). *Depois do grande encarceramento*. Rio de Janeiro: Revan, 2010.

CHOMSKY, Noam. *Mídia*: propaganda política e manipulação. Trad. Fernando Santos. São Paulo: Martins Fontes, 2013.

FERRAJOLI, Luigi. *Direito e razão*: Teoria do Garantismo Penal. Trad. Ana Paula Zomer, Fauzi Hassan Choukr, Juarez Tavares e Luiz Flávio Gomes. São Paulo: Revista dos Tribunais, 2001.

GOMES FILHO, Antônio Magalhães. *Presunção de inocência e prisão cautelar*. São Paulo: Saraiva, 1991.

GOMES, Marcus Alan de Melo. *Mídia e sistema penal*: as distorções da criminalização nos meios de comunicação. Rio de Janeiro: Revan, 2015.

TAVARES, Juarez; CASARA, Rubens R. R. *Prisão*: além do senso comum. Rio de Janeiro: Da Vinci Livros, 2024.

24 CASARA, Rubens R. R. *A construção do idiota*: o processo de idiossubjetivação. Rio de Janeiro: Da Vinci Livros, 2024.

ZAFFARONI, Eugenio Raúl. *Em busca das penas perdidas*: a perda da legitimidade do sistema penal. Trad. Vania Romano e Amir Lopes da Conceição. Rio de Janeiro: Revan, 1991.

CAPÍTULO XXII

DOIS DEUSES (NÃO RELIGIOSOS) QUE NOS ALIENAM

LUIS GUSTAVO GRANDINETTI CASTANHO DE CARVALHO

O ser humano sempre foi pródigo em inventar uma infinidade de deuses. Às vezes, porém, suas invenções, ainda que destituídas de fé religiosa, têm uma força equivalente à dos deuses.

Próximo dos 3.000 anos a.C., os sumérios inventaram um modo de facilitar o comércio de produtos: um primeiro protótipo de dinheiro, mas que tinha um valor inerente. Tratava-se de uma quantidade padrão de grãos de cevada que seria a medida de todos os demais produtos. Depois, na mesma época, na Mesopotâmia, inventaram o siclo de prata, uma quantidade determinada de prata. Finalmente, em 640 a.C., surgiu a primeira moeda, na Anatólia.

A invenção do dinheiro acelerou e simplificou o comércio. Permitiu a acumulação de riqueza, formando o patrimônio e criando o mercado. Graças ao dinheiro, chegou-se ao capitalismo e também ao seu último estágio, o capitalismo financeiro, que não produz nada, mas intermedia a riqueza.

O dinheiro mudou todos os hábitos. O trabalho de poucas horas dos povos originários (quatro horas em algumas tribos indígenas), suficiente para a subsistência própria e de toda a tribo, foi substituído pela jornada de oito horas de trabalho, remunerada. A sociedade moderna vive para trabalhar, para comprar, para acumular dinheiro, para possuir patrimônio. O tempo passou a ser controlado pelo relógio para facilitar o mercado de trabalho. O horário de dormir e de acordar, antes regido pela natureza, passou a ser regido pelas necessidades do mercado. Inúmeras guerras aconteceram quando havia necessidade de proteger ou de ampliar mercados.

Assim foi criado o deus mercado/dinheiro, sob cuja influência gira a roda do mundo. Os países considerados mais fortes são os que acumulam mais, sob a égide do PIB, produto interno bruto, a soma de tudo que produz. O homem passou a trabalhar para o deus mercado e, assim, alienou uma parcela de sua liberdade de ser.

O final do século XIX e o século XX assistiram a uma série de invenções integrantes do que se denomina tecnologia da comunicação: telégrafo (1843), telefone (1876), ondas eletromagnéticas que transportam mensagens de áudio (1897), rádio (1920), televisão (1926), transmissão via satélite (1962) e *internet* (1969). Embora tivesse uma origem militar, a *internet* passou a ser concebida como um espaço de liberdade, em que cada pessoa poderia manifestar-se, desde que dominasse a complexa linguagem do computador. Como em toda atividade humana, alguns poucos mais capazes e que dominavam a tecnologia da computação facilitaram o seu acesso, desde que o usuário usasse o seu sistema de gerenciamento. Tal qual um carro, o motorista não precisa entender de mecânica para dirigi-lo, mas só pode fazê-lo segundo as regras de trânsito. Desse modo, esses gênios da computação se apropriaram da *internet*.

Num próximo passo, a invenção da *internet* permitiu a criação/apropriação de outros subprodutos tecnológicos que estão revolucionando não só a comunicação, como a cultura e a ciência: as redes sociais, os algoritmos e a inteligência artificial, numa rapidez impensável.

As redes sociais passaram a ser o grande ambiente de informação, destronando os jornais impressos, o rádio e a televisão. Cerca de 79% dos brasileiros se informam pelos grupos das redes sociais, especialmente o WhatsApp; 50%, pela televisão; e 8%, pelos jornais impressos. São números impressionantes. A mediação profissional (com acertos e erros) feita pelos profissionais de imprensa decaiu de importância, substituída pela mera manifestação de pensamento de qualquer pessoa conectada a outras pessoas que pensam igual.

O algoritmo é um conceito da matemática. Incorporado à computação, são operações lógicas capazes de assegurar a resolução de um problema. Mais simplesmente, são responsáveis por captar nossos interesses e nos fornecer mais opções sobre esse mesmo interesse. No ritmo acelerado da comunicação, anulam-se as diferenças e, no seu rastro, anulam-se os diferentes, escanteados pelas buscas empreendidas pelos algoritmos.

O próximo passo foi a inteligência artificial, que se desenvolve com tanta rapidez que não conseguimos acompanhar suas novas aplicações: de um mais simples sistema de treinamento de máquina (Google, Netflix, Spotify) até sistemas mais complexos equivalentes ao funcionamento do cérebro humano. Sua aplicação não tem limites. Os riscos também são enormes. Como os seus criadores são de países ricos (Estados Unidos e Europa), os vieses desses criadores, desses países, são naturalmente os influenciadores da IA. As vivências dos países pobres, do Sul Global, das populações originárias, praticamente estão banidas da IA.

Não há dúvida de que a tecnologia da informação trouxe e traz muitos benefícios. As pesquisas científicas foram aceleradas; os serviços públicos podem ser racionalizados; a gestão das empresas foi aperfeiçoada e mais uma infinidade de bons proveitos foram obtidos.

No entanto, a possibilidade de a humanidade ter criado mais um deus onipotente que aliena é imensa. Aliena porque muitos humanos vão se dispensar de raciocinar por si mesmos as questões mais complexas: basta perguntar e a resposta virá da IA. A liberdade de pensar ficaria sob risco diante da facilidade da resposta automática. Até que ponto a humanidade conservará a sua capacidade de pensar? A preocupação aumenta se cogitarmos a possibilidade de profissionais (médicos, advogados, engenheiros, juízes) também delegarem a solução de problemas complexos para a IA, seja para poupar seu tempo, seja por insegurança profissional.

Não há dúvida de que o deus mercado foi bom por vários aspectos: a riqueza circulou e proporcionou avanços em todos os setores. Mas a ele hipotecamos parte de nossa liberdade de ser e, nesse sentido, nos alienamos. Não há dúvida que a tecnologia da informação trouxe inúmeros benefícios. Mas talvez entreguemos ao deus IA, igualmente, parte de nossa liberdade de ser.

Numa passagem atribuída a Sócrates, no antigo Egito, o deus Thoth recomendava ao deus Tamuz (Amon) a adoção da escrita para tornar os súditos mais sábios. Tamuz, ao contrário, respondeu: "tal coisa tornará os homens esquecidos, pois deixarão de cultivar a memória... pois eles recebem muitas informações sem instrução e se consideram homens de grande saber, embora sejam ignorantes na maior parte dos assuntos".

Sócrates, ou Amon, atiraram no que viram, mas podem ter acertado no que não viram.

CAPÍTULO XXIII

O SISTEMA INQUISITIVO E A BUSCA DE UMA PRESUNÇÃO REAL

MARCELO SEMER

Costuma-se dizer que o sistema processual brasileiro é misto, herdeiro do Código Napoleônico de 1808, que mescla uma fase inquisitória, escrita e restrita, e outra acusatória, incorporando seja o contraditório, seja a oralidade no exame cruzado das provas e alegações. Mas esta é só uma forma um pouco envergonhada de escamotear a permanência do sistema inquisitivo, que se demonstrou resistente às mais variadas alterações políticas e culturais. E que, ao final das contas, despreza tanto o contraditório quanto a presunção de inocência, pilares constitucionais do processo penal brasileiro.

Como nos ensina Jacinto Nelson de Miranda Coutinho, é a posição do juiz na gestão da prova que define esse sistema preponderantemente inquisitivo, pela autorização que tem o juiz de conduzir a prova e realizar diligências a seu talante, suprindo quando necessário a inércia do acusador com o qual, em última análise, se confunde.

Não obstante as diversas mudanças que têm tentado aproximar nosso processo da estrutura acusatória – a concentração das audiências, a exigência da oralidade, as reperguntas pelas partes – tal qual expressamente destinou a Constituição da República, permanece vigente a possibilidade de que o juiz possa suplementar a acusação, ademais de uma perversão do livre convencimento que submete a realização e a análise de provas a uma potestade judicial.

Enfim, a última tentativa de banir essas práticas inquisitórias se deu com o instituto do juiz das garantias, inserido a contrapeso, por consenso partidário, como um oásis em meio a uma proposta essencialmente punitivista com que o então Ministro Sérgio Moro pretendia reavivar a Lei dos Crimes Hediondos. Afinal aprovado, o juiz das garantias acabou decepado por uma interpretação do STF conforme o pragmatismo, o consequencialismo e o empoderamento do tribunal que havia sucedido, como uma espécie de legítima defesa, a repulsa ao assaque bolsonarista, sob a inércia do Ministério Público. Prestigiar a acusação não estava mesmo no plano de nossa Suprema Corte.

Agregando algumas poucas linhas a uma redação clara e incisiva que impunha, sem diversionismos, a estrutura acusatória, o plenário do Supremo ressuscitou o pecado original, ou melhor, nem o havia deixado morrer, porque a lei fora suspensa antes mesmo de entrar em vigência. Tal qual um legislador fora de tempo e lugar, o STF decidiu que "o juiz, pontualmente, nos limites legalmente autorizados, pode determinar a realização de diligências suplementares, para o fim de dirimir dúvida sobre questão relevante para o julgamento do mérito".

Além disso, impediu que a cisão entre juiz de garantias e juiz da instrução pudesse ser exercida com a manutenção dos autos do inquérito apenas com o primeiro; inverteu o momento de recebimento de denúncia atribuída pela lei e garantiu sobrevivência a um julgamento com base nos elementos colhidos antes e fora do contraditório.

Permitindo que o juiz busque as provas onde ainda não existem e, se necessário, determine outras – tudo para "dirimir dúvida sobre questão de mérito" –, manteve-se íntegro o sistema inquisitivo, abrindo espaço para que a plêiade de condenações baseadas em elementos do inquérito, o que é nossa marca registrada, se mantenha.

Tudo isso por uma razão não muito oculta: o juiz deve estar livre para decidir e diligenciar em busca da verdade, pois as formas, as regras e as normas não podem impedi-lo de chegar até ela. Uma verdade real, tamanha a relevância e repulsa que uma infração penal desperta na sociedade. Para entender o que estava se discutindo, basta lembrar do argumento do Ministro Dias Toffoli de que vedar ao juiz de instrução o acesso ao inquérito significaria um atentado à independência judicial.

Como explica Rubens Casara, que tanto formatou nosso conhecimento de processo penal como garantia e de democracia – na convicção de que ambos faziam parte inseparável de um mesmo pacote –, a verdade real nada mais é do que um mito que funciona como "autorização para o juiz 'tratar de conseguir' confirmar a hipótese retratada na acusação em defesa da sociedade".[1]

Derivada de sua brilhante tese de Doutorado, o já clássico *Mitologia processual penal* ainda nos descortinaria os mitos do livre convencimento e da imparcialidade do Ministério Público, que montam a tríade de um sistema processual autoritário, mais ainda do que simplesmente inquisitivo e que nos marca como tradição ao que se indica insuperável:

> Em que pesem poucas e roucas vozes em sentido contrário, o princípio da verdade real/material, por seu conteúdo ideológico, compatível com a natureza autoritária da sociedade, conta com a adesão da maioria dos atores jurídicos brasileiros.[2]

---

1 CASARA, Rubens R. R. *Mitologia processual penal*. São Paulo: Saraiva, 2015, p. 166.

2 CASARA, Rubens R. R. *Mitologia processual penal*. São Paulo: Saraiva, 2015, p. 169.

Sua voz pode até ser pouca – ainda que podemos dizer, cada vez mais acompanhada; mas rouca jamais. O timbre crítico, indignado e sempre moderno de suas análises tem nos proporcionado uma compreensão cada vez maior das nossas mazelas, algumas evidentes, outras obscuras, mas que os estudos de Rubens Casara ajudam a desvelar. Desde a natureza pós-democrática do Estado contemporâneo até os processos de idiossubjetivação a que temos sido expostos com frequência.

Neste artigo-homenagem, procuramos indicar que mais além do que uma busca dessa mítica verdade real, nosso sistema se contenta cada vez mais com a presunção –aquela que inverte por completo a lógica da inocência: em outras palavras, ele é inquisitivo para que possa continuar sendo autoritário.

Dentre as verdades reais mais verdadeiras com que temos convivido tem-se a prática que se assemelha à fruição de uma certa zona de conforto – que não conforta os réus, todavia: a expressão de que a palavra da polícia pode bastar, seja para condenar um réu, seja para absolver os agentes de eventuais arbitrariedades e, enfim, estabelecer os limites que a própria lei tentou, em vão, impor a eles mesmos.

A contradição que se aponta é evidente: se tem condições de fazer o que for preciso para a busca da verdade, porque o juiz se contenta, na maioria das vezes, com a palavra da polícia?

Colocando o problema em detalhes.

Seria um contrassenso que a palavra do policial, recrutado exatamente para fazer a repressão pudesse ser posta em dúvida, de alguma forma, quando em confronto com a versão do infrator.

Com palavras pouco ou quase nada distintas dessas, a preponderância absoluta da versão policial quando em confronto com a de pessoas submetidas a investigação navega como elemento suficiente para a consecução da tarefa dos juízes criminais em chegar à conclusão dos processos eventualmente instaurados.

Essa assertiva, muitas vezes acompanhada pela concessão expressa de uma presunção de veracidade ao agente, ou apenas a ideia preconcebida de que ele não teria motivos para mentir – contrapondo-se, portanto, ao réu –, acaba por produzir diversas consequências no ordenamento jurídico. A suficiência para a condenação criminal, a ideia de que a violência ou fraude atribuída aos policiais só pode ser apontada mediante prova robusta – e quando ausente, não raro é tida como uma espécie de "teoria da conspiração" –, a compreensão da validade e a relevância da incriminação por desacato, de que dependem não apenas a aceitação da versão do agente, como de sua consideração como autoridade. Em resumo, um desequilíbrio que inviabiliza o contraditório e a presunção de inocência.

A suficiência da prova policial *de per si* vai provocar ainda outras consequências indiretas, a mais importante delas, a diminuição do esforço investigativo policial, de coleta de provas, considerando que já se sabe, desde o início, que as declarações bastarão para a condenação criminal.

A questão já foi objeto de inúmeras discussões anteriores, mas, verdade seja dita, a jurisprudência se consolidou fortemente nesse sentido. Há pequenos indícios no cotidiano forense, vozes poucas e ainda roucas, diria Casara, para entender que essa contraposição entre palavra da autoridade e versão do infrator pode ser mais bem calibrada – não que seja propriamente esperançoso, mas ao menos algumas fagulhas em meio a um longevo consenso.

Com relação à apreciação judicial das testemunhas policiais, duas marcas contraditórias costumam manter o julgador preso nesse labirinto: primeiro, a ideia de que apenas uma "prova robusta" poderia colocar em dúvida a palavra do policial; de outro, a consideração de que a prova de defesa é desprezada, porque está sempre "destoante do conjunto probatório" – ou seja, em contradição com a prova idônea, produzida pelos agentes. De um lado, a prova de defesa só vale se demonstrar a iniquidade da prova de acusação; de outro, como é afastada justamente quando a ela se contrapõe, a exigência resulta ser uma armadilha lógica.

O que se interpõe a essa situação são as considerações prévias, ou seja, idoneidade e inidoneidade como premissas, que impedem que a análise se verifique, simplesmente, pelo confronto da credibilidade dos relatos, pela dialeticidade. Se os policiais são idôneos por natureza, e só cedem à prova robusta, a credibilidade de seus relatos não entra em dúvida. De outro lado, o réu tem o direito ao silêncio – e, portanto, tende a ser menos confiável, até porque não é punido quando mente em sua autodefesa.

Os equívocos da construção desta idoneidade como premissa se iniciam com a concepção de uma indevida "presunção de veracidade" do depoimento policial –supostamente proveniente da presunção de legitimidade conferida à administração. Essa transposição, todavia, não pode ser realizada. A presunção de legitimidade dos atos administrativos tem seu lugar para impedir que o Estado tenha, a todo momento, que ingressar no Judiciário para comprovar seus próprios atos. Como afirma Marçal Justen:

> Não seria possível ao Estado cumprir suas funções administrativas se lhe fosse reservada situação jurídica idêntica àquela dos particulares. Se não houvesse a presunção de legitimidade do ato administrativo, o Estado teria de recorrer ao Poder Judiciário para obter provimento jurisdicional comprovando a legitimidade de seus atos, e somente assim poderia vincular os terceiros.[3]

Mas essa regra não transborda para o processo penal, em que a lei determina que todas as imputações contra o réu sejam efetivamente provadas e que o Estado deve mesmo obter provimento

3 JUSTEN FILHO, Marçal. *Curso de Direito Administrativo*. São Paulo: Revista dos Tribunais, 2015, p. 395.

jurisdicional, não lhe restando qualquer oportunidade de autotutela. Parte-se, ademais, no processo penal, por disposição constitucional, da premissa inversa, ou seja, que a presunção está a favor do réu, não contra ele.

A ideia, muito propagada, de que o policial, por realizar serviço ao Estado estaria isento das dúvidas, por outro lado, desmerece a distinção das funções do Estado-juiz e Estado-administração. O juiz não deve certezas à administração; ao revés, a jurisdicionalização do processo é justamente um indicativo de que lhe cabe questionar os elementos produzidos administrativamente. Não fosse assim, a jurisdição nem se quer se faria necessária.

De outra parte, os atributos pessoais das testemunhas não podem ser oficializados: a credibilidade do testemunho não decorre de uma generalidade (sua função, sua nomeação, seu cargo), mas da integridade dos relatos que produz – cuja essência de dúvida deve marcar a recepção de todas as provas. Só a prova convincente pode convencer, e a prova só pode ser convincente se resiste à dúvida.

No julgamento do RE 603.616, que discutiu a legalidade do ingresso em domicílio sem autorização judicial, o Plenário do Supremo Tribunal Federal chegou à aprovação do Tema 280:

> A entrada forçada em domicílio sem mandado judicial só é lícita, mesmo em período noturno, quando amparada em fundadas razões, devidamente justificadas *a posteriori*, que indiquem que dentro da casa ocorre situação de flagrante delito, sob pena de responsabilidade disciplinar, civil e penal do agente ou da autoridade, e de nulidade dos atos praticados.

A redação superava a jurisprudência tradicional que compreendia que, uma vez que o tráfico de drogas era crime permanente, eventual apreensão de droga na entrada forçada sempre daria por legitimado seu ingresso forçado, em face da situação de flagrância – claramente uma tautologia. Todavia, mesmo com a tese, mantinha-se uma comprovação *a posteriori*, que o Ministro Marco Aurélio supunha que seria suficiente para dar uma carta branca na mão dos policiais. O Ministro Gilmar Mendes, então, assentou:

> O policial pode invocar o próprio testemunho para justificar a medida. Claro que o ingresso forçado baseado em fatos presenciados pelo próprio policial que realiza a busca coloca o agente público em uma posição de grande poder e, por isso mesmo, deve merecer especial escrutínio.

Embora o Ministro tenha sido, na melhor das hipóteses, profundamente otimista, reconhece-se que a ideia de um especial escrutínio teria sido capaz de inverter a noção poder-credibilidade. O poder não tem mais credibilidade por si só; tem é mais condições de demonstrar sua credibilidade. Não se trata de uma questão abstrata de confiar ou desconfiar ingressando em atributos privados: a testemunha só tem a sua palavra; o policial pode arrecadar bens, apreender coisas, arrolar testemunhas, gravar a própria ação etc. Ou seja, tem mais elementos para que sua credibilidade seja demonstrada, não menos.

Mas o que se vê na prática é exatamente o reverso.

Nos processos de tráfico de drogas, como bem pesquisou Maria Gorete Marques de Jesus, a construção da verdade é algo inteiramente delegada aos relatos policiais, que é o que vão municiar os inquéritos e, depois, a própria instrução. A construção da prova tem uma verdade própria.

> A verdade policial, descrita nos autos, vai ser resultado de um processo de seleção daquilo que os policiais que realizaram o flagrante vão considerar adequado narrar e tornar oficial, daquilo que não vai aparecer. O delegado vai certificar tal narrativa e lhe dar a validade, para que seja encaminhada/comunicada à justiça criminal. Violência, discriminação, preconceito, segregação social, ilegalidades, qualquer desses vocábulos vai ser mantido fora desses registros. Muitas vezes,

> serão compreendidos como parte dos "saberes policiais". Como tais narrativas não são objeto de verificação, comprovação e questionamentos, seguem sem grandes problematizações na justiça criminal.[4]

Em juízo, aponta Jesus, a conclusão dos atores se dá ainda mais do que na assertiva da fé pública, em um poderoso conjunto de crenças: a concepção do policial como representante de uma instituição do Estado; o reconhecimento de um saber policial legítimo e habilidoso; credibilidade de que os policiais irão agir para proteger a sociedade, mesmo que utilizem de violências; crença de o acusado vai mentir e, sobretudo, a crença de que a justiça criminal e seus operadores têm o papel de defender a sociedade, tendo na prisão a viabilidade dessa defesa.[5]

É esse conjunto de crenças, enfim, que dá suporte à adesão do inquérito como a peça de resistência do processo. E, em consequência, os elementos de investigação são raros, em grande medida, porque existe o aceite de que a oitiva dos dois policiais que efetuaram a prisão em flagrante é suficiente para a condenação, de modo que não há qualquer estímulo para que esse círculo vicioso seja alterado.

A palavra do policial é uma espécie de zona de conforto à apreciação do juiz: é conforto para a polícia que não precisa colher mais elementos e para o juiz que não precisa de mais argumentos – e assim contraditório e presunção de inocência morrem de mãos abraçadas, pois terá sido dada oportunidade à defesa de fazer a prova robusta, tarefa à qual ela simplesmente não se desincumbiu. Nas vezes em que ela tenta se desincumbir, por exemplo, exigindo que para a decisão sejam juntadas imagens de câmeras corporais, vê-se diante de inúmeros obstáculos, tanto administrativos como

---

4 JESUS, Maria Gorete Marques de. *A verdade jurídica nos processos de tráfico de drogas*. Belo Horizonte: D'Plácido, 2018, p. 245.

5 JESUS, Maria Gorete Marques de. *A verdade jurídica nos processos de tráfico de drogas*. Belo Horizonte: D'Plácido, 2018, p. 246.

judiciais, seja a ausência ou baixa qualidade dos registros, seja, simplesmente, o desprezo pelas provas juntadas.

A prova dessa zona de conforto é o fato de que, em crimes como tráfico de drogas, sem vítimas identificáveis, o volume de investigação é irrisório – como prisões, indiciamentos, denúncias e condenações são lavradas apenas com os relatos dos policiais que efetuaram a prisão, o meio mais efetivo para esse procedimento é justamente o do patrulhamento pelos órgãos de policiamento ostensivo. Não à toa, o relatório da pesquisa do Ipea conclui que a Polícia Militar é a efetiva protagonista dos trabalhos de repressão à droga.[6]

Em que momentos podemos dizer que a palavra da polícia pode ser restringida? Lembremos da questão do desacato.

A discussão a respeito da convencionalidade dos crimes de desacato brotou da avaliação do relator para a Liberdade de Expressão da Comissão Interamericana de Direitos Humanos, considerando, em resumo, que a excessiva tutela dos agentes públicos acabaria por fragilizar o exercício da liberdade de expressão.

Nos termos do relatório então aprovado:

> A CIDH declarou, igualmente, que as leis de desacato proporcionam um maior nível de proteção aos funcionários públicos do que aos cidadãos privados, em direta contravenção com o princípio fundamental de um sistema democrático, que sujeita o governo a controle popular para impedir e controlar o abuso de seus poderes coercitivos.[7]

---

6 INSTITUTO DE PESQUISA ECONÔMICA APLICADA. *Perfil do processado e produção de provas nas ações criminais por tráfico de drogas*: relatório analítico nacional dos Tribunais Estaduais de Justiça comum. Brasília: Ipea, 2023, p. 99. Disponível em: https://repositorio.ipea.gov.br/bitstream/11058/12376/1/RI_Perfil_producao_provas.pdf. Acessado em: 22.04.2025.

7 Disponível em: https://www.cidh.oas.org/annualrep/2002port/vol.3i.htm.

Algumas decisões foram inovadoras em acolher a posição que mais se aproximava da interpretação convencional. Foi o caso da decisão, de 2015, prolatada pelo juiz Alexandre Moraes da Rosa, que nela fundamentava:[8]

> (...) cumpre ao julgador afastar a aplicação de normas jurídicas de caráter legal que contrariem tratados internacionais versando sobre Direitos Humanos, destacando-se, em especial, a Convenção Americana de Direitos Humanos de 1969 (Pacto de São José da Costa Rica), o Pacto Internacional sobre Direitos Civis e Políticos de 1966 e o Pacto Internacional dos Direitos Econômicos, Sociais e Culturais de 1966 (PIDESC), bem como as orientações expedidas pelos denominados *treaty bodies* – Comissão Internamericana de Direitos Humanos e Conselho de Direitos Humanos das Nações Unidas.

A discussão chegaria ao STJ, no ano seguinte, com o acórdão relatado pelo Ministro Ribeiro Dantas, da Quinta Turma (Resp. 1.640.084, julgado em 15/12/2016) assim ementado no que interessa ao tema:

> DIREITO PENAL E PROCESSUAL PENAL. RECURSO ESPECIAL. ROUBO, DESACATO E RESISTÊNCIA. APELAÇÃO CRIMINAL. EFEITO DEVOLUTIVO AMPLO. SUPRESSÃO DE INSTÂNCIA. NÃO OCORRÊNCIA. ROUBO. PRINCÍPIO DA INSIGNIFICÂNCIA. INAPLICABILIDADE. DESCLASSIFICAÇÃO DO CRIME DE ROUBO PARA O DE CONSTRANGIMENTO ILEGAL. AUSÊNCIA DE FUNDAMENTAÇÃO. SÚMULA 284/STF. TEMA NÃO PREQUESTIONADO. SÚMULAS 282 E 356 DO STF.

---

8 EMPÓRIO DO DIREITO.COM.BR. "Desacato não é crime, diz juiz em Controle de Convencionalidade". *Empório do Direito*, 21 mar. 2015. Disponível em: https://emporiododireito.com.br/leitura/desacato-nao-e-crime-diz-juiz-em-controle-de-convencionalidade. Acessado em: 22.04.2025.

> DESACATO. INCOMPATIBILIDADE DO TIPO PENAL COM A CONVENÇÃO AMERICANA DE DIREITOS HUMANOS. CONTROLE DE CONVENCIONALIDADE.
>
> (...)
>
> 10. A Comissão Interamericana de Direitos Humanos – CIDH já se manifestou no sentido de que as leis de desacato se prestam ao abuso, como meio para silenciar ideias e opiniões consideradas incômodas pelo establishment, bem assim proporcionam maior nível de proteção aos agentes do Estado do que aos particulares, em contravenção aos princípios democrático e igualitário.
>
> 11. A adesão ao Pacto de São José significa a transposição, para a ordem jurídica interna, de critérios recíprocos de interpretação, sob pena de negação da universalidade dos valores insertos nos direitos fundamentais internacionalmente reconhecidos. Assim, o método hermenêutico mais adequado à concretização da liberdade de expressão reside no postulado *pro homine*, composto de dois princípios de proteção de direitos: a dignidade da pessoa humana e a prevalência dos direitos humanos.
>
> 12. A criminalização do desacato está na contramão do humanismo, porque ressalta a preponderância do Estado – personificado em seus agentes – sobre o indivíduo.
>
> 13. A existência de tal normativo em nosso ordenamento jurídico é anacrônica, pois traduz desigualdade entre funcionários e particulares, o que é inaceitável no Estado Democrático de Direito (...).

A decisão, todavia, acabou superada, pelo acórdão da Terceira Seção do mesmo Superior Tribunal de Justiça, em sentido contrário privilegiando uma análise crua da jurisprudência da Corte IDH e a ausência de vinculação dos atos da Comissão:[9]

---

[9] STJ, HC 379.269, Rel. Min. Antônio Saldanha, julgado em 24/05/2017.

DIREITO À LIBERDADE DE EXPRESSÃO QUE NÃO SE REVELA ABSOLUTO. CONTROLE DE CONVENCIONALIDADE. INEXISTÊNCIA DE DECISÃO PROFERIDA PELA CORTE (IDH). ATOS EXPEDIDOS PELA COMISSÃO INTERAMERICANA DE DIREITOS HUMANOS (CIDH). AUSÊNCIA DE FORÇA VINCULANTE.

A decisão ignorava, pois, a força das recomendações da CIDH e o princípio da boa-fé, exposto no caso *Loayza Tamayo vs. Peru*: Estados não podem ignorar as decisões da Comissão Interamericana somente porque elas são chamadas de recomendações, pois o artigo 33 da Convenção Americana dispõe que a CIDH é um órgão competente junto com a Corte "para conhecer dos assuntos relacionados com o cumprimento dos compromissos contraídos pelos Estados-partes", pelo que, ao ratificar a referida Convenção, os Estados-partes comprometem-se a atender as recomendações aprovadas pela Comissão nos seus relatórios.[10]

Até que, por fim, o STF julgou a ADPF 496 e por larga maioria sacramentou a convencionalidade do tipo de desacato, basicamente com os mesmos fundamentos. Mas a questão de fundo não se encerra de todo com o acórdão do STF, sobretudo, pelas observações

---

10 Como afirmamos em SEMER, Marcelo; SEMER, Júlia Fernandes. "A Convenção Americana no TJSP: desafios da internalização". *In*: ZILLI Marcos; BALDANI, Thiago. *As novas fronteiras do Direito Penal*: escritos em homenagem a Sylvia Steiner. Belo Horizonte: D'Plácido, 2022: "entre os princípios de aplicação do controle de convencionalidade, citados por Paiva e Heemann, a proteção internacionalista, na consideração de que a interpretação deve ser feita tendo em vista as demais normas do 'bloco de convencionalidade'. Ou seja, as normas internacionais não se encontram isoladas, elas fazem parte de um sistema integrado, de modo que, ao se consultar uma norma, o intérprete deve se atentar para as demais normas ao redor desta que a expendem e regulam. Indispensável, dessa forma, que o juiz nacional tenha conhecimento da interpretação emitida pela Corte, uma vez que se cada Estado seguir uma interpretação conforme seu ordenamento interno, diversos significados surgiriam para o mesmo tema".

impostas pelo Relator Ministro Luís Roberto Barroso – observações que se aplicam, justamente, nos casos mais comuns de desacato (nervosismo do agente, em face da ação do policial, que não chega a ser interrompida).

> 58. **Como já referido anteriormente, os agentes públicos em geral estão mais expostos ao escrutínio e à crítica dos cidadãos, devendo demonstrar maior tolerância à reprovação e à insatisfação, sobretudo em situações em que se verifica uma tensão entre o agente público e o particular.** Devem ser relevados, portanto, eventuais excessos na expressão da discordância, indignação ou revolta com a qualidade do serviço prestado ou com a atuação do funcionário público.
>
> 59. Assim, **o tipo penal do art. 331 do Código Penal deve ser interpretado restritivamente, a fim de evitar a aplicação de punições injustas e desarrazoadas.**
>
> (...)
>
> 62. Em suma, **o tipo penal deve ser limitado a casos graves e evidentes de menosprezo** à função pública, como a prolação de ofensa grosseira e exagerada ao agente de trânsito que, no cumprimento de seu dever, procura realizar testes de alcoolemia; o rasgamento de mandado judicial entregue pelo oficial de justiça; o desferimento de tapa em funcionário público que procura cumprir seu dever etc. E, ainda assim, normalmente sujeitará o seu autor a medidas despenalizadoras ou a penas restritivas de direitos (grifos nossos).

A despeito de compreender que o tipo penal se adequa à Convenção Americana, o Ministro Luís Roberto Barroso impõe uma série de interpretações restritivas, desde a efetiva presença do desacatado, a ação em exercício de função pública, e que os próprios agentes públicos devem estar cientes de estarem "mais expostos ao escrutínio e à crítica dos cidadãos" – escrutínio, aliás, que deveria ser exigido também dos juízes ao ouvi-los.

No acórdão do HC 598.951, da Sexta Turma do STJ, Relator Ministro Rogério Schietti Cruz, que serviu de paradigma à compreensão da legalidade da violação de domicílio, reproduz-se de certa forma o sentido desta inversão de ônus: é a polícia – e consequentemente a acusação – que deve demonstrar a licitude da entrada forçada, para que a prova dela decorrente possa ser aproveitada.

> *HABEAS CORPUS*. TRÁFICO DE DROGAS. FLAGRANTE. DOMICÍLIO COMO EXPRESSÃO DO DIREITO À INTIMIDADE. ASILO INVIOLÁVEL. EXCEÇÕES CONSTITUCIONAIS. INTERPRETAÇÃO RESTRITIVA. INGRESSO NO DOMICÍLIO. EXIGÊNCIA DE JUSTA CAUSA (FUNDADA SUSPEITA). CONSENTIMENTO DO MORADOR. REQUISITOS DE VALIDADE. ÔNUS ESTATAL DE COMPROVAR A VOLUNTARIEDADE DO CONSENTIMENTO. NECESSIDADE DE DOCUMENTAÇÃO E REGISTRO AUDIOVISUAL DA DILIGÊNCIA. NULIDADE DAS PROVAS OBTIDAS. TEORIA DOS FRUTOS DA ÁRVORE ENVENENADA. PROVA NULA. ABSOLVIÇÃO. ORDEM CONCEDIDA.
>
> (...).

É até por isso que o acórdão foi recheado de dados criminológicos, mostrando que o abuso é mais regra que exceção, sobretudo quando se dirige a habitações vulneráveis:

> São frequentes e notórias as notícias de abusos cometidos em operações e diligências policiais, quer em abordagens individuais, quer em intervenções realizadas em comunidades dos grandes centros urbanos. É, portanto, ingenuidade, academicismo e desconexão com a realidade conferir, em tais situações, valor absoluto ao depoimento daqueles que são, precisamente, os apontados responsáveis pelos atos abusivos. E, em um país conhecido por suas práticas autoritárias – não apenas históricas, mas atuais –, a aceitação desse comportamento compromete a necessária aquisição de uma cultura

> democrática de respeito aos direitos fundamentais de todos, independentemente de posição social, condição financeira, profissão, local da moradia, cor da pele ou raça.[11]

A pesquisa recente do Ipea viria a confirmar integralmente esse relato intuitivo acerca da seletividade policial. Conforme o relatório *Entrada em domicílio em caso de crimes de drogas: geolocalização e análise quantitativa*,[12] 84,7% das entradas forçadas ocorreram em bairros predominantemente ocupados por pessoas negras e 91,2% ocorreram em bairros com renda de até um salário-mínimo. Apenas seis entradas (1,9%) ocorreram em bairros com renda de cinco a dez salários-mínimos, metade das quais foram entradas respaldadas por autorização judicial. Não houve nenhum registro de entrada domiciliar em bairros com renda superior a dez salários-mínimos, donde se concluiu que:

> (...) em se tratando de policiamento em domicílios no contexto da política de drogas, existe uma seletividade sociorracial e geográfica nas entradas em domicílio. Bairros de maior renda e predominantemente ocupados por pessoas brancas estão significativamente menos sujeitos a incursões policiais domiciliares, enquanto bairros de menor renda e predominantemente ocupados por pessoas negras são os alvos dessa espécie de ação policial.[13]

---

11 STJ, HC 598051/SP, Sexta Turma, julgado em 02/03/2021.

12 GARCIA, Rafael de Deus *et al. Entrada em domicílio em caso de crimes de drogas*: geolocalização e análise quantitativa de dados a partir de processos dos Tribunais da Justiça estadual brasileira. Rio de Janeiro: Ipea, 2023. (Texto para Discussão, 2946). Disponível em: https://repositorio.ipea.gov.br/bitstream/11058/12728/1/TD_2946_web.pdf. Acessado em: 22.04.2025.

13 GARCIA, Rafael de Deus *et al. Entrada em domicílio em caso de crimes de drogas*: geolocalização e análise quantitativa de dados a partir de processos dos Tribunais da Justiça estadual brasileira. Rio de Janeiro: Ipea, 2023. (Texto para Discussão, 2946). Disponível em: https://

A decisão do STJ ainda determinaria a necessidade de registro das abordagens para comprovação de eventual consentimento dos moradores à entrada, de preferência com a filmagem das operações. O fato de que um consentimento por escrito seja sugerido e, ademais, uma filmagem realizada, é sinal de que já não está diante da autoridade suprema de que se revestia a palavra do policial.

A ideia que percorre a concepção de excesso no valor da autoridade, no questionamento de suas premissas, começam a ser referências na jurisprudência, sobretudo na mais recente que vem se consolidando no STJ, seja em relação às buscas imotivadas, as violações de domicílio, as fragilidades do reconhecimento fotográfico e de pessoas, e a suficiência da palavra isolada do agente como mecanismo de prova – todas vinculadas, em suma, ao controle judicial da prova penal como um atributo indispensável da função do juiz. Uma pena que as decisões não estejam ainda incluídas na cultura das instâncias inferiores, quando não são esvaziadas pelo próprio STF. A parte da decisão que determinava que as polícias se preparassem para gravar todas as ocorrências, por exemplo, foi mutilada em decisão monocrática pelo Ministro Alexandre de Moraes (RE 1.342.077), excluindo tais obrigações à polícia, por entender abusivas partindo de outro poder, muito embora elas tenham sido impostas, ainda em maior volume, na ADPF 635, conhecida como ADPF das Favelas.

Centrando foco na palavra dos policiais, nos elementos exíguos do inquérito que são repetidos em juízo, constata-se a quase inexistência de atividade investigatória – crimes como tráfico de drogas são basicamente objeto de prisão em flagrante pelo patrulhamento da Polícia Militar.[14]

---

repositorio.ipea.gov.br/bitstream/11058/12728/1/TD_2946_web.pdf. Acessado em: 22.04.2025.

14 Conforme apuramos em SEMER, Marcelo. *Sentenciando tráfico*: o papel dos juízes no grande encarceramento. 4ª ed. São Paulo: Tirant lo Blanch, 2024.

O resultado dessa opção preferencial pelo patrulhamento, que decorre não apenas mas também das facilidades promovidas pela zona de conforto, é a extrema seletividade que se verifica nos processos criminais. Quando a tônica da prisão se concentra no patrulhamento, importa saber quem a polícia aborda. Os dados presentes na pesquisa de Jéssica da Mata (*A política do enquadro*) são impactantes, tanto na aguda sobrerrepresentação das abordagens de PMs sobre jovens negros quanto na proporção de apenas 1% de eficácia (abordagens que viram flagrantes). Ou seja, nem se pode dizer que a sobrerrepresentação tem relação com maior prática de crimes, porque as abordagens quase não resultam em processos.[15]

E o corte racial se mantém nas abordagens não apenas pela ação policial, mas porque os juízes também raramente exigem parâmetros concretos e objetivos para dar por cumprida a aplicação do artigo 244 do Código de Processo Penal, que impõe fundadas suspeitas para legalizar tais abordagens.

As "atitudes suspeitas" continuam sendo o mote preferencial das abordagens, uma espécie de *expertise* não sindicável por meio da qual trafega livremente toda sorte de preconceito. Não à toa, os dados revelados em diversas pesquisas sobre a abordagem preferencial de jovens negros mostram que a ação acaba resultando em processos majoritariamente dirigidos a jovens negros.[16]

Como em outras questões aqui já mencionadas, também em relação à ilegalidade da busca imotivada, aquela que não reúne suficiente *standard* probatório para justificar a abordagem foi assentada em acórdão do Superior Tribunal de Justiça. Falamos aqui do

---

15 MATA, Jéssica da. *A política do enquadro*. São Paulo: Revista dos Tribunais, 2021.

16 SEMER, Marcelo. "A guerra às drogas é uma guerra contra jovens negros". *Le monde Diplomatique Brasil*, 26 set. 2023. Disponível em: https://diplomatique.org.br/a-guerra-as-drogas-e-uma-guerra-contra-jovens-negros/. Acessado em: 22.04.2025.

Recurso em *Habeas Corpus* 158.580, proferido pela Sexta Turma (relatoria do Ministro Rogério Schietti Cruz), com fundamento em jurisprudência da Corte Interamericana de Direitos Humanos. No caso *Fernandez Prieto e Tumbeiro vs. Argentina*, a Corte-IDH havia reconhecido que, ante a ausência de elementos objetivos, a mera classificação de conduta como suspeita, ou de uma reação como nervosa, obedece apenas a convicções pessoais de agentes e práticas de corpos de segurança, arbitrariedade incompatível com o artigo 7.3 da Convenção Americana de Direitos Humanos (ninguém pode ser submetido a detenção ou encarceramento arbitrários).

No caso brasileiro, o STJ reconheceu que "(...) guarnição policial se deparou com indivíduo desconhecido em 'atitude suspeita' e, ao abordá-lo e revistar sua mochila, encontrou porções de maconha e cocaína. Não foi apresentada justificativa concreta para a revista" – ou seja, praticando-se uma detenção arbitrária.

No STF, a questão foi identificada pelo tema de "perfilamento racial", a preferência disparada pelo preconceito, nos desvãos das subjetividades policiais. O voto do Ministro Edson Fachin no HC 208.240 é um paradigma desse reconhecimento, abordando os dois lados da questão: a necessidade de elementos concretos para justificar uma abordagem e o manto de preconceito racial que a subjetividade admite. O tirocínio policial deve ser excluído como justificativa, porque não só não é concreto, como tampouco sindicável. A tese que sai do julgamento, no entanto, para no meio do caminho. Aponta a necessidade de elementos objetivos e repele o perfilamento expresso baseado em raça, sexo e outros marcadores. Mas não avança, como poderia, para desde logo espancar a mera suspeita ou o nervosismo como motor da busca:

> A busca pessoal, independentemente de mandado judicial, deve estar fundada em elementos indiciários objetivos de que a pessoa esteja na posse de arma proibida, ou de objetos, ou papeis que constituam corpo de delito, não sendo lícita

> a realização da medida com base na raça, sexo, orientação sexual, cor da pele, ou aparência física.

O ceticismo quanto à eficácia da tese pode ser medido pelo resultado do próprio *Habeas Corpus*, ao final denegado por maioria – entendeu-se não ter havido qualquer questão que tangenciasse o perfilamento racial, levantado, inicialmente, no voto vencido do Relator Ministro Sebastião Reis Júnior no STJ.

A força da presunção na palavra da polícia e nos elementos de inquérito são ainda mais expressivos pelo salvo-conduto que o livre convencimento autoriza: o juiz é livre para recolher dos autos as provas que o convençam, desde que fundamente suas opções. E essa é uma porta aberta sem restrições ao aproveitamento dos elementos de inquérito, inclusive para fundamentar condenações.

Escrevendo sobre os limites do livre convencimento, Clarissa Guedes afirma em sentido rigorosamente contrário:

> Afigura-nos, com efeito, que o aproveitamento, pela sentença de mérito, dos elementos resultantes do inquérito, viola o princípio da judicialidade da prova penal, bem como a necessidade de observância do contraditório no momento da formação da prova. Por tal razão, a não ser nos casos de impossibilidade de reprodução da "prova", mostra inconcebível a utilização, como fundamento da sentença penal condenatória, das informações obtidas no inquérito, seja do próprio processo sentenciado, seja, ainda, de processo distinto.[17]

No final das contas, o que se tem é que o confronto de versões acaba sempre sendo inviável – uma vez que a prova é hierarquizada desde a origem. Entre a presunção de veracidade e o direito de

---

17 GUEDES, Clarissa Diniz. *Persuasão racional e limitações probatórias*: enfoque comparativo entre processo civil e penal. São Paulo: USP, 2013. (Tese de Doutorado).

mentir não há balanceamento possível. E se não há balanceamento, tampouco pode existir a dúvida. Não é que o *in dubio pro reu* seja expressamente desprezado – mas na medida em que a hierarquização dos depoimentos se impõe, produz um fosso, no qual a dúvida jamais aparecerá.

Questão relevante nesse sentido é o da denominada injustiça epistêmica, cujos primeiros delineamentos foram produzidos por Miranda Fricker, ao constatar que, em determinadas sociedades profundamente hierarquizadas, a depoimentos de pessoas marginalizadas podem ser concedidas menos relevância[18] – uma faceta não explícita da discriminação que envolvia o próprio regime de provas legais, no medievo. Assim mulheres, negros, moradores de rua, usuários de droga prestam testemunhos aos quais não se dá a mesma valia – esse déficit de credibilidade é essencial na análise da prova; no Direito norte-americano, sobretudo, pelos jurados. Mas não há uma diferença muito profunda, quando os depoimentos são submetidos aos próprios juízes.

Uma complementação crítica da teoria vem com Jennifer Lackey, que acrescentou a ideia de que o excesso de credibilidade também seria causa de uma injustiça epistêmica testemunhal.

Lackey vai se referir, por exemplo, a falsas confissões (obtidas por coerção ou manipuladas), as quais terão excesso de credibilidade nos julgamentos, seja porque a confissão continua sendo um "padrão ouro" na prova (torna supérfluos os demais elementos), seja porque a retratação é muito menos considerada: "(...) quando o testemunho extraído de um eu que confessa é epistemicamente privilegiado em

18 MATIDA, Janaina; HERDY, Rachel; NARDELLI, Marcela Mascarenhas. "A injustiça epistêmica está oficialmente em pauta". *Consultor Jurídico*, 4 mar. 2022, p. 17. Disponível em: https://www.conjur.com.br/2022-mar-04/limite-penal-injustica-epistemica-oficialmente-pauta/. Acessado em: 22.04.2025.

relação a um eu que se retrata, isso resulta em um excesso injustificado de credibilidade concedido ao confessor".[19]

Mesmo que, como explica, o réu possa ter confessado uma única vez a agentes policiais e se retratado em todas as demais oportunidades. Isso, aliás, é até mais fácil de ser explicado no sistema inquisitório, no qual a obtenção da confissão sempre foi a peça de resistência da persecução. E o fato de que, como vimos, também entre nós, a confissão, ainda que informal, tem mais valia que a retratação no contraditório, é justamente porque a obtenção da verdade prescinde de intermediários, dialética, enfim, de contraditório.

Julgando um agravo em recurso especial, a Terceira Seção do STJ aprofundou a questão acerca da confissão extrajudicial, segundo o Relator Ministro Ribeiro Dantas, umbilicalmente ligada à violência policial, restringindo fortemente as possibilidades de sua aplicação.[20] Resta ver o quanto a decisão vai se introjetar nas instâncias inferiores.

De volta à injustiça epistêmica, o excesso de credibilidade é facilmente perceptível nas confissões e no reconhecimento pessoal (mesmo quando coalhado de sugestionamento), mas também como acrescenta Lackey em relação a especialistas ou autoridades:

---

19 LACKEY, Jennifer. *Injustiça testemunhal criminal*. Trad. Breno Santos e Janaina Matida. São Paulo: Marcial Pons, 2024, p. 28.

20 AgResp 2123334, Rel. Min. Ribeiro Dantas. Teses aprovadas: a) confissão extrajudicial somente será admissível no processo judicial se feita formalmente e de maneira documentada, dentro de um estabelecimento estatal público e oficial. Tais garantias não podem ser renunciadas pelo interrogado e, se alguma delas não for cumprida, a prova será inadmissível. A inadmissibilidade permanece mesmo que a acusação tente introduzir a confissão extrajudicial no processo por outros meios de prova (por exemplo, o testemunho do policial que a colheu); b) confissão extrajudicial admissível pode servir apenas como meio de obtenção de provas, indicando à polícia ou ao MP possíveis fontes de provas na investigação, mas não pode embasar a sentença condenatória; c) confissão judicial, em princípio, é, obviamente, lícita. Todavia, para a condenação, apenas será considerada a confissão que encontre algum sustento nas demais provas, tudo à luz do artigo 197 do CPP.

> (...) excessos injustificados de credibilidade são frequentemente concedidos a policiais e promotores sobre suspeitos e réus, não necessariamente por causa de qualquer tipo de *expertise*, mas simplesmente em virtude de seu *status* social como figuras de autoridade.[21]

A questão foi abordada no julgamento do AgResp 1940.381, sob a relatoria do Ministro Ribeiro Dantas, chamando a atenção, especificamente, ao item 7 da ementa:[22]

> Mesmo sem a produção de nenhuma prova direta sobre os fatos por parte da acusação, a tese da legítima defesa apresentada pelo réu foi ignorada. Evidente injustiça epistêmica – cometida contra um jovem pobre, em situação de rua, sem educação formal e que se tornou pai na adolescência – pela simples desconsideração da narrativa do apresentado.

No recente Recurso Especial 2.037.491, sob a relatoria do Ministro Rogério Schietti Cruz, a questão foi ainda mais aprofundada, observando no que cabe à sua ementa:

> 5. O raciocínio enviesado que concedeu inequívoco valor de verdade à palavra dos policiais e que interpretou a negativa do acusado em juízo como mentira, teve o silêncio do réu em sede policial como ponto de partida. A instância de segundo grau erroneamente preencheu o silêncio do réu com palavras que ele pode nunca ter enunciado, já que, do ponto de vista

---

21 LACKEY, Jennifer. *Injustiça testemunhal criminal*. Trad. Breno Santos e Janaina Matida. São Paulo: Marcial Pons, 2024, p. 51.

22 Analisado por MATIDA, Janaina; HERDY, Rachel; NARDELLI, Marcela Mascarenhas. "A injustiça epistêmica está oficialmente em pauta". *Consultor Jurídico*, 4 mar. 2022, p. 17. Disponível em: https://www.conjur.com.br/2022-mar-04/limite-penal-injustica-epistemica-oficialmente-pauta/. Acessado em: 22.04.2025.

processual-probatório, tem-se apenas o que os policiais afirmaram haver escutado, em modo informal, ainda no local do fato.

6. Decidiu o Tribunal estadual, então, que, se de um lado havia razões para crer que o réu mentia em juízo, de outro, estavam os desembargadores julgadores autorizados a acreditar que os policiais é que traziam relatos correspondentes à realidade, ao afirmarem: 1) que avistaram o acusado descartando as drogas que foram encontradas no chão, 2) que a balança de precisão que estava no interior de um carro abandonado seria do acusado e, adicionalmente, 3) que ainda na cena do crime, o recorrente haveria confessado informalmente que, sim, traficava. Essa narrativa toma como verídica uma situação em que o investigado ofereceu àqueles policiais, desembaraçadamente, a verdade dos fatos, em retribuição à empatia com que fora tratado por eles; como se houvesse confidenciado um segredo a novos amigos, e não confessado a prática de um delito a agentes da lei. Com a devida vênia, esta sim é uma hipótese implausível. Se é que de fato o acusado confirmou para os policiais que traficava por passar por dificuldades financeiras, é ingenuidade supor que o tenha feito em cenário totalmente livre da mais mínima injusta pressão.

7. Para o que importa à análise do presente caso, são oportunas as reflexões relativas às chamadas injustiças epistêmicas. Conforme nos ensinam os seus estudiosos, sociedades marcadas por preconceitos identitários – como, aliás, é o caso da sociedade brasileira – acabam por apresentar trocas comunicativas injustas. Por vezes, a pessoa deixa de ser considerada enquanto sujeito capaz de conhecer o mundo adequadamente pelo simples fato de ser quem é. Sobre essas situações, Miranda Fricker explica que se comete uma injustiça epistêmica testemunhal quando um ouvinte reduz a credibilidade do relato oferecido por um falante por ter, contra ele, ainda que não de forma consciente e deliberada, algum(s) preconceito(s) identitário(s) (FRICKER, Miranda. *Epistemic Injustice*: Power and the ethics of knowing. Oxford: Oxford University Press, 2007). Negros

> em sociedades racistas, mulheres e pessoas LGBTQIA+ em sociedades machistas, pessoas com deficiência em sociedades capacitistas são alguns exemplos de vítimas sistemáticas de injustiça epistêmica testemunhal. Indivíduos provenientes de grupos sociais vulnerabilizados têm de enfrentar o peso dessa realidade opressora nos mais diversos contextos, inclusive no contexto da justiça criminal.

São fagulhas a nos indicar que existe alguma controvérsia sobre essa concepção absoluta da palavra da polícia como paradigma da verdade, mas a jurisprudência do STJ nem atinge de forma integral às instâncias inferiores, nem sobrevive aos solavancos das análises nem sempre constitucionais do STF.

Os reconhecimentos irrituais, a presunção de veracidade e o amplo aproveitamento dos elementos de inquérito continuam sendo importantes corolários da irrestrita busca da verdade real. Mas essa busca incessante da verdade parece ter seu limite na fiscalização da própria letalidade policial.

Em *Indignos de vida*, Orlando Zaccone nos lega uma importante pista acerca da apatia investigatória de promotores de justiça cariocas em relação a inquéritos por homicídios decorrentes da atividade policial. Costumeiramente assertivos e persecutórios, desempenham perfil bem diverso quando em jogo homicídios praticados por policiais contra supostos criminosos. Poucas diligências, manifestações modelos, ausências de análise fática, presunção quase absoluta da legítima defesa sempre que a vítima está no rol dos *matáveis*: marginais, habitantes de favelas, pontos de negócios com drogas, portadores de maus antecedentes criminais, traficantes. Em resumo, o fiscal da lei simplesmente a abandona quando em questão a higidez da polícia, como mostra a seguinte passagem de uma promoção de arquivamento, citada no livro:

> Aqueles que jamais subiram morros, favelas ou sequer conhecem de perto os antros frequentados por marginais, e que se enclausuram em seus gabinetes sem que nunca tenham

> participado de tiroteio, seja no estrito cumprimento do dever legal ou também em legítima defesa, não devem se apegar com antolhos ao texto gélido da lei, distante do calor dos acontecimentos e a salvo de gravíssimos riscos, na busca do enfraquecimento ou do desestímulo das atividades de Polícia Judiciária, em toda a sua plenitude legal.[23]

O texto gélido da lei, base da mesma lei e ordem que a ação policial supostamente representaria, no caso, deve ser atenuado. Afinal, o "calor dos acontecimentos" e os "gravíssimos riscos" enfrentados pelos policiais de certo justificam a morte.

Não destoa nada da Exposição de Motivos da Lei n. 13.964/19 com que o ex-Ministro da Justiça Sérgio Moro pretendeu justificar, como peça principal de um projeto supostamente "anticrime", justamente o alargamento da exclusão de ilicitude quando a vítima da ação policial vem a ser um morador de favela:

> O agente policial está permanentemente sob risco, inclusive porque, não raramente, atua em comunidades sem urbanização, com vias estreitas e residências contíguas. É comum, também, que não tenha possibilidade de distinguir pessoas de bem dos meliantes. Por tais motivos, é preciso dar-lhe proteção legal, a fim de que não tenhamos uma legião de intimidados pelo receio e dificuldades de submeter-se a julgamento em Juízo ou no Tribunal do Júri, que acabem se tornando descrentes e indiferentes, meros burocratas da segurança pública. As alterações propostas, portanto, visam dar equilíbrio às relações entre o combate à criminalidade e (*sic*) à cidadania.

---

23 ZACCONE, Orlando. *Indignos de vida*: a desconstrução do poder punitivo. Rio de Janeiro: Revan, 2015, p. 155.

Mais recentemente, impactaram os dados da pesquisa efetuada por Débora Nachmanovitz de Lima,[24] em dissertação apresentada na Faculdade de Direito da Universidade de São Paulo: do montante de homicídios praticados por agentes policiais na cidade de São Paulo, nem 2% chegam a resultar em condenações no Tribunal do Júri. Ou seja, de 1.224 casos, apenas 122 receberam denúncia; destes, 60 foram pronunciados, resultando, ao final, em 20 condenações.[25]

Por outro lado, das 20 condenações, apenas 4 seriam casos de supostos confrontos com suspeitos (que representaram a maior parte das absolvições sumárias, impronúncias e absolvições no júri), autorizando a concluir que "são raras as condenações de policiais em casos de efetivo confronto com suspeitos ou criminosos, sugerindo que os jurados também são, de alguma forma, coniventes com a morte de 'bandidos'".[26]

O alto índice de arquivamentos, segundo a autora, não pode ser integralmente atribuído à adesão do Ministério Público à violência policial, posto que em muitos casos o inquérito é apresentado com uma exiguidade de provas. Todavia, reconhece, que o mesmo *standard* probatório não é exigido "para a criminalização secundária, imposta preferencialmente sobre a população pobre, especialmente em acusações de crimes patrimoniais e tráfico de entorpecentes".[27]

24 LIMA, Débora Nachmanowiz de. *Assim o prometo, um retrato sobre os jurados e o julgamento de policiais militares no Tribunal do Júri em SP*. São Paulo: USP, 2024. (Dissertação de Mestrado).

25 LIMA, Débora Nachmanowiz de. *Assim o prometo, um retrato sobre os jurados e o julgamento de policiais militares no Tribunal do Júri em SP*. São Paulo: USP, 2024, p. 111.

26 LIMA, Débora Nachmanowiz de. *Assim o prometo, um retrato sobre os jurados e o julgamento de policiais militares no Tribunal do Júri em SP*. São Paulo: USP, 2024, p. 114.

27 LIMA, Débora Nachmanowiz de. *Assim o prometo, um retrato sobre os jurados e o julgamento de policiais militares no Tribunal do Júri em SP*. São Paulo: USP, 2024, p. 111.

Enfim, como todas as seletividades inerentes ao sistema penal, a busca da verdade real também tem os seus limites nesse conflito macabro de interesses. Porque, afinal de contas, como vimos com a pesquisa de Jesus e mesmo com os dados que expusemos do *Sentenciando tráfico* e aqueles indicados na pesquisa do Ipea, polícia e verdade são partes integrantes da mesma frase – mais inquisitivo do que isso só mesmo a própria Inquisição.

No fim das contas, o que o sistema que tanto diz buscar a verdade assegura mesmo é uma boa presunção.

Referências bibliográficas

CASARA, Rubens R. R. *Mitologia processual penal*. São Paulo: Saraiva, 2015.

COUTINHO, Jacinto Nelson de Miranda. "Sistema acusatório: cada parte no lugar constitucionalmente demarcado". *Revista de Informação Legislativa*, Senado Federal, vol. 46, nº 183, jul./set. 2009.

EMPÓRIO DO DIREITO.COM.BR. "Desacato não é crime, diz juiz em Controle de Convencionalidade". *Empório do Direito*, 21 mar. 2015. Disponível em: https://emporiododireito.com.br/leitura/desacato-nao-e-crime-diz-juiz-em-controle-de-convencionalidade. Acessado em: 22.04.2025.

FRICKER, Miranda. *Injustiça epistêmica*: o poder e a ética do conhecimento. Trad. Breno Santos. São Paulo: Edusp, 2023.

GUEDES, Clarissa Diniz. *Persuasão racional e limitações probatórias*: enfoque comparativo entre processo civil e penal. São Paulo: USP, 2013. (Tese de Doutorado).

INSTITUTO DE PESQUISA ECONÔMICA APLICADA. *Perfil do processado e produção de provas nas ações criminais por tráfico de drogas*: relatório analítico nacional dos Tribunais Estaduais de Justiça comum. Brasília: Ipea, 2023. Disponível em: https://repositorio.ipea.gov.br/bitstream/11058/12376/1/RI_Perfil_producao_provas.pdf. Acessado em: 22.04.2025.

GARCIA, Rafael de Deus *et al*. *Entrada em domicílio em caso de crimes de drogas*: geolocalização e análise quantitativa de dados a partir de processos dos Tribunais da Justiça estadual brasileira. Rio de Janeiro: Ipea, 2023. (Texto para Discussão, 2946). Disponível em: https://repositorio.ipea.gov.br/bitstream/11058/12728/1/TD_2946_web.pdf. Acessado em: 22.04.2025.

JESUS, Maria Gorete Marques de. *A verdade jurídica nos processos de tráfico de drogas*. Belo Horizonte: D'Plácido, 2018.

JUSTEN FILHO, Marçal. *Curso de Direito Administrativo*. São Paulo: Revista dos Tribunais, 2015.

LACKEY, Jennifer. *Injustiça testemunhal criminal*. Trad. Breno Santos e Janaina Matida. São Paulo: Marcial Pons, 2024.

LIMA, Débora Nachmanowiz de. *Assim o prometo, um retrato sobre os jurados e o julgamento de policiais militares no Tribunal do Júri em SP*. São Paulo: USP, 2024. (Dissertação de Mestrado).

MATA, Jéssica da. *A política do enquadro*. São Paulo: Revista dos Tribunais, 2021.

MATIDA, Janaina; HERDY, Rachel; NARDELLI, Marcela Mascarenhas. "A injustiça epistêmica está oficialmente em pauta". *Consultor Jurídico*, 4 mar. 2022. Disponível em: https://www.conjur.com.br/2022-mar-04/limite-penal-injustica-epistemica-oficialmente-pauta/. Acessado em: 22.04.2025.

SEMER, Marcelo. *Sentenciando tráfico*: o papel dos juízes no grande encarceramento. 4ª ed. São Paulo: Tirant lo Blanch, 2024.

______. "A guerra às drogas é uma guerra contra jovens negros". *Le monde Diplomatique Brasil*, 26 set. 2023. Disponível em: https://diplomatique.org.br/a-guerra-as-drogas-e-uma-guerra-contra-jovens-negros/. Acessado em: 22.04.2025.

SEMER, Marcelo; SEMER, Júlia Fernandes. "A Convenção Americana no TJSP: desafios da internalização". *In*: ZILLI Marcos; BALDANI, Thiago. *As novas fronteiras do Direito Penal*: escritos em homenagem a Sylvia Steiner. Belo Horizonte: D'Plácido, 2022.

ZACCONE, Orlando. *Indignos de vida*: a desconstrução do poder punitivo. Rio de Janeiro: Revan, 2015.

CAPÍTULO XXIV

O LABIRINTO DO SISTEMA PENAL E A VOZ DE RUBENS CASARA

MÁRCIA DINIS

No labirinto kafkiano do sistema penal brasileiro, surge uma voz que brilha como um farol de lucidez e humanidade: Rubens Casara. Nascido e criado no Rio de Janeiro, uma cidade marcada por abismos sociais, Casara é um intelectual que personifica o compromisso com a transformação da realidade. Longe de se contentar com a mera análise teórica, ele empunha a pena como arma para desconstruir os dogmas que perpetuam a injustiça e para iluminar os caminhos da emancipação.

A trajetória de Casara, que o conduziu dos bancos acadêmicos da Universidade Cândido Mendes aos corredores do Tribunal de Justiça do Rio de Janeiro, revela um intelectual engajado. Em cada etapa desse percurso, que incluiu passagem pela Defensoria Pública e um pós-doutorado na Université Paris Nanterre, ele forjou uma visão crítica aguçada do sistema punitivo, munindo-se de ferramentas teóricas e empíricas para desvendar os mecanismos de poder que sustentam a desigualdade e a opressão. Tal qual um Virgílio contemporâneo, Casara guia seus leitores pelos círculos infernais do sistema penal, expondo as entranhas de uma estrutura que, à semelhança de um Minotauro faminto, devora os mais vulneráveis em um emaranhado de leis e procedimentos.

Evocando a profundidade psicológica de Raskólnikov, o atormentado protagonista de *Crime e castigo*, de Dostoiévski, Casara mergulha nas profundezas da psique humana e nas complexidades do sistema judicial, buscando compreender as raízes do crime e da punição. Destacando-se como uma das vozes mais impactantes e necessárias no cenário da Criminologia e do Direito Penal contemporâneo no Brasil, a atuação multifacetada – como juiz de Direito, professor, escritor, palestrante e pensador crítico – revela um intelectual profundamente comprometido com a justiça social, a defesa intransigente dos direitos humanos e a desconstrução de paradigmas opressivos que permeiam o sistema penal.

Sua produção intelectual transcende os limites tradicionais do Direito, sendo interdisciplinar e dialogando com a filosofia, a sociologia, a psicologia e outras áreas do conhecimento para compreender as raízes da violência, da criminalidade e das desigualdades sociais. Essa perspectiva ampla e humanizada faz dele um dos principais expoentes da Criminologia crítica no país, campo que busca questionar as estruturas de poder e os mecanismos de controle social que perpetuam a exclusão e a marginalização.

Rompendo com as abordagens convencionais, que se limitam a reproduzir o discurso dominante, Casara assume uma postura crítica e engajada, questionando as estruturas de poder e os mecanismos de controle social que sustentam o sistema penal. Sua obra, influenciada pela Teoria Crítica e pela Criminologia Radical, lança luz sobre as desigualdades raciais, de gênero e de classe que permeiam o sistema, revelando como a seletividade penal atua para criminalizar a pobreza e marginalizar os grupos mais vulneráveis da sociedade.

Com rigor teórico e ousadia intelectual, Casara desconstrói as narrativas que naturalizam a violência estatal, revelando como o

Direito Penal é utilizado como instrumento de controle social e de manutenção do *status quo*. Em sua obra *Estado Pós-Democrático*, ele aprofunda sua análise sobre os riscos à democracia, argumentando que os ataques às instituições democráticas representam um risco grave à garantia dos direitos fundamentais. Casara alerta para o que denomina "Estado Pós-democrático", um modelo em que os valores democráticos e os direitos fundamentais são gradualmente esvaziados em favor de uma lógica neoliberal de mercado. Nesse contexto, ele argumenta que o Poder Judiciário deixa de ser o garantidor dos direitos fundamentais para se tornar um regulador das expectativas dos cidadãos, agora reduzidos a meros consumidores.

Na linha preconizada na tese de doutorado de Simone Schreiber, *A publicidade opressiva de julgamentos criminais*, publicada em 2008, Casara chama a atenção para o papel da mídia na formação da opinião pública sobre questões penais. Ele critica o uso de narrativas simplistas que promovem soluções fáceis para problemas complexos, como a ideia de que penas mais severas reduzem a criminalidade. No ensaio "Processo penal do espetáculo", explica que a espetacularização dos julgamentos transforma processos judiciais em entretenimento, criando um ambiente maniqueísta que ilude a população e compromete os direitos de defesa dos acusados. Ele argumenta que o "processo-espetáculo é uma forma de corrupção" que compromete a integridade do sistema judicial.

Por meio de sua obra e atuação, Rubens Casara não apenas analisa, mas desafia e busca transformar a realidade do sistema penal brasileiro. Em coautoria com Juarez Tavares, no livro *Prisão: além do senso comum*, ele aprofunda sua crítica ao encarceramento em massa. Como Dostoiévski em *Crime e castigo*, que explora as profundezas da culpa e da redenção, os autores defendem que o caráter autoritário ou democrático de uma sociedade se reflete em suas políticas prisionais. Eles propõem uma visão humanizada para lidar com a criminalidade, alinhada aos princípios democráticos.

A crítica de Casara ao encarceramento em massa é contundente. Inspirando-se em autores como Michel Foucault e Loïc Wacquant,

Casara demonstra como a prisão se tornou um instrumento seletivo utilizado para neutralizar indivíduos considerados "perigosos" enquanto perpetua desigualdades sociais. Ele denuncia a falácia de que o aumento da população carcerária resulta na diminuição da criminalidade; ao contrário disso, defende que o encarceramento contribui para reproduzir mais exclusão, marginalização e reincidência.

Assim como Kafka "Na colônia penal", Casara expõe as contradições e crueldades do sistema carcerário brasileiro. O autor evidencia como a superlotação carcerária, as condições degradantes e a ausência de políticas ressocializadoras perpetuam ciclos viciosos entre encarceramento e reincidência. Como Angela Davis em *Estarão as prisões obsoletas?*, Casara questiona a legitimidade da prisão como forma exclusiva de punição, defendendo alternativas mais humanas para lidar com a criminalidade.

O criminólogo também se debruça sobre o fenômeno da seletividade penal: uma prática estrutural em que o sistema criminaliza determinados grupos sociais enquanto protege outros. Inspirando-se em autores como Alessandro Baratta e Vera Regina Pereira de Andrade, ele aponta como a seletividade penal se manifesta na criminalização da pobreza, na perseguição aos jovens negros e periféricos e na impunidade dos crimes praticados pelas elites econômicas e políticas. Casara demonstra que o sistema penal, ao invés de promover a igualdade e a justiça, contribui para a reprodução das desigualdades sociais, perpetuando a exclusão e a marginalização dos grupos mais vulneráveis da sociedade.

A contribuição de Casara para o debate sobre a justiça social é inegável. Sua obra convida a reflexão sobre a necessidade de construir um sistema penal mais justo e igualitário, que não se limite a punir os crimes, mas que também se preocupe em promover a inclusão social e a garantia dos direitos humanos. Casara nos mostra que a luta por um sistema penal mais justo é parte integrante da luta por uma sociedade mais democrática.

Ciente de que Jean Valjean, o protagonista de *Os Miseráveis*, de Victor Hugo, que se vê enredado nas malhas de um sistema judicial implacável representa, ainda, nos dias atuais, a grande maioria dos réus, Casara se insurge contra as injustiças de um aparato penal que muitas vezes pune a pobreza mais do que o crime. Como o bispo Myriel, que oferece redenção a Jean Valjean, o juiz Rubens Casara acredita na possibilidade de transformação

O pensamento de Casara é fundamental para a formação de uma nova geração de advogados, defensores públicos, promotores e juízes comprometidos com a defesa dos direitos humanos e com a construção de um sistema penal mais justo e igualitário. Sua obra tem inspirado a criação de projetos e iniciativas que buscam promover a justiça restaurativa, a descriminalização de condutas, a redução do encarceramento em massa e o combate à seletividade penal. Sem dúvida, Casara representa uma referência para todos aqueles que acreditam que é possível construir um sistema penal mais humano e que contribua para a construção de uma sociedade mais justa e solidária.

Intelectual engajado que personifica o compromisso com a transformação da realidade, a obra de Casara, marcada pela coragem intelectual, pelo rigor acadêmico e pelo compromisso inabalável com os direitos humanos, é uma fonte de inspiração para todos aqueles que lutam por um mundo mais igualitário. Casara nos mostra que a busca de um sistema penal mais justo é parte integrante da construção de uma sociedade mais democrática, e que essa luta exige a participação de todos os setores da sociedade.

Sua abordagem crítica, humanista e interdisciplinar oferece não apenas um diagnóstico preciso dos problemas do sistema penal, mas também caminhos para sua reforma. A urgência de um novo paradigma para o Direito Penal brasileiro, como proposto por Casara, nunca foi tão evidente. Seu trabalho continua a inspirar e guiar aqueles que buscam um sistema de justiça mais equitativo, humano e verdadeiramente democrático.

CAPÍTULO XXV

APONTAMENTOS SOBRE O RESSURGIMENTO E A ASCENSÃO DA EXTREMA DIREITA NO BRASIL E NO MUNDO

MÁRCIA SEMER

Dentre as tantas virtudes de grande amigo, de excelente magistrado, de notável jurista, homenagear o Rubens Casara é observar que a produção intelectual do Rubens vai muito além do Direito, em que ele tem sua atividade profissional sediada. Rubens é um intelectual que dialoga com a psicanálise, com as ciências sociais, conhecimentos todos que compõem sua busca pela compreensão dos rumos que a humanidade vem tomando nessa quadra tão perturbadora da história. Como estudioso fortemente comprometido com os valores democráticos, Rubens é um pensador que não passa incólume à escalada do autoritarismo que marca nossos tempos. Em seu *A construção do idiota*, Rubens Casara enfrenta essa temática, identificando as raízes do renascimento do fascismo nestes tempos de cultura neoliberal.

O ressurgimento disseminado e organizado da extrema direita, notadamente a partir da primeira década do século XXI, é um fenômeno político e social desafiador. Com práticas e discurso que por algum tempo nem sequer eram levados a sério porque soavam absurdos, o fato é que essa extrema direita preconceituosa, excludente, de índole fortemente autoritária já abriu a porta das casas, adentrou e se instalou ante o olhar incrédulo de todos aqueles formados na tradição iluminista de liberdade, igualdade e fraternidade. Faltam cinco minutos para a meia-noite. Não é mais possível ignorar essa extrema direita nada amadora. Longe de reviver como farsa, sua presença real e abrangente exige reflexão acerca das causas que engendram esse movimento, e Rubens Casara é um dos pensadores que se debruçam sobre o assunto.

Chamamos extrema direita o movimento que, no ambiente capitalista, produz, ainda no século XX, o fascismo, primeiramente na Itália na década de 1920 e, em seguida, o nazismo, este na Alemanha da década de 1930. Os horrores protagonizados pelos integrantes desse espectro do tabuleiro político tanto ao dar causa a uma guerra de proporções planetárias quanto ao adotar valores e práticas monstruosos afetaram sobremaneira seus vitoriosos opositores e até muitos de seus apoiadores, uma vez confrontados com os fatos revelados sobre o período.

Daí que os primeiros trinta anos que sucederam ao término da Segunda Guerra Mundial transcorreram sob a égide de iniciativas de consolidação, alargamento e aperfeiçoamento dos valores da democracia, bem assim com o inventário, a análise e a exposição das práticas fascista e nazista que, de tão negativamente impactantes, resultaram no quase banimento da extrema direita do ambiente das disputas político-eleitorais desses decênios.

O pós-guerra foi um período de crescimento econômico global e expansão de direitos. Direitos trabalhistas, direitos fundamentais, a cidadania ganhou prestígio e a sensação era de que se atingira um círculo virtuoso para a fruição da vida.

Nos anos 1970, no entanto, o panorama econômico começa a mudar e os tempos de bonança perdem o viço. Os anos 1970 marcam a primeira grande reengenharia na organização do trabalho desde o fordismo. São os tempos do chamado toyotismo, movimento que altera o modelo de produção para estoque e se instala a produção por demanda (*on demand*), a fim de reduzir os custos operacionais dos negócios. Na prática, esse novo formato produtivo, que conquistou grande parte do mercado, significou redução de postos de trabalho e, consequentemente, dada a disponibilidade de mão de obra ociosa daí decorrente, a paulatina redução de remunerações e de direitos dos trabalhadores.

A década antecedente (1960), vale registrar, notabilizou-se por movimentos efervescentes de contestação cultural, liberdade sexual e alargamento democrático. Foram os tempos dos grandes festivais musicais, do movimento hippie, da ebulição do movimento negro nos EUA e conquista da lei dos direitos civis, além das marchas estudantis de maio de 1968 na França, entre outras tantas manifestações libertárias mundo afora, acontecimentos todos que, de vários modos, incomodaram os espíritos mais conservadores. Essa conjugação de fatores de tensionamento econômico, cultural e político parece terem dado impulso a alguns tipos de reações, entre as quais o ressurgimento de atores políticos de índole fortemente conservadora, nacionalista, populista de direita, enfim, de agremiações de extrema direita.

É assim que, ainda na década de 1970, agremiações de extrema direita que se firmariam no tempo aparecem no cenário político-partidário europeu: a Frente Nacional, de Jean-Marie Le Pen, na França (1972), e o Vlaas Belang, na Bélgica (1978). Na Noruega, o Partido do Progresso aparece em 1973. O Partido dos Democratas Suecos é de 1988; assim como o Fidesz – União Cívica Húngara, de Viktor Orban, na Hungria. Na Itália, o Lega Nord é fundado em 1991. Fato que, ainda em 1956, surge o Partido da Liberdade da Áustria – hoje o maior partido da Áustria, posição alcançada nas eleições de 2024 para o Parlamento Europeu. Em 1969, na Turquia, o Partido de Ação Nacionalista é criado. Mas o AKP, Partido da Justiça e Desenvolvimento, de Tayyip Erdogan, surge três décadas depois em 2001, e é a partir dos 2000, que se verifica um ressurgimento alargado de agremiações extremistas.

Depois do movimento embrionário de retomada do ideário fascista, ao qual pouco se atentou dada a inexpressividade inicial do segmento, vê-se a partir dos 2000 o crescimento acelerado desse flanco político, com forte impacto na década de 2010, em possível reflexo da crise econômica de 2008 (essa é uma avaliação relativamente corrente entre os estudiosos do tema). Ingressam no cenário político-partidário europeu, com progressiva expressão popular, o PIS – Lei e Justiça (2001, Polônia), o Fratelli d'Itália da hoje premiê italiana Giorgia Melloni (2012, Itália), o AFD – Alternativa para a Alemanha (2013, Alemanha), o Vox (2013, Espanha) e o Chega (2019, Portugal).

O cenário aqui apresentado do espraiamento da extrema direita pelo continente europeu não é realidade isolada. A inflexão republicana nos EUA com Donald Trump e as expressões *America Fisrt* e *Make America Great Again* – resgatadas do aviador norte-americano Lindenberg que, na década de 1920, era entusiasta do ideário fascista de Benedito Mussolini –, a ascensão de Jair Bolsonaro no Brasil e na sequência de Javier Milei na Argentina são elementos suficientes para se entender que o fenômeno de ressurgimento da extrema direita tem dimensão mundial e merece redobrada atenção.

O ano de 2024 dispara um alarme no "Relógio do Juízo Final". As eleições do Parlamento Europeu contemplam avanço da representação da extrema direita, é realizada uma reunião da ultradireita sul-americana em Santa Catarina, organiza-se o encontro da ultradireita mundial em Madrid, Donald Trump é eleito nos EUA. Já em 2025, este toma posse, Elon Musk comemora a eleição de Trump com gesto nazista e o AFD se transforma na segunda maior força política da Alemanha. Tudo isso até fevereiro, quando finalizamos este artigo.

Daí que é cada vez mais importante conhecer os valores e os mecanismos de atuação da extrema direita para entender e tentar neutralizar essa escalada do segmento na aceitação social. Lembrar para não repetir é um caminho que nunca deve ser negligenciado. Não obstante, talvez seja insuficiente. Os horrores da Segunda Guerra estão distantes no tempo, as novas gerações possivelmente não se sintam verdadeiramente afetadas por eles, mais preocupadas com seus próprios dilemas e com o futuro que se lhes mostra incerto, se não ameaçador.

Defender a democracia nesse cenário exige pelo menos duas vertentes de ação: a) a melhor compreensão do fenômeno de ascensão do fascismo e b) a retomada das grandes utopias democráticas de liberdade, igualdade e fraternidade, a partir de projetos participativos e inclusivos de futuro. A democracia que emergiu do pós-guerra tem identidade significativamente definida e forte acento na ideia de igualdade. Forjou-se pela construção de colchão social sem precedentes que, contudo, vem sendo fortemente desgastado desde que o receituário neoliberal tomou conta do cenário econômico, político e social. Recuperar aquela identidade democrática de cariz fortemente inclusivo é o grande desafio desta geração.

A primeira vertente é o objeto específico deste artigo e sobre ele seguem nossas considerações.

1 De Michel Löwy a Jason Stanley, passando por Lewitsky e Ziblatt: a academia em alerta

Ainda em 2015, artigo científico de Michael Löwy aborda expressamente o que chamou de "espetacular ascenso político e eleitoral de forças de extrema direita, racistas, xenófobas, fascistas ou semifascistas". Ao expor a diversidade dessa nova extrema direita europeia e esboçar uma tipologia dos partidos políticos da referida vertente, o eminente sociólogo vê, no processo de globalização neoliberal, "que produz e reproduz, em escala europeia e planetária, os *identity panics*" (pânicos de identidade), o primeiro elemento de explicação do sucesso crescente da extrema direita. Observa que "a esquerda como um todo, com apenas algumas exceções, tem severamente subestimado este perigo. Não viu a 'onda marrom' vindo e, portanto, não viu necessidade de tomar a iniciativa de uma mobilização antifascista". O estudioso anota que "nenhum grupo social é imune à praga marrom" e conclui alertando que

> não há nenhuma receita mágica para combater a extrema direita. Devemos nos inspirar (...) nas tradições antifascistas do passado, mas também devemos saber como inovar, a fim de responder às novas formas desse fenômeno.[1]

A força dos pânicos de identidade referidos por Löwy parece de fato ter atingido potência capaz de produzir monstros. Afinal, Donald Trump é eleito Presidente dos EUA em 2016 e novamente em 2024, assim como Jair Bolsonaro se torna Presidente do Brasil em 2017 e Javier Milei da Argentina em 2023, todos com discursos que exploram e muito esse recurso, além de ressuscitar elementos da tradição fascista clássica, a exemplo do nacionalismo conservador. Esses acontecimentos impactaram o ambiente político, sem dúvida, e voltaram com rigor o olhar da academia para os riscos à democracia envolvidos no fenômeno.

Daí, em 2018, estudiosos de diferentes instituições de ponta do ensino universitário norte-americano lançaram pelo menos duas obras de referência que dão a dimensão de como a própria academia recebeu o resultado das eleições de 2016 nos EUA. Steven Levitsky e Daniel Ziblatt, professores de ciência política em Harvard, publicam *Como as democracias morrem*, enquanto Jason Stanley, professor de filosofia da Universidade de Yale, publica *Como funciona o fascismo*.

---

1 LÖWY, Michael. "Conservadorismo e extrema direita na Europa e no Brasil". *Revista Serviço Social e Sociedade*, nº 124, out./dez. 2015 Disponível em: https://www.scielo.br/j/sssoc/a/MFzdwxKBBcNqHyKkckfW6Qn/abstract/?lang=pt. Acessado em: 24.04.2025.

Como as democracias morrem é obra centrada inteiramente na realidade estadunidense, mas vai além. Constitui ensaio voltado a entender e explicar o significado da escolha de Donald Trump para o exercício do comando político do país. Deixando expressa a compreensão de que essa decisão coletiva foi um golpe de índole autoritária e alto potencial ofensivo desferido contra a democracia, seus autores veem os partidos políticos como atores centrais e guardiães da democracia. Alicerçados nessa centralidade, apresentam quatro indicadores do comportamento autoritário que funcionam como verdadeiros alertas de que a democracia está em risco.

O primeiro indicador corresponde à rejeição das regras democráticas do jogo ou o compromisso débil com elas. Esse indicador está presente quando os candidatos, partidos, atores políticos "tentam minar a legitimidade das eleições, recusando-se, por exemplo, a aceitar os resultados", ou "buscam lançar mão de meios extraconstitucionais golpes militares, insurreições violentas ou protestos de massa".

O segundo indicador está na negação de legitimidade dos oponentes políticos. Aqui os atores políticos autoritários "descrevem os rivais como subversivos", "afirmam que os rivais constituem uma ameaça", "descrevem os rivais como criminosos", dentre outros elementos de desqualificação dos oponentes.

O terceiro é a tolerância ou o encorajamento à violência. Esse indicador se faz presente sempre que o ator político autoritário mantém laços com milícias armadas, grupos paramilitares e grupos envolvidos em praticar violência, causando medo. Também integra esse tópico o patrocínio ou estímulo tácito à violência de seus apoiadores, além dos elogios a violências políticas do passado ou verificadas em outros lugares do mundo.

Por fim, o quarto indicador é a propensão a restringir os direitos civis dos oponentes, aí incluída a mídia. É notório que uma dada cruzada contra direitos civis relativos a raça, gênero, credo e mesmo liberdade ideológica compõe o repertório do pânico moral constitutivo do discurso da extrema direita, de ontem e de hoje. Voz de muitos movimentos emancipatórios de alargamento dos direitos civis, a mídia profissional acaba alvo dos segmentos autoritários, seja por iniciativas voltadas a minar a credibilidade, seja por estratégias de enxugamento dos recursos que a sustentam (com migração do espaço de interlocução pública para o ambiente digital, por exemplo).

Nitidamente preocupados com a preservação da democracia, prelecionam Levitsky e Ziblatt que "(...) sempre que extremistas emergem como sérios competidores eleitorais, os partidos predominantes devem forjar uma frente única para derrotá-los".[2] Foi a receita adotada pelos partidos da esquerda francesa nas eleições parlamentares convocadas por Emanuel Macron em junho de 2024.

Como funciona o fascismo, de Jason Stanley, a seu tempo, é obra que identifica nos valores e práticas caracterizadores do fascismo muitos dos valores e práticas trazidos para a política por Trump e por outros atores políticos que conquistaram projeção ao redor do mundo nos últimos tempos, a exemplo de Orban, Erdogan, Marine Le Pen etc. Seu "interesse (...) está na política fascista, sobretudo nas táticas fascistas como mecanismo para alcançar poder".

Explica Stanley logo na introdução que

> a política fascista inclui muitas estratégias diferentes: o passado mítico, propaganda, anti-intelectualismo, irrealidade, hierarquia, vitimização, lei e ordem, ansiedade sexual, apelos à noção de pátria e desarticulação da união e do bem-estar público. (...) O sintoma mais marcante da política fascista é a divisão. Destina-se a dividir uma população entre "nós" e "eles".[3]

---

2 LEVITSKY, Steven; ZIBLATT, Daniel. *Como as democracias morrem*. Rio de Janeiro: Zahar, 2018.

3 STANLEY, Jason. *Como funciona o fascismo*: a política do "nós" e "eles". Porto Alegre: L&PM, 2022. Publicado nos EUA em 2018.

A simples leitura desse rol de estratégias nos dá a certeza de que a política fascista de fato vive movimento sem paralelo de ressurgimento desde os anos 1920. Se, nos EUA, o autor identifica Donald Trump como executor inequívoco desse tipo de política, nós aqui no Brasil experimentamos situação bastante semelhante com Jair Bolsonaro e seus seguidores.

O passado está na gênese da política fascista. E não um passado qualquer, mas um passado glorioso, de conquista. Bauman fala em "retrotopia".[4] Esse passado mítico para os fascistas é necessariamente patriarcal. O meio empregado pela política fascista para defesa dessa hierarquia patriarcal é a geração de pânico ante qualquer ameaça vislumbrada. Entendida essa dimensão do fascismo, não é de se estranhar a ira dos fascistas ante os movimentos de liberação dos costumes ou as lutas por igualdade de gênero ou mesmo preservação ambiental. Afinal, o conquistador não está interessado em preservar o meio ambiente, mas em se apossar dele. A invasão estimulada de terras indígenas pelo garimpo no governo Bolsonaro é o retrato do tipo de passado cultuado na política fascista.

A propaganda fascista não tem intenção democrática, nem compromisso com a verdade. "Divulgar falsas acusações de corrupção enquanto se envolve em práticas corruptas é típico da política fascista, e as campanhas anticorrupção estão frequentemente no centro dos movimentos fascistas". E "corrupção, para o político fascista, consiste na corrupção da pureza, e não da lei", pontua Stanley. Daí a corrupção é sempre do outro, daquele que não abraça, por exemplo a hierarquia familiar patriarcal.

O anti-intelectualismo é a marca do fascismo. Os fascistas rejeitam os ideais iluministas de liberdade, igualdade ou fraternidade. Rejeitam o racionalismo. A educação para eles tem a função de glorificar o passado mítico, sem espaço para o pensamento crítico. O

---

4 BAUMAN, Zygmunt. *Retrotopía*. Buenos Aires: Paidós, 2017.

papel das disciplinas acadêmicas é reforçar as normas hierárquicas e a tradição nacional ou mesmo local.

> Um objetivo central da política fascista é que o objetivo da oratória não deve ser convencer o intelecto, mas influenciar a vontade. A política fascista, em razão desse anti-intelectualismo, degrada os espaços de informação, desvirtuando a realidade.

A irrealidade é elemento constitutivo da política fascista. Afinal, ela substitui o debate fundamentado pelo medo ou a raiva. Mentiras óbvias e repetidas fazem parte do processo de comunicação fascista. Por isso, as teorias conspiratórias são muito presentes no fascismo. Desacreditar a mídia liberal também integra os propósitos da política fascista, que busca destruir a relação de respeito entre os cidadãos e tornar seu líder o único interlocutor confiável da "verdade".

Na concepção fascista, a hierarquia é a relação natural entre os seres, hierarquia é o que de fato existe na natureza, o que infirma qualquer obrigação ou pretensão de considerar as pessoas iguais. A hierarquia, ademais, é o modo de preservar o poder e de deslegitimar a democracia liberal. "A política fascista se alimenta da sensação de vitimização e ressentimento causada pela perda do *status* hierárquico".

Caracteriza a política fascista a vitimização como forma de encobrir a desigualdade estrutural, subvertendo e deturpando todo o esforço de superação das desigualdades.

"A retórica fascista da lei e ordem é explicitamente destinada a dividir os cidadãos em duas classes: aqueles que fazem parte da nação e aqueles que, por variados motivos, inerentemente, não fazem".

A ansiedade sexual está diretamente vinculada à gênese familiar patriarcal do fascismo. Ela consiste em gerar o pânico sobre os desvios dessa família patriarcal, enxergando ameaça em qualquer conduta que envolva, por exemplo, mistura racial ou relação diversas da heterossexual. O *ethos* patriarcal da política fascista, ademais, se alimenta do culto à masculinidade, à virilidade, à força como pulso inquestionável do comando social.

Essas leituras ou análises da política fascista emergente no século XXI evidentemente são tributárias de importantes estudos precedentes acerca do fascismo e do nazismo do século XX, o que de modo algum lhes retira a relevância da identificação dos elementos componentes do fascismo reeditado no século XXI. Compreender o fenômeno atual da escalada autoritária exige que se faça o reconhecimento dos fatos, das ações e dos comportamentos que, embora repaginados, guardam semelhança com o que se viveu no mundo entre os anos 1920 e 1940. E aí é inevitável que se beba em Hannah Arendt ou em Victor Klemperer, dentre muitos outros.

2 A engenharia do caos no sobreaviso de Giuliano da Empoli[5]

Em interessante estudo sobre o ascenso autoritário no século XXI, Giuliano da Empoli se debruça sobre as características do fascismo reeditado na alta modernidade, ainda que em roupagem ligeiramente atualizada, e explora especialmente o uso das redes sociais, essa modalidade de comunicação estabelecida a partir do avanço da tecnologia da informação, pelos chamados "engenheiros do caos", ou seja, por alguns pessoas (algumas das quais ele nomina) que perceberam o potencial dessas ferramentas e a possibilidade de usá-las para a manipulação e influência política.

Assim como o rádio foi um veículo manejado pelo fascismo e pelo nazismo do século XX na difusão de seu ideário e no controle da sociedade, as redes sociais, dadas as suas capilaridade e abrangência, têm sido meio muito bem manejadas pela extrema direita nesse seu ressurgimento já no século XXI. Se o rádio transmitia e

---

5 DA EMPOLI, Giuliano. *Os engenheiros do caos*. São Paulo: Vestígio, 2024.

transmite informação em tempo real e oferece ao ouvinte a fidelidade da voz para capturar a aceitação e a simpatia para com a mensagem transmitida, as redes sociais proporcionam a intimidade da mensagem modelada para o específico receptor, compartilhada entre os amigos pessoais ou virtuais, mas sobretudo dentre os afins, tudo a lhe conferir credibilidade.

Com uma compreensão apurada do funcionamento do universo da comunicação digital, Da Empoli observa que "para os novos Doutores Fantásticos da política, o jogo não consiste mais em unir as pessoas em torno de um denominador comum, mas ao contrário, em inflamar as paixões do maior número possível de grupelhos".[6]

Da Empoli anota que o primeiro movimento populista que logrou êxito já nesta modernidade tardia foi a Operação Mãos Limpas, que teve lugar na Itália. A Operação Mãos Limpas foi um movimento anticorrupção de grande repercussão levado a efeito pelo sistema de justiça italiano ainda nos anos 1990 e que atingiu diretamente a classe política italiana, desacreditando o Estado e seus agentes e catapultando para a política os mesmos magistrados que protagonizaram a "limpa" na política daquele país. Nas palavras de Da Empoli, a imagem incensada foi a dos "pequenos juízes contra a elite corrupta".[7] E funcionou. Aqui ainda se viviam os tempos pré-redes sociais.

Se alguém que lê este texto pensou na semelhança com a Operação Lava Jato iniciada no Brasil em 2014, igualmente chacoalhando as estruturas da política nacional e levando seus mentores aos braços da política, essa pessoa está certa em seu pensamento. Mais do que semelhança, a Operação Lava Jato é cópia desse ensaio populista de desgaste do Estado, notadamente do Estado Social. É mais ou

6 DA EMPOLI, Giuliano. *Os engenheiros do caos*. São Paulo: Vestígio, 2024, p. 21.

7 DA EMPOLI, Giuliano. *Os engenheiros do caos*. São Paulo: Vestígio, 2024, p. 34.

menos o pré-jogo. O estopim do que se lhe segue. Só que no Brasil em movimento acelerado, tudo acontecendo já na era digital.

Mas se essa investida do discurso anticorrupção funcionou como impulso inicial, é no papel de alguns artífices argutos da engenharia da comunicação social que o discurso da extrema direita ganhou voz, visibilidade e seguidores. Sim, seguidores, porque os partidários da extrema direita antes que eleitores, são seguidores das redes, muitas vezes fiéis, convertendo-se no que Weber chama de séquito ou súdito.

É verdade que, na Itália, considerada por muitos o laboratório do mundo quando o assunto é a expansão da extrema direita, à Operação Mãos Limpas seguiu-se a etapa do político-gestor, uma espécie fabulosa, porque em tudo falsa, de político-apolítico, do político empresário que lá entronou Berlusconi. Aqui no Brasil, onde tudo tem ocorrido junto e misturado, o gestor não chegou ao Planalto, confinado à terra de Piratininga. Refiro-me a João Dória, evidentemente, a cópia nacional do segundo movimento de avanço do dito populismo de direita.

Arada a terra, aplicado o adubo, a etapa subsequente está provocando um solavanco no mundo, e é aí que o papel dos engenheiros do caos parece ganhar relevância, pelas mãos desses artífices e impulsionadores de um movimento global de expansão da extrema direita, algo que há quinze anos, para a maioria dos iniciados e não iniciados na política, era realidade inimaginável.

Em sua obra, Da Empoli nos apresenta Steve Bannon, que praticamente dispensa apresentações no Brasil, mas também Gianroberto Casaleggio (sucedido a partir de 2016 por Davide Casalleggio), Andrew Breibart, Milo Yannopoulos, Arthur Filkenstein e Dominic Cummings, a partir do trabalho que desenvolveram em campanhas como a do Brexit, da eleição de Orban, de Trump etc. Expondo a compreensão que esses personagens possuem do processo político, Da Empoli nos mostra o tamanho do monstro a ser enfrentado pelo campo democrático.

Nesse time, Gianroberto Casaleggio é o precursor, responsável por criar o Movimento 5 Estrelas, ainda em 2009, "uma arquitetura aparentemente aberta, fundada na participação das bases, mas na verdade completamente bloqueada e controlada pela cúpula".[8] No início, "o movimento não é um partido nem uma associação, mas um blog mesmo, pertencente a Grillo e Casaleggio".[9] Grillo é Beppe Grillo, um comediante que vira a face visível do movimento, enquanto Casaleggio é o grande mentor relativamente oculto. São palavras de Casaleggio que "a política não me interessa, o que me interessa é a opinião pública".[10] E por aí, seguindo e direcionando os *likes*, o movimento cresceu e se consolidou. Hoje, o Movimento 5 Estrelas, que "tem uma vocação explicitamente totalitária",[11] é o maior partido político da Itália.

> O partido-algoritmo criado por Casaleggio-pai tem por único objetivo satisfazer de modo rápido e eficaz a demanda de consumidores políticos. E essa mentalidade comercial continua a ser a pedra fundamental do partido-empresa.[12]

Andrew Breibart é o jornalista que funda a *Breibart News*, um *site* de direita, um ambiente de guerrilha cultural, cujo objetivo é levantar pautas conservadoras como imigração, terrorismo, aborto, numa batalha contra o que considera o *stablishment*. Steve Bannon é seu parceiro e, com a morte de Breibart em 2012, assume as rédeas

---

8 DA EMPOLI, Giuliano. *Os engenheiros do caos*. São Paulo: Vestígio, 2024, p. 52.

9 DA EMPOLI, Giuliano. *Os engenheiros do caos*. São Paulo: Vestígio, 2024, p. 53.

10 DA EMPOLI, Giuliano. *Os engenheiros do caos*. São Paulo: Vestígio, 2024, p. 44.

11 DA EMPOLI, Giuliano. *Os engenheiros do caos*. São Paulo: Vestígio, 2024, p. 65.

12 DA EMPOLI, Giuliano. *Os engenheiros do caos*. São Paulo: Vestígio, 2024, p. 66.

do negócio. Para Bannon, "fatos ganham cliques, opiniões ganham desdém".[13] E com essa mentalidade, fundamentalmente a mesma de Casaleggio, Bannon segue em frente, agora acompanhado por Milos Yannopoulos, que, vindo do mundo dos *gamers*, assume o comando da Breibart Tech e introduz o exército de *trolls* – uma espécie de *haters* (desculpem os termos em inglês, mas é próprio desse universo dos jogos eletrônicos) – na dinâmica da comunicação política. Yannopoulos ele mesmo é um *troll*, assim como Trump é um *troll*, aquele personagem que diz coisas antes indizíveis em público, agressivas, preconceituosas, imorais como quem diz "bom dia". Fazem o circo pegar fogo e depois confirmam ou infirmam o que falaram sem cerimônia. Um comportamento provocador, desconcertante e paralisante para uns, mas libertador, eufórico e considerado expressão do autêntico para outros. Nessa cultura dos *likes*, isso é certo, um modo de comunicar muito eficaz para conquistar visibilidade e seguidores.

Arthur Filkenstein, numa vertente agressiva como a dos *trolls*, é o "engenheiro" por trás da chegada de Viktor Orbam ao poder na Hungria. A engenhosidade de Filkenstein, explica Da Empoli, não está em promover seu candidato, mas em destruir os concorrentes. A primeira incursão exitosa de Filkenstein na política ocorreu nas eleições de Israel, onde assessorou na campanha de Benjamin Netanyahud, em disputa travada, na época, contra Shimon Peres. "Com uma campanha violentíssima (...), Filkenstein pinta Shimon Peres como traidor da pátria (...)". E cria o *slogan* "Netanyahu é bom para os judeus".[14] Netanyahu é eleito, e o resto da história o mundo conhece. Na campanha de Orban, Filkenstein identifica o inimigo na imigração, ainda que esse não seja um problema real na Hungria. Mas funciona, Orban foi eleito e segue lá, onde já reformou

---

13 DA EMPOLI, Giuliano. *Os engenheiros do caos*. São Paulo: Vestígio, 2024, p. 101.

14 DA EMPOLI, Giuliano. *Os engenheiros do caos*. São Paulo: Vestígio, 2024, p. 124.

a Constituição, a ordem é a do Estado iliberal – seja lá o que isso signifique, e não significa nada muito inclusivo –, os valores são Deus, pátria, família, e liberdade é lutar contra a ditadura do politicamente correto. Aqui também, a semelhança com os *slogans* de Bolsonaro e seguidores obviamente não é mera coincidência.

Por fim, Dominic Cummings é o artífice do Brexit. Cummings traz a matemática e a física para a política e usa a profusão de dados que as pessoas fornecem às plataformas sociais para direcionar a comunicação e influenciar a decisão. São suas palavras: "se você é jovem e inteligente e se interessa por política, pense bem antes de estudar ciência política na universidade. Você deveria se interessar, em vez disso, em estudar matemática ou física".[15] Com uma equipe formada por físicos estatísticos, na campanha do Brexit, Cummings usou os dados do Google para identificar perfis e, a partir daí, formatar e direcionar as mensagens capazes de influenciar o eleitor. Foram bilhões de mensagens que, elaboradas sob medida para os mais diversos perfis selecionados pelos físicos, chegaram aos eleitores a fim de comunicar consequências indesejadas que a permanência do país na União Europeia traria para o tema integrante da zona de interesse de cada eleitor e, com isso, orientar o voto pelo Brexit. Evidentemente, não é possível, até aqui pelo menos, definir o quanto esse bombardeio informacional converteu de votos, mas o certo é que foi o suficiente para a ruptura.

Fundamentalmente, o que Giuliano da Empoli observa desse admirável mundo novo das redes sociais com muita acuidade é que

> se, no passado, o jogo político consistia em divulgar uma mensagem que unificava, hoje, se trata de desunir da maneira

15 DA EMPOLI, Giuliano. *Os engenheiros do caos*. São Paulo: Vestígio, 2024, p. 142.

> mais explosiva. Para conquistar uma maioria, não se deve mais convergir para o centro, mas adicionar os extremos.[16]

3 A idiossubjetivação como produto neoliberal e matéria-prima à ascensão da extrema direita na lição de Rubens Casara[17]

Na lição de Rubens Casara, se a subjetivação é "o processo dirigido à construção do sujeito",[18] a idiossubjetivação é um tipo específico de processo de construção subjetiva segundo o qual os sujeitos assim formatados resultam "indivíduos egoístas, incapazes de reconhecer a importância da coletividade e que negam a possibilidade de uma esfera comum, isto é, que diga respeito a todos".[19] Ensina Casara que etimologicamente idiota é aquele privado do compromisso com a vida pública, resultando "idiotas (...) as pessoas que abdicam de projetos coletivos ou de ações políticas voltadas ao bem comum, porque detentoras de uma subjetividade empobrecida (...)".[20]

Ao endereçar esse tipo de construção subjetiva das pessoas, o neoliberalismo, que ganha impulso em todo mundo a partir dos anos 1990, não apenas forja material humano moldado sob medida para seus propósitos econômicos precarizantes para muitos e acumulador para poucos, como modela indivíduos propensos aos influxos de discursos autoritários, preconceituosos, opressivos e excludentes,

---

16 DA EMPOLI, Giuliano. *Os engenheiros do caos*. São Paulo: Vestígio, 2024, p. 163.

17 CASARA, Rubens R. R. *A construção do idiota*: o processo de idiossubjetivação. Rio de Janeiro: Da Vince Livros, 2024.

18 CASARA, Rubens R. R. *A construção do idiota*: o processo de idiossubjetivação. Rio de Janeiro: Da Vince Livros, 2024, p. 19.

19 CASARA, Rubens R. R. *A construção do idiota*: o processo de idiossubjetivação. Rio de Janeiro: Da Vince Livros, 2024, p. 31.

20 CASARA, Rubens R. R. *A construção do idiota*: o processo de idiossubjetivação. Rio de Janeiro: Da Vince Livros, 2024, p. 31.

consectário do medo ou insegurança que o processo de precarização da vida inculca aos muitos.

Com o olhar motivado a compreender a subjetividade do indivíduo que aceita acriticamente, se submete e abraça ideias, propostas e valores de índole autoritária que até há pouco estavam banidos do jogo político, Casara identifica elementos próprios do fascismo clássico nesse sujeito idiossubjetivado. Assim, a simplificação da linguagem, o culto à ignorância, a susceptibilidade à manipulação de paixões são todos elementos do sujeito aculturado pelo neoliberalismo presentes no sujeito fascista, tudo a indicar, sugerir ou mesmo atestar a enorme semelhança entre a identidade do idiota neoliberal e do fascista.

Outro traço de identidade entre o fascismo e o neoliberalismo que ajuda na compreensão acerca dos motivos que permitiram o ressurgimento do fascismo no século XXI é a mecanização ou "coisificação" da própria pessoa, traço que Victor Klemperer identificou no fascismo do século XX e se vislumbra na quadra neoliberal que vivemos. "O orador não compara a si e seus fiéis a máquinas, mas identifica a si e a eles como as próprias máquinas. Impossível conceber forma de pensar mais desumanizada".[21] Quando li isso, logo pensei em expressões que usamos corriqueiramente hoje, sem pensar, a exemplo de "vou chamar o Uber" ou "chegou o *delivery*", numa substituição do trabalhador, da pessoa pelo serviço, em movimento de desumanização neoliberal de índole semelhante que talvez sirva de sinal de identificação de um processo de fascistização a que estamos sendo submetidos sem nos darmos conta. Aliás, o próprio trabalhador costuma se identificar com o serviço, pois, perguntado sobre sua ocupação, não será incomum ouvir do entregador de aplicativo que "é Uber".

Como bem explica Casara, em sua obra *A construção do idiota*, "a racionalidade neoliberal, por sua própria natureza, leva

---

21 KLEMPERER, Victor. *A linguagem do Terceiro Reich*. Rio de Janeiro: Contraponto, 2009, p. 247.

à alienação do comum: as pessoas não se sentem ligadas ou participantes do comum".[22] O neoliberalismo exacerba a compreensão individualista, egoísta e mesmo imediatista da vida.

> Mais do que a riqueza material partilhada, a ideia de comum privilegia o compartilhamento e as conexões de solidariedade produzidas durante este processo, de modo a permitir a compreensão de que a interdependência (cooperação, debate, aprendizado etc.) é essencial. Os comuns partem de relações de cooperação e reciprocidade, mas também de responsabilidade, pela reprodução da riqueza compartilhada.

Já a subjetividade neoliberal "é construída a imagem de que aquilo que é comum, coletivo ou público é de baixa qualidade, ruim, e, portanto, indesejável".[23]

O apartamento da ideia de comum que o neoliberalismo estimula gera consequências visíveis e um exemplo é o enfraquecimento do movimento sindical. Não é à toa que, na última década, a adesão de trabalhadores aos sindicatos vem reduzindo significativamente e produzido cenas surreais como as vistas recentemente em São Paulo, onde extensas filas de profissionais se formaram para evitar o pagamento de dia de trabalho ao sindicato de dada categoria, tudo com ampla cobertura da mídia e entrevistas indignadas de trabalhadores contra a cobrança da contribuição sindical prevista em acordo coletivo da categoria. Curioso que muitos desses trabalhadores preferiram perder seu dia de trabalho para evitar o pagamento da contribuição sindical prevista em acordo coletivo e que, em última instância, representa esse único dia de trabalho perdido.

---

22 CASARA, Rubens R. R. *A construção do idiota*: o processo de idiossubjetivação. Rio de Janeiro: Da Vince Livros, 2024, p. 91.

23 CASARA, Rubens R. R. *A construção do idiota*: o processo de idiossubjetivação. Rio de Janeiro: Da Vince Livros, 2024, p. 98.

Mas a naturalização dos absurdos é elemento integrante do universo fascista. Como bem aponta Rubens Casara,

> os processos de idiossubjetivação favorecem a aceitação acrítica daquilo que deveria ser percebido como absurdo. De início, inviabilizam a resistência ao que deveria ser percebido como inaceitável ou contraditório de um ponto de vista ético. (...) Mais do que isso, a mutação da subjetividade nega que o valor mais alto é o do pensamento (...) A vocação neoliberal à ilimitação, (...) permite um movimento deliberadamente descontrolado, ou seja, em sentido contrário ao autocontrole.[24]

A liberdade, a propósito, é palavra mantra do sujeito neoliberal. Em nome da liberdade esse sujeito idiossubjetivado justifica os maiores absurdos, especialmente frases e comportamentos preconceituosos, discriminatórios, misóginos, homofóbicos, politicamente incorretos, incivilizados, desumanos. O politicamente correto é objeto de cruzada dos neoliberais idiotizados ou idiossubjetivados, na expressão de Casara. Alegam que é camisa de força que constrange a liberdade e que, por isso, merece não apenas ser ignorado, mas hostilizado, ridicularizado, destruído. Daí que "os contrangimentos sistêmicos neoliberais passam a substituir os constrangimentos civilizatórios: instaura-se um verdadeiro processo de destruição da cultura em favor da realização dos interesses".

Se, de um lado, essa busca despojada de limites para a satisfação dos interesses, resultado da captura dos espíritos pela "lógica do fetiche das mercadorias", permite compreender a razão subjacente à defesa de um conceito desmedido de liberdade, também erige, por outro, um conceito próprio da dimensão do coletivo. Sim, porque o neoliberalismo não despreza o coletivo, mas se vale dele, num novo figurino, para concretizar interesses.

---

24 CASARA, Rubens R. R. *A construção do idiota*: o processo de idiossubjetivação. Rio de Janeiro: Da Vince Livros, 2024, p. 196.

Na lição de Rubens Casara,

> o imaginário neoliberal tem uma dimensão individual e uma dimensão coletiva. (...) ao relacionar-se com outras pessoas, o sujeito neoliberal produz imagens desses "outros" como adversários ou mesmo como inimigos. Isso se dá em razão de dois mecanismos típicos do neoliberalismo: a lógica da concorrência e o processo de coisificação das pessoas. (...) Curiosamente, o traço distintivo da massa neoliberal é a circunstância de as pessoas terem sido arrebanhadas pelo egoísmo. (...) Na massa neoliberal as pessoas (...) não compartilham o desejo por um bem coletivo: não há qualquer perspectiva de renúncia individual em nome do "comum".[25]

O imaginário empobrecido do sujeito neoliberal é incapaz de projetar, compreender ou mesmo desejar a construção do comum. Como o homem na caverna de Platão, simplesmente não consegue visualizar realidade distinta da satisfação individualizada dos desejos ou necessidades. Voltando ao mundo das relações do trabalho, tem sido cada vez mais difícil não apenas filiar aos sindicatos os ingressantes no mercado de trabalho, mas também arregimentar os já filiados para causas coletivas e até mesmo para atividades festivas. Qualquer dirigente sindical é capaz de testemunhar a dificuldade que tem sido manter viva a ideia de construção coletiva de direitos. Há quem diga que se trata de uma questão geracional, mas a questão é muito mais profunda. A disseminação da cultura neoliberal fez ruir o sentido do comum, o que faz os veículos de lutas coletivas como os sindicatos parecerem, aos olhos dos aculturados, instrumentos inúteis.

Ainda no âmbito da construção do coletivo neoliberal, a propagação da mentira cumpre um papel relevante. Aqui referimo-nos às *fake news*, sinônimo de mentira que, na novilíngua neoliberal,

---

25 CASARA, Rubens R. R. *A construção do idiota*: o processo de idiossubjetivação. Rio de Janeiro: Da Vince Livros, 2024, pp. 237, 239 e 240.

substituiu a palavra nacional, em mais um traço caracterizador do fascismo. Pois as *fake news*, muitas vezes versões estapafúrdias de uma realidade paralela exatamente por essa característica de notícia estrambólica, logram atrair a atenção e acabam aglutinando sujeitos idiotizados abertos a receber como verdade exatamente o absurdo.

Nas palavras de Rubens Casara,

> a racionalidade neoliberal, que precisa afirmar-se como única possível, impõe uma espécie de dissolução antiética da realidade (...). É a negação do ser (da verdade) pela primazia do ente neoliberal – um ente, diga-se, que se quer absoluto e incontrastável. Com isso, a verdade, como valor ou como limite, perde importância. A mentira, por sua vez, torna-se instrumento válido na busca da hegemonia.[26]

Nesse ambiente em que vigora a ideia de que tudo e todos são negociáveis, os valores e os próprios fatos deixam de ser relevantes. Relevante é a versão capaz de levar o sujeito à realização de seus interesses. Avulta-se, nesse contexto, a importância das ditas narrativas, discurso salpicado de elementos de realidade misturados a elementos imaginários normalmente endereçado a unir pelo ódio, como dito acima, para satisfação de interesses, normalmente como movimento destrutivo do comum.

A construção do idiota é arquitetura urdida para propósitos definidos e constitui elemento importante dos esforços para compreensão dessa guinada à extrema direita por que passa nosso mundo.

Considerações finais

A todos os que têm se debruçado sobre esse ressurgimento da extrema direita na cena política mundial só se pode agradecer. A

---

26 CASARA, Rubens R. R. *A construção do idiota*: o processo de idiossubjetivação. Rio de Janeiro: Da Vince Livros, 2024, p. 283.

todos que destrincharam as feições do fascismo do século XX também. Esses ajudam e muito os pensadores atuais a refletirem sobre o que se vive agora. Entre esses bravos pensadores de hoje está o Rubens, com sua preocupação e inconformismo, com a sua vontade de auxiliar a entender esse fenômeno que traz apreensão a parcela significativa, e perplexa, da humanidade.

Sem eles, a resistência no Brasil, na França, na Espanha, em Portugal, na Alemanha e mundo afora talvez tivesse menos chances de êxito. A mudança na cena política ocorreu com muita rapidez, coisa dos 15 últimos anos, tomou de assalto a realidade, e o trabalho inicial de análise de contexto foi a própria identificação de que se vivia um ressurgimento do fascismo. Num primeiro momento, os que assim se manifestavam eram considerados exagerados; a palavra talvez assustasse e não se quisesse admitir essa fatalidade.

Hoje, o fenômeno não é mais uma dúvida, mas uma certeza. Já integra as falas da imprensa, a denúncia das artes, o discurso político sem escamoteios. O comportamento do Presidente norteamericano Donald Trump em sua segunda gestão, aliás, escancara essa realidade. Nesse figurino autoritário caricato, enquanto promove a troca do nome do Golfo do México nas redes, expressa anseio de anexação do Canadá e da Groenlândia, humilha Volodimir Zelensky em rede mundial, no ambiente interno, promove a caça aos inimigos da vez, os imigrantes, demite servidores públicos num *revival* do macarthismo e não entrega uma vida melhor aos seus. A tensão está no ar. Faltam agora menos de cinco minutos para a meia-noite.

Se o grau de incerteza sobre o futuro próximo se elevou, o diagnóstico do fenômeno que nos atinge avançou muito e serve de guia. O monstro está de volta. Ele tem cara, tem corpo e tem nome. Sua emergência no passado foi responsável por uma guerra mundial, evento responsável por um dos maiores flagelos da humanidade, com o morticínio de milhões de pessoas. Não se trata, portanto, de um mero adversário. A luta contra esse inimigo é por sobrevivência.

O caminho único para derrotar esse monstro é o da resistência. E exige coragem, coragem e coragem.

Referências bibliográficas

BAUMAN, Zygmunt. *Retrotopía*. Buenos Aires: Paidós, 2017.

CASARA, Rubens R. R. *A construção do idiota*: o processo de idiossubjetivação. Rio de Janeiro: Da Vince Livros, 2024.

DA EMPOLI, Giuliano. *Os engenheiros do caos*. São Paulo: Vestígio, 2024.

KLEMPERER, Victor. *A linguagem do Terceiro Reich*. Rio de Janeiro: Contraponto, 2009.

LEVITSKY, Steven; ZIBLATT, Daniel. *Como as democracias morrem*. Rio de Janeiro: Zahar, 2018.

LÖWY, Michael. "Conservadorismo e extrema direita na Europa e no Brasil". *Revista Serviço Social e Sociedade*, nº 124, out./dez. 2015 Disponível em: https://www.scielo.br/j/sssoc/a/MFzdwxKBBcNqHyKkckfW6Qn/abstract/?lang=pt. Acessado em: 24.04.2025.

STANLEY, Jason. *Como funciona o fascismo*: a política do "nós" e "eles". Porto Alegre: L&PM, 2022 [2018].

CAPÍTULO XXVI

ELES NUNCA FORAM EMBORA (DITADURA MILITAR, BOLSONARO E CRIMES CONTRA HUMANIDADE)

MARCIO SOTELO FELIPPE

O passado nunca está morto; o passado nem mesmo é passado (William Faulkner).

1

A decisão do STF de 2010 no julgamento da ADPF 153 (Ação de Descumprimento de Preceito Fundamental) julgou válida a lei de autoanistia da ditadura militar, impedindo a apuração dos crimes contra a humanidade por ela perpetrados: execuções sumárias, mortes decorrentes de tortura, prisões arbitrárias e ilegais, uso generalizado da tortura e tratamentos desumanos ou degradantes, desaparecimento forçado, ocultação de cadáver, ofensas à integridade física ou psíquica do detido, violência sexual, violência contra crianças e adolescentes.

O voto vencedor (7 x 2) de Eros Grau[1] castigou o Direito e a história. Ignorou toda a construção do Direito Penal Internacional após Nuremberg e se valeu (sem nominar) da categoria razão de Estado invocando um suposto acordo entre oposição e ditadura militar: "a inicial ignora o momento talvez mais importante da luta pela redemocratização do país, o da batalha da anistia, autêntica batalha. Toda gente que conhece nossa História sabe que esse acordo político existiu, resultando no texto da Lei 6.683/1979". Diríamos hoje que é uma *fake news*.

Paulo Sergio Pinheiro, imediatamente após o julgamento, escreveu artigo sob o sugestivo título "O STF de costas para a humanidade" denunciando a inverdade:

> a lei de anistia não foi produto de acordo, pacto, negociação alguma, pois o projeto não correspondia àquele pelo qual a sociedade civil, o movimento da anistia, a OAB e a heroica oposição parlamentar haviam lutado.[2]

Lembrou que antes da votação da lei, em setembro de 1979, houve o Dia Nacional de Repúdio ao Projeto de Anistia e um ato público na Sé promovido pela OAB-SP contra o projeto. A lei de anistia foi aprovada por 206 votos do partido da ditadura, ARENA, contra 201 da oposição consentida, MDB. A recusa da revisão da Lei de Anistia, prosseguiu Pinheiro, "consagrou de vez o Brasil na rabeira dos países do continente quanto à responsabilização dos agentes do Estado responsáveis por graves violações dos direitos humanos".[3]

---

1 Votaram com o relator Cármen Lúcia, Ellen Gracie, Gilmar Mendes, Marco Aurélio, Celso de Mello e Cezar Peluso. Contra, Ricardo Lewandowski e Ayres Britto.

2 PINHEIRO, Paulo Sergio. "O STF de costas para a humanidade". *Folha de S. Paulo*, 5 maio 2010.

3 PINHEIRO, Paulo Sergio. "O STF de costas para a humanidade". *Folha de S. Paulo*, 5 maio 2010.

Maria Inês Nassif descreveu o clima no Congresso no dia da votação da lei:

> 800 soldados à paisana ocuparam quase todos os 1.200 lugares das galerias. Os manifestantes que ainda tentavam mudanças no projeto de anistia do governo – que perdoou só os crimes de sangue cometidos pelos próprios militares – ganharam os lugares de volta quase aos gritos.[4]

Teria sido um singularíssimo acordo. A lei ainda deixava no cárcere parte dos opositores da ditadura, mas isentava de qualquer reponsabilidade os responsáveis pelos crimes da ditadura. Um acordo do tipo "vocês ficam presos, e eu me livro solto".

À sombra da generosa árvore que a ditadura plantou se autoanistiando, com o endosso do STF, os herdeiros políticos da ditadura não perderam a oportunidade de ressurgir por meio do fascismo de Jair Bolsonaro, o abjeto indivíduo que tinha como ídolo torturador que enfiava ratos e baratas em vaginas, confessadamente adepto da tortura e que defendeu ao longo de sua lamentável trajetória de obscuro deputado a ditadura militar. Lamentou não tivesse ela matado "uns 30 mil". O passado nunca está morto, nem mesmo é passado.

Eles nunca foram embora. Há nexo entre a convalidação da Lei de Anistia pelo STF e a tentativa de golpe de Estado de 2022, que passava pelo assassinato do Presidente Lula, do vice Alckmin e do Ministro Alexandre de Moraes. Evidente que os crimes não se esgotariam aí. Se o Presidente seria morto, o que aconteceria com militantes, líderes da esquerda, opositores em geral? Teríamos outra jornada de assassinatos, torturas, violações dos direitos humanos, a retomada da ditadura depois de 37 anos.

Somente uma tola ingenuidade pode pensar que a tentativa de golpe de 2022 não se consumou porque as Forças Armadas de repente,

---

4 *Valor Econômico*, 6 maio 2020.

não mais que de repente, fizeram-se legalistas. O comandante da Marinha estava pronto para colocar o golpe na rua. Os comandantes do Exército e Aeronáutica resistiram por amor à legalidade ou por cálculo, medo de se enrascarem em uma aventura, sem apoio internacional? Temos motivos de sobra para suspeitar, diante do que a história mostra, particularmente após 1945, que não esteve em questão o cumprimento do dever constitucional.

Ninguém chega aos postos mais altos da carreira militar imune a essa cultura. O ora comandante do Exército nomeado por Lula, Tomás Ribeiro Paiva, era chefe de Gabinete do general Villas Boas, comandante do Exército em 2018, que quis intimidar o STF com o famigerado tuíte na véspera do julgamento do *habeas corpus* em favor de Lula: "asseguro à nação que o Exército Brasileiro julga compartilhar o anseio de todos os cidadãos de bem de repúdio à impunidade e de respeito à Constituição, à paz social e à democracia, bem como se mantém atento às suas missões institucionais". Segundo matéria do *Uol* assinada por Thaís Oyama, o general Paiva sugeriu o "termo chave" do tuíte, impunidade.[5]

Não teríamos corrido o risco de um sangrento golpe em 2022 se tivéssemos acertado contas com os responsáveis pelos crimes contra a humanidade cometidos durante a ditadura militar como o fizeram Argentina, Uruguai e Chile. Sintomaticamente, nunca mais estiveram na iminência de um golpe militar como nós estivemos.

Mas ainda é tempo. O STF tem agora a oportunidade de corrigir o trágico erro do julgamento de 2010. Tramita desde 2014, dormindo nos escaninhos da Corte, a ADPF 320, proposta pelo jurista Fabio Konder Comparatto em nome do PSOL. Posteriormente

---

5 OYAMA, Thaís. "Novo comandante foi quem sugeriu termo-chave do tuíte de Villas-Bôas". *Uol*, 21 mar. 2023. Disponível em: https://noticias.uol.com.br/colunas/thais-oyama/2023/01/21/novo-comandante-foi-quem-sugeriu-termo-chave-do-tuite-de-villas-boas.htm. Acessado em: 22.02.2025.

ao julgamento da ADPF 153, a Corte Interamericana de Direitos Humanos decidiu que a Lei da Anistia não pode impedir a investigação e punição de graves violações de direitos humanos, crimes contra a humanidade (caso Gomes Lund, Guerrilha do Araguaia). Determinou que o Brasil investigasse, identificasse os responsáveis e reparasse as vítimas. Trata-se, assim, de fundamento diverso daquele que embasou a ADPF 153, o controle da convencionalidade, respeito a tratados ou convenções firmados pelo Brasil. O país é signatário da Convenção Americana de Direitos Humanos (Pacto de San José da Costa Rica) e aceita a jurisdição da Corte.

Recentemente, o Ministro Flavio Dino, por outra vertente, limitada, sustentou que o crime de ocultação de cadáver, sendo permanente, não é alcançado pela Lei da Anistia. Está em curso enquanto não aparecer o corpo, portanto, não consumado antes da lei, fora de sua abrangência. O entendimento, se adotado pelo STF, abre a possibilidade de punir os desaparecimentos de responsabilidade da ditadura, que igualmente são crimes permanentes. É um juízo fundamentado no Direito Penal nacional. Não se vale de conceitos do Direito Penal Internacional, que determinam a punição a todos os crimes contra a humanidade, imprescritíveis e insuscetíveis de anistia.[6] Os cânones do Direito Penal Internacional é que devem ser invocados.

2

O Estado brasileiro aderiu à Convenção Americana sobre Direitos Humanos. O controle de convencionalidade, respeito às obrigações internacionais assumidas pelo país, é dever do Judiciário e de todos os poderes do Estado. Decorre do elementar princípio *pacta sunt*

6 "Art. 7º do Estatuto de Roma: graves violações de direitos humanos no âmbito de um ataque generalizado ou sistemático contra uma população civil. Assassinato, tortura, prisão ou privação grave da liberdade física, violação sexual, desaparecimento forçado".

servanda. Há desavisados que, diante da determinação da Corte Interamericana, esperneiam invocando a soberania nacional. Ora, a adesão ao tratado ou convenção se dá exatamente por um ato de soberania. Invocá-la para não cumprir as obrigações internacionais é insuperável contradição lógica. Veja-se esta passagem da decisão da Corte Interamericana no caso guerrilha do Araguaia:

> A obrigação de cumprir as obrigações internacionais voluntariamente contraídas corresponde a um princípio básico do Direito sobre a responsabilidade internacional dos Estados, respaldado pela jurisprudência internacional e nacional, segundo o qual aqueles devem acatar suas obrigações convencionais e internacionais de boa-fé (*pacta sunt servanda*). Como já salientou esta Corte e conforme dispõe o artigo 27 da Convenção de Viena sobre o Direito dos Tratados de 1969, os Estados não podem, por razões de ordem interna, descumprir obrigações internacionais. As obrigações internacionais dos Estados-Partes vinculam todos seus poderes e órgãos, os quais devem garantir o cumprimento das disposições convencionais e seus efeitos próprios (*effet utile*) no plano do seu Direito interno.

Mas há mais. Além das obrigações internacionais convencionadas, *há normas imperativas de Direito Internacional que devem ser aplicadas independentemente de acordo*. A Convenção de Viena sobre Direito dos Tratados estabelece que é nulo o tratado que no momento de sua conclusão esteja em conflito com norma imperativa de Direito Internacional. Norma imperativa de Direito Internacional, define a Convenção de Viena, "é uma norma aceita e reconhecida pela comunidade internacional dos Estados como um todo, como norma da qual nenhuma derrogação é permitida e que só pode ser modificada por norma ulterior de Direito Internacional geral da mesma natureza".

Em outras palavras, trata-se de *jus cogens*, distinto do *jus dispositivum*, que diz respeito a normas que somente valem quando emanadas das vontades dos sujeitos de direito. As normas cogentes

> determinam ou imperam independentemente da vontade das partes, de maneira que não é lícito derrogá-las, nem absoluta, nem relativamente, à vista do fim determinado que as partes se proponham alcançar; porque a obtenção desse fim está cabalmente disciplinada pela norma mesma.[7]

Após a Segunda Guerra Mundial, após os horrores da eliminação de milhões de seres humanos em escala industrial, após Nuremberg, é intolerável a defesa do conceito de Direito como um ato de vontade de um Estado soberano indiferentemente ao conteúdo da norma, válido apenas pela característica coercitiva e observância formal de procedimentos pelos quais ingressa na esfera jurídica. Intolerável porque implicaria reconhecer a juridicidade dos crimes nazistas, por exemplo.

O princípio da dignidade humana é hoje direito cogente, imperativo, vinculante, absoluto.

> Tudo tem ou um preço ou uma dignidade. Quando uma coisa tem um preço, pode-se pôr em vez dela qualquer outra como equivalente; mas quando uma coisa está acima de todo o preço, e, portanto, não permite equivalente, então tem ela dignidade.[8]

A dignidade humana e seus corolários transferiram-se do plano filosófico ou teológico em que transitavam para o jurídico. O que

---

7 Del Vechio *apud* MAYNEZ, Eduardo Garcia. *Introducción al estudio del derecho*. Cidade do México: Editorial Porrúa, 2019, p. 94.

8 KANT, Immanuel. *Fundamentação da metafísica dos costumes*. [S.l.]: [s.n.], [1785].

estabelece a Declaração Universal dos Direitos Humanos não pode ser ignorado por qualquer Estado na ordem internacional: reconhecimento da dignidade inerente a todos, direitos iguais e inalienáveis, direito de receber dos tribunais nacionais competentes remédio efetivo para os atos que violem os direitos fundamentais, direito à vida, à liberdade e à segurança pessoal, de não ser submetido à tortura ou a tratamento, castigo cruel, desumano ou degradante.

Independentemente da intenção dos redatores da Declaração em 1948, hoje a Declaração é parte do Direito costumeiro das nações e é, portanto, vinculante a todos os Estados. A Declaração Universal e os princípios nela enunciados têm sido oficialmente invocados em muitas ocasiões tanto no âmbito das Nações Unidas como fora dele (John P. Humphrey).

Pode-se hoje, persuasivamente, afirmar que partes substanciais da Declaração Universal – uma resolução da Assembleia Geral da ONU adotada em 1948 sem qualquer dissenso e originalmente concebida de modo a não conter obrigações internacionais – têm se tornado parte do Direito costumeiro Internacional vinculante a todos os Estados. Esta visão, a princípio defendida por juristas, mas, posteriormente, reiterada por conferências internacionais, pela prática dos Estados e inclusive por decisões judiciais, parece hoje ter alcançado uma aceitação generalizada (Richard B. Lilich).[9]

Da mesma forma, o Direito Penal Internacional, de aplicação cogente. M. Cherif Bassiouni em *Crimes against humanity*[10] explica o fundamento da imperatividade das normas de Direito Penal Internacional. Há regras que não podem ser afastadas pelos Estados. Assim, por exemplo, o pirata é *hostil humanis generis*:

---

9 Ambas as citações *apud* PIOVESAN, Flávia. *Direitos Humanos e o Direito Constitucional Internacional*. São Paulo: Max Limonad, 1996, pp. 163-164.

10 BASSIOUNI, M. Cherif. *Crimes against humanity*. Cambridge: Cambridge University Press, 1999, pp. 267-268.

> Pode haver qualquer dúvida de que, se dois Estados concordarem em permitir a pirataria em uma determinada área, ou contra navios mercantes de um determinado Estado, um tal acordo seria nulo? Ou um tratado em que dois aliados concordam em fazer uma guerra com métodos que violam as regras consuetudinárias, como o dever de clemência?[11]

E ainda:

> Há certas condutas ilegais que nunca podem ser justificadas (...). São atos que não são meramente ilegais, mas *malum in se*, como certas violações dos direitos humanos, das leis de guerra, e outras regras de "*jus cogens*" – são obrigações de caráter absoluto, cujo cumprimento não depende de reciprocidade, mas é necessário em todas as circunstâncias.[12]

O precedente de Nuremberg foi consolidado pela ONU em 1950 como regra de Direito Internacional, imperativas. São os Princípios de Nuremberg:

> I – Qualquer pessoa que cometa atos que constituam um crime de guerra segundo o Direito Internacional será responsável e sujeito a punição.
>
> II – O fato de as leis internas não imporem sanções por um ato que constitua crime segundo o Direito Internacional não exime a pessoa de responsabilidade.
>
> III – O fato de uma pessoa que cometeu um ato criminoso segundo o Direito Internacional seja chefe de Estado ou autoridade não a exime de responsabilidade perante o Direito Internacional.

---

11 Lord Mc Nair *apud* BASSIOUNI, M. Cherif. *Crimes against humanity*. Cambridge: Cambridge University Press, 1999.

12 Gerald Fitzmaurice *apud* BASSIOUNI, M. Cherif. *Crimes against humanity*. Cambridge: Cambridge University Press, 1999.

> IV – O fato de uma pessoa atuar sob as ordens de seu governo ou de um superior não a exime de responsabilidade perante o Direito Internacional, sempre que se demonstre que tinha possibilidade de conduta diversa.
>
> V – Qualquer pessoa acusada de crime perante o Direito Internacional tem direito a um julgamento justo perante a lei.
>
> VI – Os crimes que se enumeram aqui são puníveis perante o Direito Internacional
>
> (...)
>
> C – Crimes contra a humanidade:
>
> Assassinato, extermínio, escravidão, deportação e qualquer outro ato desumano contra qualquer população civil, ou perseguição por motivos religiosos, raciais ou políticos, quando ditos atos ou persecuções estejam em conexão com qualquer crime contra a paz ou qualquer crime de guerra.[13]

O relatório da Comissão Nacional da Verdade apontou 434 mortos ou desaparecidos durante o período da ditadura militar. Assassinatos, execuções sumárias, torturas e mortos sob tortura. A Corte Interamericana de Direitos Humanos os caracterizou como crimes contra a humanidade. Os requisitos básicos estão presentes: a magnitude dos fatos, o que faz deles questão internacional, e o sujeito ativo Estado. Sob a ditadura a tortura era política de Estado: "acho que a tortura, em certos casos, torna-se necessária para obter confissões", declarou o "estadista" Ernesto Geisel.[14]

---

13 Sobre a conexão com crimes de guerra, observa BASSIOUNI, M. Cherif. *Crimes against humanity*. Cambridge: Cambridge University Press, 1999: "o desenvolvimento pós-Carta (Estatuto de Londres), discutido no capítulo 4, removeu a conexão com uma guerra. Isto se iniciou em 1950 com o Relatório de Consolidação dos Princípios de Nuremberg da ILC [International Law Commision], seguidos por mais cautelosas definições dos crimes contra a humanidade do ICTY (International Criminal Tribunal for Yugoslavia)".

14 GEISEL, Ernesto. "Depoimento dado a Maria Celina D'Araújo e Celso Castro". *Centro de Pesquisa e Documentação de História Contemporânea*

O Estado moderno é ontologicamente distinto de qualquer organização política que a história conheceu. Detém os monopólios da violência, da norma jurídica e da tributação. É por isso um ente de imenso potencial ofensivo. A ciência e a tecnologia proporcionam recursos que, em mãos do fascismo, mas não só, tornam o Estado capaz de destruição em larga escala, de aniquilar vidas humanas aos milhões, de impor inenarráveis dores e sofrimentos às suas próprias populações ou de outros Estados. Assim, 1,5 milhão de armênios foram assassinados pelo Estado turco; 6 milhões de judeus mais cerca de 5 milhões de eslavos, poloneses, russos, Testemunhas de Jeová, ciganos, comunistas, socialistas, pela Alemanha nazista; 800 mil pessoas em Ruanda; na antiga Iugoslávia, 140 mil pessoas; cerca de 70 mil pessoas, pelas ditaduras militares da Argentina, Chile, Uruguai e Brasil. Por serem supremas ofensas à moralidade e à civilização, são crimes que não podem ser anistiados e jamais prescrevem.

3

O fascismo tem vocação para crimes contra a humanidade e genocídios. Mata por força de sua ideologia de fragmentação da sociedade, de divisão entre desejáveis e indesejáveis, de superioridade de uma parte da sociedade sobre outras segundo critérios de "raça", convicções políticas, constituição física, psíquica ou sexual, pela inversão ideológica dos conceitos de bem e mal.

Tivemos um fascista no poder, logo tivemos genocídio e crime contra a humanidade. Durante a pandemia, Jair Bolsonaro dividiu a sociedade entre os "fortes", que podiam resistir ao vírus, e os "fracos", os não atletas que podiam morrer. O distanciamento e o isolamento social lhe trariam prejuízos políticos. Adotou a "tese" da "imunidade de rebanho" (quanto mais pessoas se infectassem, mais cedo a pandemia terminaria) de nenhum embasamento científico e

---

do Brasil (CPDOC), Fundação Getúlio Vargas (FGV), 1997.

que somente podia resultar na perda de milhares de vidas, como de fato ocorreu. Sendo fracos os idosos, os portadores de comorbidades, que morressem. Eugenia fascista.

Segundo a pesquisadora Daysi Ventura, a propagação do vírus era uma estratégia institucional, política de Estado, operada por meio de atos normativos, obstrução às respostas dos governos estaduais e municipais à pandemia e propaganda contra a saúde pública. Era um

> discurso político que mobilizava argumentos econômicos, ideológicos e morais, além de notícias falsas e informações técnicas sem comprovação científica, com o propósito de desacreditar as autoridades sanitárias, enfraquecer a adesão popular às recomendações de saúde baseadas em evidências científicas, e promover o ativismo político contra as medidas de saúde pública necessárias para conter o avanço da covid-19.[15]

Estudo internacional[16] concluiu que, até 14 de novembro de 2021, morreram 720 mil pessoas de covid no Brasil. No mundo, a covid matou 194 a cada 100 mil. No Brasil, 332 a cada 100 mil. A taxa mundial de infecção por 100 habitantes foi de 49%, mas, no Brasil, de 66%. O atraso doloso na compra de vacinas responde por milhares de mortos. Pode-se razoavelmente estimar em 300 mil os que perderam a vida por culpa da política de Estado de Bolsonaro.

---

15 CEPEDISA; CONECTAS. "Direitos na Pandemia: mapeamento e análise das normas jurídicas de resposta à covid-19 no Brasil". *Faculdade de Saúde Pública da Universidade de São Paulo*, 2020. Disponível em: https://cepedisa.fsp.usp.br/?page_id=162. Acessado em: 21.02.2025.

16 REINACH, Fernando. "Estudo quantifica a tragédia causada por Bolsonaro na pandemia de covid-19 no Brasil". *O Estado de S. Paulo*, 25 jun. 2022. Disponível em: https://www.estadao.com.br/ciencia/fernando-reinach/estudo-quantifica-a-tragedia-causada-por-bolsonaro-na-pandemia-de-covid-19-no-brasil/?srsltid=AfmBOor5i1ieS__x13u8PK3acK5bpsoRtZ-eUt7StBMAToDILS2YxuQd. Acessado em: 21.02.2025.

Pesquisa do Centro de Estudos Sou Ciência da Universidade Federal de São Paulo (Unifesp) apurou que 62% da população acredita que houve conduta criminosa do governo Bolsonaro na pandemia e defende investigação sobre o excesso de óbitos e punição dos responsáveis.[17] Na verdade, ela já existe. A CPI da covid apurou e demonstrou abundantemente os crimes de Bolsonaro.

Assim, o genocídio de indígenas cabalmente demonstrado pela CPI.[18] Houve mais vítimas entre indígenas do que no restante da população, exceto na faixa de 30 a 39 anos. Segundo o relatório,

> o governo se recusou a fornecer insumos vitais, como a água, e usou a pouca assistência oferecida como álibi para tentar esconder as omissões deliberadas no seu dever de proteger. Sempre que foi instado, mesmo judicialmente, a criar planos robustos de proteção, manteve uma atitude ambígua e recalcitrante.

Segundo parecer da Comissão de Juristas constituída por Miguel Reale Jr., Sílvia Steiner, Helena Regina Lobo da Costa e Alexandre Wunderlich, "o ataque foi generalizado na medida em que atingiu vários grupos e comunidades indígenas" e implantado

---

17 LACERDA, Nara. "Covid: 62% da população acredita que houve conduta criminosa do governo Bolsonaro na pandemia". *Brasil de Fato*, 26 set. 2023. Disponível em: https://www.brasildefato.com.br/2023/09/26/covid-62-da-populacao-acredita-que-houve-conduta-criminosa-do-governo-bolsonaro-na-pandemia/. Acessado em: 21.02.2025.

18 Genocídio e crimes contra a humanidade são tipos penais distintos, ambos imprescritíveis e insuscetíveis de anistia. O Estatuto de Roma do Tribunal Penal Internacional (TPI) define o crime de genocídio no seu artigo 6º: atos cometidos com a intenção de destruir, total ou parcialmente, um grupo nacional, étnico, racial ou religioso, como tal: matar membros do grupo; causar danos físicos ou mentais graves aos membros do grupo; submeter os membros do grupo a condições de vida calculadas para provocar sua destruição física total ou parcial. Os crimes contra a humanidade têm como vítimas a população em geral, sem o requisito de se tratar de grupo nacional, étnico, racial ou religioso.

de forma sistemática, "obedecendo a um planejamento deliberado". O parecer constou do Relatório da CPI.

A CPI apontou os seguintes crime do governo Bolsonaro na pandemia, pedindo o indiciamento de 78 pessoas, inclusive do ex-Presidente: tentativa de homicídio, perigo para a vida ou saúde de outrem, epidemia, infração de medida sanitária preventiva, omissão de notificação de doença, charlatanismo, incitação ao crime, falsificação de documento particular, falsidade ideológica, uso de documento falso, emprego irregular de verbas ou rendas públicas, corrupção passiva, prevaricação, advocacia administrativa, usurpação de função pública, tráfico de influência, corrupção ativa, fraude em licitação ou contrato, fraude processual, crime de organização criminosa e crime contra humanidade nos termos do Estatuto de Roma, art. 7º, 1, k.

O relatório da CPI repousa no gabinete do procurador geral da República. Representações chegaram ao paquidérmico Tribunal Penal Internacional para nada por enquanto. Espera-se que em algum momento o que existe de civilização reaja à magnitude dos crimes, que estão submetidos a jurisdição universal. Qualquer juiz em qualquer lugar pode exercer jurisdição sobre ele.

Referências bibliográficas

BASSIOUNI, M. Cherif. *Crimes against humanity*. Cambridge: Cambridge University Press, 1999.

CEPEDISA; CONECTAS. "Direitos na Pandemia: mapeamento e análise das normas jurídicas de resposta à covid-19 no Brasil". *Faculdade de Saúde Pública da Universidade de São Paulo*, 2020. Disponível em: https://cepedisa.fsp.usp.br/?page_id=162. Acessado em: 21.02.2025.

GEISEL, Ernesto. "Depoimento dado a Maria Celina D'Araújo e Celso Castro". *Centro de Pesquisa e Documentação de História Contemporânea do Brasil (CPDOC)*, Fundação Getúlio Vargas (FGV), 1997.

KANT, Immanuel. *Fundamentação da metafísica dos costumes*. [S.l.]: [s.n.], [1785].

LACERDA, Nara. "Covid: 62% da população acredita que houve conduta criminosa do governo Bolsonaro na pandemia". *Brasil de Fato*, 26 set. 2023. Disponível em: https://www.brasildefato.com.br/2023/09/26/covid-62-da-populacao-acredita-que-houve-conduta-criminosa-do-governo-bolsonaro-na-pandemia/. Acessado em: 21.02.2025.

MAYNEZ, Eduardo Garcia. *Introducción al estudio del derecho*. Cidade do México: Editorial Porrúa, 2019.

OYAMA, Thaís. "Novo comandante foi quem sugeriu termo-chave do tuíte de Villas-Bôas". *Uol*, 21 mar. 2023. Disponível em: https://noticias.uol.com.br/colunas/thais-oyama/2023/01/21/novo-comandante-foi-quem-sugeriu-termo-chave-do-tuite-de-villas-boas.htm. Acessado em: 22.02.2025.

PINHEIRO, Paulo Sergio. "O STF de costas para a humanidade". *Folha de S. Paulo*, 5 maio 2010.

PIOVESAN, Flávia. *Direitos Humanos e o Direito Constitucional Internacional*. São Paulo: Max Limonad, 1996.

REINACH, Fernando. "Estudo quantifica a tragédia causada por Bolsonaro na pandemia de covid-19 no Brasil". *O Estado de S. Paulo*, 25 jun. 2022. Disponível em: https://www.estadao.com.br/ciencia/fernando-reinach/estudo-quantifica-a-tragedia-causada-por-bolsonaro-na-pandemia-de-covid-19-no-brasil/?srsltid=AfmBOor5i1ieS__x13u8PK3acK5bpsoRtZ-eUt7StBMAToDILS2YxuQd. Acessado em: 21.02.2025.

CAPÍTULO XXVII

RUBENS CASARA: JURISTA, PENSADOR E DEFENSOR DA DEMOCRACIA

MARCOS PEIXOTO

Minha amizade com Rubens começou talvez no melhor local possível para o início de uma longa e fraterna história: dentro de uma livraria. Estava eu num dos primeiros anos do século XXI a paquerar livros jurídicos dentro da hoje finada (dentre tantas outras...) livraria Renovar em Ipanema quando ele se aproximou e perguntou se eu era juiz, já que tinha me visto algumas vezes no Tribunal de Justiça do Rio de Janeiro (TJRJ). Respondi que sim, ele se apresentou e ali mesmo batemos um primeiro papo, que voltou a se repetir algumas vezes depois até aprofundarmos nossa amizade ao detectarmos inúmeros interesses, posicionamentos, amigo(a)s e gostos em comum (exceção feita ao Botafogo... Mas vá lá: pelo menos não é flamenguista...), isto além da crescente admiração minha por esse que reputo, sem exagero, um dos maiores magistrados de nossa geração.

Rubens Roberto Rebello Casara é um jurista, magistrado, pesquisador, psicanalista membro do Corpo Freudiano, escritor, professor e pensador cuja trajetória se destaca pela profunda e fundada crítica ao sistema judiciário, ao sistema capitalista neoliberal sobretudo em sua vertente brasileira racista, machista e protofascista, notabilizando-se pela defesa intransigente dos direitos humanos e da democracia. Com estudos de pós-doutoramento na Universidade Paris 10, doutor em Direito e mestre em Ciências Penais, Casara alia sua atuação na magistratura a reflexões teóricas que transcendem o campo jurídico sem o desprezar, dialogando com áreas como filosofia, sociologia e psicanálise.

Como juiz do TJRJ, Casara vem construindo uma carreira marcada por decisões que priorizam a dignidade humana, tornando-se um dos fundadores do Movimento da Magistratura Fluminense pela Democracia (MMFD), membro do Grupo Reconstrução (coletivo de juízes originado da chapa que concorreu à AMAERJ liderada por Geraldo Prado e que atuou em prol da democratização interna do TJRJ entre 2006 e 2010) e da Associação Juízes para a Democracia (AJD). Sua postura desafia a noção tradicional(ista) e hipócrita de neutralidade judicial, defendendo que a aplicação da lei deve estar, sempre, comprometida com os direitos fundamentais, a busca da democracia material, da justiça social e da redução das desigualdades, as quais, especialmente em nosso país, se mostram abissais, vergonhosas e inaceitáveis, frutificando em violência.

Crítico contundente do sistema judiciário, Casara denuncia, em artigos e livros como *Prisão: além do senso comum*, *Prova e verdade* (os dois em coautoria com Juarez Tavares), *Mitologia processual penal*, *Processo penal do espetáculo* ou “Interpretação retrospectiva”, de que modo o Poder Judiciário brasileiro frequentemente se recusa a avançar no sentido de um processo penal minimamente garantista e democrático ou reproduz estruturas de poder que perpetuam violências sociais e econômicas.

Em obras mais recentes como *Estado Pós-Democrático*, *Sociedade sem lei*, *Bolsonaro: o mito e o sintoma* e *Contra a miséria neoliberal*, analisa a crise das instituições democráticas, a banalização da violência estatal e o avanço de discursos autoritários no país, apontando soluções e salientando o preocupante destino que nos aguarda caso não adotadas. Seu pensamento interdisciplinar, influenciado por autores como Michel Foucault, Giorgio Agamben, Jacques Lacan, Simone de Beauvoir, Judith Butler, Achille Mbembe, Christian Laval, Pierre Dardot, dentre outros, questiona a relação entre poder e exceção, analisando especialmente o contexto brasileiro.

Casara também se tornou uma das principais e mais abalizadas vozes ativas contra o punitivismo, defendendo alternativas ao encarceramento em massa, como políticas de redução de danos e alternativas penais. Em artigos e palestras, critica a seletividade do sistema penal, que criminaliza pobres e negros enquanto comumente sequer investiga elites envolvidas em crimes de colarinho branco e tráficos internacionais os mais variados (tóxicos, armas, órgãos, seres humanos...), num mercado multimilionário que alimenta, como principal raiz, as mais variadas mazelas nacionais como a absurda, sanguinária e inútil "guerra às drogas".

Intelectual engajado publicamente, Casara participa de debates sobre temas como segurança pública, feminismo(s), neoliberalismo, direitos LGBTQIA+ e combate ao racismo, sempre destacando a importância de ouvir movimentos sociais e comunidades periféricas. Sua postura independente, corajosa e firme rendeu-lhe tanto reconhecimento quanto controvérsias, como o processo disciplinar no Conselho Nacional de Justiça (CNJ) após críticas públicas, junto a outros três colegas juízes, feitas durante protesto popular contra o vergonhoso processo de *impeachment* de Dilma Rousseff, episódio que levantou debates sobre os limites da liberdade de expressão de magistrados, restando aquele processo disciplinar enfim trancado por correta decisão oriunda do Supremo Tribunal Federal.

Durante os malfadados processos dentro da alcunhada Operação Lava Jato, destacou-se na resistência ao autoritarismo judiciário, denunciando o uso do Direito como instrumento para alcançar projetos de poder personalíssimos, além de ferramenta de perseguição política (*lawfare*) e erosão de garantias democráticas, alertando para o ovo da serpente então gestado e que culminaria, em última análise – tamanhos os sentimentos de ódio e sectarismo fomentados –, na gravíssima tentativa de golpe antidemocrático de 2022, incrementado por um longo (e ainda em curso!) processo de idiossubjetivação, pormenorizadamente explicado por Casara em seu mais recente livro *A construção do idiota*.

Casara mantém diálogo constante também com a criminologia crítica, propondo análises que consideram fatores estruturais latino-americanos como racismo, desigualdade de gênero e exclusão econômica. Sua defesa de uma justiça menos burocrática e mais sensível a contextos sociais o aproxima de pautas como a descriminalização de drogas e a proteção da liberdade de imprensa e de defensores de direitos humanos.

Talvez um ponto fora da curva dentre seus escritos seja *Um fascista no divã* (em coautoria com Marcia Tiburi), não por eventual ausência de respaldo teórico já que encontra fundamento, por exemplo, em pensadores como Sigmund Freud e Theodor Adorno, mas, sim, por tratar-se de uma obra ficcional, mais especificamente, uma deliciosa peça teatral recheada de ironias e sarcasmo em que é analisada a personalidade autoritária, orgulhosamente estúpida e arrogante de um caricato porém popular político brasileiro de extrema direita, tão fictício quanto factível e verossímil, escrita entre 2016 e 2017, oportunamente lançada em 2021.

Rubens Casara, colega e querido amigo, personifica, no meio jurídico, o intelectual público comprometido com a transformação social. Sua história de vida inspira variados profissionais do Direito a repensarem práticas jurídicas sob uma perspectiva ética, enquanto sua coragem em confrontar poderes estabelecidos o consolida como figura essencial para entender os desafios do Judiciário e da democracia brasileira no século XXI.

Mais do que a própria guerra, importa ter Rubens ao nosso lado nas trincheiras, como escreveu um dia Hemingway. E se acaso aqui ou ali derrotados, como disse Darcy Ribeiro, tais fracassos são nossas vitórias, pois, em tempos de crise climática e retorno do autoritarismo (para citar somente duas das tendências globais contemporâneas), detestaríamos estar no lugar daqueles que nos venceram.

CAPÍTULO XXVIII

LEMBRANÇAS E ESPERANÇAS: CONVERSANDO COM O AMIGO RUBENS

MARIA HELENA BARROS DE OLIVEIRA

Rubens, amigo querido, quero mais uma vez conversar com você. Desta vez, essa honra foi estimulada pelo nosso amigo em comum Geraldo Prado e por Rafael Valim, quando tiveram essa brilhante ideia de homenagear você, através da produção de um livro. Agradeço muito aos dois por essa prazerosa oportunidade, única e rara de falar para um amigo o quanto o amamos, de uma forma construída a partir de nossas lembranças, de nossas vivências, de nossas esperanças e, principalmente, pelo reconhecimento desse outro especial que é você.

Já conversamos muito, em muitas ocasiões, em lançamento de livro de amigos, que não são poucos, em aniversários de pessoas amigas em comum, em homenagens a amigos queridos como o Juarez Tavares, em salas de aula, em escrita de livro que produzimos juntos, em debates políticos, em momentos em que estávamos fisicamente tão distantes, tínhamos um oceano entre nós, em conversas aconchegantes sobre nossas vidas, nossos amores, com uma taça de vinho ou não, brindando à vida. Enfim, conversas, conversas e conversas.

Quando Geraldo e Rafael me convidaram para participar deste livro, depois do impacto de alegria e surpresa, fiquei pensando por alguns dias como iria escrever, por onde começar, já que você é um ser repleto de delicadezas, de olhares cúmplices, de falas de sabedoria, de abraçar suave e amigo, de estar sempre pronto para a escuta. Então, por onde começar? Aí descobri que não tinha como ter um começo e resolvi entrar em um turbilhão de emoções que me invadiram para mais uma vez conversar com você. A conversa com você simplesmente flui, como um rio que segue, em alguns trechos, de seu leito com águas mais agitadas e com curvas sinuosas, em outros, translúcidas, com muita calma e sabedoria. Simplesmente conversar com o amigo.

Nessa nossa conversa, antes de tudo a ser falado, muito tenho que agradecer por uma produção tão importante, necessária e generosa como são as suas publicações, através de livros, aulas, entrevistas, enfim, as diversas formas de exercício da sua generosidade acadêmica e política. A sensação que tenho a cada livro seu que leio é que você, de forma solidária e generosa, decidiu simplesmente dividir com o leitor suas dúvidas, suas reflexões e, principalmente, suas conclusões, que seguem tornando-se novas questões.

O maravilhoso de suas contribuições é que elas nos levam a refletir muito e nos convidam a pensar, como um desafio cúmplice de buscar entender o porquê de como as coisas são e/ou poderiam ser. Você é um natural encantador no envolvimento de nos fazer pensar e, principalmente, acreditar na possibilidade de um mundo melhor. Como você muito bem diz "pensar e amar são atos revolucionários".[1]

---

1 CASARA, Rubens R. R. *A construção do idiota*: o processo de idiossubjetivação. Rio de Janeiro: Da Vince Livros, 2024, p. 313.

> O desconhecido nos fascina, mas também nos cobre de temores, que só o ato do amor-coragem pode fazer caminhar e, paulatinamente, ir desvendando cada mistério, desvelando cada medo e construindo passagens para a consolidação de epistemologias, produto de saberes inquietos e inquietantes.[2]

Ultimamente, tenho mais sistematicamente refletido sobre as dores e esperanças que constituem parte da essência dos direitos humanos. Na última coletânea que tive o prazer de organizar, com os amigos Luiz Carlos Fadel de Vasconcellos e Marcos Besserman Vianna, trabalho este que é um produto do Departamento de Direitos Humanos e Saúde/DIHS, da Escola Nacional de Saúde Pública Sérgio Arouca/ENSP, da Fundação Oswaldo Cruz/Fiocruz, busquei refletir mais profundamente sobre os direitos humanos.

Aproveito aqui para agradecer sua participação nessa coletânea, mais que isso, agradecer por você seguir sendo um dos colaboradores tão fundamentais do DIHS. Contar com suas reflexões nos leva a um caminho de descobertas e aprofundamentos. Que bom ter você como professor convidado em nosso departamento, contribuindo em tantos cursos e disciplinas.

Quero trazer para essa conversa alguns trechos do capítulo que escrevi, "Dores e esperanças: refletindo sobre direitos humanos e saúde", para trocarmos ideias, já que o amor é uma ser presente em nossas cabeças e corações. Assim, nestas páginas, buscarei gerar recortes de escritas que produzimos, cada um em sua trajetória, quando optamos por assumir a radicalidade do tema dos direitos humanos em nossas vidas.

No lugar dos direitos humanos no mundo, que é o lugar da dignidade humana, me encontrei contigo, através de uma pessoa muito amada, que é o Sérgio Verani, e nunca mais nós dois nos separamos.

---

2 CASARA, Rubens R. R. *A construção do idiota*: o processo de idiossubjetivação. Rio de Janeiro: Da Vince Livros, 2024, p. 24.

Obrigada, Verani, por esse presente em minha vida. Obrigada por você ser a expressão da dignidade, simplicidade e muita competência, tanto em sua carreira jurídica quanto como diretor da Escola da Magistratura do Estado do Rio de Janeiro/EMERJ.

Falei que essa conversa deveria ter lembranças e retornei a um tempo, agora já bem distante, em torno de 1981, quando trabalhei na Colônia Juliano Moreira, no Estado da Paraíba. Retornar a esse tempo aflora os porquês de nosso encontro, de nossas similaridades. Nosso trabalho tinha em comum populações em estado absoluto de vulnerabilidade. Falo do exercício da judicância penal, dos espaços do presídio e da instituição psiquiátrica. Mundo de dores e desesperanças, de aglomeração humana em sua mais potente vulnerabilidade.

Acredito que toda a minha relação com os direitos humanos é a relação com a dor, é a relação com o confronto com a dor, com a imersão na dor, para retirar essa dor, para sobreviver a essa dor, para resistir a essa dor e para sair dessa dor. Desde o meu trabalho lá na instituição psiquiátrica, acho que confrontar a dita loucura me colocava exatamente nesse lugar, nesse mundo da resistência, nesse mundo da luta. Porque, na verdade, o que nós tínhamos lá eram homens trabalhadores da agricultura, que passavam a ser robôs, impregnados por medicamentos. As pessoas tinham medo deles, porque poderiam ser violentos e atacar. Porém, o ataque a suas vidas e a violência em que viviam eram simplesmente invisibilizadas.

Nunca fui atacada por nenhum deles. Trabalhava num pavilhão com mais de 100 homens. À época, era uma mulher nova, de 20 e poucos anos, com os cabelos longos, e eu não me preocupava, andava como andava, mas nunca fui agredida por nenhum homem naquele pavilhão. Provavelmente, foi nessa vivência que acho que aprendi a olhar o outro.

Com aquele cheiro ruim que exalava de seus corpos pelo excesso de medicamentos, aquele cheiro ruim por não tomar banho, aquele cheiro ruim de não ser uma pessoa, de não ser gente, de ser uma coisa que estava ali, retirada da sociedade e colocada em um lixo de desumanidades. Aprendi muito, tanto o cheiro, tanta a visão, tanto o toque, tudo, absolutamente tudo mexeu comigo de uma forma que eu disse "não". Não quero seguir com esse trabalho individual, quero lutar por uma coisa que seja mais coletiva. Só entendo o trabalho como sendo uma coisa coletiva, uma coisa que é produzida por um conjunto de pessoas visando à construção, à transformação. Esse foi o caminho que encontrei com os direitos humanos.

Para realçar nossas similaridades trago à tona um texto seu que diz assim:

> Há uma brutal separação entre a teoria e a prática, entre o dever ser e o ser. Com base em cálculos de interesse tipicamente neoliberais, para satisfazer uma pequena parcela da população mundial (os detentores do poder econômico), são tomadas decisões biopolíticas que vão definir quem vive e quem morre (necropolítica), quem tem direito à dignidade e quem não tem. O exemplo da população prisional, ou seja, das pessoas que se encontram presas com ou sem condenação definitiva, é esclarecedor: encarcerados em condições degradantes, em violação à Lei de Execuções Penais (Lei n. 7.210/1984), pessoas morrem em razão de uma opção política.[3]
>
> O lado inverso da desigualdade é buscar compreender e agir no mundo baseando-se em relações fraternas, em constante adoção do fenômeno da diversidade, que nos diferencia e nos aproxima, que nos coloca em lugares próprios e especiais, que tem um olhar mútuo com base na dignidade da pessoa humana.[4]

É nesse lugar, amigo querido, que você se coloca como juiz criminalista, quando adota o abolicionismo como perspectiva

---

3 CASARA, Rubens R. R. *A construção do idiota*: o processo de idiossubjetivação. Rio de Janeiro: Da Vince Livros, 2024, p. 115.

4 CASARA, Rubens R. R. *A construção do idiota*: o processo de idiossubjetivação. Rio de Janeiro: Da Vince Livros, 2024, p. 25.

estratégica para pensar o sistema prisional. É no lugar da humanidade que encontro o Rubens companheiro, jurista, professor, pai, amigo, enfim, o ser humano Rubens Roberto Rebello Casara, que, em sua linda trajetória, nos ensina como enfrentar a "sociedade sem lei". É nesse Rubens, riso de menino, olhar de esperança, que encontro o ponto de aprendizado e de reflexão sobre os direitos humanos.

> Refletir é um ato de amor, que traz em si a dor do existir, da vivência humana. Assim, pensar o conhecimento é pensar o encontro entre direitos humanos e saúde, na construção do ser humano. Como os conceitos, pressupostos e fundamentos que são construtos históricos desses conhecimentos – direitos humanos e saúde – constroem ou destroem a dignidade da pessoa humana. A desigualdade adentra as nossas portas sem pedir licença, criando violências multifacetadas em comportamentos misóginos, LGBTIfóbicos, discriminatórios, racistas, indignos e capacitistas que tentam dizimar histórias, culturas e valores produzindo identidades e pertencimentos. Identidades essas e pertencimentos esses que trazem na sua essência a dor do existir. Os direitos humanos devem olhar para ver e, ao ver, enxergar o que foi, o durante e o que vem. Aos direitos humanos cabem enxergar a essência da dor do existir, na vivência humana, no estigma, no preconceito e na discriminação. A dor do saber-se digno na paisagem da desigualdade; a dor do buscar sentimentos raros na paisagem escassa da solidariedade e encontrar a indiferença do olhar que não nos vê, que não nos reconhece, que não nos concebe.[5]
>
> Não se trata, portanto, de uma questão de mero ajuste teórico-formal, em que as violações aos direitos humanos podem ser consideradas como casos isolados ou atribuídas a falhas humanas, mas um fenômeno sócio material, hermenêutico e de reconhecimento. Há uma realidade, uma trama entre o simbólico (*locus* da linguagem e, portanto, dos limites) e o imaginário (a imagem que se faz das coisas e das pessoas),

---

5 CASARA, Rubens R. R. *A construção do idiota*: o processo de idiossubjetivação. Rio de Janeiro: Da Vince Livros, 2024, p. 24.

> em que existe uma espécie de hierarquia entre os seres humanos, na qual o sofrimento e a vulnerabilidade de parcela da população se tornou algo naturalizado.[6]

Seguimos nossa conversa, para mais uma vez adentrar as lembranças de fatos que nos aproximaram em um projeto extremamente importante e exitoso. Nesse caso, a parceria com a Escola da Magistratura do Estado do Rio de Janeiro/EMERJ, que se reafirmou através do também querido amigo Caetano Ernesto da Fonseca Costa, que, em sua gestão no biênio 2015/2016, efetivou um importante convênio com o DIHS/ENSP/Fiocruz para implementação do Mestrado Profissional Direitos Humanos, Justiça e Saúde, destinado à formação de juízes, a partir da contribuição do Rubens. Aproveito para agradecer a Caetano por essa parceria e a forma generosa e afetuosa com que sempre cuidou desse nosso trabalho.

Essa aproximação, mais que institucional, é uma aproximação epistemológica, em que é possível pensar o campo de conhecimentos de Direitos Humanos e Saúde. A colaboração do Rubens em todo esse processo foi fundamental. Desde a sua propositura para criação do referido curso, como também sua participação como professor, orientador e magistrado, que, de forma completamente generosa, se despe de qualquer tipo de vaidade e reflete sua prática com os colegas alunos, contribuindo para uma prática absolutamente emancipatória. O investimento que foi iniciado com Caetano seguiu, e o projeto de formação de juízes no campo dos Direitos Humanos e Saúde se consolidou como uma política dessa parceria entre as instituições; hoje, já formamos 32 mestres em Saúde Pública e está em curso a terceira turma que conta com 13 alunos. Por essa leitura ousada e ao mesmo tempo a confiança depositada em nosso trabalho, mais uma vez, agradeço a você, amado amigo.

---

6 OLIVEIRA, Maria Helena Barros de; CASARA, Rubens R. R.; TELES, Nair. *Direitos Humanos e Saúde*: reflexões e possibilidades de intervenção. Rio de Janeiro: Fiocruz, 2021, p. 14.

Ao serem observados por uma lente crítica, pode-se afirmar que os direitos humanos foram construídos a partir de lutas, de sacrifícios e de culpas, ou seja, são produtos humanos construídos a partir de um processo marcado por conflitos intersubjetivos. Fala-se, então, em um processo histórico de luta por direitos e do correlato reconhecimento dos direitos humanos como uma categoria jurídica.[7]

O direito à saúde, que não pode ser reduzido a uma abstração, enquadra-se dentre os direitos humanos de natureza social. Há o dever vital das Agências Estatais de assegurar a plenitude do valor "saúde". Para tanto, a saúde não pode ser tratada como uma mercadoria e nem o cidadão como um objeto negociável e/ou descartável. Por isso, revela-se correto afirmar que o direito à proteção da saúde comporta tanto uma dimensão negativa, que consiste no direito de exigir que o Estado ou particulares se abstenham de qualquer ato que prejudique a saúde, quanto a dimensão positiva já mencionada: que retrata o direito às medidas e prestações do Estado voltadas à prevenção e ao tratamento de doenças, bem como a melhora da qualidade de vida das pessoas.[8]

Com base em uma visão conglobante dos problemas das prisões, com ênfase na relação entre saúde e direitos humanos, abre-se uma perspectiva que permitirá um adequado diagnóstico da situação concreta da saúde pública no sistema penitenciário, como também a formulação de ações políticas em um sentido emancipatório, capaz de reduzir ao máximo os danos causados pelo fato de pessoas colocarem outras pessoas dentro de espaços que, em essência, não passam de jaulas. Dito de outra forma, essa relação entre prisão, saúde e direitos humanos, segundo a necessária ampliação do conceito de saúde pública, permitirá ações concretas direcionadas à transformação da sociedade

---

7 OLIVEIRA, Maria Helena Barros de; CASARA, Rubens R. R.; TELES, Nair. *Direitos Humanos e Saúde*: reflexões e possibilidades de intervenção. Rio de Janeiro: Fiocruz, 2021, p. 26.

8 OLIVEIRA, Maria Helena Barros de; CASARA, Rubens R. R.; TELES, Nair. *Direitos Humanos e Saúde*: reflexões e possibilidades de intervenção. Rio de Janeiro: Fiocruz, 2021, p. 35.

> em um sentido de ampliação das condições de vida digna e da redução do mal-estar. É necessário, ainda, compreender que salvaguardar a dignidade de cada pessoa é central ao se tratar do tema da saúde. O direito humano à saúde de todas e todos se relacionam à cidadania plena e ao direito à igualdade (não discriminação). Impõe-se uma concepção de saúde que sirva tanto à garantia do respeito às diferenças como à redução das desigualdades materiais. Isso porque a saúde, inclusive a saúde dos presos, pensada pela lente dos direitos humanos, torna-se um valor inegociável e, ao mesmo tempo, um dever do Estado correlato a um direito de cada indivíduo. Um direito, vale frisar, que não encontra limites de classe, gênero, raça, idade ou plasticidade: um verdadeiro trunfo contra maiorias de ocasião e/ou projetos políticos autoritários; um direito que não pode ser reduzido ao registro das mercadorias ou a cálculos de interesse direcionados ao lucro.[9]

Assim, no seu tempo do sossego, aprendo novas coisas, reformulo ideias e até reinvento concepções, a partir de conversas com você. Conversas muito boas são também aquelas em que faço quando vivo o imenso prazer de ler seus livros.

Obrigada pela reafirmação, em uma das dedicatórias de livro, que "estamos juntos, mesmo em tempos de pós-democracia". Por isso seguimos resistindo, a despeito de que

> a pós-democracia, então, caracteriza-se pela transformação de toda a prática humana em mercadoria, pela mutação simbólica através da qual todos os valores perdem importância e passam a ser tratados como mercadorias, portanto disponíveis para uso e gozo seletivo, em um grande mercado que se apresenta como uma democracia de fachada.[10]

---

9 CASARA, Rubens R. R. *A construção do idiota*: o processo de idiossubjetivação. Rio de Janeiro: Da Vince Livros, 2024, p. 123.

10 CASARA, Rubens R. R. (Coord.). *Em tempos de pós-democracia*. Florianópolis: Tirant lo Blanch, 2018, p. 17.

Muito tenho aprendido com você e muito ainda tenho a aprender. Nesta breve conversa, tentei destacar algumas das muitas reflexões suas. Acho importante destacar suas análises críticas ao neoliberalismo, com especial destaque para suas análises no seu livro *A construção do idiota: o processo de idiossubjetivação*.

As conversas da vida com pessoas especiais como você nunca se encerram. Às vezes, damos uma pequena pausa, para continuarmos em um outro momento de encontro. Assim faço aqui. Vou dar uma pequena pausa, até que nós reencontremos novamente.

Referências bibliográficas

CASARA, Rubens R. R. *Estado Pós-Democrático*: neo-obscurantismo e gestão dos indesejáveis. Rio de Janeiro: Civilização Brasileira, 2017.

______. (Coord.). *Em tempos de pós-democracia*. Florianópolis: Tirant lo Blanch, 2018.

______. *A construção do idiota*: o processo de idiossubjetivação. Rio de Janeiro: Da Vince Livros, 2024.

OLIVEIRA, Maria Helena Barros de; CASARA, Rubens R. R.; TELES, Nair. *Direitos Humanos e Saúde*: reflexões e possibilidades de intervenção. Rio de Janeiro: Fiocruz, 2021.

OLIVEIRA, Maria Helena Barros de; VASCONCELLOS, Luiz Carlos Fadel de; VIANNA, Marcos Besserman (Coord.). *Direitos humanos e saúde*: refletindo sobres as dores e esperanças. São Paulo: Hucitec, 2024.

CAPÍTULO XXIX

REFLEXÕES SOBRE PARIDADE DE ARMAS E OUTRAS GARANTIAS FUNDAMENTAIS

MARIA LÚCIA KARAM

Há exatamente vinte anos tive a honra e o prazer de escrever um texto com Rubens Casara[1] em que tratávamos da nítida e persistente violação à paridade de armas no processo penal refletida na inaceitável posição de destaque dada ao Ministério Público na definição cênica das salas de audiência e de sessões nos tribunais, onde se desenvolvem os atos processuais em que presentes o juiz e as partes.

Na devida homenagem a esse exemplar magistrado, importantíssimo jurista e querido amigo, parto daquele texto para fazer

1 CASARA, Rubens R. R.; KARAM, Maria Lucia. "Redefinição Cênica das Salas de Audiências e de Sessões nos Tribunais". *Revista de Estudos Criminais*, nº 19, Instituto Transdisciplinar de Estudos Criminais, Porto Alegre, 2005.

algumas reflexões não só sobre essa e outras questões relacionadas à paridade de armas, mas ainda sobre outras garantias fundamentais, lamentavelmente violadas na legislação processual penal brasileira e em sua interpretação jurisprudencial.

Na definição cênica das salas de audiência e de sessões, o Ministério Público, órgão acusador e parte autora na ação penal de natureza condenatória, coloca-se junto ao juiz singular ou ao Presidente do órgão julgador colegiado, enquanto o Advogado ou o Defensor Público, representando a parte contrária, permanece em plano fisicamente inferior e distante do órgão jurisdicional.

Como assinalamos no texto ora rememorado, tal inaceitável posição de destaque dada ao Ministério Público transmite aos próprios participantes do processo penal e à sociedade como um todo uma falsa visão a sugerir uma enganosa imparcialidade, uma superioridade e uma maior credibilidade da Acusação, claramente rompendo com o indispensável equilíbrio que, coerentemente com a cláusula do devido processo legal, há de existir entre as partes.

Com efeito, da cláusula do devido processo legal, expressa em normas inscritas nas declarações internacionais de direitos, bem como no inciso LIV da Constituição Federal brasileira, diretamente deriva a garantia da igualdade material entre Acusação e Defesa. Os sujeitos que figuram como partes no processo devem gozar de tratamento igualitário, de igualdade de oportunidades e instrumentos, com o equilíbrio em todos os aspectos que sejam capazes de influir, consciente ou inconscientemente, na construção da sentença penal. Para que o juiz possa decidir com imparcialidade, confrontando, comparando o que cada lado alega, as oportunidades de se manifestar, de produzir provas, de expor argumentos têm de ser iguais para os dois lados. É nesse equilíbrio que consiste a paridade de armas, naturalmente indispensável à efetivação da garantia do contraditório, igualmente derivada da cláusula do devido processo legal.

Desde logo, ressalto que a paridade de armas longe está de significar uma mecânica identidade entre as contrapostas posições processuais, significando, sim, o real equilíbrio entre estas, o que, com razoável frequência, estará a exigir intervenções legislativas. Mas estas, naturalmente, hão de se dar unicamente em prol do réu, diante da existência de um nítido desequilíbrio entre este, fragilizado pela ameaça de sofrer uma pena e a própria perda da liberdade, e o fortificado Ministério Público, atuante como órgão do Estado com o objetivo de fazer valer o poder de punir. Intervenções legislativas nesse campo só se autorizam, portanto, para reequilibrar a situação das partes no processo, compensando tal desequilíbrio real.

Nesse sentido, Francesco Caprioli[2] aponta que, ao efetivar o preceito constitucional consagrador da paridade de armas, o legislador ordinário não deve buscar improváveis simetrias, mas, sim, se preocupar, em primeiro lugar, em reduzir o fisiológico desequilíbrio derivado da natureza pública de uma das partes, às vezes a exigência de um desequilíbrio (*rectius*, reequilíbrio) normativo surgindo até mesmo como intuitiva.

Nenhuma razão poderia justificar, ao contrário, uma proteção especial dispensada a interesses relacionados com o poder do Estado de punir; nenhuma razão poderia justificar um tratamento diferenciado quando o beneficiado fosse exatamente a parte mais forte. Vale repetir: eventual consideração diferenciada das partes só será admissível se estiver destinada a construir posição mais favorável ao réu; jamais ao Estado, titular do poder de punir. Eventual tratamento diferenciado só será admissível – e, com razoável frequência, será imperativo – para compensar o desequilíbrio real entre o réu e o Ministério Público.

Em nosso ordenamento processual penal, a violação à paridade de armas não se esgota naquela inaceitável posição de destaque dada

---

2 CAPRIOLI, Francesco. "I nuovi limiti all'appellabilità delle sentenze di proscioglimento tra diritti dell'individuo e 'parità delle armi'". *In*: INSOLERA, Gaetano (Coord.). *La legislazione penale compulsiva*. Padova: CEDAM, 2006.

ao Ministério Público na definição cênica das salas de audiência e de sessões nos tribunais. Ao contrário. A deficientes intervenções normativas que promovessem o necessário reequilíbrio entre as partes contrapõem-se múltiplos exemplos de indevido favorecimento ao órgão da Acusação.

Pense-se na atribuição ao Ministério Público de uma suposta função de "fiscal da lei", ousando mesmo se apresentar, sob a paradoxal qualificação de "parte imparcial", a lhe dar não só uma aura de suposto desinteresse no resultado do processo, mas até mesmo concretas oportunidades superiores de ali intervir, como acontece em desautorizadas previsões legais que indevidamente lhe dão a oportunidade de se manifestar após a Defesa, emitindo "pareceres" em recursos. Aqui, o evidente desequilíbrio entre Acusação e Defesa se consubstancia na dupla manifestação do órgão acusador, que ainda se dá sob uma capa de alardeada imparcialidade, como se ali não fosse simplesmente o recorrente ou o recorrido.

Como também destacado no texto que essa homenagem me motiva a retomar, a realização da cláusula do devido processo legal e, assim, a realização das garantias do contraditório e da igualdade concreta e efetiva de situações entre as partes, decerto, passa por uma correta compreensão da atuação do Ministério Público no processo penal, que é, ali, tão somente o órgão que recebe a atribuição de levar a juízo a pretensão do Estado de fazer valer seu poder de punir diante de alegada prática de infração penal (a pretensão punitiva), sendo, assim e tão somente, o órgão acusador, a parte autora da ação penal de natureza condenatória.

Naturalmente, as missões confiadas ao Ministério Público pela Constituição Federal brasileira de "defesa da ordem jurídica, do regime democrático e dos interesses sociais e individuais indisponíveis" (artigo 127, *caput*), ou de "zelar pelo efetivo respeito dos Poderes Públicos e dos serviços de relevância pública aos direitos assegurados nesta Constituição, promovendo as medidas necessárias à sua garantia" (artigo 129, inciso II), em nada afetam essa realidade processual. A atuação do Ministério Público no processo penal é pura e simplesmente a do órgão que recebe a atribuição de levar a juízo a pretensão punitiva do Estado, sendo, assim e tão somente, o órgão acusador, a parte autora da ação penal de natureza condenatória, o encarregado, como expressa a Constituição Federal, de "promover, privativamente, a ação penal pública, na forma da lei" (artigo 129, inciso I).

Como já escrevi em outra ocasião,[3] é inteiramente absurda a suposição de que quem é parte em um processo – como é o Ministério Público no processo penal – possa, como que desenvolvendo uma espécie de dupla personalidade, atuar imparcialmente nesse mesmo processo. Decerto, a efetiva concretização da cláusula do devido processo legal passa por desmascarar essa suposta atuação imparcial. No processo penal, o Ministério Público não é desinteressado. É parte e, portanto, necessariamente interessado no resultado do processo. Está interessado em mostrar que o réu praticou um crime que, segundo alega, teria acontecido. Está interessado em obter a condenação que pediu ao juiz quando propôs a ação penal. Seu interesse é, em tudo, equivalente ao do réu e de seu defensor. Apenas as posições é que são contrárias. O réu e seu defensor têm o interesse oposto, o interesse de mostrar que o crime não existiu ou que não foi o réu quem o praticou; o interesse em conseguir a absolvição que é, no mínimo, tão respeitável quanto o interesse em conseguir a condenação.

O Ministério Público não é um "heroico" defensor da sociedade. O Ministério Público apenas atua em nome do Estado, para fazer valer o poder de punir diante da prática de um comportamento que esse mesmo Estado proíbe, qualificando-o como crime. A sociedade não é ameaçada somente pela prática de crimes. A sociedade é muito

---

3 KARAM, Maria Lucia. *Escritos sobre a liberdade*: liberdade, presunção de inocência e direito à defesa. vol. 5. Rio de Janeiro: Lumen Juris, 2009.

mais ameaçada quando o poder de punir é exercido a qualquer custo, arbitrariamente.

O Ministério Público não é o único que pode se apresentar como "fiscal da lei". O réu e seu defensor também têm de fiscalizar, controlar, requerer, exigir que a lei seja cumprida. Cumprir a lei não é somente zelar para que crimes não sejam praticados ou não fiquem impunes. Cumprir a lei é também – e antes de tudo – garantir o respeito aos direitos fundamentais do indivíduo, especialmente daquele que está sendo processado, acusado da prática de um crime, sujeito a sofrer todo o peso do poder do Estado de punir. Defender os direitos fundamentais do indivíduo que está sendo processado, acusado da prática de um crime, também significa defender a sociedade.

O exercício da acusação em conformidade com a lei, o condicionamento da propositura da ação penal condenatória à presença de justa causa para a acusação, o condicionamento da insistência no pedido de condenação à convicção da efetiva ocorrência da infração penal e de sua autoria longe estão de significar uma suposta imparcialidade, nada mais sendo do que decorrências obrigatórias do fato de estar em atuação um órgão do Estado, atuação essa que, como determina o princípio da legalidade, há de sempre se conter dentro dos limites da lei, a pretensão de fazer valer o poder do Estado de punir sem que presentes elementos de convicção sobre a existência da infração penal e sua autoria, naturalmente, constituindo abuso do poder de acusar.

Não é, portanto, uma suposta imparcialidade que impõe que o Ministério Público se abstenha de acusar ou de insistir em pedido de condenação, quando não convencido da existência da infração penal e de sua autoria, mas, sim, e tão somente a sua inafastável – porque órgão estatal – submissão à lei.

Nesse ponto, cabe uma reflexão sobre as discutidas regras do artigo 385 do CPP, objeto das ações de descumprimento de preceito fundamental (ADPFs) 1122 e 1192, ainda em tramitação perante o

Supremo Tribunal Federal no momento em que escrevo este artigo (fevereiro de 2025).

Dispondo que "nos crimes de ação pública, o juiz poderá proferir sentença condenatória, ainda que o Ministério Público tenha opinado pela absolvição, bem como reconhecer agravantes, embora nenhuma tenha sido alegada", salta aos olhos sua manifesta incompatibilidade com o princípio da demanda (ou da iniciativa das partes), também diretamente vinculado à cláusula do devido processo legal.

Não obstante os inúmeros debates que o tema tem suscitado, parece-me que a questão é bastante simples. A manifestação do Ministério Público no sentido da absolvição não configura hipótese de desistência da ação, vedada pela regra inscrita no artigo 42 CPP, mas, sim, nítida hipótese de renúncia à pretensão formulada na inicial, conduzindo a uma consequente e necessária extinção do processo, por não fazer mais qualquer sentido o exame da procedência ou improcedência do pedido que a exteriorizara.

Vale ressaltar que se trata de hipótese de renúncia imperativa, que independe de qualquer previsão legal expressa autorizando o Ministério Público a fazê-lo. Como dito acima, eventual insistência na pretensão de fazer valer o poder do Estado de punir, sem que presentes elementos de convicção sobre a existência da infração penal e sua autoria, constituiria abuso do poder de acusar, a traduzir atuação desvinculada dos deveres impostos ao Ministério Público pela Constituição Federal de zelar pelo efetivo respeito aos direitos nela assegurados e promover a ação penal dentro dos estritos limites da lei.

Assim, não se cuida aqui, como impropriamente diz a não recepcionada regra inscrita no artigo 385 do CPP, de uma "opinião" do Ministério Público no sentido da absolvição do réu, mas, sim, de um seu reconhecimento da impossibilidade de o Estado fazer valer seu poder de punir quando as provas produzidas na instrução do processo demonstraram o vazio da pretensão que inicialmente levara aquele órgão a exercitar o direito de ação penal, nela formulando o pedido condenatório.

Nem se diga, como o mestre Afrânio Silva Jardim,[4] que a vedação ao magistrado de proferir sentença penal condenatória na discutida hipótese levaria à conclusão de que o Ministério Público estaria "absolvendo o réu" no lugar do juiz. Na verdade, ninguém estaria "absolvendo o réu", pois não se trataria de proclamar a improcedência do pedido condenatório para, assim, absolver o réu. Em tal hipótese, o juiz não deverá proferir uma sentença absolutória. Deverá, sim e tão somente, homologar a renúncia do autor da ação penal à sua pretensão punitiva. A sentença a ser proferida há de ser, assim, uma sentença homologatória da renúncia, extinguindo o processo com resolução do mérito – assim, como é evidente, fazendo coisa julgada material –, aplicada analogicamente a regra inscrita na alínea "c", inciso III, do artigo 487 do CPC.

Naturalmente, isso também deverá ocorrer nos tribunais, quando o órgão do Ministério Público lá atuante igualmente manifestar sua renúncia à pretensão punitiva, ao não insistir no pedido condenatório, seja em recurso, seja em ação originária, a renúncia, como é sabido, podendo se dar a qualquer tempo e em qualquer grau de jurisdição, até o trânsito em julgado do pronunciamento jurisdicional.

Ainda ousando discordar do mestre Afrânio Silva Jardim, tampouco me parece haver dificuldade quando a renúncia à pretensão punitiva surgir em hipótese de não reconhecimento da prática de crime cuja alegação atraíra a competência do júri, manifestada

---

4 JARDIM, Afrânio Silva. "Em alegações finais, o Ministério Público não 'pede', mas simplesmente 'opina' sobre o julgamento do pedido formulado na denúncia". *Empório do Direito*, 2024. Disponível em: https://emporiododireito.com.br/leitura/em-alegacoes-finais-o-ministerio-publico-nao-pede-mas-simplesmente-opina-sobre-o-julgamento-do-pedido-formulado-na-denuncia-por-afranio-silva-jardim. Acessado em: 06.02.2025.

pelo Ministério Público em plenário. O juiz-Presidente deverá dissolver o conselho e proferir a sentença homologatória da renúncia, extinguindo o processo. Não estaria ele subtraindo a competência constitucional do júri, pois, com a renúncia à pretensão punitiva, não se teria mais o que questionar aos jurados quanto à procedência ou improcedência do pedido formulado na inicial da ação penal. Certamente, seria desejável a edição de futuro dispositivo legal prevendo expressamente tal hipótese de dissolução do conselho. Mas, enquanto isso não acontecer, há que se aplicar analogicamente regras contidas no artigo 497 do CPP (a do inciso IX, que determina que o juiz-Presidente decida sobre eventual extinção da punibilidade, e/ou a do inciso X, que determina que o juiz-Presidente decida sobre questões de Direito suscitadas no curso do julgamento).

De todo modo, ressalte-se, como já tive oportunidade de fazê-lo[5] e como sempre se deve ressaltar, que o reconhecimento da instituição do júri e dos princípios que regem sua atuação (a plenitude de defesa; o sigilo das votações; a soberania dos veredictos; a competência para o julgamento dos crimes dolosos contra a vida), proclamado nas normas vindas no inciso XXXVIII do artigo 5º da CF, inclui-se dentre os direitos e garantias fundamentais. Cuida-se da tradicional consagração constitucional do direito do indivíduo a ser julgado por seus pares, soberanamente autorizados a decidir de acordo com sua íntima convicção, quando a pretensão punitiva deduzida no processo estiver fundada na imputação de fatos configuradores de crimes dolosos contra a vida, que, sendo os mais graves dentre as condutas criminalizadas, trazem os maiores riscos à liberdade de quem é deles acusado.

---

5 KARAM, Maria Lucia. "Soberania do Júri: intangibilidade do veredicto absolutório". *In*: MATIAS, Leandro das Chagas Felix Matias *et al*. (Coord.). *Ciências Criminais em perspectiva*: escritos em homenagem ao Professor Doutor Roque de Brito Alves. Recife: FB da Silva Livros/OAB-Pernambuco, 2021.

É exatamente pela consideração desses maiores riscos que a Constituição Federal determina que a concretização do poder de punir, consequente a um pronunciamento condenatório, só possa se fazer, em tais casos, através de uma forma mais democratizada de exercício do poder do Estado, dada pela participação popular direta, cuidando ainda que a avaliação das questões de fato e, eventualmente, de direito se faça em um exame que, guiado pela íntima convicção do julgador, confronte as alegações das partes e as provas produzidas no processo com a experiência da vida e com o sentimento de justiça de cada jurado, assim abrindo espaço para decisões que rejeitem a concretização daquele que é o mais violento dentre os poderes do Estado por razões não necessariamente previstas em lei, sempre assegurada a soberania do veredicto nesses termos pronunciado.

Sendo, assim, um direito fundamental constitucionalmente garantido ao indivíduo, o julgamento pelo júri não poderia operar em prejuízo do mesmo indivíduo a quem esse é garantido. Assim como o juiz não pode vulnerar o princípio da demanda, proferindo uma sentença condenatória, quando o autor da ação penal renunciou à sua pretensão punitiva, tampouco os jurados poderiam fazê-lo. No modelo do Estado democrático, o respeito aos direitos fundamentais do indivíduo – em que inserido o respeito à cláusula do devido processo legal e, assim, o respeito ao princípio da demanda – constitui limite intransponível a qualquer forma de exercício do poder, mesmo quando resultante de intervenção direta do povo.

Esse tema logo está a sugerir reflexões sobre as três decisões proferidas pelo Supremo Tribunal Federal em tempos recentes, em que, lamentavelmente, seus integrantes demonstram total incompreensão da razão de ser da instituição do júri, desconhecendo o conteúdo dos princípios que regem sua atuação e que dão o sentido de sua consagração constitucional.

A primeira dessa série de lamentáveis decisões foi proferida na ADPF 779. Decidindo por unanimidade, vedou a Suprema Corte a utilização direta ou indireta da tese da suposta "legítima defesa da honra" ou de qualquer argumento que a induza, quando a acusação versar sobre alegada prática de feminicídio, criando, ainda, uma esdrúxula hipótese de nulidade de veredicto absolutório em julgamento em que aquele argumento tiver sido utilizado. Assim, espantosamente ignorou o princípio que assegura mais do que a ampla defesa (artigo 5º, inciso LV da CF) sua plenitude.

Embora, naturalmente, a amplitude da defesa não seja algo diverso de sua plenitude, esse termo "plenitude" nitidamente revela a intenção do constituinte de dar ainda maior ênfase àquela garantia fundamental, de forma a não permitir qualquer dúvida, qualquer tentativa de restrição à amplitude dos meios que deverão estar à disposição da Defesa durante o processo.

Para que seja plenamente exercido o direito de defesa, o réu e seu defensor, naturalmente, podem sustentar o que lhes parecer conveniente para repelir a acusação, sendo intolerável seu cerceamento, através da criação de impedimentos ao conteúdo da defesa. Se a garantia da amplitude (ou plenitude) da defesa inquestionavelmente convive inclusive com a prova obtida por meios ilícitos, como é possível sustentar uma proibição de utilização de determinada argumentação, sob o pretexto de que essa seria ilícita?

Já na segunda decisão, proferida no julgamento do Recurso Extraordinário (RE) 1.235.340, com repercussão geral (Tema 1038), o Supremo Tribunal Federal, por maioria, simplesmente inverteu o sentido da consagração constitucional do direito fundamental do indivíduo ao julgamento pelo júri, espantosamente fazendo com que o princípio da soberania dos veredictos passasse a funcionar contra o réu, ao invocá-lo para dizer, na tese lá fixada, que tal princípio estaria a autorizar "a imediata execução de condenação imposta pelo corpo de jurados, independentemente do total da pena aplicada". Ao invés de proclamar a manifesta inconstitucionalidade de regras introduzidas pela Lei n. 13.964/2019 na última parte da alínea "e", inciso I, do artigo 492, e em seus §§ 3º a 6º do CPP, a preverem a execução provisória de penas iguais ou superiores a quinze anos de reclusão impostas em condenações proferidas pelo júri, o Supremo Tribunal Federal, valendo-se de uma suposta "interpretação conforme", simplesmente reescreveu o indigitado dispositivo, eliminando a limitação referente à quantidade da pena imposta estabelecida pelo legislador e, assim, ampliando as hipóteses de aplicação do que já era uma intolerável violação à garantia da presunção de inocência.

Ao proclamar que "ninguém será considerado culpado até o trânsito em julgado de sentença penal condenatória" (artigo 5º, LVII), a Constituição Federal cristalinamente determina que toda pessoa há de ter seu estado de inocência preservado, até que tenha sido condenada, de acordo com as regras do devido processo legal, em pronunciamento definitivo (sentença ou acórdão), não mais sujeito a qualquer recurso. Naturalmente, tal norma não faz qualquer distinção quanto a espécies de recursos, órgãos jurisdicionais a quem são dirigidos, ou órgãos jurisdicionais de quem proveio a condenação. O que a Constituição Federal determina é que, em processo penal, em que o Estado pretende responsabilizar alguém pela prática de um alegado crime, a eventualidade de final absolvição consequente à possibilidade de interposição de um recurso – qualquer que seja este e qualquer que tenha sido a origem da condenação – implica a preservação do estado de inocência, assim implicando claríssima vedação a qualquer espécie de cumprimento antecipado de pena.

Como qualquer outra modalidade de prisão provisória, a prisão decorrente de sentença ou acórdão condenatório ainda não transitado em julgado também há de ter natureza cautelar, somente podendo se dar em situações excepcionais em que presentes fatos demonstrativos de sua necessidade para salvaguardar o normal desenvolvimento do processo. O que a Constituição Federal determina é que ninguém poderá sofrer uma pena, sem um processo regular e um julgamento definitivo, ninguém podendo ficar preso, antes desse julgamento definitivo, a não ser naquelas situações excepcionais, em que a prisão seja o único meio de garantir a normalidade do processo. Não há garantia do processo, mas, sim, pena antecipada e arbitrariamente executada, quando se pretende sua execução provisória.

E, ao ignorar esse entendimento, que é o único compatível com a garantia da presunção de inocência, o Supremo Tribunal Federal, por sua maioria, ainda conspurcou o princípio da soberania dos veredictos do júri.

Na terceira da série de lamentáveis decisões em matérias relacionadas ao júri, o Supremo Tribunal Federal, também por maioria, reincidiu na incompreensão desse princípio, agora para dele subtrair seu real conteúdo garantidor. Tratou-se do recurso extraordinário com agravo (ARE) 1.225.185, com repercussão geral (Tema 1087), versando sobre a apelação fundada em alegação de veredicto manifestamente contrário à prova dos autos, prevista na regra da alínea "d", inciso III, do artigo 593 do CPP, restrito ali, porém, o exame da questão à hipótese de apelação contra veredicto absolutório assentado no quesito genérico (artigo 483, III, c/c §2º do CPP), em que autorizada a chamada "clemência".

Em julgamento finalizado em 3 de outubro de 2024, decidiu o Supremo Tribunal Federal, por maioria, ser tal recurso cabível, apenas ressalvando que

> o Tribunal de Apelação não determinará novo júri quando tiver ocorrido apresentação constante em ata de tese conducente à clemência ao acusado, e esta for acolhida pelos jurados, desde que seja compatível com a Constituição, com os precedentes vinculantes do Supremo Tribunal Federal e com as circunstâncias fáticas apresentadas nos autos.

Talvez não seja de se espantar que quem conseguira inverter o sentido do princípio da soberania dos veredictos para voluntariosamente fazê-lo funcionar contra o réu, deixasse de velar por sua integridade, quando se tratava de preservar o veredicto absolutório.

No que diz respeito à questão objeto de tal decisão, limitada à hipótese de apelação contra veredicto absolutório assentado no quesito genérico, a inadmissibilidade de tal recurso é ainda mais óbvia, não se tratando apenas de impossibilidade jurídica, mas também de impossibilidade lógica, como definitivamente apontou Eliete Costa Silva Jardim.[6]

Mas a intangibilidade do veredicto absolutório não se esgota na hipótese de absolvição assentada no quesito genérico, manifestando-se, sim, em qualquer hipótese de veredicto absolutório, aí naturalmente incluído o reconhecimento da negativa de autoria e/ou participação, ou ainda a negação da existência material do fato. A imutabilidade de quaisquer veredictos absolutórios é consequência inafastável do direito ao julgamento pelo júri, como constitucionalmente assegurado.

As peculiaridades do julgamento efetuado segundo a íntima convicção dos jurados não se adequam a uma devolução de tais questões à investigação e avaliação sobre estar ou não o veredicto em conflito manifesto com as provas produzidas na instrução do processo. Em texto escrito antes da introdução do quesito genérico,[7] anotei que, dispensada a motivação, não se fazem presentes as razões do convencimento dos jurados, múltiplas podendo ser as valorações conducentes à convicção traduzida nas monossilábicas respostas aos quesitos formulados, formadoras do veredicto. Assim, quando se investiga se esse veredicto está ou não em conflito manifesto com as provas produzidas na instrução do processo, não se terá, propriamente, um reexame da conclusão, uma reavaliação das questões como examinadas em 1º grau, tendo-se, sim, uma verdadeira avaliação originária daquelas questões, as quais estarão sendo vistas tão somente sob a ótica do órgão superior, ótica que, na ausência de fundamentação do veredicto, não pode se confrontar

---

6 JARDIM, Eliete Costa Silva. "Tribunal do Júri – absolvição fundada no quesito genérico: ausência de vinculação à prova dos autos e irrecorribilidade". *Revista EMERJ*, Rio de Janeiro, vol. 18, nº 67, 2015.

7 KARAM, Maria Lucia. "Apelação: júri – alínea d do inciso III do art. 593 CPP (decisão manifestamente contrária à prova dos autos)". *Doutrina 13*, Instituto de Direito, Rio de Janeiro, 2002.

com as premissas dos caminhos do raciocínio que conduziram à conclusão ali expressa.

Ressalto que, na ocasião, me referi em nota de rodapé ao projeto que então tramitava no Congresso Nacional e que originou a nova disciplina do procedimento relativo ao júri, vinda com a Lei n. 11.689/2008, aduzindo que a introdução do quesito genérico acentuaria, como de fato acentua, aquele desconhecimento dos caminhos do raciocínio, conducente às conclusões dos jurados.

O fato de o provimento da apelação resultar tão somente na determinação de realização de novo julgamento pelo júri é mero malabarismo legislativo, incapaz de esconder que a matéria examinada pelo órgão superior está induvidosamente situada no campo do mérito. Não há na intervenção do tribunal que julga a apelação mera apreciação de regularidade ou irregularidade do veredicto. Para dizer se o veredicto é ou não manifestamente contrário à prova dos autos, o tribunal avaliará o conteúdo, a justiça ou injustiça da decisão proferida, o que, evidentemente, é algo que diz respeito ao mérito, não se podendo dizer, portanto, que o provimento da apelação envolveria uma mera declaração de nulidade do julgamento realizado pelo júri. O que se tem, sim, é a desautorizada cassação de um pronunciamento relativo ao mérito da causa, que unicamente aos jurados competia, soberanamente, examinar e decidir.

A imperativa observação da constitucionalmente garantida soberania dos veredictos pronunciados pelo júri fulmina, pois, a validade da regra da alínea "d" do inciso III do artigo 593 do CPP, tornando inadmissível a apelação nela fundada não apenas na hipótese mais óbvia do veredicto absolutório resultante de respostas afirmativas ao quesito genérico, mas também em qualquer outra hipótese.

O respeito à constitucionalmente garantida soberania do júri implica a conclusão de que o veredicto absolutório há de ser sempre intangível. Isso, naturalmente, não acontece quando, ao contrário, se tratar de veredicto condenatório.

Pense-se, por exemplo, em veredicto condenatório desviado do princípio, enunciado através do aforismo *in dubio pro reo*, que, derivando da garantia constitucional da presunção de inocência, impõe que a dúvida, sobre a autoria ou sobre qualquer elemento integrante do conteúdo da alegada infração penal, deva, sempre e invariavelmente, conduzir a um pronunciamento de improcedência do pedido formulado pelo autor da ação penal condenatória, resolvendo-se a dúvida, sempre e invariavelmente, em favor do réu.

Em hipóteses como essas, em que o pronunciamento dos jurados vulnera normas garantidoras de direitos fundamentais do indivíduo, de estatura constitucional equivalente à das normas que asseguram o seu direito ao julgamento pelo júri, a soberania do veredicto não poderia subsistir, aí, sim – e só aí – necessariamente tendo de ser relativizada, seja porque o direito ao julgamento pelo júri não pode operar em prejuízo do mesmo indivíduo a quem esse é garantido, seja porque, como antes ressaltado, no modelo do Estado democrático, o respeito aos direitos fundamentais do indivíduo constitui limite intransponível a qualquer forma de exercício do poder, mesmo quando resultante de intervenção direta do povo.

Em tal hipótese, a desconstituição do veredicto condenatório pode e deve se fazer, seja através de apelação, que estaria a merecer nova roupagem legal, seja através de ações autônomas de impugnação, como o *habeas corpus* e a revisão criminal.

Mas há ainda outro aspecto que, igualmente apontando para a ilegitimidade da regra da alínea "d" do inciso III do artigo 593 do CPP, enseja o retorno ao tema que inicialmente me motivou a escrever este texto e, assim, aos exemplos de indevido favorecimento legislativo ao órgão da Acusação, a persistentemente desrespeitarem a paridade de armas.

Com efeito, a previsão de apelação contra veredicto proferido pelo júri, sob a alegação de que esse seria manifestamente contrário à prova dos autos, revela inegável violação à paridade de armas, ao estabelecer um recurso cujo êxito é praticamente exclusivo da Acusação, como de forma precursora notou James Tubenchlak.[8]

Como ressaltei em texto já aqui referido,[9] todos os que admitem a recorribilidade de veredictos do júri, com fundamento naquela regra, repetidamente advertem que se trataria de caso excepcional, o provimento da apelação para cassar o julgamento proferido pelo júri só se autorizando diante de decisão dos jurados que se mostrasse arbitrária, sem nenhum suporte nas provas produzidas na instrução do processo, delas se dissociando inteiramente, sendo esse o significado da alocução legal, qualificadora do veredicto como manifestamente contrário à prova dos autos.

No procedimento das causas de competência do júri, o exame da admissibilidade da acusação, a naturalmente incluir a aferição da presença de justa causa para a acusação, a revelar estar essa lastreada em um suporte probatório mínimo da probabilidade de ter efetivamente ocorrido o crime atribuído ao réu, assim revelando a seriedade e idoneidade do que alegado, se faz de forma ainda mais acurada, passando por três etapas: no primeiro exame da inicial (artigos 395, 396 e 406 do CPP), em que caberá ao juiz recebê-la ou rejeitá-la; após a defesa preliminar (artigos 397 e 399 do CPP), em que caberá ao juiz reiterar o recebimento da inicial ou de tal decisão se retratar, extinguindo o processo com ou sem julgamento do mérito;[10] e, finalmente, na chamada fase de pronúncia (artigos

---

8 TUBENCHLAK, James. "Soberania dos veredictos do Júri: inconstitucionalidade de recursos versando o mérito". *Livro de Estudos Jurídicos 4*, Rio de Janeiro: Instituto de Estudos Jurídicos, 1992.

9 KARAM, Maria Lucia. "Apelação: júri – alínea d do inciso III do art. 593 CPP (decisão manifestamente contrária à prova dos autos)". *Doutrina 13*, Instituto de Direito, Rio de Janeiro, 2002.

10 Embora não constando expressamente dos dispositivos que tratam especificamente do procedimento do júri, é intuitivo que o juiz deverá se manifestar sobre a admissibilidade da acusação após a apresentação da resposta do réu, aplicando-se as regras referentes ao procedimento ordinário. A propósito, ver as observações de DUCLERC, Elmir. "O

413 a 421 do CPP), em que, caso decida que o réu deva ser submetido ao julgamento pelo júri, estará, mais uma vez afirmando, agora de forma ainda mais sólida, após a atividade instrutória e os debates perante ele realizados, a admissibilidade da acusação, assim reafirmando a probabilidade de ter efetivamente ocorrido o crime doloso contra a vida (isto é, a conduta objetiva e subjetivamente típica, ilícita e culpável e não apenas a conduta típica)[11] atribuído ao réu e, consequentemente, apontando a existência de um mínimo de provas demonstrativas de tal probabilidade, isto é, da aparência do direito de o Estado fazer valer o poder de punir, diante daquela provável ocorrência do alegado crime.

A hipótese acusatória levada aos jurados estará, portanto, necessariamente fundada em um suporte probatório mínimo. Funcionando como um sinal da provável existência do direito alegado pelo autor da ação penal e, portanto, da viabilidade de um final pronunciamento condenatório, a presença da justa causa, afirmada na pronúncia, implica, assim, estar a versão da Acusação sempre amparada por alguma prova da existência do crime e de autoria ou participação do réu.

---

novo procedimento do Tribunal do Júri e sua conformidade constitucional: avanços e retrocessos com a reforma processual de 2008". *In*: BASTOS, Marcelo Lessa; SOUTO MAIOR, Pierre Coutinho de Amorim (Coord.). *Tributo a Afrânio Silva Jardim*: escritos e estudos. Rio de Janeiro: Lumen Juris 2011.

11 Embora o dispositivo legal fale em "materialidade do fato", o que poderia dar a entender que estivesse se referindo apenas à tipicidade, é evidente que o juiz não pode afirmar a admissibilidade da acusação, se não estiver convencido da probabilidade de ocorrência do crime – e não somente de uma conduta provavelmente típica –, da mesma forma que acontece em qualquer exame sobre a admissibilidade da acusação, já que o que se exige para o reconhecimento dessa admissibilidade é a verificação da aparência do direito do Estado de fazer valer o poder de punir diante da prática de uma infração penal – e não somente de uma conduta provavelmente típica. O suporte probatório mínimo exigível há de demonstrar igualmente, portanto, a provável configuração de ilicitude e culpabilidade na conduta atribuída ao réu.

Não havendo qualquer prova idônea a demonstrar a provável existência do crime e de que o réu seria seu provável autor ou partícipe, o processo não poderá prosseguir em direção ao julgamento pelo júri, impondo-se ao juiz a impronúncia (artigo 414 do CPP), da mesma forma não se tendo o julgamento pelo júri quando, desde logo, estiver demonstrada a inexistência do crime ou o fato de não ser esse atribuível ao réu, hipótese em que deverá o juiz, proferindo julgamento antecipado, absolver sumariamente o réu (artigo 415 do CPP).

Assim, dificilmente se terá, no julgamento pelo júri, um veredicto condenatório sem suporte ou inteiramente dissociado das provas produzidas na instrução do processo, de modo a permitir a afirmação de que a condenação se mostra manifestamente contrária à prova dos autos. Como anotado em voto vencido do Ministro Gilmar Mendes no aqui comentado ARE 1.225.185, "a primeira fase do procedimento do Júri consolida um filtro processual, que busca impedir o envio de casos sem um lastro probatório mínimo da acusação".

A versão favorável ao réu é que poderá, sim, não se refletir em qualquer das provas produzidas na instrução do processo, dela, ao contrário do que ocorre com a hipótese acusatória, não se exigindo uma prévia demonstração de sua mínima vinculação com, pelo menos, alguma daquelas provas. Aí, claramente se revela a desigual funcionalidade da apelação fundada na regra da alínea "d" do inciso III do artigo 593 do CPP, regra essa que, nitidamente privilegiando a Acusação, a toda evidência se desvia do princípio assegurador da paridade de armas entre as partes.

Finalmente, anoto um último comentário sobre o tema da paridade de armas, em questão que, como a inaceitável posição de destaque dada ao Ministério Público na definição cênica das salas de audiência e de sessões nos tribunais, permanece praticamente inquestionada. Trata-se da previsão legal da figura do assistente de acusação, que, reforçando o já naturalmente fortificado lado acusatório, nitidamente agrava o manifesto desequilíbrio real entre as partes, já inerente ao processo penal.

Sob o manto de direitos de pessoas vitimadas por condutas criminalizadas a serem defendidos, esconde-se um revigorado exercício de poder – o exercício do mais violento dentre os poderes do Estado: o poder de punir.

A estruturação dada ao sistema penal, com a atribuição ao Ministério Público do exercício da ação penal para fazer valer o poder do Estado de punir, confere a vítimas do criminalizado conflito ou a seus familiares (em casos de crimes dolosos contra a vida consumados) o papel de informantes destinados a fornecer elementos para a imposição da punição pretendida pelo Estado, assim contribuindo para viabilizar a dedução da pretensão punitiva.

Cumprindo esse papel, apontadas vítimas não são vulneráveis, frágeis ou oprimidas. Estão, sim, alinhadas com o Estado, com o Ministério Público, com o órgão da Acusação, isto é, com o lado forte da relação estabelecida no processo penal. Frágil e vulnerável em processo dessa natureza é unicamente o réu, que está ameaçado de sofrer a atuação do violento poder do Estado de punir, submetido que está à possibilidade de condenação que poderá levar à perda de sua liberdade.

Assim deixa claro Ferrajoli,[12] ao apontar, na oitava de suas regras de deontologia judiciária, a exigência de necessário respeito às partes do processo, a começar do acusado, quem quer que ele seja, indivíduo fraco ou forte, mesmo se um mafioso, um terrorista ou um político corrupto. E acrescenta: o Direito Penal, em seu modelo garantista, equivale à lei do mais fraco que, se no momento do crime

12 FERRAJOLI, Luigi. "Dieci regole di deontologia giudiziaria, conseguenti alla natura cognitiva della giurisdizione". *Scuola Superiore della Magistratura*: Il Procedimento Disciplinare dei Magistrati, Quaderno 8, Roma, 2022.

é a vítima, no momento do processo, é sempre o réu, cujos direitos e garantias são leis do mais fraco.

A previsão legal da figura do assistente de acusação necessariamente conduz ao agravamento do natural desequilíbrio entre as partes no processo penal, nitidamente violando o princípio assegurador da paridade de armas. Desnecessária maior argumentação jurídica. Basta traduzir tal situação processual em uma linguagem leiga: são dois contra um. Difícil encontrar exemplo mais claro de desequilíbrio.

Referências bibliográficas

CAPRIOLI, Francesco. "I nuovi limiti all'appellabilità delle sentenze di proscioglimento tra diritti dell'individuo e 'parità delle armi'". *In*: INSOLERA, Gaetano (Coord.). *La legislazione penale compulsiva*. Padova: CEDAM, 2006.

CASARA, Rubens R. R.; KARAM, Maria Lucia. "Redefinição Cênica das Salas de Audiências e de Sessões nos Tribunais". *Revista de Estudos Criminais*, nº 19, Instituto Transdisciplinar de Estudos Criminais, Porto Alegre, 2005.

DUCLERC, Elmir. "O novo procedimento do Tribunal do Júri e sua conformidade constitucional: avanços e retrocessos com a reforma processual de 2008". *In*: BASTOS, Marcelo Lessa; SOUTO MAIOR, Pierre Coutinho de Amorim (Coord.). *Tributo a Afrânio Silva Jardim*: escritos e estudos. Rio de Janeiro: Lumen Juris 2011.

FERRAJOLI, Luigi. "Dieci regole di deontologia giudiziaria, conseguenti alla natura cognitiva della giurisdizione". *Scuola Superiore della Magistratura*: Il Procedimento Disciplinare dei Magistrati, Quaderno 8, Roma, 2022.

JARDIM, Afrânio Silva. "Em alegações finais, o Ministério Público não 'pede', mas simplesmente 'opina' sobre o julgamento do pedido formulado na denúncia". *Empório do Direito*, 2024. Disponível em: https://emporiododireito.com.br/leitura/em-alegacoes-finais-o-ministerio-publico-nao-pede-mas-simplesmente-opina-sobre-o-julgamento-do-pedido-formulado-na-denuncia-por-afranio-silva-jardim. Acessado em: 06.02.2025.

JARDIM, Eliete Costa Silva. "Tribunal do Júri – absolvição fundada no quesito genérico: ausência de vinculação à prova dos autos e irrecorribilidade". *Revista EMERJ*, Rio de Janeiro, vol. 18, nº 67, 2015.

KARAM, Maria Lucia. "Apelação: júri – alínea d do inciso III do art. 593 CPP (decisão manifestamente contrária à prova dos autos)". *Doutrina 13*, Instituto de Direito, Rio de Janeiro, 2002.

______. *Escritos sobre a liberdade*: liberdade, presunção de inocência e direito à defesa. vol. 5. Rio de Janeiro: Lumen Juris, 2009.

______. "Soberania do Júri: intangibilidade do veredicto absolutório". *In*: MATIAS, Leandro das Chagas Felix Matias *et al.* (Coord.). *Ciências Criminais em perspectiva*: escritos em homenagem ao Professor Doutor Roque de Brito Alves. Recife: FB da Silva Livros/OAB-Pernambuco, 2021.

TUBENCHLAK, James. "Soberania dos veredictos do Júri: inconstitucionalidade de recursos versando o mérito". *Livro de Estudos Jurídicos 4*, Rio de Janeiro: Instituto de Estudos Jurídicos, 1992.

CAPÍTULO XXX

O ÚNICO MODO DE ENCONTRAR UM AMIGO É SER UM

MARÍLIA CARVALHO GUIMARÃES

Dizem que as grandes amizades, as duradoras, as mais queridas, aquelas que a saudade bate toda hora, encontramos nas esquinas pela vida fora. Pode ser. Tenho algumas assim. Outras em lugares inusitados, outras em lugares perfeitos para o início de um papo, pequenos diálogos, discussão sobre gostos, intercâmbio de informações e por aí vai. Quando você se dá conta, passaram-se horas, o encontro terminou numa mesa de um bar entre taças de bons vinhos tintos, torcendo pelo prolongamento da madrugada.

Sem querer querendo, conhecê-lo pessoalmente era uma curiosidade e tanto. Seu nome sempre girava nas conversas dos grupos que frequento.

No 31 de dezembro de 2012, Copacabana anoitecia iluminada numa fusão de cores, palcos espalhados na areia, enleada entre a luz do pôr do sol já passado do seu terceiro instante e as milhões de lâmpada que escapavam das janelas curiosas da Avenida Atlântica. Explosão de beleza, anunciando o que de pronto viria depois.

Todos os anos suele ser assim. Se é passagem de ano, o Rio de Janeiro se transforma em pura alegria.

Na decisão natural de quem sobe primeiro entro rapidinho no elevador, quando abrisse a porta no andar indicado, iria dar de cara com o desconhecido, aquele que todo mundo procura vida afora – um amigo.

Abraçamo-nos, beijinhos cariocas "um pra cá outro pra lá". Sem cerimônia, fui sendo puxada pelas mãos e apresentada aos que chegaram antes. Fomos até a cozinha, logo após, ao quarto, onde uma bebê esperava os visitantes, linda, fofinha, charmosa em cima de seus 10 meses, comemorando a vida na qual ela recém entrara, participando já de sua primeira festa.

Rubens Casara, em poucos segundos, numa equação milenar, colocou diante dos meus olhos a humanidade inteira. Pais, avós, um amor acabado ou quase, companheiros de profissão, amigos de longa data, e o Ano Novo faltando pouco por acercar-se.

Em pleno descuido de informação, alguém trouxe uma travessa de camarões – sou alérgica a esse horroroso/delicioso crustáceo, obrigando-me a esperar por duas horas no quarto, até que esvaísse o cheiro do convidado indesejável.

Inesquecível. Risos se confundiam com músicas, fogos, abraços e abraços nos desejando um 2013, quando todos os presentes mudam seus conceitos, seus projetos para um ano melhor.

Juarez Tavares, Emir Sader, Carol Proner, Eduardo Ebendinger, Paulo Abraão. Finalizamos numa ida e vinda de regresso, uma odisseia entre o Shopping Rio Sul, de volta ao Corte de Cantagalo, passando por Ipanema em direção ao Leblon.

A noite foi tão intensa que nos acorrentou numa vida para lá de atribulada.

Sempre tive uma queda muito especial pelo Direito, chegando mesmo a passar, após terminar o curso de Letras, quase um ano no Caco da Faculdade Nancional de Direito.

Já convivia *a menudo* com *ñ* Juristas magistrados notáveis, como Nilo Batista, Verinha Malaguti, Modesto da Silveira, Eni Moreira – amigona do peito –, José Carlos Tortima – companheiro de lutas e sonhos.

A turma aumentava à medida que se multiplicavam os encontros para cafezinhos, jantares, lançamentos de suas obras.

Rubens embrenhou-se na minha vida, ora por seus livros, ora pela cumplicidade nascida espontaneamente, outras em confidências.

Saíamos das livrarias após as apresentações e os debates ávidos em viajar pelo novo tema.

Marina Hemingway – Habana Cuba

A teoria, em cada um deles, sempre aborda o leitor especializado ou leigo. Fascinante maneira de colocar na prateleira de uma livraria.

Seus leitores são multicoloridos, uma gama estupenda de curiosos do Direito Penal sem constrangimento. É possível entender sem receio as vírgulas que escondem os escapes da lei. Leitores de todos as idades, não preconceituosos, abertos a novos caminhos.

Os temas sempre extrapolam os da atualidade, porque sua perspicácia ultrapassa o cotidiano.

1 Neofascismo: eles passarão?

> *No fascismo, o Estado apresenta-se como superior a todos os indivíduos. Estes, portanto ficam subordinados as razões estatais e a um pode praticamente sem limite (...).*
>
> *Outra característica marcante é o fato do fascismo se apresentar como fenômeno racional ou mesmo natural (...).*
>
> *O fascismo e as práticas fascistas aparecem para seus adeptos como consequências necessárias do Estado, dessa relação entre homens que dominam outros homens através do recurso à violência que se apresenta como legitima. Assim, como toda forma de ideologia, o fascismo não é percebido como tal por seus agentes: tem-se, então, a naturalização de práticas fascistas mesmo em ambientes formalmente democráticos (...).*

Temos a mesma consciência e visão da sociedade, a importância da organização da sociedade civil para equilibrar, manter a democracia.

Nossas conversas giram em torno da humanidade. Criar e viver alternativas viáveis para um mundo melhor para todos. Principal premissa de seu comportamento.

Às vezes, nos surpreende em nossa concepção de vida, grave para os fascistas que habitam o tempo atual.

No Brasil, o inciso VIII do artigo 5º da Constituição Federal proíbe a privação de direitos por motivo de crença religiosa. A opção pela República define o caráter leigo do Estado. Aliás não tem o menor sentido estabelecer uma religião para qualquer que seja a etnia que reside no planeta. Cada qual escolhe seu porto seguro.

Entendemos o porquê, mas não aceitamos.

Nos tribunais, descansa como guardião da sentença um crucifixo, por todos os fóruns do país, totalmente fora de propósito.

Rubens, com outros grandes amigos, trocam por um Che Guevara. O inesquecível herói da América Latina.

Qual não foi a surpresa quando foram punidos. Trabalho voluntário, retirada imediata do guerrilheiro heroico da parede.

Ora, ora... o espaço de trabalho é onde dedico a maior parte do tempo analisando processos, estudando, definindo situações, necessariamente tem que ter o nosso toque, a nossa personalidade, as nossas escolhas. Logo, o *design* de acordo com o que sentimos mais à vontade.

Tremendo absurdo.

Contudo, a compreensão da mediocridade alheia, o conhecimento histórico, o respeito à alteridade e a coerência impedem que esse notável jurista perca os momentos do tempo a ser vivido em discussões estupidas.

Entrega-se a escrever novos livros atendendo uma necessidade interior, compartilhando seu conhecimento, ao caminho da tomada de consciência. São novas análises a contribuir para o crescimento de novas gerações, fortalecendo as anteriores. Tenho um gosto especial por seus livros, fazem parte das minhas escolhas.

2 *Processo penal do espetáculo* (2015)

> *(...) A ignorância e confusão: uma característica da personalidade autoritária e que ela se desenvolve no vazio do pensamento (...).*

Os caminhos que percorre através de sua extensa literatura são vários, da Saúde, adentra a *Mitologia processual penal*, ministra aulas magistrais. Entre debates, matérias, editorais de revistas, lança no mercado editorial o *Estado Pós-Democrático*, sucesso absoluto de vendas.

No mundo acadêmico, nas universidades, instituições das mais diversas, chegando às feiras de livros internacionais, sendo traduzido a novos idiomas.

Desenvolve a hipótese de que a lógica neoliberal minou as estruturas do Estado Democrático de Direito, ao colocar o lucro do mercado como prioridade, o capital financeiro encobrindo os limites do exercício do poder, a onipotência das elites. Esse terremoto abalaria o campo jurídico, a sociedade como um todo, naturalizando paulatinamente a opressão, retirando os direitos fundamentais do homem.

3 *Estado Pós-Democrático* (2017)

> Também é ideológica tanto a visão que naturaliza o afastamento de direitos e garantias fundamentais em nome do "combate à criminalidade" ou da "guerra à corrupção" quanto a já mencionada distorção autoritária do "primado da hipótese sobre o fato", em que o juiz-inquisidor, convencido de uma versão, passa a produzir e selecionar provas, de modo a construir uma

> A CONSTRUÇÃO DO IDIOTA
>
> razão que foi desenvolvida a partir da imagem da troca — de uma equivalência entre "dar" e "tomar", da "concessão" em troca de "concessão". Esta concepção de razão — que sugeria seguir as "regras do jogo" e se exteriorizava em debates civilizados — cedeu sempre que a busca por lucros exigiu a superação da "inteligência".

Análise perfeita. O golpe de 2016 decreta o *impeachment* da primeira Presidenta do Brasil Dilma Rouseff, sendo substituída pelo vice-Presidente Michel Temer, que levaria o Brasil ao crescimento vertiginoso do ódio da extrema direita, dos assassinatos, da corrupção desenfreada, preparando o país para receber o fascista que, durante quatro anos, governaria o Brasil, acirrando o crescimento dos anos "Fora Temer", que se alastrou país afora e se perpetuou.

De manifestações em manifestações, nas redes socais, em debates, juntos, conseguimos eleger Lula, que retorna pela terceira vez ao poder. A extrema direita consolida-se, renascendo os planos definidos no golpe de 1964, transformando o país num caos econômico e social.

Só a cultura se mantém firme, alicerçando a democracia fragilizada.

Humanamente humano.

Ama o teatro. Sem reservas, adapta, cria peças teatrais sempre focadas no que há de melhor para mudar o *status quo*.

Habitando o tempo: clandestinidade, sequestro e exílio, obra escrita por mim e adaptada para o teatro magistralmente por ele. Resultou em um roteiro que nos convida a passar da revolução comportamental e musical da década de 1960, à tecnologia do terceiro milênio, do sonho de revolução à desilusão atual, com tal intimidade que o público absorve com igual naturalidade.

Curte de Bach, Beatles, um Charles Aznavour, Andrea Bocelli, Chico Buarque, os grandes de todas as eras, os eternos, Noel Rosa, perde-se num cavaquinho, entrega uma tarde ao jazz e sabe tudo de Silvio Rodríguez, o mago cubano da canção, detém-se diante de um Leo Brow, perde-se num Daniel Viglietti e saiba deus quantos livros do Mia Couto não passam pelas suas mãos, arrastrando consigo os de Freud, Jung, Platão, Machado, Drummond, Seneca, Marx e Lenin.

Simples como 2 + 2 são cinco, impossível não o amar.

Viajar é quase um vício. De Cuba à Praça da Paz Celestial, alguns pulos, algumas ocasiões, pernoites em Paris.

Praça da Paz Celestial, República Popular da China

Lançamento do livro "Prisão: além do senso comum", Livraria Leonardo Da Vinci, Rio de Janeiro.

No entanto, ama mesmo de paixão o Rio de Janeiro. Desde a exuberante paisagem às maravilhas da natureza, aos sustos inusitados. Vai da discussão sobre quem é melhor, o famoso Flamengo, maior torcida de futebol do planeta, ou seu Botafogo – igual não existe – de alma e coração. Deixa tudo, seja calor, sol ou chuva, e vai com Malu – filhota queridíssima e companheira ímpar. Maracanã, Engenhão ou Uruguai. Não resta dúvida, seu coração tem as cores do seu time.

Comemoração do título da Taça Libertadores de 2024, General Severiano, Rio de Janeiro

Hora para quê? Num piscar de olhos, entra uma mensagem chamando para um *podcast* com outro genial jurista, professor de quase todos, Juarez Tavares, às 11h, na Livraria Da Vinci, antes de ir para o fórum queimar pestanas, coração e cérebro para enfrentar leituras de processos criminais que vão de violência, equívocos, paixão sem controle a extremos de fome, brutais assassinatos, que dominam alguns seres humanos. Depois, julgá-los? Absolver ou condená-los?

Anda muito pensativo, desaparece dias, sinto uma falta imensa. Aparece. Olhar brilhante, sorriso fácil. Mimos da Maria Clara, a filhota doce, terna, inteligente preocupada com todos como o paizão, quem sabe novidade no prelo.

Os dois. Maria Clara anda bem feliz. Trouxe outro dia geleia de goiaba adocicada com açúcar de maçã. Carrega no DNA muita ternura e solidariedade.

Daniel Louzada, da Livraria Leonardo Da Vinci, lembra do lançamento de *A construção do idiota*, de Rubens Casara.

Sucesso de venda. Sucesso de comentários na internet. Sucesso de palestras de Norte ao Sul do país. Palestras, debates, lives, rodas de conversa. Assunto de meses nas faculdades de Direito.

> Todos são iguais em inteligência (Gramsci já dizia que "todos são intelectuais"), mas a capacidade de utilizar a inteligência (em potencial) é condicionada por fatores que servem às técnicas de idiossubjetivação. Se a inteligência pode ser identificada com as potencialidades do ser e levar ao movimento e à transformação no "mundo-da-vida", a produção de burrice, estupidez e ignorância conduzem ao velamento das potencialidades e funcionam como estratégias voltadas à manutenção do *status quo*. Pode-se identificar uma dimensão ética (e política), ou seja, ligada à postura diante do outro, em fenômenos como a ignorância (o não saber) e a burrice (a incapacidade de cognição e de abertura ao outro — seja o "outro" do conhecimento ou o "outro" da diferença). Não buscar o conhecimento capaz de melhorar a vida da maioria das pessoas é uma violação ética e uma omissão política.
>
> A transformação da inteligência em estupidez é, segundo Adorno e Horkheimer, "um aspecto tendencial da evolução histórica". Isso porque o capitalismo concebeu uma ideia de

Entre dias e dias, compartir nossas vidas. Falamo-nos praticamente com frequência diária. Intercambiamos ideias, decidimos eventos.

Independentemente das notícias, informações, trocamos músicas, poemas para avaliar o *stress* que nos provoca viver no país amado, mas nos faz questionar o futuro. Dos filhos, dos netos que tenho e dos de Casara que ainda estão por chegar.

Por vezes, decidimos curtir um *relax* regado a vinho, água de coco, guloseimas ou jantarzinho sempre com aquela deliciosa sobremesa, amigos, amigos dos amigos.

Rio de Janeiro, 27 de fevereiro de 2025.

Nadie

Navego atado al mástil,
no porque haya islas esperándome,
ni magas,
ni monstruos solitarios.
Estoy atado al mástil
porque necesito, para salvar al mundo,
que canten las sirenas.

(Waldo Leyva)

CAPÍTULO XXXI

CULPABILIDADE: UM CONCEITO EM (RE) CONSTRUÇÃO?

MARINA CERQUEIRA

É com imenso prazer que participo desta relevante obra em justa homenagem ao grande jurista Rubens Casara, um verdadeiro expoente do Direito, cuja trajetória é marcada pela excelência, ética e compromisso com a justiça.

Seu legado transcende o tribunal e as salas de aula, influenciando gerações de profissionais e contribuindo significativamente para o desenvolvimento do pensamento crítico no âmbito do Direito. Sua incansável dedicação ao estudo e à aplicação do Direito não apenas enriquece a ciência jurídica, mas também fortalece os pilares da democracia e do Estado de Direito.

Pois bem. Feito este indispensável registro, vamos ao texto.

Introdução

No âmbito da teoria do delito, a culpabilidade é a categoria dogmática que mais sofreu significativas mudanças e, até os dias atuais, ainda impulsiona diversas reflexões críticas sobre o seu conceito.

Com efeito, diante do, não raro, desenfreado poder de punir do Estado, é preciso pensar em um conceito de culpabilidade capaz de limitar tal poder.

A exigibilidade de conduta diversa, elemento da culpabilidade que representa o seu fundamento material, deve ser analisada a partir da realidade concreta experimentada pelo autor, rechaçando-se, portanto, qualquer tentativa, ainda muito presente na jurisprudência brasileira, de utilização de critérios abstratos ou vagos, como é o caso da figura do *homem médio*.

1 Breves considerações sobre a evolução do conceito de culpabilidade e a figura do *homem médio*

A culpabilidade, enquanto princípio, implica a intransigível obediência à dignidade da pessoa humana, um dos fundamentos da República, consoante estabelece o artigo 1º, III, da Constituição Federal de 1988, daí por que não se pode admitir a imposição de pena ausente a culpabilidade. Em outras palavras, o ser humano, enquanto sujeito titular de garantias, não pode ser instrumentalizado para supostos fins sociais.[1]

A culpabilidade é também categoria dogmática que integra a definição analítica de crime, cujo conceito, como é sabido, sofreu ao longo da história mudanças até se firmar, com o finalismo – doutrina

1 LOEBENFELDER, Carlos Künsemüller. *Culpabilidad y pena*. Santiago: Editorial Jurídica de Chile, 2001, p. 52.

que se tornou dominante em todo o mundo após a Segunda Guerra Mundial –, como culpabilidade normativa-pura.[2]

Hans Welzel reestruturou a teoria do delito a partir de dois axiomas antropológicos, isto é, duas categorias lógico-objetivas: a ação como produto de finalidade (ação final) e a capacidade de autodeterminação conforme o comando normativo. A culpabilidade, assim compreendida como juízo de valor acerca do injusto, está alicerçada no livre-arbítrio, ou seja, na crença de que os sujeitos culpáveis são aqueles que têm a capacidade de se desvencilhar dos seus impulsos causais e atuar conforme o Direito, é dizer, aqueles que poderiam ter "atuado de outro modo", mas, ainda assim, decidiram atuar contra a norma.[3]

É bem verdade que as críticas atinentes à indemonstrabilidade empírica do livre-arbítrio,[4] e, consequentemente, quanto à comprovação do "poder atuar de outro modo", não são recentes, mas retomaram fôlego, por assim dizer, a partir da década de noventa, com as pesquisas neurocientíficas e os seus possíveis influxos no âmbito da culpabilidade.[5] Com efeito, os experimentos neurocientíficos, ao demonstrarem que "as ações não são causadas por uma vontade

---

2 HASSEMER, Winfried. "História das ideias penais na Alemanha do pós-guerra". *Revista Brasileira de Ciências Criminais*, São Paulo: Revista dos Tribunais, ano 2, nº 6, 1999, p. 44.

3 WELZEL, Hans. *O novo sistema jurídico penal*. Trad. Luiz Regis Prado. São Paulo: Revisa dos Tribunais, 2001, p. 85.

4 LUZÓN PENA, Diego-Manuel. "Libertad, Culpabilidad y Neurociencias". *Revista para el Análisis del Derecho*, nº 1, 2025. Disponível em: https://indret.com/. Acessado em: 25.04.2025.

5 CRESPO, Eduardo Demetrio. "Compatibilismo humanista: una propuesta de conciliación e neurociências y derecho penal". *In*: CRESPO, Eduardo Demetrio; CALATAYUD, Manuel Maroto (Coord.). *Neurociencias y Derecho Penal*: nuevas perspectivas en el âmbito de la culpabilidad y tratamento jurídico-penal de la peligrosidad. Montevidéu/Buenos Aires: B de F/Euros Editores, 2013, p. 24.

consciente, mas, sim, por processos neurológicos inconscientes",[6] incrementam as críticas em torno da existência do livre-arbítrio e, com isso, acentuam a crise de legitimidade da culpabilidade.

Mas não é só.

Embora Hans Welzel tenha defendido que a responsabilidade deve recair sobre o autor concreto, nota-se que, na prática, o juízo de reprovação recorre à figura do "homem médio", ficção jurídica que tem servido como critério para avaliar a exigibilidade de conduta diversa e conta com ampla adesão na doutrina e na jurisprudência brasileira. Estas, por sua vez, partem do princípio de que esse paradigma deve ser colocado na posição do autor, imaginando-o com todos os seus conhecimentos e condições pessoais.[7]

Para além das críticas à categoria do "homem médio", como um homem que não existe,[8] o que se constata, ao sermos confrontados com a realidade do funcionamento do sistema de justiça criminal brasileiro, é que a mencionada categoria não ocupa a posição do autor. Ao contrário, é o autor quem é deslocado para a posição do "homem médio", entendido como "*la mayoría de los hombres*", e "*lo que suelen tener la generalidad de las personas*".[9] Esse paradigma, sob as lentes do julgador e em uma sociedade marcada pelo capitalismo,

---

6 CERQUEIRA, Marina. *Neurociências e culpabilidade*. 2ª ed. Florianópolis: Tirant lo Blanch, 2018, p. 94.

7 MARTÍNEZ, Milton Cairoli. "La inexigibilidad de otra conducta: una aproximación desde la dogmática". *In*: GRECO, Luís; MARTINS, Antônio (Coord.). *Direito Penal como crítica da pena*: estudos em homenagem a Juarez Tavares por seu 70º Aniversário em 2 de setembro de 2012. Madrid: Marcial Pons, 2012, p. 43.

8 SCARANO, Luigi. *La non esigibilità nel diritto penale*. Nápoli: Casa Editorial Libraria Humus, 1948, pp. 80-81.

9 SCARANO, Luigi. *La non esigibilità nel diritto penale*. Nápoli: Casa Editorial Libraria Humus, 1948, p. 43.

patriarcado e racismo,[10] como é o Brasil, ocupa um lugar distante (e muito!) das circunstâncias e contingências nas quais se insere a "clientela" preferencial do poder punitivo.[11]

Sobre a seletividade do poder punitivo, Rubens Casara sustenta que:

> (...) Da mesma forma, nem todos que praticam condutas consideradas criminosas vão ser processados ou punidos, isso porque, após a criminalização primária (a escolha "do que punir"), existe a criminalização secundária, que é a escolha, muitas vezes aleatória ou arbitrária, daquelas pessoas que serão investigadas pela polícia, denunciadas pelo órgão acusados (no Brasil, o Ministério Público) e condenadas pelo Poder Judiciário. Na criminalização secundária, as mesmas questões ideológicas, de classe, de gênero, e também a racionalidade neoliberal, atuam, o que gera o fenômeno das "cifras ocultas" – a diferença entre o número de crimes ocorridos, muitos dos quais nunca chegam ao conhecimento das autoridades encarregadas da persecução penal, e aqueles efetivamente investigados, processados e punidos –, razão pela qual o ideal de igualdade perante a lei, que o Direito liberal trata como princípio, não passa de um mito na pós-democracia.[12]

Não se pode desconsiderar, ademais, "*todas as infuencias sociales, culturales e incluso econòmicas que de algún modo acotan su espacio de libertad y a veces influyen directamente en el grado*

---

10 CARNEIRO, Sueli. *Racismo, sexismo e desigualdade no Brasil*. São Paulo: Selo Negro, 2011.

11 BARATTA, Alessandro. *Criminologia Crítica e crítica do Direito Penal*: introdução à sociologia do Direito Penal. Trad. Juarez Cirino dos Santos. 3ª ed. Rio de Janeiro: Revan/Instituto Carioca de Criminologia, 2002, p. 105.

12 CASARA, Rubens R. R. *Estado Pós-Democrático*: neo-obscurantismo e gestão dos indesejáveis. Rio de Janeiro: Civilização Brasileira, 2017, pp. 85-86.

de exigibilidad que pueda tener respecto de ellos".[13] A relação (inversamente proporcional) entre os conceitos de vulnerabilidade e de culpabilidade, como brilhantemente nos ensina Zaffaroni,[14] precisa ser urgentemente resgatada.

Dito isso, uma indagação parece necessária: como é possível lançar mão de tal paradigma para afirmar o juízo de responsabilidade penal, que deve ser individual e atento àquele acusado, na sua singularidade e circunstâncias? Estaríamos diante de uma culpabilidade como instituição moral? E, portanto, servindo ao controle dos indesejáveis?[15]

2 As contribuições da doutrina pós-finalista e a tentativa de (re)construção do conceito de culpabilidade

A doutrina pós-finalista, em especial o funcionalismo, buscou estruturar o fundamento material da culpabilidade a partir dos fins

---

13 MARTÍNEZ, Milton Cairoli. "La inexigibilidad de otra conducta: una aproximación desde la dogmática". *In*: GRECO, Luís; MARTINS, Antônio (Coord.). *Direito Penal como crítica da pena*: estudos em homenagem a Juarez Tavares por seu 70º Aniversário em 2 de setembro de 2012. Madrid: Marcial Pons, 2012, pp. 50-51.

14 ZAFFARONI, Eugênio Raul; PIERANGELI, José Henrique. *Manual do Direito Penal brasileiro*. 6ª ed. São Paulo: Revista dos Tribunais, 2006.

15 CASARA, Rubens R. R. *Estado Pós-Democrático*: neo-obscurantismo e gestão dos indesejáveis. Rio de Janeiro: Civilização Brasileira, 2017, p. 156. Sob esse aspecto, sublinha o autor que "o Estado Pós-Democrático é um modelo tendencialmente omisso no campo do bem-estar social, mas necessariamente forte na contenção dos indesejáveis, sejam eles a camada da população incapaz de produzir ou consumir, sejam eles os inimigos políticos daqueles que detêm o poder político e/ou econômico. A utilização do poder penal para excluir e neutralizar os 'inimigos' não é um fenômeno novo, mas costuma-se apontar a experiência norte-americana nas últimas quatro décadas como o principal e mais influente exemplo da gestão penal de pessoas".

preventivos da pena, tentando prescindir da análise acerca da existência do livre-arbítrio, mas não deixou, igualmente, de se submeter a contundentes críticas.

É dizer, o funcionalismo sistêmico concebido por Günther Jakobs,[16] na medida em que defende a afirmação da culpabilidade para fins de prevenção geral positiva, ou seja, para restabelecer a vigência da norma e a credibilidade no sistema, acaba por conferir maior apreço à higidez normativa, numa clara aproximação hegeliana, em detrimento do sujeito, titular de dignidade humana.

Dito por outras palavras, a demasiada preocupação com o sistema normativo acaba servindo à instrumentalização do sujeito para fins sociais. Ora, estaríamos, então, admitindo uma ofensa ao princípio da culpabilidade?

Na sociedade de risco, como já denunciava Ulrich Beck em 1986,[17] é possível notar não apenas o fenômeno de "*la expansión del Derecho penal*",[18] mas também a opção por reformas penais que garantam a (tão desejada) sensação de segurança, abalada pelos novos riscos dessa sociedade globalizada e com amplo desenvolvimento tecnológico, daí porque a afirmação de um juízo de culpabilidade que sirva apenas à estabilização das expectativas normativas tem se revelado tão presente. A tônica é garantir a sensação de segurança social, ainda que, para isso, implique tratar o ser humano como coisa.

E, então, qual fundamento material de culpabilidade é adequado aos postulados democráticos? Ou melhor, qual Direito Penal as sociedades democráticas merecem?

---

16 JAKOBS, Günther. *Derecho Penal*: parte general – fundamentos y teoria de la imputación. 2ª ed. Madrid: Marcial Pons, 1997, p. 566.

17 BECK, Ulrich. *Sociedade de risco*: rumo a uma outra modernidade. Trad. Sebastião Nascimento. São Paulo: Editora 34, 2011.

18 SÁNCHEZ, Jesus María Silva. *La expansión del Derecho Penal*: aspectos de la Política Criminal en las sociedades postindustriales. 3ª ed. Montevidéu/Buenos Aires: B de F/Euros Editores, 2011.

Estou convencida que o Brasil precisa (re)construir um conceito de culpabilidade que não só resgate a atenção para o ser humano, para o seu lugar de fala, mas sobretudo que esteja atento às desigualdades.

"Poder atuar de outro modo" sob as lentes do julgador é uma coisa, mas sob as lentes do sujeito que experimenta aquela outra triste realidade é coisa completamente diversa. É bem verdade que Juarez Tavares,[19] Klaus Günther[20] e Zaffaroni,[21] apenas para mencionar três notáveis penalistas, já nos deram boas dicas de como é possível pensar a reconstrução desse conceito. Sobre o tema, Juarez Tavares sublinha o seguinte:

> Pode-se dizer que a culpabilidade, como qualidade da ação, deve ser submetida a um processo de avaliação, como, aliás, faz-se com o injusto. Em primeiro lugar, mediante uma verificação se, de acordo com seus elementos, o sujeito é capaz de ser responsável por sua conduta. Segundo, por meio da análise acerca da relação dessa conduta com a ordem jurídica, pesquisar até que ponto o sujeito atuou de modo juridicamente inadequado. Com isso, devem incidir aqui essencialmente os critérios limitadores da intervenção penal, ventilados na Constituição: necessidade, intervenção mínima, idoneidade e proporcionalidade.[22]

---

19 TAVARES, Juarez. *Fundamentos de teoria do delito*. 1ª ed. Florianópolis: Tirant lo Blanch, 2018, p. 431.

20 GÜNTHER, Klaus. "A culpabilidade do Direito Penal atual e no futuro". Trad. Juarez Tavares. *Revista Brasileira de Ciências Criminais*, São Paulo: Revista dos Tribunais, ano 6, nº 24, 1998, pp. 77-82.

21 ZAFFARONI, E. Raúl; BATISTA, Nilo; ALAGIA, Alejandro; SLOKAR, Alejandro: *Direito Penal brasileiro*: vol. 1 – Teoria Geral do Direito Penal. Rio de Janeiro: Renovar, 2003.

22 TAVARES, Juarez. *Fundamentos de teoria do delito*. Florianópolis: Tirant lo Blanch, 2018, p. 478.

Com efeito, a culpabilidade, como "qualidade da ação",[23] não pode se distanciar das condições que permitiram afirmar a conduta como típica e antijurídica, mas, a partir daí, não se deve, de pronto, afirmá-la como juízo de reprovação, mas, sim, verificar se é possível afastá-la/excluí-la, apesar da prática do injusto.

Considerações finais

Por tudo quanto exposto, nota-se que é fundamental repensar a culpabilidade como conceito limitador. Será que talvez fosse necessário pensar em critérios objetivos capazes de oferecer substrato ao julgador para, na análise do caso concreto, isto é, ao se deparar com as condições do autor e o seu contexto, melhor decidir sobre o juízo de reprovação de determinada conduta (?).

Como é possível perceber, o presente texto suscita mais questionamentos do que certezas, pois ainda é preciso seguir na busca dessa (re)construção, sempre orientados pelo princípio da dignidade da pessoa humana e, portanto, por um Direito Penal limitador do (desenfreado) poder punitivo estatal.

Referências bibliográficas

BARATTA, Alessandro. *Criminologia Crítica e crítica do Direito Penal*: introdução à sociologia do Direito Penal. Trad. Juarez Cirino dos Santos. 3ª ed. Rio de Janeiro: Revan/Instituto Carioca de Criminologia, 2002.

BECK, Ulrich. *Sociedade de risco*: rumo a uma outra modernidade. Trad. Sebastião Nascimento. São Paulo: Editora 34, 2011.

CARNEIRO, Sueli. *Racismo, sexismo e desigualdade no Brasil*. São Paulo: Selo Negro, 2011.

CASARA, Rubens R. R. *Estado Pós-Democrático*: neo-obscurantismo e gestão dos indesejáveis. Rio de Janeiro: Civilização Brasileira, 2017.

---

23 TAVARES, Juarez. *Fundamentos de teoria do delito*. Florianópolis: Tirant lo Blanch, 2018, p. 419.

CERQUEIRA, Marina. *Neurociências e culpabilidade*. 2ª ed. Florianópolis: Tirant lo Blanch, 2018.

CRESPO, Eduardo Demetrio. "Compatibilismo humanista: una propuesta de conciliación e neurociências y derecho penal". *In*: CRESPO, Eduardo Demetrio; CALATAYUD, Manuel Maroto (Coord.). *Neurociencias y Derecho Penal*: nuevas perspectivas en el âmbito de la culpabilidad y tratamento jurídico-penal de la peligrosidad. Montevidéu/Buenos Aires: B de F/Euros Editores, 2013.

GÜNTHER, Klaus. "A culpabilidade do Direito Penal atual e no futuro". Trad. Juarez Tavares. *Revista Brasileira de Ciências Criminais*, São Paulo: Revista dos Tribunais, ano 6, nº 24, 1998.

HASSEMER, Winfried. "História das ideias penais na Alemanha do pós-guerra". *Revista Brasileira de Ciências Criminais*, São Paulo: Revista dos Tribunais, ano 2, nº 6, 1999.

JAKOBS, Günther. *Derecho Penal*: parte general – fundamentos y teoria de la imputación. 2ª ed. Madrid: Marcial Pons, 1997.

LOEBENFELDER, Carlos Künsemüller. *Culpabilidad y pena*. Santiago: Editorial Jurídica de Chile, 2001.

LUZÓN PENA, Diego-Manuel. "Libertad, Culpabilidad y Neurociencias". *Revista para el Análisis del Derecho*, nº 1, 2025. Disponível em: https://indret.com/. Acessado em: 25.04.2025.

MARTÍNEZ, Milton Cairoli. "La inexigibilidad de otra conducta: una aproximación desde la dogmática". *In*: GRECO, Luís; MARTINS, Antônio (Coord.). *Direito Penal como crítica da pena*: estudos em homenagem a Juarez Tavares por seu 70º Aniversário em 2 de setembro de 2012. Madrid: Marcial Pons, 2012.

SÁNCHEZ, Jesus María Silva. *La expansión del Derecho Penal*: aspectos de la Política Criminal en las sociedades postindustriales. 3ª ed. Montevidéu/Buenos Aires: B de F/Euros Editores, 2011.

SCARANO, Luigi. *La non esigibilità nel diritto penale*. Nápoli: Casa Editorial Libraria Humus, 1948.

TAVARES, Juarez. *Fundamentos de teoria do delito*. Florianópolis: Tirant lo Blanch, 2018.

WELZEL, Hans. *O novo sistema jurídico penal*. Trad. Luiz Regis Prado. São Paulo: Revisa dos Tribunais, 2001.

ZAFFARONI, E. Raúl; BATISTA, Nilo; ALAGIA, Alejandro; SLOKAR, Alejandro: *Direito Penal brasileiro*: vol. 1 –Teoria Geral do Direito Penal. Rio de Janeiro: Renovar, 2003.

ZAFFARONI, Eugênio Raul; PIERANGELI, José Henrique. *Manual do Direito Penal brasileiro*. 6ª ed. São Paulo: Revista dos Tribunais, 2006.

CAPÍTULO XXXII

JUIZ E PODER JUDICIÁRIO NA SEGURANÇA PÚBLICA: ANÁLISE A PARTIR DE UMA ABORDAGEM DE POLÍTICA CRIMINAL COMO POLÍTICA PÚBLICA

MAURÍCIO ZANOIDE DE MORAES

Introdução

Este pequeno artigo destina-se a homenagear a Rubens Roberto Rebello Casara, quem tive a felicidade de conhecer no início de sua vida judicial e acadêmica e acompanhar em muitos momentos de suas atuações cívicas. Pessoa de formação e convicções sólidas, tem sorriso contagiante, humor fácil e está sempre aberto ao diálogo. Poder ladeá-lo em muitos momentos de sua vida só me trouxe aprendizado e satisfação.

Seu perfil intelectual lhe faz crítico e inquieto com as coisas e as situações às quais dirige sua atenção e paixão. Sua prolífica produção acadêmica, que flutua desde as ciências políticas até a filosofia, mas sempre tem como pano de fundo e de preocupação a temática afeita às ciências criminais conjuntas, bem espelha sua inquietação cidadã. Sua função de juiz, notadamente na atuação criminal, colocou-lhe diante das dores e alegrias que são causa e efeito dos conflitos criminais. Sua sensibilidade e sua disposição à defesa de ideias advieram da percepção dessas mazelas do ser humano.

Seu perfil, atuação e produção foram determinantes na escolha do tema deste artigo que pretende fornecer uma diretriz para evitar a confusão de papéis entre os agentes públicos que, bem-intencionados, procuram fazer além dos que lhes cabe no afã de reduzir a violência social em que todos, inclusive eles, vivem. Dentro dessa perspectiva, o artigo se propõe a enfrentar uma certa fala e uma posição crescentes dentro da vida forense e da vida acadêmica de que o juiz é agente de segurança pública.

A perspectiva com a qual se examina e se contribui na busca das respostas para essa questão é a análise da Política Criminal, mas não como área da dogmática jurídica e sim como política pública. Para isso, expor como surge o poder político e a política pública é um passo inicial indispensável, a partir do qual se pode analisar em que medida e por que a Política Criminal deve ser examinada também como política pública, destinada especificamente para as questões e problemas que causam, envolvem e emergem do "fenômeno criminal", cuja noção de conflito criminal ou crime é apenas uma de suas partes.

A necessidade de expor e explicar qual o "problema público" dessa política pública permite compreender aproximações e distanciamentos com outras necessárias e colaterais espécies de política pública, sem com isso misturá-las.

O artigo, portanto, pretende revelar o que aproxima e confunde a muitos que têm o juiz como responsável pela segurança cidadã, ao tomá-lo como agente de segurança pública. A brutal violência social que vivemos, composta em grande parte pelas violências criminal e institucional (penal, processual penal e penitenciária), provoca em todos um anseio de colaborar para uma sociedade mais segura. Todavia, as funções e atuações de cada instituição e seus agentes devem ser bem compreendidas para que haja uma colaboração produtiva de práticas e a percepção clara de quais e em que pontos precisamos melhorar em eficiência na prevenção do crime.

Põe-se em ressalto, pelo viés de análise empreendido, que o objetivo constitucional da segurança aos cidadãos será tanto melhor quanto mais eficiente for a evitação da ocorrência do crime, momento anterior e área de problemas afetos à segurança pública, *locus et tempus* em que não cabe ao juiz atuar.

Por fim, expõe-se que o Poder Judiciário, apenas como instituição, e isto fica bem gizado no texto, integra, em plano superior, a discussão de projetos e programas, sua seleção, prática e acompanhamento de execução e de resultados como colaborador dessa política pública, e não como protagonista ou executor.

1 Indivíduo, coletividade, poder e política: breve mas necessário ponto de partida

Para se dissipar a densa nuvem que dificulta tratar de temas hoje tidos como polêmicos, deve-se recuperar as premissas ontológicas de como as coisas são, iniciaram-se e se desenvolvem. Recapitular, mesmo brevemente, ajuda a trazer ao debate à questão central, dissipando distrações, notadamente no atual meio social complexo e, no mais das vezes, conflagrado por discussões que terminam em soluções cegas e ineficazes pois impostas pelo poder (político, econômico ou punitivo) e não pela análise das causas e efeitos, programas e resultados.

A análise em decomposição de temas polêmicos e divergentes impõe partir do ontológico ao epistemológico. Primeiro o ser, depois o estar; por fim, o dever-ser.

Se a disposição é tratar de ramos das Ciências Sociais (o Direito, as Ciências Políticas, a Economia, a Antropologia e a Sociologia), inevitável partir da razão pela qual o ser humano vive em grupo (familiar, comunitário ou social).

O ser humano é um animal imperfeito e insuficiente. Vive em grupo para aumentar e melhorar suas chances de sobrevivência (primeiro) e condições de vida (depois). Contudo, o grupo que auxilia os indivíduos em melhorias e garantias não lhes torna perfeitos ou reduz suas necessidades. Embora alguns melhorem e aprendam na convivência com o semelhante, a história humana já mostrou que os defeitos e imperfeições reunidos trazem seus desafios individuais e coletivos. A inescapável vida gregária traz inevitáveis dificuldades e conflitos. A criação de "regras de convivência" – que poderiam mesmo ser chamadas de "regras de sobrevivência" – é tão necessária quanto a escolha de lideranças para exercê-las e fazê-las cumprir.

A reunião de forças vitais, originária de cada ser que compõe o grupo humano, faz inevitavelmente surgir o "poder" no grupo. Poder, portanto, é algo que deriva do coletivo, a reunião de forças e atributos dos indivíduos e do grupo. O "poder" é uma "relação", não uma coisa ou objeto. Logo, deriva e flui pelo grupo a partir dos indivíduos (detentores das frações que o compõem) e é direcionado à sua liderança (por exemplo, militar, ancestral ou religiosa), que o recebe para exercê-lo em benefício do grupo a ela ligado. O poder é constituído pela soma de frações das forças individuais, é exercido pela liderança do grupo e deve destinar-se a seu benefício (proteção e desenvolvimento).

Não se questiona aqui se em dado momento histórico, inclusive em nossos dias, o poder é ou não de fato exercido para benefício do grupo. O que importa é entender sua origem, natureza e destinação. Para que aqueles fluxos vetoriais tenham dinâmicas próprias, são necessários instrumentos a eles específicos. Instrumentos aptos a congregar, formar e conduzir as forças individuais como poder à liderança (por exemplo, eleição e tradição) e outros que esta utiliza para melhorar a vida de seus liderados. *Poder é, portanto, em termos atuais, a relação entre governantes (poder instituído) e governados (cidadãos), a detenção de instrumentos (meios aptos e à sua disposição para atuar) e a capacidade de decidir "como" (modelo ou padrão) e "para que" (interesses e finalidades) utilizá-los.*[1]

Usando como critério classificador os instrumentos à disposição do exercício do "poder", Norberto Bobbio o subdivide em três grandes classes: poder econômico, poder ideológico e poder político. Hoje, ainda vale a percepção do autor de que o "poder político" é "o poder no sentido mais estrito da palavra", sendo entendido como o controle de todos os instrumentos aptos a influir coativamente na vida das pessoas. A divisão proposta por ele facilita sobremaneira a compreensão das partes e sua influência no todo, mas elas nunca deixam de estar imbricadas pela própria dinâmica da formação e exercício do poder. Ainda hoje, as realidades política e social relevam que tais poderes fundamentam e mantêm "uma sociedade de desiguais, isto é, dividida em ricos e pobres com base no primeiro, em sábios e ignorantes com base no segundo, em fortes e fracos, com base no terceiro: genericamente, em superiores e inferiores".[2] Acrescente-se, por oportuno e real, também entre incluídos e excluídos, categoria mais próxima e fácil de se entender no contexto do aspecto "punitivo" do poder político e cuja fração as ciências criminais conjuntas estudam e nominam como "poder punitivo".

---

1 As ideias desenvolvidas neste e nos dois parágrafos anteriores são a síntese do que tratamos de forma mais extensa e com lastro em várias fontes no item 4 e seus subitens 4.1 e 4.2 de MORAES, Maurício Zanoide de. *Processo criminal transformativo*: modelo criminal e sistema processual não violentos. Belo Horizonte/São Paulo: D'Plácido, 2022. A frase destacada está em pp. 127-128 da obra citada.

2 BOBBIO, Norberto. "Política". *In*: BOBBIO, Norberto; MATTEUCCI, Nicola; PASQUINO, Gianfranco. *Dicionário de política*. Coord. trad. João Ferreira. 5ª ed. vol. 2. Brasília/São Paulo: UnB/Imprensa Oficial do Estado de São Paulo, 2004, 2ª coluna, p. 955.

Todo poder político, a partir das bases do Estado Social e Democrático de Direito, deve estar vinculado e submetido à lei; entendida aqui em seu sentido lato, indo desde normas constitucionais até normativas infralegais. Se a supremacia da lei resta indene de dúvida, o que se questiona na atualidade, não sem razão, é se, de fato, as leis (i) são meios de os governantes cumprirem sua missão junto aos cidadãos na busca de garantirem a maior fruição e ampliação de seus direitos fundamentais ou, em sentido contrário, se (ii) são normas de controle de parte significativa da população para submetê-la ou fazê-la não resistir aos interesses econômicos e ideológicos dos integrantes ou apoiadores do poder político, mesmo contra ela.[3]

A política é, nessa linha de abordagem, a tomada de decisões, o exercício de escolhas feitas pelos integrantes do poder (governantes e/ou *policymakers*) sobre os meios, modos, intensidades e diretrizes de uso dos instrumentos à sua disposição para atuarem em benefício ou prejuízo de determinadas pessoas ou grupos conforme os critérios daqueles. Destinada ao "bem comum de todos", sofre limitações legítimas e ilegítimas. São fatores legítimos, por exemplo, a restrição de recursos e a variedade/contraposição de interesses dos grupos, que impossibilitam aos governantes de atenderem a todos. Como ilegítimas – para não dizer ilegais ou, no mínimo, abusivas – estão as deliberações de preterirem grupos de cidadãos para privilegiarem interesses dos governantes e/ou de seus apoiadores, criando grupos

---

3 Indicando estarmos na segunda situação, ver exposição de Rubens Casara sobre vivermos sob égide de um Estado Pós-Democrático, concepção e expressão criada por Colin Crouch e que, para aquele, é um "Estado sem limites rígidos ao exercício do poder, isso em um momento em que o poder econômico e o poder político se aproximam e quase voltam a se identificar, sem pudor" (CASARA, Rubens R. R. *Estado Pós-Democrático*: neo-obscurantismo e gestão dos indesejáveis. Rio de Janeiro: Civilização Brasileira, 2017, p. 23). Vale a leitura do capítulo I desta obra citada por sua capacidade de predizer o então futuro. Em 2017, traçou as causas e razões do que hoje assistimos nos Estados Unidos da América do Norte com a segunda gestão trumpista. Uma aula sociopolítica de causa e efeito.

incluídos, favorecidos e protegidos e outros excluídos, prejudicados e desprotegidos.

Estas breves considerações iniciais objetivam expor ideias e razões básicas do porquê a sociedade vive enormes conflitos e desafios e de a política ser o meio de atender a maior parte da população eliminando-os ou minorando-os e tendo como diretriz legitimadora a melhoria e garantia dos direitos fundamentais e das necessidades básicas dos mais desapercebidos. Atuar dessa forma é cumprir os desígnios constitucionais cogentes que devem nos orientar.

2 Política pública criminal como espécie de política pública específica ao "problema criminal"

A política pública pode ser entendida como uma ação ou conjunto de ações adotadas por um governo para definir prioridades, metas e resultados em face de um desafio socialmente relevante, habitualmente denominado nessa área da ciência social como "problema público". "É uma diretriz elaborada para enfrentar um problema público".[4] Eduardo Marques, após ressaltar a variedade de definições aplicadas à concepção de "política pública", a depender do ponto ao qual se queira dar mais ênfase (o problema, a ação, o modo ou os critérios de escolhas), traz considerações oportunas ao enfoque que se deseja neste artigo. Para ele, políticas públicas são o "conjunto de ações implementadas pelo Estado e pelas autoridades governamentais em sentido amplo (...)" e, portanto, "estudar políticas é analisar por que e como o Estado age como age, dadas as condições que o cercam".[5] Rafael Strano, concordando com a impossibilidade de se obter um

---

4 SECCHI, Leonardo. *Análise de políticas públicas*: diagnósticos de problemas, recomendação e soluções. São Paulo: Cengage Learning, 2023, p. 5.

5 MARQUES, Eduardo. "As políticas públicas na ciência política". *In*: MARQUES, Eduardo; FARIA, Carlos Aurélio Pimenta de (Coord.). *A política pública como campo multidisciplinar*. 2ª ed. São Paulo: Unesp/ Fiocruz, 2018, pp. 24-25.

conceito ou definição únicos para essa área das ciências políticas, adere às palavras de Thomas Dye, "de acordo com o qual as políticas públicas podem ser descritas como 'o que o governo escolhe fazer ou não fazer'".[6] Para Sérgio Adorno, em confirmação e complemento ao já destacado:

> Políticas públicas constituem um conjunto articulado de diretrizes impressas à ação coletiva visando alcançar metas determinadas, como sejam o desenvolvimento econômico, a redução de desigualdades sociais, a promoção de direitos ou o controle legal da ordem pública.[7]

Como a política pública tem suas matriz, ação e diretriz atreladas ao problema público é certo afirmar que para cada espécie deste deve haver uma política correspondente. Assim, há políticas públicas, em variações de intensidades, modos e extensão, para a saúde, a educação, o meio ambiente, a habitação, o transporte, o emprego, entre muitos outros problemas públicos.[8]

---

6 STRANO, Rafael F. *Política pública criminal*. São Paulo: Tirant lo Blanch, 2023, p. 26. A obra mencionada pelo autor de Thomas Dye é *Understanding Public Policy*.

7 ADORNO, Sérgio. "Políticas públicas de Segurança e Justiça Penal". *Cadernos Adenauer*: Segurança Pública, Rio de Janeiro: Fundação Konrad Adenauer, vol. 9, 2008/2009, p. 12.

8 Tomada a área da educação como exemplo, a tão variada e ampla gama de facetas, naturezas e dimensões de seus problemas públicos exige especificidades da política (pública) educacional. Informada por uma série de disciplinas, *v.g.*, a Economia, a Sociologia, a Antropologia, o Direito, a Pedagogia, entre outras, essa política pública específica não se faz por uma única forma de ação ou projeto. Ela se compõe de tantas ações e tantos projetos quantos são os tipos de problemas educacionais (alfabetização de adultos ou de crianças; a pesquisa científica; a profissionalização; a educação de básica e as subsequentes até a universitária; entre outros) e os resultados a que se pretendem atingir em cada um. Os campos sociais apresentam variedades de problemas e desafios a superar.

Denomina-se "ciências das políticas públicas" (*policy sciences*) a área das ciências sociais destinada a elaborar e executar programas voltados a minorar ou eliminar problemas públicos pela implementação racional e otimizada de instrumentos, ações, instituições, agências e agentes, assim como análises empíricas de diagnósticos e acompanhamento de práticas, seus resultados e efeitos. Subcampo da ciência política, ela recebe influxos e interações de disciplinas como a Economia, a Sociologia, a Engenharia, a Psicologia Social, a Administração Pública, Filosofia e o Direito, entre outras.[9] Por isso, tem formação, informação e destinação interdisciplinar e multidisciplinar.[10]

A mesma lógica deve ser transposta para o "problema criminal". O problema público criminal deve ter sua respectiva Política Pública Criminal; cada uma dessas partes (problema e política) com suas variedades e complexidades de naturezas, de momentos, de meios, de tempos e de intensidades.

De partida, e aproveitando os ganhos científicos dos estudos criminológicos, propõe-se, aqui, substituir o termo "problema", tão afeito à ciência da política pública, pelo termo "fenômeno criminal". A Criminologia insere nessa última expressão não apenas (i) os atos definidos como "crimes" (condutas tipificadas em lei), mas também (ii) os "estados perigosos" e (iii) "condutas indesejadas", sendo esses dois últimos espaços menos precisos e formais que os "crimes", mas também são tratados como "problemas públicos" por muitos, por exemplo, no âmbito da segurança pública. Sempre flutuante e manobrada politicamente, essas noções (cf. ii e iii) são

---

9 SECCHI, Leonardo. *Análise de políticas públicas*: diagnósticos de problemas, recomendação e soluções. São Paulo: Cengage Learning, 2023, pp. 6-7.

10 FARIA, Carlos Aurélio Pimenta de. "A multidisciplinaridade no estudo das políticas públicas". *In*: MARQUES, Eduardo; FARIA, Carlos Aurélio Pimenta de (Coord.). *A política pública como campo multidisciplinar*. 2ª ed. São Paulo: Unesp/Fiocruz, 2018, pp. 11-21.

tidas como algo indesejado ou conduta de alguém a ser perseguido (por razões de raça, religião ou ideologia, condição socioeconômica, entre outras); não raro obliquamente subsumíveis a um tipo penal (crime) aberto para possibilitar a incidência de pena criminal.[11] Além disso, a concepção de "fenômeno criminal" traz em seu bojo, ainda por influxo dos estudos criminológicos, (iv) análises sobre os atores do conflito criminal, suas (v) causas criminógenas e (vi) seus efeitos negativos (violentos) no tecido comunitário e familiar e, também, (vii) o exame do meio ambiente socioeconômico e juspolítico que define o que deve ser tido como crime e (viii) quem são seus agentes.

Na ampla "área-problema" do "fenômeno criminal" todos esses pontos antes enumerados ajudam a nortear "políticaS públicaS criminaIS específicas", que ainda devem considerar os recursos e instrumentos disponíveis e úteis. Nesse contexto, e exemplificativamente, são instrumentos insuficientes o anacronismo e a precariedade estrutural tanto das agências que atuam na justiça criminal (de modo mais destacado a Polícias Civil, o Ministério Público e o Judiciário) quanto do ordenamento jurídico (da legislação criminal – constitucional, penal, processual penal e de execução penal – até as normativas daquelas agências e dos Executivos federal, estaduais e municipais). A mesma insuficiência atinge as áreas da segurança pública e do sistema penitenciário.

Na interação entre ciências criminais conjuntas e ciência política surge o campo para e da política "pública" criminal.[12]

---

11 Na linha deste parágrafo, sobre "estado perigoso" e sua relação com a ideia maior de "fenômeno criminal", ver BINDER, Alberto M. *Política criminal*: de la formulación a la práxis. Buenos Aires: Ad-Hoc, 1997, pp. 30-32; e DELMAS-MARTY, Mireille. *Modelos e movimentos de Política Criminal*. Trad. e not. Edmundo Oliveira. Rio de Janeiro: Revan, 1992, pp. 24-28.

12 STRANO, Rafael F. *Política pública criminal*. São Paulo: Tirant lo Blanch, 2023, cap. II, item 6, pp. 79-81, aponta como pontos de interconexão entre a criminologia, integrante das ciências criminais conjuntas, e a política pública o surgimento de "duas perspectivas que se somam:

No contexto do exposto, da ciência política aplicada ao âmbito criminal, ambas subáreas das ciências sociais, destaca-se a natureza empírica, prática e aplicada de análises e projetos em causas detectadas e resultados desejados de transformação efetiva da realidade da vida do cidadão. Todavia, a esse viés de análises e ações prático-empíricas alia-se a abordagem normativo-dogmática, até então única na Política Criminal de tradição europeia continental.

A Política Pública Criminal, como espécie de política pública, deve associar abordagens zetéticas e dogmáticas tanto no plano prático-programático quanto no teórico-normativo para tratar de cada questão criminal. O Brasil está vivendo o início dessa fase de criação de uma Política Pública Criminal, como ponto de intersecção daquelas abordagens para orientar os governantes na redução da criminalidade, na detecção dos ambientes de insegurança social e dos efeitos negativos do crime.[13] Sem renunciar ao conhecimento

---

a) a apuração de evidências que legitimem ou deslegitimem tais políticas (*evidence-based crime policy*); b) a criação de uma teoria criminológica que efetivamente dialogue com proposições político-criminais resultando em uma criminologia pública (*public criminology*)". Essas perspectivas são importantes formas de comunicação entre os pesquisadores do fenômeno criminal (notadamente os criminólogos) e os governantes e/ou *policymakers*, pois estabelecem linguagens mais acessíveis para ambas as partes entenderem aquele fenômeno/problema criminal e meios práticos e realizáveis de implantação. Propõe, ao final, com o que concordamos, que criminologia e política pública se associem de modo interdisciplinar e recíproco para se criar, mais adiante, autônoma disciplina: a Política Pública Criminal (pp. 89-91). Na linha de Alberto Binder, marco teórico do autor nesse ponto, propõe que a Política Pública Criminal acabe por se tornar um campo próprio do saber, mas, neste instante nacional, deve ainda restar na criminologia e esta deve ter novo aporte epistêmico ao tratar dos aspectos de política pública para abarcar e se orientar pelo cabedal científico dessa específica área da ciência política.

13 BATISTA, Nilo. *Capítulos de Política Criminal*. Rio de Janeiro: Revan, 2022, pp. 16-18, preocupa-se com essa fusão de perspectivas: "18. Por ora, exorcizando as concepções idealísticas de Política Criminal, que a tornam dependente do Direito Penal (e particularmente das esgotadas teorias legitimantes da pena), cabe-nos aproximá-la da e comprometê-la

dogmático-normativo, que já está arraigado em nossa tradição cultural e acadêmica, deve-se também agregar-lhe, até mesmo para o melhor desenvolvimento daquele saber,[14] as pesquisas e análises que perquirem e informam, a partir de dados empíricos, as causas e efeitos dos problemas, a execução e manutenção dos programas e os resultados atingidos ou não. Dos dados à formulação de teorias. Estas devem considerar não o que pensam seus formuladores, mas a realidade da vida dos cidadãos e o que se deve fazer para, dentro das determinações constitucionais, melhorar e garantir seus direitos e necessidades.

A Política Pública Criminal torna-se, simultânea e sinergicamente, (i) campo teórico para criação de marcos constitucionais de garantia e normatividade e (ii) conjunto de ações para implementação, a partir de dados da realidade, desde programas elaborados e executados para mitigar ou eliminar as causas criminógenas até constituir e incrementar melhor e mais estruturado modelo criminal não violento de abordagem, tratamento e reposta ao conflito criminal e aos seus efeitos negativos à vítima e/ou à comunidade;

---

com a ciência política. Sim, a Política Criminal não passa de ser a ciência política de uma forma muito especial de poder, que é o poder punitivo. É nas entrelinhas da história da ciência política que podemos encontrar os grandes eixos da Política Criminal, e não nos seminários dos juristas. Ao longo do curso se constatarão as virtudes metodológicas do conceito proposto: **Política Criminal é a ciência política do poder punitivo**" (BATISTA, Nilo. *Capítulos de Política Criminal*. Rio de Janeiro: Revan, 2022, p. 19, grifos nossos).

14 Bottini vem se posicionando nesse sentido e apontando aspectos em que a dogmática ganharia muito ao se aproximar da realidade social, leia-se, olhar os dados da realidade para melhor ajustar suas premissas e reorientar conceitos para consecução de resultados mais justos (BOTTINI, Pierpaolo Cruz. "Dogmática penal e realidade social: uma proposta de aproximação, parte 1". *Conjur*, 3 fev. 2025. Disponível em: https://www.conjur.com.br/2025-fev-03/dogmatica-penal-e-realidade-social-uma-proposta-de-aproximacao-parte-1/. Acessado em: 28.04.2025).

da prevenção ao crime ao tratamento não violento de seus efeitos e das pessoas por ele envolvidas.[15]

3 Política pública criminal e segurança pública: espaços, estratégias, agentes e objetivos específicos e diversos da atuação judicial

Há certo consenso que a Política Criminal compreende quatro espaços: segurança pública, justiça criminal, mesmo quando dela se trata de administração da justiça, sistema penitenciário e, por fim, da produção legislativa e administrativa de normativas.[16] Todos esses espaços ineludivelmente giram em torno do eixo "crime-pena" e, em decorrência dessa medula central, guardam relação entre si; mas não se confundem, assim como diversas outras políticas públicas (por exemplo, econômica, educacional, laboral, de saúde pública ou de habitação) relacionam-se, de forma mais ou menos próxima entre si, mas é um erro confundi-las, tomando uma por outra em causas e/ou efeitos.

---

15 Sobre esse último ponto, ver MORAES, Maurício Zanoide de. *Processo criminal transformativo*: modelo criminal e sistema processual não violentos. Belo Horizonte/São Paulo: D'Plácido, 2022; especificamente para a Política Pública Criminal não violenta e sua conformidade constitucional, cf. o capítulo X; como marco legal, cf. a Lei n. 13.675/2018 que, ao tratar da Política Nacional de Segurança Pública e Defesa Social (PNSPDS), institui a "resolução pacífica de conflitos" como um de seus princípios reitores (art. 4º, inc. VIII).

16 Cf. *Plano Nacional de Política Criminal e Penitenciária* – Quadriênio 2024-2027, p. 12: "o CNPCP pretende oferecer propostas de enfrentamento à crise do sistema penitenciário nacional, por meio de uma agenda propositiva sobre a Administração Penitenciária, integrada ao sistema de segurança pública e justiça criminal, considerando a Emenda Constitucional 104/2019, que instituiu a da Polícia Penal no Brasil com as competências do art. 144 da Constituição Federal"; BATISTA, Nilo. *Introdução crítica ao Direito Penal brasileiro*. 4ª ed. Rio de Janeiro: Revan, 1999, § 4º, p. 34; e STRANO, Rafael F. *Política pública criminal*. São Paulo: Tirant lo Blanch, 2023, cap. III, item 2, pp. 96-98.

É importante, para o que se deseja expor neste artigo, deixar evidente que a relação entre aqueles espaços na Política Pública Criminal não pode fazer seus problemas, estratégias, agentes e agências e instrumentos se confundirem ou serem tomados uns pelos outros. Eis um dos atributos de se examinar o fenômeno criminal pelo plano zetético: perquirir os problemas (causas e efeitos), escolher soluções almejadas, meios, agentes e instrumentos empregados para cada uma das especificidades daqueles espaços.

Aos interesses deste artigo, segurança pública é

> um direito fundamental e condição essencial para o exercício pleno da cidadania, com liberdade, equidade racial e de gênero; paz e valorização da vida e do meio ambiente. E, como direito, segurança precisa se traduzir em políticas públicas que se guiem pelos princípios da transparência, da participação social e do uso da Ciência para a redução de todas as formas de violência e desigualdades.[17]

É área governamental preocupada em garantir aos cidadãos conviverem harmonicamente, em espaços físicos e virtuais, sem riscos ou ataques à sua incolumidade física, psicológica, moral e patrimonial. Por definição legal (Lei n. 13.675/2018), "é dever do Estado e responsabilidade de todos, compreendendo a União, os Estados, o Distrito Federal e os Munícipios, no âmbito das competências e atribuições legais de cada um" (art. 2º, redigido em consonância com o *caput* do art. 144, CR).

Ela é composta por ações governamentais que devem atuar conforme um projeto e programa de prevenção e evitamento do

---

17 FÓRUM BRASILEIRO DE SEGURANÇA PÚBLICA. *Segurança pública como direito fundamental*: diretrizes e propostas. [S.l.]: [s.n.], [s.d.], p. 2. Disponível em: https://forumseguranca.org.br/wp-content/uploads/2022/06/direito-fundamental-diretrizes-propostas-v10.pdf. Acessado em: 11.02.2025.

crime. Atua, de forma primaz, para que o crime não ocorra e as causas criminógenas sejam dissipadas, mitigadas ou controladas. As agências e os agentes que a compõem, são, primordialmente as polícias, acompanhadas de uma plêiade de órgãos dos Executivos federal, estaduais e municipais voltados a garantir ao cidadão a sua segurança. Incluídos, também, órgãos de suporte operacional, logístico e de regulação das atividades de policiamento, vigilância e monitoramento, como as secretarias de governos destinadas à segurança cidadã (cf. incisos do art. 144, CR).

Dessa atuação de governo na ação preventiva, de policiamento e de seu apoio logístico e operacional não participam os juízes criminais em suas funções jurisdicionais. Estes, em sua atividade constitucional, lidam com o caso concreto a partir do início da persecução penal de um crime tido como ocorrido (fase investigativa e fase processual). É a dimensão processual penal da Política Pública Criminal que, por demais relevante, atua a partir do caso concreto, aplicando garantias constitucionais e normativa processual penal para um julgamento justo. Não há juiz ou mesmo processo penal antes da persecução se iniciar como procedimento investigativo ou como processo judicial.

O programa de Política Pública Criminal para a segurança pública é proteger o cidadão na fruição de seus direitos e evitar o crime. Na justiça criminal, outra área daquela política pública, seu programa é controlar a atividade persecutória e julgar a ocorrência ou não de crime e, em caso positivo, aplicar a pena justa ao acusado. Não há, pois, como se confundirem as atuações e as funções do policial e do juiz criminal naquela política pública. Se ambos são agentes dela, eles exercem funções em momentos diferentes (antes do crime e após iniciada a sua persecução), com finalidades marcadamente diferentes (policiar e julgar) e com agências, instrumentos e normativas diversas, a confirmar esse aspecto normativo, de se notar que a lei complementar que rege a magistratura nacional não traz qualquer dever de atuação que relacione o juiz (criminal) como agente de Política Pública Criminal destinada à área da segurança pública.[18]

Feito o exame pela perspectiva do agente (juiz), cabe analisar qual o papel da sua respectiva agência (Poder Judiciário) na Política Pública Criminal, notadamente na segurança pública, foro de atenção neste artigo.

4 Plano Nacional de Segurança Pública e Defesa Social: Poder Judiciário não atua na execução de programas ou em ações práticas

Fixado que o juiz não tem autorização constitucional ou legal para exercer função ou ter deveres junto à área da segurança pública, cabe analisar se o Poder Judiciário integra ou colabora com essa parte da Política Pública Criminal e, sendo afirmativa a resposta, em que medida isso se daria.

Sendo o Poder Judiciário um dos pilares do Estado Democrático de Direito, atua integradamente com os demais Poderes em todas as áreas da vida dos brasileiros; e a segurança pública, por esse viés amplo, não seria exceção. Porém, como definido em lei que trata exatamente de instituir o Plano Nacional de Segurança Pública e Defesa Social (PNSPDS), atua junto aos demais Poderes nas diretrizes gerais e mais amplas, seja interagindo para o "aprimoramento e aplicação da legislação penal", seja colaborando na "elaboração de estratégias e metas para alcançar os objetivos desta política".[19]

---

18 Confira-se, a propósito, o art. 35 da Lei Orgânica da Magistratura Nacional ao definir os deveres do juiz (LC 35/1979). Nessa esteira, a referida Lei n. 13.675/2018 também define quais as agências que compõem o "Sistema Único de Segurança Pública" (SUSP) e no qual não se encontra a magistratura, mas apenas agências executivas, notadamente policiais e secretarias.

19 Lei n. 13.675/2018: "Seção III. Das Diretrizes. Art. 5º São diretrizes da PNSPDS: (...) XV - integração entre os Poderes Legislativo, Executivo e

Para os juízes não está reservado atuar, de modo algum, em ações práticas ou implementação de projetos ou programas da área da segurança pública. Sua participação é no planejamento estratégico. Tanto que o Poder Judiciário não tem qualquer de seus agentes ou agências (federais ou estaduais) listados entre os componentes do PNSPDS (art. 9º, Lei n. 13.675/2018), todos estes atrelados ao Poder Executivo.[20]

O Poder Judiciário também participa da política pública de segurança avaliando-a, em ordem de integração superior entre Poderes.[21] Tal delimitação legal compatibiliza-se e implementa os desenhos constitucional e orgânico previstos para magistratura nacional.

Judiciário no aprimoramento e na aplicação da legislação penal; XVI - colaboração do Poder Judiciário, do Ministério Público e da Defensoria Pública na elaboração de estratégias e metas para alcançar os objetivos desta Política (...)".

20 A Lei n. 13.675/2018 institui, em seu art. 9º, o SUSP e seus integrantes. Nele não há menção a juízes.

21 Lei n. 13.675/2018: "CAPÍTULO IV - Dos Conselhos de Segurança Pública e Defesa Social (...). Seção II - **Dos Conselheiros. Art. 21. Os Conselhos serão compostos por:** I - representantes de cada órgão ou entidade integrante do SUSP; **II - representante do Poder Judiciário;** III - representante do Ministério Público; IV - representante da Ordem dos Advogados do Brasil (OAB); V - representante da Defensoria Pública; VI - representantes de entidades e organizações da sociedade cuja finalidade esteja relacionada com políticas de segurança pública e defesa social; VII - representantes de entidades de profissionais de segurança pública (...). **Art. 29. O processo de avaliação das políticas de segurança pública e defesa social deverá contar com a participação de representantes** dos Poderes Legislativo, Executivo e **Judiciário,** do Ministério Público, da Defensoria Pública e dos Conselhos de Segurança Pública e Defesa Social, observados os parâmetros estabelecidos nesta Lei" (grifos nossos).

5 Poder Judiciário: consciência e aprimoramento de suas influências indiretas na segurança pública

Definido que juiz não é agente e o Poder Judiciário não é agência da área da Política Pública Criminal destinada à segurança pública, resta responder se suas atuações, respectivamente, casuística e institucional, projetam efeitos nessa subárea daquela política pública.

A resposta somente pode ser positiva, porém são efeitos reflexos e não por atuações diretas. Isto porque há certa relação circular de causa e efeito na dinâmica da vida social e institucional. Algo um tanto parecido, embora mais próximo, do que a relação que se pode estabelecer entre efeitos da escolaridade no aprisionamento. Explique-se.

Os dados empíricos sobre a relação entre pessoas presas e grau de escolaridade revelam que a maior parte daquelas têm baixa escolaridade.[22] Para além dessa realidade revelar uma violência estrutural a penalizar sempre os mais desapercebidos de recursos básicos, no caso, o educacional, pode-se extrair que a maior escolaridade oferece oportunidades de a pessoa não ser envolvida ou ingressar no crime e ser presa. Dados a permitir essa inferência são: (i) os que apontam que o maior percentual dos encarcerados foram condenados por

22 Segundo o mais recente *Relatório de Informações Penais*, da Secretaria Nacional de Políticas Penais, em um número total de 654.228 presos até junho de 2024, 61,55% desse contingente é composto de pessoas até o primeiro grau completo (analfabetas, alfabetizados sem escola, com fundamental incompleto e completo). De 402.746 pessoas nessas categorias, a maior parte (290.754) tem o fundamental incompleto. Pessoas que ingressaram completando ou não o ensino médio atingem o percentual de 30,65% do sistema carcerário. Com grau superior, mesmo que incompleto, são 2,17% do total (14.225), e 5,61% dos presos não informaram sua escolaridade (36.755) (SENAPPEN. *Relatório de Informações Penais*: 16º Ciclo Sisdepen, 1º semestre de 2024. Brasília: SENAPPEN, 2024, p. 98. Disponível em: https://www.gov.br/senappen/pt-br/servicos/sisdepen/relatorios/relipen/relipen-1o-semestre-de-2024.pdf. Acessado em: 03.02.2025).

crimes patrimoniais ou relacionados a drogas[23] e que (ii) os jovens entre 18 e 29 anos são mais de 40% da população carcerária.[24] Difícil negar que uma política pública educacional garantidora de maior escolaridade influenciaria não apenas na segurança pública, a não ocorrência de crimes para suprir necessidades básicas, mas também diminuiria a demanda na justiça criminal e no sistema penitenciário.

Nessa linha de aproximação de efeitos reflexos indiretos entre políticas públicas de áreas, agentes e atuações diversas, é possível estabelecer relações até mais próximas na atuação judicial (julgar e garantir os direitos dos presos) do que a anterior entre a escolaridade e o crime-aprisionamento. A proximidade é maior pois o juiz criminal atua em subáreas (justiça criminal e sistema penitenciário) da mesma política pública (criminal) em que se insere a segurança pública; não obstante, como se viu nos dois itens anteriores, diversas entre si. Próximas, mas diferentes.

Mantendo-se no tema da prisão criminal, já está mais do que evidente, por estudos e números sempre atualizados, que o encarceramento em massa não melhora a segurança pública, compreendida como atuação para reduzir o crime. O aprisionamento afasta apenas pontual e momentaneamente aquele condenado da vida em comunitária. A sua captação pelas facções criminosas que nasceram,

---

23 SENAPPEN. *Relatório de Informações Penais*: 16º Ciclo Sisdepen, 1º semestre de 2024. Brasília: SENAPPEN, 2024, pp. 102-110. Disponível em: https://www.gov.br/senappen/pt-br/servicos/sisdepen/relatorios/relipen/relipen-1o-semestre-de-2024.pdf. Acessado em: 03.02.2025.

24 SENAPPEN. *Relatório de Informações Penais*: 16º Ciclo Sisdepen, 1º semestre de 2024. Brasília: SENAPPEN, 2024, p. 85. Disponível em: https://www.gov.br/senappen/pt-br/servicos/sisdepen/relatorios/relipen/relipen-1o-semestre-de-2024.pdf. Acessado em: 03.02.2025. Para uma análise da relação escolaridade, faixa etária, sexo e raça no exame dos dados empíricos de parte dos primeiro vinte anos deste século no Brasil, tanto para vítimas quanto para ofensores, ver MORAES, Maurício Zanoide de. *Processo criminal transformativo*: modelo criminal e sistema processual não violentos. Belo Horizonte/São Paulo: D'Plácido, 2022, item 32.

proliferam e controlam os presídios tornam-no mão de obra para o crime organizado e pessoa ainda mais violenta em sua saída da prisão pelos (quase certos) compromissos que teve que fazer com as facções para sobreviver preso e não permitir que a violência atinja até mesmo seus familiares. Isso, de fato e em números, aumenta, exponencial e organizadamente, a violência social em um momento posterior com a fuga ou libertação do preso.

Essa relação indireta e reflexa do julgar criminal, dentre outras, não torna o juiz um agente da segurança pública, mas deve despertar-lhe a consciência dos efeitos práticos, conquanto indiretos, que seu atuar projeta nessa subárea da Política Pública Criminal, aumentando de forma contínua e crescente a demanda tanto para a própria justiça criminal quanto para o sistema prisional: a espiral ascendente das violências (criminal e institucional) detectadas em números e custos vultosos e crescentes no Brasil deste século.[25]

---

25 A expressão "espiral ascendente da violência" foi cunhada para representar a realidade custosa e patológica do sistema de justiça criminal do Brasil deste século XXI (cf. MORAES, Maurício Zanoide de. *Processo criminal transformativo*: modelo criminal e sistema processual não violentos. Belo Horizonte/São Paulo: D'Plácido, 2022, item 40). Tudo feito com base em números de fontes públicas sobre os custos do aparato policial preventivo, persecutório (Policial Civil e dos Ministérios Públicos Estaduais), do Poder Judiciário, apenas para a área penal e do custo mensal do preso de 2000 a 2020. Tendo como exemplo a evolução dos gastos públicos, no passar desses anos, saímos de aproximadamente R$ 60 bilhões anuais (2000) para perto de R$ 160 bilhões anuais (2020). Cf. o item 38, notadamente o gráfico 57 de consolidação dos números. Para outro custo imposto ao país, que é o custo da criminalidade registrada (não foram considerados os custos sob a "cifra oculta", ver item 39), com suas perdas humanas e de bens avaliadas segundo padrões técnicos, ver item 33 da mesma obra. Apenas para se conhecer uma das referências ali indicadas, a Secretaria Especial de Assuntos Estratégicos da Presidência da República, em seu *Relatório de Conjuntura nº 4: custos econômicos da criminalidade no Brasil de 2018*, indicou que a morte ou a perda da capacidade de trabalho gera perdas humanas, mas também econômicas para o Brasil; máxime quando os atingidos são os jovens, com maior expectativa de vida e capacidade humana. No ano

O planejamento de programas deve contar com a atuação institucional do Poder Judiciário. No tema ora trazido como exemplo expositivo, o encarceramento (do âmbito do sistema penitenciário) pode-se ver uma atuação superior daquele Poder na elaboração do Plano Nacional para o Enfrentamento do Estado de Coisas Inconstitucional nas Prisões Brasileiras – "Pena Justa", recém-elaborado pelo Conselho Nacional de Justiça em conjunto com o Poder Executivo.[26]

A formulação do Plano Pena Justa, ao que se percebe de seu exame, teve a exata consciência da conexão e interação positiva entre agências e Poderes, sem com isso se confundirem e se deturparem os âmbitos de atuação do juiz criminal e do policiamento preventivo e do policiamento penal; estes dois últimos relevantes para a segurança de todos. Houve também uma importante combinação entre os estudos teórico-dogmáticos dos institutos jurídicos com o exame empírico da realidade do aprisionamento e seus efeitos objetivos e concretos na sociedade brasileira atual.

Como consta já em sua apresentação, houve um diagnóstico a partir da constatação feita pelo STF no julgamento da Arguição de Descumprimento de Preceito Fundamental 347 (ADPF 347), em outubro de 2023:

> A decisão indicou que há violações sistemáticas de direitos humanos nas prisões, que oferecem condições precárias de infraestrutura, higiene e alimentação, atendimento insuficiente em saúde, superlotação, insuficiência na gestão processual

---

de 1996, aquele Relatório apurou uma perda econômica estimada em R$ 18 bilhões, e no ano de 2015, seu último ano de exame, a perda chega em R$ 26 bilhões, sendo que a perda agregada em capacidade produtiva de 1996 a 2015 bateu a casa de R$ 450 bilhões (MORAES, Maurício Zanoide de. *Processo criminal transformativo*: modelo criminal e sistema processual não violentos. Belo Horizonte/São Paulo: D'Plácido, 2022, item 33, p. 698).

26 Disponível em: https://www.cnj.jus.br/sistema-carcerario/plano-pena-justa/. Acessado em: 03.02.2025.

> das pessoas apenadas e relatos de tortura e maus tratos. Esse cenário configura um estado de coisas inconstitucional (ECI), reconhecido pelo STF.

Identificou-se a necessidade de colaboração e interação entre agências judiciárias e executivas, cada qual em sua esfera de atuação funcional, para uma política pública destinada não apenas ao Sistema Penitenciário, mas, também e reflexamente, à segurança pública:

> Tal estado de desconformidade compromete a capacidade do sistema prisional brasileiro de promover uma responsabilização justa, com efeitos na reinserção social dessas pessoas na vida pós-cárcere e na reincidência criminal. Tem, portanto, impactos significativos não apenas na vida das pessoas apenadas, mas no cotidiano, na segurança e na garantia do bem-estar social de todas e todos.

Por fim, elaborou-se plano de atuação e acompanhamento desde uma programação federal, mas permeável e aberta a soluções e adaptações estaduais e regionais, como deve ocorrer com toda boa política pública preocupada em sua realização prática em diferentes localidades:

> Com mais de 300 metas a serem cumpridas até 2024, este plano propõe um sistema prisional que contribua para a segurança da população, realizada pela satisfação de direitos humanos e fundamentais de cada brasileiro e cada brasileira, favorecendo a eficiência na utilização de recursos públicos e o desenvolvimento nacional em um sentido mais amplo. Além das metas nacionais, cada unidade da federação apresentará um próprio que deve ser validado pelo STF. O CNJ ficará responsável por apresentar relatórios semestrais ao STF sobre o andamento do plano.[27]

---

27 Disponível em: https://www.cnj.jus.br/sistema-carcerario/plano-pena-justa/. Acessado em: 03.02.2025.

Aqui temos nascente exemplo de combinação não apenas entre Poderes e agências, cada qual em sua função, mas também de análises zetética e dogmática de uma desejada Política Pública Criminal. Constatado o problema, parte-se do diagnóstico do ser (*status quo*) para o planejamento e a elaboração de programa do dever-ser (resultado almejado), com acompanhamento para avaliação de ajustes e aperfeiçoamentos durante sua execução em linha teórica condizente com o respeito aos direitos dos cidadãos presos e livres, todos integrantes da sociedade brasileira.

Conclusão

A situação crítica da segurança pública brasileira não permite mais erros. Um deles é a equivocada compreensão de que o juiz criminal é agente, tem papel ou exerce sua função naquela porção de problemas da área criminal. O juiz atua no espaço da justiça criminal, julgando e garantindo o processo e penas justas a partir do início da persecução penal. Na área de segurança pública, atua-se antes do crime ocorrer e para que ele não ocorra, seja prevenindo comportamentos seja diminuindo ou eliminando causas criminógenas. Seus agentes são integrantes do Poder Executivo, em regra, policiais e integrantes de secretarias de governo destinadas a dar organização, controle e suporte para suas atividades. O juiz julga, o policial policia; simples assim.

Isso não significa dizer que a atuação do juiz criminal, seja na justiça criminal, seja no sistema penitenciário, não se relacione indiretamente com a segurança pública por efeitos do que venha a executar. Há relações de causa e efeito indiretas em relação circular entre as áreas da Política Pública Criminal (segurança pública, justiça criminal, sistema penitenciário e produção legislativa da área criminal).

Vista essa dinâmica a partir do exemplo da realidade do aprisionamento no Brasil, ela se explica e se torna óbvia. Prender ainda é necessário em certos casos-limites, e tal ordem está na função exclusiva de um juiz criminal. Porém, é a partir da compreensão e coordenação de planos de políticas públicas integradas entre os órgãos superiores do Judiciário, do Executivo e do Legislativo que devem partir as orientações de como cada uma de suas agências deve agir, coordenada e objetivamente, na execução das políticas públicas específicas também a cada qual. Sem confusões ou intromissões.

Tudo isso deve ser aplicado em políticas públicas criminais, com preocupações empíricas da realidade social (plano zetético e do ser) e teóricas (plano teórico e do dever-ser, identificar e buscar resultados) a fim de se obter o melhor desenvolvimento de soluções e projetos.

Tudo a impedir a criação e a proliferação de concepções funcionais desviadas e equivocadas que, respondendo inadvertidamente a reclamos (legítimos) por segurança cidadã, produzem (i) juízes comprometidos apenas em prender, como única forma de "prevenir" outros crimes e (ii) policiais a julgar e penalizar, não raro matando ou punindo pessoas em justiçamento de rua, como forma de evitar a reincidência ou o retorno pior do preso com o respectivo aumento da criminalidade.

Referências bibliográficas

ADORNO, Sérgio. "Políticas públicas de Segurança e Justiça Penal". *Cadernos Adenauer*: Segurança Pública, Rio de Janeiro: Fundação Konrad Adenauer, vol. 9, 2008/2009.

BATISTA, Nilo. *Capítulos de Política Criminal*. Rio de Janeiro: Revan, 2022.

______. *Introdução crítica ao Direito Penal brasileiro*. 4ª ed. Rio de Janeiro: Revan, 1999.

BINDER, Alberto M. *Política criminal*: de la formulación a la práxis. Buenos Aires: Ad-Hoc, 1997.

BOBBIO, Norberto. "Política". *In*: BOBBIO, Norberto; MATTEUCCI, Nicola; PASQUINO, Gianfranco. *Dicionário de política*. Coord. trad. João Ferreira. 5ª ed. vol. 2. Brasília/São Paulo: UnB/Imprensa Oficial do Estado de São Paulo, 2004.

BOTTINI, Pierpaolo Cruz. "Dogmática penal e realidade social: uma proposta de aproximação (parte 1)". *Conjur*, 3 fev. 2025. Disponível em: https://www.conjur.com.br/2025-fev-03/dogmatica-penal-e-realidade-social-uma-proposta-de-aproximacao-parte-1/. Acessado em: 28.04.2025.

CASARA, Rubens R. R. *Estado Pós-Democrático*: neo-obscurantismo e gestão dos indesejáveis. Rio de Janeiro: Civilização Brasileira, 2017.

DELMAS-MARTY, Mireille. *Modelos e movimentos de Política Criminal*. Trad. e not. Edmundo Oliveira. Rio de Janeiro: Revan, 1992.

FARIA, Carlos Aurélio Pimenta de. "A multidisciplinaridade no estudo das políticas públicas". *In*: MARQUES, Eduardo; FARIA, Carlos Aurélio Pimenta de (Coord.). *A política pública como campo multidisciplinar*. 2ª ed. São Paulo: Unesp/Fiocruz, 2018.

FÓRUM BRASILEIRO DE SEGURANÇA PÚBLICA. *Segurança pública como direito fundamental*: diretrizes e propostas. [S.l.]: [s.n.], [s.d.]. Disponível em: https://forumseguranca.org.br/wp-content/uploads/2022/06/direito-fundamental-diretrizes-propostas-v10.pdf. Acessado em: 11.02.2025.

MARQUES, Eduardo. "As políticas públicas na ciência política". *In*: MARQUES, Eduardo; FARIA, Carlos Aurélio Pimenta de (Coord.). *A política pública como campo multidisciplinar*. 2ª ed. São Paulo: Unesp/Fiocruz, 2018.

MORAES, Maurício Zanoide de. *Processo criminal transformativo*: modelo criminal e sistema processual não violentos. Belo Horizonte/São Paulo: D'Plácido, 2022.

SECCHI, Leonardo. *Análise de políticas públicas*: diagnósticos de problemas, recomendação e soluções. São Paulo: Cengage Learning, 2023.

SENAPPEN. *Relatório de Informações Penais*: 16º Ciclo Sisdepen, 1º semestre de 2024. Brasília: SENAPPEN, 2024. Disponível em: https://www.gov.br/senappen/pt-br/servicos/sisdepen/relatorios/relipen/relipen-1o-semestre-de-2024.pdf. Acessado em: 03.02.2025.

STRANO, Rafael F. *Política pública criminal*. São Paulo: Tirant lo Blanch, 2023.

CAPÍTULO XXXIII

A DIFERENÇA ENTRE REGRAS E PRINCÍPIOS CONSTITUCIONAIS E SUA RELAÇÃO COM O TRANSCONSTITUCIONALISMO

NEY BELLO

ALEXANDRE DA MAIA

1 Introdução: novas cabeças da Hidra em novos espaços

A doutrina e a prática judicial no Brasil foram inundadas por aquilo que Marcelo Neves chamou, em seu livro *Entre Hidra e Hércules*, de "lago dos princípios".[1] Tanto no debate desenvolvido no meio

1 NEVES, Marcelo. *Entre Hidra e Hércules*: princípios e regras constitucionais como diferença paradoxal do sistema jurídico. São Paulo: Martins Fontes, 2013, p. 221.

acadêmico quanto na sua operacionalização concreta por juízes e tribunais, pudemos observar o manejo da diferença entre regras e princípios constitucionais como uma panaceia capaz de dar conta de todos os problemas concernentes à segurança jurídica e à justiça. E a distinção entre regras e princípios constitucionais, no interior do sistema jurídico, foi utilizada em muitas situações, por exemplo, para a materialização de um principiologismo sem limites, como se os princípios encarnassem *de per si* modelos de moralidade com pretensões universalistas, sem considerarmos a hipercomplexidade da sociedade mundial do presente.

Noutras formulações, apela-se para uma distinção baseada em um grau maior de imprecisão semântica dos princípios em relação às regras, quando há situações, e não são poucas, em que princípios podem ser enunciados de forma menos imprecisa semanticamente do que certas regras. Marcelo Neves, em *Entre Hidra e Hércules*, cita o exemplo do artigo 94, II, do Código Penal, que determina como requisito da reabilitação o "bom comportamento público e privado". A definição do que seria "bom comportamento" pode envolver múltiplas variáveis relacionadas ao contexto social e perspectivas valorativas de quem irá decidir.[2] Por outro lado, há princípios constitucionais com certo grau de precisão semântica, e Neves cita o da "livre iniciativa", estipulado no artigo 1º, II, da Constituição da República.[3] Como se vê, esses critérios, assim como outros trazidos no livro em questão, são insuficientes para apontar uma distinção precisa entre regras e princípios constitucionais.

O que se pretende neste texto é apresentar como Marcelo Neves observa a distinção entre regras e princípios constitucionais

---

2 NEVES, Marcelo. *Entre Hidra e Hércules*: princípios e regras constitucionais como diferença paradoxal do sistema jurídico. São Paulo: Martins Fontes, 2013, pp. 15-16.

3 NEVES, Marcelo. *Entre Hidra e Hércules*: princípios e regras constitucionais como diferença paradoxal do sistema jurídico. São Paulo: Martins Fontes, 2013, p. 17.

enquanto diferença paradoxal do sistema jurídico e a sua relação com o transconstitucionalismo. Nesse contexto, e usando a metáfora mitológica do segundo trabalho de Hércules em matar a Hidra de Lerna, Neves apresenta os princípios como Hidra, com cabeças que, à medida que eram cortadas por Hércules, regeneravam-se, gerando a dificuldade em dar conta do trabalho. Para auxiliá-lo, Iolau passa a cauterizar com tições os pontos em que se cortavam as cabeças. Portanto, usando a metáfora proposta por Marcelo Neves, o espaço da cauterização delimitaria a sorte da Hidra. Pretendemos lançar uma reflexão a partir de dois pontos na análise da relação paradoxal entre regras e princípios, da seguinte forma:

a) se o Direito no transconstitucionalismo é um sistema mundial de níveis múltiplos (algo que será detalhado mais adiante), sem que haja uma *ultima ratio* capaz de neutralizar de forma hierárquica e supraordenada a dinâmica entre esses níveis, como pensar a circularidade paradoxal dos princípios em relação às regras se os mecanismos reflexivos podem vir de múltiplos sistemas jurídicos diferentes e, nos mais das vezes, das pontes de transição entre eles? Talvez estejamos aqui diante de uma questão "metodológica";

b) na sociedade hipercomplexa do presente, a noção de *espaço* não fica mais restrita a unidades geopolíticas previamente delimitadas e delineadas, mas reconheço que, no sistema jurídico, seus níveis múltiplos podem envolver uma operacionalização a partir de programas e critérios localizados, mas que podem construir "pontes de transição" entre esses níveis. Aliás, esse é um pressuposto do próprio transconstitucionalismo, já que os problemas constitucionais não ficam necessariamente restritos a uma ordem jurídica específica, mas podem ser sedimentados por meio da construção de tais pontes entre várias ordens semelhantes (exemplo, Estado-Estado) ou ordens jurídicas distintas (exemplo, Estado-Direito Internacional

> Público). Portanto, outras cabeças da Hidra (portanto, da própria construção recursiva dos princípios no sistema do Direito) podem aparecer em outros espaços distintos daqueles cauterizados por Iolau. Estaríamos diante de pontos cegos do juiz Iolau ou, como possibilidade não excludente, do espaço de indeterminação do futuro frente às possibilidades de construção do Direito a partir do paradoxo da justiça como fórmula de contingência do sistema jurídico?

Tentaremos propor uma "desparadoxização" da relação entre regras e princípios no transconstitucionalismo pelo entrelaçamento entre Hidra e Hidra.

2 Regras e princípios como "diferença paradoxal do sistema jurídico"

No livro *Entre Hidra e Hércules*, podemos sintetizar o argumento de que, na relação entre o sistema jurídico e o seu entorno, os princípios funcionam como mecanismo capaz de absorver a complexidade desestruturada das múltiplas expectativas normativas próprias de uma sociedade hipercomplexa e multicêntrica – incluindo-se as dos envolvidos no processo – para transformá-las em complexidade estruturável para o sistema jurídico; por sua vez, as regras transformam essa complexidade estruturável em complexidade estruturada no âmbito do sistema jurídico de forma a permitir a construção, para o caso, da norma de decisão.

Portanto, não há que se falar em hierarquia entre regras e princípios, como muito se difunde. Ao revés: do mesmo jeito que as regras estruturam a complexidade para que se estabeleçam as normas de decisão, elas tampouco determinam um isolamento unilateral do sistema jurídico em relação ao seu entorno, pois, por conta da complexidade e da contingência, podemos ter tanto situações de frustração de expectativas quanto de surgimento de outras tantas ainda não cogitadas em um determinado momento presente. Como diz Koselleck, o "horizonte de expectativa"[4] como categoria histórica pode descortinar possibilidades para o futuro que envolvam continuidades e rupturas envolvidas na multiplicidade de possibilidades do agir e do vivenciar, permitindo, no âmbito do sistema jurídico, uma abertura por meio dos princípios a novas e constantes possibilidades de seleção da complexidade desestruturada do ambiente. Portanto, a relação entre regras e princípios é de circularidade, não de hierarquia.

Essa circularidade pode ser ilustrada na seguinte passagem de *Entre Hidra e Hércules*:

> Pode-se dizer, com o devido cuidado, que eles [os princípios] atuam como razão ou fundamento das regras, inclusive de regras constitucionais, nas controvérsias jurídicas complexas. Mas as regras são condições de aplicação dos princípios na solução de casos constitucionais. Ou seja, caso não haja uma regra diretamente atribuída a texto constitucional ou legal nem seja construída judicialmente uma regra à qual o caso possa ser subsumido mediante uma norma de decisão, os princípios perdem o seu significado prático ou servem apenas à manipulação retórica para afastar a aplicação das regras completas, encobrindo a inconsistência do sistema jurídico.[5]

Pelo fato de os princípios terem a função de transformar a complexidade desestruturada em complexidade estruturável, não é possível extrair diretamente deles a chamada norma de decisão. Eles ampliam as possibilidades de argumentação, atuando como

---

4 KOSELLECK, Reinhart. "'Espaço da experiência' e 'horizonte de expectativas': duas categorias históricas". *In*: ______. *Futuro passado*: uma contribuição à semântica dos tempos históricos. Rio de Janeiro: Contraponto, 2006, pp. 305 e ss.

5 NEVES, Marcelo. *Entre Hidra e Hércules*: princípios e regras constitucionais como diferença paradoxal do sistema jurídico. São Paulo: Martins Fontes, 2013, pp. 134-135.

"estímulos à construção de argumentos que possam servir a soluções satisfatórias de casos, sem que essas se reduzam a opções discricionárias", o que permite a abertura para diversos pontos de partida e múltiplos olhares dos vários observadores.

Na síntese de Marcelo Neves, os princípios "estimulam a expressão do dissenso em torno de questões jurídicas e, ao mesmo tempo, servem à legitimação procedimental mediante a absorção do dissenso". Dessa abertura ao dissenso não se extrai, como dissemos, a criação direta da norma de decisão, já que a solução dos casos depende de regras, que servem ao "fechamento da cadeia argumentativa que contorna a interpretação e aplicação concreta do Direito". No jogo paradoxal de abertura e fechamento, tão cara à teoria dos sistemas, os princípios abrem a cadeia argumentativa e as regras tendem ao fechamento por meio da "absorção da incerteza".

Nesse contexto da teoria dos sistemas, é possível falar de Constituição como acoplamento estrutural ou de racionalidade transversal entre Direito e Política,[6] já que os chamados "acoplamentos operativos" seriam insuficientes, pois representariam tão somente relações esporádicas e pontuais entre os sistemas sociais. Os acoplamentos estruturais envolveriam, como afirma Neves, em seu *Transconstitucionalismo*, "vínculos estruturais que possibilitem as interinfluências entre os diversos âmbitos autônomos da comunicação".[7] Com isso, os acoplamentos estruturais permitem influências recíprocas entre os sistemas no plano das estruturas dos sistemas, sem que haja a perda da autonomia de cada um. Ainda no plano do transconstitucionalismo, Marcelo Neves, a partir da obra de Wolfgang Welsch, reconstrói o conceito de "racionalidade transversal", que pressupõe a existência dos acoplamentos estruturais e que, no

---

6 NEVES, Marcelo. *Entre Hidra e Hércules*: princípios e regras constitucionais como diferença paradoxal do sistema jurídico. São Paulo: Martins Fontes, 2013, pp. 134-135.

7 NEVES, Marcelo. *Transconstitucionalismo*. São Paulo: Martins Fontes, 2009, p. 116.

campo das comunicações e suas diferenciações, permitiria o manejo do conceito de "racionalidades transversais parciais" com ênfase no intercâmbio e aprendizado recíproco entre elas; nas palavras de Neves,

> pode servir à relação construtiva entre as racionalidades particulares dos sistemas ou jogos de linguagem que se encontram em confronto. Cada racionalidade transversal está vinculada estruturalmente às correspondentes racionalidades particulares, para atuar como uma "ponte de transição" específica entre elas.[8]

Marcelo Neves reconhece que, como forma de dois lados, a racionalidade transversal pode envolver problemas como o "perigo da atomização", traduzido em duas possibilidades: a) o problema de o sistema tender a uma cristalização e com isso gerar uma apatia de forma a fazer com que a consistência interna se torne algo absoluto (como num sistema jurídico estruturado unicamente por regras, em detrimento da adequação social propiciada pelos princípios); b) o que Marcelo Neves chama de "inadequação sobre outras esferas sociais", em que o sistema não consegue oferecer seus elementos estruturais para que outro possa construtivamente incorporá-lo e aprender com ele. Além do "perigo da atomização", teríamos também "o perigo da expansão imperialista de uma racionalidade contra as demais".[9]

Neves argumenta que a Constituição atua como "mecanismo reflexivo mais abrangente do sistema jurídico", haja vista que atua como normatização de processos de normatização. Essa afirmação só tem sentido no contexto da sociedade moderna e de positivação do Direito, já que essa reflexividade só tem sentido em um contexto de diferenciação funcional.

---

8 NEVES, Marcelo. *Transconstitucionalismo*. São Paulo: Martins Fontes, 2009, p. 42.

9 NEVES, Marcelo. *Transconstitucionalismo*. São Paulo: Martins Fontes, 2009, p. 47.

A relação circular entre princípios e regras mencionada anteriormente envolve as observações de primeira e segunda ordem não no plano das comunicações, mas no das estruturas, ou seja, das expectativas. Nesse sentido, as regras, mais próximas à solução do caso, são observações de primeira ordem em relação ao caso que se busca decidir e à construção da norma de decisão. Os princípios, por sua vez, são observações de segunda ordem ao caso a ser decidido e à norma, já que a evocação aos princípios, enquanto normas de normas, como diz Marcelo Neves, "contam apenas com hipótese normativa ampla", que só ganha contornos mais específicos no momento da concretização, quando a "hipótese normativa ampla" dos princípios ganha um grau de delimitação mediante uma regra que transforma o suporte fático em fato jurídico que faz espraiar efeitos jurídicos específicos. Por isso que – retomemos o raciocínio inicial – os princípios não oferecem os critérios aplicáveis diretamente à solução do caso, pois, como esclarece Marcelo Neves,[10] estão no plano estrutural do Direito, como observação de segunda ordem; por essa razão, o autor afirma que os princípios

> são mecanismos reflexivos em relação às regras, servindo ao balizamento, à construção, ao desenvolvimento, à fortificação ou ao enfraquecimento, à restrição ou à ampliação do conteúdo das regras.[11]

Para além dos problemas das racionalidades transversais que envolvem múltiplos sistemas sociais, Marcelo Neves alerta para os perigos, no âmbito do sistema jurídico, da fascinação, que eu poderia dizer que pode existir tanto em relação aos princípios quanto às

---

10 NEVES, Marcelo. *Entre Hidra e Hércules*: princípios e regras constitucionais como diferença paradoxal do sistema jurídico. São Paulo: Martins Fontes, 2013, p. 125.

11 NEVES, Marcelo. *Entre Hidra e Hércules*: princípios e regras constitucionais como diferença paradoxal do sistema jurídico. São Paulo: Martins Fontes, 2013, p. 131.

regras. Construir o Direito unicamente a partir de princípios pode gerar o problema de ruptura com a segurança jurídica, já que, como bem alerta nosso autor, "o Direito não começa com a decisão daquele caso", e um modelo de Direito baseado em princípios envolve o alto risco de ruptura com a consistência interna do Direito, podendo dar lugar a decisões tomadas a partir da manipulação retórica dos princípios para fazer prevalecer elementos de outros sistemas sociais, incluindo os elementos relacionais baseados na distinção amigo/inimigo. Dessa forma, as fronteiras operativas do Direito se diluem e ele perde sua consistência. De outro lado, basear o Direito em um modelo petrificado de regras impede a absorção da complexidade e da contingência próprias da sociedade mundial do presente, impedindo a adequação social do sistema jurídico. Como sabemos, "consistência interna" e "adequação social" constituem o paradoxo da justiça como fórmula de contingência do sistema jurídico.

3 Direito como sistema mundial de níveis múltiplos no transconstitucionalismo e a discussão da diferença entre regras e princípios

Como sabemos, o transconstitucionalismo, que toma como elemento importante a reconstrução do conceito já aqui trabalhado de "racionalidade transversal", envolve a percepção de que problemas constitucionais – como tais, aqueles relativos a direitos humanos e fundamentais, bem como os referentes à limitação de poder – podem envolver simultaneamente múltiplas ordens jurídicas, quer sejam ordens de mesma espécie ou de tipos distintos.[12] Portanto, o transconstitucionalismo envolve um mecanismo capaz de, nas palavras do autor, "delinear as formas de relação entre as ordens jurídicas

12 NEVES, Marcelo. *Transconstitucionalismo*. São Paulo: Martins Fontes, 2009, pp. 235 e ss.

diversas".[13] Vale salientar que o conceito de "ordem jurídica" aqui empregado não encontra similaridade a modelos estruturalmente hierarquizantes ou baseados no dualismo *ordem estatal x ordem jurídica internacional*, tampouco corresponde ao conceito de "esferas de juridicidade" apresentado pelo próprio Marcelo Neves no texto "Do pluralismo jurídico à miscelânea social", quando, na década de 1990, apresentava uma crítica ao então pulsante movimento do pluralismo jurídico ligado a perspectivas próximas ao debate do Direito alternativo, de um lado, e de uma sociologia da retórica jurídica, de outro, ao anunciar a falta de identidade capaz de diferenciar as possíveis "múltiplas ordens jurídicas" existentes no interior do Estado a partir de realidades localizadas em contextos específicos, como as favelas, ocupações urbanas etc.

No transconstitucionalismo, constrói-se a observação de que, na sociedade mundial do presente, o Direito se apresenta como um sistema mundial de níveis múltiplos, no qual a reprodução do código "conforme o Direito" e "não conforme o Direito" envolve inúmeras ordens jurídicas diferentes entre si, com diversos programas e critérios que distinguem umas das outras.[14] Pela tese do transconstitucionalismo, como efeito da ampliação da complexidade dos problemas constitucionais para além das esferas estatais específicas, verifica-se que tais problemas surgem em diversas ordens jurídicas nesse sistema multinível e heterárquico, e as respectivas soluções passam pelo entrelaçamento entre essas ordens,[15] pelo que um mesmo problema constitucional pode surgir em ordens jurídicas locais, estatais, supranacionais, internacionais e transnacionais isoladamente e também

---

13 NEVES, Marcelo. *Transconstitucionalismo*. São Paulo: Martins Fontes, 2009, p. 115.

14 NEVES, Marcelo. *Transconstitucionalismo*. São Paulo: Martins Fontes, 2009, p. 115.

15 NEVES, Marcelo. *Transconstitucionalismo*. São Paulo: Martins Fontes, 2009, p. 121.

em mais de uma dessas ordens.[16] Nesse ponto de entrelaçamento, podemos ter, como observação dessa multiplicidade de níveis, transconstitucionalismo entre ordens estatais distintas (Estado-Estado), entre o Direito Internacional Público e Direito Estatal, entre Direito Supranacional e Direito Estatal, entre ordens jurídicas estatais e transnacionais, entre ordens jurídicas estatais e ordens locais extraestatais, bem como entre o Direito Supranacional e o Direito Internacional, além de outras possibilidades em face de ser o Direito, como já afirmado, um sistema mundial de níveis múltiplos. Ou seja, um transconstitucionalismo não apenas bidimensional, como aparentemente se coloca, mas pluridimensional, sem que se queira cair nos lugares comuns da hierarquização ou da supraordenação de certas ordens jurídicas em relação a outras, ou mesmo de uma pluralidade de Constituições. Aqui encontramos a possibilidade de pensar em um caminho teórico para enfrentar os dois problemas levantados na introdução deste artigo: os espaços de produção do Direito que, no transconstitucionalismo, aparecem como forma de Hidra, não envolvem necessariamente a pretensão de estabelecer ou determinar uma Constituição, como veremos a seguir.

4 Caminhos para a "desparadoxização" do juiz Iolau: entre Hidra-problema e Hidra-princípio

Afirmada a emergência dos problemas constitucionais perante ordens jurídicas as mais diversas, reaparecendo a cada momento em forma de Hidra, não há mais uma Constituição-Hércules que possa solucioná-los. A fragmentação dos problemas constitucionais permaneceria desestruturada se cada ordem jurídica pretendesse enfrentá-los isoladamente a cada caso. Impõe-se, pois, um "diálogo" ou uma "conversação" transconstitucional.[17]

---

16 NEVES, Marcelo. *Transconstitucionalismo*. São Paulo: Martins Fontes, 2009, p. 121.

17 NEVES, Marcelo. *Transconstitucionalismo*. São Paulo: Martins Fontes, 2009, pp. 121-122.

A chave para enfrentar os problemas colocados envolve a observação de que pode haver um entrelaçamento entre as dimensões de Hidra: de um lado, no plano do transconstitucionalismo, como **Hidra-problema**, ou seja, enquanto problemas constitucionais que reaparecem em ordens jurídicas distintas e por meio das pontes de transição que propiciam o diálogo e a conversação entre elas para uma solução do caso. Assim, o problema espacial é uma falsa questão, já que Hidra, nesse momento, pode reaparecer em múltiplas ordens jurídicas distintas ou por meio da relação entre elas. Como as expectativas nesse elevado grau de complexidade são múltiplas e colidentes, Hidra enquanto problema transconstitucional sempre estará envolta no paradoxo da solução do problema que, ao mesmo tempo, abre-se a novas perspectivas de compreensão e absorção da diferença.

No segundo aspecto, temos **Hidra-princípio**. Afinal, como não há uma "Constituição-Hércules", a dinâmica reflexiva dos princípios sobre as regras não exclui a possibilidade de se pensarem caminhos de diálogos transconstitucionais, como o transconstitucionalismo tampouco impede a observação de primeira e segunda ordem em nível estrutural das regras e dos princípios quanto ao caso a ser decidido e à norma de decisão, o que permite, como um dos recursos, a utilização do que Neves chama de ponderação comparativa no contexto argumentativo, distinta do modelo alexiano da ponderação otimizante.

Não há que se falar numa irredutibilidade da Hidra-princípio à Hidra-problema ou da Hidra-problema à Hidra-princípio. Trata-se de dimensões distintas do Direito na sociedade mundial do presente. Na Hidra-problema, enquanto articulação e rearticulação de problemas constitucionais nos níveis múltiplos do sistema jurídico mundial; na Hidra-princípio, enquanto reflexividade das regras e observação de segunda ordem em nível estrutural do caso a decidir e da norma de decisão.

Com a articulação entre essas duas dimensões que não se excluem, Iolau pode, com a morte de Hércules, acender a pira que permita ver o corpo do seu tio-juiz arder, permitindo algo que envolve a preocupação constante do nosso homenageado: perceber o Direito em sua complexidade, sem se esquecer da diferença e de lidar com os paradoxos da justiça como fórmula de contingência do sistema jurídico, algo que aproxima as duas obras aqui brevemente discutidas.

Referências bibliográficas

NEVES, Marcelo. "Do pluralismo jurídico à miscelânea social: o problema da falta de identidade da(s) esfera(s) de juridicidade na modernidade periférica e suas implicações na América Latina". *Anuário do Mestrado em Direito*, Recife: Universitária (UFPE), nº 5, 1994.

______. *Entre Hidra e Hércules*: princípios e regras constitucionais como diferença paradoxal do sistema jurídico. São Paulo: Martins Fontes, 2013.

______. *Transconstitucionalismo*. São Paulo: Martins Fontes, 2009.

KOSELLECK, Reinhart. "'Espaço da experiência' e 'horizonte de expectativas': duas categorias históricas". *In*: ______. *Futuro passado*: uma contribuição à semântica dos tempos históricos. Rio de Janeiro: Contraponto, 2006.

CAPÍTULO XXXIV

A SISTEMÁTICA VIOLAÇÃO AOS DIREITOS HUMANOS PELO ESTADO NAS COMUNIDADES PERIFÉRICAS DO RIO DE JANEIRO

PAULO DE OLIVEIRA LANZILLOTTA BALDEZ

SIMONE NACIF

Sempre que instituições de um Estado começam a tratar cidadãos como inimigos, caminha-se para a substituição do Estado Democrático de Direito pelo Estado policial/Estado autoritário.[1]

Na essência, a luta pelos direitos do homem e da mulher é uma luta contra o capital.[2]

---

1 CASARA, Rubens R. R. *A construção do idiota*: o processo de idiossubjetivação. Rio de Janeiro: Da Vinci Livros, 2024.

2 BALDEZ, Miguel Lanzellotti. "Direitos Humanos, mas como?" *Revista Direito, Sociedade e Cultura*, 15 mar. 2011. Disponível em: http://direitosociedadecultura.blogspot.com/2011/03/direitos-humanos-mas-como.html. Acessado em: 29.04.2025.

Introdução

Felizes e honrados pelo convite para participar de uma publicação em homenagem ao nosso amigo-irmão Rubens Casara, concluímos que, além dos laços de carinho, amor e respeito, temos em comum com o homenageado aquilo que nos move no mundo: a intransigente defesa dos direitos humanos contra as constantes e progressivas violações que presenciamos neste sombrio momento histórico.

O tema "direitos humanos" exige, cada vez mais, um olhar de maior profundidade e sensibilidade sobre o desenvolvimento da vida em seus variados aspectos, como nos mostra a realidade de nosso planeta, e, portanto, se reveste de importância fundamental.

No presente texto, buscaremos identificar as principais causas das graves e sistemáticas violações a que são submetidos os moradores das comunidades periféricas da cidade do Rio de Janeiro, por omissão ou ação estatal, e compreender os motivos da ineficiência dos mecanismos normativos de proteção desses direitos para essa parcela desfavorecida da população e, finalmente, propor alguns caminhos possíveis de luta para a transformação dessa realidade.

1 Noções sobre as concepções liberal e crítica dos direitos humanos

Sob a ótica da teoria liberal, a definição de direitos humanos está sempre relacionada à ideia da existência de um conjunto de direitos naturais, inerentes a todas as pessoas, de caráter abstrato, universal, imutável, inalienável e oponível *erga omnes*, o que denota uma acepção de liberdade e de igualdade meramente formal, até porque construída sobre valores de interesse das classes detentoras do poder econômico no âmbito das relações sociais e que, portanto, anseiam preservá-los para manter a sua hegemonia e os seus privilégios, dificultando a visibilidade e o acesso da maioria da população a direitos e bens indispensáveis para se alcançar concretamente um Estado de Bem-Estar Social.

Ocorre que esse conceito se utiliza, como elementos essenciais, de concepções vagas e abstratas pautadas na filosofia do Direito Natural, o que, por si só, revela a enorme dificuldade de compreender e identificar os direitos humanos e os seus respectivos parâmetros pela perspectiva liberal, em que pese ter alcançado ampla aceitação.

Essa visão foi consagrada pela Organização das Nações Unidas, cuja *Declaração Universal dos Direitos Humanos* de 1948 faz dessumir que os direitos humanos são aqueles que todas as pessoas possuem desde o nascimento, sem considerar a sua raça, o sexo, a etnia, a língua, a nacionalidade e a religião, como o direito à vida e à liberdade.

Segundo Norberto Bobbio, "pode-se dizer que o problema do fundamento dos direitos humanos teve sua solução atual na Declaração Universal dos Direitos do Homem aprovada pela Assembleia-Geral das Nações Unidas, em 10 de dezembro de 1948".[3]

Reforça-se, assim, uma concepção positivista, a par do jusnaturalismo, no âmbito da teoria liberal, que entende os direitos humanos também como direitos a demandar, a reivindicar, cuja generalização normativa, entretanto, acentua ainda mais o seu caráter abstrato.

Ademais, ao atribuir caráter absoluto aos direitos humanos, a definição clássica ignora a existência de inúmeros direitos relativos como nos demonstra a própria experiência histórica. Basta ver que, na América Latina, não foram garantidos esses direitos após a ruptura administrativa com os colonizadores. Ao revés, sua história mais se aproxima de uma rotina de suspensão de direitos, como se verifica, por exemplo, no Brasil, em relação aos direitos políticos.

É que, na verdade, há um equívoco na compreensão dos direitos humanos exclusivamente a partir do marco europeu, das ideias

---

3 BOBBIO, Norberto. *A era dos direitos*. Trad. Carlos Nelson Coutinho. 7ª reimp. Rio de Janeiro: Elsevier, 2004.

trazidas pelas revoluções liberais na Europa e nos Estados Unidos, bem como da história do Direito Romano e da Grécia Antiga.

Aliás, os direitos numa mesma sociedade são heterogêneos, são direitos de naturezas distintas, o que se constitui em mais uma dificuldade de se explicar direitos humanos na visão liberal que desconsidera a especificidade de cada grupo social.

Os direitos também são antinômicos, pois, muitas vezes, se chocam entre si. Quando isso ocorre, embora não exista hierarquia entre os direitos humanos, cabe ao Poder Judiciário dar solução ao conflito, e, muitas vezes, utilizam-se teses importadas de solução interpretativa, criadas com base em sistemas de justiça de sociedades muito diversas das realidades periféricas. Todavia, na medida em que se importa uma tese de uma sociedade inteiramente distinta, está se reproduzindo um conceito ideológico sustentado por uma suposta neutralidade, caindo-se na armadilha do humanismo abstrato que acaba por viabilizar a ideologia favorável à manutenção de privilégios.

Nessa linha de raciocínio, constata-se que o conceito hegemônico de direitos humanos, que ganhou força no pós-guerra com a *Declaração Universal dos Direitos Humanos* das Nações Unidas, desde então, já se mostrava insuficiente para garantir a efetividade do acesso aos bens necessários para a vida digna, invisibilizando as classes desfavorecidas economicamente da sociedade, quadro que se agravou sobremaneira com o surgimento do neoliberalismo na década de 1970 e seu aprofundamento nas décadas subsequentes, especialmente com o fim do bloco soviético, conforme explica Herrera Flores.[4]

Com efeito, não se pode pensar numa visão uniforme dos direitos humanos, pois seu desenvolvimento deve levar em conta as

---

4 FLORES, Joaquín Herrera. *A reinvenção dos direitos humanos*. Trad. Carlos Roberto Diogo Garcia, Antônio Henrique Graciano Suxberger e Jefferson Aparecido Dias. Florianópolis: Fundação Boiteux, 2009.

diferenças entre os povos. Porém, o processo de desenvolvimento social do pós-guerra não seguiu um caminho compatível com os mais básicos e variados direitos humanos, o que gerou desequilíbrio climático e pobreza extrema em vários países periféricos – especialmente na África, na Ásia, no Oriente Médio e na América Latina –, entre outros problemas de grande complexidade, como o conflito decorrente da ocupação israelense das terras palestinas.

Segundo Herrera Flores,[5] desde o fim do bloco soviético, o Estado deixou de tomar medidas de intervenção na atividade econômica, ocorrendo uma inversão: o mercado passou a impor regras aos Estados por meio de instituições globalizadas como o Fundo Monetário Internacional, o Banco Mundial e a Organização Mundial do Comércio, levando a uma progressiva desconstrução de um já incipiente Estado de Bem-Estar Social.

Como ensina o autor,

> estamos diante de um novo contexto social, econômico, político e cultural que, para fixar uma data de início, se desenvolve politicamente a partir da queda do Muro de Berlim e do anúncio do "fim da história" por parte dos autoproclamados vencedores da Guerra Fria.[6]

A partir daí, o neoliberalismo consolida-se como um novo e hegemônico modelo de desenvolvimento humano, de acentuado viés econômico e com um falacioso discurso meritocrático que, na realidade, serve para ocultar as profundas desigualdades sociais e as necessidades essenciais para uma vida digna, uma vez que, segundo

---

5 FLORES, Joaquín Herrera. *A reinvenção dos direitos humanos*. Trad. Carlos Roberto Diogo Garcia, Antônio Henrique Graciano Suxberger e Jefferson Aparecido Dias. Florianópolis: Fundação Boiteux, 2009.

6 FLORES, Joaquín Herrera. *A reinvenção dos direitos humanos*. Trad. Carlos Roberto Diogo Garcia, Antônio Henrique Graciano Suxberger e Jefferson Aparecido Dias. Florianópolis: Fundação Boiteux, 2009.

Casara, "**o projeto capitalista, que em sua feição neoliberal transforma tudo (e todos) em objetos negociáveis, já demonstrou sua tendência à produção do anticivilizatório**".[7]

Para o autor, há uma disseminação ideológica da concepção que estigmatiza o diferente como inimigo que deve ser aniquilado.

Uma normatividade que faz com que pessoas tendam a considerar que indivíduos são *não pessoas* (entes perigosos, empresas concorrentes etc.) mostra-se o espaço adequado à propaganda *völkisch* (popularesca), a partir de discursos que buscam conseguir a adesão popular a uma proposta ou a uma ação de modo demagógico e grosseiro, reafirmando e estimulando a existência de preconceitos e de reações tendencialmente agressivas contra o *outro*. Em linhas gerais, essas propagandas reproduzem a norma neoliberal que estimula a destruição do concorrente ou inimigo.[8]

Nesse diapasão, a conceituação universalizante de direitos humanos revelou-se totalmente inadequada para a concretização dos anseios de bem viver para todas as pessoas integrantes dos mais diversos grupos sociais, notadamente os subalternizados, desde sempre invisibilizados e expulsos para a periferia pelo avanço do neoliberalismo.

Vale dizer que, em contraponto à concepção hegemônica da teoria liberal, que se esconde atrás de pretensa e aparente neutralidade no reconhecimento de direitos, surge a teoria crítica que tem como ponto de partida a compreensão de que a sociedade é injusta e deve ser transformada, na medida em que embute uma série de assimetrias de poder de diversas ordens, por exemplo, o patriarcado, o racismo estrutural e as relações entre o capital e o trabalho, consistindo todas

---

7 CASARA, Rubens R. R. *Sociedade sem lei*: pós-democracia, personalidade autoritária, idiotização e barbárie. Rio de Janeiro: Civilização Brasileira, 2018, p. 100.

8 CASARA, Rubens R. R. *Contra a miséria neoliberal*. São Paulo: Autonomia Literária, 2021, p. 235.

em relações verticais de dominação invisibilizadas por um suposto funcionamento normal da sociedade ínsito à teoria liberal, de modo a ocultar, por conseguinte, os próprios direitos e as correspondentes demandas por sua efetivação.

Herrera Flores[9] sustenta que devemos romper com os paradigmas da teoria liberal, desconstruir essa noção de humanismo abstrato que padroniza uma forma de cultura que levou o mundo à profunda desigualdade para, então, passarmos a compreender os direitos humanos a partir de uma concepção não hegemônica, reinventá-los com base nessa realidade de um mundo imensamente desigual, visibilizando as relações de poder e, consequentemente, tornando possível travar lutas coletivas e permanentes pela concretização de direitos humanos, por acesso a bens e serviços que assegurem uma vida mais digna.

O pensamento crítico revolucionou a maneira de entender os direitos humanos até então submetidos ao pensamento hegemônico tradicional, cuja ideia de igualdade formal universalizada num sujeito abstrato – porém bastante concreto e especificamente identificado no homem branco e proprietário – consiste a rigor em apurada técnica de captura e despolitização dos direitos humanos para torná-los e mantê-los escondidos de seus titulares no interesse da classe detentora do poder econômico.

Segundo Herrera Flores,[10] a verdade de uma teoria crítica reside na sua capacidade de provocar indignação para gerar mobilização e sustentar a busca de alternativas, e jamais se deve permitir a negativa de que possamos explicar, interpretar e intervir de um modo ativo na

---

9 FLORES, Joaquín Herrera. *A reinvenção dos direitos humanos*. Trad. Carlos Roberto Diogo Garcia, Antônio Henrique Graciano Suxberger e Jefferson Aparecido Dias. Florianópolis: Fundação Boiteux, 2009.

10 FLORES, Joaquín Herrera. *A reinvenção dos direitos humanos*. Trad. Carlos Roberto Diogo Garcia, Antônio Henrique Graciano Suxberger e Jefferson Aparecido Dias. Florianópolis: Fundação Boiteux, 2009.

realidade. Ou seja, atuar criticamente sobre a realidade, assumindo, no mínimo, três compromissos: 1) desenterrar, contínua e permanentemente, o que está oculto; 2) estabelecer de um modo constante relações e vínculos que foram negados; 3) apontar recorrentemente cursos alternativos de ação social e de reflexão intelectual.

Para o autor, direitos humanos são produtos culturais de determinado contexto social, cada sociedade deve definir quais são os bens necessários para uma vida digna e empreender processos de lutas para acessá-los e mantê-los em benefício da coletividade.

O pensamento crítico busca, assim, compreender a realidade para transformá-la. É preciso romper, para tanto, a obviedade do pensamento tradicional hegemônico, desestabilizá-lo através da problematização da realidade, das questões postas em discussão, o que exige a construção de novas formas de pensamentos teóricos e práticos, estabelecendo uma relação dialética entre teoria e prática, trabalhando não só com o que são as coisas, mas com a perspectiva do que devem ser, a partir de um contexto concreto e de uma orientação básica em busca da emancipação, o que é fruto de uma opção ética.

Portanto, sendo a teoria crítica orientada para a emancipação, exige-se do teórico articulação com movimentos sociais e outros espaços de militância, estabelecendo diálogos permanentes que possibilitem a identificação de novos processos de construção e consolidação de direitos dos sujeitos invisibilizados. Nesse sentido, a lição de Miguel Baldez:

> Mas é na luta e nas conquistas que dela resultam que a classe trabalhadora, engendrando com sua prática política um direito em movimento, alternativo e insurgente, descobre-se como

> sujeito de sua história e reinicia o processo de construção de uma nova sociedade.[11]

2 A redemocratização e os direitos humanos no Brasil

A Constituição da República Federativa do Brasil, de 1988, reinaugurou a democracia, ao menos formal, no país, estabelecendo o princípio da dignidade da pessoa humana como um dos fundamentos da República (art. 1º, III) e dentre os objetivos desta a construção de uma sociedade livre, justa e solidária (art. 3º, I), tudo respaldado por extenso rol de direitos e garantias fundamentais, individuais e coletivos, também expresso no texto constitucional, especialmente nos artigos 5º a 7º, do Capítulo I, do Título II.

Contudo, a euforia e a alegria com que foram saudadas a promulgação e a vigência da Constituição de 1988 duraram, quando muito, pouco mais de uma década, pois, no início dos anos 2000, já era possível perceber, com razoável grau de certeza, o quanto seria difícil a efetivação da grande maioria dos direitos fundamentais reconhecidos, na norma constitucional, em prol dos cidadãos e da coletividade.

Essa dificuldade se deveu, em parte, à cultura da teoria liberal dos direitos humanos, imposta de forma hegemônica no mundo ocidental e desde o período imperial disseminada e adotada em nosso país, cujos parâmetros, como visto, constituem-se em fatores invisibilizadores de direitos e inibidores de sua efetivação.

Mas, igualmente, deve-se ao avanço da cultura da globalização e do neoliberalismo no Brasil, que, na contramão do Estado de

---

11 BALDEZ, Miguel Lanzellotti. *Sobre o papel do Direito na sociedade capitalista*: Direito insurgente. Petrópolis: Centro de Defesa dos Direitos Humanos/Gráfica Serrana Ltda, 1989.

Bem-Estar Social surgido no pós-guerra, logrou êxito na implantação das ideias liberais de Estado mínimo e meritocracia, gerando uma onda inicial de privatizações de empresas estatais e uma gradual precarização das relações trabalhistas, não obstante a resistência oferecida e os avanços sociais obtidos pelos governos de centro-esquerda que, entre 2003 e 2016, governaram o país.

Ademais, em 2010, o neoliberalismo intensifica-se no país, a partir de um discurso anticorrupção, que se consegue fazer alastrar pela sociedade, atingindo inclusive alguns setores do sistema de justiça. Com isso, inicia-se paulatinamente um cerco ao governo de centro-esquerda, legitimamente no poder desde 2003, especialmente às suas principais lideranças políticas, resultando no golpe de Estado de 2016, que afastou do poder a Presidenta Dilma Rousseff – reeleita democraticamente em 2014 para um novo mandato presidencial de quatro anos –, bem como na prisão do Presidente Luiz Inácio Lula da Silva em 2018, após injusta e deliberada perseguição judicial que o impediu de concorrer às eleições presidenciais de 2018 e deu ensejo à eleição de Jair Bolsonaro, primeiro político de extrema direita a assumir a Presidência do Brasil e que hoje está inelegível por declaração judicial.

Consequentemente, a toda evidência, esse contexto serviu para abrir caminho aos propósitos neoliberais, que, finalmente, lograram alcançar no Brasil um elevado índice de privatizações, bem como uma acentuada queda na oferta de empregos formais – agravada pelo desmonte de empresas estratégicas ao desenvolvimento nacional em decorrência da denominada operação Lava Jato – e, ainda, uma inédita precarização nas relações de trabalho, instituída pela reforma trabalhista do governo de Michel Temer, que assumiu a Presidência em seguida ao golpe de 2016, cumprindo ressaltar, por importante, que a política neoliberal foi levada aos extremos sob a Presidência de Jair Bolsonaro, no período de 2018 a 2022, que suprimiu direitos previdenciários e políticas públicas, desvirtuando, desestruturando ou mesmo extinguindo importantes órgãos estatais voltados à proteção ao meio ambiente, à promoção social, à redução de desigualdades e à prevenção e combate às práticas discriminatórias e violadoras de direitos humanos, perpetradas por particulares ou agentes públicos. Como destaca Casara:

> As desregulamentações promovidas pelo governo de Bolsonaro vão ao encontro da ilimitação inerente tanto à visão de mundo neoliberal quanto ao Estado Pós-Democrático. O objetivo dessas medidas adotadas pelo governo Bolsonaro é claro: afastar limites e controles para aumentar os lucros (e se livrar de eventuais multas e punições) dos detentores do poder econômico.[12]

Conforme se vê, repise-se, a marcha neoliberal acaba por provocar uma imensa desigualdade social em razão da concentração do poder econômico nas mãos de pouquíssimas pessoas, dando ensejo à precarização das relações de trabalho com a consequente perda do poder aquisitivo da classe trabalhadora que, cada vez mais, é empurrada para as periferias das grandes cidades e privada do acesso aos mais elementares direitos. Afirma o professor Herrera Flores que essa realidade se sedimentou:

> Em razão da extensão global de uma "geopolítica de acumulação capitalista apoiada na exclusão", que recebeu o nome de neoliberalismo, em que prevalecem as desregulamentações dos mercados, dos fluxos financeiros e da organização do trabalho, com a consequente erosão das funções sociais do Estado.[13]

Portanto, a complexidade desse quadro fático contribuiu para o aumento da miséria e, consequentemente, da violência e da

---

12 CASARA, Rubens R. R. *Bolsonaro o mito e o sintoma*. São Paulo: Contracorrente, 2020, p. 18.

13 FLORES, Joaquín Herrera. *A reinvenção dos direitos humanos*. Trad. Carlos Roberto Diogo Garcia, Antônio Henrique Graciano Suxberger e Jefferson Aparecido Dias. Florianópolis: Fundação Boiteux, 2009, p. 145.

criminalidade no país. O Estado, submetido que é à mão invisível do mercado,[14] não provê as necessárias políticas públicas para a garantia de vida digna, comparecendo às favelas tão somente com seu braço repressor de força e violência.

Nesse cenário, em que ainda se enxergam os direitos humanos sob a ótica invisibilizadora da teoria liberal, ao mesmo tempo que as políticas neoliberais se expandem pelos diversos setores da sociedade, torna-se bastante complexo e desafiador qualquer processo que crie condições para viabilizar a efetividade dos direitos e garantias fundamentais previstos na nossa Constituição, mormente nas comunidades periféricas, nas quais a tônica é a violação de direitos, sendo exceção a sua observância.

3 O Estado violador dos direitos humanos

A realidade de violência cotidiana que se instalou nas favelas cariocas foi construída ao longo de todo esse processo de invisibilidade e perda de direitos, deflagrado com maior intensidade nos meados da década de 1980, curiosamente na época em que se aproximava o início da redemocratização do país. No entanto, a mão invisível do mercado permanecia, como ainda permanece, sorrateiramente instalada em todas as relações sociais, trazendo consigo as consequências nefastas típicas do neoliberalismo que atingem em maior proporção justamente as camadas mais vulneráveis da população, já carentes de direitos básicos para uma vida digna.

Esse enorme contingente populacional, fruto das desigualdades sociais historicamente existentes no Brasil, vê-se compelido cada dia mais a se deslocar para regiões periféricas, onde são obrigados a

---

14 FLORES, Joaquín Herrera. *A reinvenção dos direitos humanos*. Trad. Carlos Roberto Diogo Garcia, Antônio Henrique Graciano Suxberger e Jefferson Aparecido Dias. Florianópolis: Fundação Boiteux, 2009, pp. 50-51.

sobreviver em moradias precárias, em locais de difícil acesso e sem saneamento básico, com enorme crescimento demográfico.

Não obstante essa situação caótica de negativa de direitos, o Estado não se faz minimamente presente para efetivar os direitos fundamentais expressamente consagrados pela Constituição de 1988.

Diante desse quadro, era previsível e inevitável o surgimento da violência e da criminalidade, disseminada como um fenômeno social reagente ao estado de abandono e de miséria a que foi relegada essa parcela da população urbana, ante a ausência completa de políticas públicas necessárias à concretização dos direitos humanos essenciais para alcançar os objetivos republicanos de justiça e solidariedade social, como vetores do princípio da dignidade da pessoa humana.

Como se não bastasse a sua omissão, deixando de assegurar direitos sociais básicos às populações periféricas, o Estado passa a atuar de forma repressora no âmbito dessas mesmas comunidades, a partir da famigerada e falaciosa estratégia de combates às drogas, gerando uma espiral de violência cuja principal consequência é o extermínio indiscriminado de moradores locais, envolvidos ou não em práticas delitivas, muitos dos quais vitimados em operações policiais, com características de execução em inúmeros casos.

Sérgio Verani, em 1996, já anotava, sublinhando a pulsão pela morte característica do capitalismo, que essas incursões de agentes policiais em favelas têm uma prática "repressivo-ideológica", cuja origem remonta ao início da colonização brasileira e permanece incorporada aos órgãos oficiais contemporâneos, respaldada invariavelmente pela instauração de inquéritos, em que os vitimados pela ação estatal são apresentados como "opositores" ou "resistentes" e os policiais como "ofendidos", nos quais a investigação visa à apuração de suposta "resistência armada à ordem de prisão".

Mais adiante, o autor assevera, com precisão, que

> essa prática de extermínio não é ocasional nem contingencial. Integra um projeto de sociedade baseado na exclusão econômica e social, na exclusão da vida. A denominada globalização da economia – política baseada no mercado livre e aberto, na desobrigação do Estado pelas políticas sociais, na desfronteirização do capital, sustentada pelo neoliberalismo – radicaliza ainda mais esse extermínio, que se torna fundamental para o sucesso desse projeto econômico globalizado, a produzir a mais intensa e perversa concentração de capital, excluindo-se irremediavelmente a população pobre e oprimida.[15]

São inúmeros os exemplos desse inadmissível e trágico modo de proceder que produz o extermínio da população pobre e favelada, em sua maioria negra, persistindo na nossa história até mesmo passados quase 35 anos da promulgação da Carta Política que restabeleceu o Estado Democrático de Direito no Brasil. É o que se pode verificar analisando sucessivos fatos históricos, como a Operação-Rio de 1994.

Mais uma vez, socorre-se dos ensinamentos de Verani[16] quando narra a invasão dos morros do Rio de Janeiro, naquele ano de 1994, sob o hoje surrado pretexto de combate ao tráfico ilícito de entorpecentes. O verdadeiro cenário de guerra instaurado naquela ocasião prolonga-se até os dias atuais, com reiteradas e gravíssimas violações de garantias constitucionais como mortes, torturas, invasões de domicílio e até mesmo fraudes processuais com remoção irregular de cadáveres sem perícia prévia, alteração de locais, inclusive com atribuição indevida do porte de armas e drogas ilícitas aos vitimados, independentemente de seu envolvimento em atividades criminosas, o que, aliás, se fosse o caso, obviamente, jamais justificaria tais

---

15 VERANI, Sérgio. *Assassinato em nome da lei*: uma prática ideológica do Direito Penal. Rio de Janeiro: Aldebarã, 1996, p. 142.

16 VERANI, Sérgio. *Assassinato em nome da lei*: uma prática ideológica do Direito Penal. Rio de Janeiro: Aldebarã, 1996.

condutas dos agentes estatais. Como bem salienta o autor, o abuso do poder se torna a regra.

Isso sem contar gravíssimos episódios pontuais em que agentes estatais, sem a devida identificação, a título de vingança ou represália, criminosamente, invadem as comunidades exterminando indistintamente os moradores, aplicando abominavelmente a pena de morte que é rechaçada por nosso ordenamento jurídico. Foi o caso de Vigário Geral, em 29 de agosto de 1993, quando foram vitimadas 21 pessoas, fato que teve repercussão mundial.[17]

São diversos os casos de graves violações de direitos humanos nas comunidades periféricas da Cidade Maravilhosa perpetrados em operações policiais, merecendo destaque alguns deles mencionados a seguir.[18]

As chacinas de Nova Brasília, favela integrante do Complexo do Alemão, ocorridas em 18 de outubro de 1994 e 8 de maio de 1995, que resultaram no total de 26 homicídios e em violência sexual e tortura praticadas contra 3 mulheres, foram levadas à Corte Interamericana de Direitos Humanos, culminando na primeira condenação do Estado brasileiro por um Tribunal Internacional, por grave violação de Direitos Humanos. Com efeito, em sentença prolatada em 16 de fevereiro de 2017, a Corte Internacional decidiu condenar o Estado brasileiro por graves violações de direitos humanos, responsabilizando-o por danos materiais e imateriais, com imposição do dever de concluir a investigação dos fatos, de iniciar a investigação das violências sexuais, de adotar políticas públicas com protocolo nacional de redução da letalidade policial, de implementar

---

17 "Chacina de Vigário Geral", em *Observatório Legislativo da Intervenção Federal na Segurança Pública do Rio de Janeiro*.

18 WIKIFAVELAS. *Linha do tempo das principais chacinas no Rio de Janeiro*. Disponível em: https://wikifavelas.com.br/index.php/Linha_do_tempo_das_principais_chacinas_no_Rio_de_Janeiro. Acessado em: 29.04.2025.

reformas legislativas com a extinção do auto de resistência, dentre outros gravames.[19]

Não obstante a paradigmática decisão da Corte Interamericana de Direitos Humanos, a letalidade das operações policiais nas favelas do Rio de Janeiro não cessou, como a ação policial no Morro do Fallet-Fogueteiro, ocorrida no dia 08 de fevereiro de 2019, em que foram mortas 15 pessoas, sendo que 10 delas dentro da casa de uma moradora, constatando a perícia a ocorrência de execução após a rendição.[20]

As incursões policiais seguiram até mesmo durante o período de pandemia de covid-19, em que as populações de baixa renda, negra e sem acesso a saneamento básico foram as mais afetadas, notadamente ante a omissão do governo federal em adotar as medidas recomendadas pela Organização Mundial de Saúde, de que são exemplos a chacina do Complexo do Alemão,[21] em 15 de maio de 2020, com 12 vítimas fatais, e a do Jacarezinho,[22] em 6 de maio de 2021, em que foram mortas mais de 40 pessoas e lesionadas diversas outras, sendo várias as denúncias de moradores da ocorrência de abuso de poder, invasões de residências, agressões e execuções.

---

19 WIKIFAVELAS. *Chacina de Nova Brasília – 18 de outubro de 1994*. Disponível em: https://wikifavelas.com.br/index.php/Chacina_de_Nova_Bras%C3%ADlia_-_18_de_outubro_de_1994. Acessado em: 29.04.2025.

20 WIKIFAVELAS. *Chacina do Fallet-Fogueteiro – 08 de fevereiro de 2019*. Disponível em: https://wikifavelas.com.br/index.php/Chacina_do_Fallet-Fogueteiro_-_08_de_fevereiro_de_2019. Acessado em: 29.04.2025.

21 WIKIFAVELAS. *Chacina do Complexo do Alemão – 15 de maio de 2020*. Disponível em: https://wikifavelas.com.br/index.php/Chacina_do_Complexo_do_Alem%C3%A3o_-_15_de_maio_de_2020. Acessado em: 29.04.2025.

22 WIKIFAVELAS. *Chacina do Jacarezinho – 06 de maio de 2021*. Disponível em: https://wikifavelas.com.br/index.php/Chacina_do_Jacarezinho_-_06_de_maio_de_2021. Acessado em: 29.04.2025.

Cumpre registrar que a chacina do Jacarezinho, acima mencionada, ocorreu na vigência da decisão do Supremo Tribunal Federal, de relatoria do Ministro Edson Fachin, prolatada nos autos da Arguição de Descumprimento de Preceito Fundamental 635, por força da qual foram restringidas as operações policiais nas comunidades periféricas do Rio de Janeiro durante a pandemia de covid-19.

Nesse passo, percebem-se as enormes dificuldades enfrentadas para concretização dos direitos humanos no Brasil, diante do reiterado descumprimento do texto constitucional pelo Estado-Administração, não só pela inércia na adoção de políticas públicas em favor das comunidades menos favorecidas, mas também pelas constantes violações dos direitos dessa camada da população, em desafio até mesmo a decisões judiciais que visem corrigir e coibir tais condutas abusivas e transgressivas praticadas por agentes estatais.

4 O Poder Judiciário e os direitos humanos

Afigura-se primordial verificar como se desenvolve a atuação do Poder Judiciário para garantir a efetividade dos direitos humanos, já que lhe compete dar cumprimento à Constituição e às leis do país.

Infelizmente, essa prática violadora dos direitos humanos não tem encontrado resposta eficaz em grande parte dos órgãos judiciais, especialmente na seara criminal, em que se veem com alguma frequência decisões que acabam por respaldar a atuação violadora de direitos humanos por parte de agentes policiais.

Segundo Casara,[23] vivemos num período pós-democrático em que o Estado Democrático de Direito foi superado e, para atender ao ultraliberalismo econômico, impõe-se assumir a face do Estado penal cada vez mais forte e funcionalizado aos detentores do poder

---

23 CASARA, Rubens R. R. *Sociedade sem lei*: pós-democracia, personalidade autoritária, idiotização e barbárie. Rio de Janeiro: Civilização Brasileira, 2018.

econômico para exercer o controle dos excluídos, indesejáveis que não interessam ao projeto neoliberal e contra quem se dirige a fúria persecutória dos que detêm qualquer parcela de poder político.

Esse contexto acaba por exacerbar a função repressora do Poder Judiciário, que, enquanto instrumento de controle ideológico, passa a relativizar mecanismos constitucionais e legais garantidores de direitos humanos. Assim é que se torna comum encontrar decisões judiciais chancelando violações de domicílio, desconsiderando ofensas físicas aos presos em suposto flagrante delito e ignorando o descumprimento de rito legal para o reconhecimento de pessoas às quais são imputados atos criminosos, normalizando, enfim, a ofensa aos direitos humanos pelos agentes estatais, prepostos do Estado que deveria resguardá-los.

Essa aceitação dos abusos policiais acaba por causar uma errônea compreensão de que o Judiciário tem uma tendência a conceder toda e qualquer medida pleiteada pelos órgãos de segurança pública e persecução penal, como se fora uma instituição destinada a promover o "combate ao crime" e não o que de fato é: garantidora dos direitos fundamentais na apreciação dos fatos com imparcialidade.

Muito embora a neutralidade seja um mito, eis que todos estamos inseridos numa sociedade múltipla e dela sofremos os influxos ideológicos, a imparcialidade é um imperativo para legitimar toda e qualquer decisão judicial, não sendo o magistrado integrante das forças de segurança pública.

É bem de ver, por exemplo, que, nesse período, ganha força a formulação de requerimentos, pelos órgãos de persecução penal, para obtenção de ordens judiciais de busca e apreensão genéricas e coletivas, sem especificar o objeto, o local e a pessoa a quem se destinaria a diligência, ao arrepio do que dispõe o artigo 243, I e II do CPP, com o claro intuito de obter o respaldo do Poder Judiciário para incursões nas comunidades periféricas. Já em 1996, Verani discorria a respeito dessa prática:

> Violência, tortura, o exercício da dominação usou de todos os recursos, especialmente no morro do Borel. Como em Volta Redonda, havia até, para dar aparência de legalidade, mandado judicial autorizando a revista e a busca domiciliar. Só que esses mandados foram expedidos de forma abrangente, autorizando a revista em determinada residência, e também "nas residências circunvizinhas, em desdobramento deste mandado". Na prática, isso significava uma ordem genérica, imprecisa, indeterminada e ampla – sem a especificação necessária, todo o morro poderia ser revistado –, ao contrário do que determina a lei: "o mandado de busca deverá indicar, o mais precisamente possível, a casa em que será realizada a diligência com nome do respectivo proprietário ou morador" (art. 243, I, do Código de Processo Penal).[24]

Veja-se que Casara[25] afirma que o neoliberalismo **"transformou o Poder Judiciário em uma empresa que percebe os direitos e garantias fundamentais, as teorias jurídicas e as formas processuais como obstáculos à eficiência repressiva do Estado".**

No entanto, é importante salientar que, na mesma linha de Verani, há membros do Poder Judiciário que resistem a essa visão equivocada e autoritária do exercício da jurisdição, exercendo suas funções em atenção ao dever primordial de cumprir a Constituição da República e garantir os direitos fundamentais, ainda que desagradando opiniões públicas e midiáticas, pois são conscientes de que sua atuação deve ser contramajoritária.

Mas é prática comum dos agentes policiais a violação de domicílios em comunidades periféricas, sob o pretexto de que a norma constitucional autoriza o ingresso sem ordem judicial em casos de flagrante delito, o que, via de regra, ainda tem abrigo no

---

24 VERANI, Sérgio. *Assassinato em nome da lei*: uma prática ideológica do Direito Penal. Rio de Janeiro: Aldebarã, 1996, p. 146.

25 CASARA, Rubens R. R. *Bolsonaro o mito e o sintoma*. São Paulo: Contracorrente, 2020, p. 133.

Judiciário, em que pese sejam notórias invasões indiscriminadas e abusivas de residências até que se encontre numa delas algo ilícito, uma verdadeira "roleta russa".

Casara aponta a contradição na violação do sistema jurídico pelo próprio Estado através de seus agentes:

> Para combater o crime, em nome da segurança da sociedade, violam-se regras, princípios e valores democráticos.
>
> A idiossubjetivação oculta esta contradição: agentes do Estado violam a lei para mais facilmente punir quem acreditam ter violado a lei.[26]

Todavia, a vigorosa atuação das Defensorias Públicas do país e de outras instituições comprometidas com os direitos humanos tem permitido ao Judiciário uma prestação jurisdicional restauradora desse direito fundamental relacionado à moradia, a partir de reiteradas decisões das Cortes Superiores, que, inclusive, têm a função de corrigir rumos e fixar parâmetros para cumprimento por todos os julgadores. É o que se vê no julgamento do RE 603616 – Relator Ministro Gilmar Mendes, Tribunal Pleno do STF, julgado em 05/11/2015, Acórdão Eletrônico Repercussão Geral publicado em 10/05/2016 e na jurisprudência a seguir transcrita:

> **STJ, REsp: 1574681 RS 2015/0307602-3, SEXTA TURMA, Relator Ministro ROGERIO SCHIETTI CRUZ, Data de Julgamento: 20/04/2017, Data de Publicação: DJe 30/05/2017.**
>
> **RECURSO ESPECIAL. TRÁFICO DE DROGAS. FLAGRANTE. DOMICÍLIO COMO EXPRESSÃO DO DIREITO À INTIMIDADE. ASILO INVIOLÁVEL. EXCEÇÕES CONSTITUCIONAIS. INTERPRETAÇÃO RESTRITIVA. INVASÃO DE DOMICÍLIO PELA POLÍCIA. NECESSIDADE**

---

26 CASARA, Rubens R. R. *A construção do idiota*: o processo de idiossubjetivação. Rio de Janeiro: Da Vinci Livros, 2024, p. 121.

DE JUSTA CAUSA. NULIDADE DAS PROVAS OBTIDAS. TEORIA DOS FRUTOS DA ÁRVORE ENVENENADA. ABSOLVIÇÃO DO AGENTE. RECURSO NÃO PROVIDO. 1. O art. 5º, XI, da Constituição Federal consagrou o direito fundamental relativo à inviolabilidade domiciliar, ao dispor que "a casa é asilo inviolável do indivíduo, ninguém nela podendo penetrar sem consentimento do morador, salvo em caso de flagrante delito ou desastre, ou para prestar socorro, ou, durante o dia, por determinação judicial". 2. A inviolabilidade de sua morada é uma das expressões do direito à intimidade do indivíduo, o qual, na companhia de seu grupo familiar espera ter o seu espaço de intimidade preservado contra devassas indiscriminadas e arbitrárias, perpetradas sem os cuidados e os limites que a excepcionalidade da ressalva a tal franquia constitucional exigem. 3. O ingresso regular de domicílio alheio depende, para sua validade e regularidade, da existência de fundadas razões (justa causa) que sinalizem para a possibilidade de mitigação do direito fundamental em questão. É dizer, somente quando o contexto fático anterior à invasão permitir a conclusão acerca da ocorrência de crime no interior da residência é que se mostra possível sacrificar o direito à inviolabilidade do domicílio. 4. O Supremo Tribunal Federal definiu, em repercussão geral, que o ingresso forçado em domicílio sem mandado judicial apenas se revela legítimo - a qualquer hora do dia, inclusive durante o período noturno - quando amparado em fundadas razões, devidamente justificadas pelas circunstâncias do caso concreto, que indiquem estar ocorrendo, no interior da casa, situação de flagrante delito (RE n. 603.616/RO, Rel. Min. Gilmar Mendes, DJe 08/10/2010). 5. O direito à inviolabilidade de domicílio, dada a sua magnitude e seu relevo, é salvaguardado em diversos catálogos constitucionais de direitos e garantias fundamentais, a exemplo da Convenção Americana de Direitos Humanos, cujo art. 11.2, destinado, explicitamente, à proteção da honra e da dignidade, assim dispõe: "Ninguém pode ser objeto de ingerências arbitrárias ou abusivas em sua vida privada, em sua família, em seu domicílio ou em sua correspondência, nem de ofensas ilegais à sua honra ou reputação". 6. A complexa e sofrida realidade social brasileira sujeita as forças policiais a situações de risco e à necessidade de tomada urgente de decisões no desempenho de suas relevantes funções, o que há de ser considerado quando, no conforto de seus gabinetes, realizamos os juízes o controle posterior das ações policiais. Mas, não se há de desconsiderar, por outra ótica, que ocasionalmente a ação policial submete pessoas a situações abusivas e arbitrárias, especialmente as que habitam comunidades socialmente vulneráveis e de baixa renda. 7. Se, por um lado, a dinâmica e a sofisticação do crime organizado exigem uma postura mais enérgica por parte do Estado, por outro, a coletividade, sobretudo a integrada por segmentos das camadas sociais mais precárias economicamente, também precisa sentir-se segura e ver preservados seus mínimos direitos e garantias constitucionais, em especial o de não ter a residência invadida, a qualquer hora do dia, por policiais, sem as cautelas devidas e sob a única justificativa, não amparada em elementos concretos de convicção, de que o local supostamente seria um ponto de tráfico de drogas, ou que o suspeito do tráfico ali se homiziou. 8. A ausência de justificativas e de elementos seguros a legitimar a ação dos agentes públicos, diante da discricionariedade policial na identificação de situações suspeitas relativas à ocorrência de tráfico de drogas, pode fragilizar e tornar írrito o direito à intimidade e à inviolabilidade domiciliar. 9. Tal compreensão não se traduz, obviamente, em transformar o domicílio em salvaguarda de criminosos, tampouco um espaço de criminalidade. Há de se convir, no entanto, que só justifica o ingresso no domicílio alheio a situação fática emergencial consubstanciadora de flagrante delito, incompatível com o aguardo do momento adequado para, mediante mandado judicial, legitimar a entrada na residência ou local de abrigo. 10. Se é verdade que o art. 5º, XI, da Constituição Federal, num primeiro momento, parece exigir a emergência da situação para autorizar o ingresso em domicílio alheio sem prévia autorização judicial - ao elencar hipóteses excepcionais como o flagrante delito, casos de desastre ou prestação de socorro -, também é certo que nem todo crime permanente denota essa emergência. 11. Na hipótese sob exame, o acusado estava em local supostamente conhecido como ponto de venda de drogas, quando, ao avistar a guarnição de policiais, refugiou-se dentro de sua casa, sendo certo que, após revista em seu domicílio, foram encontradas substâncias entorpecentes (18 pedras de crack). Havia, consoante se demonstrou, suspeitas vagas sobre eventual tráfico de drogas perpetrado pelo réu, em razão, única e exclusivamente, do local em que ele estava no momento em que policiais militares realizavam patrulhamento de rotina e em virtude de seu comportamento de correr para sua residência, conduta que pode explicar-se por diversos motivos, não necessariamente o de que o suspeito cometia, no momento, ação caracterizadora de mercancia ilícita de drogas. 12. A mera intuição acerca de eventual traficância praticada pelo recorrido, embora pudesse autorizar abordagem policial, em via pública, para averiguação, não configura, por si só, justa causa a autorizar o ingresso em seu domicílio, sem o consentimento do morador - que deve ser mínima e seguramente comprovado - e sem determinação judicial. 13. Ante a ausência de normatização que oriente e regule o ingresso em domicílio alheio, nas hipóteses excepcionais previstas no Texto Maior, há de se aceitar com muita reserva a usual afirmação - como ocorreu na espécie - de que o morador anuiu livremente ao ingresso dos policiais para a busca domiciliar, máxime quando a diligência não é acompanhada de qualquer preocupação em documentar e tornar imune a dúvidas a voluntariedade do consentimento. 14. Em que pese eventual boa-fé dos policiais militares, não havia elementos objetivos, seguros e racionais, que justificassem a invasão de domicílio. Assim, como decorrência da Doutrina dos Frutos da Árvore Envenenada (ou venenosa, visto que decorre da *fruits of the poisonous tree doctrine*, de origem norte-americana), consagrada no art. 5º, LVI, da nossa Constituição da República, é nula a prova derivada de conduta ilícita - no caso, a apreensão, após invasão desautorizada do domicílio do recorrido, de 18 pedras de crack -, pois evidente o nexo causal entre uma e outra conduta, ou seja, entre a invasão de domicílio (permeada de ilicitude) e a apreensão de drogas.

> 15. Recurso especial não provido, para manter a absolvição do recorrido.[27]

Como se vê, o tema "direitos humanos" tem ainda uma compreensão bastante tímida no âmbito do Poder Judiciário, fundada basicamente na doutrina liberal, mormente quando se trata de violações de direitos humanos perpetradas pela força repressiva do Estado. Porém, é possível visualizar algumas decisões judiciais comprometidas com a efetividade dos direitos e garantias fundamentais, sinalizando, assim, uma evolução no campo jurídico dos processos de luta desenvolvidos para concretizá-los nas relações sociais.

Conclusão

Parece ainda longe de ser modificada a dura realidade existencial das comunidades periféricas do Estado do Rio de Janeiro, cujos espaços convivem por décadas com variadas formas de violações dos direitos humanos de seus moradores, seja por omissão ou ação do Estado.

Isso porque, não bastasse a globalização das políticas neoliberais de desmonte e redução de direitos, intensificadas no país pelos governos de Michel Temer e Jair Bolsonaro, a redemocratização, instaurada no Brasil pela Constituição de 1988, não logrou implementar uma política de segurança pública condizente com os valores preconizados num Estado Democrático de Direito, optando por manter a base repressora e militarizada da estrutura policial anterior, predominantemente identificada com o regime ditatorial que se extinguia, ao invés de criar uma nova e única instituição policial,

---

27 STJ, REsp 1574681/RS 2015/0307602-3, Sexta Turma, Rel. Min. Rogerio Schietti Cruz, Data de Julgamento 20/04/2017, DJe 30/05/2017. Disponível em: https://www.stj.jus.br/static_files/STJ/Midias/arquivos/Noticias/RESp_1574681.pdf. Acessado em: 29.04.2025.

comprometida com o respeito aos direitos e às garantias individuais, imprescindível numa democracia material.

A transformação dessa realidade é tarefa árdua e complexa, mas não impossível, pois, afinal, ainda vivemos numa democracia formal, que fornece instrumentos e mecanismos suficientes, caso corretamente utilizados, para a efetivação dos direitos humanos.

Não é absurdo pensar, por exemplo, na implementação pelo Estado de medidas civilizatórias básicas, tais como: a) a execução efetiva de políticas públicas de moradia e saneamento, de mobilidade urbana, de acesso à educação desde a primeira infância e de eficaz prestação do serviço de saúde; b) a unificação das polícias civil e militar com a criação de um corpo policial vinculado à observância dos direitos e garantias fundamentais; c) a proibição imediata das operações policiais nas comunidades periféricas que, sob o subterfúgio de reprimir atividades criminosas relacionadas ao tráfico de entorpecentes, produzem violações em série de direitos humanos, incluindo o extermínio da população pobre, em sua maioria negra e favelada; d) a instalação de câmeras nos uniformes e vestimentas de todo e qualquer policial em serviço, sem prejuízo da proibição das operações no interior das comunidades; e) a expansão, em contrapartida, de uma política de segurança pública integrada e uniforme em todo o território nacional, que priorize a atividade de inteligência como forma de prevenção e de combate à criminalidade; f) a reforma do Código de Processo Penal com a implementação do Juiz de Garantias com competência para presidir as audiências de custódias e decidir sobre as medidas restritivas de direitos na fase investigativa; e g) a reformulação do concurso para ingresso na carreira da Magistratura, assim como do Curso de Formação Inicial dos Magistrados recém-aprovados, com ênfase na valorização da fiel observância dos direitos humanos em suas decisões.

É importante ressaltar que, atualmente, a maioria dessas medidas são reivindicadas por diversos setores sociais que defendem a bandeira dos direitos humanos no Brasil, inclusive com a persecução no âmbito judicial, em cujo campo já se logrou obter avanços tímidos e parciais. É o caso da **restrição** de operações policiais em comunidades periféricas e a **fixação de prazo** para a instalação de câmaras nos uniformes judiciais, ambas decisões prolatadas pelo Supremo Tribunal Federal, nos autos da Arguição de Descumprimento de Preceito Fundamental – ADPF 635 –, de relatoria do Ministro Edson Fachin, além da regulamentação pelo CNJ do instituto do Juiz das Garantias, em cumprimento da determinação do Supremo Tribunal Federal, conforme julgamento das Ações Diretas de Inconstitucionalidade n. 6.298, 6.299, 6.300 e 6.305 sobre a Lei n. 13.964/2019, que estabeleceu o prazo de 12 (doze) meses para a implementação do juiz das garantias pelos tribunais.

Evidentemente, como ensina Herrera Flores,[28] a concretização dos Direitos Humanos na extensão necessária à conquista dos bens indispensáveis para uma vida digna, em conformidade com as expectativas, o momento histórico e a cultura da sociedade respectiva, exige um difícil caminhar a partir da construção de processos de lutas coletivas, mobilizações políticas e populares dos grupos subalternizados, de modo a romper as armadilhas da invisibilidade e reduzir progressivamente as desigualdades das relações de poder.

Nesse contexto, percebe-se a importância da teoria crítica para a efetivação dos direitos humanos. Conclui-se, pois, com a preciosa mensagem do professor Baldez,[29] de que

> os direitos humanos, ou vão ser recriados e repostos nas lutas sociais coletivas dos oprimidos e excluídos com a construção solidária de uma nova sociedade verdadeiramente democrática, ou ficarão de vez enformados em ações individualistas de escassa ou nenhuma consequência.

---

28 FLORES, Joaquín Herrera. *A reinvenção dos direitos humanos*. Trad. Carlos Roberto Diogo Garcia, Antônio Henrique Graciano Suxberger e Jefferson Aparecido Dias. Florianópolis: Fundação Boiteux, 2009.

29 Baldez, 2009.

Referências bibliográficas

BALDEZ, Miguel Lanzellotti. "Direitos Humanos, mas como?" *Revista Direito, Sociedade e Cultura*, 15 mar. 2011. Disponível em: http://direitosociedadecultura.blogspot.com/2011/03/direitos-humanos-mas-como.html. Acessado em: 29.04.2025.

______. *Sobre o papel do Direito na sociedade capitalista*: Direito insurgente. Petrópolis: Centro de Defesa dos Direitos Humanos/Gráfica Serrana Ltda, 1989.

BOBBIO, Norberto. *A era dos direitos*. Trad. Carlos Nelson Coutinho. 7ª reimp. Rio de Janeiro: Elsevier, 2004.

CASARA, Rubens R. R. *A construção do idiota*: o processo de idiossubjetivação. Rio de Janeiro: Da Vinci Livros, 2024.

______. *Bolsonaro o mito e o sintoma*. São Paulo: Contracorrente, 2020.

______. *Contra a miséria neoliberal*. São Paulo: Autonomia Literária, 2021.

______. *Sociedade sem lei*: pós-democracia, personalidade autoritária, idiotização e barbárie. Rio de Janeiro: Civilização Brasileira, 2018.

FLORES, Joaquín Herrera. *A reinvenção dos direitos humanos*. Trad. Carlos Roberto Diogo Garcia, Antônio Henrique Graciano Suxberger e Jefferson Aparecido Dias. Florianópolis: Fundação Boiteux, 2009.

ONU. *Declaração Universal dos Direitos Humanos*. Disponível em: https://nacoesunidas.org/wp-content/uploads/2018/10/DUDH.pdf. Acessado em: 29.04.2025.

VERANI, Sérgio. *Assassinato em nome da lei*: uma prática ideológica do Direito Penal. Rio de Janeiro: Aldebarã, 1996.

WIKIFAVELAS. *Chacina de Nova Brasília – 18 de outubro de 1994*. Disponível em: https://wikifavelas.com.br/index.php/Chacina_de_Nova_Bras%C3%ADlia_-_18_de_outubro_de_1994. Acessado em: 29.04.2025.

______. *Chacina do Complexo do Alemão – 15 de maio de 2020*. Disponível em: https://wikifavelas.com.br/index.php/Chacina_do_Complexo_do_Alem%C3%A3o_-_15_de_maio_de_2020. Acessado em: 29.04.2025.

______. *Chacina do Fallet-Fogueteiro – 08 de fevereiro de 2019*. Disponível em: https://wikifavelas.com.br/index.php/Chacina_do_Fallet-Fogueteiro_-_08_de_fevereiro_de_2019. Acessado em: 29.04.2025.

______. *Chacina do Jacarezinho – 06 de maio de 2021*. Disponível em: https://wikifavelas.com.br/index.php/Chacina_do_Jacarezinho_-_06_de_maio_de_2021. Acessado em: 29.04.2025.

______. *Linha do tempo das principais chacinas no Rio de Janeiro*. Disponível em: https://wikifavelas.com.br/index.php/Linha_do_tempo_das_principais_chacinas_no_Rio_de_Janeiro. Acessado em: 29.04.2025.

CAPÍTULO XXXV

AUTORITARISMO LÍQUIDO E *LAWFARE*

PEDRO SERRANO

1 A teoria schmittiana da soberania, da exceção e da filosofia da igualdade universal legalista fundada na contradição entre desejos do individualismo liberal e da necessidade de homogeneidade democrática

Carl Schmitt tem como premissa de seu pensamento que a importância fundamental na formação do Estado e da ordem jurídica reside na decisão, ou melhor, nas decisões estatais, e não na lei formal. Para ele, a lei é válida enquanto produto de uma decisão estatal, e não puramente por ser uma lei, no seu sentido formal. Ele formula tais ideias com base na concepção de democracia nacional, no sentido da soberania popular e no conceito de igualdade.

Para o autor, quanto mais unido for um povo, maior será sua soberania popular. E um povo unido é aquele igual entre si. Não se trata de uma igualdade formal, mas de "homogeneidade", ou seja, de compartilhar dos mesmos valores culturais, língua, hábitos e religião, por exemplo. A partir dessa visão schmittiana, o conceito de igualdade apenas é possível porque se pode claramente identificar algo diferente daquilo que se pretende igualar. Isso significa que o conceito de igualdade depende do conceito de diferença. Por essa razão, ele combate o conceito de "humanidade" e os direitos dela decorrentes. A homogeneidade se realiza na medida em que se pode identificar um povo diferente do outro.

É exatamente nesse ponto que Carl Schmitt apresenta sua crítica ao modelo da democracia representativa. Na visão dele, eleger representantes para produzir leis, reunidos num Parlamento, gera um discurso de legitimação do processo de escolha que, na realidade, não passa de uma forma de manipulação autoritária. Isso porque os escolhidos serão aqueles que possuem recursos para empreender uma campanha eficaz e se eleger e, logo, que irão representar os interesses daqueles que sustentaram financeiramente a campanha e não, de fato, dos seus eleitores. Vejamos a atualidade da crítica schmittiana.

E continua: no exercício do mandato, por sua vez, o eleito não realiza a vontade de quem o elegeu, senão sua própria vontade. Consubstancia-se, dessa forma, uma falsa relação entre o líder e seus liderados; um processo no qual a burguesia serve para manipular o povo somente. Do mesmo modo, como se trata de um coletivo de pessoas que representam grupos sociais distintos, a democracia representativa é uma forma de fortalecer as desuniões do povo e não sua união. Na visão de Carl Schmitt, a união do povo tem um caráter fundamental na defesa contra os povos inimigos.

Já que Carl Schmitt rechaça a democracia representativa como liderança estatal, a melhor forma de alcançar essa unidade é por meio da identificação do seu povo com seu líder, assim como ocorre no âmbito familiar, em que os filhos reconhecem a legitimidade do seu pai por possuir uma identificação carismática com ele. É o sentimento de "pertencimento" que torna a relação factível e fortalece os vínculos culturais desse povo, tornando-o forte e homogêneo.

Portanto, se uma decisão tomada por um corpo de representantes eleitos não tiver como característica esta figura de identificação com seu povo, necessariamente é falsa e ilegítima, segundo ele. Para Carl Schmitt, a decisão não é válida ou inválida, mas legítima ou ilegítima e, quanto mais unido for o povo, mais legítima será sua liderança. A democracia de Carl Schmitt tem inspiração grega, pois importa em sua concepção apenas a decisão da maioria, em detrimento de qualquer minoria. Na democracia moderna, a decisão da maioria deve sempre respeitar os direitos da minoria, pela noção de liberdade em consonância com o direito individual.

Nesse modelo schmittiano, no lugar de eleição há a figura da "aclamação". Se o povo não estiver satisfeito, afasta o seu líder por aclamação ou lhe conduz como soberano pela mesma forma, por simples identificação carismática. O que importa para Carl Schmitt é a ideia de soberania. Soberano para Carl Schmitt é aquele que pode decretar quem é amigo e quem é inimigo e, mais do que isso, soberania só existe no estado de exceção – em que há a suspensão dos direitos individuais –, e não no Estado de Direito. Pois neste a relação de cidadania limita a atuação do Estado – pelo reconhecimento de direitos dos cidadãos – e a soberania não se realiza de forma plena a fim de realizar a identificação desse povo. Na exceção, por sua vez, interessa apenas a vontade geral do povo e não os direitos individuais dos cidadãos, inclusive, com o reconhecimento da disponibilidade da vida do seu povo e, em especial, dos seus inimigos (fundamentação para o genocídio).

Foi ele que, com melhor precisão, descreveu os fundamentos de legitimação dessas formas de Estado presentes no século XX. Definiu a exceção como forma primária de manifestação da verdadeira soberania,[1] ao passo que, em sua teoria constitucional, postula a decisão

1 SCHMITT, Carl. *Legalidade e legitimidade*. Belo Horizonte: Del Rey, 2007.

política como essência da Constituição e do Direito.[2] Na descrição do que chama de "crise da democracia parlamentar", ressalta a ineficiência crônica dos parlamentos como forma de representação popular e reafirma a necessidade de construção de um modelo de democracia que supere a representação pela igualdade, entendida esta como homogeneidade.

Em sua definição do "político", apresenta a política como o ato de definição do amigo e inimigo. Em verdade, pouco fala do amigo, centrando sua conceituação na figura do inimigo. O fundamento do Estado e do Direito, para Carl Schmitt, portanto, é a decisão política, e não uma norma jurídica hipotética de reconhecimento ou posta. Segundo afirma, "a ordem jurídica, como toda ordem, repousa em uma decisão, e não em uma norma".[3]

A doutrina schmittiana do estado de exceção é, assim, fundamental para quem deseja discorrer sobre o tema. Ademais, o principal objetivo de Carl Schmitt é inscrever a teoria da exceção num contexto jurídico. Ao tratar da exceção, Carl Schmitt estabelece ainda uma diferença entre ditadura comissária e ditadura soberana. A primeira se propõe a salvaguardar a ordem constitucional – por isso, também denominada ditadura constitucional –, enquanto a segunda, a completa derrubada dessa ordem constitucional – daí porque conhecida como ditadura inconstitucional. Contudo, embora necessária a distinção schmittiana entre ditadura comissária e soberana, é na distinção entre norma e decisão que o estado de exceção ganha contornos jurídicos, pois "suspendendo a norma, o estado de exceção 'revela (...) em absoluta pureza um elemento formal especificamente jurídico: a decisão' (...). Os dois elementos, norma e decisão, mostram assim a sua autonomia".[4] A definição schmittiana

---

2 SCHMITT, Carl. *Teologia política*. Belo Horizonte: Del Rey, 2006.

3 SCHMITT, Carl. *Teologia política*. Belo Horizonte: Del Rey, 2006, p. 10.

4 AGAMBEN, Giorgio. *Estado de exceção*. São Paulo: Boitempo, 2011, p. 56.

de estado de exceção, segundo Giorgio Agamben, pode ser assim expressa: "podemos então definir o estado de exceção na doutrina schmittiana como o lugar em que a oposição entre a norma e a sua realização atinge a máxima intensidade".[5]

O que se verifica é que "o estado de exceção separa, pois, a norma da sua aplicação para tornar possível a aplicação. Introduz no Direito uma zona de anomia para tornar possível a normatização efetiva do real".[6] Em Carl Schmitt, a decisão é o fundamento do Direito e a ele precede. Para Antonio Negri, a decisão aparece "como divisão e confronto entre amigo e inimigo, e que ele vê percorrer, em seguida, a totalidade do ordenamento, formando-o e sobredeterminando-o".[7] Decisão é decisão, aquilo que é próprio à atividade de dividir, cortar, e, para o autor alemão, trata-se de separar – de modo transcendental – o inimigo do amigo e garantir a unidade de um povo. A decisão soberana quanto à exceção não põe fim a um certo ordenamento, mas o suspende, fazendo valer, em determinadas ocasiões excepcionais, a legitimidade sem lei.

Ao contrário de Hans Kelsen, que entendia o Estado como fruto do Direito a ele submetido e subordinado integralmente, Carl Schmitt, fundado nas lições de Jean Bodin e de Donoso Cortez, percebia o Estado como um fenômeno antecedente e prevalente ao Direito. Além disso, "a existência do Estado mantém, aqui, uma supremacia indubitável sobre a validade da norma jurídica".[8] Essas antecedência e prevalência deveriam se verificar exatamente em situações de emergência pública, de grave desordem, de ameaça à

---

5 AGAMBEN, Giorgio. *Estado de exceção*. São Paulo: Boitempo, 2011, p. 56.

6 AGAMBEN, Giorgio. *Estado de exceção*. São Paulo: Boitempo, 2011, p. 58.

7 NEGRI, Antonio. *O Poder Constituinte*: ensaio sobre as alternativas da modernidade. Rio de Janeiro: DP&A, 2002, pp. 17-18.

8 SCHMITT, Carl. *Teologia política*. Belo Horizonte: Del Rey, 2006, p. 13.

sobrevivência do Estado. Nessas hipóteses de exceção, o Direito deveria ser afastado em favor da ordem e do Estado, sendo preferível o sacrifício do Direito ao da ordem e ao do Estado.

Consoante Carl Schmitt, o pensamento de Jean Bodin já apontava para a prevalência da decisão para definir e constituir o ordenamento jurídico, desde quando aprofundado o conceito de soberano como "a pessoa ou instituição que exerce autoridade final dentro de um determinado território e sobre uma comunidade política específica", interna e externamente. Para o autor, a grande repercussão da doutrina de Jean Bodin justifica-se, pois "sua realização científica e o motivo de seu sucesso repousam no fato de ele ter inserido a decisão no conceito de soberania. Atualmente, não existe uma explicação do conceito de soberania na qual Bodin não seja citado".[9]

Para Bodin, a soberania é um caráter fundamental do Estado, cujo único limite é a lei natural e divina, atribui um caráter de originariedade ao poder soberano e rompe com a tradição do pensamento medieval, que vê na origem do poder do rei uma atribuição da comunidade. De acordo com Jean Bodin, a soberania era justificada na sua origem divina, tendo o príncipe/soberano o direito de exercê-la de forma vitalícia, conforme sua famosa definição: "a soberania é o poder absoluto e perpétuo de uma República".[10]

O Estado absolutista, também denominado Estado de polícia ou Estado autocrático, apresentava algumas características relevantes: 1) o poder era exercido de forma autônoma (autocracia), ou seja, o poder do governante não se submetia à lei, mas apenas à sua própria vontade, daí porque o poder do governante era ilimitado, caracterizando-se a figura do rei como a personificação do próprio Estado; 2) em geral, os Estados absolutistas tinham um fundamento

---

9 SCHMITT, Carl. *Teologia política*. Belo Horizonte: Del Rey, 2006, p. 9.

10 BODIN, Jean. *Os seis livros da República*. São Paulo: Ícone, 2011.

religioso, a figura do rei era divina, verdadeiro representante de Deus na Terra; 3) as funções de Estado eram centralizadas numa só pessoa: o rei legislava, administrava e julgava; 4) este modelo de Estado era irresponsável no que tange aos danos que ocasionava às pessoas (famosa ideia de que "o rei não erra"); 5) as pessoas só possuíam obrigações perante o Estado, sem terem direito algum oponível a ele, ou seja, havia apenas uma relação de servidão entre as pessoas e o Estado, e não uma relação de cidadania.

Segundo Carl Schmitt, Jean Bodin insere a decisão no conceito de soberania e na possibilidade de fazer cessar a vinculação do soberano às leis e aos princípios naturais. Nesse sentido, afirma que "a competência para revogar a lei vigente – seja de forma geral ou no caso isolado – é o que realmente caracteriza a soberania".[11] Temos, portanto, para Carl Schmitt, que o conceito de soberania pode ser enunciado a partir da exceção, pelo fato de a soberania residir no monopólio da decisão final ou extrema.

O Direito teria a utilidade de reger a vida social em sua normalidade cotidiana. Em situações excepcionais, de risco ou de emergência, ele é suspenso em favor de uma soberania sem freios, implicando o exercício último da *ratio* política schmittiana: eleger o inimigo, deixando-o desprovido de qualquer proteção política pelo povo, tornando-se um não titular de direitos, um não sujeito. Contudo, devemos registrar a posição schmittiana quanto a incluir a decisão nos casos excepcionais – tanto quanto as normas na normalidade – no âmbito jurídico: "em estado de exceção, o Estado suspende o Direito por fazer jus à autoconservação, como se diz".[12]

Essa avaliação corrobora que, para Carl Schmitt, a decisão é fundamental para que a normalidade seja restabelecida e o caos não

---

11 SCHMITT, Carl. *Teologia política*. Belo Horizonte: Del Rey, 2006, pp. 9-10.

12 SCHMITT, Carl. *Teologia política*. Belo Horizonte: Del Rey, 2006, p. 13.

impere. Isto porque a norma não foi criada para regular a exceção, e sim a regra geral. Ao soberano cabe a última decisão sobre o momento em que a suspensão da ordem deve ocorrer, a fim de garantir o retorno à normalidade.

2 A teoria agambeniana da exceção: romanística e desnudamento dos postulados schmittianos

Segundo Giorgio Agamben, o modelo do moderno estado de exceção pode ser considerado o instituto do Direito Romano denominado *iustitium*. Ao sinal de perigo para a República, o Senado emitia um *senatus consultum ultimum*, requerendo alguma medida necessária à salvação do Estado. Esse pedido baseava-se num decreto que declarava o *tumultus* (uma situação de emergência) e dava lugar, habitualmente, à proclamação do *iustitium*, o qual significa interrupção/suspensão do Direito, o equivalente à produção de um vazio jurídico. É a resposta à necessidade de romper o ordenamento para salvá-lo. Giorgio Agamben traz a definição de Nissen para o conceito: "o *iustitium* 'suspende o Direito e, a partir disso, todas as prescrições jurídicas são postas de lado. Nenhum cidadão romano, seja ele magistrado ou um simples particular, agora tem poderes ou deveres'".[13] O *consultum* pressupõe o *tumultus*, que é a única causa do *iustitium*.[14] O *iustitium* não pode ser interpretado como ditadura, mas como uma zona de anomia. Esse espaço vazio de Direito é essencial à ordem jurídica, por isso, o Direito precisa manter-se em relação à anomia.

A principal crítica de Giorgio Agamben à teoria do estado de exceção de Carl Schmitt reside na tentativa deste de justificá-lo juridicamente por meio dos mecanismos próprios da ditadura, ao

---

13 AGAMBEN, Giorgio. *Estado de exceção*. São Paulo: Boitempo, 2011, p. 72.

14 AGAMBEN, Giorgio. *Estado de exceção*. São Paulo: Boitempo, 2011, p. 73.

passo que "o estado de exceção não se define, segundo o modelo ditatorial, como uma plenitude de poderes, um estado pleromático do Direito, mas, sim, como um estado kenomatico, um vazio e uma interrupção do Direito".[15]

A questão mais relevante abordada pela doutrina quanto ao *iustitium* diz respeito à natureza dos atos cometidos durante sua vigência, já que, uma vez decretado, não há qualquer prescrição ou determinação jurídica que deva ser seguida pelo magistrado ou cidadão comum.

A partir da contiguidade essencial entre soberania e exceção posta por Carl Schmitt e da formulação da modernidade como estado de exceção permanente de Walter Benjamin,[16] Giorgio Agamben formula sua teoria rememorando, inicialmente, a clássica afirmação de Carl Schmitt de soberania como a capacidade de declarar a exceção. Verifica, portanto, que a estrutura da soberania é a exceção, ou seja, a capacidade de suspender o Direito.

Como Carl Schmitt, Giorgio Agamben constata a posição paradoxal do soberano em relação à ordem jurídica: de um lado, está dentro dessa ordem, e de outro, está fora. Está excluído da ordem jurídica, pois só é soberano por poder suspender a validade e a eficácia da ordem jurídica, e está nela inserido porque é essa mesma ordem que reconhece o poder de estabelecer a exceção e de suspender sua própria validade. Ao citar Carl Schmitt, Giorgio Agamben destaca:

> Se o soberano é, de fato, aquele no qual o ordenamento jurídico reconhece o poder de proclamar o estado de exceção e de suspender, deste modo, a validade do ordenamento, então

---

15 AGAMBEN, Giorgio. *Estado de exceção*. São Paulo: Boitempo, 2011, p. 75.

16 BENJAMIN, Walter. *Teses sobre o conceito de história, obras escolhidas*: magia e técnica, arte e política. São Paulo: Brasiliense, 1987, p. 226.

> ele permanece fora do ordenamento jurídico e, todavia, pertence a este, porque cabe a ele decidir se a Constituição *in toto* possa ser suspensa.[17]

Giorgio Agamben, no entanto, constata que a exceção que define a estrutura da soberania é complexa. A relação da exceção com a regra é de uma exclusão inclusiva, pois o que é excluído do Estado de Direito, do Direito vigente, não deixa de se conectar com este, pois o suspende. Nessa situação, a regra aplica-se justamente pela sua desaplicação: "aquilo que está fora vem aqui incluído não simplesmente através de uma interdição ou de um internamento, mas suspendendo a validade do ordenamento, deixando, portanto, que ele se retire da exceção, a abandone".[18]

Assim considerando, "não é a exceção que se subtrai à regra, mas a regra que, suspendendo-se, dá lugar à exceção e somente desse modo se constitui como regra, mantendo-se em relação com aquela".[19] Por decorrência, Giorgio Agamben formula sua peculiar concepção de soberania, pela qual se distancia tanto de Carl Schmitt quanto de Hans Kelsen: "ela é a estrutura originária na qual o Direito se refere à vida e a inclui em si através da própria suspensão".[20] Na perspectiva do autor, a soberania se situa numa zona complexa e indeterminada, já que, estando ao mesmo tempo dentro e fora do Direito, não pode ser nominada simplesmente jurídica ou não jurídica. Trata-se de uma zona de ausência de norma reguladora, num território no qual essas distinções fazem pouco sentido. Desse modo, a exceção, em sua visão, não pode ser considerada mera situação de fato ou de

---

17 AGAMBEN, Giorgio. *Homo sacer*: o poder soberano e a vida nua. Belo Horizonte: UFMG, 2004, p. 23.

18 AGAMBEN, Giorgio. *Homo sacer*: o poder soberano e a vida nua. Belo Horizonte: UFMG, 2004, p. 26.

19 AGAMBEN, Giorgio. *Homo sacer*: o poder soberano e a vida nua. Belo Horizonte: UFMG, 2004, p. 26.

20 AGAMBEN, Giorgio. *Homo sacer*: o poder soberano e a vida nua. Belo Horizonte: UFMG, 2004, p. 35.

Direito, pois se encontra na fronteira entre os dois conceitos: "não é um fato, porque é criado apenas pela suspensão da norma; mas, pela mesma razão, não é nem ao menos um caso jurídico, ainda que abra a possibilidade de vigência da lei".[21]

Tanto Giorgio Agamben quanto Carl Schmitt constatam, contudo, que a exceção, enquanto anomia, zona vazia de Direito, é relevante para confirmar o Direito. A existência da exceção confirma o âmbito de validade da regra, qual seja, o caso normal, a situação cotidiana. Orientando-se por Walter Benjamin, Giorgio Agamben formula um dos núcleos de sua teoria, que é a concepção de que, no interior das democracias ocidentais contemporâneas, convive o estado de exceção como uma permanência biopolítica, que tende a tratar amplos contingentes da população como "vida nua", ou seja, viventes desprovidos da proteção política, jurídica e até teológica, reduzidos à mera condição de vida biológica.

O estado de exceção não é uma ditadura (constitucional ou inconstitucional, comissária ou soberana), mas um espaço vazio de Direito, uma zona de anomia em que todas as determinações jurídicas – e, antes de tudo, a própria distinção entre público e privado – estão desativadas. Portanto, são falsas todas aquelas doutrinas que tentam vincular diretamente o estado de exceção ao Direito, o que se dá com a teoria da necessidade como fonte jurídica originária, e com a que vê no estado de exceção o exercício de um direito do Estado à própria defesa ou a restauração de um originário estado pleromático do Direito (os "plenos poderes"). Mas igualmente falaciosas são as doutrinas que, como a Schmitt, tentam inscrever indiretamente o estado de exceção num contexto jurídico, baseando-o na divisão entre normas de Direito e normas de realização do Direito, entre poder constituinte e poder constituído, entre norma e decisão. O estado de necessidade não é um "Estado do Direito", mas um espaço sem

---

21 AGAMBEN, Giorgio. *Homo sacer*: o poder soberano e a vida nua. Belo Horizonte: UFMG, 2004, p. 26.

Direito (mesmo não sendo um estado de natureza, mas se apresenta como a anomia que resulta da suspensão do Direito).

Esse espaço vazio de Direito parece ser, sob alguns aspectos, tão essencial à ordem jurídica que esta deve buscar, por todos os meios, assegurar uma relação com ele, como se, para se fundar, ela devesse manter-se necessariamente em relação com a anomia. Por um lado, o vazio jurídico de que se trata no estado de exceção parece absolutamente impensável pelo Direito; por outro lado, esse impensável se reveste, para a ordem jurídica, de uma relevância estratégica decisiva e que, de modo algum, se pode deixar escapar.

O problema crucial ligado à suspensão do Direito é o dos atos cometidos durante o *iustitium*, cuja natureza parece escapar a qualquer definição jurídica. À medida que não são transgressivos, nem executivos, nem legislativos, parecem situar-se, no que se refere ao Direito, em um não lugar absoluto. É essa indefinibilidade e a esse não lugar que responde a ideia de uma força de lei. É como se a suspensão da lei liberasse uma força ou um elemento místico, uma espécie de mana jurídico, de que tanto o poder quanto seus adversários, tanto o poder constituído quanto o poder constituinte tentam apropriar-se.

3 A insuficiência do regime jurídico do "erro judicial" (*error in judicando* ou *error in procedendo*) em dar respostas aos desafios da exceção contemporânea

As medidas de exceção, muito além de representarem violação a um determinado formalismo procedimental penal, fulminaram a própria relação que se estabelece entre o Estado e os indivíduos em termos civilizatórios e, por essa razão, subverteu a nossa própria democracia constitucional e, inclusive, processos eleitorais, os quais foram contaminados por severas interferências de agentes estatais investidos de poderes de persecução penal e jurisdicionais.

As práticas de exceção conduzidas, em especial, pelas investigações e processos penais, mas que a eles não se limitam, evidenciaram a insuficiência dos manuais clássicos em aferir a adequação dos seus procedimentos e a justiça dos seus produtos, bem como de responder aos desafios do autoritarismo na contemporaneidade.

Especificamente com relação ao Judiciário como agente de exceção, ele está, paulatinamente, produzindo decisões que possuem aparência de compatibilidade constitucional e democrática, mas que se traduzem em *sui generis* fraudes à Constituição e, consequentemente, no esvaziamento do sentido dos direitos fundamentais, isso tudo através de decisões que desconstroem o Direito, inclusive com finalidade eminentemente extrajurídica.

A exceção sufoca, em simulacro, a soberania popular, bem como os instrumentos democráticos e republicanos, os direitos fundamentais e, numa escala mais ampla, a própria coesão social e o sentimento de pertencimento. Por essas razões, a exceção materializada em referidas fraudes não se identifica, ao menos exclusiva ou indistintamente, com a discricionariedade judicial, própria das concepções analíticas do Direito, com o "erro judicial" (*error in judicando* ou *error in procedendo*), com a figura do juiz solipsista que decide segundo sua consciência, com o mero abuso de direito ou de autoridade ou, ainda, com qualquer caso inequívoco de ativismo judicial ou outras formas de decisionismo.

Na contramão da evolução histórica do constitucionalismo, a desumanização levada a efeito pela exceção ocorre escolhendo o inimigo e nomeando-o. É a linguagem que desumaniza o inimigo através do enquadramento em determinada categoria que subtrai qualquer individualidade. Nesse contexto, a lógica do "lícito-ilícito", própria do Direito, é superada pela lógica de poder própria da política. Dentro de um tribunal, o poder político da toga superou, faticamente, a força da lei. O agir soberano manipula o Direito com fins extrajurídicos nas mais variadas instâncias decisórias estatais.

A hipernomia abriu o caminho para fraudes hermenêuticas que, através da narrativa jurídica, atacam inimigos imaginários. Em outras palavras, o Direito é capturado para, através da sua lógica procedimental e discursiva, servir aos propósitos de uma *sui generis* guerra. Eis, portanto, um Direito manipulado para ajustar-se aos propósitos de uma batalha contra um inimigo que deve ser neutralizado.

4 Autoritarismo líquido e *lawfare*

O termo *lawfare* encontrou projeção no Direito brasileiro em razão das contribuições realizadas por Cristiano Zanin Martins e Valeska Teixeira Zanin Martins, os quais capitanearam a defesa de Luiz Inácio Lula da Silva em ações penais e que, em conjunto com o professor Rafael Valim, produziram a mais relevante produção científica nacional no tema.[22]

Ao constatarem a insuficiência da clássica dogmática jurídica, bem como das teorias do abuso de direito e de autoridade, para responder aos desafios impostos pela manipulação do Direito nos moldes capitaneados, em especial, pela vulgarmente conhecida como "Operação Lava Jato", os autores debruçaram-se, dentre outras, sobre as pesquisas realizadas por Orde F. Kittrie, John L. Comaroff, Jean Comaroff, Siri Gloppen e David Kennedy[23] e, ao cabo, realizaram

---

22 MARTINS, Cristiano Zanin; MARTINS, Valeska Teixeira ZANIN; VALIM, Rafael. *Lawfare*: uma introdução. São Paulo: Contracorrente, 2019.

23 KITTRIE, Orde F. *Lawfare: law as a weapon of war*. Oxford: Oxford University Press, 2016.

COMAROFF, John L. "Colonialism, culture, and the law: a foreword". *Law & Social Inquiry*, vol. 26, 2001, pp. 305-314.

COMAROFF, John L.; COMAROFF, Jean. "Law and disorder in the postcolony". *Social Anthropology/Anthropologie Sociale*, University of Chicago, vol. 15, 2006, pp. 133-152.

GLOPPEN, Siri. *Conceptualizing lawfare*: a typology & theoretical framwork. Disponível em: https://www.academia.edu/35608212/

uma produção científica que adotou como premissa o conceito de *lawfare* como "o uso estratégico do Direito para fins de deslegitimar, prejudicar ou aniquilar um inimigo".[24]

Com efeito, desde que o general norte-americano Charles J. Dunlap Jr., em 2001, resgatou o termo para apontar o uso do Direito Internacional dos Direitos Humanos como arma de guerra contra ações militares dos Estados Unidos,[25] o tema foi objeto de tratamento científico por John Comaroff e Jean Comaroff, os quais o qualificaram como o uso do Direito para fins de coerção política;[26] por Orde F. Kittrie, que destacou os efeitos similares à guerra convencional de neutralização de adversários;[27] e ainda por Siri Gloppen, autor que, adotando uma concepção mais estrita, qualificou-o como a estratégia jurídica voltada mais que o mero êxito processual, mas para fins de transformação social.[28]

Conceptualizing_Lawfare_A_Typology_and_Theoretical_Framwork. Acessado em: 26.09.2021.

KENNEDY, David. *Of war and law*. Princeton: Princeton University, 2006.

24 MARTINS, Cristiano Zanin; MARTINS, Valeska Teixeira ZANIN; VALIM, Rafael. *Lawfare*: uma introdução. São Paulo: Contracorrente, 2019, p. 26.

25 DUNLAP JR., Charles J. "Law and military interventions: preserving humanitarian values in 21st century conflicts". *Conference Paper*. Disponível em: https://people.duke.edu/~pfeaver/dunlap.pdf. Acessado em: 26.09.2021.

26 COMAROFF, John L.; COMAROFF, Jean. "Law and disorder in the postcolony". *Social Anthropology/Anthropologie Sociale*, University of Chicago, vol. 15, 2006, p. 144.

27 KITTRIE, Orde F. *Lawfare*: law as a weapon of war. Oxford: Oxford University Press, 2016, p. 8.

28 GLOPPEN, Siri. *Conceptualizing lawfare*: a typology & theoretical framwork. Disponível em: https://www.academia.edu/35608212/Conceptualizing_Lawfare_A_Typology_and_Theoretical_Framwork. Acessado em: 26.09.2021.

A mera aferição da compatibilidade aos ritos e à linguagem do Direito não permite, por si só, ou ao menos necessariamente, o enfrentamento da tática de miragem por trás do autoritarismo líquido e do *lawfare*. O Direito como instrumento não convencional de combate requer, para além da mera análise formal de procedimentos, da adequação do enquadramento de conceitos e de definições jurídicas, que sejam desnudadas as artimanhas diluídas nas rotinas democráticas.

Considerações finais

A observação do fenômeno das medidas de exceção como técnica de governo no interior das sociedades democráticas vem sendo analisada por vários autores, ainda que com nomenclaturas próprias. Norberto Bobbio intitulou o fenômeno como "novos despotismos",[29] o que se universalizou. Luigi Ferrajoli descreve o processo de esvaziamento da Constituição e da crise democrática italiana como "poder desconstituinte".[30] Ronald Dworkin aponta a perda do "*common ground*" da sociedade.[31] Boaventura de Souza Santos fala em "democracia de baixa intensidade".[32] Giorgio Agamben desenvolveu a nomenclatura "estado de exceção".[33] Finalmente, entre nós, Rubens Casara trabalhou a ideia de "Estado Pós-Democrático".[34]

---

29 BOBBIO, Norberto. *Contra os novos despotismos*: escritos sobre o berlusconismo. São Paulo: Unesp, 2016.

30 FERRAJOLI, Luigi. *Poderes selvagens*: a crise da democracia italiana. São Paulo: Saraiva, 2014.

31 DWORKIN, Ronald M. *Is democracy possible here?* Principles for a new political debate. Nova Jersey: Princeton University, 2008.

32 SANTOS, Boaventura de Sousa. *A difícil democracia*. São Paulo: Boitempo, 2016.

33 AGAMBEN, Giorgio. *Estado de exceção*. São Paulo: Boitempo, 2011.

34 CASARA, Rubens R. R. *Estado Pós-Democrático*: neo-obscurantismo e gestão dos indesejáveis. Rio de Janeiro: Civilização Brasileira, 2017.

Uma das características do contemporâneo autoritarismo está, ao invés da interrupção do Estado democrático pela instauração de um estado de exceção, na inserção de mecanismos de autoritarismo líquido que convivem, ainda que em relação parasitária, com medidas democráticas e legítimas. O autoritarismo líquido, tanto quanto o adensamento típico do Estado autoritário, é nefasto. Confere ao Estado um poderio que, diluído na rotina democrática, enfraquece os mecanismos de controle ordinários.

Diante do quadro de recrudescimento das investidas contra a democracia e contra os direitos humanos e fundamentais, isso por meio das medidas de exceção típicas do autoritarismo líquido e do uso do Direito como instrumento não convencional de combate, é preciso que, para além da mera análise formal de procedimentos, do adequado enquadramento de conceitos e de definições jurídicas, sejam desnudadas as artimanhas que, diluídas nas rotinas democráticas, valem-se da lógica e do discurso jurídico contra a neutralização de hipotéticos inimigos.

Referências bibliográficas

AGAMBEN, Giorgio. *Estado de exceção*. São Paulo: Boitempo, 2011.

______. *Homo sacer*: o poder soberano e a vida nua. Belo Horizonte: UFMG, 2004.

BENJAMIN, Walter. *Teses sobre o conceito de história, obras escolhidas*: magia e técnica, arte e política. São Paulo: Brasiliense, 1987.

BOBBIO, Norberto. *Contra os novos despotismos*: escritos sobre o berlusconismo. São Paulo: Unesp, 2016.

BODIN, Jean. *Os seis livros da República*. São Paulo: Ícone, 2011.

CASARA, Rubens R. R. *Estado Pós-Democrático*: neo-obscurantismo e gestão dos indesejáveis. Rio de Janeiro: Civilização Brasileira, 2017.

COMAROFF, John L. "Colonialism, culture, and the law: a foreword". *Law & Social Inquiry*, vol. 26, 2001.

COMAROFF, John L.; COMAROFF, Jean. "Law and disorder in the postcolony". *Social Anthropology/Anthropologie Sociale*, University of Chicago, vol. 15, 2006.

DUNLAP JR., Charles J. "Law and military interventions: preserving humanitarian values in 21st century conflicts". *Conference Paper*. Disponível em: https://people.duke.edu/~pfeaver/dunlap.pdf. Acessado em: 26.09.2021.

DWORKIN, Ronald M. *Is democracy possible here?* Principles for a new political debate. Nova Jersey: Princeton University, 2008.

FERRAJOLI, Luigi. *Poderes selvagens*: a crise da democracia italiana. São Paulo: Saraiva, 2014.

GLOPPEN, Siri. *Conceptualizing lawfare*: a typology & theoretical framwork. Disponível em: https://www.academia.edu/35608212/Conceptualizing_Lawfare_A_Typology_and_Theoretical_Framwork. Acessado em: 26.09.2021.

KENNEDY, David. *Of war and law*. Princeton: Princeton University, 2006.

KITTRIE, Orde F. *Lawfare*: law as a weapon of war. Oxford: Oxford University Press, 2016.

MARTINS, Cristiano Zanin; MARTINS, Valeska Teixeira ZANIN; VALIM, Rafael. *Lawfare*: uma introdução. São Paulo: Contracorrente, 2019.

NEGRI, Antonio. *O Poder Constituinte*: ensaio sobre as alternativas da modernidade. Rio de Janeiro: DP&A, 2002.

SANTOS, Boaventura de Sousa. *A difícil democracia*. São Paulo: Boitempo, 2016.

SCHMITT, Carl. *Legalidade e legitimidade*. Belo Horizonte: Del Rey, 2007.

______. *Teologia política*. Belo Horizonte: Del Rey, 2006.

CAPÍTULO XXXVI

DESAFIOS DOS 40 ANOS DA REDEMOCRATIZAÇÃO BRASILEIRA: RESISTÊNCIAS MARGINAIS NO CAPITALISMO SOMBRIO

ROBERTA DUBOC PEDRINHA

Para o insigne jurista, notável magistrado, pesquisador, escritor, professor e ser humano, que a todos inspira, na árdua luta em defesa da Democracia. Com admiração e gratidão por tê-lo à frente da nossa trincheira, esse grande pensador, humanista e amigo.

Introdução

Neste ano de 2025, faz 40 anos da redemocratização brasileira, após 21 anos marcados pelo autoritarismo, em que culminaram violações de direitos fundamentais de toda a espécie, com torturas, sequestros, desaparecimentos e mortes.[1] Mas, mesmo com o passar do tempo, os rumos éticos e políticos das sociedades contemporâneas não estão definidos. Há recorrentes riscos em seu processo de consolidação, ameaças à efetivação das garantias constitucionais, ao funcionamento pleno das instituições republicanas e à revitalização dos princípios democráticos, diante do contexto global desenhado, já evidenciado por crises e dúvidas. A mera legalidade é insuficiente diante da iniquidade de sua aplicação e frente aos redutos de exceção e violência estatal que as democracias representativas ostentam, paralelamente à Ordem Jurídica.[2]

Ricardo Rangel adverte que desde a retomada da Democracia no país em 1985, "parece que as pessoas não estão se lembrando muito bem, porque ela é muito boa, porque ela é importante e porque precisa ser preservada".[3] No mesmo sentido, arremata Kora Rónai que "sempre é bom relembrar que a Democracia não é uma característica permanente dos governos, é algo que deve ser cultivado sempre, o tempo todo, com muito cuidado, pois é como se ela fosse uma planta rara, porque é o que ela é".[4]

Nessa seara, não se pode afirmar que a legalidade democrática sempre imperou na nação, uma vez que coexistiu com mecanismos absolutamente autoritários, violentos e letais. Por quase quatro séculos, assistiu-se da instauração à consolidação de um modelo

---

1 ARQUIDIOCESE DE SÃO PAULO (Coord.). *Brasil*: nunca mais. Pref. Dom Paulo Evaristo Arns. 18ª ed. Petrópolis: Vozes, 1986.

2 BATISTA, Nilo; BORGES, Rafael. *Crimes contra o Estado Democrático de Direito*. Rio de Janeiro: Revan, 2023, p. 117.

3 Vale conferir o documentário *Democracia: uma história sem fim*. Disponível em: www.canalmeio.com.br/democracia/. Acessado em: 18.02.2025.

4 Vale conferir o documentário *Democracia: uma história sem fim*. Disponível em: www.canalmeio.com.br/democracia/. Acessado em: 18.02.2025.

escravocrata no país, cujas matrizes ibéricas inquisitoriais[5] para cá se transpuseram e enraizaram. As permanências dos sistemas penais coloniais seguem ativadas, ainda hoje impregnam a sociedade brasileira,[6] com seu racismo fundante e constitutivo, que lhe confere vertebração, uma vez que a raça é o pilar da pena.[7] E atua das sanções oficiais às extraoficiais, dos sistemas penais legais aos subterrâneos,[8] forjando tortura e morte, quando os corpos negros tombam,[9] na difusão da necropolítica.[10]

Os corpos negros foram colonizados pelos castigos, rebaixados à zona do não ser, e inscritos na subalternidade.[11] Os seus gritos foram silenciados, sua memória apagada, no gigantesco epistemicídio a que se assistiu, somado à negação do seu protagonismo histórico,

---

5 BATISTA, Nilo. *Matrizes ibéricas do sistema penal brasileiro*. Rio de Janeiro: Instituto Carioca de Criminologia Freitas/Bastos, 2000. (Coleção Pensamento Criminológico, vol. 5).

6 BATISTA, Nilo. "O ovo da serpente punitivista: a inquisição moderna". *In*: ______. *Capítulos de Política Criminal*. Rio de Janeiro: Revan, 2022.

7 PEDRINHA, Roberta Duboc. "Encarceramento em massa e letalidade: as veias abertas do racismo estruturante do sistema punitivo brasileiro". *In*: PEDRINHA, Roberta Duboc *et al.* (Coord.). *Racismo, saúde e direitos humanos*. Rio de Janeiro: Lumen Juris, 2022.

8 CASTRO, Lola Aniyar de; CODINO, Rodrigo. *Manual de criminologia sociopolítica*. Trad. Amina Vergara. Rio de Janeiro: Revan, 2017. (Coleção Pensamento Criminológico, vol. 23); CASTRO, Lola Aniyar de. *Criminologia da libertação*. Rio de Janeiro: ICC/Revan, 2005.

9 FLAUZINA, Ana. *Corpo negro caído no chão*: o sistema penal e o projeto genocida do Estado brasileiro. Brasília: Brado Negro, 2019.

10 MBEMBE, Achille. *Necropolítica*: biopoder, soberania, estado de exceção, política da morte. Trad. Renata Santini. São Paulo: N-1, 2019; MBEMBE, Achille. *Crítica da razão negra*. 3ª ed. Trad. Sebastião Nascimento. São Paulo: N-1, 2018.

11 FANON, Frantz. *Os condenados da terra*. Trad. Lígia Fonseca Ferreira e Regina Salgado Campos. Rio de Janeiro: Zahar, 2022; FANON, Frantz. *Pele negra, máscaras brancas*. Trad. Renato da Silveira. Salvador: EDUFBA, 2008.

como tantos outros já denunciados por Walter Benjamin,[12] de outrora à contemporaneidade, embora agora minorados, diante das constantes resistências oferecidas sob a guarida dos direitos humanos. Mas a corrosão da democracia coloca as garantias em risco, acirra a seletividade estrutural derivada da desigualdade estrutural,[13] **há agravamento dos abusos perpetrados pelo poder punitivo, que não encontra limite na onda ultraconservadora que sustenta** o capitalismo sombrio.

1 Capitalismo sombrio, erosão democrática e panpenalismo

A grande filósofa Hannah Arendt, após examinar o totalitarismo na publicação do manuscrito *As origens do totalitarismo*, constatou que, ao irromper na história, ele tende a ficar, seja ainda como potencialidade e risco.[14] Ela lançou, posteriormente, outro primoroso escrito, *Homens em tempos sombrios*,[15] quando analisou por 12 anos como determinadas pessoas viveram, foram afetadas e se moveram, além das obras que produziram, naquilo que retratou como *sombras*, para descrever períodos marcados por profundas incertezas, em cenário de crise, perda de valores humanistas, degradação moral, massacres, fome, desordem, desespero, repleto de medos generalizadas. A expressão que se popularizou, *tempos sombrios*, funcionou como fio condutor para o desvelamento do cerne

---

12 BENJAMIN, Walter. "Sobre o conceito da história". *In*: ______. *Magia e técnica, arte e política*: ensaios sobre literatura e história da cultura. Obras Escolhidas. vol. I. Trad. Sérgio Paulo Rouanet. 8ª ed. São Paulo: Brasiliense, 2012.

13 PEDRINHA, Roberta Duboc; DORNELLES, João Ricardo; GRAZIANO, Sergio (Coord.). *Seletividade do sistema penal*. Rio de Janeiro: Revan, 2018.

14 ARENDT, Hannah. *As origens do totalitarismo*. Trad. Denise Bottmann. São Paulo: Companhia das Letras, 1990.

15 ARENDT, Hannah. *Homens em tempos sombrios*. Trad. Denise Bottmann. São Paulo: Companhia das Letras, 2008.

do autoritarismo, que, no Brasil, Edson Telles nomeou de abismo na história,[16] cuja feição máxima se dá pela violência produzida pelos sistemas penais.

Daí deriva o empréstimo linguístico, que se batiza no cunhado capitalismo sombrio, que nasce enquanto rearranjo do capitalismo em sua fase ultraneoliberal, após o declínio do Estado de Bem-Estar Social das décadas de 1970 e 1980, a partir das formulações de Friedman, Hayek, Mises e Eucken. Estas conduzem à exacerbação da busca máxima de lucro, na preservação da supremacia do mercado, fomentando o surgimento dos bilionários planetários, contrapondo-se à manutenção dos direitos dos trabalhadores, na ampliação das assimetrias sociais. O capitalismo sombrio se lança na revolução tecnológica, no nascimento do mundo digital, com a ascensão das *big techs* e a produção de *fake news*, como nova forma de (des)informação, a pós-verdade.[17]

Os exímios professores franceses Pierre Dardot e Christian Laval[18] tratam como uma nova racionalidade do mundo, que desobriga a regulação do Estado na economia, prima pelo eficientismo dos mercados, alicerçado nas regras de concorrência. O neoliberalismo consubstancia-se enquanto forma de estruturação, de organização da plataforma dos governos às ações dos governados, quando aparecem outras interações entre os setores público e privado, na fusão do poder político com o poder econômico, tão bem exemplificado

---

16 TELES, Edson. *O abismo na história*: ensaios sobre o Brasil em tempos de Comissão da Verdade. São Paulo: Alameda, 2018.

17 D'ANCONA, Mattew. *Pós-verdade*: a nova guerra contra os fatos em tempos de fake news. Trad. Carlos Szlak. São Paulo: Faro Editorial, 2018. Vale conferir KEYES, Ralph. *A era da pós verdade*: desonestidade e enganação na vida contemporânea. Trad. Fábio Creder. Petrópolis: Vozes, 2018.

18 DARDOT, Pierre; LAVAL, Christian. *A nova razão do mundo*: ensaio sobre a sociedade neoliberal. Trad. Mariana Echalar. São Paulo: Boitempo, 2016.

nos EUA. Isso propicia pobreza extrema, designa ruína, a miséria neoliberal advertida pelo ilustre Rubens Casara.[19]

O Estado e as pessoas se percebem como unidades de produção. Assiste-se à introjeção do modelo empresarial pelos indivíduos, mediante processos de subjetivação, como referência viva a ser internalizada. Configura-se uma espécie de novo *ethos*, de ode ao individualismo. Nesse modelo de competitividade, cada um vira empresário de si mesmo, distancia-se do cidadão, imbuído das garantias constitucionais. O sujeito não é mais um sujeito de direito, é forjado como empreendedor, em autogestão, com *ethos* de autovalorização, em concorrência com o outro, tomado como adversário.[20] Logo, a lógica individualista/mercantil inviabiliza a união na luta por direitos, modela o sujeito neoliberal, performático, normaliza a opressão e conduz ao pós-humanismo.

O sujeito neoliberal caracteriza-se pelo empobrecimento subjetivo.[21] Com ênfase no anti-intelectualismo, na incapacidade de reflexão e leitura, tem a ignorância como matéria-prima, e no lugar do sujeito crítico, entra em cena o a-sujeito detentor não do conhecimento, mas da força bruta, do ódio, sem possibilidade de dialogar, avesso à democracia. Trata-se do processo de idiossubjetivação, narrado por Rubens Casara na sua obra *A construção do idiota*,[22] em que esclarece ausência de compromisso com a vida pública e coletividade, pois é gestado pela racionalidade neoliberal.

---

19 CASARA, Rubens R. R. *Contra a miséria neoliberal*. São Paulo: Autonomia Literária, 2021.

20 DARDOT, Pierre; LAVAL, Christian. *A nova razão do mundo*: ensaio sobre a sociedade neoliberal. Trad. Mariana Echalar. São Paulo: Boitempo, 2016.

21 CASARA, Rubens R. R. *Bolsonaro*: o mito e o sintoma. São Paulo: Contracorrente, 2020, pp. 11-15.

22 CASARA, Rubens R. R. *A construção do idiota*: o processo de idiossubjetivação. Rio de Janeiro: Da Vinci Livros, 2024, p. 134.

Logo, não se desassocia da derrocada democrática e das garantias relegadas a objetos negociáveis.

Nesse diapasão, como explicita o eminente mestre Juarez Tavares,

> o sistema capitalista se formaliza (legaliza) na mercadoria; os direitos fundamentais, como direitos subjetivos, só têm efeito por força de sua normatividade; isto quer dizer que sua função normativa se esgota em si mesma.[23]

Portanto, se depreende que a estrutura jurídica constitucional não dá conta de obstaculizar a desumanização em curso frente ao mercado, que cria óbices às políticas públicas inclusivas. Então, se elevam ainda mais as desigualdades estruturais[24] e ataques às garantias na democracia em erosão.

Manuel Castells[25] alerta para uma crise gradual da democracia liberal; enquanto campo político de governança e representatividade, denota que vem perdendo substância.

Nos Estados Unidos, Wendy Brown[26] anuncia que se acompanha o desmantelamento, a saída progressiva da democracia, cuja derrocada se dá através de um processo batizado por ela de desdemocratização.

---

23 TAVARES, Juarez. *Crime*: crença e realidade. Rio de Janeiro: Da Vinci Livros, 2021, p. 55.

24 Vale destacar que a soma das riquezas de apenas três bilionários, como Elon Musk (dono da Tesla e X, Jeff Bezos (dono da Amazon) e Mark Zuckerberg (dono da Meta), alcançaria um trilhão e duzentos e quarenta bilhões, conforme a *Revista Ford*. Disponível em: www.oglobo.com. Acessado em: 13.02.2025. Logo, se cada um deles gastasse cerca de um milhão de dólares por dia, levaria 3.407 anos até terminar o dinheiro e só ficaria pobre daqui a 122 gerações.

25 CASTELLS, Manuel. *Ruptura*: a crise da democracia liberal. Trad. Joana Angélica d'Avila Melo. Rio de Janeiro: Zahar, 2018.

26 BROWN, Wendy. *Nas ruínas do neoliberalismo*: a ascensão da política antidemocrática no Ocidente. São Paulo: Filosófica Politeia, 2019.

Já Steven Levitsky e Daniel Ziblatt[27] descortinaram a emergência do modelo autocrático, quando demonstraram que nenhuma Carta Magna, por melhor que seja, consegue assegurar por si mesma a permanência da democracia, posto que o seu funcionamento pleno se atrela a muitos fatores como classe média ampla, sociedade civil consciente, instituições republicanas atuantes, respeito entre os adversários políticos. Os autores arrematam com a ideia de que a morte da democracia está sendo gestada.

O sociólogo Boaventura de Sousa Santos atestou que a democracia regulava o capitalismo, mas depois, na fase atual, o capitalismo é quem passou a regulá-la. Portanto, ao invés de as elites servirem à democracia, passaram a se servir dela, configurando-se, a por ele nominada, democracia de baixa intensidade.[28] Logo, constata-se a derrocada democrática pela formação de modelos híbridos, nem democracia, nem ditadura, porém uma *democradura* ou *ditacracia*.

Para o autor português, o modelo democrático deve cumprir as condições necessárias, materiais e simbólicas, à sua consolidação enquanto sistema político. Destarte, arregimentar sufrágio universal, capacidade de eleger e ser eleito, pluralidade de partidos, liberdade de expressão, separação entre política e economia, horizontalização das relações, participação social e salvaguarda das garantias fundamentais, logo, tudo o que desafia uma sociedade estratificada. Daí gerar incômodos, pelas possibilidades inerentes de provocar mudanças substanciais, no que se convencionou chamar de capitalismo sombrio.

Nessa esteira, frente ao processo de declínio da democracia e de desgaste dos direitos humanos, consoante prognostica Rafael

---

27 LEVITSKY, Steven; ZIBLATT, Daniel. *Como as democracias morrem?* Trad. Renato Aguiar. Rio de Janeiro: Zahar, 2018, pp. 100-103.

28 SANTOS, Boaventura de Sousa. "É possível democratizar os direitos humanos e a democracia?" *In*: ______. *Na oficina do sociólogo artesão*. Rev. Maria Paula Meneses e Carolina Peixoto. São Paulo: Cortez, 2018.

Valim,[29] o neoliberalismo consubstancia-se na nova forma jurídica do estado de exceção. Sobre o estado de exceção, cumpre denotar as pesquisas do ínclito Giorgio Agamben, quando pontua que se inscreve como patamar de indeterminação entre democracia e absolutismo.[30] Aduz que nele infere o germe do autoritarismo, paradigma de governo dominante na política.

Daí sublinha-se o seu pulsar constante, inclusive no interior do Estado de Direito. Não sem razão, ainda nas primeiras décadas do século XX, Walter Benjamin, a partir da tradição de oprimido, já aludia que o estado de exceção se tornou a regra.[31] Nele, na contemporaneidade, se presentifica o contexto de guerra civil mundial, como afirmaram Michael Hardt e Antonio Negri,[32] que constrói o outro como inimigo. Cumpre arrematar que o inimigo, ao longo dos tempos, sempre integrou a história das legislações penais.[33]

O inimigo no capitalismo sombrio é o excluído do mercado, é o não consumidor. No estado de exceção agambeniano é o *homo sacer*.[34] Portanto, o indivíduo reduzido à condição de *vida nua*, aquela desprovida de proteção jurídica, arremessada da jurisdição humana. Trata-se da vida exposta aos arbítrios do poder, inscrita

---

29 VALIM, Rafael. *Estado de exceção*: a forma jurídica do neoliberalismo. São Paulo: Contracorrente, 2018.

30 AGAMBEN, Giorgio. *Estado de exceção*: homo sacer II. Trad. Iraci D. Poleti. 2ª ed. São Paulo: Boitempo, 2004, p. 13.

31 BENJAMIN, Walter. "Sobre o conceito da história". *In*: ______. *Magia e técnica, arte e política*: ensaios sobre literatura e história da cultura. Obras Escolhidas. vol. I. Trad. Sérgio Paulo Rouanet. 8ª ed. São Paulo: Brasiliense, 2012, p. 245.

32 HARDT, Michael; NEGRI, Antonio. *Multidão*: guerra e democracia na era do Império. Trad. Clóvis Marques. Rio de Janeiro: Record, 2005.

33 ZAFFARONI, Eugenio Raúl. *O inimigo no Direito Penal*. Trad. Sergio Lamarão. Rio de Janeiro: Revan, 2007. (Coleção Pensamento Criminológico, vol. 14).

34 AGAMBEN, Giorgio. *Homo Sacer*: o poder soberano e a vida nua. Trad. Henrique Burigo. 2ª ed. Belo Horizonte: UFMG, 2003.

na matabilidade e na latinidade, conflagrada na negritude, atravessada durante 400 anos pela escravização, e segue resistindo nos recentes quarenta anos de redemocratização. Nesse ínterim, Aimé Césaire, da Martinica, vaticinou que a colonização desumanizaria e descivilizaria o colonizador para brutalizá-lo, pois a colonização é igual à coisificação.[35]

Então, nota-se que, no colonialismo, germinou a institucionalização do autoritarismo nas Américas, com toda a sua brutalidade na gestão dos castigos, na imposição da pena corporal à pena de morte. Como destaca Raúl Zaffaroni, o continente americano sofreu uma colonização punitiva.[36] Esta foi importada por suas elites locais[37] e dirigida aos corpos negros. Nesse sentido, vale rememorar os modelos inquisitórios do "Velho Mundo", que se apropriaram do "paraíso tropical" e o dominaram literalmente como o inferno, do réu objeto ao rigor penal das mortes na fogueira.[38]

Posteriormente, a Europa lançou as teorias racistas e refundou as panpenalistas, do cárcere à morte na forca, correcionalistas para os corrigíveis e neutralizadoras para os incorrigíveis, através dos postulados da criminologia positivista, que se dizia científica. O continente americano, por suas elites, absorveu tais premissas autodestrutivas no intuito de justificar e legitimar toda violência produzida na margem do poder central para controlar a população negra, agora não mais escravizada, porém criminalizada.

---

35 CÉSAIRE, Aimé. *Discurso sobre o colonialismo*. Trad. Claudio Willer. São Paulo: Veneta, 2020, pp. 17-24.

36 ZAFFARONI, Eugenio Raúl. *Colonização punitiva e totalitarismo financeiro*: a criminologia do ser-aqui. Trad. Juarez Tavares. Rio de Janeiro: Da Vinci Livros, 2021.

37 SOUZA, Jessé. *Elite do atraso*: da escravidão à Lava Jato. Rio de Janeiro: Leya, 2017.

38 CHAIN, Iza. *O diabo nos porões das caravelas*: mentalidades, colonialismo e reflexos na constituição da religiosidade brasileira. Juiz de Fora: Pontes, 2003.

Cumpre lembrar que o pai do positivismo criminológico italiano, o médico legista Cesare Lombroso, já inscrevia o negro em escala hierárquica entre o macaco e o homem branco, ao conceber a sua inferioridade.[39] Daí aproximar sua identificação ao homem criminoso, por componente atávico, hereditário, com apogeu na "fosseta occipital média", "encontrada" no crânio de Vilela, o fator criminógeno do paradigma etiológico.[40]

Na mesma linha, o pai do positivismo criminológico brasileiro, o maranhense Raimundo Nina Rodrigues,[41] médico legista mestiço, traduziu e incorporou o racismo teorizado por Lombroso, ao alegar "descobrir" em Ignácio, um negro gay, os elementos da degenerescência. Como escavou Luciano Góes,[42] ocorreu uma importação das teses raciais criminológicas europeias, aqui assimiladas, antropofágicas, que ratificaram e profundiram o racismo nas agências repressoras, o que intensificou a sanha punitivista.

A celebrada Vera Malaguti Batista e o saudoso Thiago Fabres de Carvalho mostraram como na periferia do capitalismo, em particular no Brasil, há um *continuum* desse racismo colonial.[43] Eles desvelaram as políticas criminais de exceção, autoritárias e eurocêntricas, de lei

---

39 LOMBROSO, Cesare. *L'uomo bianco e l'uomo di colore*: letture sull'origine e la varietà delle razze umane. Bologna: Archetipolibri/CLUEB, 2012.

40 LOMBROSO, Cesare. *O homem delinquente*. Trad. Maristela Bleggi Tomasini e Oscar Antonio Corbo Garcia. Porto Alegre: Ricardo Lenz, 2001.

41 RODRIGUES, Raimundo Nina. *As raças humanas e a responsabilidade penal no Brasil*. Rio de Janeiro: Guanabara, [s.d.]; RODRIGUES, Raimundo Nina. *Os africanos no Brasil*. Brasília: UnB, 1982. (Coleção Temas Brasileiros).

42 GÓES, Luciano. *A "tradução" de Lombroso na obra de Nina Rodrigues*: o racismo como base estruturante da criminologia brasileira. Rio de Janeiro: Revan, 2016, p. 279.

43 BATISTA, Vera Malaguti; CARVALHO, Thiago Fabres (Coord.). *Política Criminal e estado de exceção no Brasil*: o Direito Penal do inimigo no capitalismo periférico. Rio de Janeiro: Revan, 2020, p. 9.

e ordem, apoiadas na ideologia de defesa nacional, do Direito Penal do inimigo, que tragou a guerra civil para o interior do Estado, no âmago de sua institucionalidade, colocando o negro como inimigo, alvo político de todos os castigos.

Afinal, a política é a continuação da guerra por outros meios,[44] e quando encampa a diretriz panpenalista, o cárcere, que deveria ser exceção, torna-se regra, como rechaçam Tavares e Casara,[45] sendo aplicado sem distinção para todos os tipos de delitos, consumados ou tentados, homogeneamente. Assim, presencia-se, no capitalismo sombrio, a pujança do arcabouço punitivo, a consolidação do populismo penal e do autoritarismo[46] na gestão do sistema penal oficial e do sistema penal extraoficial.

Afinal, não é sem razão que os tempos sombrios narrados por Arendt reverberaram na difusão do emprego dessa expressão para designar o retorno de tais momentos, inclusive, em manuscritos recentes, como na obra de Leonardo Yarochewsky *O Direito Penal em tempos sombrios*,[47] na qual revela, caracteriza e denuncia a jurisdição penal autoritária. Na mesma trilha, as políticas públicas repressoras, redutoras ou aniquiladoras de direitos humanos, enunciadas na obra *Política criminal em tempos sombrios*,[48] organizada por João Ricardo Donelles, Sérgio Graziano e Roberta Pedrinha.

---

44 FOUCAULT, Michel. *Em defesa da sociedade*. Trad. Maria Ermentina Galvão. São Paulo: Martins Fontes, 1999; FOUCAULT, Michel. *Segurança, território e população*: curso dado no Collège de France (1977-1978). Trad. Eduardo Brandão. São Paulo: Martins Fontes, 2008.

45 CASARA, Rubens R. R.; TAVARES, Juarez. *Prisão*: para além do senso comum. Rio de Janeiro: Da Vinci Livros, 2024.

46 CASARA, Rubens R. R. *A construção do idiota*: o processo de idiossubjetivação. Rio de Janeiro: Da Vinci Livros, 2024, p. 111.

47 YAROCHEWSKY, Leonardo Isaac. *O Direito Penal em tempos sombrios*. Florianópolis: Empório do Direito, 2016.

48 PEDRINHA, Roberta Duboc; DORNELLES, João Ricardo; GRAZIANO, Sergio (Coord.). *Política Criminal em tempos sombrios*. Rio de Janeiro: Lumen Juris, 2021.

Desse modo, erige-se o modelo panpenalista, com o Direito Penal do inimigo, modelo atuarial, tolerância zero, *bronken windows*, policiamento de enfrentamento, movimento de lei e ordem e guerra às drogas. Logo, há aposta na criminalização de condutas, no seu sancionamento, no encarceramento em massa, na função de retribuição do castigo, alcançando os indesejáveis do mercado, os relegados no neoliberalismo.

Com efeito, o magistral Rubens Casara[49] refuta o neoliberalismo, tece críticas ao Estado penal (criminalizador/penalizador) e ao Estado empresarial (terceirizações/ privatizações). Alerta para o esvaziamento social que ocasiona, com o esgarçamento dos valores humanos, abrindo espaço à conformação do que intitula de *sociedade sem lei*, repleta de punições e práticas abusivas, com a impressionante adesão da sociedade.

Trata-se da nódoa autoritária, nomeada por Felipe Demier de *democracia blindada*,[50] e por Edson Teles de *democracia de efeito moral* ou *democracia de segurança nacional*.[51] Esse modelo acredita na resposta retributiva sancionadora como resolução dos conflitos sociais, diante do exército de reserva de mão de obra composto por desempregados e subempregados. Assim, o capitalismo sombrio promove o panpenalismo, formal e informal, chegando na sociedade do acúmulo, a empilhar mortos, como desvelou Raúl Zaffaroni.[52]

---

49 CASARA, Rubens R. R. *Sociedade sem lei*: pós-democracia, personalidade autoritária, idiotização e barbárie. Rio de Janeiro: Civilização Brasileira, 2018.

50 DEMIER, Felipe. *Crônicas do caminho do caos*: democracia blindada, golpe e fascismo no Brasil atual. Rio de Janeiro: Mauad X, 2019. Vale ainda conferir DEMIER, Felipe. *Depois do golpe*: a dialética da democracia blindada no Brasil. Rio de Janeiro: Mauad X, 2017.

51 TELES, Edson. *O abismo na história*: ensaios sobre o Brasil em tempos de Comissão da Verdade. São Paulo: Alameda, 2018.

52 ZAFFARONI, Eugenio Raúl. *A palavra dos mortos*: conferências de criminologia cautelar. São Paulo: Saraiva, 2012.

Daí a necessidade de contraporem-se múltiplas formas de resistência rumo à efetivação da democracia.

2 Resistências marginais para democratização libertária

O verdadeiro substrato da democracia, para além do sufrágio universal, consiste no respeito aos direitos humanos, bem como sua profusão. Pois se trata de matéria que se coloca no plano do inegociável, especialmente no modo de produção capitalista, que acompanha a cristalização de políticas criminais punitivistas, em uma sociedade atomizada, fragmentada e pós-humanista, que, conforme lições de Rubens Casara, produz o sujeito neoliberal.[53]

Nessa senda, a resistência ao neoliberalismo deve surgir da fratura do sujeito neoliberal, para, em contraponto, ascender o sujeito de direitos; para, assim, no campo dos afetos, introduzir solidariedade e tolerância no lugar do ódio, da inveja e do medo, rumo à construção de valores que visem ao bem comum. E que, em detrimento da estratificação econômica e do escalonamento de humanidade, derive a horizontalização das relações sociais, o compartilhamento da autoridade na redução das assimetrias, no intuito de que, em vez de seres coisificados, com afeições às coisas, na reificação do humano, surjam relações centradas na troca de afeto ao outro, como na máxima *amar e ser amado*.

Daí a necessidade de se pensar o coletivo, centrar nos debates o protagonismo da causa da coletividade, que atua na ruptura da desigualdade estrutural, da mercantilização de pessoas, da economicização e da manipulação da verdade.[54] Consiste no grande esforço

---

53 CASARA, Rubens R. R. *Estado Pós-Democrático*: neo-obscurantismo e gestão dos indesejáveis. Rio de Janeiro: Civilização Brasileira, 2017.

54 CASARA, Rubens R. R. *Contra a miséria neoliberal*. São Paulo: Autonomia Literária, 2021.

da resistência, frente à maximização do egoísmo, do individualismo, da concorrência, da *autoperformance* e dos assujeitamentos que modelam o empobrecimento subjetivo.[55]

Para resistir, deve-se caminhar na meta coletiva, o comum da humanidade, descrito por Christian Laval e Pierre Dardot na obra *Comum: ensaio sobre a revolução no século XXI*,[56] que representa o oposto à razão neoliberal. Nele não há o acúmulo da propriedade privada, nem o consumo ilimitado dos finitos recursos naturais, que conduzem à destruição ambiental e à ameaça da vida no mundo. Para eles, trata-se de refundar o *Comum*, que significa pavimentar uma nova alternativa política, de pluralidade social, pela ocupação efetiva do espaço público, centrada na participação no bem público, através do autogoverno das pessoas, sem pressão econômica, para ressignificar a democracia.

Portanto, o bem de todos e para todos, uma vez que no *Comum* vigora a hegemonia da resistência, na mutação do homem-empresa para o ser humano solidário. Este reserva o uso comum da propriedade, as práticas cooperativas, a efetiva participação na coisa pública e na tomada de decisões políticas, pleno exercício da soberania popular.[57]

Com efeito, compreende-se que uma verdadeira democracia preza pelo bem comum, é anticapitalista, consagra-se na aderência da humanidade à alteridade, na afirmação dos direitos fundamentais

---

55 CASARA, Rubens R. R. *A construção do idiota*: o processo de idiossubjetivação. Rio de Janeiro: Da Vinci Livros, 2024.

56 DARDOT, Pierre; LAVAL, Christian. *Comum*: ensaio sobre a revolução no século XXI. Trad. Mariana Echalar. São Paulo: Boitempo, 2017. (Coleção Estado de Sítio).

57 PEDRINHA, Roberta Duboc. "Como o neoliberalismo naturalizou o sofrimento e esvaziou a democracia: para além da razão neoliberal". *Revista Jacobin*, 2021. Disponível em: https://jacobin.com.br/2021/10/para-alem-da-razao-neoliberal2/. Acessado em: 07.01.2025.

na esfera do inegociável.[58] Para tal, o desafio consiste na quebra da desigualdade, componente econômico, social e racial, agigantado pelo neoliberalismo no Brasil. Configura-se na retirada da população negra do lugar da subalternidade, como denunciado por Lélia González,[59] que se confunde com o espaço da pobreza, concebido da senzala à favela.[60]

Afinal, a desumanização de pessoas racializadas na latinidade deita suas raízes na naturalização da escravidão.[61] Somada ao patriarcado, estipula lugares e papéis de inferiorização à mulher negra, com funções mais depreciativas, como as de limpeza,[62] através de um sistema de dominação forjado na raça, no gênero e na classe oriundo da colonialidade do poder.[63] Trata-se da sobreposição das opressões, o que alimenta as agências de controle social para o encarceramento feminino, o qual (tanto quanto o masculino) se insere em projeto de habitação para populações pobres[64] e racializadas.[65]

---

58 CASARA, Rubens R. R. *Contra a miséria neoliberal*. São Paulo: Autonomia Literária, 2021.

59 GONZALEZ, Lélia; HASENBALG, Carlos. *O lugar do negro*. Rio de Janeiro: Marco Zero Limitada, 1992.

60 CAMPOS, Andrelino. *Do quilombo à favela*: a produção do espaço criminalizado no Rio de Janeiro. Rio de Janeiro: Bertrand Brasil, 2005.

61 CASARA, Rubens R. R. *Contra a miséria neoliberal*. São Paulo: Autonomia Literária, 2021.

62 VERGÈS, Françoise. *Um feminismo decolonial*. Trad. Jamille Pinheiro Dias e Raquel Camargo. São Paulo: Ubu, 2020.

63 QUIJANO, Aníbal. "Colonialidade do poder, eurocentrismo e América Latina". *In*: LANDER, Edgardo (Coord.). *A colonialidade do saber*: eurocentrismo e ciências sociais. Buenos Aires: CLACSO, 2005.

64 WACQUANT, Loic. *Punir os pobres*: a nova gestão da miséria nos Estados Unidos. Rio de Janeiro: Freitas Bastos, 2001. (Coleção Pensamento Criminológico, vol. 6).

65 DAVIS, Angela. *Estarão as prisões obsoletas?* Trad. Marina Vargas. Rio de Janeiro: Difel, 2018.

Por derradeiro, a construção da resistência precisa também emergir de um feminismo antirracista, decolonial e antipunitivista, que rompa com as mazelas legadas pelo colonizador. De acordo com François Vergès, o combate à justiça de classe/raça implica a recusa do feminismo ao punitivismo.[66] Daí ser imprescindível a participação de mulheres negras no enfrentamento ao recrudescimento das sanções e dos discursos penais.[67] Isso no intento de se pensar um modelo de justiça inspirado em Oya, a deidade do Panteão africano, uma mulhar negra, como propuseram Livia Vaz e Chiara Ramos,[68] e não representada por uma deusa grega de olhos vendados como Têmis.

No âmbito jurídico, para refrear o tsunami autoritário em curso no mundo e obstar que o ovo da serpente em gestação vingue, faz-se urgente que o Direito Penal e o Direito Processual Penal se abram à criminologia crítica antirracista, em perspectiva decolonial, sob a lente do realismo marginal de Raúl Zaffaroni, refletido a partir da margem latina, na concretude da operacionalidade dos sistemas penais, incorporando a questão racial.

Deve-se evocar um Direito Penal crítico voltado à periferia do capitalismo e que atenda aos seus reclames, seja dirigido aos seus problemas locais e reconheça a sua população, sendo pensado para socorrê-la, como a original dogmática jurídico-penal confeccionada por Raúl Zaffaroni,[69] que agrega da tipicidade conglobante à culpa-

---

66 VERGÈS, Françoise. *Um feminismo decolonial*. Trad. Jamille Pinheiro Dias e Raquel Camargo. São Paulo: Ubu, 2020, p. 34.

67 Vale conferir TAVARES, Juarez. "A crescente legislação penal e os discursos de emergência". *Discursos Sediciosos – Crime, Direito e Sociedade*, Rio de Janeiro: Freitas Bastos, ano 2, nº 4, 1997; TAVARES, Juarez. "Critérios de seleção de crimes e cominação de penas". *Revista Brasileira de Ciências Criminais*, São Paulo: Revista dos Tribunais, ano 1, vol. 10, 1992.

68 RAMOS, Chiara; VAZ, Lívia Sant'anna. *A justiça é uma mulher negra*. Belo Horizonte: Casa do Direito, 2021.

69 ZAFFARONI, Eugenio Raúl. *Dogmática jurídico penal para nuestra América*. Buenos Aires: Ediar, 2023.

bilidade por vulnerabilidade na compreensão das condutas humanas. E introduzir o modelo reducionista, seja com o Minimalismo Penal,[70] o Garantismo[71] ou a justiça restaurativa, abarcando base principiológica,[72] matriz constitucional e supremacia dos direitos fundamentais, com a inclusão da questão racial e de gênero, com vislumbre no horizonte abolicionista. E, conforme alude Luciano Góes, fundando um Direito Penal antirracista.[73]

O eminente jurista Geraldo Prado denota a importância dos direitos fundamentais e da soberania dos povos na autocompreensão normativa dos Estados democráticos, particularmente, em relação aos sistemas penais no sistema acusatório,[74] no qual o vínculo Direito, Processo e Democracia determina a validade e condiciona as normas jurídicas no escopo de um modelo de justiça social e constitucionalismo republicano. Pois a intransigente defesa dos direitos fundamentais fornece a base da vida democrática, capaz de apresentar respostas válidas a todas as demandas,[75] logo sociais, raciais e de gênero.

---

70 BARATTA, Alessandro. "Principios del derecho penal mínimo: para una teoría de los derechos humanos como objeto y limite de la ley penal". *Anais da Conferência Internacional de Direito Penal de 1988*, Rio de Janeiro: CEJ/PGDPERJ, 1991; BARATTA, Alessandro. "Criminologia crítica e política penal alternativa". *Revista de Direito Penal*, nº 23, 1978.

71 FERRAJOLI, Luigi. *Direito e razão*: Teoria do Garantismo Penal. Trad. Ana Paula Zomer, Fauzi Hassan Choukr, Juarez Tavares e Luiz Flávio Gomes. São Paulo: Revista dos Tribunais, 2002.

72 SEMER, Marcelo. *Princípios penais no Estado democrático*. São Paulo: Editores.com, 2014.

73 GÓES, Luciano. *Direito penal antirracista*. Belo Horizonte: Caso do Direito, 2022.

74 PRADO, Geraldo. *Sistema acusatório*: a conformidade constitucional das leis processuais penais. Rio de Janeiro: Lumen Juris, 1999, p. 29.

75 PRADO, Geraldo; MALAN, Diogo (Coord.). *Processo Penal e democracia*: estudos em homenagem aos 20 anos da Constituição da República de 1988. Rio de Janeiro: Lumen Juris, 2008.

Outrossim, é imperativo que se erija em nossa margem um Direito Processual Penal crítico e comprometido com os valores humanos, como defendem os notáveis Casara e Melchior, que haja sensibilidade democrática em modelo processual que filtre o arbítrio e contenha o autoritarismo estatal.[76] E que, para tal, esteja ancorado nos direitos fundamentais para obstar os abusos promovidos pelo panpenalismo.[77]

O magistral Luciano Góes refuta o panpenalismo que expande o que nomeia de sistemas raciais penais. Em contraposição, desenha um projeto negro abolicionista e lança um modelo de justiça restaurativa afrodiaspórica, no intento de potencializar valores fundantes da República Negra de Palmares, de um Estado plurinacional e pluriversal democrático, estruturado no comunitarismo, na igualdade, na liberdade, na não outrificação e no bem viver de toda a coletividade.[78]

Cumpre sublinhar, com Lilia Schwarcz,[79] que reflete sobre o autoritarismo brasileiro, que as suas práticas arbitrárias e as transgressões aos direitos humanos, com violações de classe, raça e gênero, são permanências ao longo de toda a história pátria e necessitam ser rompidas. Trata-se das feridas dilaceradoras que ainda ardem, exigem cicatrização, pois demandam tratamento. Mas, para que

---

76 CASARA, Rubens R. R.; MELCHIOR, Antonio Pedro. *Teoria do processo penal brasileiro*: dogmática e crítica, conceitos fundamentais. vol. 1. Rio de Janeiro: Lumen Juris, 2013, p. 3.

77 PEDRINHA, Roberta Duboc; DUARTE, Sérgio Chastinet. *Abuso de autoridade em tempos de fissura democrática*. Rio de Janeiro: Lumen Juris, 2021.

78 GÓES, Luciano. *Abolicionismo Penal Quilombista*: saberes (des) ordeiros nas encruzilhadas da Criminologia afrobrasileira. Brasília: Faculdade de Direito da UnB, 2023. (Tese de Doutorado). Disponível em: http://sigaa.unb.br/sigaa/public/programa/noticias_desc.jsf?lc=pt_BR&id=914&noticia=8113542. Acessado em: 18.02.2025.

79 SCHWARCZ, Lilia Moritz. *Sobre o autoritarismo brasileiro*. São Paulo: Companhia das Letras, 2019.

sejam curadas, necessitam de memória, revisitação, reparação e ressarcimento, na manutenção da democracia.

Boaventura de Sousa Santos sugere a sua reinvenção, uma democracia alternativa insculpida na democratização da sociedade civil, na cisão com o neoliberalismo, a qual não priorize o lucro máximo e que, sim, clame por justiça social.[80] Nessa esteira, o autor alude ao protagonismo popular dos movimentos sociais, das pautas inclusivas nas agendas públicas, na plena cidadania, o que abarca a pluralidade étnica, cultural, racial e de gênero. Trata-se do conceito que cunhou de *demodiversidade*, que oferece uma especial contribuição à democracia que batizou de alta intensidade. Pois possui uma essência absolutamente participativa, a qual denega abusos e preconceitos ao primar pela consolidação dos direitos humanos.[81] Esse modelo pode inspirar a democracia brasileira, especialmente, quando dos 40 anos do seu retorno ao cenário.

Considerações finais

Frente ao capitalismo sombrio, que corrói a democracia, enfraquece as garantias fundamentais, fortalece o poder punitivo e maximiza as sanções – uma vez que permite a instalação do modelo de exceção, que se torna regra na produção do *homo sacer* –, torna-se indispensável, como informa Giorgio Agamben,[82] questionar as práticas soberanas que instrumentalizam o Direito e buscar alternativas que promovam a defesa da vida em todas as suas esferas, ante variadas formas de violência.

---

80 SANTOS, Boaventura de Sousa. "É possível democratizar os direitos humanos e a democracia?" *In*: ______. *Na oficina do sociólogo artesão*. Rev. Maria Paula Meneses e Carolina Peixoto. São Paulo: Cortez, 2018.

81 SANTOS, Boaventura de Sousa; MENDES, José Manuel (Coord.). *Demodiversidade*: imaginar novas possibilidades democráticas. Belo Horizonte: Autêntica, 2018.

82 AGAMBEN, Giorgio. *Estado de exceção*: homo sacer II. Trad. Iraci D. Poleti. 2ª ed. São Paulo: Boitempo, 2004.

Pois, para superação do neoliberalismo, registra Rubens Casara,[83] é imprescindível uma nova racionalidade, normatividade e imaginário do *Comum*. Assim, o *Comum* deve tornar-se objeto da política no âmbito da cooperação mútua e integrada das pessoas, como proposto pelos professores franceses Laval e Dardot.[84] E, ao ser pensado na margem latina, deve ressaltar a inclusão de diferentes matrizes étnicas e raciais, de múltiplas origens e gêneros, para verdadeiramente servir à sociedade de maneira ampla, viabilizando a emancipação de corpos e almas antes colonizados.

Diante dos desafios não apenas inerentes aos 40 anos da redemocratização do país, mas ameaçados novamente pelos ventos ultraconservadores do Norte, importados nacionalmente pela extrema direita, precisa-se de uma aliança das forças progressistas,[85] dos movimentos sociais, movimentos de trabalhadores, sindicatos, movimentos estudantis, Movimento dos Trabalhadores Rurais Sem Terra, Movimento dos Trabalhadores Sem Teto, movimentos ambientais, movimentos negros e feministas, como sugerido por Boaventura de Sousa Santos na reinvenção da democracia,[86] na confecção de um *standard* democrático de alta intensidade, participativo na defesa dos direitos humanos, na constituição da demodiversidade.[87]

---

83 CASARA, Rubens R. R. *Bolsonaro*: o mito e o sintoma. São Paulo: Contracorrente, 2020, p. 154.

84 DARDOT, Pierre; LAVAL, Christian. *Comum*: ensaio sobre a revolução no século XXI. Trad. Mariana Echalar. São Paulo: Boitempo, 2017. (Coleção Estado de Sítio).

85 SANTOS, Boaventura de Sousa. *Esquerdas do mundo*: uni-vos. São Paulo: Boitempo, 2019.

86 SANTOS, Boaventura de Sousa. "É possível democratizar os direitos humanos e a democracia?" *In*: ______. *Na oficina do sociólogo artesão*. Rev. Maria Paula Meneses e Carolina Peixoto. São Paulo: Cortez, 2018.

87 SANTOS, Boaventura de Sousa; MENDES, José Manuel (Coord.). *Demodiversidade*: imaginar novas possibilidades democráticas. Belo Horizonte: Autêntica, 2018.

Que possam os juristas então se levantar em resistência, como ocorreu nos períodos autoritários ao longo da história brasileira, do Estado Novo à ditadura militar, examinados detidamente por Antonio Pedro Melchior,[88] no esforço de proteção das liberdades públicas, no enfrentamento do arbítrio nos sistemas penais do país, seguindo, neste primeiro quarto do século XXI, junto à luta contra a erosão democrática.

Nessa esteira, Angela Davis frisa a importância do ativismo político e do engajamento da sociedade civil, lembra que a liberdade, como pilar da democracia, é uma luta constante.[89] Portanto, inescusável desmantelar as estruturas do racismo, fincado no cárcere.[90] Na mesma trilha, destaca Michelle Alexander que existem mais pessoas negras presas sendo controladas na atualidade democrática do que no século XIX, durante o período escravocrata. A autora demonstra como as prisões constituem a nova forma de segregação, um *Jim Crow* mais sofisticado, e infere serem a encarnação do racismo,[91] que é uma expressão do autoritarismo.

Como argumenta Davis, para a autêntica democracia irromper, deve ser decretada a democracia da abolição, com a abolição das instituições que promovem a dominação e opressão de um grupo sobre outro, em cisão com o panpenalismo. Daí a democracia que, segundo ela, ainda está por vir, mas que possibilitará levar a cabo a pugna dos grandes movimentos abolicionistas e libertários, desde a

---

88 MELCHIOR, Antonio Pedro. *Juristas em resistência*: memória das lutas contra o autoritarismo no Brasil. São Paulo: Contracorrente, 2023.

89 DAVIS, Angela. *A liberdade e uma luta constante*. Trad. Heci Candiani. São Paulo: Boitempo, 2018.

90 DAVIS, Angela. *Estarão as prisões obsoletas?* Trad. Marina Vargas. Rio de Janeiro: Difel, 2018.

91 ALEXANDER, Michelle. *A nova segregação*: racismo e encarceramento em massa. Trad. Pedro Davoglio. São Paulo: Boitempo, 2018.

escravidão.[92] Logo, compreende-se a aposta da autora no feminismo e no abolicionismo como teorias e práticas imprescindíveis para a contemporaneidade.[93]

No Brasil, Luciano Góes[94] inaugura a assunção de um modelo democrático e plural pela ruptura do que nomeia de sistema de injustiça racial, através da propositura de um abolicionismo que batiza de quilombista. Este não é ancorado nos marcos do abolicionismo tradicional europeu, marcado pelo negacionismo do racismo, mas incorpora as matrizes antirracistas para libertar as humanidades desumanizadas, das prisões brancas aos controles sociais racializados informais, na proposição de um novo padrão pluriversal democrático, inspirado na República Negra de Palmares.

Para tal, se requer o comprometimento antirracista, antissexista, anticarcerário, antipunitivista,[95] anticapitalista, que permita o fortalecimento da democracia pela propositura de políticas públicas em ruptura com a reprodução das relações de hierarquia, dominação e exploração racial, patriarcal e de classe, fatores determinantes dos processos de etiquetamento, criminalização e penalização, rumo ao empoderamento libertário.

---

92 DAVIS, Angela. *A democracia da abolição*: para além do império, das prisões e da tortura. Trad. Artur Teixeira. Rio de Janeiro: Difel, 2009, p. 18.

93 DAVIS, Angela. *A liberdade e uma luta constante*. Trad. Heci Candiani. São Paulo: Boitempo, 2018, p. 89.

94 GÓES, Luciano. *Abolicionismo Penal Quilombista*: saberes (des) ordeiros nas encruzilhadas da Criminologia afrobrasileira. Brasília: Faculdade de Direito da UnB, 2023. (Tese de Doutorado). Disponível em: http://sigaa.unb.br/sigaa/public/programa/noticias_desc.jsf?lc=pt_BR&id=914&noticia=8113542. Acessado em: 18.02.2025.

95 Vale conferir acerca dos movimentos feministas e do horizonte abolicionista em MENESES, Sabrina Lasevitch. *Micropolítica da abolição*: diálogos entre a crítica feminista e o abolicionismo penal. Belo Horizonte: Dialética, 2021.

Afinal, no capitalismo sombrio, mais especificamente no pátrio, com elevação da desigualdade, intolerância, racismo, misoginia, caos e ódio, que remonta aos *tempos sombrios* descritos por Hannah Arendt[96] – os quais não só não são novos, como ela nos lembra, como não constituem raridade na história –, há percalços para a consolidação da redemocratização. Todavia, esses tempos também fomentam esperança e busca por mudança, conclamam por formas de iluminação, ainda que por luz incerta e tênue que pessoas à frente do tempo, por suas vidas e obras, irradiem. Não seria exagero consignar que o homenageado deste livro, Rubens Casara, se inscreveria entre elas, cujo brilho cintila os áridos caminhos para florescerem ao sol, no despertar de uma nova aurora, ao iluminar as profundezas abissais.[97]

Referências bibliográficas

AGAMBEN, Giorgio. *Estado de exceção*: homo sacer II. Trad. Iraci D. Poleti. 2ª ed. São Paulo: Boitempo, 2004.

______. *Homo Sacer*: o poder soberano e a vida nua. Trad. Henrique Burigo. 2ª ed. Belo Horizonte: UFMG, 2003.

ALEXANDER, Michelle. *A nova segregação*: racismo e encarceramento em massa. Trad. Pedro Davoglio. São Paulo: Boitempo, 2018.

ANDRADE, Vera Regina Pereira. *Sistema penal máximo x cidadania mínima*: códigos da violência na era da globalização. Porto Alegre: Livraria do Advogado, 2003.

ARENDT, Hannah. *As origens do totalitarismo*. Trad. Denise Bottmann. São Paulo: Companhia das Letras, 1990.

______. *Homens em tempos sombrios*. Trad. Denise Bottmann. São Paulo: Companhia das Letras, 2008.

96 HARENDT, Hannah. *Homens em tempos sombrios*. Trad. Denise Bottmann. São Paulo: Companhia das Letras, 2008, p. 9.

97 TELES, Edson. *O abismo na história*: ensaios sobre o Brasil em tempos de Comissão da Verdade. São Paulo: Alameda, 2018.

ARQUIDIOCESE DE SÃO PAULO (Coord.). *Brasil*: nunca mais. Pref. Dom Paulo Evaristo Arns. 18ª ed. Petrópolis: Vozes, 1986.

BARATTA, Alessandro. "Criminologia crítica e política penal alternativa". *Revista de Direito Penal*, nº 23, 1978.

______. "Principios del derecho penal mínimo: para una teoría de los derechos humanos como objeto y limite de la ley penal". *Anais da Conferência Internacional de Direito Penal de 1988*, Rio de Janeiro: CEJ/PGDPERJ, 1991.

BATISTA, Nilo. "O ovo da serpente punitivista: a inquisição moderna". *In*: ______. *Capítulos de Política Criminal*. Rio de Janeiro: Revan, 2022.

______. *Matrizes ibéricas do sistema penal brasileiro*. Rio de Janeiro: Instituto Carioca de Criminologia Freitas/Bastos, 2000. (Coleção Pensamento Criminológico, vol. 5).

BATISTA, Nilo; BORGES, Rafael. *Crimes contra o Estado Democrático de Direito*. Rio de Janeiro: Revan, 2023.

BATISTA, Vera Malaguti; CARVALHO, Thiago Fabres (Coord.). *Política Criminal e estado de exceção no Brasil*: o Direito Penal do inimigo no capitalismo periférico. Rio de Janeiro: Revan, 2020.

BENJAMIN, Walter. "Sobre o conceito da história". *In*: ______. *Magia e técnica, arte e política*: ensaios sobre literatura e história da cultura. Obras Escolhidas. vol. I. Trad. Sérgio Paulo Rouanet. 8ª ed. São Paulo: Brasiliense, 2012.

BROWN, Wendy. *Nas ruínas do neoliberalismo*: a ascensão da política antidemocrática no Ocidente. São Paulo: Filosófica Politeia, 2019.

CAMPOS, Andrelino. *Do quilombo à favela*: a produção do espaço criminalizado no Rio de Janeiro. Rio de Janeiro: Bertrand Brasil, 2005.

CARVALHO, Salo de. *A Política Criminal de drogas no Brasil*: do discurso oficial às razões de descriminalização. 2ª ed. Rio de Janeiro: Luam, 1997.

CASARA, Rubens R. R. *A construção do idiota*: o processo de idiossubjetivação. Rio de Janeiro: Da Vinci Livros, 2024.

______. *Bolsonaro*: o mito e o sintoma. São Paulo: Contracorrente, 2020.

______. *Contra a miséria neoliberal*. São Paulo: Autonomia Literária, 2021.

______. *Estado Pós-Democrático*: neo-obscurantismo e gestão dos indesejáveis. Rio de Janeiro: Civilização Brasileira, 2017.

______. *Sociedade sem lei*: pós-democracia, personalidade autoritária, idiotização e barbárie. Rio de Janeiro: Civilização Brasileira, 2018.

CASARA, Rubens R. R.; MELCHIOR, Antonio Pedro. *Teoria do processo penal brasileiro*: dogmática e crítica, conceitos fundamentais. vol. 1. Rio de Janeiro: Lumen Juris, 2013.

CASARA, Rubens R. R.; TAVARES, Juarez. *Prisão*: para além do senso comum. Rio de Janeiro: Da Vinci Livros, 2024.

CASTELLS, Manuel. *Ruptura*: a crise da democracia liberal. Trad. Joana Angélica d'Avila Melo. Rio de Janeiro: Zahar, 2018.

CASTRO, Lola Aniyar de. *Criminologia da libertação*. Rio de Janeiro: ICC/Revan, 2005.

CASTRO, Lola Aniyar de; CODINO, Rodrigo. *Manual de criminologia sociopolítica*. Trad. Amina Vergara. Rio de Janeiro: Revan, 2017. (Coleção Pensamento Criminológico, vol. 23).

CÉSAIRE, Aimé. *Discurso sobre o colonialismo*. Trad. Claudio Willer. São Paulo: Veneta, 2020.

CHAIN, Iza. *O diabo nos porões das caravelas*: mentalidades, colonialismo e reflexos na constituição da religiosidade brasileira. Juiz de Fora: Pontes, 2003.

D'ANCONA, Mattew. *Pós-verdade*: a nova guerra contra os fatos em tempos de fake news. Trad. Carlos Szlak. São Paulo: Faro Editorial, 2018.

DARDOT, Pierre; LAVAL, Christian. *A nova razão do mundo*: ensaio sobre a sociedade neoliberal. Trad. Mariana Echalar. São Paulo: Boitempo, 2016.

______. *Comum*: ensaio sobre a revolução no século XXI. Trad. Mariana Echalar. São Paulo: Boitempo, 2017. (Coleção Estado de Sítio).

DAVIS, Angela. *A democracia da abolição*: para além do império, das prisões e da tortura. Trad. Artur Teixeira. Rio de Janeiro: Difel, 2009.

______. *A liberdade e uma luta constante*. Trad. Heci Candiani. São Paulo: Boitempo, 2018.

DAVIS, Angela. *Estarão as prisões obsoletas?* Trad. Marina Vargas. Rio de Janeiro: Difel, 2018.

DEMIER, Felipe. *Crônicas do caminho do caos*: democracia blindada, golpe e fascismo no Brasil atual. Rio de Janeiro: Mauad X, 2019.

______. *Depois do golpe*: a dialética da democracia blindada no Brasil. Rio de Janeiro: Mauad X, 2017.

FANON, Frantz. *Os condenados da terra*. Trad. Lígia Fonseca Ferreira e Regina Salgado Campos. Rio de Janeiro: Zahar, 2022.

______. *Pele negra, máscaras brancas*. Trad. Renato da Silveira. Salvador: EDUFBA, 2008.

FERRAJOLI, Luigi. *Direito e razão*: Teoria do Garantismo Penal. Trad. Ana Paula Zomer, Fauzi Hassan Choukr, Juarez Tavares e Luiz Flávio Gomes. São Paulo: Revista dos Tribunais, 2002.

FLAUZINA, Ana. *Corpo negro caído no chão*: o sistema penal e o projeto genocida do Estado brasileiro. Brasília: Brado Negro, 2019.

FOUCAULT, Michel. *Em defesa da sociedade*. Trad. Maria Ermentina Galvão. São Paulo: Martins Fontes, 1999.

______. *Segurança, território e população*: curso dado no Collège de France (1977-1978). Trad. Eduardo Brandão. São Paulo: Martins Fontes, 2008.

GÓES, Luciano. *A "tradução" de Lombroso na obra de Nina Rodrigues*: o racismo como base estruturante da criminologia brasileira. Rio de Janeiro: Revan, 2016.

______. *Abolicionismo Penal Quilombista*: saberes (des)ordeiros nas encruzilhadas da Criminologia afrobrasileira. Brasília: Faculdade de Direito da UnB, 2023. (Tese de Doutorado). Disponível em: http://sigaa.unb.br/sigaa/public/programa/noticias_desc.jsf?lc=pt_BR&id=914&noticia=8113542. Acessado em: 18.02.2025.

______. *Direito penal antirracista*. Belo Horizonte: Caso do Direito, 2022.

GONZALEZ, Lélia; HASENBALG, Carlos. *O lugar do negro*. Rio de Janeiro: Marco Zero Limitada, 1992.

HARDT, Michael; NEGRI, Antonio. *Multidão*: guerra e democracia na era do Império. Trad. Clóvis Marques. Rio de Janeiro: Record, 2005.

KEYES, Ralph. *A era da pós verdade*: desonestidade e enganação na vida contemporânea. Trad. Fábio Creder. Petrópolis: Vozes, 2018.

LEVITSKY, Steven; ZIBLATT, Daniel. *Como as democracias morrem?* Trad. Renato Aguiar. Rio de Janeiro: Zahar, 2018.

LOMBROSO, Cesare. *L'uomo bianco e l'uomo di colore*: letture sull'origine e la varietà delle razze umane. Bologna: Archetipolibri/CLUEB, 2012.

______. *O homem delinquente*. Trad. Maristela Bleggi Tomasini e Oscar Antonio Corbo Garcia. Porto Alegre: Ricardo Lenz, 2001.

MBEMBE, Achille. *Crítica da razão negra*. 3ª ed. Trad. Sebastião Nascimento. São Paulo: N-1, 2018.

______. *Necropolítica*: biopoder, soberania, estado de exceção, política da morte. Trad. Renata Santini. São Paulo: N-1, 2019.

MELCHIOR, Antonio Pedro. *Juristas em resistência*: memória das lutas contra o autoritarismo no Brasil. São Paulo: Contracorrente, 2023.

MENESES, Sabrina Lasevitch. *Micropolítica da abolição*: diálogos entre a crítica feminista e o abolicionismo penal. Belo Horizonte: Dialética, 2021.

PEDRINHA, Roberta Duboc. "Como o neoliberalismo naturalizou o sofrimento e esvaziou a democracia: para além da razão neoliberal". *Revista Jacobin*, 2021. Disponível em: https://jacobin.com.br/2021/10/para-alem-da-razao-neoliberal2/. Acessado em: 07.01.2025.

______. "Encarceramento em massa e letalidade: as veias abertas do racismo estruturante do sistema punitivo brasileiro". *In*: PEDRINHA, Roberta Duboc *et al.* (Coord.). *Racismo, saúde e direitos humanos*. Rio de Janeiro: Lumen Juris, 2022.

PEDRINHA, Roberta Duboc; DORNELLES, João Ricardo; GRAZIANO, Sergio (Coord.). *Seletividade do sistema penal*. Rio de Janeiro: Revan, 2018.

______. *Política Criminal em tempos sombrios*. Rio de Janeiro: Lumen Juris, 2021.

PEDRINHA, Roberta Duboc; DUARTE, Sérgio Chastinet. *Abuso de autoridade em tempos de fissura democrática*. Rio de Janeiro: Lumen Juris, 2021.

PRADO, Geraldo. *Sistema acusatório*: a conformidade constitucional das leis processuais penais. Rio de Janeiro: Lumen Juris, 1999.

PRADO, Geraldo; MALAN, Diogo (Coord.). *Processo Penal e democracia*: estudos em homenagem aos 20 anos da Constituição da República de 1988. Rio de Janeiro: Lumen Juris, 2008.

QUIJANO, Aníbal. "Colonialidade do poder, eurocentrismo e América Latina". *In*: LANDER, Edgardo (Coord.). A colonialidade do saber: eurocentrismo e ciências sociais. Buenos Aires: CLACSO, 2005.

RAMOS, Chiara; VAZ, Lívia Sant'anna. *A justiça é uma mulher negra*. Belo Horizonte: Casa do Direito, 2021.

RODRIGUES, Raimundo Nina. *As raças humanas e a responsabilidade penal no Brasil*. Rio de Janeiro: Guanabara, [s.d.].

______. *Os africanos no Brasil*. Brasília: UnB, 1982. (Coleção Temas Brasileiros).

SANTOS, Boaventura de Sousa. "É possível democratizar os direitos humanos e a democracia?" *In*: ______. *Na oficina do sociólogo artesão*. Rev. Maria Paula Meneses e Carolina Peixoto. São Paulo: Cortez, 2018.

______. *Esquerdas do mundo*: uni-vos. São Paulo: Boitempo, 2019.

SANTOS, Boaventura de Sousa; MENDES, José Manuel (Coord.). *Demodiversidade*: imaginar novas possibilidades democráticas. Belo Horizonte: Autêntica, 2018.

SCHWARCZ, Lilia Moritz. *Sobre o autoritarismo brasileiro*. São Paulo: Companhia das Letras, 2019.

SEMER, Marcelo. *Princípios penais no Estado democrático*. São Paulo: Editores.com, 2014.

SOUZA, Jessé. *Elite do atraso*: da escravidão à Lava Jato. Rio de Janeiro: Leya, 2017.

TAVARES, Juarez. "A crescente legislação penal e os discursos de emergência". *Revista de Discursos Sediciosos – Crime, Direito e Sociedade*, Rio de Janeiro: Freitas Bastos, ano 2, nº 4, 1997.

______. "Critérios de seleção de crimes e cominação de penas". *Revista Brasileira de Ciências Criminais*, São Paulo: Revista dos Tribunais, ano 1, vol. 10, 1992.

______. *Crime*: crença e realidade. Rio de Janeiro: Da Vinci Livros, 2021.

TELES, Edson. *O abismo na história*: ensaios sobre o Brasil em tempos de Comissão da Verdade. São Paulo: Alameda, 2018.

VALIM, Rafael. *Estado de exceção*: a forma jurídica do neoliberalismo. São Paulo: Contracorrente, 2018.

VERGÈS, Françoise. *Um feminismo decolonial*. Trad. Jamille Pinheiro Dias e Raquel Camargo. São Paulo: Ubu, 2020.

WACQUANT, Loic. *Punir os pobres*: a nova gestão da miséria nos Estados Unidos. Rio de Janeiro: Freitas Bastos, 2001. (Coleção Pensamento Criminológico, vol. 6).

YAROCHEWSKY, Leonardo Isaac. *O Direito Penal em tempos sombrios*. Florianópolis: Empório do Direito, 2016.

ZAFFARONI, Eugenio Raúl. *A palavra dos mortos*: conferências de criminologia cautelar. São Paulo: Saraiva, 2012.

______. *Colonização punitiva e totalitarismo financeiro*: a criminologia do ser-aqui. Trad. Juarez Tavares. Rio de Janeiro: Da Vinci Livros, 2021.

______. *Dogmática jurídico penal para nuestra América*. Buenos Aires: Ediar, 2023.

______. *O inimigo no Direito Penal*. Trad. Sergio Lamarão. Rio de Janeiro: Revan, 2007. (Coleção Pensamento Criminológico, vol. 14).

CAPÍTULO XXXVII

SOBRE OS REGIMES DE ISOLAMENTO PROLONGADO NOS CÁRCERES BRASILEIROS: REGIME DISCIPLINAR DIFERENCIADO E REGIME FEDERAL[1]

SALO DE CARVALHO

MARIANA WEIGERT

Falar sobre o Rubens é também falar de afeto, é falar de alguém que faz dessa linguagem a sua marca. Seja na defesa intransigente dos vulnerabilizados, em sua atuação como magistrado, seja no seu interesse em estudar a fundo o psiquismo humano, o que parece

1 Artigo baseado no parecer apresentado por Salo de Carvalho, em 07/02/2025, na instrução do Caso 12.835 (*Mauricio Hernández Norambuena vs. Brasil*), Corte Interamericana de Direitos Humanos, atualizado e com contribuições de Mariana de Assis Brasil e Weigert.

movê-lo é o afeto. Interessa-lhe a aproximação com as pessoas naquilo que elas têm de melhor.

Exatamente desse modo aconteceu conosco, ao nos mudarmos definitivamente para o Rio de Janeiro, em agosto de 2015, sua cidade natal e de tantos queridos amigos, como Geraldo Prado e Juarez Tavares, por exemplo. Rubens imediatamente nos acolheu com seu melhor abraço, com seu sorriso mais doce e esteve sempre disponível, fosse para ler um texto e contribuir com sua valiosa crítica, fosse para tomar um vinho em um despretensioso almoço de domingo.

Com a sua amizade, querido Rubens, o Rio facilmente virou casa, assim como as salas de audiência e os ambientes acadêmicos também se transformam a partir de você. Sua atuação firme e generosa demonstra o quanto é necessário não se deixar afetar e resistir às violências cotidianas contra os mais pobres, sem que isso signifique ser também bárbaro. Nas tantas vias possíveis, há muito você fez sua escolha. E que sorte a nossa poder caminhar ao seu lado.

1 Introdução: sistema progressivo, Lei dos Crimes Hediondos e vedação de penas degradantes e cruéis

1.1

A mudança de paradigma provocada pela Lei de Execução Penal (LEP), em 1984, tem como norte a prevenção especial positiva, consagrada no art. 1º: "a execução penal tem por objetivo efetivar as disposições de sentença ou decisão criminal e *proporcionar condições para a harmônica integração social do condenado e do internado*" (grifos nossos). Embora a Constituição de 1988, diferente de outras Cartas ocidentais, não aponte um objetivo expresso,[2] limitando-se

2 CARVALHO, Salo. *Penas e medidas de segurança no Direito Penal brasileiro*. 3ª ed. São Paulo: Saraiva, 2020, pp. 279 e ss.

à vedação de penas degradantes e cruéis (art. 5º, inciso XLVII), o princípio da ressocialização é reforçado pela adesão do Brasil ao sistema interamericano. A Convenção, em seu art. 5º, 6, dispõe que "as penas privativas da liberdade devem ter por *finalidade essencial a reforma e a readaptação social dos condenados*" (grifos nossos).

Os princípios do correcionalismo foram materializados em inúmeros dispositivos da LEP, como na exigência de classificação dos condenados (arts. 5º ao 10º); na previsão de exames criminológicos (arts. 96 ao 98); na definição das sanções e recompensas disciplinares (arts. 53 a 56); e na regulamentação do sistema progressivo de penas (art. 112), na concessão de saídas temporárias (art. 120 a 125), no livramento condicional (art. 131 a 146) e na substituição da prisão por restritivas de direito (art. 148). Em paralelo, a LEP estabeleceu inúmeros direitos ao preso relacionados à qualidade de vida e à prestação social do Estado, como o atendimento às necessidades de alimentação, vestuário e higiene (art. 12); suporte médico, farmacêutico e odontológico (art. 14); assessoramento jurídico (art. 15); atividades de instrução e de formação profissional (art. 17); e direitos previdenciários (art. 23), religiosos (art. 24) e trabalhistas (arts. 28 ao 37).

Os avanços apresentados, sobretudo em relação aos direitos fundamentais e à assistência básica, restaram, porém, inviabilizados. Como se sabe, a validade das normas jurídicas não garante, *per se*, qualquer eficácia. A falta de compromisso de distintos governos e as omissões no controle judicial em relação à efetividade dos direitos dos presos tornaram o projeto correcionalista um simulacro.

1.2

A análise criminológica da realidade penitenciária no Brasil evidencia essa histórica postura omissiva dos poderes em efetivar as diretrizes legais, constitucionais e convencionais relativas à humanidade das penas, à vedação de penas cruéis e à garantia da integridade física e moral dos presos. As evidências não são apresentadas apenas por especialistas,[3] centros de pesquisa[4] e organizações de direitos humanos.[5] A violação sistemática da própria legalidade foi reconhecida pelo STF ao declarar o estado de coisas inconstitucional da execução penal no país:

> A conclusão deve ser única: no sistema prisional brasileiro, ocorre violação generalizada de direitos fundamentais dos presos no tocante à dignidade, higidez física e integridade psíquica. As penas privativas de liberdade aplicadas em nossos presídios convertem-se em penas cruéis e desumanas.[6]

É consenso, inclusive em nível institucional, que as condições materiais da execução penal no Brasil inviabilizaram quaisquer políticas ressocializadoras. Exatamente por isso, é fundamental que sejam vedadas políticas públicas, nas distintas esferas (legislativa, administrativa e judicial), que ampliem a dessocialização e agudizem

---

3 BATISTA, Vera Malaguti. *Introdução crítica à criminologia brasileira*. Rio de Janeiro: Revan, 2012; BITENCOURT, Cezar. *Falência da pena de prisão*. São Paulo: Revista dos Tribunais, 1993; CASARA, Rubens R. R. *Estado Pós-Democrático*: neo-obscurantismo e gestão dos indesejáveis. São Paulo: Civilização Brasileira, 2017; CARVALHO, Salo. "A estrutura lógica e os fundamentos ideológicos do sistema de penas no projeto de lei anticrime". *Revista da Faculdade de Direito UFPR*, vol. 64, nº 3, 2019; PAVARINI, Massimo; GIAMBERARDINO, Andre. *Curso de penologia e execução penal*. Florianópolis: Tirant lo Blanch, 2018; TAVARES, Juarez; CASARA, Rubens R. R. *Prisão*: além do senso comum. Rio de Janeiro: Da Vinci Livros, 2024.

4 FÓRUM BRASILEIRO DE SEGURANÇA PÚBLICA. *Anuário Brasileiro de Segurança Pública*. São Paulo: FBSP, 2024.

5 ANISTIA INTERNACIONAL. *O estado dos Direitos Humanos no mundo* (Informe 2017/2018). Rio de Janeiro: AI, 2018; HUMAN RIGHTS WATCH. *World Report*: events of 2018. United States of America, 2019, pp. 91-101.

6 SUPREMO TRIBUNAL FEDERAL. *Medida Cautelar na Arguição de Descumprimento de Preceito Fundamental* 347/DF, Rel. Min. Marco Aurélio, Plenário, j. 09/09/2015, pp. 6-7.

os danos provocados pela mera permanência do condenado no sistema penitenciário.

1.3

Assim, dois problemas parecem ser centrais nesse contexto que reflete a permanente crise penitenciária brasileira: (primeiro) do ponto de vista empírico (criminológico), as condições degradantes impostas aos apenados; e (segundo) do ponto de vista normativo (dogmático), a inconstitucionalidade e a inconvencionalidade dos institutos que agravam a dessocialização, como a vedação da progressão de regime e, no caso, os regimes disciplinares diferenciados de isolamento prolongado.

A diretriz humanitária foi traçada pela Constituição de 1988 ao não adotar explicitamente como finalidade das penas a ressocialização e, ao abdicar dos idealismos, projetar ações de redução de danos – excepcionalidade da pena de prisão; vedação de penas cruéis e degradantes; garantia da individualização das penas e dignidade dos apenados.[7]

1.4

Nesse cenário, o debate sobre a Lei n. 8.072/1990 parece servir como referência para o enfrentamento das questões relacionadas aos regimes de isolamento prolongado.

Em 1990, como resposta contingente a uma série de crises na segurança pública no país, foi publicada a Lei n. 8.072 (Lei dos Crimes Hediondos). O estatuto representou um marco na agenda do populismo punitivo brasileiro e tem, como efeito direto, o ingresso do

---

7 CARVALHO, Salo. *Penas e medidas de segurança no Direito Penal brasileiro*. 3ª ed. São Paulo: Saraiva, 2020, pp. 279 e ss.; SHECAIRA, Sergio Salomão; CORRÊA JR., Alceu. *Teoria da Pena*. São Paulo: Revista dos Tribunais, 2002, pp. 109-123.

país no cenário do grande encarceramento. Isto porque, na síntese de Casara, os movimentos político-criminais populistas apostam alto

> na manipulação política dos sentimentos de medo e de insegurança a partir do fenômeno criminal, com o aumento de penas, a instrumentalização do Direito penal, a relativização das formas processuais (nas democracias, as formas e as "regras do jogo" processuais são garantias contra a opressão) e a redução dos direitos e garantias fundamentais.[8]

A Lei n. 8.072/1990, além de elevar as penas em abstrato e vedar liberdade provisória, alterou significativamente a forma de execução ao determinar o fim da progressão de regime e a impossibilidade de anistia, graça e indulto àquelas condutas qualificadas como hediondas. Em relação à progressão, seu art. 2º, § 1º, determinava que "a pena por crime previsto neste artigo será cumprida integralmente em regime fechado".

A doutrina nacional, em sua grande maioria, apontou que a vedação de progressão era ofensiva aos princípios constitucionais da individualização (art. 5º, XLVI) e da humanidade (art. 5º, XLVII). A Lei afastava importantes avanços promovidos pela Reforma de 1984 e que permitiam ao condenado tornar menos aflitivo o cumprimento das penas de longa duração. Contrariava, pois, a ideia básica de desprisionalização gradual. Além disso, a progressão representou, no histórico estado de coisas inconstitucional dos presídios brasileiros, importante mecanismo de redução dos danos.

O STF, após 15 (quinze) anos de vigência, declarou inconstitucional o dispositivo que obrigava o preso condenado por crimes hediondos ao cumprimento integral no regime fechado. A Corte, em 2006, no julgamento plenário do *Habeas Corpus* 82.959,

---

8 CASARA, Rubens R. R. *A construção do idiota*: o processo de idiossubjetivação. Rio de Janeiro: Da Vinci Livros, 2024, p. 114.

afastou a vedação ao entender que o dispositivo violava o princípio da individualização. Bitencourt[9] destaca um aspecto da decisão: "o reconhecimento do sistema progressivo e da individualização da pena como direitos e garantias fundamentais".

Apesar de a Lei n. 13.964/2019, ao alterar o art. 112 da LEP, estabelecer novos óbices e recolocar em pauta a necessidade de preservação do sistema progressivo, a Suprema Corte, no referido julgamento, definiu importantes limites, vedando quaisquer interferências abusivas na individualização das penas e preservando o seu sentido humanitário.

2 O Regime Disciplinar Diferenciado (RDD) e a questão disciplinar

2.1

Em dezembro de 2003, na linha do discurso de emergência da Lei dos Crimes Hediondos, o RDD foi institucionalizado nacionalmente pela Lei n. 10.792. Embora esta tenha alterado distintos institutos, a mudança relacionada ao RDD concentra-se na nova redação do art. 52 da LEP, que trata das sanções disciplinares.

O regime disciplinar previsto originalmente na LEP impunha respeito ao *princípio da legalidade* ("não haverá falta nem sanção disciplinar sem expressa e anterior previsão legal ou regulamentar", art. 45, *caput*); ao *princípio da humanidade* ("as sanções não poderão colocar em perigo a integridade física e moral do condenado; é vedado o emprego de cela escura", art. 45, §§ 1º e 2º, respectivamente); e ao *princípio da pessoalidade* ("são vedadas as sanções coletivas", art. 45, § 3º). Além disso, em relação às faltas graves, vigorava o *princípio da jurisdicionalidade*, pois a decisão

---

9 Bitencourt, 2023, p. 626.

administrativa deveria, necessariamente, ser submetida ao juiz da execução (art. 48, parágrafo primeiro).

2.2

As faltas disciplinares graves estão arroladas, de forma taxativa, no art. 50. Nos incisos do art. 53, as sanções: a advertência verbal; a repreensão; a suspensão ou restrição de direitos; o isolamento na própria cela ou em local adequado nos estabelecimentos que possuam alojamento coletivo.

A Lei n. 10.792/2003, ao implementar o RDD, alterou as redações originais dos arts. 52 e 53 (faltas graves e sanções); do art. 54 (procedimento); dos arts. 57 e 58 (aplicação das sanções); a do art. 60 (execução das sanções disciplinares).

A nova redação do art. 52 define que a prática de fato previsto como crime doloso constitui falta grave e submeterá o faltoso, preso condenado ou provisório, ao Regime Diferenciado quando *ocasione subversão da ordem ou disciplina internas*. Em seus parágrafos, o art. 52 amplia a aplicação do RDD (a) aos "que apresentem alto risco para a ordem e a segurança do estabelecimento penal ou da sociedade" (§ 1º); e (b) aos presos sobre os quais "recaiam fundadas suspeitas de envolvimento ou participação, a qualquer título, em organizações criminosas, quadrilha ou bando" (§ 2º).

As características do RDD seriam: (a) duração de até 360 dias, renovado em decorrência de nova falta da mesma espécie, limitado a 1/6 da pena aplicada; (b) recolhimento em cela individual; (c) restrição de visitas semanais de 2 pessoas, com duração de 2 horas; (d) saída da cela por 2 horas diárias para banho de sol.

No final de 2019, por força do "Pacote Anticrime" (Lei n. 13.964/2019), houve nova alteração no art. 52, na qual são *ampliados* os requisitos de aplicação do Regime Diferenciado e *enrijecidas* as formas de cumprimento. Dentre os requisitos do RDD, o novo § 1º, inciso II, permite imposição, para além dos casos já previstos no inciso I, àqueles "sob os quais recaiam fundadas suspeitas de envolvimento ou participação, a qualquer título, em organização criminosa, associação criminosa ou milícia privada, independentemente da prática de falta grave".

Em relação à *sanção disciplinar*, a nova lei (a) fixou duração em 2 anos e excluiu o teto máximo de 1/6 da pena em caso de renovação (art. 52, I); (b) restringiu as visitas, aumentando o prazo para o período quinzenal e impedindo qualquer contato físico (art. 52, III); (c) permitiu a saída da cela pelo mesmo período diário, inclusive em grupos, desde que não haja contato com "presos do mesmo grupo criminoso" (art. 52, IV); (d) determinou monitoramento das entrevistas, exceto as realizadas com o defensor (art. 52, V); (e) impôs a fiscalização da correspondência (art. 52, VI); (f) regulou a participação em audiências judiciais preferencialmente por videoconferência (art. 52, VII).

Além disso, o art. 52, § 3º refere que

> existindo indícios de que o preso exerce liderança em organização criminosa, associação criminosa ou milícia privada, ou que tenha atuação criminosa em 2 ou mais Estados da Federação, o Regime Disciplinar Diferenciado será obrigatoriamente cumprido em estabelecimento prisional federal.

Nesses casos, o § 4º permite a prorrogação sucessiva por períodos de 1 ano, desde que o preso (a) continue apresentando alto risco para a ordem e a segurança do presídio ou da sociedade; (b) mantenha vínculos com organização criminosa, associação criminosa ou milícia privada, considerados o seu perfil criminal, a função desempenhada, o tempo de atuação no grupo, a superveniência de novos processos e os resultados do tratamento penitenciário. Foi determinado o reforço do isolamento e a vedação de contato com membros de grupos criminosos (§ 5º) e a gravação das visitas (§ 6º).

3 Natureza jurídica e espécies de Regime Disciplinar Diferenciado

3.1

A LEP prevê duas espécies de RDD. A primeira é a do Regime Diferenciado como *sanção* decorrente de falta grave. Trata-se, portanto, de uma medida de *natureza punitivo-disciplinar* em razão do cometimento de crime doloso que subverta a ordem ou a disciplina da instituição carcerária. Exige-se, portanto, a instauração do procedimento administrativo a partir da descrição de uma conduta faltosa. Ao final, o juiz competente decide sobre a homologação, garantido o contraditório e a ampla defesa através de manifestações prévias do Ministério Público e da defesa do sindicado (art. 54 da LEP).

A segunda modalidade de Regime Diferenciado é de natureza *cautelar*. A imposição desse regime não é consequência de uma infração, mas uma medida de urgência precária adotada em razão de o preso (a) apresentar alto risco para a ordem e a segurança da prisão ou da sociedade; e (b) mostrar indícios ("fundadas suspeitas") de participação em organizações criminais (art. 52, § 1º, I e II). A cautelaridade da medida pode ser verificada na parte final do dispositivo quando refere a submissão *independentemente da prática de falta grave*.

3.2

O objeto dessa reflexão não é relativo aos requisitos de imposição. É de se destacar, todavia, que inúmeras circunstâncias que autorizam a imposição dos regimes diferenciados (por exemplo, "subversão da ordem ou disciplina"; "alto risco para a ordem e a segurança da prisão ou da sociedade") são estruturas normativas abertas, cláusulas gerais carentes de precisão semântica. Significa dizer que, no contexto do cumprimento da pena, permitem um amplo espaço de discricionariedade. Mas como referem Tavares e

Casara,[10] os princípios da legalidade e da proporcionalidade dos atos estatais estabelecem limites à liberdade de conformação, sobretudo nos casos de restrição de liberdade; significa dizer que "o legislador, o administrador e o julgador não têm um 'cheque em branco', uma autorização ilimitada, que lhes permita atuar da maneira que bem entenderem". O problema é que clausulas abertas como as referidas ampliam demasiadamente os espaços decisórios, enfraquecendo os limites ao exercício dos poderes ou, em outros termos, marcam um funcionamento autoritário do Judiciário, visto que, nas lições de Casara,

> em culturas democráticas, o Sistema de Justiça Criminal se impõe como espaço de racionalização do poder penal e da redução não só dos danos produzidos por quem viola a lei penal, como também dos danos produzidos pela própria aplicação da lei penal.[11]

De igual modo, as inconvencionalidades da medida só seriam mitigadas se os requisitos fossem indicativos de perigos reais e contemporâneos. No caso do RDD cautelar, se igualmente fossem respeitadas as diretrizes das medidas pessoais do art. 312 do CPP. De forma objetiva: (a) demonstração empírica de um perigo concreto à ordem ou à segurança e de um risco real gerado pelo estado de encarceramento ordinário do preso; (b) indicação de elementos reais de que as ações do apenado são fonte direta de perigo; (c) demonstração judicial da adequação da medida.

Bitencourt,[12] ao questionar o alcance dos elementos normativos do art. 52 da LEP, refere que a conduta do preso

---

10 TAVARES, Juarez; CASARA, Rubens R. R. *Prisão*: além do senso comum. Rio de Janeiro: Da Vinci Livros, 2024, p. 114.

11 CASARA, Rubens R. R. *Estado Pós-Democrático*: neo-obscurantismo e gestão dos indesejáveis. São Paulo: Civilização Brasileira, 2017, p. 100.

12 Bitencourt, 2023, p. 653.

> necessariamente deverá, a nosso juízo, ocasionar concretamente, no interior do estabelecimento prisional, profunda alteração da ordem ou da disciplina, de molde a substituir os monitores, coordenadores e guardas penitenciários, a ponto de os detentos estarem obtendo o controle da penitenciária. É, digamos, um estado de emergência, pois somente excepcionalidade dessa natureza poderia justificar uma violência tão absurda como o questionado RDD.

Por fim, o necessário exame da necessidade da medida, ou seja, se o instrumento é o único ou o mais adequado ao fim ou se há outros meios menos lesivo, pois

> viola-se o subprincípio da necessidade/exigibilidade sempre que se possa contar com outra medida menos lesiva à liberdade do imputado [no caso, do preso] capaz de satisfazer o objetivo que fundamenta a medida questionada.[13]

4 Sobre o Regime Federal

4.1

Em 2008, a Lei n. 11.671 normatizou os procedimentos de transferência e de inclusão de presos em estabelecimentos federais de segurança máxima. O art. 3º da Lei n. 11.671/2007, na linha do art. 3º do Decreto n. 6.049/2006, indica a natureza cautelar da medida. Isso porque, para além dos presos sancionados com o RDD, há previsão de transferência de quaisquer apenados ao sistema federal sob a justificativa do "interesse da segurança pública". Significa dizer: independentemente da prática de falta grave. Natureza cautelar reforçada no art. 10, que refere ser a inclusão do preso nesse

---

13 TAVARES, Juarez; CASARA, Rubens R. R. *Prisão*: além do senso comum. Rio de Janeiro: Da Vinci Livros, 2024, p. 118.

regime "excepcional e por tempo determinado". A decisão deve ser prolatada pelo juiz competente, ouvidos previamente o Ministério Público, a defesa e o órgão penitenciário (art. 5º).

Na linha da Lei n. 10.792/2003, o art. 10, § 1º, da Lei n. 11.617/2008, estabelecia prazo de 360 dias de permanência nos presídios federais, prorrogáveis por igual período. A Lei n. 13.6964/2019, no entanto, alterou o artigo 10, permitindo a *permanência do apenado por 3 anos, renovável por iguais períodos* (no plural), enquanto persistirem os motivos que justificaram a transferência.

No § 1º do art. 3º, as características dos estabelecimentos:

> I – recolhimento em cela individual; II – visita do cônjuge, do companheiro, de parentes e de amigos somente em dias determinados, por meio virtual ou no parlatório, com o máximo de 2 (duas) pessoas por vez, além de eventuais crianças, separados por vidro e comunicação por meio de interfone, com filmagem e gravações; III – banho de sol de até 2 (duas) horas diárias; e IV – monitoramento de todos os meios de comunicação, inclusive de correspondência escrita.

No § 4º, a autorização para que o diretor do estabelecimento suspenda o direito de visitas por ato fundamentado.

Estabelecidos os critérios gerais de inclusão e transferência do apenado ao Regime Federal e dadas as condições de encarceramento, é possível apontar os princípios norteadores da medida: *cautelaridade*, *isolamento prolongado* e *monitoramento*.

Questão fundamental a ser discutida no caso é ***se*** e ***como*** *diferenciar, formal e materialmente, o Regime Disciplinar Diferenciado do regime de pena dos estabelecimentos federais?*

4.2

O Decreto n. 6.049/2006 e a Lei n. 11.671/2007 regulamentam o cumprimento em regime fechado *ordinário* no sistema federal. Quando referem que os presos devem permanecer isolados por 22 horas diárias, com saída apenas para banho de sol, a legislação regula a execução comum da pena. Independentemente de o preso estar ou não em RDD. Se cometer falta grave ou, por qualquer outro motivo, estiver dentro das hipóteses previstas na Lei n. 10.792/2003, as restrições serão ainda maiores (aplicação do RDD no sistema federal).

Castro refere três formas de cumprimento de pena nas unidades federais: (*primeira*) o regime disciplinar ordinário da pena privativa de liberdade; (*segunda*) o regime disciplinar diferenciado; e (*terceira*) o regime disciplinar de inclusão, não regulado pela lei.[14]

No *regime disciplinar ordinário*, conforme referido, há previsão de isolamento celular por tempo idêntico ao previsto no RDD: 22 horas diárias, com 2 horas para pátio (banho de sol). São permitidas sessões mensais de filmes (art. 34, I, Decreto n. 6.049/2007) e, durante o pátio, algumas atividades físicas, como futebol. Também são permitidas "outras atividades físicas, mas sem utilizar equipamentos e sem ajuda de outros presos". Na descrição de Castro (2019, p. 86),

> nesse regime, o preso sai da cela para assistência religiosa e visita social – em raros casos para visita íntima. Há ainda a possibilidade de sair para atendimento de saúde, para atividades

14 O regime de inclusão designado por Castro é relativo ao procedimento de ingresso na unidade federal, quando o preso é transferido de outro presídio. O isolamento decorreria da triagem realizada antes do encaminhamento à cela (CASTRO, Karolina A. P. *Sistema Penitenciário Federal*: estudo sobre regimes disciplinares e confinamento solitário. Brasília: Universidade de Brasília, 2019, pp. 86 e ss.).

> educacionais e laborais. As possibilidades para sair do presídio são remotas e acontecem em casos específicos.[15]

No *Regime Diferenciado* há um controle maior da circulação do preso, sempre realizada com algemas nas movimentações internas e externas, além da constante submissão aos procedimentos de revista. A maior diferença entre o regime ordinário e o diferenciado seria em relação ao banho de sol, realizado na própria cela: "o solário do RDD é um espaço contíguo à cela, aproximadamente de 1 m^2 e a iluminação é indireta".[16] A pesquisa de Castro é corroborada pelos relatórios de inspeção da Defensoria Pública da União.[17]

Se o banho de sol no RDD das unidades federais é realizado no próprio espaço de cumprimento da pena, significa dizer que, do ponto de vista material, o preso fica confinado 24 horas diárias. Há importantes descritivos que confirmam ser o regime de isolamento integral: "o preso permanece 24 horas dentro da cela, sem contato com nenhuma outra pessoa".[18] Ademais, é normalmente nesse intervalo de pátio que a assistência é disponibilizada pela administração, o que reduz ainda mais esse momento de descompressão.[19]

---

15 CASTRO, Karolina A. P. *Sistema Penitenciário Federal*: estudo sobre regimes disciplinares e confinamento solitário. Brasília: Universidade de Brasília, 2019, p. 86.

16 CASTRO, Karolina A. P. *Sistema Penitenciário Federal*: estudo sobre regimes disciplinares e confinamento solitário. Brasília: Universidade de Brasília, 2019, p. 87.

17 DEFENSORIA PÚBLICA DA UNIÃO. *Inspeções aos Estabelecimentos Penais Federais* (2017 a 2023). Brasília: DPU, 2023, pp. 15-62.

18 MANSO, Bruno Paes; DIAS, Camila Nunes. *A guerra*: a ascensão do PCC e o mundo do crime no Brasil. São Paulo: Todavia, 2018, p. 225.

19 DEFENSORIA PÚBLICA DA UNIÃO. *Inspeções aos Estabelecimentos Penais Federais* (2017 a 2023). Brasília: DPU, 2023, p. 620.

5 A indissociabilidade entre o RDD e o Regime Federal

5.1

Rodrigo Roig,[20] ao tratar da inclusão de presos em estabelecimentos federais, refere que essa modalidade está *atrelada* ao RDD. O vínculo e a identidade não são acidentais e muito menos relacionados ao fato de ser possível a transferência de presos em regime disciplinar aos estabelecimentos federais. Entendemos que o Regime Federal configura, formal e materialmente, um regime de cumprimento de pena análogo ao disciplinar diferenciado, notadamente por suas características de cautelaridade, isolamento prolongado e monitoramento.

A determinação desse vínculo, porém, só pode ser realizada se devidamente compreendidas as regras do regime fechado previstas na legislação penal. O art. 33 do Código Penal (CP) prevê que a pena de prisão deve ser cumprida em regime fechado, semiaberto ou aberto. No regime fechado, a pena se executa em estabelecimento de segurança máxima ou média (art. 33, § 1º, "a", CP); no regime semiaberto, em colônia agrícola ou industrial (art. 33, § 1º, "b", CP); e, no regime aberto, em casa de albergado (art. 33, § 1º, "c", Código Penal). A determinação do regime segue critérios objetivos (tempo de pena) e subjetivos (circunstâncias pessoais, sobretudo a reincidência), segundo o art. 33, §§ 2º e 3º, do CP.

O art. 34 fixa as regras gerais do regime fechado, destacando, sobretudo, a função do trabalho na reinserção social, conforme as finalidades declaradas do art. 1º da LEP. Assim, o § 1º estabelece que "o condenado fica sujeito a trabalho no período diurno e a isolamento durante o repouso noturno". Nos §§ 2º e 3º, estão previstos

20 ROIG, Rodrigo Duque Estrada. *Execução Penal*: teoria crítica. São Paulo: Saraiva, 2014, p. 241.

os trabalhos internos e os externos, que são admissíveis não apenas em obras públicas, mas também em instituições de natureza privada (art. 36, CP). Isto porque "o trabalho do condenado, como dever social e *condição de dignidade humana*, terá finalidade educativa e produtiva" (art. 28, LEP, grifos nossos).

Para além de um direito, de expressar a condição de dignidade humana e da função educativa, o trabalho é remunerado e serve para atender: a) à indenização; b) à assistência à família; c) às despesas pessoais; e d) ao ressarcimento ao Estado (art. 29, § 1°, LEP). Mais: opera como importante mecanismo de redução do tempo de encarceramento através do instituto da remição (art. 126, LEP).

Ocorre que, se no regime fechado ordinário, já não há vagas de trabalho e de estudo suficientes, nos regimes diferenciado e federal, sustentados na lógica do isolamento prolongado, tais atividades são totalmente inviabilizadas. E se, no regime comum, essa carência é compensada pela socialização com os outros presos, pelas atividades esportivas e pelas visitas regulares, no isolamento radical imposto nesses regimes, a vedação acaba agravando severamente a condição do sujeito.

5.2

O impedimento de atividades laboral, de ensino e esportivas é central na análise dos efeitos do isolamento prolongado. Isto porque o art. 38 do CP *impede que sejam restringidos direitos não atingidos pela perda da liberdade*, devendo as autoridades públicas respeitarem a *integridade física* e *moral* do preso. Trabalho, educação, saúde e lazer são direitos sociais previstos no art. 6° da Constituição não atingidos pela sentença condenatória. Não por outra razão, o art. 41, V, da LEP, determina a "proporcionalidade na distribuição do tempo para o trabalho, o descanso e a recreação".

Em razão do número restrito de dados independentes sobre as condições de cumprimento de pena nos regimes federal e disciplinar diferenciado, os relatórios da Defensoria Pública da União, realizados entre 2017 e 2023, são documentos fundamentais para avaliação da real situação dos apenados. Na inspeção no Presídio Federal de Campo Grande, em 2017, a Defensoria[21] descreve a "(...) absoluta ausência de qualquer iniciativa, ou até mesmo tentativa, de disponibilização de postos de trabalho intramuros na Unidade Prisional (Recomendação n. 12/2015)", carência que era compartilhada por todos os presídios federais:

> Nesse período, a inexistência de tal oportunidade educativa e produtiva se replicava em todas as quatro unidades do Sistema Penitenciário Federal. Além da PFCG, nas penitenciárias federais de Catanduvas, Mossoró e Porto Velho constatou-se a ausência de atividades laborativas. O cenário permaneceu inalterado no ano de 2018.

Situação que perdurou até 2021, quando, embora ainda constatada a ausência de oficinas de trabalho, as Penitenciárias de Brasília e Catanduvas teriam implementado programas profissionalizantes. Ocorre que, segundo o informe, toda discussão nos órgãos penitenciários é relativa à implementação de "trabalho intramuros individual em cela", ou seja, mantido o isolamento integral.

Os dados históricos apresentados nos relatórios da Defensoria corroboram com inspeções mais recentes, inclusive com o diagnóstico apresentado no *amicus curiae* no Caso 12.835, em julgamento na Corte IDH, elaborado em coautoria com a Defensoria de São Paulo: falta de estrutura adequada das celas; restrição ao convívio familiar; restrição ao banho de sol; ausência de trabalho, estudo, atividades de esporte, cultura e lazer; insuficiência nos serviços de saúde e alta medicalização dos presos.

---

21 DEFENSORIA PÚBLICA DA UNIÃO. *Inspeções aos Estabelecimentos Penais Federais* (2017 a 2023). Brasília: DPU, 2023, p. 38.

Em nome da disciplina e da segurança, invocadas quase sempre de forma genérica e abstrata, os direitos básicos dos apenados são anulados, em especial, direitos sociais como trabalho, educação e lazer. Assim, não é alegórica a assertiva de que tais espaços constituem "territórios de vácuo jurídico em termos de validade e eficácia constitucional [e convencional, acrescentamos]".[22]

Informações prestadas pela Secretaria Nacional de Assuntos Penitenciários sobre o *tempo de permanência* de pessoas presas no sistema federal permitem a conclusão, fundada em dados oficiais, dessa *identidade formal e material entre os regimes diferenciado e federal*: em 2023, 243 dos 481 presos estavam há mais tempo nas unidades federais do que o limite máximo estabelecido de permanência no RDD, dos quais 19 há mais de 10 anos ininterruptos.[23]

6 A inconvencionalidade do RDD e do Regime Federal

6.1

A Convenção Americana e a Constituição vedam penas degradantes e cruéis e a prática de tortura. O art. 5º, 2, do Pacto de São José, prescreve que "ninguém deve ser submetido a torturas, nem a penas ou tratos cruéis, desumanos ou degradantes. Toda pessoa privada da liberdade deve ser tratada com o respeito devido à dignidade inerente ao ser humano"; o art. 5º, XLVII, da Constituição refere que "não haverá penas: (...) e) cruéis".

---

22 CARVALHO, Salo. *Pena e garantias*. 3ª ed. Rio de Janeiro: Lumen Juris, 2008, p. 169.

23 DEFENSORIA PÚBLICA DA UNIÃO. *Inspeções aos Estabelecimentos Penais Federais* (2017 a 2023). Brasília: DPU, 2023, p. 57.

Nesse contexto, e de forma mais específica, as Regras Mínimas das Nações Unidas para o Tratamento de Presos (Regras de Mandela), determinam:

> Regra 43: 1. Em nenhuma hipótese devem as restrições ou sanções disciplinares implicar tortura ou outra forma de tratamento ou sanções cruéis, desumanas ou degradantes. As seguintes práticas, em particular, devem ser proibidas: (a) Confinamento solitário indefinido; (b) Confinamento solitário prolongado; (c) Encarceramento em cela escura ou constantemente iluminada; (d) Castigos corporais ou redução da dieta ou água potável do preso; (e) Castigos coletivos (...). 3. Sanções disciplinares ou medidas restritivas não devem incluir a proibição de contato com a família. O contato familiar só pode ser restringido por um prazo limitado e quando for estritamente necessário para a manutenção da segurança e da ordem.
>
> Regra 44: Para os objetivos destas Regras, o confinamento solitário referese ao confinamento do preso por 22 horas ou mais, por dia, sem contato humano significativo. O confinamento solitário prolongado referese ao confinamento solitário por mais de 15 dias consecutivos.

Os dispositivos constituem parâmetros fundamentais para análise do confinamento de presos em RDD ou no Regime Federal. As Regras de Mandela, aprovadas pela Assembleia Geral das Nações Unidas em 2015, com posição favorável do Estado brasileiro, e posteriormente publicadas pelo CNJ em 2016 são guias interpretativas utilizadas pela Corte IDH para análise dos regimes de isolamento no sistema penitenciário latino-americano.[24] Nas palavras de Lewandowski, Presidente do CNJ em 2016 e atual Ministro da Justiça,

---

24 Nesse sentido, CORTE IDH. *Caso Bissoon y otro vs. Trinidad y Tobago*. Sentencia, 14/11/2022, § 37; CORTE IDH. *Caso Manuela y otros vs. El Salvador*. Sentencia, 02/11/2021, § 198; CORTE IDH. *Caso López y otros vs. Argentina*. Sentencia, 25/11/2019, série C, n. 396, § 165. Casos

> a atualização das Regras Mínimas fornecenos orientações atualizadas e muito mais precisas, com instruções exatas para enfrentar a negligência estatal, prestigiando a dignidade daqueles em situação de privação de liberdade para devolverlhes a essência de seres humanos que são e, bem por isso, obrigam sejam respeitados, proteção contra qualquer espécie de tratamento ou castigo degradante ou desumano, acomodações razoáveis para pessoas com deficiências físicas e mentais, entre outras orientações (...). As Regras de Mandela podem e devem ser utilizadas como instrumentos a serviço da jurisdição e têm aptidão para transformarem o paradigma de encarceramento praticado pela justiça brasileira.[25]

Ocorre que as Leis n. 10.792/2003 e n. 11.671/2007 estabelecem que os presos submetidos aos regimes diferenciado e federal devem permanecer *isolados em celas por 22 horas diárias*. No caso do RDD, a duração inicial era de 360 dias, prorrogáveis por igual período; mas, com a Lei n. 13.964/2019, permite a permanência por 2 anos, prorrogáveis, se disciplinar; ou 1 ano, com prorrogações indefinidas, se cautelar. O Regime Federal sequer fixa limites, ou seja, o condenado pode cumprir toda a pena nessas condições.

6.2

A questão é objetiva e não parece haver margem para desvios interpretativos: o RDD e o Regime Federal configuram regimes de

---

em que são analisadas as condições de isolamento: CORTE IDH. *Caso Poggioli Pérez vs. Venezuela*. Sentencia, 29/04/2024, série C, n. 523, §§ 180-181; CORTE IDH. *Parecer Consultivo* OC 29/22 (Enfoques Diferenciados a Respeito de Determinados Grupos de Pessoas Privadas da Liberdade), 30/05/2022, série C, n. 472, §§ 50-52; CORTE IDH. *Caso Montero Aranguren y otros vs. Venezuela*. Sentencia, 05/07/2006, série C, n. 150, §§ 94.

25 CONSELHO NACIONAL DE JUSTIÇA. *Regras de Mandela*: regras mínimas das Nações Unidas para o tratamento de presos. Brasília: CNJ, 2016, p. 12.

confinamento solitário prolongado, em oposição à Regra 44, dado (*primeiro*) ao *tempo de restrição diário* (22 horas); (*segundo*) à *ausência de contato humano significativo*; e (*terceiro*) às *prorrogações por períodos superiores a 15 (quinze) dias consecutivos.*

A Declaração de Istambul igualmente definiu *regime de isolamento* como o *isolamento físico e social de indivíduos confinados a suas celas por 22 a 24 horas ao dia.* No ponto, os elementos trazidos no parecer do Relator Especial das Nações Unidas sobre tortura e outros tratamentos ou penas cruéis, Juan E. Méndez,[26] na ADI 4.162, são definitivos:

> o RDD brasileiro, que prevê o recolhimento em uma cela individual por até 360 dias, sem prejuízo de repetição da mesma sanção por nova falta grave de mesma espécie, até o limite de um sexto da pena aplicada, se enquadra nesta definição (...). O RDD brasileiro pode ser considerado, por vários motivos, uma violação da obrigação internacional do Brasil de abolir em termos absolutos a prática da tortura ou tratamento cruel, desumano e degradante. Neste sentido, o RDD constitui um exemplo claro de regime de isolamento por um longo período de tempo, estabelece a possibilidade de que o regime de isolamento seja aplicado como medida punitiva, bem como permite que sua prática se dê durante a prisão provisória.

Os efeitos do isolamento por longo período e da ausência de contato humano de qualidade são devastadores para qualquer pessoa. Não por outra razão, o Direito Internacional dos Direitos Humanos considera esse tipo de custódia como *tratamento degradante e cruel.* O impacto na saúde mental é irreversível na maioria dos casos.

---

26 Juan E. Méndez em SUPREMO TRIBUNAL FEDERAL. *Ação Direta de Inconstitucionalidade* 4.162, Rel. Min. Luiz Fux, Parecer Técnico, Petição 31743, j. 28/06/2013, pp. 3-4.

Reiteramos que desde os pontos de vista formal e material não consideramos distintas as condições de encarceramento no RDD e no Regime Federal. Mesmo que se questione a inconvencionalidade do Regime Federal sob a alegação de que, no período de intervalo, haveria contato com outros presos, algumas variáveis permanecem inalteradas: tempo de isolamento de 22 horas; contato humano residual ("sem qualidade"); e duração e prorrogações que excedem superlativamente o limite de 15 dias.

Se o objetivo declarado pela LEP foi a *reinserção social* do apenado, a vedação de qualquer forma de socialização ignora o sentido humanitário da resposta penal. Os regimes em análise não apenas descuidam das finalidades oficiais, como contribuem decisivamente com a dessocialização, além de impor danos físicos e psíquicos permanentes. Não estamos referindo apenas desatenção (omissão), mas imposição comissiva de sofrimento físico e psíquico por parte do Estado.

A investigação desenvolvida pelo Instituto Interamericano de Direitos Humanos, sob a coordenação de Zaffaroni, na década de 1980, indicava que o sistema de sanções no Direito Penitenciário latino-americano com frequência violava as garantias mínimas, pois "a natureza mesma de certas sanções implica um desconhecimento da dignidade do apenado e uma mortificação que desvia o regime de sua finalidade ressocializadora para flertar com o francamente vindicativo".[27] Em consequência, suas recomendações seguem válidas, mesmo após quatro décadas:

> 1) Incluir na legislação de execução penal o rol básico de garantias processuais – legalidade, publicidade e audiência judicial prévia, *non bis in idem* – para reger qualquer aplicação específica de medidas disciplinares.

---

27 ZAFFARONI, Eugenio Raúl (Coord.). *Sistemas Penales y Derechos Humanos en América Latina*: informe final. Buenos Aires: Depalma, 1986, p. 227.

> 2) Excluir do regime de sanções todos aqueles que mortifiquem ou ponham em perigo a integridade psicofísica do recluso ou que de alguma forma favoreçam a acentuação da sua marginalização.
>
> 3) Excluir medidas que lesem direitos e expectativas de familiares, parentes, amigos e, em geral, de terceiros.
>
> 4) Excluir todas as medidas que acrescentem limitações à relação do preso com o mundo exterior.[28]

Assim, parece-nos inequívoca a conclusão de que a previsão de isolamento absoluto por 22 horas diárias (ou mais), a falta de contato humano de qualidade e a ausência de limitação do período de permanência são incompatíveis com a Convenção, com a Constituição e com as demais regras internacionais que disciplinam o encarceramento. Isto tudo em relação apenas às *condições do isolamento*, pois, desde a nossa perspectiva, são igualmente evidentes violações nos *critérios e nos requisitos de imposição dos regimes* (ofensas à legalidade, pelo uso de cláusulas gerais; à materialidade da ação, pela não exigência de conduta concreta demonstrável; e à presunção de inocência, pela ausência de demonstrabilidade e prova concreta); e no *procedimento de determinação* (violação à ampla defesa, em razão de decisão sem contraditório prévio; e à necessidade e *ultima ratio*, pela ausência de previsão de medidas prévias ao encarceramento extremo).

Considerações finais

No julgamento do caso do Instituto Penal Plácido de Sá Carvalho (Resolução de 22/11/2018), a Corte reconheceu a violação ao art. 5.2 da Convenção e reiterou que os sofrimentos impostos a uma pessoa privada de liberdade podem constituir tratamento ou pena

28 ZAFFARONI, Eugenio Raúl (Coord.). *Sistemas Penales y Derechos Humanos en América Latina*: informe final. Buenos Aires: Depalma, 1986, p. 230.

cruel quando, devido às condições do encarceramento, imponham deterioração da integridade física, psíquica e moral. Em conclusão, entendeu necessário computar como pena cumprida o "*excedente antijurídico de sofrimento*", ou seja, o sofrimento imposto ilegalmente pelo Estado na execução da sentença.[29]

A determinação da contagem da pena em dobro pelo excedente ilícito de sofrimento é uma das medidas compensatórias possíveis para que os efeitos deletérios do encarceramento ilegal impostos pelo Estado possam ser minimamente reduzidos. Apesar de limitada – pois não altera, para o contingente prisional, o estado de coisas –, a *remição ficta da pena* produz um efeito concreto redutor que supera as ações meramente publicitárias dos inúmeros projetos de adequação do sistema carcerário às regras de direitos humanos apresentados pelo Estado brasileiro ao longo do tempo. Ademais, é medida de eficaz controle pelos Tribunais (por exemplo, STJ, 2021).

Referimos o reconhecimento da remição ficta no julgamento do caso do Instituto Plácido de Sá Carvalho porque nos parece ser uma das medidas adequadas e possíveis frente ao excedente antijurídico de sofrimento imposto pelo submetimento de presos ao RDD e aos Regimes Federais no país. Sobretudo quando o tema se encontra em julgamento pela Corte IDH (Caso 12.835).

Nesse sentido, desde o ponto de vista dogmático (normativo), concluímos que, em relação às condições e à forma de isolamento – para além das questões materiais (requisitos) e processuais:

> (1) inexiste diferença relevante entre os regimes disciplinares dispostos na Lei n. 10.792/2003 (RDD) e na Lei n. 11.671/2008 (Regime Federal), visto que o tempo de isolamento, o prolongamento e a renovação da medida e as regras de incomunicabilidade e a forma de restrição de contato humano são similares;

---

29 CORTE IDH. *Instituto Penal Plácido de Sá Carvalho*. Resolução, 22/11/2018.

(2) que os isolamentos impostos como sanção disciplinar ou medida cautelar são incompatíveis com as normas internacionais, interamericanas e constitucionais que regulam a pessoalidade, a humanidade e a individualização das penas, e configuram *formas dessocializadoras, cruéis e degradantes de privação de liberdade análogas à tortura*; e

(3) que os isolamentos são igualmente incompatíveis com as normas internacionais, interamericanas e constitucionais e desrespeitam o *princípio da excepcionalidade* e o *princípio da proporcionalidade*, ao não serem precedidos de medidas alternativas de cessação dos riscos e não estarem limitados quanto ao tempo e à repetição.

Assim, seria recomendado, para a compatibilização do ordenamento nacional com a Convenção, a revogação dos dispositivos da LEP que admitem formas de isolamento prolongado (sancionatório ou cautelar) em *Regime Disciplinar Diferenciado* (sancionatório ou cautelar). Em efeito, imprescindível reforma ampla do marco legal e da estrutura material das instituições federais, em estrita observância ao Direito Internacional dos Direitos Humanos das pessoas presas (Regras de Mandela).

Como medida compensatória pelo excedente antijurídico de sofrimento físico e psíquico imposto aos presos em RDD e Regime Federal, é cabível a medida já imposta pela Corte IDH no caso do Instituto Plácido de Sá Carvalho, duplicando o tempo de isolamento como pena cumprida (*remição ficta*).

Referências bibliográficas

ANISTIA INTERNACIONAL. *O estado dos Direitos Humanos no mundo* (Informe 2017/2018). Rio de Janeiro: AI, 2018.

BATISTA, Vera Malaguti. *Introdução crítica à criminologia brasileira*. Rio de Janeiro: Revan, 2012.

BITENCOURT, Cezar. *Falência da pena de prisão*. São Paulo: Revista dos Tribunais, 1993.

______. *Tratado de Direito Penal*: parte geral. vol. 1. 26ª ed. São Paulo: Saraiva, 2020.

CARVALHO, Salo. "A estrutura lógica e os fundamentos ideológicos do sistema de penas no projeto de lei anticrime". *Revista da Faculdade de Direito UFPR*, vol. 64, nº 3, 2019.

______. *Pena e garantias*. 3ª ed. Rio de Janeiro: Lumen Juris, 2008.

______. *Penas e medidas de segurança no Direito Penal brasileiro*. 3ª ed. São Paulo: Saraiva, 2020.

CASARA, Rubens R. R. *A construção do idiota*: o processo de idiossubjetivação. Rio de Janeiro: Da Vinci Livros, 2024.

______. *Estado Pós-Democrático*: neo-obscurantismo e gestão dos indesejáveis. São Paulo: Civilização Brasileira, 2017.

CASTRO, Karolina A. P. *Sistema Penitenciário Federal*: estudo sobre regimes disciplinares e confinamento solitário. Brasília: Universidade de Brasília, 2019. (Dissertação de Mestrado).

CONSELHO NACIONAL DE JUSTIÇA. *Regras de Mandela*: regras mínimas das Nações Unidas para o tratamento de presos. Brasília: CNJ, 2016.

CORTE IDH. *Caso Bissoon y otro vs. Trinidad y Tobago*. Sentencia, 14/11/2022.

______. *Caso López y otros vs. Argentina*. Sentencia, 25/11/2019.

______. *Caso Manuela y otros vs. El Salvador*. Sentencia, 02/11/2021.

______. *Caso Montero Aranguren y otros vs. Venezuela*. Sentencia, 05/07/2006.

______. *Caso Poggioli Pérez vs. Venezuela*. Sentencia, 29/04/2024.

______. *Instituto Penal Plácido de Sá Carvalho*. Resolução, 22/11/2018.

______. *Parecer Consultivo* OC 29/22 (Enfoques Diferenciados a Respeito de Determinados Grupos de Pessoas Privadas da Liberdade), 30/05/2022.

DEFENSORIA PÚBLICA DA UNIÃO. *Inspeções aos Estabelecimentos Penais Federais* (2017 a 2023). Brasília: DPU, 2023.

DEFENSORIA PÚBLICA DA UNIÃO; DEFENSORIA PÚBLICA DO ESTADO DE SÃO PAULO. *Memorial em Amicus Curiae*. Brasília: DPU/DPE-SP, 2023.

FÓRUM BRASILEIRO DE SEGURANÇA PÚBLICA. *Anuário Brasileiro de Segurança Pública*. São Paulo: FBSP, 2024.

HUMAN RIGHTS WATCH. *World Report*: events of 2018. United States of America, 2019.

MANSO, Bruno Paes; DIAS, Camila Nunes. *A guerra*: a ascensão do PCC e o mundo do crime no Brasil. São Paulo: Todavia, 2018.

PAVARINI, Massimo; GIAMBERARDINO, Andre. *Curso de penologia e execução penal*. Florianópolis: Tirant lo Blanch, 2018.

ROIG, Rodrigo Duque Estrada. *Execução Penal*: teoria crítica. São Paulo: Saraiva, 2014.

SHECAIRA, Sergio Salomão; CORRÊA JR., Alceu. *Teoria da Pena*. São Paulo: Revista dos Tribunais, 2002.

SUPERIOR TRIBUNAL DE JUSTIÇA. *Habeas Corpus* 136.961/RJ, Quinta Turma, Rel. Min. Reynaldo Soares da Fonseca, j. 28/04/2021.

______. *Ação Direta de Inconstitucionalidade* 4.162, Rel. Min. Luiz Fux, Parecer Técnico, Petição 31743, j. 28/06/2013.

______. *Medida Cautelar na Arguição de Descumprimento de Preceito Fundamental* 347/DF, Rel. Min. Marco Aurélio, Plenário, j. 09/09/2015.

TAVARES, Juarez; CASARA, Rubens R. R. *Prisão*: além do senso comum. Rio de Janeiro: Da Vinci Livros, 2024.

ZAFFARONI, Eugenio Raúl (Coord.). *Sistemas Penales y Derechos Humanos en América Latina*: informe final. Buenos Aires: Depalma, 1986.

CAPÍTULO XXXVIII

NEM TUDO QUE É NOVO É REVOLUCIONÁRIO: UM BALANÇO DA OPERAÇÃO LAVA JATO COMO MÉTODO DE INVESTIGAÇÃO, DEZ ANOS DEPOIS

SIMONE SCHREIBER

Breve introdução em homenagem a Rubens Casara

Como registrou Bertold Brecht no poema "Os que lutam", no mundo, há os homens bons, os muito bons, os melhores ainda e os imprescindíveis.

Na minha trajetória, Rubens tem sido um dos imprescindíveis. O ato de julgar pode ser bem solitário. É certo que o Judiciário deve ser plural e contemplar diferentes formas de pensar. A decisão justa surge do embate de ideias em um ambiente democrático e respeitoso.

Mas nenhum homem ou mulher é uma ilha, e é fundamental buscarmos nossas referências, pessoas com quem nos identificamos e com quem compartilhamos nossas visões de mundo. É fundamental nos sentirmos pertencendo, e Rubens, como outros companheiros e companheiras, integra essa indispensável rede de apoio e afeto que me sustenta.

Por volta de 2014, quando se iniciou o movimento político que capturou o sistema de justiça, denominado de Operação Lava Jato, a maioria dos juízes e das associações de magistrados aderiu entusiasticamente. A Associação dos Juízes Federais do Brasil, entidade associativa cuja diretoria integrei como vice-Presidente da 2ª Região entre 1998 e 2002, lançou a campanha "Somos Todos Moro", um movimento de apoio ao juiz Sérgio Moro, na cruzada que este supostamente conduzia de combate à corrupção no país.

Os poucos juízes e juízas que tiveram um olhar crítico sobre os métodos da Operação Lava Jato e que não se viam como "Moros" se sentiram bastante desconfortáveis e, no início, com certo temor de manifestar publicamente tal desconforto, dada a verdadeira onda a favor que contou, naquele momento, com o apoio massivo da mídia e da opinião pública e, verdade seja dita, com a adesão dos Tribunais de 2º Grau e Superiores. De fato, nos anos iniciais, a maior parte das decisões tomadas no primeiro grau era mantida em grau de recurso, tendo se consolidado então uma jurisprudência que corroborava os métodos apontados como revolucionários no enfrentamento à corrupção sistêmica que, segundo os defensores da Operação, maculava o sistema político brasileiro.

Foi nessa época que estreitei relações com Rubens Casara, quem, desde o início, se manifestou publicamente sobre a dimensão de espetáculo da Operação Lava Jato e sobre o grave risco de combater ilegalidades cometendo ilegalidades. Rubens se tornou um interlocutor fundamental e um amigo querido, e essa troca foi essencial para que eu pudesse amadurecer minhas próprias reflexões sobre as investigações e ações penais que integravam o que se anunciava como um grande movimento de depuração política conduzido por integrantes do Ministério Público e do Judiciário Federal.

O tempo passou e algumas certezas deram lugar a questionamentos, graças a muitas e muitos juristas comprometidos com o processo penal acusatório e democrático. Rubens Casara se destaca dentre eles. Por isso, escolhi o presente texto para participar desta obra que, em boa hora e com muita justiça, lhe presta uma bela homenagem.

Um balanço da Operação Lava Jato como método de investigação, dez anos depois

Muito já se escreveu sobre a Operação Lava Jato (OLJ), apontando-se que seus métodos acarretaram violações sistemáticas de direitos fundamentais das pessoas investigadas e acusadas, tendo o Supremo Tribunal Federal, ao longo dos anos, reconhecido a ofensa a inúmeras garantias constitucionais no âmbito das investigações e ações penais que a integraram, por exemplo, ao direito de ser julgado por juiz competente e imparcial,[1] ao princípio da presunção de inocência e ao privilégio contra a autoincriminação,[2] ao direito de contraditório e ampla defesa.[3]

Contudo, para além de tais características da OLJ, é importante refletirmos sobre seus resultados, se o esforço empreendido pelos

---

1 STF, INQ 4130 QO (incompetência da 13ª Vara Federal do PR para julgar fatos estranhos à Petrobras), Pleno, Rel. Min. Dias Toffoli, j. em 03/02/2016; HC 164493 (reconhecimento da suspeição do Juiz Sérgio Moro para julgar Lula), Pleno, Rel. Min. para acórdão Gilmar Mendes, j. em 23/03/2021.

2 ADC 43, 44 e 54 (execução provisória da pena), Pleno, Rel. Min. Marco Aurélio, j. em 24/10/2019; ADPF 395 e 444 (condução coercitiva), Pleno, Rel. Min. Gilmar Mendes, j. em 14/06/2018.

3 HC 166373 (direito de o delatado falar após o delator no processo), Pleno, Rel. Min. para acórdão Alexandre de Moraes, j. em 30/11/2022.

órgãos de persecução penal resultou na efetiva repressão aos graves crimes de corrupção que estariam sendo praticados em larga escala no âmbito do Estado brasileiro.

Entusiastas da OLJ defendem que um modelo eficiente de repressão ao crime organizado, envolvendo pessoas que detêm poder político e econômico, exige necessariamente a flexibilização de direitos e garantias constitucionais. Nesse sentido, haveria uma dicotomia insuperável entre a eficiência da persecução penal e a preservação de direitos fundamentais das pessoas atingidas. Os métodos de investigação utilizados na OLJ seriam inerentes a um sistema punitivo menos anacrônico e mais eficiente, a partir da premissa de que o excesso de direitos das pessoas acusadas impede o "combate à impunidade" no Brasil, especialmente quando se trata de crimes de colarinho branco.

Contudo, ao contrário do que se poderia esperar, após dez anos de deflagração da OLJ, a violação de direitos fundamentais das pessoas investigadas e acusadas não implicou incremento de eficiência, com a efetiva punição dos autores dos crimes praticados. Em verdade, o que se pode constatar é que se trata de um modelo que, para além de violar direitos, possui também um déficit de eficiência.

A bem da verdade, os propalados resultados exitosos da OLJ, que ensejaram a adesão entusiasmada e acrítica do Poder Judiciário, da grande mídia e da opinião pública, estão relacionados às medidas cautelares extremamente gravosas adotadas ainda na fase investigatória (conduções coercitivas, prisões cautelares, buscas e apreensões domiciliares, constrições patrimoniais), à superexposição midiática das pessoas atingidas e, por outro lado, às negociações realizadas em acordos de colaboração premiada, nos quais foi priorizada a recuperação de valores em detrimento de penas corporais.

Vê-se assim que todo o suposto êxito da OLJ repousa em medidas que dispensam o devido processo legal. É bastante simbólico que Sérgio Moro e Antônio Bochenek, então Presidente da AJUFE, tenham publicado, no ano de 2015, um artigo no *O Estado de S.*

Paulo intitulado "O problema é o processo",[4] título que bem simboliza a posição extremamente autoritária de considerar que a solução justa de um caso penal pode ser encontrada sem processo.

Pois bem, partindo-se da premissa de que não há pena sem processo em um Estado democrático, é de se perquirir se o modelo Lava Jato se mostrou de fato eficiente para reprimir crimes graves.

Inicialmente, podemos tratar da ampliação do conceito de conexão para fixação da competência para julgar todas as ações penais que compõem as diversas fases do que seria uma mesma investigação em uma única vara, sob a responsabilidade de um mesmo juiz. Essa estratégia foi adotada tanto em Curitiba quanto no Rio de Janeiro e, para além de violar o princípio do juiz natural, revelou-se um grande equívoco estratégico por parte do Ministério Público. É evidente que a escolha de um juiz com um perfil mais alinhado com os órgãos de persecução pode parecer bastante vantajosa, especialmente considerando que o código de processo penal estabelece que o juiz que atua na investigação fica prevento para julgar a ação penal (modelo que está sendo superado com a instituição do juiz das garantias).

Contudo, no caso da OLJ, na qual se estabeleceu uma aliança com a grande mídia e a adoção da superpublicidade como um importantíssimo ingrediente para o êxito da operação, a construção do mito do juiz combatente da impunidade, aquele juiz corajoso que quebra paradigmas, para punir a elite econômica e política (chamada de criminalidade do andar de cima), gerou problemas relacionados à superpopularidade desses juízes, quebra de impessoalidade, adoção de comportamentos heterodoxos e perda até mesmo de senso de ridículo desses atores, o que acabou levando, em certo momento, à

---

4 MORO, Sérgio; BOCHENEK, Antônio. "O problema é o processo". *O Estado de S. Paulo*, 29 mar. 2015. Disponível em: https://www.estadao.com.br/opiniao/espaco-aberto/o-problema-e-o-processo-imp-/. Acessado em: 01.03.2024.

desmoralização dos esforços empreendidos pelos órgãos de persecução, inclusive perante a opinião pública que se pretendia conquistar.[5]

Além disso, as varas federais consideradas preventas para julgar todo os processos criminais relacionados com a OLJ ficaram rapidamente inviabilizadas; a concentração de megaprocessos perante um mesmo juízo não contribuiu para a celeridade na condução do feito. É evidente que processos volumosos em que há inúmeras imputações e inúmeros réus, em que foram decretadas diversas medidas cautelares pessoais, patrimoniais e probatórias, tramitam com dificuldade. Esse problema se agrava quando se opta por distribuir um sem-número de processos com tais características a uma mesma vara ao longo de anos.

A ampliação do instituto da conexão, que levou à indevida concentração de todos os feitos em uma única vara ao argumento de pertencerem à OLJ, foi em determinado momento corrigida pelo STF. O primeiro caso foi a Questão de Ordem no Inquérito Policial 4130, que tinha por objeto a suposta prática de ilícitos no âmbito do Ministério do Planejamento, Orçamento e Gestão. Aos poucos o STF foi aplicando os parâmetros fixados nesse primeiro caso[6] a

---

5 No voto do Ministro Gilmar Mendes recém proferido nas ADIS do juiz das garantias, ele cita vários diálogos travados pela Força Tarefa da Lava Jato no Telegram, em que os procuradores revelam certo desconforto com o protagonismo do juiz Sérgio Moro, que a todo o tempo ficava interferindo de uma maneira ou de outra no trabalho do MP. Nessas conversas, Moro é apelidado de Russo, ficando evidente que os interlocutores não têm respeito pelo juiz, apenas o toleram porque entendem que aquela parceria era necessária para o sucesso da operação. Ver trecho do voto do Ministro Gilmar na ADI 6298, p. 1053 e ss. do acórdão.

6 Os seguintes parâmetros para aferição de conexão foram fixados no IP 4130 QO: 1. O fato de a Polícia Judiciária ou o Ministério Público Federal denominarem determinadas apurações como fases da Operação Lava Jato, a partir de uma sequência de investigações sobre crimes diversos, não se sobrepõe às normas disciplinadoras de competência; 2. A competência não pode ser definida a partir de um critério temático e

inúmeros processos, e o que temos hoje é a redistribuição de diversos feitos pertinentes às "fases da operação lava jato" para outras varas federais, varas estaduais e para a justiça eleitoral, dependendo do caso. Tal redistribuição levou à anulação de atos decisórios e à necessária repetição de atos decisórios e instrutórios, o que também inviabilizou a prestação jurisdicional em prazo razoável.

Outro ponto sensível é o uso do acordo de colaboração premiada como uma das principais ferramentas de investigação no âmbito da operação, instituto de justiça penal negocial. A sua utilização no âmbito da OLJ conferiu excessiva autonomia ao Ministério Público, livre de efetivo controle judicial e de quaisquer controles extraprocessuais. As escolhas feitas pelo Ministério Público sobre os investigados que seriam e os que não seriam contemplados com o acordo e também sobre os prêmios oferecidos não eram sindicáveis.

Desde que foi deflagrada a OLJ, formou-se uma jurisprudência excessivamente permissiva sobre os acordos de colaboração premiada, conferindo-lhes caráter semelhante aos dos negócios jurídicos de natureza cível, nos quais prevaleceria a vontade das partes contratantes e cujo conteúdo não seria controlável pelo Poder Judiciário. Embora seja inquestionável que os acordos de colaboração premiada constituam meios de obtenção de prova relevantes, especialmente na investigação da criminalidade organizada, sua larga utilização

---

aglutinativo de casos atribuídos aleatoriamente pelos órgãos de persecução e julgamento, como se tudo fizesse parte de um mesmo contexto, independentemente das peculiaridades de cada situação; 3. A colaboração premiada, como meio de obtenção de prova, não constitui critério de determinação, de modificação ou de concentração da competência; 4. Os elementos de informação trazidos pelo colaborador a respeito de crimes que não sejam conexos ao objeto da investigação primária devem receber o mesmo tratamento conferido à descoberta fortuita ou ao encontro fortuito de provas; 5. A prevenção não é critério primário de determinação da competência, mas, sim, de sua concentração, tratando-se de regra de aplicação residual; e 6. O estabelecimento de um juízo universal para a apuração de desvios envolvendo vantagens indevidas pessoais ou a partidos políticos viola a garantia do juiz natural.

no âmbito da OLJ foi marcada pela insuficiência do regramento legal do instituto e pela formação de jurisprudência que, na prática, inviabilizou qualquer questionamento sobre a validade/legalidade dos acordos firmados.

No julgamento do HC 127.483/PR, em 27/08/15, principal *leading case* sobre a matéria, o Plenário do Supremo Tribunal Federal ressaltou a natureza de negócio jurídico processual e personalíssimo do acordo de colaboração premiada. Afirmou que a homologação do acordo pelo juiz se consubstanciava em juízo de delibação e limitava-se a aferir a regularidade, a voluntariedade e a legalidade do acordo.

Ademais, estabeleceu que o acordo não poderia ser impugnado pelos delatados, ao argumento de que a avença em si não repercutia em suas esferas jurídicas individuais. Apenas o resultado da colaboração, as imputações que dela decorressem e as provas produzidas a partir daí poderiam ser debatidas pelos delatados no processo. O Supremo assentou também que eventual desconstituição do acordo de colaboração premiada tinha âmbito de eficácia restrito às partes que o firmaram, não beneficiando nem prejudicando terceiros. Mesmo em caso de revogação do acordo, o material probatório colhido em decorrência dele poderia ser utilizado em face de terceiros.[7]

Pois bem, como resultado de tal jurisprudência, aspectos relacionados aos parâmetros legais da colaboração premiada não foram debatidos no âmbito dos Tribunais, já que qualquer discussão sobre a regularidade do acordo, incluindo a legalidade dos prêmios acordados, ficou obstada pela falta de legitimidade das pessoas incriminadas para impugná-los. Diante da postura de autoconstrição dos juízes que analisavam superficialmente os requisitos legais no momento da homologação, da falta de interesse das partes em impugnar os acordos que firmaram, ou ainda da inserção nos termos de acordo

---

7 STF, Inq. 3983/DF, Rel. Min. Teori Zavascki, Pleno, j. em 03/03/2016.

de cláusula de renúncia à eventual impugnação,[8] não foi viabilizada a fixação de parâmetros legais pela jurisprudência sobre o instituto.[9]

Tornou-se corriqueiro assegurar vantagens processuais e materiais para os colaboradores não previstas na legislação. Não por acaso, uma das raras oportunidades em que foi afirmada a impossibilidade de fixação de benefícios não previstos na lei decorreu de decisão monocrática do Ministro Ricardo Lewandowski, em juízo de delibação, quando recusou homologação de acordo de colaboração premiada firmado no âmbito do STF, tendo em vista a não compatibilidade entre o que foi pactuado pelas partes e o sistema legislativo vigente.[10]

A forma heterodoxa como estavam sendo firmados esses acordos no âmbito da Lava Jato não passou desapercebida da doutrina. Thiago Bottino, em artigo publicado em 2016, fez uma análise, sob a ótica da Teoria Econômica do Direito, de cláusulas constantes em acordos que não tinham previsão legal, sustentando que a ampliação desmedida dos benefícios incrementava o risco de colaborações que

---

8 A Lei n. 13.964/2019 passou a prever a nulidade de renúncia do direito de impugnar a decisão homologatória do acordo (art. 4º, § 7º-B, da Lei n. 12.850).

9 Esse ponto foi bem destacado pelo Ministro Gilmar Mendes no julgamento do HC 142205/PR (STF, Segunda Turma, j. em 25/08/2020), *verbis*: "[a tese adotada pelo Supremo Tribunal Federal no sentido de não impugnabilidade do acordo por terceiros] ocasionou uma quase total intangibilidade e incontrolabilidade dos acordos de delação, ao passo que aqueles que poderiam impugná-lo (colaborador e MP), normalmente almejarão interesse completamente inverso, no sentido de fazer o máximo para a sua manutenção. Por efeito colateral, tornamos os acordos de colaboração premiada praticamente intocáveis".

10 Petição 7265/DF. Decisão de 14/11/2017, na qual o Ministro Lewandowski recusou homologação ao acordo de colaboração premiada firmado entre Renato Barbosa Rodrigues Pereira e o MPF. Disponível em: https://www.conjur.com.br/dl/lewandowski-devolve-acordo-delacao.pdf. Acessado em: 01.01.2022.

não eram verdadeiras nem úteis.[11] Essa possibilidade, num cenário em que os órgãos de persecução não realizam investigações independentes, apostando todas as suas fichas nas informações trazidas pelo delator, amplia o risco de ineficiência do instituto.[12]

O cenário começa a mudar com a aprovação do chamado "Pacote Anticrime" (Lei n. 13.964/2019), que estabeleceu parâmetros mais seguros para a colaboração premiada. A nova redação do art. 4º, § 7º, II, da Lei n. 12.850, estabelece a legalidade estrita dos benefícios e a nulidade de acordo sobre regimes diferenciados de cumprimento de pena, restringindo ainda a possibilidade de negociação sobre progressão de regime. Ademais, a nova lei amplia o controle judicial prévio do acordo, inclusive no tocante à análise

---

11 BOTTINO. Thiago. "Colaboração premiada e incentivos à cooperação no processo penal: uma análise crítica dos acordos firmados na Operação Lava jato". *Revista Brasileira de Ciências Criminais*, vol. 122, set./out. 2016, pp. 359-390.

12 Rubens Casara e Antonio Pedro Melchior apontam para o efeito produzido pela delação premiada de "degeneração dos papéis de cada ator processual". Embora a lei preveja a efetividade da colaboração, não prevê que o próprio investigado produza a prova necessária para a condenação dos delatados. O defensor se demite do seu papel constitucional de se contrapor à acusação para se tornar auxiliar do Ministério Público. "A máxima instrumentalização do imputado pela acusação chega ao limite do absurdo com a determinação de que promova gravações com outras pessoas como condição do acordo. A sua utilização como ferramenta para obter gravações é um dos mecanismos utilizados para driblar a exigência de autorização judicial imposta às interceptações telefônicas (...). A imposição de que o imputado forneça e produza diretamente provas como *condição* para a formalização do acordo se apresenta, portanto, como mais uma das disfunções práticas da delação premiada no Brasil" (CASARA, Rubens R. R.; MELCHIOR Antonio Pedro. "Estado Pós-Democrático e delação premiada: crítica ao funcionamento concreto da justiça criminal negocial no Brasil". *In*: ESPIÑEIRA, Bruno; CALDEIRA, Felipe (Coord.). *Delação premiada*: estudos em homenagem ao Ministro Marco Aurélio de Mello. Belo Horizonte: D'Plácido, 2016.

da legalidade e adequação das penas acordadas, o que é feito no momento da homologação, e não mais na prolação da sentença.[13]

Uma última palavra sobre o uso da colaboração premiada na Lava Jato. Houve uma escolha do Ministério Público de firmar acordos de colaboração com os empresários e políticos que ocupavam, na hipótese acusatória, posições de comando das organizações criminosas. Isso porque uma das principais bandeiras da força tarefa da OLJ era recuperar recursos desviados, e as pessoas que detinham grandes somas e também detinham informações relevantes para serem compartilhadas eram os grandes empresários, doleiros e políticos. Isso gerou o apenamento mais brando dos supostos líderes das ORCRIMs, priorizando-se a punição pecuniária em detrimento da aplicação de penas corporais, do que o das pessoas com menos expressão política e econômica, que integravam escalões mais baixos dos grupos criminosos. Em algumas situações, *office boys* e secretárias receberam penas corporais mais altas do que os seus chefes. Vê-se que, paradoxalmente, estabeleceu-se também na Lava Jato a seletividade penal que se pretendia combater.

Importante ainda destacar a questão da espetacularização como um dos ingredientes que compõem o modelo Lava Jato. Houve uma

---

13 A respeito, ver DE-LORENZI, Felipe da Costa. “Benefícios da colaboração premiada após a ‘lei anticrime’: as mudanças na determinação e no controle judicial da pena”. *Boletim IBCCrim*, ano 29, nº 345, ago. 2021, p. 16. No STF, há precedente da Segunda Turma, da relatoria do Ministro Gilmar Mendes, em que se propõe a revisão da jurisprudência assentada sobre a falta de legitimidade dos delatados para impugnar a validade dos acordos de colaboração (HC 142205/PR, j. em 25/08/2020). Debateu-se a existência de vínculo de derivação entre o acordo firmado e as imputações e provas produzidas a partir dele, de modo a se reconhecer que o acordo impacta diretamente a esfera jurídica das pessoas incriminadas, que teriam, portanto, legitimidade e interesse jurídico em impugná-lo. Contudo, trata-se de precedente de órgão fracionário, em que apenas o Ministro Lewandowski acompanhou o relator. Não houve assim, até aqui, superação da jurisprudência firmada pelo Supremo no HC 127.483/PR.

opção estratégica dos órgãos de persecução penal em conferir máxima publicidade aos procedimentos da Lava Jato e a adesão acrítica e entusiasmada dos veículos de comunicação à operação. Formou-se um ambiente de publicidade opressiva que expôs indevidamente pessoas investigadas e acusadas, constrangeu juízes e privou os réus do direito de serem julgados em ambiente de imparcialidade.[14]

Tal publicidade, contudo, também obedeceu à lógica da seletividade, porque o *timing* do levantamento de sigilo e divulgação de informações era estabelecido pelos órgãos de persecução envolvidos e, em última instância, pelo juiz. A seletividade também decorreu, como já ressaltado, do próprio modelo negocial, pois as escolhas do Ministério Público delimitam as informações às quais se dá publicidade e as que não são consideradas relevantes.[15]

---

14 A respeito: CASARA, Rubens R. R. *Processo penal do espetáculo*: ensaios sobre o poder penal, a dogmática e o autoritarismo da sociedade brasileira. Florianópolis. Empório do Direito, 2015; SCHREIBER, Simone. "Publicidade opressiva e Operação Lava Jato". *In*: GONÇALVES, Mirian *et al.* (Coord.). *Relações indecentes*. vol. 1. São Paulo: Tirant lo Blanch Brasil, 2020, pp. 140-150; SCHREIBER, Simone. "Ouvir a voz das ruas: porque é importante reafirmar o papel contramajoritário do Poder Judiciário". *In*: SCHREIBER, Simone; MALAN, Diogo; BOTTINO, Thiago (Coord.). *Escritos democráticos em homenagem ao Desembargador Antônio Ivan Athié*. Rio de Janeiro: Lumen Iuris, 2023; GOMES, Marcus Alan de Melo. "Crítica à cobertura midiática da Operação Lava Jato". *Revista Brasileira de Ciências Criminais*, São Paulo, ano 24, vol. 122, ago. 2016, pp. 229-253.

15 Analisando as trocas de mensagens pelo aplicativo Telegram havidas entre Sérgio Moro e Deltan Dallagnol, periciadas na Operação Spoofing, Marcelo Semer destaca que o *timing* da imposição e de levantamento de sigilo de peças e decisões judiciais é pensado estrategicamente para obter adesão da opinião pública à operação. "Em muitos momentos, a imprensa é acessada como forma de causar apreço na opinião pública ou pressionar a decisão de tribunais superiores (...); de outro lado, o sigilo é negociado como forma de escalonar o que e quando deve se tornar público, por questões de estratégia midiática" (SEMER, Marcelo. *Os paradoxos da Justiça*: Judiciário e Política no Brasil. São Paulo: Contracorrente, 2021, p. 122).

Na OLJ, a mídia não realiza o chamado jornalismo investigativo, restringindo-se a repercutir as narrativas que lhe são repassadas pelos órgãos de persecução penal. Essa forma de agir da imprensa está retratada no documentário *Levaram o Reitor*, produzido pela TV GGN sobre o suicídio de Luiz Carlos Cancellier. Informações sobre um suposto desvio de oitenta milhões de reais da UFSC foram divulgadas em diversos veículos, sem qualquer checagem. Logo depois, constatou-se que o valor astronômico não tinha respaldo na investigação.[16]

A espetacularização dos procedimentos criminais é perniciosa, em primeiro lugar, porque viola direitos fundamentais das pessoas investigadas e acusadas. Em segundo lugar, porque contribui para a politização da justiça criminal, especialmente quando juízes de diversas instâncias passam a atuar estrategicamente, sustentando pautas políticas e recorrendo à adesão da opinião pública para respaldar suas decisões.[17] Em terceiro lugar, porque ao aderir acri-

---

16 O Reitor Cancellier foi atingido pela Operação Ouvidos Moucos, deflagrada nos mesmos moldes da "franquia Lava Jato". Supostos desvios ocorridos no programa de ensino a distância da UFSC, que sequer eram contemporâneos à sua gestão, justificaram a decretação de sua prisão temporária e de outros investigados. Buscas e apreensões foram realizadas por equipes de policiais federais fortemente armados. Toda a operação foi acompanhada pela grande imprensa. As pessoas atingidas não haviam sido chamadas para interrogatório policial sobre os fatos apurados antes da deflagração da operação. Posteriormente, a prisão foi revogada e substituída por medida cautelar de afastamento do reitor de seu cargo e proibição de ingressar no *campus* da Universidade. Cancellier cometeu suicídio, jogando-se de um dos pavimentos de um *shopping center*. Um bilhete em seu bolso informava que sua morte fora decretada quando foi banido da universidade. Seu suicídio foi um fato político de extrema importância que expôs a violência dos procedimentos adotados nessas operações policiais e, no dizer da Juíza Adriana Bertoncini, tratou-se de um evento que abriu a primeira rachadura na até então impoluta operação Lava Jato. O documentário está disponível em: https://www.youtube.com/watch?v=6GOgdEpKUp4.

17 SCHREIBER, Simone. "A politização da jurisdição criminal no Brasil e a flexibilização das nomas constitucionais de garantia pelo Supremo

ticamente aos métodos da OLJ e aos resultados obtidos a partir desses métodos, a mídia alimenta a incompreensão do público sobre como deve funcionar a justiça penal em um Estado democrático, sobre a imprescindibilidade de que a condenação seja precedida de um processo judicial conduzido com respeito às leis e às normas constitucionais de garantia.

Em resumo, é preciso enfrentar a afirmação de que o modelo Lava Jato se revela eficaz na apuração e responsabilização de crimes praticados por detentores de poder político e econômico, quebrando o paradigma da seletividade do sistema de justiça penal brasileiro. Haveria um ganho civilizatório, consistente em tornar o Direito Penal mais republicano, já que a aplicação isonômica das leis decorre da Constituição.[18]

Na verdade, os resultados obtidos – prisões, recuperação de valores desviados, rompimento do paradigma de impunidade de detentores de poder político e econômico – decorrem mais das prisões

---

Tribunal Federal". *In*: BAENA, Jesus Delgado; CARBALLIDO, Manuel Gândara; ROBLES, Vicente Barragán (Coord.). *La necesaria (re)invención de los Derechos Humanos*. vol. 1. Valencia: Tirant lo Blanch, 2021, pp. 503-526. Também sobre o tema: SEMER, Marcelo. *Os paradoxos da Justiça*: Judiciário e Política no Brasil. São Paulo: Contracorrente, 2021, pp. 98 e ss.

18 Nessa linha, Ademar Borges ressalta que a constitucionalização do Direito Penal no Brasil "envolve necessária e simultaneamente um processo de integração tanto dos excluídos (integração de baixo para cima) quando dos privilegiados (integração de cima para baixo) a um sistema penal baseado no respeito à dignidade humana e à estrita observância da lei" (SOUSA FILHO. Ademar Borges de. *O controle de constitucionalidade de leis penais no Brasil*. Belo Horizonte: Fórum, 2019, p. 27). Para uma análise crítica do papel do juiz na republicanização do sistema penal, ver SCHREIBER, Simone. "A politização da jurisdição criminal no Brasil e a flexibilização das nomas constitucionais de garantia pelo Supremo Tribunal Federal". *In*: BAENA, Jesus Delgado; CARBALLIDO, Manuel Gândara; ROBLES, Vicente Barragán (Coord.). *La necesaria (re)invención de los Derechos Humanos*. vol. 1. Valencia: Tirant lo Blanch, 2021.

cautelares, acordos de colaboração premiada e superpublicidade do que da prolação de sentenças condenatórias transitadas em julgado. Como visto, os megaprocessos possuem tramitação extremamente lenta e burocratizada. A experiência mostrou que a concentração do julgamento de diversos processos complexos e volumosos em juízos únicos, ao argumento de conexão probatória, para além de ter se evidenciado como violadora do princípio do juiz natural, também não contribuiu para a solução rápida dos processos. Sua tramitação em prazo minimamente razoável ficou inviabilizada.[19]

Assim, um modelo alternativo de processo penal em que se preservem a legalidade e as garantias deve apostar menos nas medidas cautelares penais e no espetáculo das operações policiais e mais na simplificação de procedimentos, no respeito à presunção de inocência e na prolação de sentença de mérito em prazo razoável. O desafio é pensarmos em um modelo que não transija com a violação de direitos fundamentais das pessoas acusadas e que, por outro lado, apresente soluções justas e céleres para ações penais que tenham por objeto a criminalidade organizada, respeitando-se o sistema acusatório, mantendo-se o juiz em uma posição de equilíbrio e independência. Com certeza, o esforço empreendido neste artigo, de que se faça um balanço amplo da Operação Lava Jato após dez anos de sua deflagração, contribuirá para que se possa pensar em um sistema punitivo compatível como um país que se pretende democrático.

Referências bibliográficas

BOTTINO. Thiago. "Colaboração premiada e incentivos à cooperação no processo penal: uma análise crítica dos acordos firmados na Operação Lava jato". *Revista Brasileira de Ciências Criminais*, vol. 122, set./out. 2016.

19 A respeito, ver MALAN, Diogo. "Megaprocessos criminais e o direito de defesa". *Revista Brasileira de Ciências Criminais*, vol. 159, set. 2019, pp. 45-67.

CASARA, Rubens R. R. *Processo penal do espetáculo*: ensaios sobre o poder penal, a dogmática e o autoritarismo da sociedade brasileira. Florianópolis. Empório do Direito, 2015.

CASARA, Rubens R. R.; MELCHIOR Antonio Pedro. "Estado Pós-Democrático e delação premiada: crítica ao funcionamento concreto da justiça criminal negocial no Brasil". *In*: ESPIÑEIRA, Bruno; CALDEIRA, Felipe (Coord.). *Delação premiada*: estudos em homenagem ao Ministro Marco Aurélio de Mello. Belo Horizonte: D'Plácido, 2016.

DE-LORENZI, Felipe da Costa. "Benefícios da colaboração premiada após a 'lei anticrime': as mudanças na determinação e no controle judicial da pena". *Boletim IBCCrim*, ano 29, nº 345, ago. 2021.

GOMES, Marcus Alan de Melo. "Crítica à cobertura midiática da Operação Lava Jato". *Revista Brasileira de Ciências Criminais*, São Paulo, ano 24, vol. 122, ago. 2016.

MALAN, Diogo. "Megaprocessos criminais e o direito de defesa". *Revista Brasileira de Ciências Criminais*, vol. 159, set. 2019.

MORO, Sérgio; BOCHENEK, Antônio. "O problema é o processo". *O Estado de S. Paulo*, 29 mar. 2015. Disponível em: https://www.estadao.com.br/opiniao/espaco-aberto/o-problema-e-o-processo-imp-/. Acessado em: 01.03.2024.

SCHREIBER, Simone. "A politização da jurisdição criminal no Brasil e a flexibilização das nomas constitucionais de garantia pelo Supremo Tribunal Federal". *In*: BAENA, Jesus Delgado; CARBALLIDO, Manuel Gândara; ROBLES, Vicente Barragán (Coord.). *La necesaria (re)invención de los Derechos Humanos*. vol. 1. Valencia: Tirant lo Blanch, 2021.

______. "Ouvir a voz das ruas: porque é importante reafirmar o papel contramajoritário do Poder Judiciário". *In*: SCHREIBER, Simone; MALAN, Diogo; BOTTINO, Thiago (Coord.). *Escritos democráticos em homenagem ao Desembargador Antônio Ivan Athié*. Rio de Janeiro: Lumen Iuris, 2023.

______. "Publicidade opressiva e Operação Lava Jato". *In*: GONÇALVES, Mirian *et al.* (Coord.). *Relações indecentes*. vol. 1. São Paulo: Tirant lo Blanch Brasil, 2020.

SEMER, Marcelo. *Os paradoxos da Justiça*: Judiciário e Política no Brasil. São Paulo: Contracorrente, 2021.

SOUSA FILHO. Ademar Borges de. *O controle de constitucionalidade de leis penais no Brasil*. Belo Horizonte: Fórum, 2019.

CAPÍTULO XXXIX

REMANDO CONTRA A MARÉ

VERA MALAGUTI BATISTA

NILO BATISTA

Para Rubens Casara,
sempre na vanguarda da regata contra a maré.

Celebrar os dez anos de existência da ALPEC corresponde a uma celebração da resistência histórica da criminologia latinoamericana às opressões penais. Desde sua obra magistral *Em busca das penas perdidas*, Zaffaroni nos lembra da deslegitimação pela prática do discurso jurídico-penal em nossas terras. "Esgotado em seu arsenal de ficções gastas, cujos órgãos exercem seu poder para controlar um marco social cujo signo é a morte em massa (realidade letal)".[1]

1 ZAFFARONI, Eugenio Raúl. *Em busca das penas perdidas*. Rio de Janeiro: Revan, 1991, p. 13.

Nesses últimos dez anos, assistimos no Brasil a uma regressão político-social só comparada ao golpe de 1964: o problema é que agora é um autoritarismo desejado. Aprendemos com Gizlene Neder que os aparelhos do autoritarismo buscam sua sobrevivência nas transições democráticas.[2] Na longa duração da história brasileira, podemos afirmar que o autoritarismo é a grande permanência histórica e que os momentos de democracia real aparecem como hiatos. Interpretar esse doloroso presente que aqui vivemos nos leva a tentar compreender exatamente o momento de transição após o golpe civil-militar de 1964.

A partir dos anos oitenta, vivemos no Brasil uma intensa onda de desejos de emancipação que incluíam o desmonte da estrutura de repressão e truculência que davam a tônica ao regime a ser superado. Todas as forças do campo popular e democrático se uniram em torno da Constituinte, entre 1985 e 1988. É importante ressaltar que havia então uma estranha e inabalável fé na judicialização como resposta aos nossos prementes problemas. Apesar de nossas raízes, a "nova democracia" insistia num protagonismo muito forte em torno das instituições judiciais e do Ministério Público. Curiosamente as Defensorias Públicas ficavam relegadas a um segundo plano... a judicialização tinha um caráter policialesco.

Por outro lado, a crise do capitalismo do fim dos anos setenta engendrava aquilo que ficou conhecido em nosso continente como as décadas perdidas, os anos oitenta e noventa. É nesse momento histórico que a obsessão pela segurança pública sintetizava todos os medos dos nossos povos. O medo da fome, do desemprego, da dissolução das redes públicas e coletivas de atenção social se condensava no medo do crime. O neoliberalismo que se apresentava como programa do capital vídeo-financeiro precisava do crime para a constituição de um novo inimigo: não mais o subversivo, mas o

---

2 NEDER, Gizlene. *Violência e cidadania*. Porto Alegre: Sergio Fabris Ed., 1994; e NEDER, Gizlene. *Iluminismo jurídico-penal luso-brasileiro*: obediência e submissão. Rio de Janeiro: Revan, 2007.

criminoso que quer assediar nossos lares. Apesar das advertências de Alessandro Baratta,[3] o direito à segurança suplantou as demandas pela segurança dos direitos, e os sonhos de novas políticas de controle social e de boas polícias foi sendo demolido pelas políticas do velho medo das classes populares, agora corporificado em traficantes pelas estratégias de sobrevivência dos circuitos informais da economia.

Fazer uma genealogia da guerra às drogas, como Rosa del Olmo, é fundamental para entendermos essa estranha adição a uma Política Criminal com derramamento de sangue que já completou no Brasil cinquenta anos de aparente fracasso: não conseguiu diminuir nem a produção, nem a comercialização, nem o consumo das substâncias alcançadas pelo proibicionismo.[4] Seu sucesso se situou na construção do novo inimigo público, jovens recrutados nos bairros pobres por essa economia. O formato de guerra atualizou o que chamamos na história do Brasil de constituição do sujeito matável. A colonização e o escravismo fizeram sempre do massacre dos povos originários e dos pretos e pobres uma espécie de paisagem natural.

O novo inimigo das décadas perdidas foi sendo esculpido pela mídia nos programas mais populares e nos mais sofisticados. Ao longo desses anos todos, aquela mídia monopolizada, porta-voz do capital vídeo-financeiro, foi inculcando medos e desejos de truculência na direção das favelas e bairros pobres. Carlos Magno Nazareth Cerqueira, ainda nos anos noventa, se assombrava com a remilitarização da segurança pública, poucos anos depois de termos sonhado e construído "políticas democráticas de segurança pública".[5] O formato guerra reconfigurou os sistemas penais: foram policiais

3 BARATTA, Alessandro. "Seguridad". *Capítulo Criminológico*, vol. 29, nº 2, jun. 2001.

4 DEL OLMO, Rosa. "Gepolítica de las drogas". *Revista Análisis*, Medelín, jun. 1958.

5 CERQUEIRA, Carlos Magno Nazareth. "Remilitarização da segurança pública". *Discursos Sediciosos – Crime, Direito e Sociedade*, ano 1, nº 1, 1996.

civis que executaram o massacre de vinte e sete jovens no Jacarezinho. Apareceram os juízes combatentes, os promotores policizados, mas principalmente reconfiguraram-se as subjetividades. Deixamos de resistir à truculência para naturalizá-la e agora aplaudi-la. É daí que surgiu essa força política que chegaria à Presidência da República. A Política Criminal de drogas em formato bélico se tornou o maior vetor de extermínio e encarceramento de jovens pretos e pobres e também ajudou a relegitimar a tortura e a truculência estatal. Esse estado de guerra, com políticas de ocupação de território, recorda a obra dos Estados Unidos e de Israel na Palestina. A expansão sem precedentes dos efetivos policiais-combatentes fez com que esse domínio do território incluísse também o controle sobre as economias populares. O grande geógrafo Milton Santos nos falava da velocidade dos pobres, essa velocidade, essa vitalidade econômica dos circuitos informais nas frestas desse capitalismo de barbárie.[6] É na disputa por essas economias nas favelas e bairros pobres que surge o que é chamado hoje de milícia. Um fenômeno totalmente decorrente da ocupação policial que aconteceu no Rio de Janeiro nos últimos trinta anos. Excetuando Leonel Brizola, os sucessivos governos estaduais, à direita e à esquerda, ampliaram o Estado de polícia e mataram em nome da guerra às drogas.

Essa má compreensão do campo popular democrático sobre a questão criminal reproduziu aquilo que Zaffaroni criticou no conceito de "crime organizado", chamando-o de "uma categorização frustrada".[7] A esquerda não compreendeu a centralidade da Política Criminal, não compreendeu as funções políticas da guerra contra as drogas e agora não compreende a questão das milícias. No Rio de Janeiro e no Brasil, elas não têm nada a ver com os grupos de extermínio dos anos da ditadura, embora sejam da mesma linhagem. Tampouco

---

6 SANTOS, Milton. *Espaço e método*. São Paulo: Nobel, 1952.

7 ZAFFARONI, Eugenio Raúl. "Crime Organizado: uma categorização frustrada". *Discursos Sediciosos – Crime, Direito e Sociedade*, Rio de Janeiro: Relume Dumará, ano 1, nº 1, 1996.

são grupos paramilitares, como em outros países do continente. Como dissemos acima, são uma consequência óbvia das políticas de ocupação das áreas pobres pela polícia e da expansão dos efetivos policiais em dimensões nunca vistas em nossa história. Empoderados pelo medo do crime e pela indulgência com a brutalização dos pretos e pobres, esses contingentes de policiais-combatentes agora estão fora de controle, fragmentados em disputas sangrentas por mercados locais. As cenas de prisões de "milicianos" se assemelham cada vez mais às cenas tristes das operações contra "traficantes" em favelas. A desolação econômica agravada pela pandemia aprofunda cada vez mais na cidade esses fluxos e redes como estratégias de trabalho e sobrevivência. Não é possível denominar "milícia" ao conjunto de atividades heterogêneas em diferentes lugares das cidades e mesmo do campo. Talvez o único aspecto em comum que vincule esses fenômenos seja serem constituídos por policiais ou ex-policiais que participam ou participaram das estratégias de ocupação e guerra.

No triste caso brasileiro, o presente interroga o passado recente e as ilusões punitivistas da redemocratização. Para avançar, teríamos que não retroceder na pauta crítica para o que propúnhamos na década de oitenta, não repetir os programas e expectativas das boas e cidadãs polícias e dos presídios exemplares. Se Baratta demoliu a ideia de um "direito à segurança", teríamos que avançar na demolição do próprio conceito de segurança, propondo uma criminologia sem segurança e agora mais antenada com os efeitos do capitalismo catastrófico: realocar as energias e as políticas públicas no sentido de uma defesa civil, desarmada, que possa atender ao sofrimento dos nossos povos diante das enchentes, alagamentos, queimadas, desabamentos e epidemias.

Enfim, nossa criminologia tem que dar conta dessa ditadura que atravessa a democracia através da policização em forma de guerra. Nossa principal tarefa é desconstruir a atualização do sujeito matável. Aquilo que Vera Andrade chamou de "criminologia da brasilidade" exige um alargamento de horizontes, nossa pauta não pode retroceder defensivamente, mas constituir-se a partir das realidades concretas dos nossos povos, do chão das lutas.[8] Jean Tible, ao propor um *Marx selvagem*, tentou refazer os passos perdidos de Karl Marx na sua leitura da obra etnográfica de Morgan sobre os povos originários da América do Norte. Esse encontro com a América que não aconteceu nos obriga a construir novas atualizações do marxismo, na direção de uma "teoria da luta dos povos".[9]

Se um olhar criminológico sobre a realidade brasileira dos últimos anos revela esse quadro sinistro, no âmbito da legislação penal e processual, tudo também piorou. A Constituição da República de 1988, na qual tantas esperanças se depositavam, já trazia as marcas de um punitivismo construído pela direita e pela esquerda. Ambas as tendências políticas lograram inserir, entre as garantias individuais, no coração do *bill of rights* dos brasileiros (e dos estrangeiros residentes), mandados de criminalização com gravíssimas restrições, quais a inafiançabilidade, a imprescritibilidade e a proibição de graça ou anistia. Pela esquerda vieram o racismo, a tortura e o golpe de Estado ("ação de grupos armados contra a ordem constitucional"); pela direita vieram o tráfico de drogas ilícitas, o terrorismo e – infeliz novidade – os "crimes hediondos" (art. 5º, incs. XLII, XLIII e XLIV CR). A palavra "hediondo" provém do espanhol, cognata do verbo *heder* (feder, cheirar mal), e além de sua acepção primitiva (fedorento, malcheiroso), adquiriria os sentidos de repugnante, pavoroso e abjeto. Parece impossível construir uma classe de delitos pelo odor ou pela aversão que desperte em alguém. Talvez por isso o texto constitucional falava em delitos "definidos como crimes hediondos", tocando, pois, ao legislador ordinário, a partir de certos elementos gerais (bem jurídico ofendido, meios e modos de execução etc.), efetuar tal definição. Pois o legislador ordinário simplesmente criou um catálogo, que não cessou de ser acrescentado ao sabor do

---

8 ANDRADE, Vera. "Criminologia em pedaços: manifesto por uma aliança para a brasilidade". *Boletim IBCCrim*, ano 28, nº 328, mar. 2020.

9 TIBLE, Jean. *Marx selvagem*. São Paulo: Autonomia Literária, 2021.

noticiário, no qual o roubo está ao lado do estupro com violência presumida, o homicídio se emparelha ao furto com explosivo (caixas eletrônicas dos bancos), a adulteração de produto terapêutico entesta com o porte de arma de uso restrito e a epidemia vai de mãos dadas com o genocídio (enfim, alguma afinidade). Inúmeras restrições de caráter processual ou executório-penal se abateram sobre os "crimes hediondos", seja isto lá o que for.

A chamada "reforma pontual" da legislação penal, também atrelada ao noticiário, mutila mensalmente nosso Código Penal. Cresce entre os penalistas brasileiros a ideia de que o Código Penal deveria ter o *status* de lei complementar, que exige *quorum* qualificado para qualquer alteração. Não cabe aqui uma exposição completa dessa mutilação, mas podemos dar alguns exemplos. Importamos o *stalking* do norte, e agora, sob o *nomen iuris* de "perseguição", ai daquele que "de qualquer forma invada ou perturbe a esfera de liberdade ou privacidade" da vítima (Lei n. 14.132/2021): duas mensagens prometendo amor eterno e estará o novo crime consumado. Os maus-tratos a animais eram punidos, na Lei de Crimes Ambientais (art. 32 da Lei n. 9.605/1998), com detenção de 3 meses a 1 ano; mas agora, "quando se tratar de cão ou gato", teremos a pena de reclusão de 2 a 5 anos (Lei n. 14.064/2020). Nem todos os animais são iguais perante a lei; se quiser maltratar algum, opte pelo macaco-prego ou pela capivara. Quem achava que a velha denunciação caluniosa consistia na imputação conscientemente falsa de um crime trate de se informar, porque no Brasil bolsonarista as imputações de "infração ético-disciplinar" ou de "ato ímprobo" também passaram a ser típicas (Lei n. 14.110/2020). Asneiras desse calibre, e às vezes de calibre maior, apresentam-se invariavelmente nessas mutilações de nossa legislação penal e processual penal. Talvez por isso uma lei que promoveu inúmeras alterações tenha tratado de legislar também sobre sua própria qualidade teórica, rezando no artigo 1º: "esta lei aperfeiçoa a legislação penal e processual penal" (Lei 13.964/2019). Quem disser que não aperfeiçoou coisa alguma estará contrariando a lei! O legislador brasileiro está com a autoestima bem temperada.

Um ativismo judicial de cariz punitivista instalou-se em nossa jurisprudência, e podemos entrevê-lo na própria Corte Suprema. Tomemos dois exemplos. Em 13 de junho de 2019, o Tribunal, considerando a existência de um genérico mandado de criminalização (art. 5º, inc. XLI CR: "a lei punirá qualquer discriminação atentatória dos direitos e liberdades fundamentais") e a inexistência de lei com tipos legais que contemplem agressões e ofensas homofóbicas, deliberou que "até que sobrevenha lei (...) as condutas homofóbicas (...) por traduzirem expressões de racismo, compreendido este em sua dimensão social, ajustam-se por identidade de razão e mediante adequação típica, aos preceitos primários de incriminação definidos na Lei n. 7.716, do 08/01/1989" (ADIpO n. 130). O artigo 1º dessa Lei n. 7.716/1989 reza: "serão punidos, na forma desta lei, os crimes resultantes de discriminação ou preconceito de raça, cor, etnia, religião ou procedência nacional". Por mais repugnante que seja a homofobia, por mais estúpido que seja discriminar alguém por sua sexualidade, a orientação sexual é algo distinto de raça, de cor, de etnia, de religião e de procedência nacional. O Supremo Tribunal Federal recomendou ao sistema penal brasileiro utilizar-se de analogia – as impressões digitais ficaram na expressão "por identidade de razão" – para constituir um crime! O guardião da Constituição ou ignorou que nela tem abrigo o princípio da legalidade (art. 5º, inc. XXXIX CR), ou ignorou que uma das mais comezinhas e elementares funções do princípio da legalidade é proibir a criação de delitos por analogia! É verdade que a ementa tentou absolver-se registrando que "interpretação conforme à Constituição não se confunde com exegese fundada em analogia *in malan pertem*", mas é preciso um grau de cegueira cívica muito grave para não se dar conta da óbvia operação analógica (de um particular a outro particular por "identidade de razões") realizada.

Também no Direito Penal boas intenções pavimentam a estrada para o inferno. Vejamos outro caso. Mas, para desfrutá-lo por inteiro, são necessárias algumas informações. Dispõe nossa Constituição, entre os direitos individuais, que "ninguém será considerado culpado até o trânsito em julgado de sentença penal condenatória" (art. 5º, inc. LVII CR). Também contempla nossa Constituição a proibição de regresso: não pode sequer ser "objeto de deliberação a proposta de emenda tendente a abolir direitos e garantias individuais" (art. 60, § 4º, inc. IV CR). Pois o artigo 283 do Código de Processo Penal, que autoriza a prisão "em decorrência de sentença penal condenatória transitada em julgado" – em total sintonia com a garantia constitucional –, teve sua constitucionalidade submetida ao STF. Em 7 de novembro de 2019, o Tribunal, pela apertadíssima maioria de um voto, reconheceu sua constitucionalidade (ADC n. 43). Metade dos Ministros, a cujas mãos a Constituição entregou sua guarda e defesa, considerou adequado iniciar a execução penal sobre condenados constitucionalmente presumidos inocentes. Um tribunal provinciano chegou a editar uma súmula obrigando a prisão após a decisão de segundo grau, independentemente do trânsito em julgado. Gostam tanto de pena que não conseguem esperar mais um pouco, nem se perturbam por iniciar a execução sob o risco de reforma da sentença condenatória.

Na magistratura de primeiro grau, tivemos o fenômeno que ficará conhecido como lavajatismo: alguns juízes policizados investigam, aconselham o promotor de justiça, pressionam – através de prisões provisórias ou do arresto de bens – para obter delações, divulgam a conta-gotas documentos escandalosos e até mesmo julgam. Aqui é preciso frisar que o lavajatismo não existiria sem o apoio entusiástico da mídia, que é, na verdade, a instância julgadora desses casos. No Brasil, o direito a um julgamento justo e a presunção de inocência são diariamente violados pelo noticiário e pela crônica sobre procedimentos criminais. A contribuição da Corte Suprema foi banir integralmente a lei de imprensa, afirmando a "não recepção em bloco da Lei n. 5.250/1967 pela nova ordem constitucional" (ADPF n. 130, julgada em 30/04/2009). Com isto foi para o ralo uma bela invenção jurídica brasileira, a responsabilidade sucessiva, criada em homenagem à liberdade de imprensa e que rompia as regras gerais da autoria e da participação para, nos crimes de imprensa, restringi-la ao autor do escrito ou ao redator-chefe do periódico, resguardando, assim, todos os demais colaboradores, dos impressores aos entregadores de jornal. Também perdemos então uma boa regulamentação do direito de resposta consagrado na Constituição (art. 5º, inc. V CR): a garantia constitucional viu-se subitamente debilitada, à míngua de regulamento. As grandes corporações comunicacionais naturalmente adoraram a decisão. Para termos uma ideia de sua superficialidade, vejamos um dos dispositivos tornados "em bloco" inconstitucionais. A Constituição prevê o sigilo de fonte: "é assegurado a todos o acesso à informação e resguardado o sigilo da fonte, quando necessário ao exercício profissional" (art. 5º, inc. XIV CR). Leiamos agora o artigo 71 da "inconstitucional" Lei n. 5.250, de 9 de fevereiro de 1967:

> nenhum jornalista ou radialista ou, em geral, as pessoas referidas no artigo 25, poderão ser compelidas ou coagidas a indicar o nome se seu informante ou a fonte de suas informações, não podendo seu silêncio a respeito sofrer qualquer sanção, direta ou indireta, nem qualquer espécie de penalidade.

Merece um doutorado *honoris causa* quem demonstrar que o artigo 71 da declarada inconstitucional "em bloco" Lei n. 5.250/1967 conflita com o inciso XIV do artigo 5º da Constituição da República.

Em suma, a pena é hoje cultuada no Brasil como a solução para todos os problemas. Parte considerável da magistratura está convencida de que seu papel é facilitar o exercício do poder punitivo, e não observar criteriosamente sua constitucionalidade, legalidade e racionalidade. Antes que a espalhafatosa suspeição do juiz que lançou o lavajatismo fosse reconhecida pela Corte Suprema – por escassos sete votos a quatro –, mais de cem magistrados cariocas foram à rua, envergando suas togas, reverenciar o colega famoso. Como perceberiam mais tarde, estavam reverenciando apenas um juiz suspeito. E pensar que um dia o Rio de Janeiro foi a capital cultural do país! Em suma, nesses dez anos da ALPEC, no Brasil, continuamos remando contra a maré.

Referências bibliográficas

ANDRADE, Vera. "Criminologia em pedaços: manifesto por uma aliança para a brasilidade". *Boletim IBCCrim*, ano 28, nº 328, mar. 2020.

BARATTA, Alessandro. "Seguridad". *Capítulo Criminológico*, vol. 29, nº 2, jun. 2001.

CERQUEIRA, Carlos Magno Nazareth. "Remilitarização da segurança pública". *Discursos Sediciosos – Crime, Direito e Sociedade*, ano 1, nº 1, 1996.

DEL OLMO, Rosa. "Gepolítica de las drogas". *Revista Análisis*, Medelín, jun. 1958.

NEDER, Gizlene. *Iluminismo jurídico-penal luso-brasileiro*: obediência e submissão. Rio de Janeiro: Revan, 2007.

______. *Violência e cidadania*. Porto Alegre: Sergio Fabris Ed., 1994.

SANTOS, Milton. *Espaço e método*. São Paulo: Nobel, 1952.

TIBLE, Jean. *Marx selvagem*. São Paulo: Autonomia Literária, 2021.

ZAFFARONI, Eugenio Raúl. "Crime Organizado: uma categorização frustrada". *Discursos Sediciosos – Crime, Direito e Sociedade*, Rio de Janeiro: Relume Dumará, ano 1, nº 1, 1996.

______. *Em busca das penas perdidas*. Rio de Janeiro: Revan, 1991.

CAPÍTULO XL

NEOLIBERALISMO E RESISTÊNCIA: DA TRADIÇÃO À REVISÃO CONCEITUAL

VERA REGINA PEREIRA DE ANDRADE

Introdução: homenagem a Rubens Casara

Estar aqui, a várias mãos, para homenagear o querido colega e amigo Rubens Casara é uma distinção e alegria ímpares, pois nos dá a oportunidade pública de dizer o quanto sua existência e trabalho são importantes e dignificantes e o quanto se tornaram referência valorosa para as nossas lutas de resistência humanista e democrática, especialmente no violento campo do controle social e penal em que atuamos. E isto não apenas pela riqueza de seu *curriculum vitae stodiorium*, inscrito formalmente no *curriculum lattes*, mas pelo compromisso cotidiano de suas lutas contra as desigualdades, preconceitos, autoritarismos, abusos de poder, violações de direitos, violências e injustiças que atravessam a história do sistema penal e social brasileiros, ao mesmo tempo, por sua defesa intransigente do constitucionalismo e da democracia. Lutas cuja história não é contada no espaço de um *curriculum* formal, mas que tecem seu legado em movimento, nas ciências criminais e para além dela. E isto porque Casara é um pensador de horizontes que, sem perder sua raiz jurídica originária, o foco no Direito e, notadamente, no Direito Processual e no sistema penal, busca constantemente a análise estrutural, vai à raiz dos problemas, para compreender e intervir sobre a sociedade de seu tempo histórico, especialmente a brasileira.

Assim tem sido na escolha de suas pesquisas e produção científica transitando por uma rede de disciplinas (Direito, Sociologia e Criminologia Crítica, Filosofia, Epistemologia e Psicanálise), temas e problemas sejam vinculados ao processo e ao sistema penal (seus problemas, rituais e mitologias, a criminalização dos problemas sociais, o Estado penal e o encarceramento em massa, a hermenêutica, os Juizados Criminais, as medidas cautelares, o Judiciário, o Ministério Público e a Polícia, o sistema acusatório e de segurança pública; a política de drogas, as crianças e os adolescentes, a violência de gênero), sejam ligados, em sentido lato, ao republicanismo e à democracia, ao constitucionalismo, ao garantismo e aos direitos humanos, ao capitalismo e ao neoliberalismo, às transformações estruturais da sociedade, do Estado e do indivíduo e à ética da libertação.

Assim tem sido em todas as muitas arenas tocadas por sua práxis, seja como jurista, psicanalista, pesquisador, professor universitário, juiz de Direito no Tribunal de Justiça do Rio de Janeiro, fundador do Movimento da Magistratura Fluminense para a Democracia, membro na Associação dos Juízes para a Democracia, do Corpo Freudiano, ou como pesquisador associado ao GENA (Groupe d'Études sur le Néolibéralisme et Les Alternatives), vinculado ao Sophiapol da Universidade Paris 10, nas quais nosso homenageado tem reverberado sua competência e palavra em contínuas ações comprometidas com ideais emancipatórios, numa jornada ética de vida baseada na alteridade, na empatia, na solidariedade. Como magistrado, figura entre os imprescindíveis na construção de um paradigma de justiça para todos.

Dentre o rico universo temático de sua obra, escolho para homenageá-lo o tema do neoliberalismo, porque, além de ser um tema que lhe é muito caro e cujo interesse nos conecta, Casara é um dos intelectuais que mais tem produzido a seu respeito no Brasil, a ele dedicando-se há muitos anos.[1] E compreender adequadamente o neoliberalismo se trata, como ele tem sustentado, de um imperativo urgente para compreender os caminhos de resistência à sua destrutividade.

Acompanhamos aqui a posição assumida por nosso homenageado sobre o neoliberalismo. Casara tem sustentado, em seus escritos e falas,[2] que o neoliberalismo é um conceito polissêmico, potencializando diversos significados. Inicialmente, há uma história do conceito, surgido como teoria econômica, que remonta a Gary S. Becker[3] e que conduz à sua concepção, também, como teoria ideoló-

---

1 Nessa direção já escreveu uma trilogia muito importante: CASARA, Rubens R. R. *Estado Pós-Democrático*: neo-obscurantismo e gestão dos indesejáveis. Rio de Janeiro: Civilização brasileira, 2017; CASARA, Rubens R. R. *Sociedade sem lei*: pós-democracia, personalidade autoritária idiotização e barbárie. Rio de Janeiro: Record, 2019; e CASARA, Rubens R. R. *Contra a miséria neoliberal*. São Paulo: Autonomia Literária, 2021.

2 CASARA, Rubens R. R. *Estado Pós-Democrático*: neo-obscurantismo e gestão dos indesejáveis. Rio de Janeiro: Civilização brasileira, 2017; CASARA, Rubens R. R. *Sociedade sem lei*: pós-democracia, personalidade autoritária idiotização e barbárie. Rio de Janeiro: Record, 2019; e CASARA, Rubens R. R. *Contra a miséria neoliberal*. São Paulo: Autonomia Literária, 2021; CASARA, Rubens R. R. "Entrevista: contra a miséria do neoliberalismo". *TV 247*, YouTube, 25 abr. 2021. Disponível em: https://youtu.be/zrVKE1Yp5ZA. Acessado em: 01.05.2025.

3 Gary Becker (BECKER, Gary. *The economic approach to Human behavior*. Chicago: The University of Chicago, 1976), Prêmio Nobel de Ciências Econômicas de 1992, foi aluno de Milton Friedman e é considerado pioneiro no estudo da associação entre economia e comportamento humano (psicologia).

gica, e ainda, na esteira de Michel Foucault,[4] como modo de governo dos Estados ou governabilidade. Entretanto, contemporaneamente, essa tradição polissêmica vai ser submetida a um revisionismo por autores, entre outros, como Dardot e Laval[5] e Brow,[6] aos quais se alinha Casara, baseados na premissa de que ela não apenas é insuficiente – não entendemos ainda o que é o neoliberalismo –, mas se constitui em fonte de erros de diagnóstico e consequentes distorções nas respostas políticas ao fenômeno. Destarte, uma adequada apreensão do neoliberalismo é decisiva para, compreendendo-o em toda a sua extensão, clarificar a atuação de resistência contra ele, dados seus efeitos destrutivos. Para além de uma teoria econômica, ideológica ou da governabilidade, o neoliberalismo passa a ser apreendido com a uma "nova racionalidade" ou como uma nova "cosmovisão".[7]

Nosso objetivo, aqui, é sumarizar essa tradição e essa revisão conceitual.

1 Sobre o conceito tradicional: contextualizando a construção do conceito de neoliberalismo como teoria econômica e ideologia (do capitalismo globalizado)

Iniciemos, pois, pela tradição conceitual do neoliberalismo, contextualizando sua origem.

4 FOUCAULT, Michel. *Nascimento da biopolítica*. 3ª ed. São Paulo: Martins Fontes, 2008.

5 DARDOT, Pierre; LAVAL, Christian. *A nova razão do mundo*: ensaio sobre a sociedade neoliberal. São Paulo: Boitempo, 2016.

6 BROWN Wendy. *Nas ruínas do neoliberalismo*: a ascensão da política antidemocrática no ocidente. Trad. Mário A. Marino e Eduardo Altheman C. Santos. São Paulo: Filosófica Politeia, 2019.

7 BRAGA, Henrique Pereira; SILVA, Lais Hesse Andrade. "Uma teoria para o seu tempo: neoliberalismo, homem econômico e homem capital". *Revista da Sociedade Brasileira de Economia Política*, nº 65, jan./abr. 2023.

Contrariamente à concepção de que "não *há um corpo teórico neoliberal específico capaz de distingui-lo de outras correntes de pensamento político*", ou que "o neoliberalismo com que convivemos dificilmente se encarna em obras de intelectuais de reconhecida competência",[8] subscrevemos com Bedin[9] o entendimento de "que existe um corpo teórico neoliberal", ainda que este, em sentido amplo, possa ser visto como a revivescência das principais teses do liberalismo clássico e que o economista e filósofo austríaco Friedrich August Von Hayek, ainda que antecedido por Ludwig Von Moises, (*A economia comunal*, de 1922), de quem foi grande discípulo, possa ser considerado o seu mais autorizado ideólogo, através da trilogia *O caminho da servidão*, de 1944, *Os fundamentos da liberdade*, de 1960, e *Direito, legislação e liberdade*, de 1973, 1976 e 1979. Integram também a base teórica do neoliberalismo, entre outros, Karl Popper (*A sociedade aberta e seus inimigos*, de 1945) e o economista da Escola de Chicago Milton Friedman.

Dessa forma, como historia Anderson,[10] enquanto teoricamente o neoliberalismo surgiu como reação individual, na segunda década do século XX, foi reforçado com a obra de Hayek em 1944 e foi socializado, como movimento, com a crise fiscal do Estado, nos anos 1970, vindo a se consolidar apenas com as mudanças dos anos 1980, tornando-se referência global, inclusive para os países do antigo bloco soviético, a partir dos primeiros anos da década de 1990. Com efeito, nascido logo depois da Segunda Guerra Mundial, na região da Europa e da América do Norte onde imperava o capitalismo, como uma reação teórica e política veemente contra o Estado intervencionista e de Bem-Estar, seu texto seminal é *O caminho da*

---

8 DRAIBE, Sônia M. "As políticas sociais e o neoliberalismo". *Revista USP*, nº 17, 1993, p. 88.

9 BEDIN, Gilmar. *Os direitos do homem e o neoliberalismo*. 2ª ed. Ijuí: UNIJUÍ, 1998, pp. 86-89.

10 ANDERSON, Pierre. "Balanço do neoliberalismo". *In*: SADER, Emir; GENTILI, Pablo (Coord.). *Pós-neoliberalismo*: as políticas sociais e o Estado democrático. 6ª ed. São Paulo: Paz e Terra, 2003, pp. 8-11.

servidão, de Friedrich Hayek, escrito já em 1944. Trata-se de um ataque apaixonado contra quaisquer limitações dos mecanismos de mercado, por parte do Estado, denunciadas como uma ameaça letal à liberdade, não somente econômica, mas também política. Naquele momento, o alvo imediato de Hayek era o Partido Trabalhista inglês, às vésperas da eleição geral de 1945 na Inglaterra, que este partido efetivamente venceria. A mensagem de Hayek era contundente, ao afirmar que apesar de suas boas intenções, a social-democracia moderada inglesa conduziria ao mesmo desastre que o nazismo alemão, uma servidão moderna. O pensamento de Hayek e seus seguidores (Popper, Friedman e outros) é marcado por uma aversão satânica à presença do Estado como promotor de políticas públicas e cidadania social, vista como uma intervenção indevida e deletéria na medida em que, tornando os cidadãos dependentes do Estado, destruiria a liberdade individual.

Três anos depois, em 1947, enquanto as bases do Estado de Bem-Estar na Europa do pós-guerra efetivamente se construíam, não somente na Inglaterra, mas também em outros países, Hayek convocou aqueles que compartilhavam sua orientação ideológica para uma reunião na pequena estação de Mont Pèlerin, na Suíça. Entre os célebres participantes estavam não somente adversários firmes do Estado do Bem-Estar europeu, mas também inimigos férreos do New Deal norte-americano. Na seleta assistência encontravam-se Milton Friedman, Karl Popper, Lionel Robbins, Ludwig Von Mises, Walter Eupkenm Walter Lipman, Michael Polanyi, Salvador de Madariaga, entre outros. Ali se fundou a sociedade de Mont Pèlerin, uma espécie de franco-maçonaria neoliberal, altamente dedicada e organizada, com reuniões internacionais a cada dois anos. Seu propósito era combater o keynesianismo e o solidarismo reinantes e preparar as bases de um outro tipo de capitalismo duro e livre de regras para o futuro. As condições para este projeto não eram muito favoráveis, uma vez que o capitalismo avançado estava entrando numa longa fase de auge sem precedentes – sua idade de ouro –, apresentando o crescimento mais rápido da história, durante as décadas de 1950 e 1960. Por essa razão, não pareciam muito verossímeis os avisos neoliberais dos perigos que representavam qualquer regulação do mercado por parte do Estado. A polêmica contra a regulação social, no entanto, tem uma repercussão um pouco maior.

Hayek e seus companheiros argumentavam que o novo igualitarismo (muito relativo, bem entendido) desse período promovido pelo Estado de Bem-Estar destruía a liberdade dos cidadãos e a vitalidade da concorrência, da qual dependia a prosperidade de todos. Desafiando o consenso oficial da época, eles argumentavam que a desigualdade era um valor positivo – na realidade imprescindível em si –, pois disso precisavam as sociedades ocidentais. Essa mensagem permaneceu na teoria por mais de 20 anos.

A grande recessão que atinge o mundo a partir de 1973 (baixas taxas de crescimento, altíssimas taxas de inflação) foi o terreno propício para a fertilização das ideias neoliberais. Com efeito, Hayek e seus seguidores decodificavam essa crise como resultado da ação política (movimento operário e segmentos populares organizados) e do poder exacerbado dos sindicatos, cujas reivindicações haviam conduzido à expansão dos gastos públicos de um Estado tornado funcionalmente "paternalista", acarretando a destruição das bases da acumulação do capital e da lucratividade das empresas privadas e conduzido justamente aos processos inflacionários que degeneravam irremediavelmente em uma crise generalizadas das economias de mercado.

A chegada da grande crise do modelo econômico do pós-guerra em 1973, quando todo o mundo capitalista avançado caiu numa longa e profunda recessão, combinando, pela primeira vez, baixas taxas de crescimento com altas taxas de inflação, mudou o contexto, abrindo espaço para o avanço das ideias neoliberais. As raízes da crise, afirmavam Hayek e seus companheiros, estavam localizadas no poder excessivo e nefasto dos sindicatos e, de maneira mais geral, do movimento operário, que havia corroído as bases de acumulação capitalista com suas pressões reivindicatórias sobre os salários e com sua pressão parasitária para que o Estado aumentasse cada vez mais os gastos sociais.

Esses dois processos destruíram os níveis necessários de lucro das empresas e desencadearam processos inflacionários que não podiam deixar de terminar numa crise generalizada das economias de mercado.[11]

O remédio, então, era claro: manter um Estado forte, sim, em sua capacidade de esvaziar o poder dos sindicatos e no controle do dinheiro, mas mínimo em todos os gastos sociais e nas intervenções econômicas. A estabilidade monetária deveria ser a meta suprema de qualquer governo. Para isso seria necessária uma disciplina orçamentária, com a contenção dos gastos do bem-estar e a restauração da taxa "natural" de desemprego, ou seja, a criação de um exército de reserva de trabalho para quebrar os sindicatos. Ademais, reformas fiscais seriam imprescindíveis para incentivar os agentes econômicos (reduções de impostos sobre os rendimentos mais altos e sobre as rendas). Dessa forma, uma nova e saudável desigualdade iria voltar a dinamizar as economias avançadas, então às voltas com uma estagflação, resultado direto dos legados combinados de Keynes e Beveridge (intervenção anticíclica e redistribuição social), as quais haviam tão desastrosamente deformado o curso normal da acumulação e do mercado livre. O crescimento retornaria quando a estabilidade monetária e os incentivos essenciais houvessem sido restituídos.

A hegemonia desse programa aguardou em torno de uma década até que, em 1979, o governo Thatcher, eleita na Inglaterra, foi o primeiro regime de um país de capitalismo avançado publicamente empenhado em pôr em prática o programa neoliberal. Um ano depois, em 1980, Reagan chegou à Presidência dos Estados Unidos.

---

11 ANDERSON, Pierre. "Balanço do neoliberalismo". *In*: SADER, Emir; GENTILI, Pablo (Coord.). *Pós-neoliberalismo*: as políticas sociais e o Estado democrático. 6ª ed. São Paulo: Paz e Terra, 2003, pp. 10-11.

Em 1982, Khol derrotou o regime social-liberal de Helmut Schmidt na Alemanha. Em 1983, a Dinamarca, Estado modelo do bem-estar escandinavo, caiu sob o controle de uma coalizão de direita, o governo de Schluter. Em seguida, quase todos os países do norte da Europa Ocidental, com exceção da Suécia e da Áustria, também viraram à direita. A partir daí, a onda de direitização desses anos tinha um fundo político para além da crise econômica do período.[12]

Em 1978, a segunda guerra fria eclodiu com a intervenção soviética no Afeganistão e a decisão norte-americana de incrementar uma nova geração de foguetes nucleares na Europa Ocidental. O ideário do neoliberalismo havia sempre incluído, como componente central, o anticomunismo mais intransigente de todas as correntes capitalistas do pós-guerra. O novo combate contra o império do mal – a servidão humana mais completa aos olhos de Hayek – inevitavelmente fortaleceu o poder de atração do neoliberalismo político, consolidando o predomínio da nova direita na Europa e na América do Norte. Os anos 1980 viram o triunfo mais ou menos incontrastado da ideologia neoliberal nessa região do capitalismo avançado.[13]

A América Latina se converteu, após o triunfo liberal na Europa e na América do Norte, sucedido pelo Leste Europeu, na terceira grande cena de experimentação neoliberal, muito embora o Chile de Pinochet tenha "sido o verdadeiro pioneiro do ciclo neoliberal da história contemporânea".[14]

---

12 ANDERSON, Pierre. "Balanço do neoliberalismo". *In*: SADER, Emir; GENTILI, Pablo (Coord.). *Pós-neoliberalismo*: as políticas sociais e o Estado democrático. 6ª ed. São Paulo: Paz e Terra, 2003, p. 11.

13 ANDERSON, Pierre. "Balanço do neoliberalismo". *In*: SADER, Emir; GENTILI, Pablo (Coord.). *Pós-neoliberalismo*: as políticas sociais e o Estado democrático. 6ª ed. São Paulo: Paz e Terra, 2003, p. 12.

14 ANDERSON, Pierre. "Balanço do neoliberalismo". *In*: SADER, Emir; GENTILI, Pablo (Coord.). *Pós-neoliberalismo*: as políticas sociais e o Estado democrático. 6ª ed. São Paulo: Paz e Terra, 2003, p. 19.

O Estado enquanto espaço do interesse público passa a ser responsabilizado por todas as mazelas da sociedade; a desigualdade e os problemas sociais são decodificados como produto dos "privilégios" e do "parasitismo" das categorias do funcionalismo público e da ineficiência estatal.[15]

Em síntese, concebendo a proteção social do Estado como um paternalismo impeditivo da capacidade produtiva e de autossuperação individual, o neoliberalismo preconiza a restauração do mercado (o mundo dos autossuficientes) como instância de mediação na regulação social e de redefinição do papel social do Estado através da concepção de "Estado mínimo" como espaço institucional único para a democracia. Sucede-se a necessidade de uma reengenharia institucional consubstanciada num conjunto de reformas, de ordem econômica e fiscal, mas também repressivas, pois o Estado deveria se fortalecer, precisamente, no combate àquelas ações políticas destrutivas de esquerda.

Nessa esteira, a desigualdade, classificada como "déficit social", passa a ser vista como um valor positivo e condição para a concorrência e a prosperidade de todos, cuja realização se limita à capacidade individual de acumular e expor a posse de bens materiais.[16]

A mudança central preconizada pelo neoliberalismo é, portanto, a mudança do centro gravitacional da regulação social, do Estado (e da soberania nacional) para o mercado, como regulador "invisível", embora ostensivo, das relações econômicas, interindividuais e sociais, mediante uma reengenharia social fundada numa reconceituação da

---

15 DORNELLES, João Ricardo. "Violência urbana, direitos da cidadania e políticas públicas de segurança no contexto de consolidação das instituições neoliberais". *Discursos Sediciosos – Crime Direito e Sociedade*, Rio de Janeiro, nº 3, 1997.

16 NETTO, José Paulo. *Crise do socialismo e ofensiva neoliberal*. São Paulo: Cortez, 1993.

liberdade e da responsabilidade individual – num novo reinado do individualismo *possessivo* e da ideologia do mercado total.

Dessa forma, o neoliberalismo dos tempos da globalização do capitalismo retoma e desenvolve os princípios que se haviam formulado e posto em prática com o liberalismo ou a mão invisível, a partir do século XVIII. Entretanto, o que distingue o neoliberalismo pode ser o fato de que ele diz respeito à vigência e *à* generalização das forças do mercado capitalista em âmbito global. É verdade que alguns de seus polos dominantes e centros decisórios localizam-se nos Estados nacionais mais fortes. Em escala crescente, no entanto, formam-se polos dominantes e centros decisórios localizados em empresas, corporações e conglomerados transnacionais. Aí nascem diretrizes relativas a desestatização, desregulação, privatização, liberalização e regionalização. São diretrizes que principalmente o Fundo Monetário Internacional (FMI) e o Banco Mundial (BIRD) encarregam-se de codificar, divulgar, implementar e administrar. Enquanto o liberalismo baseava-se no princípio da soberania nacional, ou ao menos tomava-o como parâmetro, o neoliberalismo passa por cima dele, deslocando as possibilidades de soberania para as organizações, corporações e outras entidades de âmbito global. São "elites" de vários tipos que organizam e dinamizam as instituições multilaterais e as corporações transnacionais, além de outras entidades de alcance mundial. Formam tecnoestruturas armadas de recursos científicos e tecnológicos, em condições de produzir informações, análises, diagnósticos, prognósticos, diretrizes e práticas relativos a diferentes problemas e desafios, em escala mundial. É evidente que a modernização do mundo em geral na esteira da globalização do capitalismo confere tarefas fundamentais aos quadros ou elites intelectuais.[17]

---

17 IANNI, Octavio. "Repensando o balanço do neoliberalismo". *In*: SADER, Emir; GENTILI, Pablo (Coord.). *Pós-neoliberalismo*: as políticas sociais e o Estado democrático. 6ª ed. São Paulo: Paz e Terra, 2003, p. 100.

A ideologia neoliberal que entra em cena na era da globalização do capitalismo (quando se criam, fortalecem e generalizam as estruturas globais de poder) tem, assim, destacada importância, eis que opera como seu "ingrediente, produto e condição".[18]

O neoliberalismo apresenta-se, dessa forma, assentado em três pilares:

1) Uma marcha acelerada de reversão das nacionalizações efetuadas no pós-guerra (maré privatizante);

2) Crescente tendência à desregulamentação das atividades econômicas e sociais pelo Estado, baseada na "eficiência do mercado" em relação ao "burocratismo de Estado";

3) Reversão de padrões universais de proteção social estabelecidos nos Estados de Bem-Estar Social.[19]

Para Fernandes,[20] diferentes articulações, combinações e dosagens desses três pilares são possíveis. Mas o seu sentido geral aponta para um projeto comum de reconfiguração institucional do capitalismo contemporâneo que se tornou claramente hegemônico no mundo nesse final de século. Os três elementos indicados – a desestatização, a desregulamentação e a desuniversalização – podem servir de base,

---

18 IANNI, Octavio. "Repensando o balanço do neoliberalismo". *In*: SADER, Emir; GENTILI, Pablo (Coord.). *Pós-neoliberalismo*: as políticas sociais e o Estado democrático. 6ª ed. São Paulo: Paz e Terra, 2003, p. 106; SILVA, Karine de Souza. *Globalização e exclusão social*. Curitiba: Juruá, 2000, p. 19.

19 FERNANDES, Luis. "Neoliberalismo e reestruturação do capitalismo". *In*: SADER, Emir; GENTILI, Pablo (Coord.). *Pós-neoliberalismo*: as políticas sociais e o Estado democrático. 6ª ed. São Paulo: Paz e Terra, 2003, p. 56.

20 FERNANDES, Luis. "Neoliberalismo e reestruturação do capitalismo". *In*: SADER, Emir; GENTILI, Pablo (Coord.). *Pós-neoliberalismo*: as políticas sociais e o Estado democrático. 6ª ed. São Paulo: Paz e Terra, 2003, p. 56.

assim, para uma definição mais operacional do neoliberalismo que leve em conta as especificidades de sua materialização nacional.

Com esse cabedal teórico, o neoliberalismo (pensamento único) passa a ser caracterizado como base teórico-ideológica operacionalizante e legitimante da globalização ou como política da sociedade global.

Assim, para Therborn, "o neoliberalismo é uma superestrutura ideológica e política que acompanha uma transformação histórica do capitalismo moderno".[21]

Zaffaroni[22] esclarece, a sua vez, a relação-implicação entre globalização e neoliberalismo, como uma relação entre um fenômeno de poder geral e outro particular, que opera como ideologia legitimadora daquele, o que desautoriza e torna imprópria a sua confusão conceitual.

Nas suas palavras,

> *es indispensable no confundir ambos conceptos y, por ello, preferimos llamar globalización al hecho de poder en sí mismo, y denominar pensamiento único, globalismo (Beck) o fundamentalismo de mercado (Soros) a la ideología legitimante. En este entendimiento, la globalización no es un discurso, sino nada menos que un nuevo momento de poder planetario. Se trata de una realidad de poder que llegó y que, como las anteriores, no es reversible. La revolución mercantil e el colonialismo (siglos XV e XVI), la revolución industrial y el neocolonialismo (siglos XVIII y XIX), y la revolución*

21 THERBORN, Göran. "Balanço do neoliberalismo". *In*: SADER, Emir; GENTILI, Pablo (Coord.). *Pós-neoliberalismo*: as políticas sociais e o Estado democrático. 6ª ed. São Paulo: Paz e Terra, 2003, p. 39.

22 ZAFFARONI, Eugênio Raúl. "La globalización y las actuales orientaciones de la Política Criminal". *Nueva Doctrina Penal*, Buenos Aires, 1999, pp. IV-V.

tecnológica y la globalización (siglo XX), son tres momentos de poder planetario.

Para Casara,[23] o neoliberalismo produz uma ideologia (no sentido marxiano) de falsa compreensão da realidade: a ideologia do caminho único, segundo a qual inexiste alternativa à política econômica neoliberal, à autonomia do Banco Central, à privatização, revestindo de técnica a ideologia.

2 Sobre o revisionismo conceitual: o neoliberalismo como racionalidade global ou cosmovisão

Entretanto, com a obra *A nova razão do mundo*, a conceituação do neoliberalismo vinculada à economia e à ideologia é submetida a uma revisão crítica. Revisão que, acrescentamos, é realizada no século XXI após quase meio século desde suas primeiras experiências no mundo euro-americano e tendo como referente, portanto, a materialização hegemônica do neoliberalismo, aquilo que ele se tornou em sua maturação, para além de seus momentos fundacionais. Trata-se, a nosso ver, de uma atualização contextualizada antes que uma ruptura com o conceito tradicional, cuja continuidade do seu uso já se tornou anacrônica para apreender sua complexidade e alcance, mas sem a pretensão de negar a sua condição de matriz econômica e ideológica, de operacionalização e legitimação do capitalismo globalizado sob a terceira revolução técnico-científica.

De fato, lendo-se as obras fundacionais do conceito, é perceptível que não se trata(va), apenas, de uma teoria econômica, mas de uma teoria geral da sociedade, do Estado, do indivíduo e

---

23 CASARA, Rubens R. R. "Entrevista: contra a miséria do neoliberalismo". *TV 247*, YouTube, 25 abr. 2021. Disponível em: https://youtu.be/zrVKE1Yp5ZA. Acessado em: 01.05.2025.

seu comportamento. Nesse sentido, parece acomodar-se a própria polissemia em ressignificações contextuais.

Partindo da concepção de que ainda não entendemos o que é o neoliberalismo (diríamos, no presente), e estamos pagando um preço altíssimo por isso, seus autores Pierre Dardot e Christian Laval desfazem mitos e revelam o que há de novo no neoliberalismo, uma racionalidade global – que vem transformando profundamente as sociedades de forma subterrânea e difusa, estendendo seu sistema normativo a todas as relações sociais, sem deixar incólume nenhuma esfera da existência humana.

A nova razão do mundo introduz formas sem precedentes de sujeição que constituem, para os que a combatem e a ela resistem, um desafio político e intelectual inédito. Combatê-la exige não se deixar iludir, fazer uma análise lúcida dela. O conhecimento e a crítica do neoliberalismo são indispensáveis, sustentam os autores. Somente a compreensão dessa racionalidade permitirá que se oponha a ela uma verdadeira resistência e que se inaugure uma outra razão do mundo, conforme corroborado por Casara, que, traduzindo os termos da obra, designa a racionalidade neoliberal em sentido lato como um certo modo de ser e atuar no mundo da vida que trata tudo e todos como objetos negociáveis a partir de cálculos de interesse que visam ao lucro ou à obtenção de vantagens pessoais. Casara[24] relembra que, depois de ter sido colocado em prática no Chile, após o golpe que depôs Salvador Alende, é exportada para a Inglaterra (sob Margareth Tatcher) e para os Estados Unidos (sob Ronald Regan), tornando-se a racionalidade hegemônica e produzindo mudanças brutais na realidade, no que se referem ao Estado, ao indivíduo e à sociedade.

24 CASARA, Rubens R. R. *Contra a miséria neoliberal*. São Paulo: Autonomia Literária, 2021; CASARA, Rubens R. R. "Entrevista: contra a miséria do neoliberalismo". *TV 247*, YouTube, 25 abr. 2021. Disponível em: https://youtu.be/zrVKE1Yp5ZA. Acessado em: 01.05.2025.

Levando a sério a formulação clássica de Margaret Thatcher – "A economia é o método. O objetivo é mudar a alma" –, a obra analisa os assombrosos contornos deste mundo em que "o desejo é o alvo do novo poder". Dardot e Laval afirmam que a grande inovação da tecnologia neoliberal é vincular diretamente a maneira como um homem "**é governado**" **à maneira como ele próprio** "se governa". Ao explorar as raízes e ramificações do pensamento neoliberal ao longo do século XX, os autores destrincham de forma clara e precisa as implicações desse novo paradigma em que a economia se torna uma disciplina pessoal.

A figura central dessa nova racionalidade é o "sujeito empresarial". Cada indivíduo é uma empresa que deve se gerir e um capital que deve se fazer frutificar.

Na nova razão do mundo, todas as atividades devem assemelhar-se a uma produção, a um cálculo de custo, aliado ao imperativo do "sempre mais" (a ilimitação), que visa a intensificar a eficiência de cada sujeito em todos os domínios, que vão do escolar e profissional ao relacional e sexual As atividades que permeiam a vida são concebidas essencialmente como "investimento" no infindável processo de valorização do eu, sobre o qual o indivíduo é inteiramente responsável.

Nesse sentido, como matriz da razão neoliberal, é lapidar a afirmação de Lawrence Mead: "a grande fratura da nossa sociedade não é aquela que separa ricos e pobres, mas aquela que separa indivíduos capazes e incapazes de serem responsáveis por si mesmos".

Como mais lapidar ainda é a afirmação de Batista:

> (...) "a moralização do delito" é a legítima sucessora de sua "naturalização" positivista e os caminhos da responsabilização penal ficam livres de todo escrúpulo. No reino do

> individualismo, só o indivíduo pode ser responsável por estar na penitenciária.[25]

Um dos principais sintomas dessa ação é a mudança na concepção dos bens públicos, assim como os princípios de sua distribuição. Direitos até então corolários da democracia política e da participação social, como a proteção social, a igualdade de tratamento e a universalidade, são questionados pela concepção consumista do serviço público de um "sujeito ao qual a sociedade não deve nada".

Assim, Rubens Casara constata que a razão neoliberal produziu mudanças brutais tanto no registro simbólico quanto no registo imaginário da sociedade. Sendo a razão neoliberal contrária à imposição de limites que impeçam a acumulação na busca por lucro ou vantagens pessoais cada vez maiores, relativizou limites éticos, jurídicos, semânticos.

Em consequência, produziu, no nível simbólico, um empobrecimento da linguagem (como no caso típico do bolsonarismo no Brasil) e uma relativização do registro das normas, que é a marca do próprio campo simbólico, a saber, o estabelecimento de limites. E produziu também uma mudança brutal no imaginário, na imagem que se faz das coisas, estruturando-se basicamente a partir de duas imagens: empresa e concorrência.

Essa racionalidade hegemônica condiciona o funcionamento do indivíduo, do Estado e da sociedade.

Dentro desse imaginário remodelado do liberalismo, o indivíduo passa a se ver como empresário de si mesmo e a ver os outros como concorrentes que precisam ser vencidos, quando não, destruídos. Ou, em outras palavras, é a partir da ideia de capital humano que cada indivíduo passa a se perceber.

---

25 BATISTA, 2002, pp. 276-277.

O indivíduo performado como uma microempresa, reinando no espaço privado da vida, vivendo o "caminho único" da acumulação, da lucratividade, da vantagem, do "ter" em detrimento do "ser".

A sociedade sofre uma transformação estrutural: "Sociedade sem lei"[26] na qual desparece o laço social. O indivíduo subjetivizado pelo neoliberalismo olha o outro como objeto, ou, na melhor das hipóteses, como a empresa concorrente ou o inimigo que deve ser vencido. Essa mudança transforma a solidariedade em uma fraqueza, enquanto o fenômeno da usura, da vontade de vencer o outro custe o que custar – o egoísmo – passa a ser visto como predicado e vantagem na luta concorrencial.

3 O mito do Estado mínimo

Ainda segundo Casara, o Estado condicionado pela racionalidade neoliberal muda sua forma de atuar, mas não é necessariamente fraco, muito menos "mínimo".

O Estado neoliberal precisa ser forte para utilizar o seu próprio dinheiro a fim de garantir um lucro tendencialmente ilimitado dos proprietários dos meios de produção de bens e ideias; ou seja, para ajudar quem já tem dinheiro.

É um Estado abertamente a serviço dos detentores do poder econômico, daqueles 3% a que Chosmky chama de super-ricos, destinatários finais da ação do Estado. E o Estado necessita ser forte para controlar os indesejáveis – pobres, que não interessam aos detentores do poder econômico

Nessa economia do rentismo, a função do trabalho na produção do capital perde espaço, pobre cada vez mais se torna indesejável, porque não dispõe de poder de consumo. Se o Estado condicionado

---

26 CASARA, Rubens R. R. *Sociedade sem lei*: pós-democracia, personalidade autoritária idiotização e barbárie. Rio de Janeiro: Record, 2019.

pela racionalidade neoliberal está a serviço dos detentores do poder, que são 3%, os 97% tornam-se potencialmente indesejáveis sempre que passarem a representar obstáculo ao poder econômico e à crença neoliberal de que não existem alternativas ao neoliberalismo, como dizia Tatcher, e que se opõem ao seu projeto: lideranças de oposição, professores, intelectuais dos movimentos sociais, magistrados e tantos outros.[27]

No Brasil, dois exemplos de perseguição tornados célebres são por demais contundentes e traumáticos para a democracia, o

---

27 E é justamente no marco dessa racionalidade que se deve buscar compreender o agigantamento (tecnológico) da resposta punitiva, tanto do controle repressivo e configurador policial de rua (ordem) quanto da criminalização e do encarceramento, ambos no formato de guerra cotidiana, seja contra os tradicionais, seja contra os novos vulneráveis/inimigos internos e/ou externos do capitalismo neoliberal (guerra contra as pessoas em situação de rua, mendigos, andarilhos, os sobrantes; guerra às drogas, guerra à corrupção, guerra ao terrorismo, guerra à imigração, guerra no campo, contra os sem-terra, contra os povos originários); guerra que assume absoluta prioridade sobre outras formas, menos violentas, de controle social e cujo resultado, sobretudo no Brasil, é o "genocídio em ato", o "genocídio gotejante", de que nos fala ZAFFARONI, Eugênio Raúl. *Em busca das penas perdidas*: a perda de legitimidade do sistema penal. Trad. Vânia Romano Pedrosa e Amir Lopez da Conceiçao. Rio de Janeiro: Revan, 199l; repressão e punição com garantias seletivas, marcadas pela ilimitação do poder punitivo, a ilimitação neoliberal de que nos fala CASARA, Rubens R. R. *Contra a miséria neoliberal*. São Paulo: Autonomia Literária, 2021. Isso se dá sob a revolução tecnológica, e o Estado e a sociedade punitivos se sustentam sob os holofotes da mídia hegemônica e das redes social que performa um master e contínuo tribunal de julgamento e, não raro, exceção, condicionando execuções (policiais) e linchamentos (sociais) por um tribunal midiático (mídia hegemônica e redes sociais). Dessa forma, a globalização neoliberal do capitalismo, impondo-se como nova etapa de dominação planetária, impõe um controle penal que se orienta, *simbolicamente*, na direção de todos os problemas e *instrumentalmente*, na direção dos "excluídos" dos benefícios da economia globalizada, dos velhos e novos inimigos neoliberais, tendo impacto decisivo sobre a expansão quantitativa e qualitativa dos sistemas penais e de segurança pública.

do ex-Presidente Luiz Inácio Lula da Silva, perseguido e condenado por um projeto de *lawfare* (utilização do Estado contra o inimigo concorrente, indesejável), e o da ex-Presidenta Dilma Roussef, deposta por um golpe de Estado no ano de 2016, ambos do Partido dos Trabalhadores, ambos condicionados pela racionalidade neoliberal que preparou o terreno para a eleição da extrema direita, representada por Jair Bolsonaro, e a ascensão do bolsonarismo protofascista no Brasil.

Destarte, a hegemonia da razão neoliberal já demonstrou há décadas o quanto a ideia tradicional de Estado mínimo é um mito. E isso porque, ao Estado neoliberal mínimo no espaço econômico e social, passa a corresponder, no espaço repressivo e punitivo das políticas de segurança pública e criminais, um Estado máximo, onipresente e espetacular.

Os défices de política social e cidadania são ampla e verticalmente compensados por excessos de criminalização; os défices de terra, moradias, estradas, ruas, empregos, escolas, creches e hospitais, com multiplicação de prisões, instrumentalidade da Constituição, das leis e dos direitos sociais, pelo simbolismo da lei penal; a potencialização da cidadania, pela vulnerabilidade à criminalização, ao genocídio e ao extermínio e/ou linchamento.

As implicações para a cidadania – e a democracia – são significativas. Quanto mais se expandem e se legitimam publicamente a repressão e o punitivismo, chegando ao ponto, muitas vezes, do extermínio socialmente legitimado, mais obstáculos à construção da cidadania e mais riscos para a gestão dialogal e democrática do poder. Eis que o binômio exclusão-criminalização, que faz dos pobres, negros, enfim, dos excluídos socialmente os selecionados penalmente (criminalizados), radicaliza a escala vertical da sociedade (a desigualdade e as assimetrias), potencializando seu caráter excludente de modo a torná-la, cada vez mais, abortiva e exterminadora.

Estamos perante a autêntica "indústria do controle do crime"[28] que, realizando a passagem do "Estado providência" ao "Estado penitência",[29] cimenta as bases de um "genocídio em marcha", de um "genocídio em ato".[30]

4 A corrosão da democracia e o *locus* da resistência ao neoliberalismo

Em definitivo, voltando a Dardot e Laval,[31] o estudo do caráter sistêmico dessa racionalidade permite analisar, para além do processo mais visível de privatizações, a corrosão interna da própria dimensão pública e democrática dos Estados nacionais, pois o sistema neoliberal opera uma desativação sem precedentes do jogo democrático, que está nos fazendo entrar no que chamam de "era pós-democrática", era da pós-verdade, conceito também trabalhado por Rubens Casara em diversos escritos, de discursos que produzem efeitos de verdade sem o ser.

A destrutividade última produzida pela razão neoliberal é, como dirá Wacquant, um processo sem precedentes de sabotagem da potência pública, em sua totalidade.

---

28 CHRISTIE, Nils. *A indústria do controle do delito*: a caminho dos GULAGs em estilo ocidental. Trad. Luis Leiria. São Paulo: Forense, 1998.

29 WACQUANT, Löic. *As Prisões da miséria*. Trad. André Telles. Rio de Janeiro: Zahar, 2001; WACQUANT, Löic. *Punir os pobres*: a nova gestão da miséria nos Estados Unidos. Rio de Janeiro: Instituto Carioca de Criminologia/Freitas Bastos, 2001.

30 ZAFFARONI, Eugênio Raúl. *Em busca das penas perdidas*: a perda de legitimidade do sistema penal. Trad. Vânia Romano Pedrosa e Amir Lopez da Conceiçao. Rio de Janeiro: Revan, 1991. Transcende aos objetivos deste escrito, entretanto, abordar a dimensão punitiva do neoliberalismo.

31 DARDOT, Pierre; LAVAL, Christian. *A nova razão do mundo*: ensaio sobre a sociedade neoliberal. São Paulo: Boitempo, 2016.

Enfim, indaga nosso homenageado, diante desse diagnóstico, o que seria a resistência ao neoliberalismo?

Se o neoliberalismo é uma racionalidade da negociação, fazendo com que tudo e todos sejam negociáveis como mercadorias, inclusive valores como a verdade e a liberdade (exceto as liberdades não contratáveis, como a própria liberdade de contratar e produzir mais-valia), o seu oposto é o que é inegociável, a saber, o comum, o público, o que não pode ser apropriado. Romper e resistir ao neoliberalismo implica, portanto, lutar pela ideia do comum, que procura demonizar e extinguir.

Compreendê-lo como racionalidade global permite compreender o seu marco normativo, a ilimitação, a ausência de limites, tanto por parte do mercado quanto por parte do Estado e do próprio Direito, permitindo lutar contra esta que é uma autêntica onipotência neoliberal, pois a ilimitação na busca de mais e mais lucro é um caminho suicida. É um caminho insustentável em um planeta que se caracteriza pela limitação dos bens, como mostram a crise climática, a crise de covid-19 e toda a destrutividade humana, ambiental e animal em curso.

Como não poderia deixar de ser, ao se ocupar do neoliberalismo, Casara reafirma o *locus* de seu olhar, de seu sentir, de seu pulsar no mundo, de seu lutar. Reafirma seu incondicional alinhamento à boa luta, sem paternalismo, sem assistencialismo, mas com a boa consciência do intelectual utópico, incansável, na busca de um outro futuro possível, que inclua e dignifique a todos. Obrigada, Rubens Casara, pela oportunidade de partilhar este tempo histórico com você e de aprender sempre com tuas firmes pegadas.

Referências bibliográficas

ANDERSON, Pierre. "Balanço do neoliberalismo". *In*: SADER, Emir; GENTILI, Pablo (Coord.). *Pós-neoliberalismo*: as políticas sociais e o Estado democrático. 6ª ed. São Paulo: Paz e Terra, 2003.

BAUMAN, Zygmunt. *Globalização*: as consequências humanas. Rio de Janeiro: Zahar, 1999.

BECKER, Gary. *The economic approach to Human behavior*. Chicago: The University of Chicago, 1976.

BEDIN, Gilmar. *Os direitos do homem e o neoliberalismo*. 2ª ed. Ijuí: UNIJUÍ, 1998.

BOURDIEU, Pierre (Coord.). *A miséria do mundo*. 4ª ed. Petrópolis: Vozes, 1997.

BRAGA, Henrique Pereira; SILVA, Lais Hesse Andrade. "Uma teoria para o seu tempo: neoliberalismo, homem econômico e homem capital". *Revista da Sociedade Brasileira de Economia Política*, nº 65, jan./abr. 2023.

BROWN Wendy. *Nas ruínas do neoliberalismo*: a ascensão da política antidemocrática no ocidente. Trad. Mário A. Marino e Eduardo Altheman C. Santos. São Paulo: Filosófica Politeia, 2019.

CASARA, Rubens R. R. "Entrevista: contra a miséria do neoliberalismo". *TV 247*, YouTube, 25 abr. 2021. Disponível em: https://youtu.be/zrVKE1Yp5ZA. Acessado em: 01.05.2025.

______. "Entrevista: o que é neoliberalismo". *Ponto de Partida da Ideias*, YouTube, 25 jun. 2023. Disponível em: https://youtu.be/T4SH1qVojcQ. Acessado em: 01.05.2025.

______. *Contra a miséria neoliberal*. São Paulo: Autonomia Literária, 2021.

______. *Estado Pós-Democrático*: neo-obscurantismo e gestão dos indesejáveis. Rio de Janeiro: Civilização brasileira, 2017.

______. *Sociedade sem lei*: pós-democracia, personalidade autoritária idiotização e barbárie. Rio de Janeiro: Record, 2019.

CHRISTIE, Nils. *A indústria do controle do delito*: a caminho dos GULAGs em estilo ocidental. Trad. Luis Leiria. São Paulo: Forense, 1998.

COLIN, Crouch. *Post-democracy*: a sociological introduction. Cambridge: Polity Press, 2004.

DARDOT, Pierre; LAVAL, Christian. *A nova razão do mundo*: ensaio sobre a sociedade neoliberal. São Paulo: Boitempo, 2016.

DORNELLES, João Ricardo. "Violência urbana, direitos da cidadania e políticas públicas de segurança no contexto de consolidação das instituições neoliberais". *Discursos Sediciosos – Crime Direito e Sociedade*, Rio de Janeiro, nº 3, 1997.

DRAIBE, Sônia M. *As políticas sociais e o neoliberalismo*. *Revista USP*, nº 17, 1993.

FERNANDES, Luis. "Neoliberalismo e reestruturação do capitalismo". *In*: SADER, Emir; GENTILI, Pablo (Coord.). *Pós-neoliberalismo*: as políticas sociais e o Estado democrático. 6ª ed. São Paulo: Paz e Terra, 2003.

FOUCAULT, Michel. *Nascimento da biopolítica*. 3ª ed. São Paulo: Martins Fontes, 2008.

IANNI, Octavio. "Repensando o balanço do neoliberalismo". *In*: SADER, Emir; GENTILI, Pablo (Coord.). *Pós-neoliberalismo*: as políticas sociais e o Estado democrático. 6ª ed. São Paulo: Paz e Terra, 2003.

______. *A sociedade global*. 4ª ed. Rio de Janeiro: Civilização Brasileira, 1996.

______. *Teorias da globalização*. 2ª ed. Rio de Janeiro: Civilização Brasileira, 1996.

NETTO, José Paulo. *Crise do socialismo e ofensiva neoliberal*. São Paulo: Cortez, 1993.

SADER, Emir. "A hegemonia neoliberal na América Latina". *In*: SADER, Emir; GENTILI, Pablo (Coord.). *Pós-neoliberalismo*: as políticas sociais e o Estado democrático. 6ª ed. São Paulo: Paz e Terra, 2003.

SILVA, Karine de Souza. *Globalização e exclusão social*. Curitiba: Juruá, 2000.

THERBORN, Göran. "Balanço do neoliberalismo". *In*: SADER, Emir; GENTILI, Pablo (Coord.). *Pós-neoliberalismo*: as políticas sociais e o Estado democrático. 6ª ed. São Paulo: Paz e Terra, 2003.

WACQUANT, Löic. *As Prisões da miséria*. Trad. André Telles. Rio de Janeiro: Zahar, 2001.

______. *Punir os pobres*: a nova gestão da miséria nos Estados Unidos. Rio de Janeiro: Instituto Carioca de Criminologia/Freitas Bastos, 2001.

ZAFFARONI, Eugênio Raúl. "Globalização e sistema penal na América Latina: da segurança nacional à urbana". *Discursos sediciosos – Crime Direito e Sociedade*, Rio de Janeiro: Freitas Bastos, nº 4, 1997.

______. "La globalización y las actuales orientaciones de la Política Criminal". *Nueva Doctrina Penal*, Buenos Aires, 1999.

______. *Em busca das penas perdidas*: a perda de legitimidade do sistema penal. Trad. Vânia Romano Pedrosa e Amir Lopez da Conceiçao. Rio de Janeiro: Revan, 1991.

CAPÍTULO XLI

O CAMPO: ESTADO DE EXCEÇÃO E A PERMANÊNCIA DA MATRIZ TEOLÓGICA NA POLÍTICA

VICTORIA-AMÁLIA DE SULOCKI

Enquanto os homens
Exercem seus podres poderes
Morre e matar de fome
De raiva e de sede
São tantas vezes
Gestos naturais
(Caetano Veloso)

O presente artigo procura realizar uma breve reflexão acerca das relações entre estado de exceção enquanto paradigma de governo e a permanência da matriz teológica na política, atrelando-as à existência do campo como o espaço juridicamente criado do "não direito" onde serão colocados, de forma física e/ou virtual, os diversos grupos de "não pessoas", despojadas de seus direitos enquanto seres humanos, restando-lhes a vida nua.

Pensamos encontrar as marcas do religioso no político a partir do momento em que a Revolução Francesa, em toda a sua complexidade, não se completa em seus ideais, permitindo que resquícios do *Ancien Régime* se camuflassem na nova ordem e, ao longo dos últimos séculos, ressurgissem, sobretudo nas diferentes manifestações de autoritarismo. A ideia da persistência de resquícios da lógica e das estruturas religiosas no atuar e nos arcabouços das instituições políticas dos Estados modernos, embora ocultas ou legitimadas sob argumentos diferentes, se fortalece diante dos discursos messiânicos do recém-empossado Presidente norte-americano,[1] Donald Trump, ou ainda do apelo ao "Israel bíblico" de Netanyahu,[2] não esquecendo a retórica evangélica do ex-Presidente brasileiro, Jair Messias Bolsonaro, para citar alguns exemplos mais contundentes. Marilena Chaui, tentando explicar essa avalanche religiosa que toma conta das sociedades contemporâneas, recorre ao fenômeno psicanalítico do "retorno do reprimido", "uma repetição do recalcado pela cultura

---

1 Declarações de Donald Trump em seu discurso de posse, no dia 20 de janeiro de 2025: "eu fui salvo por Deus para fazer a América grande de novo", referindo-se ao suposto atentado na Pensilvânia durante a campanha; ou ainda, os EUA irão "perseguir nosso destino manifesto nas estrelas (...)"; o sistema educacional irá reconhecer apenas dois gêneros, afirmando que "nós vamos forjar uma sociedade daltônica e baseada no casamento". O discurso de posse do Presidente Donald Trump está disponível na íntegra em: https://br.usembassy.gov/pt/discurso-de-posse-presidente-donald-j-trump/. Acessado em: 02.05.2025. Trump não é o único, já que, ao longo da história política norte-americana, vários Presidentes fizeram declarações semelhantes, como G. W. Bush em campanha eleitoral: "nossa nação foi eleita por Deus e tem mandato da história para ser um modelo para o mundo".

2 O discurso de Benjamin Netanyahu na Assembleia Geral das Nações Unidas, em 27 de setembro de 2024, no qual não só citou o rei Salomão, mas claramente usou de uma retórica simplista apelando para um nacionalismo religioso. O discurso na íntegra está disponível no YouTube, em diferentes canais, inclusive no canal webtv.un.org.

porque esta, não tendo sabido lidar com ele, não fez mais do que preparar sua repetição".[3]

Na esteira desse pensamento, podemos apontar para o fato de mecanismos ideológicos religiosos terem ficado latentes, mesmo que aparentemente tivessem ocorrido rupturas, primeiramente com o advento do pensamento do humanismo cívico e, posteriormente, com a Revolução Francesa, condicionando as novas instituições que teriam assim uma eficácia própria ao religioso, mesmo que, num primeiro momento, laicizadas. Claude Lefort, embora afirmando que as instituições políticas se separaram das instituições religiosas e que as crenças foram deslocadas da esfera pública para esfera privada, colocará a questão da permanência da religião na esfera política, perguntando-se:

> É possível dizer que a religião simplesmente se dissipou perante a política (para só sobreviver em sua periferia) sem perguntar o que outrora significou o investimento da religião na ordem política? Ou, então, não seria preciso supor que esse investimento fora tão profundo que se tornou irreconhecível exatamente para quem considera esgotados seus efeitos? Não se poderia admitir que a despeito das mudanças advindas, o religioso se conserva sob os traços de novas crenças, novas representações, de tal modo que possa retornar à superfície, sob formas tradicionais ou inéditas, quando então os conflitos seriam bastante agudos a ponto de rachar o edifício de Estado?[4]

---

3 CHAUI, Marilena. "O retorno do teológico-político". *In*: CARDOSO, Sérgio (Coord.). *Retorno ao republicanismo*. Belo Horizonte: UFMG, 2004, p. 96.

4 LEFORT, Claude. *Pensando o político*. Rio de Janeiro: Paz e Terra, 1991, p. 251.

Agamben, em *O que resta de Auschwitz*,[5] inicia seu percurso pelo tema da teologia política, desenvolvido nos textos seguintes,[6] sendo que, nas palavras de Jeanne Marie Gagnebin,

> se a palavra "Auschwitz" remete, então, à problemática do *Homo sacer*, do estado de exceção e da biopolítica, a expressão enigmática "o que resta" reenvia a um núcleo teológico e messiânico, patente nas duas citações bíblicas (...) e nas breves afirmações (...) sobre o Reino e o tempo messiânico.[7]

1 O teológico-político (ou de como a Revolução Francesa não se completou)

Donatien Alphonse-François, mais conhecido como o Marquês de Sade, em seu opúsculo *Franceses, mais um esforço se quereis ser republicanos* –,[8] expõe sua ideia de que sem a extirpação total dos fundamentos dos poderes da transcendência (Deus, Religião, Moral, Dogmas etc.), a Revolução Francesa não se completaria, ficando a meio caminho entre o absolutismo e a necessária, para ele, radicalização na criação de novas instituições, uma ruptura irremediável com o velho regime. Ele dirá: "eu vos repito, franceses: a Europa espera que vos a liberteis de uma vez do *cetro* e do *incensório*".[9]

---

5 AGAMBEN, Giorgio. *O que resta de Auschwitz*. São Paulo: Boitempo, 2008. (Coleção Estado de Sítio).

6 AGAMBEN, Giorgio. *O Tempo que resta*: um comentário *à Carta aos Romanos*. São Paulo: Autêntica Editora, 2017; e AGAMBEN, Giorgio. *O reino e a glória*: uma genealogia teológica da economia e do governo. São Paulo: Boitempo, 2015.

7 GAGNEBIN, Jeanne Marie. "Apresentação". *In*: AGAMBEN, Giorgio. *O que resta de Auschwitz*. São Paulo: Boitempo, 2008, p. 10.

8 SADE, Marquês de. *Diálogo entre um Padre e um Moribundo, e outras diatribes e blasfêmias*. São Paulo: Iluminuras, 2001.

9 SADE, Marquês de. *Diálogo entre um Padre e um Moribundo, e outras diatribes e blasfêmias*. São Paulo: Iluminuras, 2001, p. 67.

Dessa forma, a Revolução Francesa, ao não efetivar a ruptura definitiva com o *Ancien Régime*, guarda uma matriz religiosa, embora não mais centrada na figura do rei absoluto, reino temporal, e do papa, reino espiritual, pois manteve uma concepção mística da Revolução. "A fé é tudo, a forma é pouco. Que importa o paramento do altar? Continua subsistindo o altar do Direito, do Verdadeiro, da Razão eterna. Não perdeu sequer uma pedra e espera tranquilamente".[10]

Claude Lefort invoca a obra acerca da Revolução Francesa de Jules Michelet[11] para mostrar que, embora tenham ocorrido mudanças de paradigmas na Revolução, também houve uma operação de transferência de valores de figuras políticas para outras instituições e instâncias, a maioria não perceptível. Dessa forma, Jules Michelet, que pretendia destruir a marca do teológico-político, paradoxalmente, reinscreve o pensamento religioso no político e recupera a imagem do rei absoluto, da soberania, portanto, na figura de abstrações como a Razão, ou ainda a Justiça, realizando, dessa forma, a mesma operação simbólica, político-religiosa, do regime deposto. Estaríamos, assim, diante de uma nova religião, um novo "ídolo", mas com a mesma matriz de pensamento: o Uno, a Verdade única, o mito teológico-político da dupla natureza do rei. Michelet, por exemplo, colocou o Direito como "soberano do mundo" e, chamando Rousseau, Montesquieu, Voltaire de "grandes doutores da nova Igreja", recuperou os efeitos simbólicos do sagrado e transferiu-os para outras instâncias, nas quais os símbolos, embora diferentes, realizarão a mesma operação político-religiosa.

---

10 LEFORT, Claude. *Pensando o político*. Rio de Janeiro: Paz e Terra, 1991, p. 278.

11 Nesse sentido, ver MICHELET, Jules. *Histoire de la Révolution Française*. 8 vols. Paris: Chamerot Libraire-Éditeur, 1847. Consulta realizada na biblioteca digitalizada da Bibliothèque Nationale de France. Disponível em: https://gallica.bnf.fr.

Marilena Chaui observa que no período de 1960/1976, as três principais religiões de revelação teriam sofrido um recuo diante de fenômenos como a conquista da autonomia por parte do político, a construção do socialismo, ao Leste, e de um Estado do Bem-Estar Social, no Ocidente.[12] Essa configuração muda, a partir de meados dos anos 1970, com o surgimento de uma nova militância religiosa e os discursos de "nova evangelização da Europa", "salvação da América", "islamizar a modernidade", ou ainda de referência ao termo bíblico de "Terra de Israel", em vez do político "Estado de Israel", na esteira do esvaziamento da política e de espaços públicos para canalizar as expressões políticas de diferentes classes sociais naqueles diversos contextos.[13]

No contexto mundial, com a globalização do neoliberalismo, e as democracias liberais representativas apresentando-se como única estrutura política possível e perdendo fôlego a cada ano nestas últimas duas décadas, o fenômeno do totalitarismo se impõe não mais na forma visível de um governo declaradamente nazista ou fascista, mas na insidiosa política de segurança, com construções de muros e campos, como Guantánamo ou campos para imigrantes e refugiados, destinados a separar os "estranhos à comunidade",[14] o "resto", configurando-se no que Giorgio Agamben chama de estado

---

12 CHAUI, Marilena. "O retorno do teológico-político". *In*: CARDOSO, Sérgio (Coord.). *Retorno ao republicanismo*. Belo Horizonte: UFMG, 2004, p. 96.

13 CHAUI, Marilena. "O retorno do teológico-político". *In*: CARDOSO, Sérgio (Coord.). *Retorno ao republicanismo*. Belo Horizonte: UFMG, 2004, p. 97.

14 Nesse sentido, ver BAUMAN, Zygmunt. *Estranhos à nossa porta*. Rio de Janeiro: Zahar, 2017, p. 89. Citando Michel Augier, Bauman nos dirá que "campos 'não serão mais usados para manter vivos refugiados vulneráveis, mas para reunir e vigiar todos os tipos de população indesejável'. (...) Cada campo é circundado por muros, arame farpado e cerca elétricas, ou confinado simplesmente pela dissuasiva presença do vazio que o cerca".

de exceção.[15] Para esse autor, o estado de exceção é o novo "paradigma de governo dominante na política contemporânea"[16] e surge ao criar um vazio jurídico, no limiar entre Direito Público e fato político, entre ordem e vida, transmutando-se de medida excepcional e provisória em política governamental, apresentando-se como "um patamar de indeterminação entre democracia e absolutismo".[17]

A operação "jurídica" que o estado de exceção faz, eliminando justamente o estatuto jurídico da pessoa, condição básica para o existir, inclusive político, leva à suspensão da própria vida, já que o indivíduo passa a não ter sequer identidade, é a vida nua.[18] Nesse espaço de ordem jurídica neutralizada, abre-se um espaço de ação extrajurídica, embora reivindique a aplicação do Direito, na qual a liberdade é restringida, até eliminada, para a garantia de uma suposta segurança diante de uma sociedade de risco, na qual se está permanentemente exposto a perigo.

Agamben expõe os fundamentos da teoria de Carl Schmitt acerca do estado de exceção, explicando que o cerne de sua doutrina está na articulação entre ordem jurídica e estado de exceção, que garantiria a vigência do Direito, embora não se aplique esse Direito. "O estado de exceção separa, pois, a norma de sua aplicação para tornar possível a aplicação. Introduz no Direito uma zona de anomia para tornar possível a normatização efetiva do real".[19] Marilena Chaui também se refere a C. Schmitt, explicando que "para Schmitt,

---

15 AGAMBEN, Giorgio. *Estado de exceção*. São Paulo: Boitempo, 2004.

16 AGAMBEN, Giorgio. *Estado de exceção*. São Paulo: Boitempo, 2004, p. 13.

17 AGAMBEN, Giorgio. *Estado de exceção*. São Paulo: Boitempo, 2004, p. 13.

18 Nesse sentido, ver AGAMBEN, Giorgio. *Homo Sacer*: o poder soberano e a vida nua. Belo Horizonte: UFMG, 2002.

19 AGAMBEN, Giorgio. *Estado de exceção*. São Paulo: Boitempo, 2004, p. 58.

a política moderna é a teologia secularizada"[20] e que, da mesma forma que Deus suspende suas próprias leis de forma extraordinária, através do milagre, em momentos de perigo e emergência, o soberano, decidindo, e a decisão cabe apenas a ele, suspende o próprio Direito para decretar o estado de exceção. Para usar as palavras do próprio Schmitt: "todos os conceitos concisos da teoria do Estado moderna são conceitos teológicos secularizados (...). O estado de exceção tem um significado análogo para a jurisprudência, como o milagre para a teologia".[21]

O estado de exceção é a grande sombra que se coloca no mundo contemporâneo quando percebemos que essa engrenagem, ao invés de ter sido desmontada após as experiências totalitárias do século XX, está em pleno funcionamento no mundo e nas democracias ditas liberais avançadas. Da mesma forma, Agamben alerta que ao escolhermos como paradigma de governo o estado de exceção, o que está ocorrendo, estaremos optando por um espaço vazio, nem público, espaço da política, nem privado, mas aberto à violência e no qual a ação humana estaria privada de sentido. É necessário, pois, redescobrir o espaço da política, para ação política que é "apenas aquela que corta o nexo entre violência e Direito".[22]

Pensando no estado de exceção como paradigma de governo, podemos fazer uma associação com a ideia da política como missão,

---

20 CHAUI, Marilena. "O retorno do teológico-político". *In*: CARDOSO, Sérgio (Coord.). *Retorno ao republicanismo*. Belo Horizonte: UFMG, 2004, p. 126.

21 SCHMITT, Carl. *Teologia Política*. Belo Horizonte: Del Rey, 2006, p. 35. E continua Schmitt: "(...) a ideia do Estado de Direito moderno ocupa-se com o deísmo, com uma teologia e metafísica que repele o milagre do mundo e recusa o rompimento das leis naturais contido no conceito de milagre, o qual institui uma exceção através de uma intervenção direta, assim como a intervenção direta do soberano na ordem jurídica vigente".

22 AGAMBEN, Giorgio. *Estado de exceção*. São Paulo: Boitempo, 2004, p. 133.

no seu sentido religioso.[23] Em contrapartida, a ideia de política como espaço de liberdade, cada vez mais abandonada, é um dos antídotos ao caminho autoritário que, em escala global, ressurge na geopolítica.

2 A política como missão x a política como instrumento de liberdade

Em meados do século XIII, acontece uma gradual redescoberta da filosofia de Aristóteles, sendo esta recepcionada pela escolástica, sendo o ponto essencial de sua filosofia a distinção entre razão e fé e a necessidade de conciliá-las; o que equivale a dizer conciliar Filosofia e Teologia. As verdades acessíveis à razão humana seriam do domínio da Filosofia, enquanto a Teologia se fundaria essencialmente sobre a revelação sagrada e a autoridade de Deus.

> Ora, o acordo da verdade com a verdade é necessário. É certo pois, que a verdade da filosofia se uniria à verdade da revelação por uma cadeia ininterrupta de relações verdadeiras e inteligíveis, se nosso espírito pudesse compreender plenamente os dados da fé. Daí resulta que, todas as vezes que uma conclusão filosófica contradiz o dogma, é um indício certeiro de que essa conclusão é falsa (...). Daí resulta, ademais, que a impossibilidade em que estamos de tratar filosofia e teologia por um método único não nos proíbe considerá-las como constituindo, idealmente, uma só verdade total.[24]

Parte-se do dogma, verdade preestabelecida e incontestável, pois deriva das Escrituras Sagradas reveladas, cuja única verdadeira interpretação é a da Igreja Católica, tendo a fé como guia, a razão será apenas um recurso para legitimar os princípios e dogmas de fé.

---

23 Basta examinarmos os discursos políticos vigentes; vide as primeiras notas deste artigo.

24 GILSON, Étienne. *A Filosofia na Idade Média*. São Paulo: Martins Fontes, 2001, p. 656.

Havendo discordância entre essas duas instâncias, da racionalidade e da crença, é porque existe erro e este só pode necessariamente provir da razão. Da mesma forma que os dogmas da Igreja Católica precisavam de uma racionalização para maior aceitação, outros mecanismos por ela utilizados em sua aspiração ao poder político também passaram pelo processo de racionalização. Michael Tigar e Madeleine Levy escrevem acerca da dificuldade que a Igreja encontrou para sancionar a ordem jurídica por ela estruturada, uma vez que São Paulo e posteriormente Santo Agostinho pregaram a caridade e não a justiça na forma secular, legislação e cortes jurisdicionais, que a Igreja tomara para si a tarefa de montar.

> O dilema somente foi resolvido no século XII. Por essa época, a revivescência do Direito romano tornara-se aspecto importante da consolidação do poder secular e autoridade da Igreja, que abandonara toda e qualquer pretensão de criar uma comunidade apostólica de fiéis. Coube a São Tomás de Aquino defender essa decisão: argumentou ele que o Direito Romano, como os trabalhos de Aristóteles e outras obras pré-cristãs, baseava-se na razão, sendo por conseguinte independente da crença religiosa.[25]

Da escolástica, herdaremos as ideias de hierarquia e de ordem única, as quais os homens devem se submeter, não devendo ser permitida a existência de diversas correntes ou diferentes autoridades. Os escolásticos concentram sua atenção no maquinário do governo e na eficiência das instituições, sendo o maior perigo a existência de diferentes facções. A política articulada pela escolástica será tarefa de "missionário", vale dizer, a política é uma missão designada para poucos.

---

25 TIGAR, Michael; LEVY, Michael. *O Direito e a ascensão do capitalismo*. Rio de Janeiro: Zahar, 1978, p. 47.

Por outro lado, o povo está fora da política, não sendo esta última esfera da qual o povo possa sequer entender. Detentor da autoridade soberana, o povo, após aliená-la no ato de instituir o governante, retira-se da cena política, devendo no máximo cumprir os desígnios, religiosos e políticos, a ele assinalados, num processo de obediência e submissão.

> Santo Tomás adiantara, na *Suma Teológica*, que, dado que o povo sempre aliena sua soberania no ato mesmo de instaurar um governo, por conseguinte todos os governantes devem ser soberanos legítimos, todos eles *legibus soluti*, não estando sujeitos a nenhuma obrigação formal de obedecer às leis positivas.[26]

No desdobramento desse absolutismo, que, na América Latina, herdaremos diretamente dos modelos ibéricos, chegaremos hoje ao que podemos chamar de "absolutismo" do mercado. Walter Benjamin já se referia ao capitalismo enquanto religião, acreditando na necessidade de demonstração "(d)a estrutura religiosa do capitalismo – isto é, demonstrar que ele é não somente uma formação condicionada pela religião, como pensa Weber, mas um fenômeno essencialmente religioso". Benjamin ainda dirá que "podemos, entretanto, desde já, reconhecer no tempo presente três traços dessa estrutura religiosa do capitalismo". Estes três pontos seriam o culto, a permanência desse culto e sua amplitude em seu caráter culpabilizador, que levaria a uma "culpa" universal.[27]

---

26 SKINNER, Quentin. *As fundações do pensamento político moderno*. São Paulo: Companhia das Letras, 1999, pp. 82-83.

27 Em uma versão editada da conferência que Michael Löwy fez na USP, no dia 29 de setembro de 2005, e publicada no caderno "Mais", da *Folha de S. Paulo*, em setembro de 2005. Ainda acerca da estrutura religiosa do capitalismo e seus três traços, Benjamin, citado por Löwy, escreve: "primeiramente, o capitalismo é uma religião puramente cultural, talvez a mais extremamente cultual que já existiu. Nada nele tem significado que não esteja em relação imediata com o culto, ele não tem dogma

Para Cerqueira Filho, o absolutismo de corte tomista, em referência a São Tomás de Aquino, em sua fase pós-modernista, se transfere para o mercado globalizado, cuja ordem excludente também é exterminadora, inviabilizando o consenso e a participação de todos os sujeitos nessa nova ordem mercantil. Aos não consumidores, o campo.

> Daí porque julgamos oportuno observar com atenção o antigo absolutismo do Estado, agora transferido para o mercado. Daí porque falamos em "absolutismo de mercado" quando nos referimos à globalização ou mundialização das grandes corporações associadas à cultura do pós-modernismo. (...). Se, no Estado absolutista ou no absolutismo do Estado (que não são a mesma coisa), vamos encontrar a presença do acento tomista, sugerimos agora sua busca na onipotência do mercado. O tomismo se transfere do Estado para o mercado; este é o empreendimento já visualizado por Pierre Legendre. A avassaladora presença do iluminismo no Ocidente fez com que muitas questões e temas referidos ao tomismo fossem deixados de lado: por exemplo a hierarquia, o autoritarismo, o absolutismo afetivo que não cede à ambivalência dos sentimentos; a obediência e submissão inscritas na prática política, a lógica formal que não cede ao pensamento dialético apoiado na contradição. Todavia, esses temas, embora medievo, ainda nos espreitam e seguem presentes mesmo na pós-modernidade.[28]

---

específico nem teologia (...). A segunda característica do capitalismo 'está estreitamente ligada a essa concreção do culto: a duração do culto é permanente'. O capitalismo é a celebração de um culto 'sem trégua e sem piedade'. Não há 'dias comuns', nenhum dia que não seja de festa, no sentido terrível da utilização da pompa sagrada, da extrema tensão que habita o adorador. (...). Enfim, a terceira característica do capitalismo como religião é seu caráter culpabilizador: 'o capitalismo é provavelmente o primeiro exemplo de um culto que não é expiatório (*entsühnenden*), mas culpabilizador'".

28 CERQUEIRA FILHO, Gisálio. *Édipo e excesso*: reflexões sobre lei e política. Porto Alegre: Sergio Antonio Fabris Editor, 2002, pp. 21-22.

O real é assim impregnado das formas canônicas de resolução de conflitos na sociedade, sendo simbólica a permanência de alguns princípios e dispositivos nas instituições políticas. O reconhecimento das marcas do religioso – desse modelo escolástico, canônico, que perpassa as diferentes instâncias, a real, a simbólica e o imaginário, na política, no econômico, na cultura, enfim, em todos os âmbitos do social, essa ordem autoritária e absolutista como acima descrita – é necessário se quisermos romper com esse modelo.

É bem verdade que rupturas ocorreram, e podemos percebê-las, por exemplo, na análise do pensamento de dois autores paradigmáticos em relação a esse corte, Maquiavel e Marx. O primeiro rompe com a ordem puramente religiosa de seu tempo e prega o deslocamento da vida contemplativa agostiniana para a vida ativa inserida em uma ordem mundana e secular, na qual a ideia de um agir humano, contextualizado na história, era a mola propulsora da República. Já o segundo deseja a autonomia do político, na linha maquiaveliana de "emancipação do político em relação ao teológico".[29]

> É, pois, esse recentramento do domínio político sobre si mesmo que Marx aplaudia, em 1842, na obra de Maquiavel, e com maior vigor, porquanto pretendia repetir esse gesto em oposição às sobrevivências do teológico-político no seu tempo.[30]

Assim, Maquiavel e, em certa medida, posteriormente Marx, opõem ao poder e ao saber dogmático-religioso, de práticas políticas absolutistas – as quais as pessoas apenas devem "se submeter e obedecer" –, uma ideia de emancipação do político para criação de um espaço público de discussão. Seria a contraposição de dois modelos:

---

29 ABENSOUR, Miguel. *A Democracia contra o Estado*: Marx e o momento maquiaveliano. Belo Horizonte: UFMG, 1998, p. 28.

30 ABENSOUR, Miguel. *A Democracia contra o Estado*: Marx e o momento maquiaveliano. Belo Horizonte: UFMG, 1998, p. 26.

a política enquanto "missão", na sua forma teológica-política, e a política enquanto "arte", no republicanismo.

O movimento humanista[31] teria sido o primeiro a tecer críticas à monarquia absolutista temporal e ao poder religioso na política, iniciando o que, para muitos autores, seria um movimento de laicização da política. Mas Claude Lefort se indaga se tal movimento também não teria conservado "sua eficácia teológico-política na filosofia, cada vez que esta tentou reformular o princípio do que designávamos, segundo a expressão de Michelet, por *Realeza de Espírito*".[32] Talvez o único a realmente romper com essa estrutura tenha sido Maquiavel que, embora humanista, se afastou desse movimento em muitos momentos, para construir uma teoria política totalmente original e desvinculada do religioso, quase que materialista, no sentido marxista do termo.

Em relação ao movimento humanista de secularização da política, Marsílio de Pádua, um dos precursores do humanismo, traz uma solução no seu célebre tratado *Defensor Pacis*, no qual já alertava "que todo o poder coercitivo é por definição secular, disso se seguindo que a Igreja não dispõe de nenhum papel a desempenhar na sociedade política".[33] Na esteira desse pensamento surge um novo paradigma que terá enorme influência no pensamento político da

31 Para efeito deste artigo, não nos aprofundaremos nos detalhes do humanismo, uma vez que apenas trazemos o tema à baila como introdução às ideias de Maquiavel. No entanto, é necessário lembrar que, de forma geral, "humanismo" é um termo usado para identificar todas as filosofias centradas no homem. O movimento humanista da renascença pode ser dividido em várias etapas, desde o chamado humanismo cívico, lembrando a existência dos pré-humanistas, até o que foi considerada a Renascença tardia com as obras de Maquiavel e Guicciardini, dentre outros.

32 LEFORT, Claude. *Pensando o político*. Rio de Janeiro: Paz e Terra, 1991, p. 294.

33 SKINNER, Quentin. *As fundações do pensamento político moderno*. São Paulo: Companhia das Letras, 1999, p. 398.

Renascença cujo cerne está na defesa retórica da liberdade. O ponto de partida para os autores pré-humanistas está no ideal de liberdade, significando esta a liberdade de um autogoverno republicano.[34]

Ao longo do século XVI, será travado um intenso debate entre humanistas e escolásticos em torno de vários temas essenciais para a política, sendo os primeiros frequentemente associados pelos escolásticos aos seguidores de Lutero e da Reforma.[35] Ao se colocar, desde seu início, contra a escolástica, o humanismo forja sua identidade e constrói novas formas de se entender a questão política no contexto medieval, este último, conforme já abordado, impregnado dos dogmas religiosos e jurídicos canônicos, a permear toda tessitura social, rompendo, assim, com tal visão de mundo e abrindo espaço para o movimento de laicização da política e de outro modo de se pensar o espaço público, até então ocupado quase que exclusivamente pelo religioso. A disputa entre humanismo e escolástica se traduziu na realidade em confronto entre duas formas de pensar o poder político, no confronto entre república e papado.

> O que ressalta de alguns traços do confronto entre os humanistas e o cristianismo é que, mais do que desencadear uma luta aberta contra a Igreja, eles partiram para a busca de um novo conjunto de valores, sem se importar com as consequências.[36]

Pouco mais tarde, e apesar das diferenças entre seu pensamento e o do humanismo cívico que acima acabamos de descrever, Maquiavel se tornará um dos maiores expoentes de uma teoria empírica para

---

34 De todos os autores dessa fase, Latini foi o que mais enfaticamente defendeu o republicanismo, afirmando que, havendo três espécies de governo, o dos Reis, o das Aristocracias e o dos Povos, o terceiro seria o melhor de todos.

35 Nesse sentido, ver BIGNOTTO, Newton. *Origens do republicanismo moderno*. Belo Horizonte: UFMG, 2001, pp. 160 e ss.

36 BIGNOTTO, Newton. *Origens do Republicanismo Moderno*. Belo Horizonte: Editora UFMG, 2001, p. 169.

filosofia da história, propondo o estudo do poder e da sociedade pela análise da verdade efetiva dos fatos humanos, abandonando as especulações apenas abstratas. As reflexões de Maquiavel se fundam na realidade política pensada como prática humana concreta e seu interesse maior é o fenômeno do poder. Maquiavel encarna o realismo na análise política, sendo o primeiro pensador político a desenvolver uma análise acerca do poder que, fundada no real, trouxesse um elemento de imprevisibilidade, já que a própria realidade não é um universo fechado ao imprevisível, muito menos o fenômeno histórico é mero cumprimento, linear e inexorável, dos desígnios de Deus, a exemplo da teoria agostiniana. No século XIX, Marx, ao conceber o materialismo histórico para apreender o processo real de produção, a divisão social, a política da sociedade e como o homem produz sua própria vida material, realiza uma teorização semelhante à de Maquiavel. O materialismo histórico se volta para a análise do homem real e seus feitos, abandonando o terreno das abstrações especulativas.

Para Leo Strauss, citado por Simone Goyard-Fabre,[37] Maquiavel efetuou uma ruptura com a tradição da filosofia política em seu conjunto, sobretudo quanto ao aspecto do universalismo teológico do pensamento político medieval.

> (...) O secretário florentino abre corajosamente a passagem entre o político, cuja essência era buscada pela filosofia clássica, na via traçada por Platão e Aristóteles, e a política, cuja existência ele escruta no Estado em via de nascer e de organizar suas próprias instituições.[38]

---

37 GOYARD-FABRE, Simone. *Os princípios filosóficos do Direito Político moderno*. São Paulo: Martins Fontes, 2002, p. 14.

38 GOYARD-FABRE, Simone. *Os princípios filosóficos do Direito Político moderno*. São Paulo: Martins Fontes, 2002, p. 15.

Se, antes dele, a teoria política se limitava às especulações filosóficas puramente abstratas, vinculando-se à moral e à ética, configurando-se, assim, em ideais de organização político-social, Maquiavel trará uma "concepção secularizada da política, a definição de legitimidade do poder, que não apele, forçosamente, para fundamentos meta sociais (...)".[39] Desvinculando a política da moralidade, Maquiavel ressalta a autonomia da primeira. Para Maquiavel, o método para investigação é o empirismo, já que "o erro é produto do pensamento especulativo", devendo a sociedade ser estudada pelo que há de concreto nos fatos sociais.

"Na autonomia da ordem política assim proclamada, na dimensão realista atribuída ao poder, na preeminência da arte de governar (...), aloja-se a indiscutível novidade do olhar que Maquiavel lança sobre a coisa pública".[40] Maquiavel rompe com o pensamento político fundado no religioso, indo, no entanto, além do proposto pelo movimento humanista, para estruturar um pensamento diferente e subversivo da ordem vigente,[41] privilegiando a arte da política, vale dizer, da política como arte.

> Maquiavel trabalha com originalidade na concepção da ordem social *soit-disant* natural como desordem, anarquia provocada pela divisão da sociedade contra si mesma. Isto está bem expresso nos Capítulos II dos *Discursos* e IX do *Príncipe*. Assim pois, na encenação, na revitalização do teatro, na assunção da personagem como *persona*, na ênfase do

---

39 CERQUEIRA FILHO, Gisálio; NEDER Gizlene. *Emoção e Política*: (a)ventura e imaginação sociológica para o século XXI. Porto Alegre: Sergio Antonio Fabris Editor, 1997, p. 35.

40 GOYARD-FABRE, Simone. *Os princípios filosóficos do Direito Político Moderno*. São Paulo: Martins Fontes, 2002, p. 18.

41 Suas ideias, consideradas imorais e irreligiosas, imediatamente valeram-lhe "a reputação, no meio dos moralistas cristãos, de um homem diabolicamente perverso" (SKINNER, Quentin. *As fundações do pensamento político moderno*. São Paulo: Companhia das Letras, 1999, p. 157).

> registro do imaginário e da fantasia, na dramaturgia cênica, na explosão dos sentimentos, na *ação e emoção* (*emotion in motion*) é que nasce a concepção da política como arte contra a concepção tomista da política como missão.[42]

Em seus *Discursos*, Maquiavel assume o compromisso com os valores essenciais da liberdade política,[43] inclusive em detrimento da mera segurança. Enquanto, no modelo autoritário/absolutista, acredita-se que liberdade e segurança[44] se excluem, eliminando-se as liberdades públicas em prol de uma psseudossegurança, no modelo liberal, o foco se dirige à preservação da liberdade, inclusive como forma de garantir a segurança. Skinner dirá que Maquiavel, quando fala em liberdade, tem em mente "o fato de um povo livre poder governar-se, em vez de ser governado por um príncipe"[45] – hostilizando o regime monárquico e afirmando que o povo "erra" menos que o príncipe, Maquiavel demonstra, nos *Discursos*, sua nítida opção pelo governo popular.[46] Sendo a liberdade o valor mais importante, o regime republicano há de ser a melhor forma de governo, pois apenas na "República bem ordenada" – o que significa que tenha por "base um numeroso *Consiglio Grande*, que englobe

---

42 SKINNER, Quentin. *As fundações do pensamento político moderno*. São Paulo: Companhia das Letras, 1999, p. 35.

43 Nesse sentido, ver SKINNER, Quentin. *As fundações do pensamento político moderno*. São Paulo: Companhia das Letras, 1999, pp. 175 e ss.

44 Na virada do século XX para XXI, Erhard Denninger já propunha o reconhecimento da mudança dos paradigmas constitucionais calcados nos ideais da Revolução Francesa para outros, sendo que a liberdade daria lugar à segurança (DENNINGER, Erhard. "Security, diversity, solidarity, instead of freedom, equality, fraternity". *Constellations*, nº 4, dez. 2000).

45 SKINNER, Quentin. *As fundações do pensamento político moderno*. São Paulo: Companhia das Letras, 1999, p. 177.

46 SKINNER, Quentin. *As fundações do pensamento político moderno*. São Paulo: Companhia das Letras, 1999, pp. 178 e ss.

todas as categorias de cidadãos"[47] – é que a sociedade tem condições de chegar à estabilidade. Tal ideia implica o envolvimento do povo nos negócios de governo, na *res publica*, pois só assim se evitaria a corrupção e se promoveria a *virtù* do povo,[48] enfatizando a importância da participação política.

> Aí a contribuição maquiaveliana: existem tendências contraditórias e inconciliáveis entre os "grandes" e o "povo"; a não ser através da arte da política. Esta deixa de ser concebida como um jogo de vida ou morte, como convém ao espírito missão; passando a contemplar variadas probabilidades e possibilidades no âmbito da "arte" de múltiplos recursos táticos e estratégicos, contra a ideia absolutista do tudo ou nada.[49]

Para Althusser,[50] Maquiavel fala a linguagem da luta de classes e, retomando ideia gramsciana, afirma que *O Príncipe* era um manifesto político que, como qualquer outro manifesto, para produzir efeitos históricos, tinha que estar inscrito na conjuntura política na qual pretendia agir. Daí que, em mais uma aproximação com Marx, Maquiavel, ao invocar a condição de povo, invoca uma luta que seria uma luta de classe, do povo contra os grandes. Althusser ainda fará uma aproximação entre Maquiavel e Marx ao tratar do tema da acumulação, só que, guardada as devidas proporções, Maquiavel lutará contra o que seria uma "acumulação primitiva política", defendendo uma política sem religião, rebatendo a ideia de existência de um Direito Natural anterior ao homem. Já Marx

---

47 SKINNER, Quentin. *As fundações do pensamento político moderno*. São Paulo: Companhia das Letras, 1999, p. 180.

48 SKINNER, Quentin. *As fundações do pensamento político moderno*. São Paulo: Companhia das Letras, 1999, p. 199.

49 CERQUEIRA FILHO, Gisálio; NEDER Gizlene. *Emoção e Política*: (a)ventura e imaginação sociológica para o século XXI. Porto Alegre: Sergio Antonio Fabris Editor, 1997, p. 35.

50 ALTHUSSER, Louis. "Solitude de Maquiavel". *Multitudes*, maio 1990. Disponível em: www.multitudes.net. Acessado em: 02.05.2025.

tratará da acumulação original do capital que se deu com extrema violência. Ao final, Althusser, ao explicitar a solidão de Maquiavel por seu pensamento político extremamente original e preciso, que rompe com o teológico-político, dirá que só um outro pensamento, próximo de Maquiavel por suas recusas e sua posição, poderia livrá-lo da solidão, a de Marx.

3 O campo

O "campo" enquanto o espaço de exceção não foi inventado pelos nazistas no século XX, mas estes últimos levaram para a experiência do campo um alto grau de burocratização e racionalidade que, reunidas ao racismo e às práticas coloniais, produziram os campos de concentração.

> Quando os nazistas invocaram como características do Estado ariano o sangue e o território, infelizmente, não inovaram uma biopolítica racista para o nazismo. Eles deram prosseguimento a uma lógica biopolítica que já era inerente ao Estado-nação e que atingiu seu paroxismo na forma de tanatopolítica, ou extermínio dos grupos raciais indesejados.[51]

Se olharmos para o processo de desenvolvimento do capitalismo, podemos perceber que, ao lado da constituição dos Estados-nação, e dentro destes, sempre existiu (e ainda existe, cada vez mais) o espaço vazio de direitos, territórios esses, murados ou não, que delimitam os que ali estão. Das senzalas nas Américas, nos aldeamentos indígenas, nas políticas coloniais em África no

---

51 RUIZ, Castor M. M. Bartolomé. "A Sacralidade da vida na exceção soberana, a testemunha e sua linguagem: (re)leituras biopolíticas das obras de Giorgio Agamben". *Cadernos IHU*, Unisinos, ano 10, nº 39, 2012, p. 10.

século XIX, nas prisões brasileiras, nos campos de refugiados ou de imigrantes irregulares,[52] nos campos de concentração nazistas, nos diversos campos de imigrantes, seja na Europa, nas Américas ou em África, o capitalismo necessita produzir corpos confinados nos campos, assim como produzir, se assim o poder soberano entender necessário, a morte física.

Quando pensamos nos campos de Auschwitz-Birkenau, ou Dachau, e o que se denominou de "solução final",[53] Bauman nos relembra de que os campos eram uma extensão de um mundo industrializado.

> Em vez de produzir bens, a matéria-prima eram seres humanos e o produto final, a morte, com tantas unidades por dia cuidadosamente registradas nos mapas de produção do administrador. As chaminés, que são o próprio símbolo do moderno sistema fabril, despejavam uma fumaça acre de carne humana sendo queimada. A malha ferroviária da Europa moderna, com sua brilhante organização, passou a transportar uma nova matéria-prima para as fábricas.[54]

Toda essa organização burocrática para o extermínio em massa de milhões de judeus, decidida em uma reunião, conhecida como a Conferência de Wannsee, realizada em janeiro de 1942, presentes o alto escalão do regime nazista, inclusive Eichman, é a própria expressão do poder soberano decidindo sobre aquelas vidas; de forma jurídica, como serão as pessoas despidas de seus direitos.

---

52 Recusamo-nos a usar a expressão "ilegal", mas o uso dessa palavra por parte do poder soberano é um recurso linguístico que já demonstra de início que são pessoas sem direitos, portanto, confináveis em campos.

53 Dois filmes recentes são impactantes ao tratarem do tema: *Zona de interesse* (2023), de Jonathan Glazer; e *A Conferência* (2022), de Matti Geschonneck.

54 BAUMAN, Zygmunt. *Modernidade e Holocausto*. Rio de Janeiro: Jorge Zahar, 1998, pp. 26-27.

Contemporaneamente, quando o atual Presidente Donald Trump reativa Guantánamo, organizando o espaço do campo para receber até 30.000 imigrantes irregulares, sendo que, no dia 4 de fevereiro de 2025, os primeiros imigrantes já foram para lá enviados, assistimos, em rede nacional e internacional, a essas pessoas serem despojadas de seus atributos mínimos de ser humano, confinadas no espaço em que a exceção é a regra.

Conclusão

As questões brevemente abordadas neste artigo apontam para o fenômeno do retorno do teológico-político, ou como tivemos a pretensão de demonstrar, a permanência dessa lógica no contexto atual. Tal processo, aliado ao fato de termos Estados cada vez mais fracos e dependentes de uma ordem externa globalizada, cujos centros de decisão se fluidificaram e não se situam mais unicamente nos governos, e aos discursos da emergência e da exceção acompanhados de medidas excepcionais de "controle" em nome de uma suposta segurança, nos arrasta, sob o signo da democracia de massa e da razão de Estado, para o que podemos chamar de estado de exceção.

Se, antes, o político estava fundado na lógica da religião revelada para, após sua secularização, basear-se nas monarquias absolutas, hoje, encontramos o fundamento religioso da política no capital fetichizado, na necessidade de liberar o mercado, na elevação do econômico ao altar sagrado. "É inerente ao capitalismo, à modernidade o 'estado de exceção', a suspensão das leis positivas em nome do bem comum e da paz. O Estado de Direito passa a constituir um obstáculo à livre circulação e ao livre acúmulo do capital",[55] enquanto pessoas são confinadas em campos, murados ou simbólicos, territórios marcados pela exceção. São necessários campos de confinamentos

---

55 MATOS, Olgária C. Féres. "A cena primitiva: capitalismo e fetiche em Walter Benjamim". *In*: BIGNOTTO, Newton (Coord.). *Pensar a República*. Belo Horizonte: UFMG, 2004.

que restrinjam a liberdade de milhões de pessoas para que o capital circule livremente.

Se os paradigmas vão mudando ao longo do tempo e dos acontecimentos históricos, é inegável que nunca rompem totalmente com aqueles que ficam para trás, mas que sobrevivem na cultura – política, econômica e social – daquela comunidade. Os diferentes elementos podem se embaralhar, se esconder em novas roupagens, mas seu real funcionamento continua latente, manifestando-se simbolicamente nas estruturas e práticas da sociedade. Assim entendemos o fenômeno do retorno do político-religioso à atualidade. O âmbito da política enquanto campo para institucionalização do conflito social fica extremamente reduzido com o modo de pensar religioso, que diminui o espaço público. Desse modo, com a redução dos espaços públicos, espaço de busca do consenso e da resolução dos conflitos da sociedade, com o pensar único da lógica religiosa monoteísta, o indivíduo não tem mais canais de expressão, não participa da construção de sua própria realidade, condição essencial, vide Maquiavel e Marx, de liberdade da pessoa. Só nos resta o espaço do mercado de consumo, somos todos consumidores, e quem não tem essa capacidade, no mundo de ordem absolutista do capital, simplesmente "não é"; para essas pessoas, sobrará apenas o espaço jurídico vazio do estado de exceção, com sua vida nua.

Referências bibliográficas

ABENSOUR, Miguel. *A Democracia contra o Estado*: Marx e o momento maquiaveliano. Belo Horizonte: UFMG, 1998.

AGAMBEN, Giorgio. *Estado de exceção*. São Paulo: Boitempo, 2004.

______. *Homo Sacer*: o poder soberano e a vida nua. Belo Horizonte: UFMG, 2002.

______. *O que resta de Auschwitz*. São Paulo: Boitempo, 2008. (Coleção Estado de Sítio).

______. *O reino e a glória*: uma genealogia teológica da economia e do governo. São Paulo: Boitempo, 2015.

______. *O Tempo que resta*: um comentário à Carta aos Romanos. São Paulo: Autêntica Editora, 2017.

ALTHUSSER, Louis. "Solitude de Maquiavel". *Multitudes*, maio 1990. Disponível em: www.multitudes.net. Acessado em: 02.05.2025.

BAUMAN, Zygmunt. *Estranhos à nossa porta*. Rio de Janeiro: Zahar, 2017.

______. *Modernidade e Holocausto*. Rio de Janeiro: Zahar, 1998.

BIGNOTTO, Newton. *Origens do republicanismo moderno*. Belo Horizonte: UFMG, 2001.

CERQUEIRA FILHO, Gisálio. **Édipo e excesso**: reflexões sobre lei e política. Porto Alegre: Sergio Antonio Fabris Editor, 2002.

CERQUEIRA FILHO, Gisálio; NEDER Gizlene. *Emoção e Política*: (a) ventura e imaginação sociológica para o século XXI. Porto Alegre: Sergio Antonio Fabris Editor, 1997.

CHAUI, Marilena. "O retorno do teológico-político". *In*: CARDOSO, Sérgio (Coord.). *Retorno ao republicanismo*. Belo Horizonte: UFMG, 2004.

DENNINGER, Erhard. "Security, diversity, solidarity, instead of freedom, equality, fraternity". *Constellations*, nº 4, dez. 2000.

GAGNEBIN, Jeanne Marie. "Apresentação". *In*: AGAMBEN, Giorgio. *O que resta de Auschwitz*. São Paulo: Boitempo, 2008.

GILSON, Étienne. *A Filosofia na Idade Média*. São Paulo: Martins Fontes, 2001.

GOYARD-FABRE, Simone. *Os princípios filosóficos do Direito Político moderno*. São Paulo: Martins Fontes, 2002.

LEFORT, Claude. *Pensando o político*. Rio de Janeiro: Paz e Terra, 1991.

MATOS, Olgária C. Féres. "A cena primitiva: capitalismo e fetiche em Walter Benjamim". *In*: BIGNOTTO, Newton (Coord.). *Pensar a República*. Belo Horizonte: UFMG, 2004.

MICHELET, Jules. *Histoire de la Révolution Française*. 8 vols. Paris: Chamerot Libraire-Éditeur, 1847.

NEDER, Gizlene. *Iluminismo jurídico-penal luso-brasileiro*: obediência e submissão. Rio de Janeiro: Freitas Bastos, 2000.

RUIZ, Castor M. M. Bartolomé. "A Sacralidade da vida na exceção soberana, a testemunha e sua linguagem: (re)leituras biopolíticas das obras de Giorgio Agamben". *Cadernos IHU*, Unisinos, ano 10, nº 39, 2012.

SADE, Marquês de. *Diálogo entre um Padre e um Moribundo, e outras diatribes e blasfêmias*. São Paulo: Iluminuras, 2001.

SCHMITT, Carl. *Teologia política*. Belo Horizonte: Del Rey, 2006.

SKINNER, Quentin. *As fundações do pensamento político moderno*. São Paulo: Companhia das Letras, 1999.

TIGAR, Michael; LEVY, Michael. *O Direito e a ascensão do capitalismo*. Rio de Janeiro: Zahar, 1978.

A Editora Contracorrente se preocupa com todos os detalhes de suas obras! Aos curiosos, informamos que este livro foi impresso no mês de junho de 2025, em papel Pólen Natural 80 g/m^2.